MW01504191

MONTEZUMA

DU MÊME AUTEUR

Mythes et Rituels du Mexique ancien préhispanique, Bruxelles, Académie royale de Belgique, 1987.

L'Art précolombien, Paris, Flammarion, 1992.

Chefs-d'œuvre inédits de l'art précolombien, Mexique, Guatemala, Boulogne, Paris, Arts 135, 1985 (avec Lin Crocker).

Michel Graulich

MONTEZUMA

ou l'apogée et la chute
de l'empire aztèque

Fayard

Les cartes ont été réalisées par Études et cartographie, Lille
© Librairie Arthème Fayard, 1994.

INTRODUCTION

Montezuma II, le dernier empereur des Aztèques, est une figure fascinante et tragique, connue essentiellement comme adversaire malheureux de Fernand Cortez, le conquérant du Mexique [1]. Mais s'il a été victime de l'irruption des Européens au Mexique, il l'a été aussi du jugement de l'Histoire.

Victime de la conquête espagnole, d'abord. Une conquête qui a débouché sur la destruction de Mexico, de la civilisation aztèque et, finalement, sur la disparition des neuf dixièmes de la population indienne. Une conquête moins éloignée de l'actualité qu'on ne l'imagine pour peu qu'on prenne la peine d'y réfléchir. Quels motifs, en effet, Cortez invoquait-il pour intervenir au Mexique ? Comment justifiait-il son entreprise ? En se disant mandaté par son roi et par une puissance supranationale, le pape, pour apporter à ces peuples, à ses yeux moins développés, une idéologie plus humaine et plus respectueuse de l'homme et de ses droits. Il venait offrir aux Indiens un niveau de vie plus élevé ; il venait également les protéger contre leurs tyrans, arbitrer leurs conflits, faire régner la paix et la justice, mettre fin à des crimes contre l'humanité aussi odieux que les sacrifices humains, le cannibalisme et les mœurs contre nature. Et tout cela de bonne foi, considérant que ses valeurs étaient universelles, que ceux qui les refusaient devaient être combattus, que l'ordre chrétien devait régner partout. En regard de tout cela, que représentaient les quelques richesses que les conquistadores prélevaient, si ce n'est une juste récompense ? Bref, Cortez serait un des inventeurs du droit, ou du devoir, d'ingérence humanitaire... Un précurseur, en quelque sorte, que notre époque condamne, sans bien se rendre compte, semble-t-il, que ce qu'elle fait n'est pas toujours si différent. Car elle aussi s'efforce d'éteindre toutes les civilisations autres. En les qualifiant néanmoins d'« égales » à la nôtre, tout en stigmatisant comme « intégriste » quiconque préfère ses valeurs traditionnelles aux nôtres, universelles, et refuse de s'intégrer...

A quoi comparer l'intrusion au Mexique de ces Espagnols supérieurement armés et si sûrs d'eux ? A une invasion d'extraterrestres ou de gens venus du futur ? Les civilisations mésoaméricaines étaient en effet très comparables à celles de l'Égypte ancienne ou de la Mésopotamie. Cortez et sa petite troupe, déjà presque invincibles, n'étaient pourtant que l'avant-garde de tout un monde nouveau. Montezuma l'avait compris et avait réglé sa conduite en conséquence.

Or l'Histoire l'a jugé sévèrement, qualifiant de passivité ce qui n'était qu'une légitime prudence, et ne retenant de lui que cette prétendue passivité, sans chercher à voir d'où en venait l'accusation ni ce qu'elle cachait. Mais l'Histoire a été manipulée par les Aztèques eux-mêmes. A la circonspection de l'empereur elle a préféré la fougue et la vaillance de son éphémère successeur, le jeune et héroïque Cuauhtemoc, qui n'a pas hésité, lui, à entraîner tout son peuple dans un gigantesque suicide collectif. Mais les temps changent et, à tort ou à raison, la seconde moitié du XXᵉ siècle se montre moins admirative des chefs d'État jusqu'au-boutistes...

De la vie de Montezuma on ne retient donc que la toute dernière phase : celle de l'affrontement avec les Espagnols. Le souverain a régné de 1502 à 1520, mais les dix-sept premières années de son règne sont extrêmement mal connues. Pourtant, Montezuma a certainement été le plus grand et le plus clairvoyant des neuf souverains de Mexico, et son époque la plus remarquable de toute l'histoire aztèque. Mais tout cela a été éclipsé par la terrible irruption espagnole et n'a jamais fait l'objet d'une étude détaillée. Les spécialistes du passé précolombien ont habituellement une formation d'archéologue ou d'anthropologue, non d'historien. Quant aux historiens, ils s'intéressent à la Conquête et à ce qui l'a suivie, non à ce qui l'a précédée. De plus, ils n'aiment guère les mythes, alors que ceux-ci sont essentiels dans l'histoire qui va nous occuper, surtout lorsque Montezuma croit reconnaître dans les envahisseurs blancs le dieu Quetzalcoatl et les siens.

Le règne de Montezuma est mal documenté, même s'il l'est moins mal que celui des autres personnages préhispaniques. Au point qu'on peut se demander — et cette question a été le point de départ de ce livre — s'il est possible d'écrire la vie d'une personnalité précolombienne, d'en retracer l'histoire, dans le sens où nous l'entendons, d'établir les faits et les circonstances, les causes et les effets, de déterminer des mobiles, d'apprécier des intentions, comme dans une enquête judiciaire. Est-ce possible pour l'Amérique d'avant le contact avec les Européens, c'est-à-dire une Amérique qui — à la notable exception des Mayas, dont il ne subsiste hélas que relativement peu de textes[2] — a ignoré l'écriture véritable, phonétique ? Une Amérique où la transmission du savoir se faisait avant tout oralement, avec ce que cela implique, au fil des générations, d'oubli, de perte, de déformation et de structuration par des schèmes préconçus ?

Certes, les Aztèques avaient des livres. Mais ceux-ci contenaient des dessins, à la manière de nos bandes dessinées, non des textes. Et ils ne prétendaient pas tout enregistrer, loin s'en faut. Les chroniques et les annales avaient surtout pour fonction de servir d'aide-mémoire. On y consignait des dates, des noms et des allusions fort synthétiques aux événements marquants. Une image suffisait pour déclencher chez le détenteur de la mémoire une longue récitation, évidemment apprise par cœur et de moins en moins fiable à mesure que les faits relatés se multipliaient ou s'éloignaient dans le temps. Imaginons tel manuscrit figuratif relatant cinq cents ans de l'histoire d'une cité. Cinq cents ans de règnes, de généalogies, de successions, de conflits de toute sorte, de guerres, de victoires et de défaites, de rituels divers. Une guerre, ce n'était souvent, dans un livre, que le glyphe d'une ville accompagné d'un signe de conquête, ou la représentation d'un roi vainqueur qui saisit son adversaire par les cheveux. Sur les causes, le déroulement et les conséquences de la guerre, rien. Sera-t-on surpris, dans ces conditions, si, sur ces points, les narrateurs confondaient fréquemment ? Et s'ils avaient tendance, pour combler les lacunes de leur information, à recourir au mythe ou à la légende ? Surtout, les Mésoaméricains avaient une conception cyclique de l'histoire qui, dans ses grands traits, était censée se répéter d'un cycle à l'autre.

Cette conception de l'histoire n'était pas sans incidence sur la chronologie. Une date pouvait être plus qu'un simple indicateur temporel, elle avait souvent une valeur symbolique. Certains types d'événements *devaient* se passer en telle ou telle année précise, parce qu'ils s'étaient produits en cette année-là dans les temps mythiques ou dans un cycle antérieur. Un départ avait lieu en une année Silex, une famine en une année Lapin. Et si cela ne correspondait pas aux faits, les annales étaient là pour corriger les erreurs de la réalité.

On changeait donc les dates, si nécessaire, et évidemment sans crier gare. D'où de nombreuses difficultés, encore amplifiées par le fait qu'une même année revenait tous les cinquante-deux ans. Et pour couronner le tout, une même année pouvait être nommée différemment d'une ville à l'autre. Pour les Mexicas, 1519 correspondait à 1 Roseau. Mais dans d'autres cités proches, qu'on n'identifie pas exactement, cette année était appelée 13 Roseau, ou 7 Roseau, ou 6 Silex, ou 5 Silex... Ce qui fait que pour un même événement — l'intronisation du premier roi mexica, Acamapichtli, par exemple —, les sources signalent quelque sept années différentes [3] !

Confusion de la chronologie, imprécision de la mémoire, déformation des faits. De toute façon, conserver la mémoire exacte du passé n'était pas vraiment le principal souci des historiographes aztèques. Leur rôle était de chanter la grandeur de la cité, de sa dynastie royale, ou de tel personnage ou lignage particulier. De *leur* cité, pas d'une autre, et cela avec un ethnocentrisme à toute épreuve, allant jusqu'à nier les défaites les plus flagrantes, la dépendance à l'égard de tel autre royaume, le tribut à payer, et s'arrogeant la gloire des plus grands. Quand Cortez fait son entrée solennelle à Mexico où il est accueilli par Montezuma, tel historien de Texcoco n'hésite pas à affirmer que c'est son propre souverain, le roi de Texcoco, qui vient à la rencontre du conquistador ! Comme le dit un chroniqueur de l'époque coloniale : « Il n'y avait ni bourgade, ni hameau, aussi insignifiant soit-il, qui ne s'attribuât toutes les grandes choses que fit Montezuma et ne prétendît avoir été exempté et libre de rentes et tributs, et avoir possédé des armoiries et des insignes royaux, et avoir gagné des guerres. » D'autre part, on connaît plusieurs souverains qui firent détruire tous les livres existants pour pouvoir recomposer l'histoire à leur gré.

Aux déformations involontaires s'en ajoutent donc d'autres, voulues pour des raisons de chauvinisme ou de propagande, voire pour rendre l'histoire conforme au mythe. Écrire l'histoire d'un personnage préhispanique paraît donc une gageure. Passe encore si les documents sont rares. Mais plus les témoignages sont nombreux, plus les contradictions abondent.

Une tentative de biographie de Quetzalcoatl, le soi-disant roi et réformateur religieux des prédécesseurs des Aztèques, les Toltèques, a conduit à une conclusion sans ambiguïté : tel que présenté par les sources, ce Quetzalcoatl est mythique de part en part. Peut-être un personnage de ce nom a-t-il existé, mais on ne sait rien de sa vie ni des événements de son temps. Rien. Le mythe a tout recouvert.

Conclusion somme toute peu surprenante puisque Quetzalcoatl appartient à un passé lointain : il aurait vécu entre trois cents et quinze cents ans avant l'arrivée des Européens. Mais qu'en est-il, alors, pour une figure toute proche ? Et ici, Montezuma vient tout naturellement à l'esprit.

Car pour cet empereur, les informations sont nombreuses, relativement variées et récentes. Pour certains chapitres de sa vie, elles ont deux origines, l'une indienne et l'autre — plus désintéressée — occidentale, qui permettent une confrontation et une vérification.

Les données indiennes relatives à la Conquête ont été écrites après coup, à l'époque coloniale. C'est à la fois une malchance et une chance. Une malchance, parce que les chroniqueurs ont plus de raisons encore qu'auparavant de maquiller les faits. Ils ne veulent pas déplaire à l'occupant, ils sont censés être heureux d'avoir reçu la foi chrétienne. Mais ils cherchent aussi à expliquer la chute de l'empire en fonction de précédents mythiques et des conceptions aztèques de l'histoire. Et nous aurons la chance de surprendre le processus de « mythification » en cours, de voir comment le fait de la Conquête sera réinterprété et remodelé pour s'adapter à une admirable structure totalisante, unique en son genre, censée rendre compte des cycles de la nature, de la vie humaine, de la vie d'un empire et des évolutions des sociétés.

Lorsque, pour la Conquête, les annales et les chroniques indiennes seront confrontées aux versions espagnoles, elles seront parfois jugées avec sévérité. Cela ne veut pas dire qu'elles sont sans valeur. Au contraire, comme documents sur la façon indienne de penser et de concevoir le monde, elles sont irremplaçables. Mais comme documents d'histoire, leur fiabilité est très mince.

Quelles sont ces sources[4] ? A part quelques monuments historiés, aucune n'est préhispanique. Les manuscrits figuratifs dont nous disposons sont composés dans une tradition plus ou moins authentiquement indigène et comportent des dessins acculturés peu ou prou. Ce sont des annales, retraçant année par année les faits marquants : les codex de l'archevêque Le Tellier de Reims *(Tellerianus Remensis*, réalisé entre 1548 et 1563) et *Vaticanus A ou Ríos* (entre 1566 et 1589), qui remontent à un prototype commun, perdu, et dont les dessins sont accompagnés de commentaires écrits, en espagnol pour le *Tellerianus*, en italien pour le *Ríos*. Le *Codex Aubin* (1576) comporte peu de dessins, mais des textes sommaires en nahuatl ; le *Mexicanus* (fin XVIᵉ siècle), des petits dessins et quelques mots toujours en aztèque ; le *Códice en Cruz* (aux alentours de 1560), seulement des dessins parcimonieux. Comme le tardif *Codex Azcatitlan*, qui aligne surtout des glyphes de villes conquises, et le *Codex Mendoza* (1541), qui en présente beaucoup, ces documents permettent de vérifier ou de confirmer des données venant de sources plus étoffées.

L'essentiel de notre documentation provient de textes écrits en espagnol ou en nahuatl avec des caractères latins. Habituellement, ces textes s'appuient sur des manuscrits figuratifs que des moines ou des chroniqueurs espagnols ou indiens se sont fait expliquer par des spécialistes de la mémorisation de l'histoire. Il faut en effet porter au crédit de l'Espagne un effort remarquable pour conserver le souvenir des civilisations qu'elle s'occupait à détruire.

L'exemple le plus typique de ces documents est l'*Historia de los Mexicanos por sus pinturas* (début des années 1530). Son titre même l'indique : il repose sur des « peintures », soit des codex, qu'il commente assez brièvement en espagnol. C'est une histoire du monde depuis sa création, avec des parties mythiques d'une importance capitale, suivies des errances des Mexicas, de la fondation de Mexico et de son histoire jusqu'au début de l'époque coloniale. Les *Anales* de Cuauhtitlan (1570) et les *Anales* de Tlatelolco (1528) commentent elles aussi des manuscrits figuratifs, mais en aztèque. Elles présentent des points de vue qui ne sont plus ceux de la capitale, mais de cités soumises — même si Tlatelolco était une cité jumelle de Mexico-Tenochtitlan. La même remarque vaut pour les annales (début du XVIIᵉ siècle) de Chimalpahin, un descendant d'une famille princière d'Amaquemecan, cité de la confédération de Chalco, autrefois puissante.

Une seule source, la *Chronique X*, relate l'histoire des Mexicas de façon vraiment détaillée. Elle a été rédigée, probablement en nahuatl, et illustrée par un auteur inconnu, dans les années 1530. Ses informations, provenant de codex et de longues récitations, ont été recueillies à Mexico ; plus particulièrement, peut-être, dans le lignage d'une figure importante du XVe siècle, Tlacaelel. Le texte original est hélas perdu, mais plusieurs auteurs plus tardifs y ont généreusement puisé. Le dominicain Diego Durán d'abord, pour son *Historia de las Indias de Nueva España e islas de tierra firme* (1581), accompagnée d'illustrations à forte influence européenne. Le jésuite Juan de Tovar *(Relación, Codex Ramírez)* ensuite, qui dans les années 1580 résume Durán mais utilise d'autres documents perdus, l'un d'entre eux originaire de Texcoco. Et, enfin, don Hernando Alvarado Tezozomoc, un descendant de Montezuma, dont la *Crónica mexicana* (vers 1600), écrite en espagnol, est comparable à l'*Historia* de Durán tout en étant plus riche en détails ainsi qu'en expressions et tournures aztèques.

Pour compenser le caractère trop unilatéral de la *Chronique X*, nous disposons des *Relations géographiques*. Rédigées pour la plupart entre 1580 et 1585, ce sont des réponses de fonctionnaires espagnols à un questionnaire du gouvernement central. Certaines questions portent sur les traditions historiques, les tributs et les institutions des Indiens. Les rapports sont d'importance variable, mais offrent un éclairage intéressant sur des régions dont nous ne savons rien par ailleurs. Il en est d'importance majeure, comme la *Description de Tlaxcala* du métis Diego Muñoz Camargo, un témoignage unique sur le passé et l'attitude de la cité de Tlaxcala, le grand adversaire de Mexico-Tenochtitlan. Autre relation intéressante, celle de Texcoco, de Juan Bautista Pomar, plus pauvre toutefois en données historiques.

Le point de vue de Texcoco, principal allié et concurrent de Mexico, est explicité dans l'œuvre volumineuse de Fernando de Alva Ixtlilxochitl, qui, au début du XVIIe siècle, s'est fait commenter des documents de tout premier ordre, comme le *Codex Xolotl* et les *Mapas Quinatzin* et *Tlotzin*. Son *Histoire chichimèque* est essentielle, même s'il a tendance à l'agrémenter de situations et d'anecdotes empruntées à l'Europe médiévale ou de son temps, afin de valoriser ses compatriotes.

Dernier auteur enfin, contemporain d'Ixtlilxochitl qui l'a utilisé, le moine Juan de Torquemada. Entre 1592 et 1607, ce franciscain compile de nombreux textes, certains perdus depuis, pour rédiger sa monumentale *Monarchie indienne*, dont une grande partie est consacrée à l'histoire des Aztèques.

Pour ce qui concerne la conquête espagnole, à tous ces documents vient s'ajouter le livre XII de la magistrale *Histoire générale des choses de la Nouvelle-Espagne* de Bernardino de

Sahagún. C'est une version indigène des événements, relatée tardivement, dans les années 1550, par des Indiens de Tlatelolco qui ne cachent pas leur animosité à l'égard de leurs voisins et alliés de Tenochtitlan. Sahagún a pris soin de la recueillir en nahuatl (aztèque) et de la faire illustrer. La version nahuatl illustrée figure dans le *Codex de Florence*, accompagnée d'une traduction souvent résumée, mais qui parfois introduit des éléments nouveaux.

Pour la Conquête, il existe aussi des sources espagnoles, radicalement différentes de celles que nous avons passées en revue. Elles ne sont plus tributaires de la mémoire collective. Leurs auteurs sont connus, de même que leur rôle éventuel dans les faits qu'ils rapportent, leurs intérêts, leurs sympathies et leurs antipathies. Elles serrent l'événement de beaucoup plus près et émanent souvent de témoins oculaires. Cortez écrit ses lettres à Charles Quint, de véritables rapports, pour ainsi dire dans le feu de l'action. Ses propos sont soumis à vérification. Dès 1521, des conquistadores viennent déposer en justice sur les accusations portées contre leur ancien chef. D'autre part, Andrés de Tapia, Bernardino Vázquez de Tapia, Francisco de Aguilar, Bernal Díaz del Castillo écrivent ce qu'ils ont vécu. Un chroniqueur comme Oviedo reprend dans son ouvrage des rapports d'autres participants encore. Gómara a eu tout loisir d'interroger longuement Cortez. A tout cela s'ajoutent des documents d'archives. Enfin, d'une manière générale, les Aztèques et Montezuma II sont vus de l'extérieur, de façon relativement neutre, sans ces partis pris en faveur de l'une ou l'autre cité particulière.

De tels documents, les meilleurs que nous ayons sur l'Amérique ancienne, permettent-ils, en fin de compte, d'écrire la vie d'une personnalité antérieure au contact avec les Européens ? Sa vie comme telle, non. Les documents n'envisagent l'individu qu'à partir de la Conquête, sous influence étrangère. Mais il est possible de retracer, avec un degré raisonnable de certitude — surtout quand des témoignages européens les confirment —, les événements principaux de son époque. Dans les grandes lignes. Le détail, quant à lui, a surtout le mérite de planter le décor et de peindre les mentalités.

Les aspects religieux du règne de Montezuma II ont été le sujet de mes conférences à l'École pratique des hautes études, V[e] section, en 1991-1992 et 1992-1993. Les discussions auxquelles

elles ont donné lieu m'ont permis d'éclaircir plusieurs points. Aussi remercié-je vivement tous ceux qui y ont participé. Ma reconnaissance va aussi à l'Académie royale des sciences d'outre-mer pour m'avoir autorisé à publier dans le présent ouvrage une communication que j'y avais présentée sur la mort de Montezuma.

La prononciation des mots nahuatl

La langue nahuatl, ou aztèque, ou mexicaine, ayant été écrite en caractères latins par des personnes parlant espagnol, il faut la lire comme l'espagnol de l'époque. En gros, précisons que :

u se prononce *ou*

x se prononce *ch*

ch se prononce *tch*

z se prononce *s*

qu se prononce *k* devant *i* ou *e*, sinon *kw*, comme dans quadragénaire

cu se prononce *kw*

hu devant une voyelle, *uh* ailleurs se prononcent *w*, comme dans whisky.

Pour plus de détails, voir Launey, 1979.

PROLOGUE AU DÉBUT DES TEMPS

LA DUALITÉ CRÉATRICE

Les récits historiques des anciens Mexicains plongent leurs racines dans le mythe. Souvent, ils prétendent remonter jusqu'aux origines du monde et mettent en scène des dieux — dont l'un, le Serpent à Plumes de Quetzal, Quetzalcoatl, jouera un rôle capital à la fin du règne de Montezuma. Certains de ces mythes nous paraissent étrangement familiers. Ils évoquent irrésistiblement les premiers chapitres de la Genèse et le christianisme.

A l'origine, il n'y a pourtant pas un Dieu, mais deux dieux qui forment une unité, un couple. Ometeotl, « Dieu Deux », est son nom si on regarde le couple comme une entité ; sinon, on l'appelle Ometecuhtli et Omecihuatl, Seigneur Deux (ou « de la Dualité ») et Dame Deux. Car tout, en Mésoamérique, va par deux, tout est compris en termes d'équivalences, d'oppositions et de complémentarités. Ometeotl est le masculin et le féminin, il contient en lui toutes les oppositions-complémentarités de l'univers : au masculin sont associés le ciel, la lumière, le soleil, la vie, le guerrier, le nomade, l'actif ; au féminin ce qui est terrestre, obscur, lunaire, mort, sédentaire, passif.

A l'origine des temps, donc, Ometeotl décide de créer. Par son seul souffle. Ou en engendrant quatre fils : le Tezcatlipoca rouge, le Tezcatlipoca noir, Quetzalcoatl et Maquizcoatl. Retenons deux noms essentiels, ceux des frères ennemis Quetzalcoatl et Tezcatlipoca. Quetzalcoatl signifie « serpent à plumes de quetzal » et renvoie au ciel du jour. Tezcatlipoca est le « Miroir fumant », c'est-à-dire le ciel nocturne, aussi obscur que les miroirs d'obsidienne qu'employaient les Mésoaméricains.

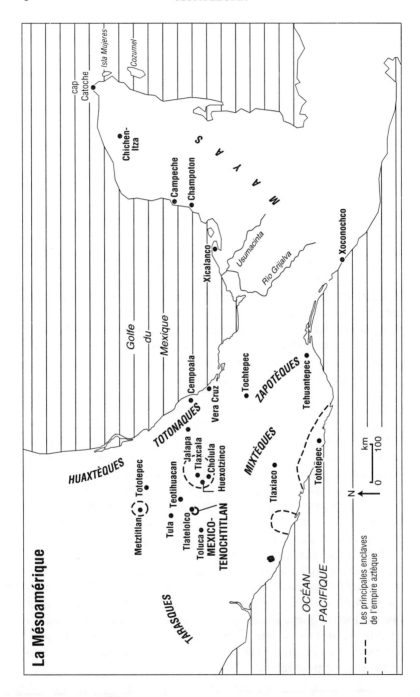

La Mésoamérique

Les principales enclaves
de l'empire aztèque

Ce sont ces quatre fils qu'Ometecuhtli charge de former les cieux, la terre et les enfers, le soleil, les eaux et les divisions du temps. Ils créent aussi Mictlantecuhtli et Mictlancihuatl, le Seigneur et la Dame du Lieu des Morts, ainsi que Tlaloc, le dieu de la terre et de la pluie, et Chalchiuhtlicue, déesse des eaux courantes.

L'ARBRE INTERDIT DU PARADIS

Selon certains récits, le couple suprême créa et établit ses créatures dans le paradis merveilleux de Tamoanchan, où elles vivaient sans fin, immortelles, en parfaite harmonie entre elles et avec leurs parents.

Il y avait à Tamoanchan un arbre qui symbolisait cette entente, mais il était interdit d'y toucher. Malheureusement, une déesse — appelée tantôt Xochiquetzal, tantôt Itzpapalotl, ou encore Cihuacoatl — fut tentée et en cueillit une fleur ou un fruit. Ou bien, nous dit-on encore, « les dieux » coupèrent des fleurs ou des branches de l'arbre. Aussitôt celui-ci se rompit, signifiant la rupture entre créateurs et créatures. Les dieux furent exilés du paradis dans les ténèbres, sur terre, où ils devinrent la proie de la mort.

Pour les anciens Mésoaméricains comme pour nous, cueillir la fleur est une image désignant les relations sexuelles. Des variantes du mythe nous apprennent qu'en réalité la déesse fut séduite par Tezcatlipoca ou par l'un de ses avatars. Sous les regards complaisants des autres créatures, elle s'unit à lui et mit au monde Cinteotl, « Dieu-Maïs », qui était tout à la fois le premier être engendré, c'est-à-dire le premier homme, le maïs, Vénus et le feu culinaire.

Ce que Vénus, feu, maïs et homme ont en commun nous donne un bel exemple de la manière dont le mythe s'efforce d'expliquer le monde en établissant des relations d'analogie entre les choses.

D'abord, l'homme et le maïs, son aliment de base. Ils sont étroitement solidaires. On imaginait que le premier homme avait été façonné à partir de maïs moulu. De plus, comme la graine, l'homme meurt, est enterré et renaît. Lorsqu'on sème un grain de maïs, on l'enfouit dans la terre et, huit jours plus tard, une jeune pousse en jaillit.

Un grain de maïs, dès lors, est comparable à la planète Vénus. Étoile du soir, celle-ci se rapproche de plus en plus de l'horizon où elle semble finalement s'enfoncer. Pendant huit jours, elle est invisible, pour ainsi dire enfouie dans la terre. C'est la période dite de conjonction inférieure. Puis elle renaît à l'est comme étoile du matin et paraît ressortir de la terre, telle une jeune pousse. Une étoile, c'est du feu dans le ciel. Le feu peut être conçu comme une étincelle de vie et donc comme une semence. Car, au départ de toute vie, il y a une étincelle créée par Ometeotl dans le ciel le plus haut, une petite flamme qui descend dans le sein de la femme au moment de la conception...

Le mythe de la transgression originelle est certainement très ancien. Il en existe de nombreuses variantes, certaines fort éloignées et nettement plus brutales. Ainsi racontait-on que, lors de la création, Quetzalcoatl et Tezcatlipoca coupèrent en deux un gigantesque caïman appelé Tlalteotl, « Divinité Terre », qui nageait dans les eaux primordiales. D'un morceau ils firent la terre, de l'autre le ciel. Indignés par ce comportement, les dieux veillèrent, pour consoler Tlalteotl, à ce qu'elle produise désormais tout fruit nécessaire à la subsistance des hommes ; en échange, la déesse exigea comme nourriture du sang et des cœurs humains. Comme dans le mythe du paradis, la rupture d'interdit, ici l'agression illicite contre Tlalteotl, entraîne l'apparition de la terre et des plantes utiles ainsi que l'inéluctabilité de la mort. Mais il s'y ajoute une leçon essentielle pour la pensée mésoaméricaine : la mort engendre la vie.

Revenons-en à ce mythe qui rappelle si fort Adam et Eve. Avec cette différence qu'ici la faute a nettement un caractère sexuel, qu'elle n'a pas dans la Bible. Mais, comme dans la Genèse, le véritable péché, c'est l'orgueil, c'est vouloir s'égaler au Créateur. Tezcatlipoca et Xochiquetzal ont procréé, c'est-à-dire créé. Or la création est le grand privilège du couple suprême et les dieux coupables ont agi sans son autorisation.

Avant, dans le paradis, il y avait tout. Dorénavant, tout est à conquérir. Les exilés ont perdu la lumière, l'abondance, l'amitié de leurs parents. Et ils sont condamnés à mourir. Sans retour.

Itzpapalotl et l'arbre brisé de Tamoanchan. *Codex Borgia*, d'après L. Séjourné, *El Pensamiento náhuatl cifrado por los calendarios*, Mexico, Siglo XXI, 1981.

En échange, ils vivent dans un monde vaguement éclairé par une première étoile, Vénus. Ils ont aussi les instruments de base de la civilisation : la plante cultivée par excellence et le feu culinaire. Et à la vie sans fin se substitue désormais la succession des générations.

LA CRÉATION DU SOLEIL ET DE LA LUNE À TEOTIHUACAN

Il convient dès lors d'essayer de regagner ce qui a été perdu. Surtout la vie sans fin. C'est ici qu'interviennent les grands héros mythiques, par exemple les Jumeaux des Mayas Quichés, dont les aventures nous sont narrées dans leur antique livre sacré, le *Popol Vuh*. Ils descendent dans l'inframonde pour vaincre la mort. Au milieu de leur voyage souterrain, ils se sacrifient en se jetant dans un brasier et détruisent ainsi leur corps, qui les empêche de regagner le ciel. Ils meurent et renaissent, triomphent des forces infernales, de la mort et des ténèbres et émergent enfin, métamorphosés en soleil et lune.

Teotihuacan se situe à une cinquantaine de kilomètres au nord-est de Mexico. Là se trouvent les vestiges d'une majestueuse métropole qui connut une gloire sans pareille vers le milieu du premier millénaire de notre ère. Trois édifices étaient et restent particulièrement impressionnants : les pyramides du Soleil, de la Lune et de Quetzalcoatl. La cité fut presque totalement abandonnée au VIIIᵉ siècle. A l'époque des Aztèques, elle était en ruine, mais avait conservé un prestige immense, au point qu'on y situait la création du soleil et de la lune.

Le mythe mexicain de cette création est une variante de l'épisode central du *Popol Vuh*. Deux dieux, Quetzalcoatl-Nanahuatl et 4 Silex, font pénitence. L'opulent 4 Silex offre des plumes précieuses et de l'or ; les poinçons avec lesquels il s'extrait du sang sont de jade et il offre du corail en guise de sang. Quetzalcoatl-Nanahuatl («Serpent à Plumes-Buboneux») en revanche, pauvre et malade, ne peut offrir que les croûtes de ses plaies et son propre sang. A minuit, les deux dieux doivent sauter dans une immense fournaise. 4 Silex s'avance le premier, mais la chaleur le fait reculer. Quetzalcoatl, lui, ne vacille pas. Suivi par un aigle, animal solaire, il se précipite dans le feu, meurt, descend en enfer où il triomphe de la mort et tue les seigneurs de la nuit en les sacrifiant. Puis, transformé en Tonatiuh, Soleil, il monte au ciel où l'intronise le couple suprême, Ometeotl.

Stimulé par son exemple, 4 Silex ose à son tour, et un jaguar, animal nocturne, le suit. Mais du fait de sa moindre ardeur, ou parce que la chaleur du brasier a diminué, il se transforme en un astre moins brillant. Certaines chroniques disent que son éclat s'affaiblit lorsque Papaztac, un dieu de l'ivresse, lui brisa le visage avec un vase orné d'un lapin ; ce coup fut à l'origine des taches en forme de lapin que les Mésoaméricains, à l'instar des Indiens des Indes, voient sur la lune. 4 Silex ne devient que la lune.

La déesse Tlalteotl, déchirée, avait demandé des cœurs et du sang ; Soleil, en émergeant pour la première fois, exige à son tour des sacrifices humains. Il ne veut avancer dans le ciel que si on le nourrit de cœurs, organes du mouvement. Et il crée quatre cent cinq Mimixcoas afin qu'ils fassent la guerre et l'alimentent, ainsi que Terre, de cœurs et de sang. Mais quatre cents d'entre eux préfèrent s'enivrer et forniquer plutôt que d'accomplir leur devoir cosmique. Alors Soleil fait appel aux cinq autres, Mixcoatl («Serpent de Nuages»), ses trois frères et sa sœur, qui, sur ses ordres, exterminent les quatre cents Mimixcoas (pluriel de Mixcoatl ; le système de numération mésoaméricain est vigésimal, et fonctionne donc par multiples de vingt).

Le soleil, en apparaissant, établit un système intermédiaire entre l'éternelle lumière du paradis originel et l'obscurité perpétuelle de l'exil sur terre. Le paradis perdu n'est regagné qu'en partie. Car si le soleil monte vers l'empyrée de Dieu Deux, Ometeotl, il redescend aussi et replonge dans la nuit. Il instaure un système de compromis, une alternance : alternance du jour et de la nuit, de la saison sèche, assimilée au jour, et de la saison des pluies, égalée à la nuit. Le mythe de Teotihuacan est le prototype de tout sacrifice humain. En se tuant volontairement, en brûlant l'enveloppe matérielle qui emprisonne l'étincelle de vie d'origine céleste et enchaîne à la terre, les deux dieux parviennent à vaincre la mort et à rendre possible une survie dans l'au-delà. Mieux, ils récupèrent partiellement le paradis perdu et la vie sans fin. Avant leur sacrifice, chacun descendait au pays des morts et nul n'en ressortait. Mais en apparaissant comme soleil et lune, Quetzalcoatl et 4 Silex instaurent les demeures heureuses d'outre-tombe où sera accueillie toute personne méritante. Dorénavant il suffira, pour ressortir du pays des morts et gagner un tel au-delà, de suivre leur exemple, d'augmenter sa part de feu intérieur au détriment de son corps, et de détruire de plein gré ce corps pesant qui retient en exil sur terre. De là les jeûnes, la continence sexuelle, les extractions de sang de diverses parties du corps au moyen d'épines d'agave, les mortifications de toute sorte, si caractéristiques des religions mésoaméricaines. Les Aztèques y voyaient autant de moyens de s'alléger, d'augmenter sa flamme, de s'infliger des morts partielles symboliques. De là aussi leur désir de mourir sur le champ de bataille ou sur la pierre de sacrifices [1].

Quetzalcoatl et Lune instaurent donc les deux au-delà heureux que connaissent les Aztèques. La Maison du Soleil est réservée aux guerriers héroïques, qui, en un brillant cortège, accompagnent l'astre dans son ascension au zénith. A midi, les femmes héroïques, c'est-à-dire mortes en couches, prennent le relais et accompagnent l'astre jusqu'au coucher. Le paradis de Tlaloc, d'autre part, accueille les élus de ce dieu et les guerriers qui, transformés en oiseaux et en papillons, y butinent des fleurs l'après-midi.

Le mythe est aussi très significatif du point de vue sociologique. Quetzalcoatl-Nanahuatl est un vaillant, mais il est pauvre et fait figure de parvenu par rapport à 4 Silex. C'est celui-ci qui, en fait, aurait dû devenir soleil. L'évincement du riche sédentaire maître du terrain, autochtone, par un envahisseur, démuni mais vaillant, est une constante dans les mythes mésoaméricains. La relation peut être codée en termes de parenté, en termes astraux, en termes saisonniers et en termes zoologiques. Le nouveau venu est en effet souvent un cadet, solaire, assimilé à l'aigle et associé à la saison sèche, tandis que son rival, l'aîné, est lunaire et nocturne, assimilé au jaguar et associé à la saison des pluies.

Il a été fait allusion aux similitudes du mythe de Quetzalcoatl avec le christianisme. En effet, comme dans celui-ci, il s'agit d'une faute primordiale, mais, surtout, d'un rachat similaire. Dans le christianisme aussi, jusqu'à la venue du Christ, le monde est — symboliquement — dans les ténèbres. Et le Christ, comme Quetzalcoatl, regagne en quelque sorte le paradis perdu, en tout cas une survie glorieuse après la mort, en se sacrifiant, en mourant, en descendant aux enfers et en en ressortant après avoir vaincu la mort. Cela dit, le christianisme admet plusieurs millénaires entre la chute et la Rédemption. Au Mexique, vingt-cinq ans seulement séparent l'expulsion du paradis et le sacrifice du dieu héroïque. Rien n'indique au demeurant qu'il y ait eu influence de l'Ancien Monde sur le Nouveau.

La religion des Aztèques et leur vision du monde, du temps et de l'histoire sont des plus cohérentes. Les phases de la création de l'univers se greffent en effet sur une structure bien particulière qui est inspirée par la course quotidienne du soleil telle qu'on l'entendait à l'époque.

LE SOLEIL QUI FAIT VOLTE-FACE

En Mésoamérique, le véritable moteur de l'univers était le soleil. L'astre qui fait alterner le jour et la nuit, la saison sèche (assimilée au jour) et la saison des pluies. L'astre mâle qui, en se couchant, pénètre dans le sein de la déesse Terre et la féconde. L'astre qui fait le jour et mesure le temps. L'astre, enfin, qui détermine certaines oppositions-complémentarités fondamentales de la pensée mésoaméricaine — jour et nuit, ascension vers le ciel et descente vers l'inframonde, vie et mort — et, surtout, qui assure une médiation entre elles.

Car les Mésoaméricains se faisaient une idée très singulière de la course du soleil. Pour eux, lorsque le soleil atteint son point culminant, à midi, il retourne vers l'est, et ce qu'ils voient l'après-midi n'est que son reflet, sa lumière, réfléchi par un miroir d'obsidienne noire. Ce miroir est un symbole de la nuit et de la terre. Dès lors, l'astre de l'après-midi n'est qu'un faux soleil qui, comme la lune, emprunte sa lumière à autrui. Un soleil lunaire, donc, et fallacieux. Un soleil d'union des contraires et de médiation, puisque jour et nuit, l'éclat du soleil et le miroir noir, s'y confondent.

Ce soleil qui rebrousse chemin à midi est sans doute unique dans les annales de l'humanité. Il ne repose sur rien, il bafoue l'évidence, c'est une vue de l'esprit arbitraire. Mais il avait, aux yeux des Aztèques, une valeur explicative d'une richesse stupéfiante. Ils y voyaient le paradigme de tout cycle d'existence. Une année, une ère même, appelée Soleil, étaient assimilées à un jour ; il en allait de même de la vie de tout être humain et plus particulièrement de celle du roi, ou encore de celle d'une cité ou d'un empire.

Prenons le mythe de la transgression de Tamoanchan. L'expulsion du paradis est la fin d'une époque. La fin d'une époque, c'est comme un décès, c'est un coucher de soleil. D'autant plus que les créatures punies se retrouvent dans les ténèbres de la nuit. Si la fin de l'ère paradisiaque est un coucher de soleil, cette ère proprement dite correspond à un après-midi. Dans le modèle du jour mésoaméricain, l'après-midi est une période d'union des contraires. C'est exactement ce qu'est l'âge du paradis : une période d'harmonie totale dans l'univers, entre créateurs et créatures et parmi celles-ci. Et au commencement, au point culminant, à midi, se situe le couple suprême qui crée le paradis.

A l'ère paradisiaque, à la transgression et à la descente du ciel sur terre et dans les ténèbres correspondent donc l'après-midi, le coucher du soleil et la tombée de la nuit. La transgression consiste en un rapport sexuel d'un dieu avec Xochiquetzal ou Cihuacoatl, déesses de la terre l'une et l'autre. Et qu'est le coucher du soleil ? Le début de son entrée dans le pays des morts, certes, mais aussi une fécondation sexuelle : l'astre pénètre la déesse Terre et la féconde. Il meurt et s'accouple. Pour les Aztèques, mourir, c'était « coucher avec la déesse Terre ». Résultat de ce coucher du soleil-accouplement ? La nuit et la naissance d'une première étoile.

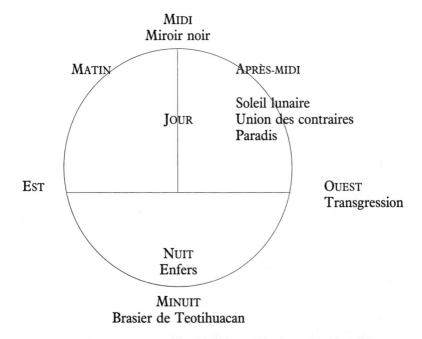

MIDI
Miroir noir

MATIN

APRÈS-MIDI

JOUR

Soleil lunaire
Union des contraires
Paradis

EST

OUEST
Transgression

NUIT
Enfers

MINUIT
Brasier de Teotihuacan

La transgression originelle est la fin d'une ère et prépare l'avènement d'une ère nouvelle. Elle appelle le sacrifice expiatoire. Celui-ci a lieu à Teotihuacan et, précise le mythe, à minuit. C'est alors que Quetzalcoatl-Nanahuatl saute dans le brasier, c'est alors que naît le soleil. Il naît au cœur des ténèbres, de même que la nuit naît à midi, lorsque le miroir noir apparaît dans le ciel : les contraires s'engendrent mutuellement. Comme la vie et la mort. Puis le soleil émerge, et c'est le début d'un jour, d'une saison sèche, d'un âge nouveau.

LES ÂGES DU MONDE OU « SOLEILS »

Une ère était appelée un « Soleil ». Elle était comme un immense jour de plusieurs siècles, avec d'abord une période de nuit, puis lever de l'astre, ascension matinale, apogée, après-midi et déclin. On croyait que plusieurs ères de ce genre s'étaient succédé, quatre ou cinq. Surtout, on croyait que ces Soleils étaient l'enjeu d'une lutte constante entre les frères ennemis, Tezcatlipoca et

Quetzalcoatl, qui alternaient au pouvoir. D'abord, Tezcatlipoca fut Soleil. Mais il finit par décliner, s'unit avec Xochiquetzal et fut expulsé dans les ténèbres. C'est le mythe que nous connaissons. Puis Quetzalcoatl prit le relais et finit de manière similaire. Le troisième Soleil fut à nouveau Tezcatlipoca. Le quatrième, enfin, l'actuel pour bien des peuples, était à nouveau celui de Quetzalcoatl :

> 1er Soleil : Tezcatlipoca
> 2e Soleil : Quetzalcoatl
> 3e Soleil : Tezcatlipoca
> 4e Soleil : Quetzalcoatl

Lorsque les Aztèques prirent le pouvoir au Mexique central, ils présentèrent leur avènement comme le début d'un nouveau Soleil, le cinquième, instauré par Tezcatlipoca sous son aspect de Huitzilopochtli, le dieu tutélaire des habitants de Mexico, les Mexicas.

> 5e Soleil : Tezcatlipoca-Huitzilopochtli

Le modèle du jour, paradigme de toute vie, de tout règne ou de toute ère, structure aussi la conception mexicaine de l'histoire. Et cela d'une façon qui nous fait apprécier mieux encore l'utilité de l'étrange « soleil lunaire » de l'après-midi.

Les aventures des héros divins sont celles des peuples qu'ils ont élus et qu'ils protègent. Tel peuple se dit originaire d'une île où la vie se déroule sans fin, en harmonie avec d'autres populations. Puis se produit un conflit. Son roi ne reconnaît plus la supériorité de tel autre. Aussitôt, c'est la rupture. Il lui faut quitter la terre d'origine et se mettre en route, dans les ténèbres et les dangers, pour tenter de récupérer ce qui a été perdu. Le peuple démuni marche donc vers une Terre promise par son dieu protecteur, vers un pays qui est le reflet de la terre d'origine.

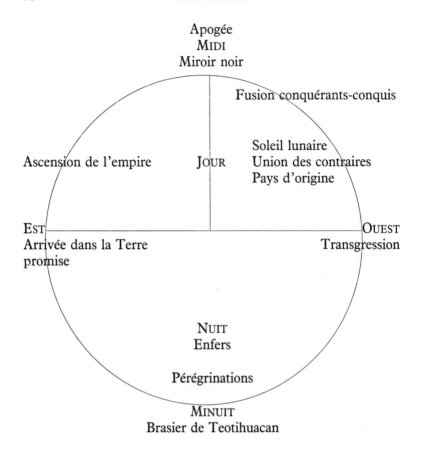

Apogée
MIDI
Miroir noir

Fusion conquérants-conquis

Soleil lunaire
Union des contraires
Pays d'origine

Ascension de l'empire   JOUR

EST   OUEST
Arrivée dans la Terre   Transgression
promise

NUIT
Enfers

Pérégrinations

MINUIT
Brasier de Teotihuacan

LE SOLEIL DE QUETZALCOATL

L'histoire des Toltèques, essentielle pour la suite de ce récit,
illustre tout cela à merveille. Les Toltèques se disent originaires
d'une île lointaine, Huehuetlapallan, où ils vivent en bonne
intelligence avec d'autres peuples. Mais un jour, leurs chefs se
rebellent contre le roi légitime. Guidés par Mixcoatl et les quatre
cents Mimixcoas, ils errent à la recherche d'une terre. A un
certain moment, les quatre cents sont engloutis par la déesse de
la terre Itzpapalotl, mais ils parviennent à la vaincre et reprennent
leur marche. Plus tard, Mixcoatl rencontre une femme, Chimalman, et s'unit à elle. Son frère Apanecatl et les Mimixcoas

profitent de ce qu'il a perdu son ardeur belliqueuse pour l'assassiner. Mixcoatl a toutefois un fils posthume, Quetzalcoatl, le Serpent à Plumes.

Tout jeune encore, le Serpent à Plumes apprend ce qui est arrivé à son père. Il part à la recherche de ses os, les trouve et les enfouit dans le Mixcoatepec, la « Montagne de Mixcoatl », près de Colhuacan. C'est là que se produira l'événement central de la migration toltèque.

Apprenant que Quetzalcoatl compte inaugurer un sanctuaire sur le Mixcoatepec en y allumant un feu, ses oncles qui ont assassiné son père veulent le devancer. Quetzalcoatl parvient toutefois le premier au sommet de la montagne et procède à l'allumage rituel. Furieux, ses adversaires escaladent la montagne pour le tuer. Leur neveu les attend. A peine ont-ils surgi qu'il leur fracasse la tête et les immole.

Cet épisode du Mixcoatepec est en fait une transformation ritualisée du mythe de Teotihuacan. Version ritualisée, car la création du soleil y prend la forme de l'allumage d'un feu nouveau. C'est en allumant ce feu que tous les cinquante-deux ans, quand un « siècle » indigène s'achevait, les Aztèques assuraient le retour de l'astre. Nous aurons ample occasion d'y revenir.

Peu après, Quetzalcoatl et les Toltèques parviennent à destination et fondent Tollan. Conquérant sans cesse, ils forgent leur empire. Le soleil s'est levé et monte au zénith.

Les sources nous décrivent ensuite le Quetzalcoatl de la fin de Tollan, un Quetzalcoatl vieilli, radicalement différent de ce qu'il était dans sa jeunesse. Auparavant, il était guerrier, pauvre, toujours en mouvement ; maintenant, il est un roi-prêtre opulent et ne sort jamais de son splendide palais. Il fait pénitence, mais au lieu de son propre sang il offre des plumes précieuses, de l'or et du corail, se comportant donc exactement comme son ancien rival, Lune, à Teotihuacan. « Quetzalcoatl, au surplus, possédait toutes les richesses du monde, en or et argent, en pierres vertes appelées *chalchiuitl* et en autres choses précieuses. » Le pays est devenu paradisiaque, les épis de maïs sont énormes, les tiges de blettes sont comme des arbres ; il y a même du cacao, du coton et des oiseaux au riche plumage multicolore, comme dans les terres chaudes. Partout, l'abondance règne.

Les Toltèques se sont acculturés. Ils ont inventé tous les arts et vivent dans l'opulence. Qui plus est, ils sont francs, honnêtes,

Quetzalcoatl de Tollan. Durán, *Historia...*, 1867-1880.

infatigables, heureux. La mort leur est inconnue et il n'y a dès lors pas de sacrifices humains. C'est l'après-midi, l'union des contraires. Le crépuscule est proche. Le soleil — Quetzalcoatl — n'est plus que le reflet de ce qu'il était autrefois. Il se sent malade. Devenu de plus en plus pesant, s'engluant dans la matière, il s'est rapproché de la terre au point de se confondre presque avec elle, et son feu s'éteint. Aussi Quetzalcoatl ressemble-t-il étrangement à la fois au dieu de la terre Tlaloc et au vieux dieu du feu.

La transgression qui scelle la fin de l'ère toltèque renouvelle celle de Tamoanchan. Surgit Tezcatlipoca, qui veut renverser son éternel rival et dominer l'ère nouvelle qui s'annonce. Certaines versions du mythe disent qu'il le défie et le vainc au jeu de balle. Selon d'autres, déguisé en vieillard, il vient saluer Quetzalcoatl et lui proposer de le guérir. Il produit un miroir dans lequel le vieil astre déclinant découvre avec stupeur qu'il a un corps. Puis Tezcatlipoca lui présente une médecine. Quetzalcoatl l'accepte, sans se rendre compte que c'est du pulque, le breuvage enivrant des Aztèques. Il en boit jusqu'à cinq tasses et s'enivre. Alors il appelle sa sœur Quetzalxoch ou Xochiquetzal et passe la nuit avec elle. Du coup, « l'arbre se brise ». Quetzalcoatl comprend que c'en est fini de Tollan et qu'il doit partir.

Partout, le désordre s'installe. Huemac, le « vice-roi » de Tollan, présenté tantôt comme un double de Quetzalcoatl, tantôt comme un aspect de Tezcatlipoca, se rend à son tour coupable d'excès d'ordre sexuel, de même que sa fille. Le Miroir Fumant et son comparse aztèque Huitzilopochtli s'arrangent pour introduire à Tollan la maladie, la discorde, la guerre, les sacrifices humains et la mort.

Un jour, Tezcatlipoca s'installe au marché et fait danser dans le creux de sa main une sorte de marionnette vivante qui n'est autre que son acolyte Huitzilopochtli. Les Toltèques se bousculent et se pressent si fort pour regarder que beaucoup en meurent. Furieux, ils lapident le montreur de marionnette et le phénomène. Mais d'un des cadavres émanent des odeurs si pestilentielles que la population en est décimée. On essaie d'éloigner le corps, mais il est si lourd qu'on ne parvient pas à le déplacer. Des milliers de Toltèques essaient de le traîner avec des cordes. En vain. Les cordes se rompent, les Toltèques tombent et s'écrasent les uns les autres. Là encore, ils meurent par milliers.

Une autre fois, une pluie de pierres tombe sur la ville et, parmi elles, une pierre de sacrifices. Comme pris de folie, nombre de Toltèques vont se coucher sur la pierre où ils sont mis à mort. Puis Tezcatlipoca se transforme en vieille femme et torréfie du maïs. Attirés par l'odeur, les Toltèques accourent. La vieille les massacre tous...

Finalement, les survivants décident de fuir la ville. Quetzalcoatl part vers l'est, pourchassé par son frère ennemi. En cours de route, il fonde la ville de Cholula. Parvenu au bord de la mer, il s'embarque et disparaît. Ou, selon une version plus précise, il s'immole sur un bûcher. Mais cette fois, il ne devient plus Soleil. Son cœur réapparaît sous la forme de l'étoile du matin, première lumière de l'ère nouvelle. Quant à Huemac, il entre dans une grotte, où il se pend ou se fait tuer par ses sujets révoltés.

Le mythe de Quetzalcoatl à Tollan recouvre un fond de vérité historique. Il traduit en effet en termes solaires l'ascension et le déclin du dernier grand empire du Mexique central avant l'entrée en scène du peuple aztèque le plus illustre, celui des Mexicas, empire dont ceux-ci se prétendent les héritiers. Quetzalcoatl, c'était le quatrième Soleil. Tezcatlipoca et Huitzilopochtli, dieux des Mexicas, y ont mis un terme et ont inauguré un cinquième âge, le leur. Mais ils savent que, nécessairement, Quetzalcoatl doit revenir et détruire le Soleil aztèque. C'est la loi de l'alternance des frères ennemis [2].

CHAPITRE PREMIER

L'ascension des Mexicas

A l'époque de Montezuma, l'empire aztèque n'a pas un siècle. Et la ville même de Mexico, s'il faut en croire les traditions, a moins de deux cents ans.

Tout avait commencé dans la lointaine île d'Aztlan, le pays d'origine des Aztèques, plusieurs siècles auparavant. Les Mexicas, qui à l'époque s'appelaient encore Mexitins, y vivaient en bonne intelligence avec diverses autres peuplades aztèques. Le roi de l'île se nommait Montezuma. Déjà. Il partagea son royaume entre ses deux fils. L'aîné devint roi des Huaxtèques et des autres peuples, le cadet celui des Mexitins. Mais le cadet voulait régner sur tous et quitta Aztlan.

Cela se passait en 1064 ou en 1168 après J.-C. La date importe peu, car tout, ici, est fabriqué. Aztlan, l'île dans une lagune, qui n'est qu'une image de Mexico plus tard. Ce premier roi qui porte le même nom que le dernier et que celui du milieu de la dynastie mexica. Surtout, le thème du cadet qui veut supplanter son aîné. Et qui veut dominer seul toutes les ethnies, comme le dernier Montezuma... Le récit est mythe, propagande, manipulation à des fins politiques, mais en tout cas pas de l'histoire. Il est vain par conséquent de rechercher où pouvait bien se trouver Aztlan.

Les années 1064 et 1168 sont appelées toutes deux 1 Silex. C'est cela qui compte pour les Mexicains, la valeur symbolique de la date. 1 Silex, c'est l'année de la naissance de leur dieu ; l'année, aussi, de tous les commencements. En 1 Silex donc, les Mexitins se mettent en route, quittant la terre paradisiaque où ils ont vécu heureux jusqu'au moment où l'orgueil de leur roi a provoqué le déchirement. Désormais, tout est différent. Les

Le départ de l'île mythique d'Aztlan. *Codex Boturini*, d'après Seler, 1902-1923.
L'année 1 Silex figure à droite du personnage en canot. Des traces de pas indiquent que les Mexicas se dirigent vers l'ancien Colhuacan, « Montagne recourbée », où ils trouvent dans une caverne une effigie de Colibri Gaucher. Les volutes au-dessus de la tête du dieu signifient qu'il parle. A droite, les différents peuples ou « maisons » qui accompagnent les Mexicas. Par exemple, en troisième position à partir du bas, les Xochimilcas (« Ceux du champ-fleur »), figurés par une maison et un chef de part et d'autre du glyphe de la cité : un champ fleuri.

épines piquent, les herbes coupent, les cailloux blessent les pieds, les bêtes sauvages mordent. C'en est fini du paradis !

Les pérégrinations commencent, interminables, vers la terre que leur a promise leur dieu, le dieu Épouvante, plus connu sous le nom de Colibri Gaucher, Huitzilopochtli. Colibri, parce que cet oiseau est un avatar de l'âme du héros trépassé. Gaucher, parce qu'un tel guerrier est particulièrement redoutable. Parce que, aussi, la gauche correspond au sud et à midi pour le soleil lorsqu'il marche d'est en ouest. Huitzilopochtli, incarnation des Mexicas et guerrier terrible, est en effet étroitement associé à l'astre du jour. Il est le Soleil des Mexicas. Sa vie et leur empire se confondent. Ils se lèveront, atteindront le zénith et déclineront ensemble.

Un pacte lie le dieu et son peuple élu. Celui-ci lui vouera un culte et fera la guerre pour nourrir Soleil et Terre : ce sera sa mission sacrée. Huitzilopochtli, de son côté, le protégera et le conduira vers une terre d'abondance d'où les Mexicas domineront le monde : « Je vous ferai seigneurs et rois de tout ce qu'il y a partout dans le monde. Et lorsque vous serez rois, vous disposerez là-bas de sujets en quantité innombrable, interminable, infinie. Ils vous paieront tribut, ils vous donneront d'innombrables et excellentissimes pierres précieuses, de l'or, des plumes de quetzal, du jade, du corail, des améthystes, dont vous vous parerez avec amour. Et ils vous livreront aussi les différentes plumes, le cotinga, la spatule rose, le *tzinitzcan*, toutes les plumes précieuses et le cacao et le coton de toutes les couleurs. Et tout cela, vous le verrez, car telle est en vérité ma tâche et c'est pourquoi j'ai été envoyé ici[1]. »

Le pacte est scellé par le sacrifice d'un certain nombre de Mimixcoas que les errants trouvent miraculeusement, couchés sur des cactées, la poitrine offerte. Ils représentent les autochtones de la Terre promise que les Mexicas massacreront pour nourrir leur dieu et la Terre. Colibri Gaucher apparaît sous la forme d'un aigle et donne aux Mexitins un arc et des flèches ainsi qu'un nouveau nom, celui de « Mexicas ».

La présence des Mimixcoas dans cet épisode, celle de Mixcoatl, Apanecatl et Chimalman parmi les quatre porteurs de l'image de Huitzilopochtli, bien d'autres détails encore montrent combien ces récits sont fabriqués de toutes pièces et surtout d'emprunts aux mythes toltèques. Fabrication aussi, bien sûr, et tardive, le discours attribué à Huitzilopochtli qui décrit l'empire à son apogée.

COATEPEC, LA GLOIRE DU COLIBRI GAUCHER

Les pérégrinations mexicas se poursuivent, non sans autres aventures de toute sorte. Il faut en particulier se défier des femmes, partisanes de l'immobilisme. Elles veulent s'établir, se fixer, arrêter les errants qui feront se lever le soleil, qui mettront fin à leur règne, qui est aussi celui des ténèbres. Malinalxochitl, la propre sœur de Colibri Gaucher, est une sorcière qu'on accuse de manger le cœur et les mollets des gens et de leur bouleverser le visage. Comment continuer à aller de l'avant après avoir subi

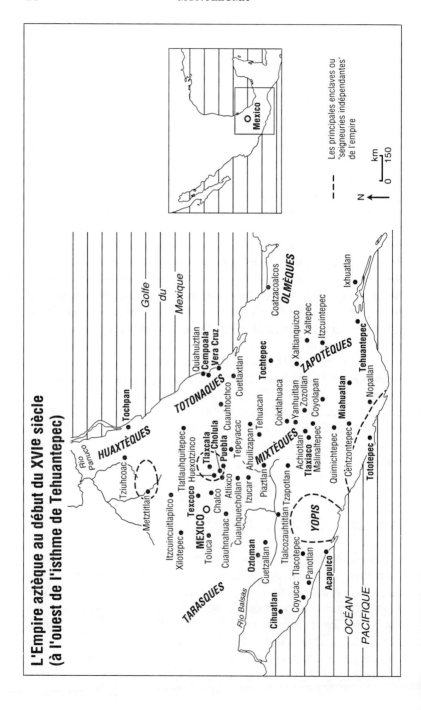

L'Empire aztèque au début du XVIe siècle
(à l'ouest de l'isthme de Tehuantepec)

Les principales enclaves ou
"seigneuries indépendantes"
de l'empire

un tel traitement ? Les Mexicas se plaignent et abandonnent la sorcière sur ordre de leur dieu.

Après plusieurs dizaines d'années, les migrants arrivent à Coatepec, la Montagne des Serpents, à proximité de Tollan. Ils y construisent un barrage. Un lac se crée qui transforme Coatepec en une île charmante. L'endroit est si attrayant qu'un groupe de Mexicas, les quatre cents Huitznahuas et leur sœur Coyolxauhqui (« Celle aux clochettes sur le visage »), prétendent y rester définitivement. Ce lieu merveilleux, image du paradis perdu d'Aztlan, n'est-il pas de toute évidence celui qu'on cherche depuis si longtemps ? « C'est ici, disent-ils au dieu, que tu assumeras la tâche pour laquelle tu es venu, que tu regarderas et affronteras les gens des quatre parties [...] et que tu verras ce que tu nous as promis, les pierres précieuses, l'or, les plumes de quetzal, les différentes plumes précieuses, le cacao coloré, le coton bariolé, les diverses fleurs, les variétés de fruits, les différentes richesses [2]. »

Mais la Terre promise est encore loin. Les Huitznahuas se laissent séduire par des apparences trompeuses et Huitzilopochtli fulmine. « Que dites-vous ? s'exclame-t-il par le truchement de

Le sacrifice des Mimixcoas. *Codex Boturini*, d'après Seler, 1902-1923.
Les Mexicas errants sont représentés par les quatre chefs porteurs du dieu, à gauche. Leurs noms sont indiqués au-dessus d'eux : Serpent-miroir, Serpent-aigle, Apanecatl (qui est aussi le nom de la coiffe de plumes figurée ici) et une femme, Bouclier couché. Devant eux, gisant sur des cactées, trois Mimixcoas qu'Amimitl sacrifie. Au-dessus, Huitzilo-pochtli sous la forme d'un aigle donne des armes et une gibecière à son peuple élu.

sa statue. Est-ce vous qui savez ? Serait-ce de votre tâche à vous qu'il s'agit ? Seriez-vous plus que moi, par hasard ? Moi, je sais ce qu'il me reste à faire. » Et il décide de se matérialiser. A minuit, il massacre les rebelles. Le lendemain, à l'aube, les Mexicas découvrent avec stupeur les cadavres des partisans de l'immobilisme et des ténèbres. Huitzilopochtli assèche la région et il faut reprendre la route.

Huitzilopochtli naît armé au sommet de son temple surmontant la Montagne des Serpents. D'après le *Codex Azcatitlan*.

Une version mexica tardive affirme que le dieu s'incarne en naissant miraculeusement d'une femme, la pieuse Coatlicue (« Celle qui a une jupe de serpents »), mère de Coyolxauhqui et des Huitznahuas. Un jour, alors qu'elle balaie un temple au sommet de la Montagne des Serpents, elle soulève une boule de plumes qu'elle ramasse et, Dieu sait pourquoi, met dans sa jupe. Aussitôt, elle se retrouve enceinte. Ses enfants, scandalisés par cette grossesse inexpliquée, décident de la tuer. Une nuit, armés comme pour la guerre, ils marchent vers le sommet du Coatepec. Coatlicue tremble, mais une voix venue de son sein lui dit de ne rien craindre. Au moment où Coyolxauhqui et ses frères arrivent au sommet de la colline, Huitzilopochtli naît. Armé de son

« serpent de feu », il foudroie sa demi-sœur et la décapite, puis massacre les quatre cents Huitznahuas.

Coatepec, pour les Mexicas, c'est *la* victoire par excellence, qu'ils essaieront de reproduire sur le champ de bataille et qu'ils répéteront chaque année rituellement, sur la pyramide principale de Mexico appelée précisément la Montagne des Serpents. C'est le triomphe de leur dieu qui s'y révèle comme soleil d'une ère nouvelle. Il naît de Coatlicue, une déesse de la terre. Ses demi-frères ennemis représentent la nuit et les autochtones : Coyolxauhqui est la lune et les quatre cents Huitznahuas sont les étoiles que le soleil met en déroute. Huitzilopochtli est le cadet, le nouveau venu, qui renverse la situation et l'emporte sur ses aînés : de même, les Mexicas, derniers venus dans la vallée, l'emporteront sur les « frères aînés », les sédentaires établis.

Ce mythe est le mythe fondamental des Mexicas. Le seul qu'ils aient créé. Et sans grand effort d'imagination : ils n'ont fait qu'adapter le mythe toltèque de la victoire de Quetzalcoatl, sur le Mixcoatepec, contre ses oncles les quatre cents Mimixcoas ! L'affaire, au demeurant, a lieu tout près de Tollan. Une manière de signifier que le Soleil toltèque est révolu et que commence celui des Mexicas...

LA VALLÉE DE MEXICO

Poursuivant vers le sud, les errants pénètrent bientôt dans la belle et lumineuse vallée de Mexico. Située au cœur même du Mexique, à une altitude de 2 236 mètres qui tempère considérablement les chaleurs subtropicales, elle est entourée d'autres vallées prospères, celles de Puebla à l'est, de Morelos au sud, de Toluca à l'ouest et du Mezquital au nord. Qu'on imagine une vaste cuvette d'environ 8 000 kilomètres carrés, bordée de hautes montagnes dont les plus connues sont deux majestueux volcans couverts de neige, le Popocatepetl (« Montagne qui fume », 5 286 mètres) et l'Iztaccihuatl (« Dame Blanche »), au sud-est, et le Tlalocan à l'est. Les eaux des montagnes se déversent dans une série de lagunes et de lacs peu profonds communiquant entre eux. Les lacs de Xaltocan et de Texcoco, qui subsistent en partie aujourd'hui, étaient salés ; ceux de Xochimilco et de Chalco, plus au sud, étaient d'eau douce.

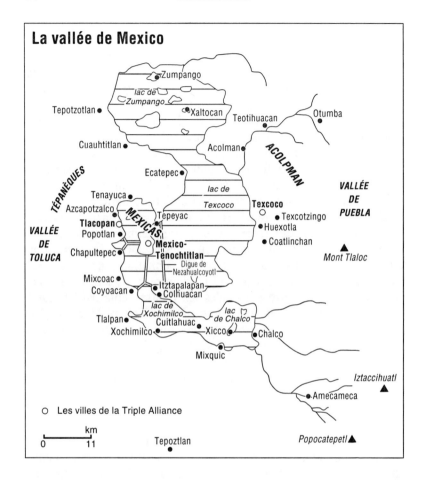

La vallée de Mexico

○ Les villes de la Triple Alliance

Les prodigieuses ressources offertes par ces lacs complétaient heureusement celles de l'agriculture et de la chasse. On y trouvait du poisson, des écrevisses, des mollusques, des têtards, des grenouilles, des oiseaux aquatiques — canards, oies sauvages — en quantités inouïes, toute sorte de moucherons, de larves, de vers, d'insectes comestibles, des plantes d'une variété infinie. De plus, on en extrayait du sel. Ces vastes étendues d'eau, constellées de cités, de villages et de hameaux sur leurs rives ou sur des îlots, permettaient la communication et le transport par canot, d'une rare commodité dans un pays où n'existaient ni animaux de trait ou de transport, ni roues.

Ces circonstances favorables et d'autres avantages encore,

tels que la présence d'une bonne terre pour la céramique et d'obsidienne, dont on faisait des pointes et des instruments tranchants, avaient attiré depuis des millénaires des populations nombreuses. C'est dans ce décor que s'était épanouie, mille ans auparavant, la majestueuse métropole de Teotihuacan, dont la grandeur ne fut égalée que par Mexico. L'une et l'autre cité dépassèrent les 150 000 habitants. Les grandes densités de population dans la vallée, et surtout dans sa partie méridionale, imposèrent le recours à des moyens d'extension et d'intensification de l'agriculture. Il fallut aménager en terrasses les flancs des collines et des montagnes, irriguer des terres trop sèches, fumer les champs, drainer des terrains gorgés d'eau, aménager des *chinampas*, comme l'avaient fait les Mayas auparavant dans leurs jungles marécageuses. Les *chinampas*, appelés improprement jardins flottants, sont les innombrables îlots artificiels créés dans les lacs d'eau douce du sud de la vallée. Copieusement irrigués de toutes parts, ils permettaient d'obtenir chaque année de multiples récoltes de maïs, de haricots, de légumes divers, et de nourrir ainsi plusieurs centaines de milliers d'habitants. C'était, en quelque sorte, le grenier de la région.

Cultiver la terre, construire, c'était aussi déboiser, dans des proportions effrayantes. La technique agricole la plus courante consistait à défricher un terrain et à y brûler arbres et broussailles avant de semer. Le procédé était coûteux, car l'essart s'épuisait vite. Dans le domaine de la construction, pour revêtir les sols et les édifices construits en dur — en particulier les grandes pyramides —, on employait des quantités énormes de mortier de chaux et de stuc. Il fallait donc calciner des pierres à chaux et détruire encore des forêts entières.

Peu après leur arrivée dans cette vallée si enviable, les nouveaux venus doivent faire face à une coalition des populations locales, ameutées par Copil, le fils de Malinalxochitl, cette sœur que Colibri Gaucher a abandonnée. La rencontre a lieu à Chapultepec, sur les bords de la lagune de Mexico. Les Mexicas sont écrasés et leur roi Huitzilihuitl capturé et sacrifié. Copil est tué par un prêtre de Colibri Gaucher ou par le dieu lui-même, incarné une fois de plus. Le prêtre se rend en un lieu où se trouve un trône de Quetzalcoatl. De là, il jette le cœur de Copil dans la lagune. C'est en cet endroit même que sera fondé plus tard Mexico-Tenochtitlan.

L'AIGLE DÉVORANT LE SERPENT

Réfugiés à Tizapan, un terrain insalubre que leur concède le roi de Colhuacan, les Mexicas finissent par y prospérer et par entretenir d'excellentes relations avec les habitants de la cité. Craignant encore de les voir s'immobiliser sans avoir atteint la Terre promise, Huitzilopochtli leur dit, par le truchement de ses prêtres, qu'ils doivent demander la fille du roi de Colhuacan pour en faire leur reine et leur déesse. Le roi accepte. Sa fille est conduite en grande pompe au campement mexica. Là, on l'immole, on l'écorche, un figurant revêt sa peau et le roi est invité à venir s'extasier devant le nouveau bonheur de sa fille. Tant de délicatesse débouche sur une bataille qui chasse les Mexicas dans la lagune. En 1325 (2 Maison), les prêtres de Huitzilopochtli y ont la vision tant espérée de la Terre promise : du cœur de Copil a jailli un figuier de Barbarie sur lequel est perché un aigle dévorant un serpent.

La vision de l'aigle sur le figuier de Barbarie, signe de l'arrivée des Mexicas à la Terre promise. Durán, *Historia...*, 1867-1880.

L'aigle, c'est le soleil, Huitzilopochtli ; le serpent, c'est l'obscurité ; les autochtones, les futures proies. L'aigle qui dévore le serpent, c'est aussi l'astre du jour qui apparaît, les ténèbres qui se dissipent. Les pérégrinations sont un voyage dans la nuit ; c'est lorsque le peuple élu arrive dans la Terre promise que, pour lui, le soleil se lève. « Là où il fera soleil, là où il fera jour », disait-on [3]. C'est donc à cet endroit, sur une île de neuf kilomètres carrés, qu'est fondé Mexico, appelé aussi Tenochtitlan. Peu de temps après, un groupe de dissidents s'établit à Tlatelolco, dans la partie septentrionale de l'île.

Quelle était alors la situation politique de la vallée ? Après l'effondrement, mettons au XIIe siècle, de l'empire des Toltèques — dont nous ne savons pas grand-chose —, la région aurait été envahie par des Barbares, ou « Chichimèques ». Les chroniques se plaisent à décrire le mode de vie fruste de nomades et la rapide acculturation de ces Chichimèques. Leur roi, Xolotl, se serait installé d'abord près de Xaltocan, puis à Tenayuca... D'autres « immigrants » furent les Tépanèques, qui s'établirent à Azcapotzalco ; les Acolhuas, qui occupèrent les rives orientales du lac et la cité de Coatlichan ; les farouches Otomis... Il se créa une foule de petites cités-États et de confédérations en perpétuelle rivalité. A l'est, la triple alliance des Acolhuas de Coatlichan, Huexotla et Texcoco (autrefois Tetzcoco). Vers le nord, par rapport à Mexico, Xaltocan et Tenayuca. A l'ouest, les cités tépanèques de Tlacopan et d'Azcapotzalco. Au sud, Colhuacan, Xochimilco, où subsistent des « jardins flottants », et Chalco.

Les documents sont fort discrets sur les cinquante premières années de Tenochtitlan. Vers 1352, les Mexicas auraient participé avec les Acolhuas et les habitants de Huexotzinco, une cité de la vallée voisine de Puebla, à une attaque contre les Tlaxcaltèques. Déjà à cette époque, ils devaient évoluer dans l'orbite d'Azcapotzalco. Les Tépanèques de cette cité étendirent considérablement leur puissance à partir de l'avènement du grand Tezozomoc, vers 1370.

C'est ce Tezozomoc qui, en 1371, aurait assigné un premier souverain à Mexico. Acamapichtli est décrit tantôt comme étant d'origine tépanèque, tantôt comme le fils d'un Mexica et d'une noble de Colhuacan. C'est en tout cas à Colhuacan, ville que les Mexicas venaient de conquérir, que le nouveau roi alla se chercher une épouse, la princesse Ilancueitl. Ainsi, on se rattachait une fois de plus aux Toltèques, dont le pouvoir évanoui faisait toujours figure de seul pouvoir légitime au Mexique central. En effet, Colhuacan, le « Lieu de ceux qui ont des ancêtres », aurait été une très ancienne fondation toltèque. Plus tard, les Mexicas furent souvent appelés « Colhuas » et c'est ainsi qu'on les désigna à Cortez en 1519.

Toujours tributaire des Tépanèques, le roi Acamapichtli fit

main basse sur Tenayuca et sur trois cités de la région des jardins flottants *(chinampas)*, Cuitlahuac, Xochimilco et Mixquic.

Huitzilihuitl succéda à Acamapichtli. Il se targua de victoires dans la même région ainsi que dans le nord de la vallée, contre Cuauhtitlan, Xaltocan et Texcoco. Chimalpopoca, le troisième roi mexica ou *huey tlatoani*, « grand orateur », aurait obtenu des victoires sur Tequixquiac et Chalco.

Mais il aida surtout Tezozomoc à s'emparer du royaume oriental des Acolhuas. Il en résulta un bouleversement total de l'équilibre des forces dans la vallée. Le roi de Texcoco, Ixtlilxochitl l'ancien, fut tué (1418). Nezahualcoyotl (« Coyote Affamé »), son jeune fils, dut fuir. Cependant, à Azcapotzalco, Tezozomoc mourut et l'héritier du trône fut évincé par un frère cadet, Maxtla. Chimalpopoca, qui avait pris le parti du perdant, fut assassiné sur ordre de l'usurpateur.

Les souverains de Mexico-Tenochtitlan

Acamapichtli 1375-1395
Huitzilihuitl 1395-1414
Chimalpopoca 1414-1428
Itzcoatl 1428-1440
Motecuhzoma Ier 1440-1469
Axayacatl 1469-1481
Tizoc 1481-1486
Ahuitzotl 1486-1502
Montezuma 1502-1520

LA CRÉATION DE L'EMPIRE ET L'AUTODAFÉ D'ITZCOATL

Nous sommes aux alentours de 1428. Le nouveau roi de Mexico s'appelle Itzcoatl. C'est un personnage vaillant et déterminé. D'aucuns lui attribuent le meurtre de Chimalpopoca. Il décide de secouer le joug de la ville d'Azcapotzalco et noue les alliances nécessaires. Avec l'aide de Coyote Affamé, de la cité tépanèque de Tlacopan et de Huexotzinco, dans la vallée de Puebla, il défait Azcapotzalco et soumet les cités d'obédience tépanèque qui refusent de lui payer tribut. Puis il fonde avec les cités de Texcoco et Tlacopan une confédération, la Triple Alliance, qui va désormais dominer le Mexique. Lui devient le seigneur des Colhuas *(colhuatecuhtli)* , Nezahualcoyotl celui des Acolhuas *(acolhuatecuhtli)* et Totoquihuaztli de Tlacopan celui des Tépanèques *(tepanecatecuhtli)*. L'empire aztèque est né. Dans un premier temps, Mexico et Texcoco sont en principe sur un pied d'égalité, tandis que Tlacopan fait figure de parent pauvre de l'alliance. Mais rapidement, Mexico prévaut et son roi devient le chef de fait de l'empire — l'empereur.

Un des premiers soins d'Itzcoatl est de faire rechercher et brûler toutes les chroniques, afin de pouvoir réécrire l'histoire à sa manière. Il y réussit à merveille : toutes les histoires de Mexico qui nous sont parvenues ont visiblement été remaniées en profondeur.

En d'autres termes, tout ce qui, dans l'histoire mexica, est antérieur à l'avènement d'Itzcoatl, en particulier les errances, est pour le moins suspect. Les Mexicas y sont présentés selon le stéréotype mythique capital de l'errant nouveau venu, pauvre mais courageux, semblable à l'aigle ou au soleil, qui l'emporte sur les riches sédentaires confortablement installés, attachés à la terre et lunaires.

Cela ne signifie toutefois pas qu'il faille rejeter le principe même des pérégrinations. Les sources anciennes de la Mésoamérique décrivent fréquemment comment tel ou tel peuple abandonne brusquement ses terres ou ses villes pour suivre un interprète de sa divinité protectrice vers une terre paradisiaque. Peut-être tenons-nous là, du reste, l'une des explications de ces vagues d'abandon de cités qui scandent toute l'histoire de l'Amérique moyenne. Quoi qu'il en soit, de telles quêtes sont bien attestées historiquement, du moins chez les Indiens du Brésil. Pendant quatre siècles, des témoins européens stupéfaits ont recueilli les récits de migrations subites de populations entraînées par l'un ou l'autre prophète à la recherche du paradis. Dans un cas, plus de dix mille Indiens entreprirent ainsi de traverser l'Amérique du Sud de part en part. Les rares survivants qui parvinrent au Pérou furent loin d'y trouver le bonheur escompté...

Les errances sont donc probables, mais ce qui est presque assuré, c'est que lorsque les Mexicas se réfugièrent dans la lagune de Mexico, il s'y trouvait déjà une cité[4]. C'est précisément cette préexistence de Mexico que le roi Itzcoatl chercha à occulter.

L'archéologie et certains détails des sources suggèrent que les choses ont pu se passer comme suit. Un groupe de gens s'appelant

Mexicas quittent pour une raison ou une autre une cité d'origine, peut-être proche — pourquoi pas Colhuacan ? —, et partent à la recherche d'une terre d'accueil. Après de longues errances infructueuses, ils finissent par demander asile à la cité qui s'appellera Mexico-Tenochtitlan et dont la divinité protectrice est Quetzalcoatl. Bien accueillis, ils reçoivent un ou plusieurs quartiers, selon une tradition profondément enracinée en Mésoamérique. La ville devient tributaire des Tépanèques. Lorsque surviennent les événements de 1428, les Mexicas poussent activement à la révolte, alors que les anciens habitants hésitent. Un accord est conclu selon lequel, en cas de succès, les Mexicas d'Itzcoatl deviendront les maîtres de la ville. Après la victoire, ils y prennent effectivement le pouvoir, occupant la plupart des postes importants et formant les principaux lignages nobles. Des terres prises aux vaincus sont octroyées aux plus méritants. Au plan religieux, Quetzalcoatl est remplacé par Huitzilopochtli en tant que divinité tutélaire. Le système du gouvernement bicéphale, très répandu dans les grandes civilisations précolombiennes, permet à la population ancienne de garder voix au chapitre. Le roi, lieutenant sur terre du soleil et du ciel diurne, est en effet souvent flanqué d'un « vice-roi » ou *cihuacoatl*, « serpent femelle » (c'est aussi le nom d'une grande déesse), représentant la terre, la nuit et les autochtones.

Héritière de l'empire tépanèque, la Triple Alliance se trouve du même coup prise dans l'engrenage de la conquête. Devenue la plus grande puissance de la cuvette de Mexico, elle ne peut que susciter la crainte et s'attirer l'hostilité de voisins méfiants. Aussi Itzcoatl doit-il prendre les devants en supprimant les ennemis potentiels. Après avoir consolidé ses acquis dans la vallée, il se dirige vers le sud, où il soumet Cuauhnahuac, puis, au-delà, Iguala et Cuetzallan, dans le Guerrero. La conquête de Cuauhnahuac, l'actuelle Cuernavaca (Morelos), est très significative. Elle montre que les Aztèques cherchent à diversifier leurs ressources et à s'assurer une certaine indépendance économique en contrôlant des paliers écologiques différents. La vallée de Morelos, située à une altitude nettement moins élevée que celle de Mexico, produit des denrées tropicales fort convoitées, en particulier le coton.

Montezuma (en nahuatl, Motecuhzoma) Ier Ilhuicamina, qui succéda à Itzcoatl en 1440, agrandit l'empire de manière formidable. D'abord, et au prix d'une longue guerre, il parvient à défaire la puissante ligue de Chalco Amaquemecan. Concentré surtout dans le sud-est de la vallée de Mexico, cet État contrôle l'accès vers la vallée de Puebla et la côte du golfe du Mexique. De nombreux réfugiés chalcains vont s'établir dans la vallée voisine, autour de Huexotzinco et d'Atlixco[5].

LA GUERRE FLEURIE

Le long règne de Montezuma Ier fut assombri par une famine épouvantable[6], dont les conséquences à long terme se révélèrent fatales.

La disette aurait sévi de 1450 à 1454, soit de l'an 10 Lapin à 1 Lapin[7]. La neige tomba en couches épaisses, le froid et les maladies firent des ravages parmi la population et les moissons furent catastrophiques. Les gens cherchaient à émigrer ou à sauver leurs enfants en les vendant comme esclaves aux habitants de la côte du golfe, où régnait l'abondance. Espoir déçu, car les Totonaques les immolaient aux dieux afin que le fléau épargne leurs contrées. Les rois ouvrirent grand leurs réserves et distribuèrent des vivres, mais il n'y en avait pas assez pour nourrir tout le monde.

Pour les prêtres de Mexico, le fléau était un châtiment des dieux. Pourquoi ? Parce qu'on ne leur avait pas donné assez à manger. Normal. On est puni par où on a péché. Si on voulait les apaiser, il fallait leur offrir des sacrifices (humains, bien sûr) en grand nombre. Et surtout, les immolations devaient être effectuées plus régulièrement.

Les victimes étaient pour l'essentiel des prisonniers de guerre. Mais les guerres étant intermittentes et lointaines, les captifs n'arrivaient que de temps en temps et, de surcroît, fort affaiblis et maigres — quand ils arrivaient, car la plupart mouraient en cours de route. Pour remédier à cela, il fut décidé d'organiser la « guerre fleurie » *(xochiyaoyotl*[8]*)*, c'est-à-dire des batailles régulières opposant la Triple Alliance à Tlaxcala, Huexotzinco et Cholula (autrefois Cholollan), tous trois dans la vallée de Puebla[9]. Certains historiens anciens disent que les combats devaient se dérouler tous les vingt jours. Les cités entraient en lice à tour de rôle. Tel mois, Mexico contre Tlaxcala, le suivant, Texcoco contre Huexotzinco, et ainsi de suite. D'autres affirment qu'on convenait des rencontres selon les nécessités indiquées par les prêtres ou l'empereur [10]. On se battrait en un lieu habituel, sans chercher à conquérir des terres ou des cités. En cas de difficultés ou de calamité dans l'un des deux camps, il y aurait trêve et on s'entraiderait. Les habitants d'une des deux vallées ne pouvaient entrer dans l'autre, sous peine de mise à mort en sacrifice. Autant dire que les dispositions chevaleresques restèrent souvent à l'état de vœux pieux [11].

Qui eut l'idée d'instaurer cette guerre rituelle, fraîche, joyeuse et fleurie ? Les Mexicas et les Texcocains s'en disputent la gloire discutable. Les témoignages mexicas issus de la *Chronique X*, perdue, l'attribuent au *cihuacoatl* Tlacaelel, frère jumeau de Montezuma Ier, un personnage quasi mythique qui aurait exercé une influence prépondérante sur l'histoire mexica pendant une cinquantaine d'années [12].

Particularité de cette chronique : la guerre fleurie y précède la famine. Montezuma vient de faire des prisonniers et veut les sacrifier pour inaugurer le temple de Huitzilopochtli amplifié et rénové. Tlacaelel lui objecte que les travaux ne sont pas encore achevés. Cela, poursuit-il, ne doit pas empêcher le roi de faire procéder à l'immolation de ses victimes. Il ne faut pas que Huitzilopochtli dépende des occasions qui se présentent pour être nourri. Au contraire, il faut ouvrir au dieu une sorte de marché où il puisse se rendre avec son armée pour faire l'acquisition de guerriers comestibles. Ainsi, il aura en permanence à sa disposition du pain bien chaud, tout frais sorti du four, savoureux et tendre.

Le « marché », ce sera Tlaxcala, Huexotzinco, Cholula, Atlixco, Tecoac et Tliliuhquitepec, six villes élues par le dieu pour son service [13]. Il ne s'agira pas de détruire ces ennemis, mais de les conserver comme des provisions ou du gibier. L'instauration d'une guerre rituelle, « fleurie », contre eux combine plusieurs avantages. Au marché-champ de bataille, on fait ses emplettes pour les dieux. Et, par la même occasion — mais cela, Tlacaelel ne le dit pas —, pour les nobles qui, contrairement aux dieux, les mangeront réellement, eux. En particulier le « vice-roi » ou *cihuacoatl* lui-même, friand de chair humaine. En même temps, on récoltera gloire et honneurs, les nobles ne resteront pas inactifs et les soldats pourront s'exercer et montrer leur valeur. C'est dans ces guerres, désormais, que les vaillants gagneront joyaux, insignes et avancement. Quant aux autres ennemis, explique encore le *cihuacoatl* Tlacaelel, les Tarasques, les Yopis ou les

Huaxtèques, Colibri Gaucher les apprécie peu. Ces barbares qui parlent des langues étrangères sont comme du pain bis et dur, insipide et sans saveur [14].

Tant que nous ne serons pas mieux informés sur Tlacaelel, qui n'est vraiment connu que par la seule *Chronique X*, nous ne pourrons dire avec certitude si c'est lui le créateur de la guerre sacrée. D'autant plus que, d'après les historiens aztèques de Texcoco [15], ce fut Nezahualcoyotl. Ixtlilxochitl, toujours soucieux de donner le beau rôle à la famille royale de Texcoco à laquelle il est apparenté, explique que, dans un premier temps, Nezahualcoyotl s'opposa énergiquement à l'exigence des prêtres qui, lors de la famine, réclamaient plus de victimes. Puis, comme il n'y avait pas moyen de l'éviter, le roi demanda et obtint que l'on s'en tînt aux prisonniers de guerre, qui de toute façon étaient destinés à mourir sur le champ de bataille. Et c'est Xicotencatl de Tlaxcala, présent, on ne sait pourquoi, à la réunion des rois de la Triple Alliance, qui aurait suggéré les rencontres régulières et réglées !

Tout porte à croire, cependant, que l'initiative a été mexica. Texcoco était l'ami de Huexotzinco et de Tlaxcala, qui avaient aidé Nezahualcoyotl durant son exil. Mexico, en revanche, était hostile à ces cités et poursuivait certainement des objectifs politiques occultes. Et comme la métropole était déjà le membre le plus puissant de la Triple Alliance, c'était elle qui décidait en ultime instance. Il est probable que la famine avait déjà commencé. Le lien étroit entre la cause du mal et son remède est par trop évident. De plus, nous verrons qu'un monument capital du règne de Montezuma II, le *Teocalli* (temple) de la guerre sacrée, remémore, après une nouvelle famine, l'instauration de la guerre fleurie.

Le fait que, pour s'assurer des captifs en suffisance, on ait cru devoir convenir de rencontres régulières avec des partenaires plus ou moins volontaires n'est pas sans signification. Les dieux, affirmaient les prêtres, ne pouvaient dépendre des hasards d'une guerre. Les guerres étaient donc occasionnelles, on n'en faisait pas n'importe quand. Autrement dit, la seule nécessité de nourrir ciel et terre, l'invocation du devoir cosmique ou, pour les Mexicas, de leur mission, ne suffisaient pas à justifier une guerre ordinaire. Il fallait d'autres motifs, de droit international. D'où, pour le culte et les guerriers nobles, la nécessité de se procurer en quelque sorte un fonds de roulement. Désormais, il y aura deux types de guerre. L'un ayant pour objectifs la conquête, le butin et le tribut, les captifs esclaves ou à immoler. L'autre visant en principe seulement la capture de victimes sacrificielles et l'exercice militaire.

Huitzilopochtli, le Colibri Gaucher, armé de son propulseur et, dans l'autre main, de flèches et d'un bouclier surmonté d'une petite bannière. Durán, *Historia...*, 1867-1880.

La « guerre fleurie » n'était pas une nouveauté. L'expression est déjà employée pour décrire un conflit entre les cités de Chalco et de Tlacochcalco en 1324. Mais là, plutôt qu'une véritable guerre avec mort d'hommes, elle semble désigner des rites pénitentiels, extraction de sang et joutes, qui ne provoquaient que des blessures [16]. La « guerre fleurie » entre Mexico et Chalco en 1376 aurait aussi été de ce type, mais elle aurait tourné à l'aigre dix ans après [17]. En 1387, on tuait pour de bon, mais seulement les gens du commun : « Les douze années que dura la guerre des fleurs, les vassaux seuls succombaient, tandis que les grands ne mouraient pas, aussi était-elle appelée guerre des fleurs [18]. »

Selon le chroniqueur de Chalco, Chimalpahin, qui nous donne ces renseignements, la guerre cessa d'être « fleurie » — ou, disons, convenue, réglée — en 1415, lorsque « les seigneurs mexicains ne laissaient plus les Chalcas qu'ils atteignaient [capturaient] ; de même les seigneurs chalcas quand ils atteignaient les Mexicains ne les laissaient plus ». D'autres écrits qualifient néanmoins toute la guerre contre les Chalcains (1384-1455) de « fleurie » [19].

Cette sorte de complicité des nobles qui s'arrangeaient pour que seuls fussent tués les gens du commun étonne. N'était-ce pas à eux en priorité qu'appartenaient le métier des armes et la mort glorieuse et fleurie sur le champ de bataille ou la pierre sacrificielle ? Lors du baptême d'un enfant du commun, on lui donnait les insignes de statut ou du métier de son père[20]. Au petit noble, en revanche, on remettait des armes en miniature. Lorsqu'il venait au monde, l'accoucheuse lui disait : « La maison où tu es né n'est pas ta demeure : tu es soldat ; tu es l'oiseau appelé *quecholli* ; tu es aussi l'oiseau appelé *çaquan* ; tu es encore oiseau et soldat de celui qui est en tous lieux. [...] Mais ta maison n'est que ta demeure de passage. Ta vraie patrie est ailleurs ; tu es promis à d'autres lieux. Tu appartiens aux rases campagnes où s'engagent les combats ; c'est pour elles que tu as été envoyé ; ton métier et ta science, c'est la guerre ; ton devoir, c'est de donner à boire au soleil le sang des ennemis et de fournir à la terre qui s'appelle Tlaltecutli les corps de tes adversaires, pour qu'elle les dévore. Quant à ta patrie, ton héritage et ta félicité, tu les trouveras au ciel dans le palais du soleil. [...] Ce sera pour toi un heureux sort de paraître digne de finir ta vie sur les lieux des combats et d'y recevoir la mort fleurie[21]. »

Heureux sort peut-être, mais auquel les nobles du XIVᵉ siècle paraissaient peu pressés de se soumettre. A l'époque qui nous occupe, il n'en allait certes plus de même[22]. Cependant, la complicité qui unissait les nobles, même ennemis, persista. Lorsque les Mexicas organisaient de grandes cérémonies avec mise à mort de guerriers, ils ne manquaient pas d'y inviter les seigneurs de leurs ennemis préférés, ennemis pourtant comparés à l'enfer[23]. Ceux-ci venaient dans le plus grand secret — le commun n'en pouvait rien savoir — et repartaient comblés de cadeaux. La cité de Tlaxcala, de son côté, faisait la même chose[24]. Lors des combats, le trépas ou l'immolation de nobles de haut rang sur les champs de bataille fleurie semblent avoir été très mal ressentis.

Les combats fleuris, parfois très sanglants, ont donné lieu à toute une poésie chevaleresque, dont se retrouvent des échos dans les ouvrages des chroniqueurs d'autrefois. Tezozomoc, par exemple, qualifie la « guerre fleurie » de « bataille courtoise et glorieuse, parsemée de fleurs, de plumes précieuses, de mort glorieuse dans l'allégresse sur le champ fleuri, [...] fleuri de corps morts qui paraissent des roses rouges enveloppées de précieux plumage, et ils sont morts avec une joie telle que déjà ils jouissent de [la présence de] nos ancêtres et rois [25] ».

La recherche moderne s'est beaucoup interrogée sur les « guerres fleuries » et s'est demandée, par exemple, quelles en étaient les motivations réelles. Celles invoquées par les auteurs anciens sont donc, d'abord, l'alimentation fraîche et régulière pour les dieux ; ensuite, l'exercice, les honneurs et l'avancement ; enfin, mais moins nettement affirmé, l'approvisionnement en chair humaine.

Le premier motif est sans doute le plus important, au point que certains chercheurs décrivent la guerre fleurie comme « la réalisation d'une conception religieuse qui constituait le fondement essentiel de l'existence même du peuple aztèque [26] ». Mais il faut nuancer. La réalisation de cette conception s'effectuait aussi par les autres guerres, ordinaires. La guerre fleurie se bornait à assurer régularité et « fraîcheur » à l'afflux de victimes.

Pour d'autres [27], le second motif, l'exercice militaire, est primordial, car un empire comme celui des Aztèques exigeait une machine de guerre en parfait état de marche. A quoi l'on pourrait objecter qu'il aurait d'abord fallu une armée permanente, ce qu'il n'y eut jamais, même, semble-t-il, après des décennies de rencontres fleuries régulières... Ensuite, les mythes et les poésies aztèques montrent bien l'importance extraordinaire de la mystique guerrière. De plus, d'autres impérialismes ont possédé des armées très efficaces sans recourir pour autant à des exercices aussi meurtriers que les guerres fleuries. Enfin, pourquoi les adversaires de la Triple Alliance auraient-ils participé à ce petit jeu mortel ? Car, pour autant qu'on le sache, les Tlaxcaltèques et les Huexotzincas n'étaient pas, eux, des impérialistes lancés à la conquête du monde...

Quant au troisième motif, il n'est pas à rejeter d'office. Le fait est que les victimes étaient mangées, au moins par les familles des nobles et sans doute aussi par celles des vaillants. Des chercheurs américains ont même été jusqu'à prétendre que, si les Aztèques faisaient des sacrifices humains, c'était essentiellement par manque de protéines, en l'absence d'animaux domestiques consistants. L'obtention de chair humaine aurait été un puissant stimulant pour les guerriers [28].

Il y a indéniablement une coïncidence troublante : la seule grande civilisation agricole archaïque qui ne disposait pas de bétail était aussi celle qui engraissait et mangeait régulièrement des hommes... Mais l'idée, propagée avec grand battage publicitaire, n'est pas une découverte. Peu après la Conquête déjà, Charles Quint avait promulgué une ordonnance favorisant l'importation de bétail en Nouvelle-Espagne dans l'espoir de supprimer ainsi le cannibalisme.

La thèse est en tout cas excessive. On a démontré que les Aztèques manquaient moins de protéines qu'on ne l'imaginait. Il est constant, d'autre part, qu'ils ne mangeaient que certaines parties du corps. Puis le cannibalisme à grande échelle ne concernait que des catégories limitées de personnes et se pratiquait essentiellement au Mexique central. Ailleurs, les États n'étaient pas assez puissants pour faire des prisonniers en grand nombre. Enfin, rien ne prouve que les civilisations mésoaméricaines des millénaires précédents, bien que dépourvues de bétail elles aussi, aient été anthropophages autrement qu'occasionnellement. Cela dit, il n'en demeure pas moins que la guerre rituelle instaurait un apport régulier, et probablement apprécié, de chair humaine.

LE POINT DE VUE DE TLAXCALA

La guerre fleurie n'aurait-elle été qu'une guerre tout court, mais menée avec des moyens plus insidieux ? Le chroniqueur espagnol Gómara déjà le laisse entendre au XVIᵉ siècle : certes, concède-t-il, on se battait pour l'exercice et les victimes, « mais surtout parce qu'ils [les gens de Puebla] ne voulaient ni obéir ni recevoir leurs dieux [des Mexicas] ». Tezozomoc confirme. D'après lui, le vice-roi Tlacaelel propose nettement de réduire à merci les six cités de Puebla et les Yopis, et de les transformer en vassaux pour les traîner jusqu'à Mexico. Il parle de ces combats non pas comme de tournois chevaleresques et égaux, mais comme d'un marché où les Tlaxcaltèques viennent se vendre et les Mexicas s'approvisionner [29].

Quel est, à cet égard, le point de vue des cités de la vallée de Puebla ? Quelle a été leur part dans ce « marché » ? Il est difficile de le dire. Lorsque les historiens de la cité de Tlaxcala parlent de guerre véritable et acharnée, ils projettent sans doute dans le passé des situations plus récentes. Mais il est vrai qu'avant Montezuma II les batailles rituelles n'étaient déjà plus toujours très courtoises. Elles devaient même susciter chez les Tlaxcaltèques une haine telle pour la Triple Alliance qu'ils deviendraient les alliés les plus solides de Cortez.

S'il faut en croire Ixtlilxochitl, c'est Xicotencatl de Tlaxcala qui proposa le système des batailles rituelles. Il s'inspire vraisemblablement d'un autre chroniqueur de Texcoco, Pomar, et celui-ci dit avoir entendu de la bouche de vieillards de Tlaxcala que leurs ancêtres avaient voulu ces guerres fleuries. Mais quel intérêt aurait eu Tlaxcala à cette guerre ? Rien ne prouve que la fameuse disette ait été aussi grave dans la vallée de Puebla que dans celle de Mexico. Et les Tlaxcaltèques devaient savoir qu'ils avaient nettement moins de réserves que leurs adversaires et qu'ils finiraient donc par être perdants [30].

Écoutons les versions des Tlaxcaltèques. Aucun doute, pour eux, qu'il s'agissait d'une vraie guerre. Comme ils le dirent à Cortez, « cette province n'avait jamais été tributaire et n'avait jamais eu de maître ; [...] de temps immémorial ils avaient vécu libres, s'étant toujours défendus avec succès contre le grand pouvoir de Muteczuma, de son père et de ses aïeux qui tenaient toute la terre en sujétion, sans avoir pu les soumettre quoique les tenant enserrés de toutes parts, sans permettre à quiconque d'en sortir ». Selon les confidences d'un de leurs rois, Maxixcatzin, aux Espagnols, les guerres avec Mexico remontaient à quelque quatre-vingt-dix ou cent ans, au temps du « grand-père » de Montezuma. A cette époque, les Mexicas s'emparèrent par ruse d'un seigneur tlaxcaltèque des plus importants qu'ils torturèrent à mort avant de l'embaumer et de le transformer en lampadaire pour les appartements royaux. Ou, plutôt, en torchère [31].

Il paraît que le narrateur tlaxcaltèque ne put retenir ses larmes en évoquant un tel manque de savoir-vivre. Y croyait-il ? Ou ses larmes n'étaient-elles destinées qu'à émouvoir les Espagnols, trop sentimentaux ? Car enfin, il avait dû en voir bien d'autres, Maxixcatzin ! Son récit est du reste en totale contradiction avec les autres données et assurément apocryphe. Il devait faire partie des ragots habituels de la propagande contre l'ennemi. En effet, un fragment plus suspect encore, pétri d'influence chrétienne, recueilli par Ixtlilxochitl, rapporte un épisode semblable, mais à propos de Chalco, un partenaire de guerre fleurie avec Mexico. Même les circonstances se ressemblent, puisque, ici aussi, un désastre est expliqué par le mécontentement des dieux et le remède proposé est l'augmentation des immolations...

Or donc, le roi Nezahualcoyotl de Texcoco veut mater une

rébellion de Chalco, mais se fait battre. Les prêtres lui expliquent que c'est en châtiment de son impiété, car il est avare de sacrifices humains. Coyote Affamé fait donc trucider de nombreux captifs. Cependant, Toteotzintecuhtli de Chalco parvient à capturer deux fils d'Axayacatl, le souverain de Mexico, et deux fils de Nezahualcoyotl qui étaient allés chasser ensemble. Il les sacrifie, fait enchâsser les cœurs dans de l'or et en fait un collier. Quant aux corps, il les dispose aux quatre coins d'une salle de fêtes, avec dans la main une louche à encens garnie de dialthée pour éclairer la salle.

La fin de l'anecdote est très différente de celle qui nous occupe. Il est vrai qu'elle concerne un roi de Texcoco qu'Ixtlilxochitl présente comme un quasi-monothéiste. Plutôt que de multiplier les sacrifices, Nezahualcoyotl les interdit, car il comprend qu'ils ne servent à rien. Ses dieux lui apparaissent désormais comme de faux dieux et il a l'intuition d'un autre dieu inconnu, très puissant, créateur de l'univers. Après avoir accompli un jeûne de quarante (!) jours, un jeune homme resplendissant apparaît à son page et dit d'annoncer au roi qu'il aura sa revanche et que, malgré son âge avancé, sa femme lui donnera un autre fils [32] !

Laissons l'anecdote et passons à des explications plus sérieuses. Muñoz Camargo — de Tlaxcala, lui — affirme qu'autrefois les deux vallées voisines vivaient dans l'entente la plus parfaite. Tlaxcala commerçait avec la côte et prospérait. Mais l'ambition finit par s'emparer des Mexicas et ils se lancèrent dans une politique de conquête, sous Axayacatl d'abord, puis sous l'un de ses successeurs, Ahuitzotl. Bientôt, ils soumirent Huexotzinco, Cholula et plusieurs villes de la vallée de Puebla et posèrent des jalons pour enfermer Tlaxcala. Envieux de la prospérité de Tlaxcala et de sa fière indépendance, Huexotzinco, Cholula et d'autres vaincus excitèrent les Mexicas contre les Tlaxcaltèques, affirmant que ceux-ci voulaient s'emparer de toute la côte (Cuetlaxtlan, Tuxtlan, Cempoala, Coatzacoalcos, Tabasco et même le Campeche !). Aussitôt, les Mexicas prirent les devants en soumettant tout le pays totonaque (le Totonacapan) et les provinces huaxtèques. Tlaxcala chercha à défendre ses positions mais dut se replier peu à peu. Lorsqu'ils interrogèrent les Mexicas sur les motifs de cette guerre injustifiée, on leur répondit que le grand empereur de Mexico était le souverain universel du monde et que nul ne pouvait se soustraire à sa domination, sous peine d'être détruit. Depuis, la guerre entre les deux cités ne connut pas de trêve[33].

On observera qu'à aucun moment l'auteur ne mentionne la guerre sacrée. Il ne la nie pas non plus, il prétend seulement expliquer l'origine, selon les Tlaxcaltèques, de l'hostilité entre les deux puissances. Sa chronologie est embrouillée — il situe Ahuitzotl avant Axayacatl —, mais son analyse n'est pas sans fondement. Car à peine Montezuma Ier avait-il conclu le pacte de guerre fleurie avec ceux que les Alliés appelleraient désormais les « ennemis de la maison » qu'il s'empressa de les envelopper. D'abord, il s'en prit à Tlatlauhquitepec, Tochpan et Cuechtlan, coupant ainsi les routes de la vallée de Puebla vers le nord-est. Ensuite, il porta son effort sur le flanc sud de Tlaxcala. Tepeaca, au sud-est de Tlaxcala, Coixtlahuaca, dans le nord de la région mixtèque, Ahuilizapan (Orizaba) et Cuetlaxtlan (Cotaxtla) furent soumis l'un après l'autre et les armées alliées atteignirent la côte du golfe, au sud de l'actuelle Veracruz. Tlaxcala promit de l'aide à Ahuilizapan, puis à Coixtlahuaca et enfin à Cuetlaxtlan, mais s'abstint chaque fois d'intervenir ou le fit en secret, parcimonieusement et sans efficacité. Il faut dire qu'à l'époque Huexotzinco était plus puissant que Tlaxcala. Sa soumission à Mexico, dont parle le métis tlaxcaltèque Muñoz Camargo, date du règne de Montezuma II.

Par ces campagnes éclairs, Tlaxcala se trouvait encerclé et privé de ces biens de luxe qui désormais affluaient vers les cités de la Triple Alliance comme tribut : le cacao, breuvage noble et monnaie d'appoint pour le troc, le caoutchouc, dont on faisait entre autres les balles du jeu de pelote, le coton et les flamboyantes plumes d'oiseaux multicolores[34].

Cette course à la mer et l'encerclement de Tlaxcala suggèrent que des motifs politiques et économiques ont également joué un rôle important. De plus, Mexico souhaitait certainement éliminer toute menace potentielle, et en particulier une menace aussi proche. Mais une attaque en règle aurait été extrêmement coûteuse. La stratégie de la Triple Alliance a toujours été de suivre la ligne de moindre résistance. Or la vallée de Puebla était densément peuplée. Cortez estimait la population des Etats de Tlaxcala et de Huexotzinco à quelque 150 000 tributaires, soit 750 000 habitants[35]. Il fallait donc s'attendre à une résistance acharnée et à de très lourdes pertes, pour un profit économique et politique somme toute plutôt mince. Car la vallée de Puebla n'avait pas de produits de luxe à offrir. En outre, même vainqueurs, les Alliés auraient eu à faire face à des rébellions et à des contre-attaques constantes.

Dans ces conditions, la « guerre fleurie » devait apparaître comme une solution idéale. Avec ses rencontres réglées, à effectifs égaux, elle devait entraîner des pertes sensiblement égales, mais bien plus douloureuses là où la population était moins nombreuse — c'est-à-dire dans la vallée de Puebla. Tout porte à croire qu'elle fut imposée à des partenaires qui ne pouvaient refuser, sous peine de paraître lâches et de perdre la face. Témoigne en ce sens le fait que les batailles avaient toujours lieu dans la vallée de Puebla ou à ses frontières, jamais dans la vallée de Mexico. Les « ennemis de la maison » faisaient vraiment figure d'assiégés.

Au début, les rois de la vallée de Puebla ne durent pas bien mesurer les conséquences des batailles rituelles. Peut-être même croyaient-ils que l'alliance courtoise allait lier les Alliés et les empêcher d'attaquer réellement. Du côté de la Triple Alliance et de Mexico, c'était d'emblée tout bénéfice. Non seulement les Alliés y gagnaient les victimes indispensables et l'entraînement des troupes, mais en outre ils neutralisaient toute attaque venant de ce côté. Ils pouvaient tranquillement encercler la vallée de Puebla, la couper de tous renforts et de multiples ressources, la ruiner et la saigner à blanc en attendant qu'elle tombe comme un fruit mûr. Et tout cela, sous les dehors les plus chevaleresques et sans offenser l'amitié traditionnelle de Texcoco avec Huexotzinco et Tlaxcala [36]. La tactique portera ses fruits : selon des estimations, certes très provisoires, la population diminue dans la vallée de Puebla alors qu'elle augmente partout ailleurs [37].

L'ÈRE DES TROIS FRÈRES : AXAYACATL, TIZOC ET AHUITZOTL (1469-1502)

Si, à l'est, la puissance aztèque se fait sentir jusqu'à la côte, à l'ouest, en revanche, elle ne dépasse pas les limites de la vallée.

Axayacatl (1469-1481) tente d'y remédier. Il prend Toluca, puis envahit le puissant royaume des Tarasques du Michoacan, mais l'affaire tourne au désastre et les Tarasques resteront insoumis. Plus près de lui, à Tlatelolco, le sort lui est plus favorable. Aussi étonnant que cela puisse paraître, cette cité jumelle de Mexico est toujours autonome. Sous l'un ou l'autre prétexte, Axayacatl l'attaque. Les Tlatelolcas demandent en vain l'aide des « ennemis de la maison ». Ils sont vaincus, leur roi succombe et on leur impose un gouverneur militaire.

Pour commémorer ses victoires et la gloire de Mexico, Axayacatl fait sculpter un gigantesque récipient de pierre destiné à recevoir les cœurs et le sang des sacrifiés. Ce *cuauhxicalli* est décoré sur son pourtour de onze scènes montrant les rois de Mexico soumettant les représentants de onze des principales conquêtes mexicas. Le monument a été découvert en 1988 dans le patio d'un édifice situé dans le périmètre de ce qui fut autrefois le Grand Temple de Mexico[38].

Le règne de Tizoc (1481-1486) fut court et peu glorieux. On reprocha au souverain d'être mou et peut-être l'élimina-t-on pour cette raison. Tizoc mena néanmoins quelques campagnes victorieuses, notamment contre Xiuhcoac, aux confins de la région huaxtèque, dans le nord de l'actuel État de Veracruz. En revanche, il échoua contre Metztitlan, sur la route de Xiuhcoac. Son principal mérite semble avoir été un agrandissement exceptionnel de la grande pyramide de Mexico-Tenochtitlan. Celle-ci était double, à l'instar de la royauté ou de la divinité suprême originelle des Mésoaméricains. Deux sanctuaires la coiffaient, l'un consacré à Huitzilopochtli, le guerrier invincible, le soleil ascendant, la lumière, le cœur même du peuple mexica, l'autre dédié à Tlaloc, l'antique dieu de la terre et de la pluie, incarnation de l'autochtone. Tizoc fit aussi sculpter une nouvelle pierre à la manière de celle d'Axayacatl, mais en y ajoutant les nouvelles conquêtes importantes intervenues entre-temps.

La pyramide rénovée fut inaugurée avec un faste inégalable par le successeur de Tizoc, Ahuitzotl. Quelque 80 400 prisonniers de guerre y furent immolés en trois jours. Du moins s'il faut en croire les chroniques les plus sûres. Après ce début si prometteur, le grand *tlatoani* (roi) se lança dans une série de campagnes qui devaient presque doubler la superficie de l'empire. A l'ouest, il soumit la région entre Toluca et Tula. Au sud, il traversa le Guerrero et parvint jusqu'au Pacifique. A l'est, il fit des conquêtes en Oaxaca, pacifia la région de Tehuantepec et poussa jusqu'au port de Xoconochco, à la frontière du Guatemala. En outre, comme ses prédécesseurs et son successeur, il ne cessa de mater des rébellions.

Du côté de la vallée de Puebla, la guerre rituelle dégénéra.

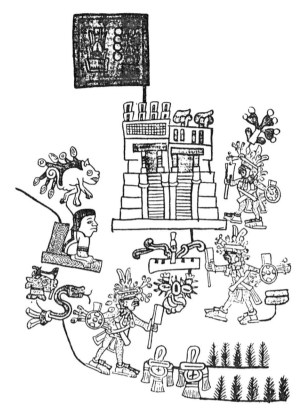

Inauguration du Grand Temple de Mexico en 1487. *Codex Tellerianus Remensis*, d'après Walter Krickeberg, *Altmexikanische Kulturen*, Éd. Safari, Berlin, 1956.

Sous 7 Lapin 1486, mort de Tizoc (enveloppé dans un paquet funéraire, sur un siège de vannerie) et avènement d'Ahuitzotl. Sous 8 Roseau 1487, la pyramide principale, double, de Mexico, surmontant les bâtons à faire le feu inaugural et le glyphe de Mexico. Autour, les guerriers victimes, affublés comme des Mimixcoas, et le glyphe de leur provenance. Pour ceux de Mazatlan-Tzicóac, à gauche, on donne le nombre : 20 000 (figuré par deux sacs à encens signifiant chacun 8 000, et dix « plumes » de 400).

Vers 1498, les Alliés montèrent une attaque surprise [39] contre Atlixco, attaque peu chevaleresque qui eut le tort supplémentaire de se solder par une cuisante défaite. Les guerriers de la Triple Alliance et de cités comme Chalco, Xochimilco, Cuitlahuac et Mizquic étaient commandés par un neveu de l'empereur, Tlacahuepan, frère du futur Montezuma II. Deux autres frères l'accompagnaient, malgré les sombres pronostics des devins. Tlacahuepan aurait d'ailleurs dit au roi : « Puissant seigneur, je crois que je ne reverrai pas ton visage. Je te recommande mes femmes et mes enfants. »

Les Alliés auraient aligné quelque cent mille hommes — le chiffre est manifestement gonflé —, mais les Mésoaméricains avaient l'habitude de ne jamais engager tous leurs effectifs en même temps. Tlacahuepan commence par détacher deux cents hommes, qui se livrent à d'héroïques escarmouches. Puis il engage les Texcocains. Mais plus il envoie d'hommes, plus il en meurt. Les Tépanèques envoyés en renfort font merveille tandis que les Texcocains se retirent pour prendre du repos. De l'autre côté cependant, les Huexotzincas accourent eux aussi en grand nombre et les choses virent au massacre. Tlacahuepan s'en rend compte. Ayant embrassé ses frères, il leur dit : « Allons, frères, le moment est venu de montrer notre courage, courons à la rescousse ! » Ils se lancent dans la mêlée et font des ravages, mais l'ennemi ne cède pas un pouce de terrain. Bientôt, emporté par sa fougue, Tlacahuepan se retrouve encerclé par une centaine d'hommes. Les terribles moulinets de son sabre-massue en abattent la moitié. Enfin, épuisé, il se rend : « Arrêtez, Huexotzincas, je vois bien que je suis à vous et que je ne puis plus me défendre. Que le combat s'arrête là : me voici, faites selon votre volonté. » On veut l'emporter vivant, mais il s'accroche aux cadavres, disant qu'il doit être sacrifié sur le champ de bataille. Comme on ne parvient pas à le détacher, on l'immole et le dépèce sur place. Ses deux frères tombent aussi et nombre de grands seigneurs sont capturés. Les Alliés doivent battre en retraite [40].

Si cette bataille et la mort de Tlacahuepan sont attestées par de nombreux auteurs, bien des incertitudes les entourent. Les textes issus de la *Chronique X* perdue, par exemple, les situent sous le règne de Montezuma II. Les adversaires sont tantôt les Atlixcas, tantôt les Huexotzincas, ou encore les Tlaxcaltèques ou les Tliliuhquitépèques [41]. De plus, Tlacahuepan est parfois qualifié de fils de Montezuma [42].

Enfin, la mort de trois frères princiers paraît être un lieu commun des batailles perdues. On la mentionne déjà à l'occasion d'une bataille fleurie contre les Chalcains, sous Montezuma I[er][43]. Les Mexicas se font encercler et se défendent avec fureur. Il en résulte un horrible carnage de part et d'autre. Le soir, trois frères du roi manquent à l'appel : Chahuaque, Quetzalcuauh et... Tlacahuepan. On les retrouve morts. Dans une autre version, Tlacahuepan est capturé et conduit à Chalco. Les Chalcains veulent le libérer et en faire leur roi. Lui se moque et dit à ses compagnons qu'il accepterait s'ils étaient libérés eux aussi, mais que sinon il mourrait avec eux. Quand on vient le solliciter, il feint d'accepter, mais demande qu'on le laisse auparavant se réjouir avec ses camarades, car c'est le jour de la fête du Fruit qui tombe. A cet effet, il faut, ajoute-t-il encore, lui dresser un mât de vingt brasses de haut et pourvu d'une plate-forme au sommet. Les Chalcains s'exécutent. Les Mexicas chantent et dansent, puis Tlacahuepan escalade le mât, danse au sommet, et clame : « Chalcas, sachez que par ma mort je dois acheter vos vies, et que vous devrez servir mes enfants et mes petits-enfants, car mon sang royal doit être payé par le vôtre. » Alors il se lance dans le vide, tombe comme le fruit d'un arbre et se brise en morceaux. Les autres Mexicas sont tués à coups de flèches.

Nous aurons encore l'occasion de voir succomber des trios princiers. Tout se passe comme si les spécialistes aztèques de la mémorisation de l'histoire enjolivaient leurs récitations d'aventures plus ou moins interchangeables. Mais en l'occurrence, la mort

Guerre de Chalco. Tlacahuepan danse au sommet du mât, puis se sacrifie. Durán, *Historia*..., 1867-1880.

d'un Tlacahuepan proche parent de Montezuma II est trop bien documentée pour qu'on puisse la mettre en doute. Et il est certain que nombre de princes mouraient dans ces combats, même si ce n'était pas toujours par groupes de trois. En tout cas, le fait qu'il se soit agi d'une attaque surprise paraît démontrer que l'empereur Ahuitzotl aurait voulu abattre ses ennemis familiers. Sa défaite, vécue par Montezuma, explique peut-être en partie pourquoi celui-ci, à son tour, s'acharnera contre l'enclave de la vallée de Puebla.

Le déclin de Huexotzinco

Peu après la bataille d'Atlixco survinrent à Huexotzinco des événements qui eurent pour résultat final de reléguer la cité au second plan dans la vallée de Puebla, au profit de Tlaxcala. Il semble en effet qu'au lendemain de la mort du roi Chiyauhcoatl de Chiyauhtzinco-Huexotzinco, une véritable guerre civile y ait éclaté[44], guerre dont la Triple Alliance chercha bien entendu à tirer profit.

Le fils de Chiyauhcoatl, Toltecatl, était si vaillant qu'il n'hésita pas, lors de l'attaque surprise de la Triple Alliance contre Atlixco, à se jeter dans la mêlée les mains nues. Il tua quelques ennemis, les dépouilla et continua à se battre avec leurs armes. Les Mexicas s'étant repliés, il ramena à Huexotzinco un captif qu'il fit sacrifier et dont il revêtit la peau dans les combats. Ses exploits lui valurent de succéder à son père comme souverain de la cité. Bientôt, il entra en conflit avec les prêtres de Huexotzinco. Selon une version — mais il en est de radicalement différentes —, ceux-ci commirent des excès sans nom. Ils entraient carrément dans les maisons pour y voler le maïs et les dindons. Plus grave encore, ils dérobaient les vêtements des femmes qui se baignaient. La population indignée n'osait bouger. Toltecatl résolut donc de châtier les coupables, mais lorsqu'il voulut les arrêter, ils prirent les armes. On se battit et le grand-prêtre du dieu tutélaire Camaxtli intervint en personne avec une arme secrète, une calebasse magique qui, moyennant certains sortilèges et quelques incantations, crachait du feu. Peu désireux de se faire rôtir par ce prototype d'arquebuse, les seigneurs et les guerriers s'inclinèrent. Toltecatl et nombre de ses partisans allèrent se réfugier chez les Chalcains, qui avertirent l'empereur. Se souvenant de la cuisante défaite d'Atlixco, Ahuitzotl fit assassiner Toltecatl. Il y a des raisons de croire que la faction hostile aux prêtres poursuivit la lutte à Huexotzinco [45].

Une autre initiative d'Ahuitzotl fut tout aussi malheureuse que son attaque par traîtrise. Mexico était déjà doté d'un aqueduc amenant l'eau douce depuis Chapultepec, mais, la population de la ville s'étant fort accrue, l'empereur médita d'en construire un second, à partir des sources de Coyoacan. Il demanda l'autorisation au roi Tzotzoma qui, bien sûr, accepta, mais crut de son devoir de mettre son seigneur en garde. Ces sources étaient abondantes ; parfois elles débordaient de façon imprévisible et inondaient tout. Amener leurs eaux à Mexico pouvait être très périlleux et mieux valait se contenter de celles de Chapultepec.

Cette réponse irrita Ahuitzotl au-delà de toute expression. Il envoya deux grands juges pour étrangler Tzotzoma ou lui couper la tête. Mais Tzotzoma avait des pouvoirs peu communs. Voyant arriver ses bourreaux, il se transforma en un aigle gigantesque, puis en jaguar, et les chassa. Le lendemain, les Mexicas revinrent en nombre. Toutefois, à la place du roi, ils ne trouvèrent qu'un énorme serpent. D'abord terrorisés, ils tentèrent ensuite de l'attaquer, mais l'animal se transforma en un brasier qui les força à fuir. Excédé, l'empereur exigea que les seigneurs de Coyoacan lui livrent leur roi, sans quoi il détruirait leur cité. Tzotzoma dut s'incliner. « Me voici, dit-il aux Mexicas, je me livre entre vos mains, mais dites au roi votre seigneur Ahuitzotl ce que je lui prophétise. Avant que ne se soient écoulés beaucoup de jours, Mexico sera inondé et détruit et il regrettera de n'avoir pas suivi mon conseil. »

L'aqueduc fut construit et inauguré, si l'on peut dire, en grande pompe. Bientôt, les eaux impétueuses firent leur entrée à Mexico-Tenochtitlan et la prophétie de Tzotzoma se réalisa. La ville fut complètement inondée. D'aucuns affirment qu'Ahuitzotl dut fuir son palais et que, dans sa précipitation, il heurta du front une poutre. Il mourut quelques années plus tard.

L'exécution de Tzotzoma. Durán, *Historia...*, 1867-1880.
A gauche, dans une demeure stylisée, les métamorphoses de Tzotzoma
en feu, aigle et serpent.

LA STRUCTURE DE L'EMPIRE AZTÈQUE [46]

A la mort d'Ahuitzotl, l'empire avait atteint sa plus grande extension. Mais il formait un ensemble excentrique. Alors qu'à l'ouest et au nord les frontières se trouvaient à quelques jours de marche de Mexico, au sud et à l'est elles étaient éloignées de plusieurs centaines, voire, pour Xoconochco, d'un millier de kilomètres. Au surplus, de nombreuses enclaves restaient insoumises. La vallée de Puebla, bien sûr, mais aussi les royaumes de Metztitlan, des Yopis et de Tototepec, sans compter une nuée d'autres territoires plus ou moins importants. Car les conquêtes alliées s'étaient faites au gré des circonstances et des nécessités, et toujours en suivant les lignes de moindre résistance. Comme pour les « ennemis de la maison » de la vallée de Puebla, on préférait contourner les obstacles sérieux, tout en les isolant et les affaiblissant.

Dès le début sans doute, Mexico a dû disposer de terres agricoles sur la terre ferme et y a très vite soumis certaines cités. Lors de la guerre contre les Tépanèques, Nezahualcoyotl a récupéré son royaume acolhua, tandis que Mexico-Tenochtitlan et Tlacopan se sont partagé le royaume tépanèque. Dans les cités acquises ou récupérées, l'Alliance s'efforce, dans la mesure du possible, de conserver les rois locaux en les confirmant ou, pour ceux qui ont été chassés par les Tépanèques, en les restaurant dans leur pouvoir. Une trentaine de dynasties sont ainsi remises en place dans la vallée et de nouvelles sont créées. La loyauté de tous ces rois soumis est stimulée et consolidée par des alliances matrimoniales et, à Texcoco, par l'obligation faite aux souverains d'envoyer leurs enfants à la cour de Nezahualcoyotl.

L'hégémonie de la Triple Alliance devait évidemment être défendue et il fallait étouffer dans l'œuf les coalitions susceptibles de la menacer. Il convenait aussi de s'assurer des moyens, c'est-à-dire des tributs, pour entretenir la vaillance des guerriers, récompenser les vassaux loyaux d'un empire incertain, encourager les amitiés nouvelles, accroître le prestige et donc l'autorité des souverains de Texcoco, de Tlacopan et surtout de Mexico. Et l'Etat, de plus en plus puissant, devait pouvoir tenir son rang. L'esprit de rivalité et de compétition était tel, chez les Aztèques, qu'on a parfois parlé de société potlatch. Comme chez les Indiens de la côte Nord-Ouest de l'Amérique du Nord, auxquels le vocable est emprunté, un chef devait se montrer très généreux, voire humilier ou obliger ses rivaux par ses prodigalités. Si ceux-ci n'étaient pas en mesure d'en faire autant, ils perdaient la face et admettaient leur infériorité.

L'Etat devait donc se défendre et payer (ou récompenser). Pour cela, il lui fallait s'emparer de richesses de plus en plus importantes au fur et à mesure que l'empire grandissait. Il était pris dans un cercle vicieux. Pour conserver les nouvelles acquisitions, il fallait des armées, des alliés et donc des tributs. Pour se procurer ces moyens, il fallait conquérir et accroître l'empire. Pour protéger ces nouvelles conquêtes, il fallait de nouveaux trésors et de nouvelles guerres...

Dès la formation de la Triple Alliance, il y eut une sorte de partage du monde. En simplifiant, disons que l'Anahuac, c'est-à-dire le monde connu, fut divisé en quadrants définis par des lignes se dirigeant vers les quatre points cardinaux à partir de Mexico. Tlacopan reçut comme aire d'expansion le quadrant entre le nord et l'ouest. Texcoco celui, beaucoup plus enviable, entre le nord et l'est. Quant aux Mexicas-Colhuas, ils pouvaient étendre leur glacis protecteur dans les deux quadrants du sud. Cela n'empêchait pas les expéditions conjointes. Dans ces cas, terres confisquées, tribut et corvées étaient répartis selon une clef qui tenait sans doute compte du quadrant concerné, des effectifs engagés et de la position des participants dans l'Alliance.

Les villes conquises se voyaient dotées de statuts variables, selon leur degré de résistance, leur situation géographique ou leur importance stratégique. Dans la mesure du possible, on laissait en place les rois, seigneurs ou principicules locaux, en se contentant d'exiger des « dons » ou du tribut et des corvées, voire des troupes auxiliaires en cas de guerre. C'était la règle dans la vallée et ses environs ainsi que là où la souveraineté de la Triple Alliance était acceptée sans combattre, ou sans trop se défendre. Souvent, la cité se voyait assigner un fonctionnaire appelé *calpixqui*, chargé de veiller à la collecte des impôts et à la bonne exécution des corvées.

Parfois, le choix d'un nouveau roi devait être ratifié par l'empire. Ou encore, le roi pouvait être flanqué d'un « conseiller » impérial chargé d'administrer la justice et de veiller à ce que le peuple ne se fasse pas maltraiter. Il arrivait aussi, dans des cas plus difficiles, qu'un noble local soit nommé à la place du roi, ou que des rois supplémentaires soient désignés. Tel fut le cas à Azcapotzalco, où le roi du cru se vit adjoindre un roi mexica. Plus rarement, le ou les souverains locaux étaient remplacés par un gouverneur militaire *(cuauhtlatoani*, ou *tlacatecuhtli* ou *tlacochtecuhtli)*, mais il semble que c'était plutôt là une situation transitoire, en attendant de pouvoir rétablir la dynastie légitime. Enfin, il n'était pas rare que les populations de cités particulièrement rétives ou qui s'étaient révoltées à plusieurs reprises fussent exterminées et remplacées par des colons de la Triple Alliance.

L'enchevêtrement de pouvoirs et d'obligations était d'une complication extrême. Un village, un centre cérémoniel ou une cité soumise à l'empire conservait ses obligations antérieures à l'égard de la ville dont il dépendait. S'il était conquis par la coalition, il pouvait en contracter de nouvelles envers plusieurs cités à la fois. Les agglomérations du royaume acolhua de Texcoco remplissaient des obligations vis-à-vis de cette ville, mais aussi de Mexico. L'Acolhuacan était d'ailleurs une des provinces tributaires de l'empire, peut-être parce qu'il avait été vaincu à l'époque où Mexico était l'allié d'Azcapotzalco. Les rois mexicas y possédaient des terres. En revanche, Cuauhnahuac (Cuernavaca, dans la vallée de Morelos) et neuf cités avaient été données à Nezahualcoyotl, mais elles payaient aussi tribut à Mexico.

Il y avait donc le tribut — des produits de la région, bruts ou manufacturés, en quantités parfois immenses — et les corvées ou les services. Les citoyens d'un village ou d'une cité devaient travailler les terres et remplir d'autres corvées ou fournir des biens à leur seigneur, celui qui les avait « mérités » par son courage, en les conquérant. Mais ils avaient aussi des obligations envers la capitale du petit royaume dont ils faisaient partie. Celui-ci pouvait être soumis à une cité plus grande encore. Dans le grand royaume acolhua, qui en comprenait toute une série de plus petits, huit cités, par exemple, étaient chargées de l'entretien des forêts et jardins du roi de Texcoco. Deux fois treize cités devaient entretenir à tour de rôle, pendant vingt jours, deux feux dans le palais de Texcoco. Huit districts tributaires y assuraient le ravitaillement et des services divers. D'autres cités devaient pourvoir à l'éducation de tel prince héritier... Parfois, dans une cité, telle subdivision *(calpulli)* payait tribut à son roi tandis que telle autre se chargeait de corvées dans la capitale de l'Etat et d'autres des livraisons à Mexico. Dans certains cas, les charges envers l'empire se limitaient à fournir des renforts ou des provisions aux troupes de passage. Les cités des marches, par exemple, fournissaient des combattants ou entretenaient une garnison.

Le tribut s'accumulait dans les centres régionaux, puis était acheminé, du moins en partie, vers la vallée de Mexico. Il assurait l'approvisionnement des gouvernants, la récompense des méritants, le paiement du personnel, l'entretien de ceux qui effectuaient des corvées, la survie des nécessiteux, les secours en cas de calamité... Mais tout cela, surtout dans le centre de l'empire. Là, on peut parler de redistribution. Les provinces éloignées ne recevaient en échange de leurs contributions que l'éventuelle protection des armées alliées.

L'empire, c'était donc un tissu de liens de dépendance de « mérités » par rapport à leurs « méritants » et de liens de parenté entre souverains. A part cela, peu de chose le tenait ensemble. Chacun voulait les avantages du pouvoir et le moins de charges possible. En guise de divisions administratives, il y avait, d'une part, les différentes cités-États hiérarchisées et, d'autre part, les provinces tributaires, coiffées par un percepteur impérial assisté de *calpixque* moins importants dans les villes secondaires. Pour assurer la cohésion du tout, il n'existait ni véritable armée permanente ni vaste réseau routier permettant des interventions rapides. Quelques points stratégiques particulièrement importants seulement étaient pourvus de garnisons, comme Oztoman à l'ouest, Oaxaca au sud, Tochtepec à l'est et peut-être Xiuhcoac au nord.

A part cela, pour maintenir l'ordre et la paix, on comptait sur les (maigres) bienfaits dont jouissaient les soumis : la protection de l'Alliance ; l'interdiction, toutefois non systématique, des guerres avec les voisins ; et parfois la protection des citoyens contre des seigneurs abusifs. Mais on comptait surtout sur la peur des terribles représailles en cas de révolte.

Somme toute, l'empire tenait du racket. Trois gangs alliés, ayant chacun son territoire privilégié, intimidaient de toutes parts pour obtenir des versements réguliers en échange de leur « protection ». Celui qui refusait de jouer le jeu était malmené. Celui qui se révoltait faisait l'objet d'expéditions punitives destinées à inspirer une terreur salutaire à quiconque aurait été tenté de suivre l'exemple.

Les Alliés cherchaient-ils, par ailleurs, à unifier l'empire culturellement ? On sait à tout le moins que le nahuatl se répandit largement et devint la langue véhiculaire de l'empire. De plus, parfois, on imposait Huitzilopochtli comme dieu aux vaincus et on faisait prisonniers leurs dieux tutélaires.

Dans cet empire peu structuré, le plus grand danger venait des enclaves libres. C'est donc sur elles qu'il convenait d'agir et l'empereur Ahuitzotl s'en était rendu compte. Or, les récents événements offraient à cet égard des possibilités nouvelles. Après le désastre d'Atlixco et les querelles intestines à Huexotzinco, les relations de ces cités avec la Triple Alliance s'étaient modifiées. Huexotzinco avait désormais d'autres priorités que de se battre en guerre fleurie et n'avait de toute façon plus la possibilité d'aligner toutes ses troupes. Quant à la Triple Alliance, elle ne pouvait que se réjouir de cet affaiblissement d'une cité qui formait le véritable verrou de la vallée de Puebla. Déjà, ses joutes chevaleresques s'étaient muées en attaques surprises ; dorénavant, elle pouvait intervenir à la demande d'une des factions, et le faire sans fleurs.

CHAPITRE II

L'éducation d'un prince aztèque

LES ANNÉES DE FORMATION

Selon plusieurs témoignages indiens concordants, Montezuma serait né en 1467[1]. Mais les conquistadores ne lui donnaient qu'une quarantaine d'années en 1519[2]. Il ne faut pas en conclure pour autant qu'il paraissait jeune pour son âge, sans plus. Du côté espagnol, on est en présence d'une simple observation, réaliste, désintéressée. Du côté mexicain, il en va tout autrement. Une date de naissance n'est pas indifférente, surtout pour un personnage aussi marqué par le destin que Montezuma. Elle doit être significative, tout comme son âge à l'arrivée des Espagnols. Né en 1467, Montezuma aurait eu alors exactement cinquante-deux ans, soit un « siècle » indigène[3]. Or, à la fin d'un « siècle », le soleil était censé se coucher, comme à la fin d'un jour ; et il risquait de ne plus reparaître. De plus, comme tout cycle de vie et tout règne étaient comparés à la course de l'astre et leur fin à son coucher, 1519 était à la fois la fin du « siècle » de l'empereur, la fin de son règne effectif et, du même coup, la fin de l'empire et du Soleil aztèque.

Autre fait important. Au Mexique central, 1467 et 1519 correspondaient à 1 Roseau, date de la naissance de Quetzalcoatl, dont Montezuma avait d'excellentes raisons d'appréhender le retour... Dès lors, tout porte à croire que l'âge de Montezuma indiqué par les documents d'origine aztèque est celui qu'il aurait dû avoir selon les idées cosmologiques en vigueur, non son âge réel. Celui-ci devait être plus proche de la quarantaine.

Montezuma serait né et aurait été élevé dans le quartier d'Aticpac à Mexico — et non dans le palais royal, puis dans le collège *(calmecac)* de Tlillan, comme c'était habituellement le cas pour les enfants royaux. Le renseignement est donc également suspect. Il date peut-être d'après la Conquête, soit d'une époque où l'on présentait Montezuma comme le soleil couchant de l'empire. En effet, Aticpac était associé aux divinités féminines de l'après-midi et au soleil au déclin[4]. D'ailleurs, la date et le lieu de naissance d'un roi n'étaient que rarement consignés dans les codex. Aussi longtemps que le souverain n'était pas élu comme tel, il n'était qu'un noble parmi d'autres et l'individu, même de haut rang, comptait peu : seule sa fonction importait.

Montezuma était le fils de l'empereur Axayacatl et d'une cousine de celui-ci, fille du roi d'Iztapalapan, appelée, peut-être, Xochicueyetl[5]. Ses prédécesseurs, Tizoc et Ahuitzotl, étaient ses oncles, quoiqu'on les dise aussi ses frères[6]. Un texte prétend même qu'entre son grand-père (en fait, arrière-grand-père) Montezuma Ier et lui, il n'y eut qu'un règne, celui de sa mère[7] ! Enfin, selon un témoignage unique en son genre, il serait le petit-fils d'une vierge fécondée miraculeusement par Huitzilopochtli. De cette union serait né Guatezuma, qui aurait péri dans la guerre contre Tlaxcala, et auquel il aurait succédé[8]. Tout cela montre bien à quel point nos informations sont sujettes à caution.

Montezuma avait de nombreux frères, dont plusieurs plus âgés que lui, notamment Tlacahuepan et Ixtlilcuechahuac, tous deux fils d'une princesse de Tula. Ixtlilcuechahuac devint roi de cette cité ; Macuilmalinalli devint roi de Xochimilco. Montezuma aurait été le sixième ou le huitième fils. Il avait au moins un frère plus jeune, Cuitlahuac, qui devint roi d'Iztapalapan et qui régnera à Mexico pendant quelques mois en 1520. Quatre de ses frères auraient péri sur le champ de bataille, dans les joutes fleuries contre les cités de la vallée de Puebla : Tlacahuepan et Ixtlilcuechahuac, morts à Huexotzinco ; Macuilmalinalli et Tecepatic ou Zazapatic, morts à Atlixco[9].

Les quinze premières années de la vie de Montezuma ont dû être celles de tout enfant noble de haut rang. Agé de six ou sept ans à peine, ses parents le confient à quelques pages qui sont ses compagnons de jeu, mais qui veillent à la correction de son maintien et de son comportement en toute circonstance. Il apprend à parler bien et poliment, à respecter les gens importants et les vieillards. Vers onze ans, les jeunes gens nobles entrent dans une sorte de couvent, le *calmecac*, où sont également formés les prêtres. Quant aux enfants royaux, ils fréquentent le *calmecac* de Tlillan, situé, comme les autres collèges, dans l'enceinte du Grand Temple. Le Tlillan (« noirceur ») est associé au temple de la déesse tellurique et guerrière Cihuacoatl, la patronne du territoire de Mexico, celle-là même qu'incarne le deuxième personnage de la hiérarchie, celui que les Espagnols qualifient de « vice-roi » des Mexicas.

L'éducation est sévère. Les enfants sont vêtus de la manière la plus simple et dorment sur des nattes grossières. Leur nourriture, spartiate, consiste en galettes de maïs que les prêtres leur jettent comme à des chiens. Ils apprennent le maniement des armes et accomplissent de menus travaux : chercher du bois, allumer le feu, balayer le temple. En même temps, ils s'exercent à faire pénitence et à chanter et danser en l'honneur des dieux. Ils doivent se lever en pleine nuit et se baigner dans l'eau glacée ; plus grands, ils veillent jusqu'à l'aube. On leur enseigne aussi la religion et le culte, la bonne administration du royaume et de la justice, l'histoire et les récits qu'il faut mémoriser à l'aide de ces aide-mémoire que sont les codex figuratifs.

Tout écart de conduite est réprimé avec vigueur. Pour les jeunes gens du commun, les châtiments les plus usuels sont les coups de verges ou d'orties et les piqûres avec des épines d'agave. Mais il n'est pas rare de suspendre un enfant par les pieds au-dessus d'un feu arrosé de piments, voire, s'il est un menteur invétéré, de lui couper un bout de lèvre. Ceux que l'on surprend en état d'ivresse sont mis à mort. Peut-être est-on plus clément avec les enfants royaux, encore qu'abondent les historiettes édifiantes montrant que la justice est la même pour tous [10]...

« Sachez, dit le roi à ses enfants, que ceux qui pleurent, s'affligent, soupirent, prient et contemplent, et ceux qui volontairement et de tout cœur veillent la nuit et se lèvent de bonne heure pour balayer les rues et les chemins, nettoyer les demeures, arranger les nattes et les sièges et préparer les lieux où Dieu reçoit les sacrifices et les offrandes, sans oublier d'encenser les dieux de bonne heure [...], ceux qui font cela se tiennent en la présence de Dieu, deviennent ses amis et obtiennent ses faveurs. Il leur ouvre ses entrailles pour leur donner dignités, prospérité et richesses, à la condition qu'ils soient hommes de valeur pour les entreprises de guerre. »

Car les honneurs, il faut bien se garder de les rechercher. Toute l'éducation tend à inculquer la modestie, l'humilité, la retenue, la mesure. Les mythes illustrent cela à merveille :

l'arrogance, l'orgueil, la vanité, l'ostentation sont toujours punis. Lors de la création du soleil à Teotihuacan, ce ne fut pas le vain et opulent Lune qui l'emporta, mais l'humble, pauvre et malade Quetzalcoatl-Nanahuatl. Aussi le roi exhorte-t-il son fils à ne pas être orgueilleux, superbe ou présomptueux. Si tel cousin est parvenu à la plus haute dignité, c'est parce qu'il était humble et respectueux, veillait et se prosternait à minuit, saisissait le balai le matin tôt et balayait et nettoyait les temples. Et depuis, malgré les honneurs, il n'a pas changé : « L'entends-tu jamais dire : "Je suis seigneur, je suis roi !" Il veille maintenant de nuit, il balaie et offre l'encens absolument comme auparavant. » « L'humilité, l'abaissement du corps et de l'âme, les pleurs, les larmes et les soupirs sont la vraie noblesse, le vrai mérite et le véritable honneur. Sache bien, mon fils, que jamais un superbe, un vaniteux, un présomptueux, un tapageur, n'a été élu roi. » « Cet honneur [d'être roi], ajoute le père, ne vient ni de moi, ni de ma valeur, ni de mes aspirations ; car je n'ai jamais dit : *je veux être ceci, je veux avoir cette dignité*. C'est Notre-Seigneur qui l'a voulu ; c'est un effet de sa miséricorde [...] personne n'est libre de choisir ce qu'il désire. [...] Écoutez encore une autre tristesse et angoisse qui m'afflige, à minuit, lorsque je me lève pour prier et faire pénitence [...] parce qu'aucun de vous ne me donne de la satisfaction et du contentement [...]. Appliquez-vous à l'*areyto* [la danse], à l'atabal [le tambour] et aux grelots ; apprenez à chanter ; vous réveillerez ainsi le peuple et vous ferez plaisir à Notre-Seigneur Dieu qui est en tous lieux. Vous emploierez ces moyens pour lui demander ses faveurs. »

Rien n'étant acquis dès le départ, il faut être préparé à faire face à toute éventualité : « Efforcez-vous de connaître quelque métier honorable comme l'est celui de fabriquer des objets en plumes, ou quelque autre art mécanique ; car ces choses peuvent servir à gagner la subsistance dans les moments de besoin. Portez vos soins surtout vers ce qui concerne l'agriculture [11]. »

Au *calmecac*, la chasteté était de rigueur. Quiconque couchait avec une femme était, paraît-il, brûlé vif, étranglé ou percé d'une flèche. L'adolescent doit vivre « proprement ». A celui qui « se rappelait la chair et la désirait », on conseillait : « Blesse-toi, châtie-toi et humilie-toi [...] car qui a faim et est maigre ne désire pas la chair. » Un exercice aussi prisé que révélateur — et donc périlleux — consistait à se passer dans le sexe, entre chair et peau, une corde épaisse comme le poignet ; seuls ceux qui étaient vierges ne tombaient pas évanouis [12].

C'est à de jeunes nobles du *calmecac* que s'adressent les conseils suivants, extraits de différents « discours d'un père à son fils » qui nous ont été conservés. Le jeune homme doit attendre l'âge requis et la femme que le destin lui garde en réserve pour s'adonner à des relations sexuelles. Il lui appartient d'être pur comme la turquoise ou le jade, à l'instar du prêtre ou du guerrier, car c'est « dans l'enfance, dans le temps de pureté, qu'on mérite une bonne mort » — et donc un destin heureux dans l'au-delà. Certes, la terre doit être peuplée et le sexe est dès lors indispensable ; mais il ne faut pas se jeter sur les femmes avec impétuosité, comme un chien, et surtout pas trop tôt, car on risque alors de s'épuiser, de devenir impuissant et de frustrer son épouse.

L'abus du sexe dessèche et consume sang, couleur, graisse et semence. « Même si tu as envie de femmes, recommande encore le père, résiste à ton cœur jusqu'à ce que tu sois un homme parfait et vigoureux ; considère que si on ouvre l'agave quand il est petit pour en extraire le miel, il manque de substance et de miel [13]. »

Même marié, il faut être modéré dans ses appétits sexuels, comme en tout du reste. Dans la rue, on marche avec calme, gravement et honnêtement, sans regarder de tous côtés. Il faut parler et s'habiller avec la même retenue. Manger et boire aussi, afin d'éviter, par exemple, de se faire empoisonner. Les femmes surtout sont redoutables à cet égard, car elles recourent sans scrupules aux aphrodisiaques et « celui qui boit ou mange ces choses s'obstine dans l'acte charnel jusqu'à en mourir ». « Lors donc que quelqu'un qui t'inspire des soupçons te donnera à boire ou à manger, ne l'accepte qu'après qu'il en aura goûté lui-même [14]. » Les rois aztèques n'en étaient pas encore arrivés à engager des goûteurs. A tort, comme le suggère la triste fin de Tizoc.

La rigueur de l'éducation au *calmecac* n'excluait pas les jeux. Certaine anecdote au sujet de Montezuma le montre dès son jeune âge tel qu'il apparaîtra plus tard : comme un grand guerrier et un chef implacable. Quand il joue à la guerre avec ses petits camarades, il se réserve toujours le rôle de général. Voyant un jour un garçon qui pleure parce qu'il a reçu un coup, il le fait revêtir d'une chemise de femme et lui interdit de participer encore aux batailles [15]. Viendra le jour, pourtant, où il sera lui-même traité de femmelette...

LE BRAVE QUI NE RECULE JAMAIS

Adolescent de quinze ans, le futur roi commence à se préparer au métier des armes et cinq ans plus tard, il fait son entrée sur le champ de bataille. On le confie à des guerriers chevronnés, choisis avec soin et que son père a invités à dîner et comblés de somptueux vêtements. Ce sont eux qui doivent veiller sur lui pendant la bataille, le former et lui apprendre à capturer des ennemis [16].

Très vite, il se révèle un guerrier redoutable. Lorsque Ahuitzotl soumet Cuauhtla, il brille par son courage et fait lui-même des prisonniers. Cela lui vaut d'être présenté à Ahuitzotl en qualité de vaillant et de recevoir des capes et des pagnes aux couleurs étincelantes, avec le droit de les porter. On le teint des couleurs du feu, le corps en jaune et la tête en rouge avec du jaune sur les tempes. Les captifs qu'il a faits sont immolés et le jeune prince acquiert ainsi un immense mérite devant les dieux.

Montezuma participe à plusieurs autres campagnes. Il s'y distingue tellement qu'il est fait *cuachic*, titre de haut grade réservé au vaillant qui a réalisé de nombreuses prouesses et qui ne recule jamais. Le *cuachic* ou « tête rasée » — sa chevelure forme une sorte de crête allant du front à la nuque, les côtés étant rasés — doit avoir capturé des soldats de régions diverses et notamment de Huexotzinco, d'où proviennent les guerriers les plus réputés et appréciés [17].

L'éducation du jeune homme est désormais achevée. A en juger d'après ses résultats, elle a été parfaite. Montezuma est doté de toutes les vertus qu'on attend d'un prince mexica. Réellement, car on connaît son caractère autrement que par les stéréotypes indiens qui lui attribuent tantôt toutes les qualités du bon roi, tantôt tous les défauts du mauvais. On dispose, en effet, des témoignages des Espagnols qui l'ont vu à l'œuvre et ils rejoignent les avis favorables des chroniqueurs indigènes.

Point important eu égard aux événements de la fin de son règne, Montezuma est un guerrier intrépide, plein d'expérience, sage et belliqueux à la fois. Il aurait remporté en personne dix-huit victoires sur le terrain [18]. Sage et mesuré, il l'est du reste en tout. Ses femmes sont bien traitées et il les honore dûment. Sa grande piété est notoire et il s'entretient fréquemment avec la statue de Huitzilopochtli dans le temple du dieu [19].

Vertueux, recueilli et grave, il fait observer les lois avec rigueur. Un jour, lors d'une chasse aux oiseaux, il se laisse aller à cueillir un épi de maïs particulièrement beau. Il veut voir le propriétaire pour demander son assentiment. Mais celui-ci l'a vu faire et l'apostrophe : « Seigneur si haut et si puissant, comment oses-tu emporter ces deux épis que tu m'as dérobés ? N'est-ce pas toi, seigneur, qui as édicté comme loi que celui qui volait un épi ou l'équivalent encourait la peine de mort ? » L'empereur veut lui rendre l'épi, mais l'homme l'arrête : « Seigneur, tel n'était pas mon intention, car le jardin et moi, ma femme et mes enfants, nous t'appartenons ; je voulais seulement faire une plaisanterie malicieuse. » Alors, en échange de l'épi, Montezuma donne son précieux manteau impérial.

Le lendemain, le mauvais plaisant est convoqué au palais. Terrorisé, il veut prendre le large, mais on le rassure. L'empereur, en le revoyant, dit aux nobles qui l'entourent : « C'est celui-là qui m'a volé ma mante. » Mouvement d'indignation. Montezuma les apaise aussitôt et, ayant ainsi rendu la monnaie de sa pièce au farceur, il poursuit : « Ce misérable a plus de courage et de fermeté que nous tous. Il a eu l'audace de me dire que j'avais enfreint mes lois, et il a dit la vérité. Je veux en effet qu'on me dise la vérité et non de belles paroles. » Et, conclut l'historiette, l'homme est fait seigneur de Xochimilco et Montezuma le considère désormais comme son parent [20]...

Sévère mais juste, il est dur envers lui-même et envers les autres, au point de ne pardonner jamais, voire d'être qualifié de cruel [21]. Un Espagnol qui a perdu deux serviteurs indiens demande à Montezuma de l'aider à les retrouver. L'empereur prisonnier promet. Deux jours plus tard, les fugitifs n'étant toujours pas revenus, l'homme revient à la charge avec insolence. Cortez le condamne à être fouetté. On supplie en vain l'empereur d'intervenir. Cortez, dit-il, agit en bon capitaine et l'individu mérite la mort [22]...

Les conquistadores qui furent en contact avec l'empereur le trouvèrent bon, affable et généreux, ce qu'on imagine fort bien lorsqu'on sait que Montezuma était leur prisonnier et les comblait de cadeaux [23]. Un certain Ojeda possédait une musette à plusieurs poches. L'empereur émerveillé la lui demanda et la reçut. Aussitôt, il sortit un sifflet pour appeler ses courtisans et leur ordonna de fournir à Ojeda deux belles Indiennes, des étoffes précieuses, une charge (55,5 litres) de cacao et divers joyaux [24]. D'aucuns voyaient en ce geste de la ruse plus que de la franche générosité [25]. Quoi qu'il en soit, un souverain mésoaméricain se devait d'être prodigue : n'était-il pas avant tout le grand redistributeur des richesses qui affluaient vers la cité ? On le qualifie aussi d'ambitieux et d'orgueilleux. Rien n'indique cependant que tel ait été le cas, hormis son souci d'assurer la grandeur et la cohésion de l'empire. Il est vrai que ses efforts dans ce sens ont été mal perçus, comme nous le verrons sous peu. Enfin, le chroniqueur officiel espagnol Herrera le dit inconstant, mais ce jugement lui est plus que probablement inspiré par son interprétation du comportement du roi durant la Conquête. Le fait est que personne ne vante sa fermeté.

Quoique réservé, Montezuma est un orateur-né et son discours charme par son élégance, sa profondeur et sa pénétration [26]. Sa culture est grande, il est versé dans tous les arts et connaît les jours et les influences divines qu'ils subissent [27]. Son austérité ne l'empêche pas d'aimer les fêtes, la danse, les plaisirs, les jeux et, en particulier, la pelote.

Au physique, il est vigoureux, excellent nageur, archer adroit et bon au maniement des armes [28]. Bernal Díaz del Castillo le décrit comme « de bonne stature et bien proportionné, mince, peu enveloppé. Son teint, pas très foncé, était de la couleur et de la nuance habituelles de l'Indien. Il portait les cheveux peu longs, de manière à lui couvrir les oreilles ; il avait la barbe rare, noire et bien plantée. Son visage un peu allongé était gai. Son regard avait de la dignité, témoignant d'ordinaire des sentiments de bienveillance et prenant de la gravité lorsque les circonstances l'exigeaient. Il était propre et bien mis ; il se baignait tous les jours une fois, dans l'après-midi ». Gómara, que le vieux conquistador Díaz utilise pour raviver ses souvenirs, le dit au contraire très brun et précise qu'il avait le menton orné de six poils longs comme la distance entre les extrémités du pouce et de l'index écartés [29].

Bientôt, l'empereur Ahuitzotl jugea le jeune homme digne de devenir *tlacochcalcatl*, « celui de la maison des javelines », un haut fonctionnaire à la fois civil et militaire qui faisait partie du conseil suprême. Rien ne devait se faire sans l'avis de ce « conseil des quatre » au sein duquel était choisi le nouveau roi[30]. La nomination était, en quelque sorte, une désignation comme héritier du trône.

LA CAMPAGNE D'AYOTLAN

Cependant, une caravane de négociants *(pochteca)* de Mexico qui s'était aventurée dans la région d'Ayotlan, aux confins du Mexique et du Guatemala, avait été attaquée par des troupes venues de Tehuantepec et de plusieurs autres cités.

Les expéditions commerciales, parfois extrêmement importantes, pouvaient mobiliser des hommes par milliers et mettre en jeu des richesses considérables. Elles suscitaient nécessairement des convoitises et même de la haine, car leur rôle était aussi de reconnaître et d'espionner au profit de la Triple Alliance. Les négociants repéraient les contrées profitables et en appréciaient les ressources économiques et militaires. Puis ils faisaient rapport et, si l'affaire semblait bonne, on envoyait des troupes pour conquérir la région. Dès lors, quand une caravane mexicaine sillonnait une région, on s'en méfiait.

Quoique attaquée par des forces nombreuses, la caravane d'Ayotlan était de taille à se défendre. Les *pochteca* parvinrent à gagner la ville de Cuauhtenanco et à s'y retrancher. On les y assiégea en vain pendant quatre ans. Plusieurs batailles eurent lieu. Les négociants et leurs hommes, visiblement aguerris, résistèrent et firent même de nombreux captifs, dont certains de haut rang.

Lorsque la nouvelle du siège parvint à Mexico, Ahuitzotl dépêcha une expédition de secours sous les ordres du *tlacochcalcatl* Montezuma. Peine perdue. En cours de route, des messagers vinrent annoncer au général que l'ennemi était en déroute et la ville d'Ayotlan prise. « Seigneur *tlacochcalcatl*, dirent-ils, soyez le bienvenu ; mais il n'est pas nécessaire que vous alliez plus avant, attendu que le pays est déjà pacifié et que votre aide n'est plus nécessaire. Notre seigneur Uitzilopochtli tient déjà la conquête en son pouvoir, et les marchands mexicains ont bien fait leur devoir[31]. »

Singulier devoir, dont l'accomplissement n'a pas dû enchanter Montezuma qui se voyait frustré d'une victoire glorieuse. Non seulement il aurait pu sauver la caravane, mais de plus il aurait ouvert définitivement la route vers les précieuses plumes de quetzal du Guatemala. A présent, c'était chose faite, mais sans lui. Il dissimula son déplaisir, mais n'oublia pas. Écoutons à ce propos les informateurs aztèques du moine Bernardino de Sahagún : « Le roi de Mexico aimait beaucoup les marchands et les traitants d'esclaves, comme ses propres enfants. [Ils étaient en effet indispensables.] Or, lorsqu'il les voyait s'enorgueillir et s'enivrer des faveurs de la fortune, il en devenait triste, cessait de les aimer et il cherchait quelque prétexte, avec apparence de bonnes raisons, pour les humilier et les faire périr sans motif véritable et sans autre mobile bien souvent que l'aversion que leur orgueil lui avait inspirée. Il donnait leurs biens aux vieux soldats de sa cour, appelés *quaquachictin* [pluriel de *quachic* — Montezuma en avait été un lui-même], et à d'autres, qui contribuaient à rehausser la pompe de son entourage. » Les marchands avaient donc intérêt à rester modestement à leur place et à dissimuler leur opulence, le plus souvent fort mal vue par les guerriers qui l'estimaient acquise à peu de frais. La rancune de Montezuma rejoignait opportunément son intérêt politique.

C'est vers cette époque que Montezuma, âgé de vingt-cinq ans peut-être, convola avec la fille du roi d'Ecatepec et succéda à son beau-père comme *tlatoani* de cette ville, située un peu au nord de Mexico.

L'ÉLECTION DU ROI DÉSIGNÉ

Peu après, en l'an 10 Lapin selon la plupart des sources, et alors que Montezuma guerroyait dans la vallée de Toluca [32], Ahuitzotl mourut [33]. Selon la source la plus crédible, il était tombé gravement malade à son retour de la campagne de Xoconochco (non loin d'Ayotlan), où il avait peut-être été empoisonné. Il se serait desséché au point de n'avoir plus que la peau sur les os [34]. Une version plus tardive, dont nous avons déjà pris connaissance, affirme qu'il mourut des suites du coup qu'il avait subi lorsqu'il s'était heurté la tête à un linteau de son palais, en essayant de fuir l'inondation de 1498 [35].

La date a son importance, car elle montre encore combien nous devons nous méfier des récits « historiques » aztèques. C'est en cette

Début du règne de Montezuma II. D'après le *Codex Tellerianus Remensis*.
An 10 Lapin : mort d'Ahuitzotl et accession de Montezuma II (avec
son glyphe, le diadème seigneurial).

même année en effet que mourut, en France, Charles VIII, pour s'être
lui aussi cogné la tête à un linteau de porte au château d'Amboise.
Sauf coïncidence extraordinaire, les chroniqueurs indiens d'après la
Conquête se sont inspirés de cet événement pour expliquer la mort (à
retardement) d'Ahuitzotl. Nous aurons l'occasion de découvrir un
autre exemple où l'histoire de France a servi de source d'inspiration à
des historiens aztèques en mal d'anecdotes.

Ahuitzotl était donc descendu dans le monde souterrain, le
Lieu des Décharnés ou Ximoayan, chez le seigneur du pays des
morts, Mictlantecuhtli. Comme il était roi et qu'il avait acquis
du mérite considérable ici-bas, il n'était pas condamné à demeurer
dans ce sombre séjour jusqu'à sa dissolution totale. Au contraire,
une fois décharné et débarrassé de son enveloppe matérielle, il
irait rejoindre ses ancêtres dans la lumière du soleil matinal, en
compagnie du Colibri Gaucher et, l'après-midi, il se transformerait
en oiseau butinant les fleurs du paradis[36].

Au moment où la dépouille mortelle du souverain fut brûlée et
ses cendres enfouies dans le sanctuaire de Huitzilopochtli, au
pied de la statue du protecteur de cette nation dont Ahuitzotl, à
l'instar du dieu, avait été le cœur[37], le soleil se coucha. Le roi
mort, le monde était dans les ténèbres, livré à l'anarchie et au

chaos. Les cités soumises se révoltaient, les prétendants au trône intriguaient. Il fallait assurer au plus tôt la continuité du pouvoir et juguler les forces infernales déchaînées. Le soleil devait se lever à nouveau, il fallait élire un nouveau roi [38].

« Elire » est une façon de parler. Autrefois, toute la population, ou du moins ses représentants, choisissait, dans le lignage royal, le frère ou le fils qui paraissait le mieux convenir. Huitzilihuitl aurait été choisi par les chefs des quatre grands quartiers de Mexico, mais tous les citoyens, hommes, femmes et enfants, auraient été consultés pour approuver ce choix, « car sans leur avis rien n'était fait [39] ». Chimalpopoca lui aussi fut élu par « consensus de la communauté mexica tout entière », Itzcoatl par l'« assemblée des Mexicains » et Montezuma Ier « par les seigneurs et les gens du commun ».

Avec Axayacatl, les choses changent. A la mort de Montezuma Ier, le *cihuacoatl* de la cité n'était autre que Tlacaelel, le frère jumeau du souverain défunt. Tlacaelel convoqua donc « les principaux et seigneurs de Mexico » qui, au nom du peuple, le désignèrent. Il déclina l'offre et proposa de consulter les rois alliés de Texcoco et de Tlacopan. Sur ce, les électeurs confièrent au *cihuacoatl* et aux deux rois le soin de choisir le nouveau souverain.

L'introduction des deux souverains alliés parmi les électeurs correspondait à une réalité politique. L'aire de domination de la Triple Alliance s'était agrandie de façon démesurée, cependant que la prépondérance de Mexico s'affirmait de plus en plus nettement. Ce n'était donc plus seulement le roi de la cité qu'on nommait, mais aussi le véritable chef de l'empire, et il n'était que normal que les principaux alliés fussent au moins consultés. Un document dit explicitement que l'élection d'un roi de la Triple Alliance devait être confirmée par ses deux collègues [40].

Pour les deux rois suivants, Tizoc et Ahuitzotl, pourtant, le dominicain Durán ne mentionne à nouveau que « les seigneurs et tout le peuple » ou, plus précisément, « tous les seigneurs et les grands et tous les principaux et les chevaliers de la cour et, avec eux, tous les chefs et sous-chefs de quartier et les personnes investies de toute espèce de charge [41] ». Dans une autre source majeure rédigée en aztèque, mais plus tardivement, les informateurs de Sahagún insistent sur le rôle important des guerriers et des prêtres, énumérant les chefs et les guerriers éprouvés, les vaillants, les jeunes braves, les chefs des jeunes, les gouvernants et les prêtres [42]. Faut-il en conclure que les rois de Texcoco et de Tlacopan n'avaient plus voix au chapitre ? Probablement non. Durán et Sahagún se bornent ici à énumérer les électeurs de la seule cité de Mexico, mais il est évident que les grands alliés ne pouvaient plus être négligés.

L'élection était donc plutôt théorique. On sait que le choix se limitait aux membres du lignage royal, c'est-à-dire aux frères du roi et à ses fils, de préférence ceux issus de l'épouse principale, une Mexica [43]. A une époque difficile à déterminer, le choix se restreignit encore pour se limiter aux membres princiers du conseil des quatre ! Celui-ci se composait de trois nobles — les frères du roi ou ses parents les plus proches — et d'un roturier. Les informations sur leurs titres diffèrent. On cite, par exemple, dans l'ordre, le *tlacochcalcatl*, le *tlacatecatl*, l'*ezhuahuacatl* et le *tlillancalqui* [44]. En principe, ces quatre hauts dignitaires étaient élus en même temps que le roi, mais dès que l'occasion s'en présentait, celui-ci y introduisait le parent qu'il regardait comme son successeur. La marge de manœuvre laissée aux électeurs était dès lors réduite à trois personnes tout au plus [45]...

Au lendemain des funérailles d'Ahuitzotl, les grands seigneurs de Mexico, les rois de Texcoco et de Tlacopan et ceux des cités soumises à l'empire se réunirent pour délibérer sur le choix du successeur. Le *cihuacoatl* présidait la réunion. On peut supposer qu'une assemblée des seules instances mexicas s'était déjà réunie et qu'elle avait « choisi » le *tlacochcalcatl*. A présent, c'était aux grands et à l'empire qu'il appartenait de se prononcer.

Le roi de Texcoco, Nezahualpilli, « principal électeur » selon la *Chronique X*, prit la parole le premier : « Valeureux roi de Tlacopan et grands seigneurs de Mexico et des autres provinces de Chalco, de Xochimilco et de la Terre chaude, vous êtes ici présents avec tous les autres seigneurs, pour que vos voix et vos avis permettent de choisir un luminaire qui nous éclaire comme un rayon de soleil, un miroir dans lequel nous nous regarderons tous, une mère qui nous recueille dans son giron, un père qui nous porte sur les épaules et un seigneur qui régisse et gouverne la seigneurie mexicaine et qui soit la protection et le refuge des pauvres, des orphelins et des veuves et qui compatisse avec ceux qui, à très grande peine, marchent jour et nuit à chercher par monts et par vaux de quoi nourrir leur maisonnée.

« S'il n'y avait plus de lumière dans notre empire, il pourrait arriver que les nouvellement soumis à la couronne se rebellent en s'y soustrayant, sans compter que nous sommes entourés de nombreux ennemis, comme les Tlaxcaltèques, les Tliliuhquitépèques, le Michoacan et bien d'autres et très grandes provinces d'ennemis qui pourraient avoir l'audace de marcher contre nous.

« Et puisqu'il vous appartient d'élire, puissants seigneurs, étendez le regard, car vous avez amplement de quoi regarder, car voici présente toute la noblesse mexica, plumes richissimes tombées des ailes et de la queue de ces excellents dindons que furent les rois d'autrefois, joyaux et pierres précieuses détachés de leur cou et de leurs poignets, voici les cils et les sourcils tombés des yeux de ces valeureux princes de Mexico, qui ennoblissent cette cour. Tendez la main vers celui qui vous plaît le plus.

« Axayacatl, le valeureux roi, a laissé des fils. Son frère Tizoc a laissé des fils. Ce sont tous des princes de grande estime et de valeur et de grandeur d'âme signalées. Et si ceux-ci ne vous conviennent pas, approchez les grands, car parmi eux vous trouverez des petits-fils et des arrière-petits-fils, des neveux et des cousins de ces anciens rois fondateurs de cette cité. Certains sont devenus des chanteurs, d'autres des *cuachicme*, d'autres des Otomis [guerriers particulièrement redoutables, comme le peuple du même nom et comme les *cuachicme* au crâne rasé], et les autres vous empruntent vos noms et surnoms de *tlacatecatl*, *tlacochcalcatl*, *tiçociahuacatl*, *acolnahuacatl*, *ezhuahuacatl* et bien d'autres encore, et d'autres plus jeunes qui résident au *calmecac*... Considérez que point n'est besoin de sortir de cette pièce où nous sommes. Tendez la main, désignez entre tous celui qui vous plaît le plus, vous n'en montrerez aucun qui ne constituera une puissante muraille contre nos ennemis. »

Ce discours n'aura assurément pas été prononcé tel quel, mais il donne bien le ton de ce genre de délibération et contient toute une série de métaphores authentiquement aztèques. De plus, il nous instruit sur la formation des princes et montre qu'on conservait au moins la fiction d'un choix et d'une élection réels.

Le *cihuacoatl* remercia le roi de Texcoco, mais demanda qu'on ne choisisse pas quelqu'un de trop jeune qu'il faudrait « envelopper et développer » au lieu de l'être par lui, ni quelqu'un de trop âgé, sous peine de devoir procéder bientôt à une nouvelle élection [46]. Puis il passa brièvement en revue les principaux candidats, six ou neuf fils d'Axayacatl, sept de Tizoc et trois d'Ahuitzotl.

On discuta. Montezuma fut élu à l'unanimité, car il était « d'un âge qui convient très bien et très recueilli et vertueux et très généreux, d'âme invincible, et orné de toutes les vertus qu'on peut trouver dans un bon prince ; son conseil et ses avis étaient toujours fort judicieux, en particulier sur les choses de la guerre, dans lesquelles on l'avait vu ordonner et entreprendre des choses qui étaient d'un courage invincible [47] ».

Le chroniqueur Ixtlilxochitl laisse entendre que, normalement, le fils aîné d'Axayacatl, Macuilmalinalli (« 5 Herbe »), aurait dû être élu et qu'on lui préféra Montezuma grâce à l'intervention désintéressée du roi de Texcoco, Nezahualpilli, beau-père de Macuilmalinalli. Plus tard, Nezahualpilli aurait eu toute occasion de regretter son geste. En 1508, explique Ixtlilxochitl, Montezuma s'arrangea secrètement avec Atlixco pour que Macuilmalinalli soit vaincu et tué au cours d'une bataille contre cette cité. L'héritier encombrant mourut en effet, de même qu'un autre grand seigneur mexica et 2 800 hommes.

Ces informations ne méritent pas grand crédit. En fait, l'auteur, issu de la famille royale de Texcoco, veut simplement faire croire que Montezuma devait son trône à son ancêtre Nezahualpilli. L'idée selon laquelle le fils aîné doit succéder est non seulement contraire au principe de l'élection, qu'Ixtlilxochitl mentionne pourtant, mais elle est surtout texcocaine, ou européenne, au choix. A Mexico, un frère du roi ou n'importe quel fils pouvait être élu. Montezuma n'avait dès lors pas de raison de supprimer cet infortuné 5 Herbe plus qu'un autre, et certainement pas si longtemps après son avènement. Cela dit, qu'il ait pu juger bon d'éliminer quelques frères ou cousins lors de son accession au pouvoir est fort possible — et on l'en a accusé [48]. Mais en 1508, tout péril était écarté. Le chroniqueur ne croit pas trop lui-même, du reste, à sa sombre machination. Dans un autre texte, il donne une version différente : Axayacatl eut deux fils légitimes, Tlacahuepan et Macuilmalinalli, qui, désespérés de n'avoir pas été choisis, allèrent mourir à la guerre contre Tlaxcala [49]...

L'intronisation d'un souverain

Le roi étant élu, on procéda sans délai à son intronisation. Au début de l'histoire de Mexico, les rites étaient relativement sobres. Le candidat était installé sur le trône, un siège de vannerie doté d'un haut dossier et recouvert de riches peaux. On le couronnait du diadème bleu turquoise, pourvu à l'avant d'une plaque triangulaire, le *xiuhuitzolli* du seigneur *(tecuhtli,* chef de lignage ou de maison noble), et on procédait à l'onction divine. Son corps était complètement teint en noir avec une mixture qui était censée rendre infatigable et intrépide. Les prêtres la préparaient à partir de cendres d'araignées, de scorpions, de mille-pattes, de geckos, de vipères, etc., mélangées avec du tabac, des scorpions, des araignées, des vers poilus venimeux et des semences hallucinogènes broyés [50]. Dans la main droite, on lui mettait une épée de bois à tranchants d'obsidienne, dans la gauche une rondache, puis on le revêtait des atours de la divinité qu'il souhaitait représenter ici-bas. Paré de la sorte, le roi montrait clairement qu'il était prêt à mourir pour défendre la cité [51].

Le temps passant et l'empire s'agrandissant, les cérémonies devinrent de plus en plus complexes et grandioses. Nous en possédons plusieurs descriptions qu'il est malheureusement impossible de concilier dans le détail [52]. La structure du cérémonial paraît inspirée des rites d'investiture d'un *tecuhtli* (seigneur) : d'abord, on lui confère certains insignes de son rang, puis intervient une période de jeûne et de pénitence, et ensuite a lieu l'investiture décisive.

La version la plus complète nous vient ici encore de la *Chronique X* [53]. Une fois l'empereur désigné, on le chercha en vain. Voyant tout le monde en sa faveur, il s'était retiré dans l'édifice des aigles, près de la pyramide principale de Mexico, où il avait l'habitude de prier et de faire pénitence. C'est là qu'on finit par le trouver. Entre-temps, dans la salle d'élection, on avait allumé un feu et disposé tout autour les atours et insignes royaux, un encensoir avec du copal (encens), des os de jaguar, d'aigle et de « lion » ainsi qu'une calebasse à tabac.

Le rôle du feu, ou, plus précisément, du dieu du feu, le Seigneur de Turquoise, était essentiel. Il est en effet à l'origine et à la fin de toute chose. Au début d'une ère, Vénus, la première lumière du monde, est une boule de feu assimilée au feu culinaire.

Le soleil naît d'un sacrifice par le feu. A la fin du Soleil toltèque, Quetzalcoatl, l'astre de cet âge, le soleil couchant, s'immole lui aussi dans un brasier. C'est en allumant du feu que, tous les cinquante-deux ans, on assurait le retour du soleil. Les hommes sont faits à partir d'étincelles produites dans le plus haut des cieux par le couple suprême. Quand ils naissent, leur purification se fait par l'eau et le feu, près d'un foyer allumé[54]. C'est en présence du feu toujours qu'ils se marient. Et quand ils meurent, on les brûle. Principe et fin encore, c'est le dieu du feu qui initie et clôture le cycle des fêtes de l'année solaire.

La présence du feu au début d'un règne n'a donc rien qui doive surprendre. On disait au demeurant que les rois élus le jour 1 Chien, consacré au feu, Xiuhtecuhtli, le Seigneur de Turquoise, auraient un règne heureux. Les festivités avaient alors lieu trois jours plus tard, en 4 Roseau, date anniversaire et nom de calendrier du dieu du feu[55]. La solidarité entre le feu et le roi ressort aussi du fait que Xiuhtecuhtli était un des dieux appelés *tecuhtli*, seigneur, et portait dès lors le diadème de turquoise. D'autre part, la turquoise est la couleur royale par excellence.

Lorsque l'élu entre dans la salle, tout le monde s'incline très bas et il fait de même, l'air serein et grave. On lui fait prendre place sur un siège près du brasero et son oncle, le *cihuacoatl* Tlilpotonqui, prend la parole. « Seigneur, écoute ce que je veux te dire, au nom de tous ces seigneurs. Tu sais bien que nous tous présents ici sommes tes frères et tes parents très proches. Eux et moi, nous t'avons choisi, au nom du dieu de la création, le seigneur par qui nous vivons et dont nous sommes les créatures, celui qui par son seul conseil et sa seule volonté se meut sans être mû et qui, tel un véritable lapidaire, t'a sélectionné comme une pierre très précieuse et t'a poli et dépuré pour faire de toi le bijou de son bras et le joyau de son cou. C'est ce qu'ont fait aussi tous les seigneurs ici présents. Comme de vrais orfèvres ou lapidaires qui connaissent la valeur de l'or et des pierres précieuses, ils ont découvert un vase, un joyau précieux entre beaucoup sur la terre, et tous ici, d'une même voix, t'ont nommé et dit le parangon de la vertu. Ils t'ont fait digne de la primauté de Mexico et de toute sa grandeur. Et puisqu'ils l'admettent, il doit en être ainsi. La chance t'ayant désigné, assieds-toi, laisse ce qui est infime et bas et jouis de ce que te concède le dieu de la création. »

D'après certaines illustrations de codex du XVIᵉ siècle, le futur roi n'était vêtu que d'un simple pagne. Avant de le parer des atours qui faisaient de lui un autre homme, on lui attribuait un nouveau nom [56]. Montezuma reçut celui de son grand-père, Motecuhzoma, dont on espérait sans doute qu'il égalerait la grandeur, et qui signifie « Celui qui s'irrite en seigneur ». L'allusion à son caractère sourcilleux et altier est nette. Pour le distinguer du premier Montezuma, on le surnomma « le Vénérable Cadet » (Xocoyotzin).

Les rois de Texcoco et de Tlacopan prennent alors Montezuma par le bras et l'assoient sur le « trône de l'aigle » ou « du jaguar » *(cuauhicpalli, oceloicpalli)*. Ils lui coupent les cheveux comme il convient au roi. Puis, avec un os aiguisé de jaguar, ils lui perforent le cartilage du nez, comme on le faisait à tout *tecuhtli*, et y insèrent un ornement tubulaire de jade ou d'or. Ses oreilles sont décorées de pendants discoïdes et la lèvre inférieure, perforée, d'un précieux labret. Des ornements de ce type subsistent encore. Qu'on imagine par exemple un tube de pierre semi-précieuse ou d'or, long de cinq centimètres. Il est pourvu, d'un côté, d'un embout plat qui maintient le bijou dans la bouche, et, de l'autre, d'une merveilleuse petite tête d'aigle au plumage détaillé avec soin et d'un réalisme saisissant.

Ensuite, les deux rois vêtent Montezuma d'une mante réticulée bleue enrichie de pierreries, d'un pagne, de sandales dorées et bleues, et lui mettent sur le dos un des attributs habituels des prêtres, une calebasse remplie de tabac. Celui-ci, censé donner de l'endurance, est considéré comme la chair même de la déesse Serpent Femelle, Cihuacoatl. Porter cette déesse de la terre et du foyer sur le dos, c'est en quelque sorte porter sa propre énergie divinisée. Enfin, on lui ceint la tête du diadème *xiuhuitzolli*, de turquoises et d'or, et il reçoit dans les mains une rondache et une épée, ou des javelines, symbolisant son pouvoir judiciaire [57]. Puis on l'encense et le salue comme souverain. Il est désormais le *huey tlatoani*, le Grand Orateur, et le Seigneur des Colhuas (Colhuatecuhtli).

Montezuma se lève, saisit l'encensoir, y répand du copal et se met à encenser les dieux en général et le dieu du feu en particulier. Prenant ensuite les poinçons, il se saigne les oreilles avec l'os de jaguar, les mollets avec l'os de puma et l'arête du tibia avec l'os d'aigle. Le sang est jeté au feu, qui reçoit aussi des cailles décapitées au fur et à mesure. Puis le nouveau roi se rassoit. Des seigneurs soulèvent son trône, le prennent sur les épaules et

Couronnement de Montezuma. Durán, *Historia...*, 1867-1880.

conduisent ainsi Montezuma au sommet de la pyramide principale. Là, il répète les pénitences et les sacrifices auxquels il vient de se livrer, d'abord devant Huitzilopochtli, ensuite sur le « vase de l'aigle ». C'est un gigantesque récipient de pierre en forme de cylindre bas. Des reliefs le décorent, figurant, sur le pourtour, les principales conquêtes de l'empire aztèque et, sur la surface supérieure, le disque solaire. Au centre de ce disque est creusée une cavité destinée à recevoir le sang et les cœurs des victimes humaines sacrifiées. Un chenal conduit le sang jusque dans la gueule du monstre de la terre, au bas de la frise des conquêtes, de sorte que quand on dépose des offrandes dans le récipient, on alimente du même coup Soleil et Terre.

C'est sur ce monument, à la fois très fonctionnel et hautement symbolique de la mission cosmique impartie à la royauté aztèque, que Montezuma offre son propre sang et celui de nombreuses cailles en prémices au Soleil et à la Terre. Puis il encense les quatre horizons et procède encore à des macérations et à l'immolation de cailles, d'abord dans le sanctuaire de la déesse

Cihuacoatl, le Tlillan, puis au Yopico, le temple du dieu à peau d'écorché, Xipe Totec [58].

L'univers entier reçoit ainsi son dû. D'abord, les termes opposés : le soleil et la terre, ou la lumière et les ténèbres, d'une part sous l'aspect du disque et du monstre tellurique (sur le *cuauhxicalli*), d'autre part sous ceux de Huitzilopochtli et de Cihuacoatl. Huitzilopochtli, le dieu lumineux des Mexicas, le guerrier conquérant qui conduit son peuple vers la Terre promise et, de là, vers l'empire du monde ; Huitzilopochtli, que l'empereur représente ici-bas. Puis Cihuacoatl, la déesse tellurique représentant la femme au foyer et les autochtones, déesse dont le « vice-roi » de la cité porte le nom. Et enfin Xipe, le dieu qui endosse la peau du vaincu, à l'instar du vaillant sur le champ de bataille, le dieu de la purification et de l'union des contraires, du soleil lunaire de l'après-midi, troisième terme de ce que le chroniqueur espagnol Durán appelle une véritable « Trinité », celui, enfin, dont Montezuma revêt volontiers les atours lorsqu'il part en guerre [59].

A en croire la *Chronique X*, Montezuma se rend ensuite à son palais pour y entendre les discours et recevoir l'hommage des rois de l'empire. Il n'est pas fait mention de la période de jeûne qui accompagne habituellement les cérémonies importantes. Or, ce jeûne est mentionné dans les autres textes qui décrivent l'investiture du *tecuhtli* ou l'intronisation du roi. Il se situe après les rites dans les temples.

L'empereur se retire dans l'« édifice des dignitaires » *(tlacatecco)*. Vêtu d'une courte tunique bleue sans manches *(xicolli)*, portant sur le dos sa calebasse à tabac et à la main son sac à encens, le visage caché par une mante de jeûne ornée d'ossements, il y reste enfermé pendant quatre jours, en compagnie des membres du conseil des quatre, élus en même temps que lui. Pendant tout ce temps, il demeure assis, méditant sur sa tâche. A midi et à minuit, il monte au sommet de la pyramide pour y brûler de l'encens ; à minuit, il offre aussi son sang et se baigne. Un seul mets, maigre de surcroît, lui est accordé, avec de l'eau. Au terme des quatre jours, on le baigne rituellement pour le purifier. Paré à nouveau des atours royaux, il va danser gravement sur la grand-place, en compagnie de tous les personnages importants. En fin d'après-midi, il se rend à son palais pour recevoir les rois, les hauts dignitaires, les chefs de quartier et d'autres responsables [60].

Nezahualpilli de Texcoco s'adresse le premier au souverain qui l'écoute, l'air serein et paisible :

« Seigneur, puissant par-dessus tous ceux de la terre ! Les nuages se sont enfin dissipés, l'obscurité dans laquelle nous étions plongés a été chassée. Le soleil s'est enfin levé, enfin la lumière du jour nous est venue [...]. Ces ténèbres furent provoquées par la mort du roi votre oncle. Mais aujourd'hui, la chandelle et la torche qui doivent être la lumière de Mexico ont été rallumées. On a mis devant nous un miroir dans lequel nous devons nous regarder.

« Le haut et puissant seigneur t'a donné son royaume et t'a montré du doigt l'emplacement de son siège. Va donc, mon fils, commence à travailler dans ce champ des dieux [...]. Il te faut tout particulièrement veiller à te lever à minuit et à observer les constellations des quatre coins du monde : les étoiles de Saint-Pierre (Mamalhuaztli), celles du Terrain de jeu de balle, au nord (Citlaltlachtli), les Pléiades (Tianquiztli) et le Scorpion (Colotlixayac). Nourris aussi les quatre divinités qui nous ont guidés ici et qui à présent gardent les points cardinaux. Et lorsque l'aube point, il te faut bien tenir compte de l'étoile Xonecuilli qui est la Croix de Saint-Jacques, et de l'étoile du matin Tlahuizcalpantecuhtli, de sorte que, quand elle se lève, tu fasses la cérémonie qui consiste à te baigner et à laver tes taches, puis à t'oindre avec le bitume divin, à te saigner et prendre l'encensoir et à offrir tes encens et sacrifices aux dieux, et puis contempler les lieux cachés des cieux. En même temps, tu dois descendre aux neuf replis de l'abîme et au centre de la terre, où se trouvent les trois maisons du feu.

« Il t'appartient de pourvoir de vivres et de sustenter la machine mondiale, machine dont le royaume est la racine, le nombril et le cœur. Les quatre parties du monde ont les yeux fixés sur toi. Si elles te donnent un glaive et un bouclier, c'est pour que tu mettes ta vie au service de la chose publique, te chargeant ce jour des monts, des collines, des plaines, des grottes, des ravins, des cours d'eau et des mers, des sources et des fontaines, des rochers et des arbres ; tout, enfin, t'est confié et tu dois regarder tout et veiller à ce que cela ne se défasse ni ne s'annihile.

« Tu dois tenir compte des monts et des déserts où se rendent les fils de dieu pour faire pénitence et vivre dans la solitude des cavernes. Tu dois tout préparer et tenir prêt. Et voici ce que je dois te recommander bien plus particulièrement, les choses du culte divin et la vénération des dieux et l'honneur des prêtres et que leur pénitence aille fort avant, ce à quoi tu dois les encourager et donner l'aide nécessaire. »

Puis Totoquihuaztli de Tlacopan prend la parole :

« O mon fils, tu as entendu les avis que t'a donnés le roi de Texcoco. Mais considère que bien d'autres choses te sont recommandées dans la fonction que tu as prise et la charge que tu t'es mise sur le dos. Souviens-toi des vieux et vieilles qui ont passé le temps de leur jeunesse au service de la république et qui à présent, alors que leurs cheveux sont devenus blancs, ne peuvent plus travailler et meurent de faim. Tiens compte des pauvres *macehuales* [gens du commun], car ils sont les ailes et les plumes, les pieds et les mains des cités. Veille à ce qu'ils ne soient ni maltraités ni opprimés, et que leur justice ne périsse pas parce que personne ne parle pour eux [...]. Et pour tout tu dois rendre grâces au seigneur de la création. Telle est la fonction royale en laquelle on t'a placé. Ni la boisson ni la nourriture ne doivent t'y paraître savoureuses, du fait de l'attention qui doit t'occuper et dans laquelle tu dois toujours être plongé, voyant que toute la surface de la terre dépend de ton gouvernement [61]. »

D'autres rois et les grands du royaume ainsi que des prêtres et des marchands de haut rang viennent faire d'autres recommandations encore. Il convient que le roi accroisse la gloire de Huitzilopochtli et amplifie sa pyramide. L'empire doit être étendu et la cité défendue en évitant qu'elle ne soit divisée ou ridiculisée. Montezuma doit maintenir la paix civile en rendant la justice, en consolant les affligés et en punissant les méchants ; en gouvernant ; en fortifiant et en réjouissant la cité dont il est la protection, l'ombre et l'abri. Il lui appartient de commander aux seigneurs et de les consoler, de veiller à ce que les guerriers puissent faire la guerre, de laver les pauvres, les sales, les vicieux. Il est à la fois le père et la mère du peuple, son cœur, son esclave et l'époux de la cité [62].

Ces différents discours montrent bien ce qu'était la tâche du roi ici-bas. Le roi est d'abord celui qui éclaire et un exemple pour chacun. Il est en effet lumière dans le ciel — le soleil — et sur terre — torche, chandelle. Celle-ci, évidemment anachronique, est introduite ici pour rendre un « binôme » aztèque, c'est-à-dire une description par deux équivalents ou deux aspects complémentaires. Puis on passe à son rôle et, en tout premier lieu, à son devoir cosmique de maintien de l'ordre dans l'univers.

Pour que tout y soit parfait, il faut que le centre et les quatre horizons soient à leur place. Aussi le roi doit-il observer, à minuit, les étoiles des points cardinaux et « nourrir » les gardiens de ces points.

Ces quatre divinités nous sont bien connues. Le somptueux codex précolombien *Borgia* les montre faisant le geste de supporter la voûte céleste. Ce sont Macuilxochitl (5 Fleur), qui est un représentant des guerriers héroïques, Tlaloc, Tlazolteotl, déesse de la terre et de la souillure, et enfin Quetzalcoatl-Ehecatl. Or, il est frappant de constater que, lorsque le roi de Mexico mourait, son corps était revêtu des atours de ces divinités [63]. Probablement signifiait-on par là que le roi devenait, ou avait été de son vivant, un porteur du ciel. On affirmait en effet qu'il empêchait la voûte céleste de s'effondrer [64], comme elle l'avait fait au terme d'une ère précédente. De cette manière, il maintenait les choses en place, à l'instar, par exemple, du pharaon égyptien.

Passons du plan horizontal à un axe vertical. Le roi doit également surveiller les cieux, le centre de la terre (où se trouvent les trois pierres du foyer, cœur de toute demeure et, dans le cas présent, de la maison qu'est la terre couverte par la voûte céleste) et les neuf parages du monde souterrain, quitte à y descendre s'il en est besoin. L'ordre doit régner dans l'espace, mais aussi dans le temps : il faut que l'astre du matin amène le jour. Pour que tout fonctionne bien, le souverain doit mériter, en faisant pénitence et en veillant aux choses du culte. Il doit « sustenter la machine mondiale », ou, comme le dit plus clairement un autre discours d'intronisation [65], nourrir de sang Soleil et Terre. Il doit donc faire la guerre ; aussi arme-t-on son bras. Il lui incombe également de faciliter la besogne des prêtres, car ils l'assistent dans sa tâche cosmique.

Toujours dans le même ordre d'idées, Montezuma maintiendra tel quel l'environnement (monts, plaines, mers, cours d'eau) et en particulier des lieux tels que les grottes, les sources, les rochers et les arbres, où se manifeste si fréquemment le sacré. C'est lui qui fait « marcher le soleil, pleuvoir les nuages, courir les cours d'eau et que la terre produise toutes les subsistances [66] ». Car Tlalteotl ne donne de fruits que si elle est régulièrement irriguée de sang et nourrie de corps de sacrifiés.

En faisant la guerre pour maintenir en marche la machine mondiale, Montezuma agrandit l'empire et, du même coup, la gloire de la cité. La gloire du dieu de la cité aussi, Huitzilopochtli, que le roi représente et avec lequel les Mexicas sont liés par une alliance. Le signe le plus manifeste par lequel le souverain témoigne de son zèle pour Huitzilopochtli est l'amplification de sa pyramide. Il était en effet de coutume en Mésoamérique d'agrandir un édifice en lui accolant une façade nouvelle ou en l'englobant dans une structure analogue mais plus vaste. Des fouilles menées à l'emplacement du Grand Temple de Mexico aux alentours de 1980 ont permis de constater que la pyramide principale avait fait l'objet de quelque douze amplifications !

Si le roi de Texcoco énumère les tâches cosmiques de l'empereur, le *tlatoani* du membre le moins important de la Triple Alliance, Tlacopan, rappelle quant à lui au nouveau souverain qu'il est responsable de la prospérité et du bien-être de la cité. Il doit faire régner la concorde et la justice, veiller à ce que chacun, à sa place, puisse faire son devoir, protéger les plus faibles, laver les souillés en les purifiant par le rite ou en leur infligeant le châtiment qu'ils méritent.

Montezuma répond avec humilité, protestant en pleurant de son indignité et invoquant la faveur des dieux. Puis il remercie tout le monde et se retire dans ses appartements. La première phase de son intronisation est terminée. Maintenant, il lui reste à entreprendre une guerre qui montrera son aptitude au commandement et son courage. Une guerre, aussi, qui ramènera la paix dans les provinces et qui manifestera clairement que Mexico a un nouvel empereur. Une guerre, enfin, qui fournira à l'élu un nombre suffisant de prisonniers à sacrifier pour inaugurer dignement son règne.

CHAPITRE III

La guerre du soleil levant

LA BATAILLE D'ATLIXCO

Il était donc de coutume, pour les rois de Mexico, de faire une première campagne avant de voir leur intronisation confirmée par l'empire. Les prisonniers faits à cette occasion étaient immolés lors des cérémonies finales du couronnement. Leur sacrifice donnait un éclat tout particulier à la solennité. Il parait le roi d'un halo de sacralité et augmentait le prestige de Mexico ; il impressionnait les alliés et terrorisait les ennemis [1].

Mais cette campagne, dite de « lavage des pieds » royaux, avait aussi, et peut-être surtout, une raison d'être mythologique. Il s'agissait en effet de réactualiser la première guerre de l'ère, celle qui s'était produite immédiatement après la première apparition du soleil. Un début de règne n'était-il pas le commencement d'une petite ère ? Et l'avènement du roi n'était-il pas le lever du soleil ?

On se rappelle qu'après son immolation à Teotihuacan, Quetzalcoatl-Nanahuatl était apparu comme soleil et avait instauré la guerre sacrée. Mixcoatl et ses trois frères avaient été chargés de faire la guerre aux quatre cents Mimixcoas pour le nourrir lui et leur mère la terre. Depuis, chaque fois que des prisonniers de guerre étaient mis à mort, ils représentaient les Quatre Cents et étaient parés comme eux.

Les sources diffèrent quant à l'objectif de cette première campagne. La *Chronique X* parle de rébellions à réduire à Icpatepec et Nopallan, tandis que le moine Juan de Torquemada parle d'Atlixco.

Icpatepec et Nopallan paraissent peu probables pour deux

raisons. D'abord, ce sont des destinations lointaines. Nopallan se situe à une trentaine de kilomètres au nord de Puerto Escondido, soit à environ 760 kilomètres de Mexico. Icpatepec — actuellement San Francisco Ixpantepec — est à 30 kilomètres au nord de Nopallan[2]. Attaquer ces cités signifiait pour le roi et son armée une absence de plusieurs mois. Pouvait-il se le permettre, alors que son intronisation n'était pas achevée et que son pouvoir, mal assuré, pouvait inspirer d'autres soulèvements, ne fût-ce que pour tâter la résistance du nouveau monarque ? Pour leur première campagne, les prédécesseurs de Montezuma s'étaient le plus souvent contentés d'objectifs proches : la vallée voisine de Toluca, Metztitlan, Chalco. Comme autre raison qui rend Nopallan et Icpatepec peu vraisemblables, il y a le fait que plusieurs autres sources concordantes, et parmi elles des manuscrits figuratifs, situent la conquête des deux cités aux alentours de 1511[3].

Atlixco toutefois pose aussi problème. Cette cité comptait parmi les ennemis de la guerre fleurie. C'était elle qui fournissait les champs de bataille les plus fréquents. Mais, insoumise, comment aurait-elle pu se rebeller ? Et peut-on imaginer que le nouvel empereur aurait pris le risque d'aller chercher ses victimes de couronnement chez des ennemis aussi aguerris ? A effectifs égaux de surcroît, comme le dictaient les règles de la guerre sacrée ?

Pourtant, la guerre contre Atlixco est confirmée par un autre texte[4]. Et de toute façon, l'attitude mexica à l'égard de la vallée de Puebla avait changé. Montezuma se souvenait de la cruelle défaite subie à Atlixco sous Ahuitzotl et de la mort de son frère Tlacahuepan. Il souhaitait en finir avec ces enclaves indépendantes. Une fois empereur, il résolut de passer aux actes. Jusqu'alors, on avait conservé ces ennemis en cage comme des cailles, pour l'exercice des guerriers et les sacrifices. Désormais, on se battait pour soumettre, « car il ne convenait pas que dans le gouvernement du monde il y ait plus d'une volonté, un commandement et un vouloir[5] ». Le moment était favorable, puisque l'ennemi était divisé. La guerre civile à Huexotzinco permettait à Mexico d'intervenir à la demande d'une des factions, voire de tenter d'imposer son pouvoir. Mais les ennemis traditionnels n'étaient pas du tout disposés à laisser aux Mexicas le « gouvernement du monde ».

Montezuma avait donc de bonnes raisons de prendre Atlixco pour cible. La ville est située à 28 kilomètres au sud de

Huexotzinco, à 20 kilomètres au sud-ouest de Cholula, à 50 kilomètres au sud-ouest de Tlaxcala. A quelques jours de marche seulement de Mexico, elle contrôle l'entrée dans la vallée de Puebla par le sud-ouest, en contournant le Popocatepetl. Attaquer là, c'était manifester clairement ses intentions, c'était faire une véritable déclaration gouvernementale. Y triompher était particulièrement méritoire, vu la bravoure de l'ennemi. C'était aussi laver l'affront passé et venger la mort de Tlacahuepan et de tant de braves. Montezuma indiquait du coup qu'un des principaux objectifs de son règne serait de réduire la poche de Puebla. S'il y avait réussi, la conquête du Mexique par les Espagnols aurait été plus difficile.

La campagne fut rondement menée. On peut être assuré que l'empereur avait pris suffisamment d'hommes pour ne pas trop courir de risques. Les habitants d'Atlixco et les guerriers de la vallée qui étaient venus à leur secours reçurent une sévère leçon. Montezuma attaqua avec la fleur de sa chevalerie et multiplia les exploits. Ses frères Cuitlahuac, Matlatzincatl, Pinahuitl et Cecepaticatzin étaient à ses côtés, ainsi que deux fils du défunt oncle de Montezuma, l'empereur Tizoc. Les prisonniers furent nombreux. Mais il y eut des pertes, en particulier un grand capitaine nommé Huitzilihuitzin.

UNE ENTRÉE TRIOMPHALE

Le retour à Mexico se fit en grande pompe. D'abord, un messager fut envoyé vers la capitale pour annoncer la bonne nouvelle de la victoire. C'était un seigneur ou un capitaine. Il portait les cheveux tressés et un tissu blanc noué autour de la tête. Armé d'une rondache et d'un *maquahuitl*, un sabre de bois garni de tranchants d'obsidienne, il entra dans la ville en criant, en faisant des bonds, en mimant un combat et en chantant les prouesses des preux du passé. Le *cihuacoatl* alla à sa rencontre dans le palais pour recevoir son message. Selon la coutume, il lui offrit des atours et d'autres cadeaux, puis le fit garder à vue jusqu'à l'arrivée d'un second messager apportant confirmation [6].

Lorsque l'armée victorieuse entra à Mexico, les prisonniers furent disposés en deux files. Ils étaient obligés de siffler et de chanter tandis qu'au sommet des pyramides les vieux guerriers et les prêtres qui n'avaient pas quitté la ville faisaient résonner les conques et les tambourins. Ensuite, les vaillants âgés, appelés « vieux aigles », et les maîtres d'armes se mirent en deux rangées sur la chaussée franchissant la lagune, afin d'accueillir les captifs et les guerriers. Tous étaient parés de rubans de cuir rouge tressés, de pendeloques de pierres gris-brun et d'ornements d'oreille faits de coquillage. Ils avaient revêtu leurs armures de coton rembourré et étaient pourvus de rondaches et de bourdons en guise de sabres. Les prêtres, vieux et jeunes, étaient rangés selon leur importance. Sur le dos, ils portaient l'habituelle petite calebasse de tabac et à leur poignet pendait un petit sac à encens (copal). Certains d'entre eux, les *tlenamacaque* ou vendeurs de feu, brandissaient des encensoirs de terre cuite en forme de louches.

Au fur et à mesure que les captifs pénétraient dans la ville, les vieux et les prêtres les accueillaient en leur jetant des morceaux de galettes de maïs qui étaient conservées dans le temple en guise de « pain d'oblation ». En même temps, ils les saluaient : « Soyez très bien venus, fils du soleil. Vous voilà enfin arrivés à Mexico-Tenochtitlan, là où l'eau est en repos, où chanta l'aigle et siffla le serpent, où volent les poissons, où sortit l'eau bleue pour se joindre à la vermeille, parmi les roseaux et les terrains couverts de laîches ; où commande et a sa juridiction Huitzilopochtli. Ne croyez pas qu'il vous a amenés ici par hasard, ou pour trouver votre vie : mais au contraire, afin que vous mouriez pour lui en offrant votre poitrine et votre gorge au couteau. Voilà pourquoi il vous est permis de contempler cette cité insigne et d'en jouir. Car, si ce n'avait été pour mourir, jamais vous n'auriez eu la possibilité d'entrer ici [...]. Soyez très bien venus. Ce qui doit vous consoler, c'est que vous ne venez pas en raison de quelque acte femelle ou infâme, mais pour des faits d'hommes, pour périr ici et pour que subsiste de vous souvenance perpétuelle. »

Aux vainqueurs, en revanche, on disait : « Soyez très bien venus, fils, dans ce royaume de Montezuma, où par votre courage et la force de vos bras et de vos corps vous avez tué, vaincu et défait vos ennemis et vengé l'animosité et l'injure à l'égard de notre dieu Huitzilopochtli. »

Puis on fit boire aux captifs du pulque divin *(teooctli)*. Ainsi, ils étaient assimilés à ces Mimixcoas qui étaient ivres lorsqu'ils se firent massacrer dans la première guerre pour nourrir ciel et terre. Ils furent ensuite conduits au temple, devant la statue de

Huitzilopochtli, où les prêtres vinrent les recevoir en faisant sonner leurs conques. L'un après l'autre, les prisonniers s'agenouillèrent devant le dieu et mangèrent du doigt un peu de terre. Redescendus, ils firent d'abord le tour du grand « vase de l'aigle » qui devait recevoir leurs cœurs et leur sang. Puis du *temalacatl*, la meule de pierre à laquelle les plus vaillants étaient attachés pour se battre avec des armes factices contre des guerriers aigles-jaguars bien armés. Et enfin du *tzompantli*, une vaste plate-forme hérissée de hauts mâts supportant des baguettes sur lesquelles étaient enfilées des dizaines de milliers de têtes de sacrifiés. C'était comme un grand verger artificiel, les têtes étant assimilées à des fruits mûrs.

Habituellement, les prisonniers rendaient ensuite à l'empereur le même hommage qu'à Huitzilopochtli, mais on ignore s'il en était ainsi lors des guerres d'intronisation. Peut-être n'allèrent-ils que chez le *cihuacoatl*, qui leur dit qu'ils étaient chez eux et qui les fit nourrir et vêtir. On leur remit — du moins aux plus éminents d'entre eux — des boucliers faits de plumes, des fleurs et des cigares avec lesquels ils durent danser sur la place du marché au son des tambours. Enfin, on les enferma dans des cages placées dans des salles appelées *cuauhcalco*, « maison de l'aigle ». En principe, chacun était responsable du prisonnier qu'il avait fait [7].

Ces cérémonies d'accueil des captifs de guerre s'expliquent par de multiples raisons. Il faut honorer comme il convient la future offrande aux dieux. En un premier temps, on s'adresse aux prisonniers comme à des ennemis et on met d'emblée les choses au point : ils sont vaincus et leur sort est inéluctable — mais glorieux. En même temps, on leur souhaite la bienvenue, car ils seront bientôt « chez eux » et leur mort les transformera en Mimixcoas et en compagnons du Soleil. On les encense comme des entités sacrées, peut-être aussi pour les purifier. Après cela, on les présente à tous ceux que concerne leur sacrifice. D'abord, la population tout entière et en particulier les guerriers qui, frustrés par l'âge ou leurs devoirs, n'ont pu participer à la chasse à l'homme. Ensuite, les lieux mêmes du supplice et les destinataires principaux : Huitzilopochtli, mais aussi la Terre, présente en plusieurs endroits et sous plusieurs formes dans la pyramide principale de Mexico. Enfin, les principaux sacrifiants : l'empereur ou le *cihuacoatl*.

Mais il importe également d'intégrer les captifs dans le groupe des Mexicas, de faire en sorte qu'ils soient « chez eux », comme le dit le « serpent femelle », la « maîtresse de maison » de Mexico. On les présente aux autorités, on leur donne à boire et à manger, on les habille, on les loge. Parfois, ils reçoivent des filles de joie qui égaient leurs derniers jours et qui sont aussi, pour un temps, comme des épouses mexicaines. Nous aurons connaissance d'un captif de marque qui vivra longtemps en liberté dans la ville avant d'être immolé : cas mythique peut-être, mais qui confirme la théorie : la victime devient membre de la cité. Il convient en effet d'officialiser un lien qui s'est établi dès le champ de bataille, lorsque le vainqueur a dit, en saisissant son adversaire : « Voici mon fils bien-aimé », et que le prisonnier lui a répondu : « Voici mon père vénéré[8]. »

Cette manière de prendre des victimes en dehors du groupe et de les faire passer pour issues du dedans n'est pas propre aux Mexicas. L'exemple extrême est assurément celui des Tupinambas du Brésil qui gardaient leurs prisonniers pendant des années, leur permettant de se marier et d'avoir des enfants, avant de les immoler.

Comment expliquer cette intégration-assimilation ? Par le fait que l'*autre* est différent, donc moindre, et qu'il ne devient une offrande digne qu'à partir du moment où il est acceptable, *intégré* ? Ou faut-il évoquer René Girard et sa théorie du sacrifice-lynchage ? Pour lui, le sacrifice humain ou animal — celui-ci substitut de celui-là — n'est que la ritualisation d'un lynchage primordial et a pour fonction d'écarter du groupe la violence interne. L'homme se serait en effet aperçu que dans des moments de crise, alors que les passions extrêmes sont déchaînées et que les membres du groupe risquent d'en venir aux mains, le lynchage d'un innocent a un extraordinaire pouvoir d'apaisement. On l'aurait donc reproduit dans le rite, comme exutoire ou comme vaccin injectant un peu de violence pour en éviter beaucoup. On ne peut prendre la victime à l'intérieur du groupe, car on risque de provoquer le déchaînement de violence de la vengeance ; mais, d'autre part, l'effet apaisant ne se produit que si la victime appartient au groupe. Pour concilier ces impératifs, on la choisit marginale (membre du groupe sans l'être tout à fait, un enfant par exemple) ou étrangère, mais alors on l'intègre, on fait comme si la victime appartenait quand même au groupe[9].

Qu'il y ait dans le sacrifice aztèque une volonté inconsciente de canaliser la violence interne est probable, mais malheureusement difficile à démontrer. Ce qui est certain en revanche, c'est que la théorie du sacrifice aztèque rendait l'intégration de la victime indispensable. Il y avait en effet assimilation entre le sacrifiant — celui qui directement (le guerrier qui a capturé un ennemi) ou indirectement (l'organisateur de la fête : l'État, le roi) offre la victime — et le sacrifié. La victime mourait, mais le sacrifiant aussi, symboliquement, à travers elle. Au cours des jours précédents, il s'était infligé des morts partielles en jeûnant et en faisant pénitence. Au moment de l'immolation, il mimait l'agonie de sa victime et était censé trépasser comme elle, de son plein gré, à l'instar de Quetzalcoatl-Nanahuatl qui, en détruisant volontairement son corps dans le brasier de Teotihuacan, avait gagné une nouvelle vie glorieuse en tant qu'astre du jour. Par le sacrifice qu'il offrait, il voyait la divinité en face, il acquérait du mérite et des droits sur une survie dans le paradis des guerriers, la Maison du Soleil.

Après les captifs et une partie de l'armée, Montezuma lui-même fit son entrée triomphale dans la ville. Il revenait vainqueur et, gloire suprême, il avait fait personnellement des prisonniers. Ses exploits seraient peut-être immortalisés dans des chants épiques. Désormais, il était tout à fait roi [10]. Ses captifs, ses « fils », l'accompagnaient, richement parés par ses soins et portés en litière. On vint le féliciter et lui remettre des cadeaux. Puis on le conduisit en l'encensant jusqu'à la grand-place. Lorsqu'il fut rendu, on sonna les trompes et les conques. Montezuma monta au haut du temple de Huitzilopochtli et fit pénitence en se saignant aux extrémités des oreilles, des mollets et des arêtes des tibias. Il prit du copal et encensa la divinité. Redescendu, il rentra dans son palais et les rois de Texcoco et de Tlacopan lui dirent : « Seigneur, reposez votre corps et vos jambes, car vous revenez fatigué. Déjà, vous avez rempli votre obligation au service de Tlaltecuhtli, seigneur de la terre, et du soleil prince de la turquoise, de l'été et de tout ce qui est vert, aigle qui vole au-dessus de nos têtes. Et puisque le grand seigneur a été servi de la sorte, reposez-vous, seigneur, et nous, de notre côté, allons reposer dans nos demeures ; reposez-vous, bon seigneur et notre roi. » Les compagnons d'armes du roi vinrent prendre congé de lui et Montezuma distribua des vivres et des ornements aux principaux capitaines. Les chefs des quatre quartiers de la ville vinrent lui offrir des étoffes et des fleurs, qu'il fit remettre aux soldats qui l'avaient accompagné et aux vieilles femmes pauvres [11].

LA CONFIRMATION IMPÉRIALE

Le *cihuacoatl* Tlilpotonqui décida qu'il fallait à présent célébrer l'intronisation de manière telle que tous les peuples en fussent informés. Il fallait clamer haut et fort que Mexico-Tenochtitlan était la tête, le père et la mère des autres peuples. Apparemment, la première cérémonie avait surtout été à usage interne ; maintenant, c'était vraiment comme chef de l'empire que Montezuma allait être couronné [12].

Les préparatifs de la fête ne tardèrent pas. Pour honorer les hôtes de marque, on rassembla des monceaux de fleurs, de cigares, de vêtements éblouissants, de joyaux et de bijoux. Il fallait songer au ravitaillement. Des dispositions furent prises pour que, chaque jour de la fête, quelque mille porteurs introduisent dans la cité de grandes quantités de cerfs, de lapins, de lièvres, de cailles, de dindes et de toute sorte d'animaux et d'oiseaux comestibles, ainsi que des piments, du cacao, du poisson, des fruits et de tout ce qu'on pouvait trouver à cent cinquante lieues à la ronde.

Quatorze salles du palais furent entièrement remises à neuf et pourvues de nattes, de sièges, de torchères, de tentures. On les décora de branches ainsi que de fleurs, dont les nobles faisaient leurs délices. Des rondaches artistement décorées de motifs composés en mosaïques de plumes et des panaches de plumes furent accrochés aux murs et les fauteuils de joncs furent recouverts de somptueuses dépouilles de jaguars. Une salle fut ornée de peintures illustrant la grandeur de Mexico et des provinces invitées. Au milieu de la cour principale du palais, on avait érigé une chaumière devant laquelle étaient placés de grands tambours verticaux à membrane et d'autres, horizontaux, tout en bois, à deux tons. L'édicule était surmonté des armes de Mexico reproduites en papier peint. Un aigle royal à couronne dorée déchiquetait de sa patte une grande vipère. Il se dressait, majestueux, sur un figuier de Barbarie. A chaque angle de la chaumière étaient disposés de grands oiseaux à plumes roses et noires.

On invita d'abord Nezahualpilli de Texcoco, le nouveau roi de Tlacopan, Tlaltecatzin, et les autres rois des provinces. Montezuma insista même pour qu'à l'instar de son prédécesseur l'on conviât aussi les ennemis traditionnels : les seigneurs de Tlaxcala, de Tliliuhquitepec, de Huexotzinco, de Cholula, de Cuextlan, de

Metztitlan, du Yopitzinco et du Michoacan [13]. N'était-on pas tous frères et parents ? Il convenait de faire trêve pendant quelques jours à la guerre fleurie, qui de toute manière n'était qu'« exercice et récréation et plaisir des dieux et nourriture ». Il fallait que l'ennemi voie la puissance du grand empire mexicain.

Envoyer des messagers dans la vallée de Puebla, c'est-à-dire en enfer [14], n'était pas sans péril. Aussi faisait-on appel aux plus vaillants et on leur adjoignait des marchands aguerris, appelés oztomèques, qui savaient plusieurs langues et qui avaient l'habitude de se déguiser pour traverser des régions peu sûres. En cas de malheur, le roi s'engageait à prendre leurs familles à sa charge.

Déguisés en porteurs de bois, les émissaires parvinrent à franchir sans encombre les différents postes de contrôle qui, à l'entrée de la vallée de Puebla, avaient la réputation de ne pas laisser passer un oiseau. C'est, explique Durán, que les Huexotzincas et les Tlaxcaltèques ne connaissaient que trop la traîtrise de la Triple Alliance. Ils ne voulaient pas être pris au dépourvu...

Les messagers de Montezuma parvinrent sains et saufs jusqu'à Huexotzinco, à la stupeur du roi. Ils lui transmirent l'invitation et emportèrent son accord. Puis ils allèrent tout aussi secrètement à Cholula et à Tlaxcala, en veillant bien à ne pas se faire repérer par les gens du commun. Là aussi, ils furent bien reçus. Les autres pays ennemis acceptèrent également l'invitation.

Bientôt affluent les rois invités, apportant, selon leur statut, des présents fastueux ou du tribut. Ceux qui n'ont pas leur propre demeure dans la capitale sont installés dans les appartements préparés à cet effet dans le palais. Les pièces les plus belles reviennent aux représentants des rois de la vallée de Puebla, arrivés en grand secret, à l'insu des gens du commun et même, paraît-il, des rois de Texcoco et de Tlacopan. Il est défendu sous peine de mort de révéler leur présence.

Tous ces invités de marque vont saluer l'empereur, qui leur fait remettre de splendides vêtements, des panaches de plumes, des ornements d'or et des pierreries. Le *cihuacoatl* fait de même et déclare : « Seigneurs, revêtez ces atours, car enfin nous regardons la mort en face, nous avons nos ennemis en face de nous. Demain, ce sera la mort pour nous ou pour eux. Dès lors, puisque cela coûte si cher, prenez, profitez-en et souvenez-vous de ce que je vous dis. A présent, que vos corps reposent, que vos larmes et vos soupirs se répandent, chantez et dansez ! »

Quand c'est au tour des ennemis de venir chez l'empereur, le soir, on éteint tous les feux, à l'exception des grands braseros. Les Tlaxcaltèques le saluent très humblement, disant combien sa grandeur et sa munificence dépassent tout au monde. Au nom de leurs rois, ils lui offrent un arc avec quelques méchantes plumes et des vêtements de fibres d'agave. Le blocus de la vallée de Puebla ne permet pas une générosité plus grande. Montezuma répond sur le même ton poli et humble, priant ses hôtes de porter ses hommages à leurs rois auxquels il souhaite, non sans ironie, un accroissement de richesses. Les autres ennemis traditionnels font également leur compliment et remettent leurs cadeaux. Le roi du Michoacan fait offrir entre autres des arcs et des carquois comprenant chacun cent javelines dorées, ainsi que des poissons préparés au barbecue. Les Yopis apportent des pierres précieuses de différentes couleurs, des roseaux et des plumes remplies de poudre d'or, des peaux de jaguars, de pumas et de loups. Après que Montezuma les eut tous remerciés, ils vont dîner et, ensuite, on les comble de vêtements, d'armes et d'insignes.

Entre-temps, les autres rois et les seigneurs ont déjà commencé à danser dans la grande cour. On éteint les luminaires afin de permettre aux insoumis de les rejoindre, coiffés de perruques pour n'être pas reconnus. Ils sont plus de deux mille à danser et à chanter, enivrés par des champignons hallucinogènes. Quand ils sont fatigués, ils rentrent se reposer, puis recommencent la nuit suivante, et ce pendant quatre jours. A un moment donné, Montezuma lui-même vient se joindre à eux, éclatant de lumière et de couleurs, avec sa couronne et ses ornements en or, ses joyaux, sa grande cape brodée et ornée de plumes. Avant de danser, il encense les tambours et le dieu de la danse et décapite des cailles en leur honneur. La danse, à vrai dire, n'est pas seulement réjouissance. C'est avant tout une façon d'acquérir du mérite devant les dieux, une façon de se rapprocher d'eux en s'allégeant par un mouvement ascensionnel répété. On l'appelle *macehualiztli* ou « action de faire pénitence, de mériter ».

Le quatrième jour est celui de l'onction et du couronnement de l'empereur. Les rites sont semblables à ceux de la première cérémonie, qu'ils confirment. Au sommet de la pyramide de Huitzilopochtli, les rois de Texcoco et de Tlacopan ainsi que le grand-prêtre oignent de noir le corps de l'élu. Ils l'aspergent à quatre reprises d'eau sacrée au moyen d'un goupillon fait de branches de cèdre et de saule, puis ils le revêtent solennellement de ses vêtements et de ses insignes royaux et ceignent son front du diadème royal. Montezuma promet de favoriser le culte, de défendre les dieux et les lois de la cité, d'entretenir les guerres et de défendre la chose publique, si nécessaire au prix de sa vie.

Enfin a lieu l'immolation des quelques milliers de prisonniers faits au cours de la guerre d'intronisation ou puisés dans les réserves. La nuit précédente, ils ont veillé, chacun en compagnie de celui ou de ceux qui l'ont capturé. A minuit, leur « maître » leur a coupé les cheveux du sommet de la tête, s'appropriant ainsi leur « gloire » et permettant à leur âme de quitter leur corps. Le jour venu, on les orne à la manière des Mimixcoas. Leur tête est recouverte de duvet et leurs membres de raies de craie blanche. Autour des yeux, on leur peint une sorte de loup noir, tandis que la zone autour de leur bouche est teinte en rouge. Vêtus d'un pagne et d'une étole de papier et tenant à la main un petit drapeau blanc, ils vont faire la file le long du grand *tzompantli*, la plate-forme d'exposition des têtes tranchées.

De là, les captifs se dirigent vers le temple de Huitzilopochtli qu'ils escaladent l'un après l'autre. A mesure qu'ils atteignent le sommet, on les dépouille de leur bannière et de leurs ornements de papier. Quatre prêtres affublés d'atours évoquant le dieu de la mort saisissent les membres de la victime et l'étendent sur une pierre de sacrifices en forme de pain de sucre. Ils appuient ses bras et ses jambes vers le bas, de sorte que le torse soit bien bombé. Surgit alors le sacrificateur, armé d'un grand couteau de silex. Il plonge l'arme dans la poitrine, entre les côtes, introduit la main dans l'ouverture et arrache le cœur palpitant qu'il offre au soleil en l'élevant dans sa direction. Immédiatement après, mais cette fois en l'honneur de la Terre, il lui coupe la tête avec un couteau d'obsidienne noire, provoquant un nouvel afflux de sang, censé nourrir et fertiliser la déesse.

Comme pour préciser encore cette seconde destination, le corps de la victime est repoussé de manière à tomber au bas des marches de la pyramide, sur un autel figurant une déesse tellurique démembrée, Coyolxauhqui. Là, on le découpe et le « maître de la victime », c'est-à-dire celui qui l'a capturée, emporte les membres pour les offrir à manger aux siens. Montezuma procède lui-même aux premiers sacrifices, car il s'agit de son intronisation. Il est bientôt relayé par les deux rois alliés d'abord, les grands-prêtres ensuite. De véritables ruisseaux de sang ravivent la couleur

Scène de sacrifice humain. Durán, *Historia...*, 1867-1880.
À droite, Axayacatl (« eau-visage », comme l'indique son glyphe) et le
« vice-roi », le *cihuacoatl* (« serpent femelle » : son glyphe se compose d'un
visage de femme surmonté d'un serpent). A gauche, Axayacatl excise le
cœur d'une victime sur le gigantesque « vase de l'aigle », orné d'un soleil,
qu'il a fait faire et qui a été retrouvé récemment.

rouge des marches de l'édifice et répandent une odeur de
boucherie. Cachés à proximité, les seigneurs de la vallée de
Puebla regardent l'effroyable spectacle de la mise à mort de leurs
sujets avec des sentiments mélangés de ferveur, de fascination,
d'épouvante et d'admiration.

L'immolation de ces captifs réactualise certes le massacre des
quatre cents Mimixcoas à l'aube de l'ère actuelle. Mais en même
temps, elle reproduit un autre carnage très semblable : celui des
quatre cents Huitznahuas et de leur sœur aînée, Coyolxauhqui,
lors de la naissance miraculeuse de Huitzilopochtli à Coatepec,
naissance qui signifie également, en somme, l'apparition du soleil.
Plusieurs éléments du rite renvoient à cet épisode central des
errances mexicas. Le fait, d'abord, qu'il se déroule sur la
pyramide principale de la ville. Cet édifice, au sommet duquel
trônent Huitzilopochtli et Tlaloc, est assimilé à la Montagne des
Serpents, au Coatepetl, et puisque c'est le lieu de la victoire du
dieu, sa sœur vaincue est représentée démembrée à sa base. Puis
le parcours qu'effectuent les victimes, notamment le long du
tzompantli, est exactement celui de Coyolxauhqui et des Huitznahuas lorsqu'ils montent à l'assaut de la Montagne des Serpents.

Ce ne sont pas seulement les prisonniers de guerre qui meurent, mais aussi, symboliquement, les sacrifiants, les guerriers qui les ont capturés. Les victimes Mimixcoas sont bouillies dans un ragoût de maïs et mangées, du moins leurs membres. En théorie, le meilleur morceau, la cuisse droite, est réservé à l'empereur. Le « maître » du captif ne participe pas à la manducation de sa victime semi-divinisée, car il ne peut manger sa propre chair. Seuls ses proches y ont droit ; encore faut-il, d'après certaines sources, qu'ils soient nobles. « Cette chair de tous les sacrifiés, écrit Durán, ils la tenaient réellement pour consacrée et bénie et ils la mangeaient avec autant de révérence et de cérémonies et de simagrées que s'il s'agissait d'une chose céleste [15]. »

Le guerrier capturé par l'empereur en personne a droit à un traitement spécial. Revêtu des atours du dieu du feu solaire Ixcozauhqui, il est immolé par le grand-prêtre. Celui-ci lui arrache le cœur pour asperger de son sang les quatre parties du monde. Le reste du sang est recueilli dans un vase et remis au *tlatoani*, qui en fait arroser toutes les statues du Grand Temple. La tête est exposée sur un haut poteau et la peau, bourrée de coton, va décorer la façade du palais [16].

Les sacrifices humains terminés, Montezuma, la cité, l'empire et les braves ont acquis un immense mérite. Les rois et les grands commencent alors à manger des champignons hallucinogènes crus qui leur donnent des visions et des révélations et qui, autant que les morts symboliques qu'ils se sont infligées, les mettent au contact de la divinité. Ils sont comme ivres et certains n'hésitent pas à se donner réellement la mort.

Peu après, les ennemis traditionnels prennent congé de l'empereur. Ils reçoivent des cadeaux pour leurs rois : mitres d'or, chasse-mouches..., fort appréciés en particulier par les Tlaxcaltèques et les Huexotzincas, que le blocus impérial prive de la plupart des produits de luxe. Des nobles mexicas les accompagnent jusqu'à mi-chemin. Dans la ville même de Mexico, les vaillants sont comblés d'honneurs. De leur côté, les prêtres, les majordomes, les chefs de quartiers (ou *calpulli)* et de centuries ainsi que les autres fonctionnaires reçoivent des vêtements et les vieux, les orphelins et les pauvres, d'importants présents [17].

La *Relation de Cholula* affirme que tous les rois se rendaient dans cette ville sacrée de Quetzalcoatl pour y faire obédience au dieu et voir leur pouvoir confirmé. Des textes mayas parlent de rois qui devaient faire le voyage auprès du Serpent à Plumes pour recevoir leurs insignes d'autorité [18]. Rien de tel pour les souverains mexicas. Ils ignoraient superbement Cholula. Ce qui ne doit pas nous surprendre, puisque leur Huitzilopochtli avait systématiquement pris la place de Quetzalcoatl.

CHAPITRE IV

Les années de réforme

LES PURGES INITIALES

Avant même sa guerre d'intronisation, le Seigneur des Colhuas entreprit une série de réformes sans pareilles dans les annales de l'ancien Mexique. Elles furent mal reçues et, de nos jours encore, on les juge sévèrement. Pourtant, ce sont elles qui montrent le mieux la remarquable clairvoyance de l'empereur.

A peine les cérémonies d'intronisation étaient-elles finies et Montezuma avait-il terminé de protester de son indignité qu'il sembla subitement atteint de folie des grandeurs. Convoquant le *cihuacoatl* Tlilpotonqui, il lui expliqua qu'il fallait changer les dignitaires et les fonctionnaires, aussi bien à l'intérieur du palais que dans les différentes provinces de l'empire. Il convenait surtout de se débarrasser des personnes mises en place par son prédécesseur. Ces gens-là, en effet, s'opposeraient à toute innovation. Or, il voulait pouvoir régner comme il l'entendait et non seulement à la manière d'Ahuitzotl. De plus, les personnes en question étaient souvent d'humble extraction. Et n'était-il pas bas et avilissant pour un roi d'être servi par des hommes de peu ? Mélangés avec des pierres ordinaires, les jades les plus purs paraissent peu de chose. Perdues parmi des plumes banales, celles qui sont brillantes et riches en couleurs deviennent presque ternes. N'était-il pas plus honorable d'être entouré d'une cour brillante, composée de gens ayant appris les belles manières et les choses du gouvernement ? Il n'était pas normal non plus que des vaillants issus du commun prennent le pas sur des seigneurs et des fils de rois.

De plus, il ne fallait pas que les paroles royales se perdent dans des oreilles basses et serviles. Les rustres les comprenaient mal et, par leur mauvaise prononciation, ils déformaient les messages qui leur étaient confiés. Or, le roi voulait des personnes sur lesquelles il puisse se reposer et qui, le cas échéant, transmettraient correctement ses propos à leurs destinataires.

Montezuma demanda donc que les fils de grands seigneurs de Mexico et des autres cités fussent arrachés à leurs collèges, ou *calmecac*, et amenés au palais. Ils devaient être légitimes et très jeunes encore, de manière à ce qu'il pût les former à sa main. Dorénavant, pages, chambellans, maîtres d'hôtel, majordomes, portiers, balayeurs, nettoyeurs, préposés à l'entretien des feux — bref, quiconque, dans le personnel du palais, pouvait se trouver en présence de l'empereur — appartiendraient à l'une des grandes familles de l'empire.

Ainsi fut fait. Le personnel d'Ahuitzotl fut renvoyé, voire exécuté. « Et cela ne m'étonnerait pas, dit le dominicain Durán, car depuis qu'il commença à régner il fut le plus grand boucher qui soit, uniquement pour être craint et vénéré. » Les purges se poursuivirent l'année suivante. On raconte qu'au tout début de la campagne contre Xaltepec et Cuatzontlan, le *cihuacoatl* ou « vice-roi » Tlilpotonqui fut renvoyé à Mexico pour gouverner le royaume et pour couper la tête aux précepteurs des fils de l'empereur et aux duègnes de ses épouses et de ses concubines. C'est sans enthousiasme que le *cihuacoatl* renonça à la bataille. Il rentra à Mexico et exécuta ponctuellement la mission dont on l'avait chargé. En quoi il fit bien, car Montezuma avait envoyé des espions pour vérifier.

Partout on installa des gens nouveaux, même à la tête des *calpulli* et des centuries. Puis le *cihuacoatl* convoqua les enfants nobles âgés de dix à douze ans et leur expliqua l'honneur qui leur était échu. « Mes enfants, tenez-vous pour chanceux et heureux, car le roi notre seigneur vous veut pour son service. Il veut que vous soyez les mains et les pieds de sa personne, que vous soyez en sa présence et que vous fassiez ce qu'il ne peut et ne lui est pas permis de faire en personne. Il veut aussi que vous appreniez l'art de régir et de gouverner et de recevoir et de renvoyer. »

On mesura les enfants, qui devaient tous avoir la même taille. Puis on les informa de leur tâche. Les uns avaient la charge de veiller à la propreté des vêtements royaux, d'autres au service de la table, d'autres encore à l'entretien et au balayage, avant l'aube, des salles et du trône. Il fallait à tout instant que les sarbacanes royales soient prêtes pour la chasse, que les nobles dames soient servies, que le roi reçoive en temps utile son cacao, ses bouquets de fleurs, ses cigares... L'empereur s'occupa personnellement de leur formation et les traita comme un père. Chaque jour, il les réunissait et leur montrait comment parler avec mesure, exactitude, aisance et éloquence, comment se comporter... Il leur enseignait la modestie, l'amour de la vérité, le respect et la vertu, leur recommandant le service de Huitzilopochtli et le sien propre. Ils devaient prier la nuit et avant l'aube, s'habituer à l'autosacrifice, balayer le temple et le palais. Tout faux pas serait puni de mort : le coupable serait exécuté à coups de flèches et enterré dans un coin. Si la faute concernait une femme du palais, les parents du coupable seraient eux aussi exécutés et leurs demeures détruites. Quand passait Montezuma, chacun devait se prosterner. Sous aucun prétexte on ne devait le regarder en face : le faire signifiait la mort, comme lorsqu'on voyait la divinité. Montezuma n'occupait-il pas la place d'un dieu ? « Et ainsi, on l'adorait comme un dieu et son palais était appelé "maison de dieu" [1]. »

Les différents documents issus de la *Chronique X* concordent dans leur description de ces événements, à ceci près que, d'après Tezozomoc, moins hostile à l'empereur, celui-ci usa davantage de ménagements. La retraite forcée des fonctionnaires de l'empereur Ahuitzotl aurait été présentée comme un repos bien mérité. Les précepteurs et les dames de compagnie furent remplacés, non pas exécutés.

Une seule autre source mentionne également la réforme. Ixtlilxochitl de Texcoco [2] situe toutefois les faits en 1508, après la bataille contre Atlixco dans laquelle serait mort Macuilmalinalli, ce frère aîné de Montezuma qui, dans l'optique du chroniqueur, aurait dû être roi. C'est en cette année que Montezuma aurait « commencé à manifester sa superbe ». Pour devenir souverain absolu, il aurait remplacé tous les membres de ses conseils, en place depuis l'époque de son père, par des hommes à lui et il aurait fait de même dans les armées et les provinces. Désormais aussi, sa présomption l'aurait convaincu de ne plus s'adresser aux roturiers que leur seule bravoure avait faits capitaines. Certains furent tués, d'autres chassés de la cour.

Enfin, on dispose des données d'Oviedo [3], qui comptent parmi les plus anciennes et qui sont des plus aberrantes. A dire vrai, il ne parle pas de réformes, mais ses informations semblent du moins indiquer que l'avènement de Montezuma ne s'est pas fait sans heurts. Il y aurait eu des tueries. Elles n'auraient pas touché les fonctionnaires, mais d'abord la plupart des frères de Montezuma, car son père aurait eu quelque cent cinquante enfants. Ensuite, la noblesse de Tlatelolco. Montezuma aurait en effet été élu parce qu'il aurait débarrassé Mexico-Tenochtitlan de la menace que faisait peser sur lui son encombrant voisin. Après avoir donné sa fille en mariage à « Samalce », le roi de Tlatelolco, il l'aurait convié à un banquet avec ses parents et l'élite de la cité. On les aurait enivrés, capturés et sacrifiés tous, soit plus de mille hommes. Leurs biens auraient été confisqués et donnés à des personnes sûres, de même que ceux de quatre mille Tlatelolcas qui furent exilés.

Il semble qu'Oviedo ou son informateur ait confondu les événements survenus antérieurement à Tlatelolco avec ceux du début du règne de Montezuma et qu'il ait fait l'amalgame entre ceux-ci et les purges effectuées par Montezuma lors de son accession au trône. On se souvient que la cité de Tlatelolco fut réduite par l'empereur Axayacatl (1469-1481), mais sans banquet meurtrier. Celui-ci a des précédents mythiques qui ont dû inspirer l'informateur d'Oviedo. On prétendait en effet qu'autrefois les géants qui peuplaient la vallée de Puebla avaient été éliminés de cette manière [4]. Dans les premières années de son règne, Montezuma aura d'ailleurs de nouveaux démêlés avec la ville sœur.

LE PÉCHÉ D'ORGUEIL

Ces purges et ces réformes ont-elles vraiment eu lieu ? Il ne manque pas de raisons pour en douter. Que l'on voie par exemple la version d'Ixtlilxochitl. A l'en croire, l'empereur aurait subitement jeté son masque d'humilité feinte pour montrer son vrai visage, celui de l'orgueil. Dans la mentalité aztèque, ce défaut était par excellence celui du mauvais roi. Lorsqu'on priait Tezcatlipoca pour qu'il aide le nouvel élu à bien accomplir sa tâche, on disait : « Faites, Seigneur, qu'il soit votre image et ne permettez pas qu'il s'enorgueillisse et devienne altier en se voyant sur votre trône et sur votre estrade souveraine. [...] Ne permettez pas, Seigneur, qu'il insulte et vexe ses sujets et qu'il fasse périr injustement personne [...] [ni] que ces parures et ces insignes [royaux] soient pour lui un sujet d'orgueil et de présomption ; faites, au contraire, qu'il vous serve avec modestie et simplicité [5]. »

En revanche, lorsqu'on invoquait le dieu pour se débarrasser d'un souverain indigne, c'était encore en premier lieu son orgueil qu'on dénonçait : « Vous voyez et connaissez ce qui le concerne aussi bien que les causes de son orgueil et de son ambition. Vous savez qu'il possède un cœur dur et cruel [...]. C'est que la richesse, les grandeurs et l'abondance, qui passent comme un songe et que vous lui avez données sur votre trône dont il est en possession, tout cela lui enlève son bon sens, le rend superbe, l'agite et lui est une occasion de folie [6]... »

L'orgueil était le péché primordial. C'est à cause de lui que, dans les temps originels, les enfants aînés du couple suprême créateur maya avaient été jetés dans les enfers : ils avaient voulu créer, donc s'égaler à leurs parents, sans leur autorisation ; ils avaient en quelque sorte usurpé leurs privilèges. Leurs frères cadets, eux, s'étaient humiliés et avaient dès lors reçu la permission de créer [7].

Il existe un récit comparable dans la mythologie mixtèque. Les fils du couple divin originel 1 Cerf Serpent de Lion et 1 Cerf Serpent de Tigre eurent le bon goût de manifester constamment leur infériorité en rendant hommage à leurs parents et en les encensant. Lorsqu'ils les supplièrent de faire émerger la terre, ils firent pénitence en se perçant la langue et les oreilles avec des épines [8]. De la sorte, ils instaurèrent les rites de macération sanglante que les rois mayas ou mexicains devaient effectuer régulièrement pour reconnaître leur dette aux dieux qui les avaient faits rois. D'innombrables monuments portent témoignage de ces pratiques royales. Chez les Mayas, des stèles et des linteaux ornés de reliefs et remontant jusqu'au début de notre ère. Chez les Aztèques, des reliefs divers, des coffrets et des frises.

C'est l'orgueil encore qui, en dernière analyse, fut la cause de la perte du paradis originel et de la fin de l'âge d'immortalité.

Or, avec l'ultime Montezuma, on est également à l'aube d'un âge nouveau. Bientôt, le Soleil aztèque se couchera et le Soleil espagnol surgira à l'horizon. Il importait, pour les Aztèques, d'expliquer cet effondrement, cette perte du paradis ; il fallait trouver un responsable, quelqu'un qui, par son comportement coupable, par sa transgression, aurait, comme dans les mythes, provoqué la fin d'une ère. On trouva l'infortuné empereur et on le dépeignit comme un orgueilleux qui avait prétendu s'égaler aux dieux. Il avait exalté les nobles : mais le responsable de l'expulsion du paradis originel n'était-il pas appelé, entre autres, Piltzintecuhtli, « Seigneur Vénérable Noble », précisément parce qu'il était le dieu de la noblesse ?

La légende eut la vie dure. Au siècle passé encore, les Indiens racontaient l'histoire du glorieux Montezuma, ce roi qui finit par irriter Dieu par son orgueil. Pour le punir, Dieu envoya contre lui les Espagnols qui le dépossédèrent. Actuellement, Montezuma fait pénitence à l'ouest, mais il reviendra pour chasser les Blancs et restaurer son empire [9].

C'est dire qu'on est en droit de s'interroger sur l'authenticité des « réformes » de Montezuma. Surtout que le dernier empereur inca dans la pleine acception du terme, Huayna Capac, se serait lui aussi fait diviniser de son vivant [10]. Ont-elles vraiment eu lieu ou ne sont-elles là, tout au début du règne, que pour caractériser celui-ci et pour montrer qu'il devait inéluctablement conduire l'empire à sa perte ? On peut d'autant plus se poser la question que les réformes ne sont racontées que dans deux sources indépendantes, la *Chronique X* perdue (dont sont tributaires Durán, Tezozomoc et le père Tovar) et Ixtlilxochitl. Aucun codex figuratif reprenant des éléments préhispaniques n'y semble faire allusion. De plus, c'est la *Chronique X* qui attribue le plus nettement et même avec véhémence la chute de l'empire à l'orgueil du roi. Nous le verrons dans plusieurs épisodes de la fin de son règne, épisodes qui feront en quelque sorte écho aux réformes initiales.

Par extraordinaire, nous sommes en mesure de contrôler les dires des chroniqueurs d'époque coloniale sur deux points au moins, grâce à une lettre adressée par Cortez à Charles Quint et datée du 30 octobre 1520, donc avant la défaite des Aztèques. Le conquistador y fait rapport sur les événements survenus jusqu'alors. Dans sa description de l'empire, il écrit : « Les plus importants personnages de ces provinces, surtout ceux des provinces limitrophes, résidaient, comme je l'ai dit, une partie de l'année dans la capitale, et tous ou presque tous avaient leurs aînés au service de Montezuma. » Ensuite et surtout, il raconte sa première rencontre avec Montezuma, le 9 novembre 1519. L'empereur lui dit : « Je sais tout ce qui vous est arrivé, de Potunchan ici ; je sais que les gens de Cempoal et de Tlascala vous ont dit beaucoup de mal de moi ; ne croyez rien de plus que ce que vous verrez vous-même et surtout de gens qui sont mes ennemis, dont plusieurs étaient mes vassaux, qui ont profité de votre arrivée pour se révolter et me calomnient pour se faire bien voir de vous. On vous a dit aussi que mes palais avaient des murailles d'or, que les nattes étendues dans mes salons et autres articles de mon service étaient également en or, que je me faisais adorer comme un dieu [littéralement, "et que moi j'étais et me faisais dieu"], et autres absurdités. Les palais, vous les voyez ; ils sont de terre, de pierre et de chaume. » Puis, raconte Cortez, soulevant ses vêtements, il lui montra son corps en disant : « Vous voyez que je suis de chair et d'os comme vous », et de ses mains se palpant les bras et le corps : « Vous voyez que je suis mortel et palpable, et vous voyez combien ces hommes ont menti [11]. »

De l'aveu même de l'empereur donc, ses ennemis lui reprochaient de se prendre pour un dieu, et cela *in tempore non suspecto*. La *Chronique X* ne fait que rapporter des accusations anciennes qui se seront généralisées après la Conquête. Ces accusations ont pu être le fruit de l'atmosphère d'angoisse des dernières années de l'empire. Ce n'était alors que présages néfastes, signes dans le ciel, rumeurs effroyables au sujet d'étranges êtres qui avaient été vus dans le lointain Orient... On appréhendait la fin du monde et on cherchait un coupable adéquat. Quelqu'un qui représentait la nation, puisque c'était elle tout entière qui serait châtiée. Cette personne ne pouvait être que le roi. Un des rôles majeurs des souverains n'est-il pas toujours et partout d'être l'ultime responsable, voire le bouc émissaire suprême ?

LA RÉFORME DE L'EMPIRE

Mais les rumeurs n'ont peut-être qu'amplifié des faits réels, et on rejoint ici les réformes administratives. En fait, celles-ci n'ont rien d'improbable, même si les chroniques en ont exagéré certains aspects. La plupart des auteurs modernes en ont d'ailleurs admis la réalité, même s'ils les ont fort critiquées, à la suite des Aztèques eux-mêmes et en démocrates du XXe siècle.

Prenons par exemple Jacques Soustelle. Son interprétation donne d'emblée le ton : il parle de « réaction aristocratique », songeant bien sûr à ce qui s'est passé en France à la veille de la Révolution. « Peut-être, avance-t-il, cette évolution se serait-elle

poursuivie jusqu'à cristalliser une noblesse purement héréditaire [12]. »

L'historien anglais Nigel Davies y voit lui aussi une sorte de
« contre-révolution contre les méritants d'humble extraction »
qu'avait favorisés l'empereur « progressiste » Ahuitzotl. Celui-ci
aurait été habitué à la rude camaraderie des camps militaires.
Pour trouver des dignitaires capables, il aurait cherché le talent
là où il le trouvait et aurait privilégié les gens du commun. Sa
popularité aurait porté ombrage à Montezuma, qui aurait dès lors
écarté tous les fonctionnaires et les dignitaires susceptibles de
faire des comparaisons désobligeantes entre sa manière de régner
et celle de son prédécesseur. Au demeurant, Montezuma aurait
cru « de façon presque obsessionnelle » au droit divin des nobles
de diriger les affaires de l'État. Paradoxalement, Davies ajoute que
l'empereur aurait néanmoins tendu vers la monarchie absolue...
Pourquoi cette « folie » des réformes ? Pour éviter la dilution de
la hiérarchie et la désintégration de la noblesse dans l'empire
grandissant. Peut-être, aussi, Montezuma faisait-il échec aux
classes montantes parce qu'il voulait favoriser les conservateurs
auxquels il devait peut-être son élection.

L'Américain Brundage va plus fort encore, qui qualifie d'« action sans précédent et choquante », de vraie « catastrophe »,
cette « guerre contre les bâtards et les plébéiens ». Mais cette
« purification de l'État » ne faisait qu'accentuer des valeurs
anciennes et généralement acceptées.

Pour Emily Umberger, Montezuma était tout simplement « un
élitiste qui se plaçait sur le même pied que les dieux ». Rojas
enfin estime que s'il défendait les intérêts des nobles, c'était pour
pouvoir agir en vrai despote oriental. L'empereur se serait ainsi
aliéné la sympathie des masses, comme le montra la Conquête [13].

Comme quoi nous avons, nous aussi, des modèles mythiques
qui structurent nos interprétations. Comme quoi, encore, il est
difficile de remettre les choses en perspective et de ne pas leur
appliquer les seuls critères de notre époque. On voit de vagues
analogies avec des situations bien connues et on s'y engage à
fond, quitte à ne plus voir les différences et à perdre de vue des
éléments essentiels. Cela ne vaut pas pour Soustelle, qui devait
parfaitement savoir qu'il ne s'agissait pas vraiment d'une « réaction nobiliaire » — d'autant plus que, dans son optique, la noblesse
aztèque n'était qu'en partie héréditaire. Dans sa remarquable *Vie
quotidienne*, il tient avant tout à illustrer la grandeur de la

civilisation aztèque, « une de ces cultures que l'humanité peut s'enorgueillir d'avoir créées », et c'est pour montrer que cette civilisation était comparable à celles de l'Ancien Monde qu'il multipliait les parallèles avec l'Occident. Mais les autres auteurs donnent parfois l'impression d'avoir des difficultés à concevoir, à quelque époque et dans quelque civilisation que ce soit, une politique valable en dehors des principes démocratiques et égalitaires en vogue aujourd'hui. Un effet de notre « chronocentrisme », qui nous fait systématiquement juger supérieur ce qui nous est contemporain.

Parce qu'enfin, tout en n'étant pas un démocrate, Montezuma était tout le contraire d'un monarque menant une politique rétrograde. Or, que lui reproche-t-on ? L'éventuel massacre de ses frères ? Non. Curieusement, à cela on ne trouve pas grand-chose à redire. Mais on estime impardonnable qu'il ait mené une réaction — et, qui plus est, une réaction rétrograde. On lui reproche de tendre vers la monarchie absolue, de favoriser les nobles, de négliger le talent des gens ordinaires ; de faire la guerre au peuple et aux bâtards (nobles), de se débarrasser du personnel de son prédécesseur Ahuitzotl.

Voyons d'abord le dernier point, qui diffère radicalement des autres. Car ici, les nobles aussi sont visés. Nulle part il n'est dit, en effet, que Montezuma liquide les seuls roturiers au service d'Ahuitzotl : au contraire, tout le monde y passe, même « tous les membres de ses conseils, en place pourtant depuis l'époque de son père », affirme Ixtlilxochitl. Soit dit au passage, cela seul, déjà, conduit à nuancer l'interprétation selon laquelle l'empereur aurait été obsédé par une noblesse qu'il voulait favoriser à tout prix.

N'a-t-il agi que par envie vis-à-vis de son prédécesseur ? L'hypothèse de Davies s'appuie sur un passage selon lequel le *cihuacoatl* fit remarquer à Montezuma que la mesure risquait d'être mal comprise et que le peuple pouvait y voir une volonté de dénigrer l'œuvre des rois précédents. Toutefois, cette prudente — et légitime — mise en garde ne prouve nullement que telle était l'intention de l'empereur, elle prouve seulement qu'il pouvait y avoir dans l'opinion publique des voix méfiantes ou malveillantes. Et il ne fallait pas compter sur les fonctionnaires congédiés pour les faire taire !

A y regarder de plus près, les raisons avancées par l'empereur lui-même sont parfaitement admissibles. Il veut une administration qui lui obéisse sans broncher et qui ne lui oppose pas Ahuitzotl à tout bout de champ. N'est-ce pas là ce que recherchent les présidents actuels — notamment au Mexique, aux États-Unis — lorsque, à leur accession au pouvoir, ils remplacent les hauts fonctionnaires, les ambassadeurs, etc. ? N'est-ce pas le rêve de tant de ministres en Europe, qui se plaignent que leur administration n'agisse qu'à sa tête, continuant sur ses propres rails ? Montezuma avait de grands projets. Il voulait être soutenu à fond, sans plus.

Passons à la « réaction nobiliaire », expression inspirée, donc, par les événements en France au XVIIIᵉ siècle. Mais les situations sont entièrement différentes. Il s'agit ici d'un empire archaïque qui se cherche, là d'un royaume millénaire et d'une noblesse fatiguée qui s'accroche à ses privilèges. Si on veut comparer, qu'on s'en tienne à la France médiévale, lorsque le royaume est à construire.

On ne peut pas non plus parler de « contre-révolution ». Comment aurait-il pu y en avoir une, en l'absence de révolution tout court ? Depuis le début du XVᵉ siècle, toute l'évolution de la société aztèque tendait vers une stratification et une hiérarchisation de plus en plus grandes. Des lois visant à mieux marquer les différences de statut social avaient été promulguées dès la formation de l'empire, sous Itzcoatl. Celui-ci octroya des terres des vaincus et des titres aux vaillants qui s'étaient le plus distingués dans la guerre contre les Tépanèques. Ils furent en outre statufiés et on perpétua leur mémoire dans des livres. Or, ces vaillants étaient tous des grands seigneurs.

Montezuma Iᵉʳ développa le système de titres d'Itzcoatl et promulgua des lois somptuaires. Seul le souverain avait le droit de porter une couronne d'or dans la cité ; lui seul et le *cihuacoatl* pouvaient marcher chaussés dans le palais, les sandales étant réservées aux grands et aux vaillants. Les gens ordinaires ne pouvaient se vêtir de coton et leurs mantes ne devaient pas dépasser les genoux — sauf pour cacher des blessures de guerre. Inutile de dire qu'il leur était interdit de les décorer. Les somptueux tissus multicolores aux dessins complexes dont les modèles figurent dans plusieurs codex anciens étaient l'apanage des personnes de qualité, de même que les labrets d'or et de cristal de roche, les pectoraux, les clochettes, les colliers d'or et les bracelets de jade ou d'autres pierres semi-précieuses, les devises et les panaches de plumes. Les vaillants issus de la plèbe devaient se contenter de guirlandes ordinaires, d'ornements de plumes courantes, de colliers d'os et de coquillage ou de pierres communes. Dans le palais royal, des pièces spécifiques étaient assignées aux différentes classes. Sous peine de mort, il était interdit aux gens du commun de s'y mêler aux grands. En réalité, semble-t-il, ils n'y pouvaient pénétrer que pour effectuer des corvées.

On creusait l'écart entre les gens du commun, les braves et les nobles, mais aussi entre ceux-ci et le roi. Le noble qui entrait dans le palais avec ses sandales encourait lui aussi la peine de mort [14]. Même le piètre empereur Tizoc contribua à accentuer la stratification et Ahuitzotl ne fit rien en sens opposé [15]. Le bouleversement a donc été bien moins radical que ne veut le faire croire la *Chronique X*. Ajoutons à cela que, depuis des temps immémoriaux, une nette distinction entre noblesse héréditaire et gens du commun était la règle en Mésoamérique, même en dehors des territoires dominés par la Triple Alliance. Et de longue date, l'administration du royaume était essentiellement l'affaire des seigneurs de haut lignage. Peut-on dire, alors, que Montezuma bloqua toute possibilité d'ascension sociale, au risque de s'aliéner les gens du commun ? Non. Tous les témoignages qui indiquent que des roturiers avaient la faculté de passer dans la classe supérieure ont été recueillis au XVIe siècle et décrivent des situations postérieures aux réformes. Celles-ci auront eu pour principal effet de freiner l'ascension dès la première génération aux postes de grande responsabilité [16].

Pas question, donc, de « contre-révolution ». Pas question, non plus, de favoriser les nobles. Car d'où pouvait venir la plus grande menace pour la « monarchie absolue » qu'aurait ambitionnée Montezuma, si ce n'est des nobles, en particulier ceux des villes récemment ou peu soumises ? N'insinuait-on pas que c'étaient eux qui avaient supprimé l'empereur Tizoc, trop mou à leur gré [17] ? Ce qu'il fallait, c'était à la fois les concilier et les contrôler étroitement, et c'est ce qu'entreprit Montezuma. Certes, il leur donne presque l'exclusivité des hautes charges. Mais d'autre part, il les met au pas et les humilie. Il leur prend leurs enfants, les place tous sur le même pied — ils doivent être de même taille — et en fait ses domestiques et ses balayeurs, il les modèle pour qu'ils deviennent des instruments inconditionnels de sa politique. S'il faut encore comparer avec ce qui se passa en France, que l'on se tourne vers Louis XIV, qui, se souvenant de la Fronde, attire les nobles à Versailles pour mieux les contrôler.

Mais Montezuma va plus loin. Les princes des provinces sont de véritables otages. Chaque roi était tenu d'avoir une demeure à Mexico et d'y résider un certain nombre de mois. Quand il rentrait chez lui, un frère ou un fils venait le remplacer [18]... L'imposition de telles charges aux nobles et aux seigneurs présentait en outre l'avantage de rogner leur puissance économique [19].

Montezuma, reproche-t-on encore, aurait décidé de se passer des talents populaires, tant prisés par son oncle. On a vu, d'abord, que l'ascension sociale restait possible. Ensuite, ces talents qu'Ahuitzotl découvrait dans les camps militaires, que pouvaient-ils être, hormis la vaillance sur le champ de bataille ? Or, les Aztèques commencent à se rendre compte qu'il ne suffit pas d'être fort et courageux pour bâtir un empire et pour l'administrer. Ce qu'il faut à présent, c'est consolider et organiser. Les relations avec les cités soumises reposent de moins en moins sur la seule force brutale et la diplomatie doit jouer un rôle croissant dans cet empire démesuré, où il faut éviter une révolte générale.

Montezuma a besoin de personnes mieux éduquées, ayant reçu une formation plus poussée. Il lui faut en particulier un corps de diplomates pétris de finesse et qui maîtrisent toutes les nuances de la langue. Ces spécialistes, il les prend où il les trouve, c'est-à-dire au *calmecac* que fréquentent les nobles. C'est pourquoi ceux-ci remplacent partout dans l'empire les fonctionnaires d'Ahuitzotl. C'est pour cette raison aussi, entre autres, que Montezuma fait venir chez lui les jeunes nobles à qui il peut inculquer un sens profond du devoir et de l'empire, des enfants qui le considéreront comme leur père et qui seront pour lui des auxiliaires compétents, fiables et loyaux.

Il y a plus encore. L'empire doit être renforcé et unifié. Tout naturellement, l'empereur commence par le haut, par ces nobles qui, quelle que soit leur origine, sont plus proches les uns des autres que les citoyens ordinaires de cités aux langues et aux coutumes souvent très diverses. Ils forment une sorte d'internationale que la couronne s'attache de gré ou de force, dans la conviction que les « mérités » des nobles continueront à leur être soumis. Une « internationale » parfaitement illustrée par les invitations aux grandes fêtes que s'adressent mutuellement les dirigeants d'États ennemis [20].

On prend des otages, on les honore en les introduisant à la

cour et en leur donnant une éducation raffinée en vue de hautes responsabilités. On se gagne donc les élites des provinces en les comblant de bienfaits et en les acculturant. Méthode toujours efficace, qui fut notamment celle des missionnaires chrétiens et des empires coloniaux, et qui est toujours celle des démocraties et des entreprises occidentales vis-à-vis du tiers monde.

Il n'empêche, objectera-t-on, Montezuma laissait inexploités une foule de talents plébéiens. Assurément. Mais, dans la société qui était la sienne, la classe des nobles suffisait à fournir l'essentiel des compétences requises pour l'administration et l'illustration de l'empire. C'est seulement lorsque les rouages de l'État deviennent plus complexes, que les fonctions se diversifient, que les branches du savoir se spécialisent, que la production requiert moins de mains, c'est alors seulement qu'il faut progressivement étendre la formation à un nombre d'individus de plus en plus grand.

Il s'agissait donc d'améliorer l'administration de la cité et la cohésion de l'empire, de contrôler mieux les nobles, de les gagner et d'en faire un ciment, et de renforcer l'autorité et le prestige du pouvoir central. L'empire devait être doté de fondations et de murailles indestructibles [21]. Toute l'action de Montezuma tendra vers ces mêmes buts : unifier et renforcer. Au lieu de se lancer dans des conquêtes de plus en plus lointaines, au prix de difficultés chaque fois plus grandes et pour un profit économique de plus en plus maigre, il essaiera de consolider l'acquis et de réduire les enclaves [22]. Même politique au plan religieux : nous le verrons créer une demeure de tous les dieux de l'empire, réunis autour de Huitzilopochtli comme les nobles des provinces autour de l'empereur.

Visait-il, pour autant, la monarchie absolue ? C'est là encore un anachronisme, du moins si l'on prend l'expression dans son acception habituelle. Car enfin, qu'était l'empire aztèque ? Une mosaïque de royaumes plus ou moins hiérarchisés, plus ou moins soumis, qui se bornaient à livrer un tribut d'importance variable, voire, en cas de besoin, des troupes ; un certain nombre de provinces administrées directement par des gouverneurs ; quelques cités repeuplées et colonisées par des populations sûres ; et tout cela coiffé par une alliance de trois cités et par trois rois. C'est dire que pour devenir monarque absolu, Montezuma avait un très long chemin à parcourir ! Renforcer sa position dans la cité de Mexico, entre autres par rapport au *cihuacoatl*, dont l'importance paraît effectivement diminuer ; confirmer sa prééminence sur Texcoco ; être en mesure d'intervenir directement dans la gestion interne des autres royaumes... — tout cela représentait une tâche énorme que l'empereur avait tout juste les moyens d'amorcer.

Enfin, les adversaires de la guerre sacrée, les mal soumis et les humiliés de toute sorte ont dénoncé le fait que Montezuma se soit proclamé monarque universel, voyant là une preuve de son orgueil démesuré[23]. Seulement, plusieurs de ses prédécesseurs, depuis Itzcoatl, avaient déjà revendiqué ce titre qui n'est en aucune manière une invention du grand *tlatoani*.

LA ROYAUTÉ SACRÉE

Le renforcement du prestige impérial fut fort apprécié par Durán, pour qui c'était la démonstration que les Indiens étaient parfaitement capables de se gouverner tout seuls. Le chroniqueur espagnol ne goûtait pas, en revanche, ce qu'il appelait la déification de Montezuma. Sur ce point aussi, certains auteurs modernes ont emboîté le pas aux ennemis de l'empereur[24].

Sur quoi s'appuie l'accusation ? Sur le fait qu'on ne pouvait regarder le roi en face, qu'il fallait se prosterner sur son passage, que sa maison était appelée « maison de dieu »... Bref, conclut Durán, on l'adorait comme un dieu. Pourtant, recevant Cortez, Montezuma lui-même nie sa divinité et il le fait publiquement. Il parle à ce sujet de calomnie et tient, comme tout le monde, un tel orgueil pour un mal. Nous verrons que lorsqu'on lui propose des biscottes apportées par les Espagnols, l'empereur n'ose pas en manger parce que — affirme Durán ! — il y voit une « chose des dieux » et ne veut pas être irrévérencieux. Et lorsqu'il a une longue conversation avec un homme incarnant une divinité, aucune de ses paroles ne suggère une royauté divine.

On peut dès lors tenir pour certain que le processus de divinisation attribué à l'empereur est une exagération. N'a-t-on pas vu que dès Montezuma Ier Ilhuicamina déjà, quiconque, noble ou roturier, entrait chaussé dans le palais impérial encourait la peine de mort ? Selon les lois qu'il édicta, ce souverain ne sortait en public que si c'était vraiment indispensable et, toujours selon

Durán, qui n'en est pas à une contradiction près, on le regardait comme plus divin qu'humain, ou comme un dieu.

Il est vrai que Montezuma Ier bénéficia dans les mémoires d'un prestige extraordinaire. N'avait-il pas été conçu miraculeusement, à l'instar de Quetzalcoatl, des jumeaux héroïques du *Popol Vuh*, de Huitzilopochtli ? Son père Huitzilihuitl était tombé éperdument amoureux de Miahuaxihuitl, la fille fort sollicitée de roi de Cuauhnahuac. Or le père de la belle, Ozomatzintecuhtli, était un *nahualli*, c'est-à-dire qu'il avait le pouvoir de se changer en animal. Méfiant de surcroît, il faisait garder sa fille par des araignées, des mille-pattes, des serpents, des chauves-souris et des scorpions. Huitzilihuitl ne put avoir avec Miahuaxihuitl qu'un commerce prudent par la voie des airs. Il lui lança une belle flèche contenant une pierre de jade. La jeune fille découvrit la pierre, la porta à ses lèvres et l'avala. Peu après, elle se trouva enceinte de Montezuma Ier. Celui-ci promulgua des lois qui furent comparées à « des étincelles jaillies du feu divin et semées dans la poitrine du grand roi Montezuma ». Il parvint aussi à renouer le contact avec la terre d'origine, Aztlan, en y envoyant des messagers.

Montezuma Ier Ilhuicamina, « celui qui décoche des flèches vers le ciel », était donc un cas particulier. Vu après la Conquête, il était en effet le cinquième roi de la série de neuf, c'est-à-dire celui du milieu, de l'apogée, du soleil à midi — de l'endroit le plus proche des dieux. Les autres souverains, même le premier, ont eu une vie plus ordinaire et, contrairement aux Incas par exemple, ils ne se sont jamais prétendus fils du Soleil, ni même de descendance divine. Lorsque Huitzilopochtli appelle tel souverain « son fils », il le fait par métaphore, ou parce que tous les hommes sont métaphoriquement fils des dieux.

Dans les discours prononcés lors de son intronisation, Montezuma II est comparé au soleil qui ramène la lumière, mais là aussi ce n'est qu'une métaphore qui s'applique à tout règne. Dans le même ordre d'idées, on le dit chandelle et torche et miroir du peuple ou cœur du peuple, qu'il représente ou incarne, comme le fait aussi Huitzilopochtli ou n'importe quel dieu tutélaire. C'est la divinité qui désigne le roi et celui-ci est comme son image, son lieutenant, son substitut ou son enveloppe. Pour un temps.

Ces thèmes sont censés remonter aux premiers rois et ils reviennent fréquemment. Dès Acamapichtli, on dit que le roi est la « figure » ou la « ressemblance » de Colibri Gaucher. Parfois, il est même littéralement l'image de la divinité dont il revêt les atours et les attributs. Mais il n'est pas le dieu pour autant : la preuve en est que les divinités qu'il représente varient selon les circonstances.

Image, ressemblance, lieutenant du dieu, le roi entre dans la vaste catégorie des *ixiptla*. Le terme peut se traduire par « sa peau », « son enveloppe ». On l'emploie pour désigner des substituts, des remplaçants ou des personnificateurs de toute espèce. Ainsi le roi est-il l'*ixiptla* de ses prédécesseurs. Dans le domaine religieux, les *ixiptla* représentent les divinités et les rendent visibles ici-bas à des degrés d'intensité ou de sacralité variables. Ce peuvent être des images, des statues ou des statuettes domestiques, des prêtres vêtus comme le dieu qu'ils servent, des victimes sacrificielles rituellement baignées, des personnificateurs permanents, des reliques. Un dieu peut même être substitut d'un autre — ainsi Paynal, « lieutenant » de Huitzilopochtli — ou d'une chose. Chalchiuhtlicue, « Celle à la jupe de jade », déesse de l'eau, est l'*ixiptla* de l'eau, Chicomecoatl celui du maïs, Xiuhtecuhtli du feu. Le fait d'avoir des *ixiptla* ici-bas n'empêche pas la divinité de se matérialiser le cas échéant, de devenir homme, pour intervenir physiquement dans les affaires humaines. Huitzilopochtli « naît » à Coatepec, durant les pérégrinations des Mexicas, pour exterminer les Huitznahuas rebelles et, plus tard, pour vaincre son neveu Copil ; Tezcatlipoca apparaît la nuit sous des formes aussi diverses qu'inquiétantes ; Cihuacoatl, parfois, se rend au marché pour y réclamer des sacrifices sanglants.

Remplaçant et image du dieu qui « se cache en lui », le roi est « son siège et sa flûte », « ses yeux, ses oreilles », « sa bouche, sa mâchoire ». Mais il est toujours homme. « Maintenant, dit-on au nouvel élu, tu es devenu dieu *(otiteut)* ; quoique tu sois un humain, comme nous, quoique tu sois notre fils, notre frère cadet, notre frère aîné, tu n'es plus humain comme nous, nous ne te regardons pas comme humain. Déjà tu représentes, tu remplaces quelqu'un. » On ne peut définir plus clairement ce qu'on a appelé les « deux corps du roi » : l'homme n'est qu'un homme, la fonction est divine. Une parcelle de divinité entre en lui lors de son élection. Comment, sinon, pourrait-on le rendre responsable du maintien de l'ordre cosmique ? Et c'est cette parcelle qui est nourrie par des sacrifices. Le jour 1 Pluie, propice aux transformations, on immolait des condamnés et, grâce à eux, Montezuma était vivifié.

Le souverain en tant qu'homme est donc inférieur au dieu. Il est l'instrument de Tezcatlipoca, son *macehualli*, son « mérité ».

A peine élu, il se place entièrement dans sa main, promettant de faire tout ce qu'il demande. Mais il n'en garde pas moins son libre arbitre. Il peut désobéir, être inconsidéré, impulsif... au risque d'être précipité dans les excréments et d'être détruit par Tezcatlipoca.

Il est exact, cependant, que certains rois étaient dotés de pouvoirs surnaturels qui en faisaient pour ainsi dire des « hommes-dieux ». Tel était Tzompantecuhtli, qu'Ahuitzotl fit trucider, tel peut-être aussi Nezahualpilli. Mais tous les rois n'étaient pas ainsi et il ne fallait pas être roi pour être un homme-dieu. Quant à Montezuma II, il se contentait d'être « en constante relation avec un dieu qui lui apparaissait sous un aspect effroyable ». Ce n'était déjà pas si mal.

Que devenait le roi après la mort ? S'il était méritant — et il avait toute chance de l'être, ayant procédé à mainte macération et étant fréquemment mort symboliquement au travers de victimes immolées —, il devenait une divinité mineure, un compagnon du soleil matinal. L'après-midi, il allait s'ébattre dans un paradis verdoyant sous la forme d'un oiseau au riche plumage ou d'un papillon. La nuit, il était une étoile dans le ciel, un feu qui maintenait à distance les fauves et les spectres qui ne cherchaient qu'à s'abattre sur la terre. En tant que tel, il était un des porteurs de la voûte céleste, assimilé aux dieux des quatre coins du monde dont il revêtait les atours à sa mort. Son sort était donc essentiellement celui des vaillants, quoiqu'on puisse le supposer supérieur. Peut-être continuait-il à les conduire lorsqu'ils s'amusaient et distrayaient le soleil avec des escarmouches. Quoi qu'en dise le frère Juan de Torquemada, on n'en faisait pas des idoles placées à côté des dieux — du moins, pour autant qu'on sache.

En somme, la royauté aztèque n'était pas une royauté divine et rien n'indique que Montezuma ait cherché à se faire diviniser. Comment l'accusation est-elle née ? De toute évidence, les réformes de l'empereur, sa volonté de renforcer l'empire, d'affirmer son rôle de chef indiscuté de la Triple Alliance et de réduire, au mépris des pactes conclus, les principales enclaves subsistantes, comme s'il voulait dominer le monde sans partage, lui auront valu cette réputation d'orgueil. Un orgueil transformé par l'opinion, sous l'effet des angoisses des dernières années de l'empire et de la recherche d'un bouc émissaire, en volonté de s'égaler aux dieux.

LES MARCHANDS, LES JUGES ET LES CHEVALIERS

Puisque certains voient en Montezuma un réactionnaire qui essayait de freiner l'essor des classes populaires, on a aussi prétendu qu'il avait tenté de s'opposer à l'ascension des corporations de marchands ou *pochteca*[25]. Il n'y a pas grand-chose pour étayer cette thèse. On s'appuie sur un seul petit passage, cité plus haut[26], où il est dit que Montezuma punissait sévèrement les négociants qui faisaient insolemment étalage de leur richesse. Mais cela ne prouve rien. L'opulence des marchands portait ombrage aux guerriers. Ceux-ci risquaient régulièrement leur vie pour obtenir du prestige et trouvaient que leurs rivaux obtenaient plus qu'eux à moindres risques. Toute l'éthique mexica, qui glorifiait les guerriers démunis par rapport aux nantis, leur donnait raison. Montezuma devait arbitrer et éviter un conflit qui ne pouvait tourner qu'au désavantage des *pochteca*, dont il avait besoin. De là son souci qu'ils ne fassent pas montre d'orgueil. Le passage souligne du reste que Montezuma les aimait — là, il y a de l'exagération ! —, les favorisait et les honorait. D'autres textes vantent le grand essor du commerce à cette époque[27].

Dans le domaine économique toujours, Montezuma n'hésita pas à augmenter les tributs. On a parlé d'autres réformes. Par exemple, l'abolition d'une forme d'esclavage très particulière parce qu'héréditaire, contrairement à l'habitude au Mexique central. Or, tout ce qu'on sait à ce sujet, c'est que Nezahualpilli de Texcoco la supprima en 1505 et un historien ancien *suppose* que Montezuma fit de même. On affirme encore que, sous son règne, les inégalités entre les citoyens se seraient accrues. C'est en effet probable, mais elles restaient bien sûr sans commune mesure avec celles, sans pareilles dans l'histoire de l'humanité, qui caractérisent notre société[28].

Autre exemple de réforme, le renforcement des sanctions frappant des délits divers. Le voleur pris sur le fait était désormais traité d'une façon qui avait au moins le mérite d'être originale : on le battait avec des roseaux pointus remplis de sable, puis on le mettait dans un canot et le perçait d'une multitude de flèches. L'empereur, plutôt tatillon, veillait personnellement au respect des lois et des ordres, et allait jusqu'à se déguiser pour voir sur place si tout se passait correctement. Certains disent même qu'il tendait des pièges aux juges en essayant de les corrompre[29]. Par ailleurs, il aurait instauré une hiérarchie dans les ordres de guerriers de renom et il fit de Colhuacan un lieu de repos pour les soldats invalides ou âgés [30].

LES RÉFORMES RELIGIEUSES ET LE CALENDRIER

Pour créer un véritable empire, il ne suffisait pas de supplanter les autres souverains de la Triple Alliance, de renforcer le pouvoir impérial ou de créer une administration compétente. Il fallait aussi justifier ses prétentions à la domination universelle et lui donner une dimension spirituelle. Pour cela, il convenait d'adapter l'idéologie, de réinterpréter l'histoire, d'imposer davantage encore Huitzilopochtli et Tezcatlipoca, d'accentuer la spécificité de l'ère des Mexicas et donc la rupture avec le passé. Déjà Itzcoatl avait fait brûler les livres pour réécrire l'histoire, déjà on avait introduit un nouveau Soleil, le cinquième, successeur du Soleil toltèque, déjà Huitzilopochtli remplaçait partout Quetzalcoatl. A présent, Montezuma s'employa sans délai à accentuer la rupture avec le passé.

Les réformes religieuses concernent avant tout le comput du temps et les calendriers. *Les* calendriers, car les Mésoaméricains employaient trois cycles différents qui s'emboîtaient l'un dans l'autre : le cycle divinatoire de 260 jours, l'année solaire de 365 jours et le cycle vénusien de 584 jours. A la base de chacun, une série de vingt jours portant surtout des noms d'animaux, mais aussi de végétaux, d'artefacts, de phénomènes météorologiques, d'éléments : Caïman, Vent, Maison, Lézard, Serpent, Mort, Cerf, Lapin, Eau, Chien, Singe, Herbe, Roseau, Jaguar, Aigle, Vautour, Séisme ou Mouvement, Silex, Pluie, Fleur. Chaque nom était accompagné d'un chiffre allant de 1 à 13, dans cet ordre. Noms et chiffres se suivaient indéfiniment, de sorte qu'il fallait vingt fois treize jours, soit 260 jours, pour qu'un même nom revienne affecté du même chiffre. Une telle série de 260 jours formait le cycle divinatoire, et ces cycles se suivaient eux aussi sans interruption aucune.

L'année solaire se composait de 365 jours, divisés en dix-huit « mois » de vingt jours auxquels s'ajoutaient cinq jours considérés comme néfastes. Chacun de ces mois était l'occasion de grandes fêtes hautes en couleur qui culminaient dans des sacrifices humains. Il fallait cinquante-deux années pour que cycle solaire

Tableau du compte des jours (tonalpohualli)

Cipactli (Crocodile)	1	8	2	9	3	10	4	11	5	12	6	13	7
Ehecatl (Vent)	2	9	3	10	4	11	5	12	6	13	7	1	8
Calli (Maison)	3	10	4	11	5	12	6	13	7	1	8	2	9
Cuetzpallin (Lézard)	4	11	5	12	6	13	7	1	8	2	9	3	10
Coatl (Serpent)	5	12	6	13	7	1	8	2	9	3	10	4	11
Miquiztli (Mort)	6	13	7	1	8	2	9	3	10	4	11	5	12
Mazatl (Cerf)	7	1	8	2	9	3	10	4	11	5	12	6	13
Tochtli (Lapin)	8	2	9	3	10	4	11	5	12	6	13	7	1
Atl (Eau)	9	3	10	4	11	5	12	6	13	7	1	8	2
Itzcuintli (Chien)	10	4	11	5	12	6	13	7	1	8	2	9	3
Ozomatli (Singe)	11	5	12	6	13	7	1	8	2	9	3	10	4
Malinalli (Herbe)	12	6	13	7	1	8	2	9	3	10	4	11	5
Acatl (Roseau)	13	7	1	8	2	9	3	10	4	11	5	12	6
Ocelotl (Jaguar)	1	8	2	9	3	10	4	11	5	12	6	13	7
Cuauhtli (Aigle)	2	9	3	10	4	11	5	12	6	13	7	1	8
Cozcacuauhtli (Vautour)	3	10	4	11	5	12	6	13	7	1	8	2	9
Ollin (Mouvement)	4	11	5	12	6	13	7	1	8	2	9	3	10
Tecpatl (Silex)	5	12	6	13	7	1	8	2	9	3	10	4	11
Quiahuitl (Pluie)	6	13	7	1	8	2	9	3	10	4	11	5	12
Xochitl (Fleur)	7	1	8	2	9	3	10	4	11	5	12	6	13

et cycle divinatoire recommencent par le même jour (52 x 365 = 72 x 260). Une année était désignée du nom du jour qui la « portait ». Quatre jours seulement étaient susceptibles de jouer ce rôle : les jours Lapin, Roseau, Silex et Maison, accompagnés eux aussi de chiffres de 1 à 13 :

1 Lapin	1 Roseau	1 Silex	1 Maison
2 Roseau	2 Silex	2 Maison	2 Lapin
3 Silex	3 Maison	3 Lapin	3 Roseau
4 Maison	4 Lapin	4 Roseau	4 Silex
5 Lapin	5 Roseau	5 Silex	5 Maison
6 Roseau	6 Silex	6 Maison	6 Lapin
7 Silex	7 Maison	7 Lapin	7 Roseau
8 Maison	8 Lapin	8 Roseau	8 Silex
9 Lapin	9 Roseau	9 Silex	9 Maison
10 Roseau	10 Silex	10 Maison	10 Lapin
11 Silex	11 Maison	11 Lapin	11 Roseau
12 Maison	12 Lapin	12 Roseau	12 Silex
13 Lapin	13 Roseau	13 Silex	13 Maison

Ainsi nommées, les années se suivaient toujours dans le même ordre et il fallait cinquante-deux (4 x 13) années encore pour que revienne une année ayant à la fois le même nom et le même chiffre. La période de cinquante-deux années était l'équivalent mésoaméricain de notre siècle.

Le cycle de 584 jours enfin correspond à peu près à la révolution synodique de Vénus (entendons qu'entre deux levers héliaques de la planète Vénus, il s'écoule environ 583,92 jours en moyenne). Il avait ceci de particulier qu'il coïncidait avec les deux précédents tous les cent quatre ans, soit tous les deux « siècles » (65 x 584 = 104 x 365 = 144 x 260).

LA CONJURATION DES FAMINES SÉCULAIRES

Le règne de Montezuma commença mal. Dès son avènement, en 10 Lapin, la sécheresse s'installa et elle devait perdurer pendant plusieurs années [31]. Or, l'année 10 Lapin évoquait de fâcheux souvenirs. Cinquante-deux ans auparavant exactement avait débuté la famine tristement célèbre qui avait été à l'origine de la guerre fleurie. Elle n'avait pris fin que quatre ans plus tard, en 1 Lapin 1454. Depuis deux cents ans, toutes les années 1 Lapin avaient été des années de famine. La même chose allait-elle se reproduire ? 1 Lapin était le début d'un cycle nouveau de cinquante-deux ans. Commencerait-il en 1506 sous un ciel aussi peu favorable ?

Le passage d'un siècle à l'autre était marqué par des rites très importants qui assuraient la survie du monde. On « recréait » symboliquement l'étoile du matin, née l'an 1 Lapin. Vénus avait été la première lumière du monde et la promesse du lever du jour ; son apparition avait fait émerger la terre des eaux primordiales. A minuit précis, alors que tous les feux étaient éteints et que l'obscurité régnait partout, on allumait solennellement un feu nouveau en forant un bâton horizontal creusé de trous au moyen d'une drille de bois verticale, à laquelle on imprimait un rapide mouvement de va-et-vient avec les paumes. Si l'opération réussissait, le lever de l'étoile du matin était assuré et le monde était sauf pour une nouvelle période de cinquante-deux ans. La « ligature des années » était faite.

Or, profitant de ce qu'il fallait conjurer les malheurs des années Lapin et leurs éventuelles conséquences pour le « siècle » tout entier, Montezuma décida de célébrer dorénavant la fête du Feu nouveau et de recréer le monde non plus en 1 Lapin mais l'année suivante, en 2 Roseau [32].

L'information, capitale, nous vient d'une source unique, la partie « annales » du *Codex Tellerianus Remensis*, manuscrit qui combine des dessins dans la tradition préhispanique avec des commentaires en espagnol. Elle tient en une petite phrase : « En cette année [1 Lapin 1506], on faisait habituellement la ligature des années selon leur compte et, parce que cette année leur était toujours pénible, Montezuma la déplaça à 2 Roseau. »

On s'est demandé si le Montezuma en question était bien le cadet plutôt que son oncle Montezuma Ier Ilhuicamina [33]. Mais si la réforme avait eu lieu cinquante-deux ans plus tôt, le codex l'aurait mentionnée à ce moment-là. De plus, à en juger par leur style, les sculptures qui commémorent la « ligature des années » en l'année 2 Roseau paraissent toutes appartenir au règne de Montezuma II [34]. Ces monuments sont d'autant plus significatifs qu'il n'en existe aucun d'époque aztèque qui puisse être interprété avec certitude comme commémorant une ligature d'années antérieure à 1507. Il faut remonter à l'époque classique pour retrouver à Xochicalco un relief qui représente l'allumage du feu nouveau en une année 1 Lapin. Manifestement, Montezuma II a tenu à proclamer haut et fort sa réforme calendaire et à faire en sorte qu'on s'en souvienne.

A première vue, l'empereur voulait donc veiller à ce que le « siècle » nouveau commence désormais de manière favorable et non par un désastre. En réalité, sa « réforme » d'apparence anodine s'accompagna d'une véritable révolution, dont l'un des enjeux fut d'assurer mieux encore la prépondérance de Huitzilopochtli-Tezcatlipoca et du soleil.

En effet, la « ligature des années » fut déplacée non seulement de 1 Lapin en 2 Roseau, mais aussi du « mois » dit du Balayage, Ochpaniztli, à celui de Panquetzaliztli, de l'« Erection des Bannières ». C'était en Ochpaniztli qu'on rejouait rituellement la création de la terre et la naissance de Cinteotl-Étoile du Matin, assimilé aussi à Quetzalcoatl, tandis que Panquetzaliztli célébrait la naissance de Huitzilopochtli-Soleil [35]... Désormais, en allumant le feu nouveau, ce n'était plus Vénus qu'on recréait, mais l'astre du jour. Le choix même de 2 Roseau n'est pas sans signification. Il s'agit, comme 1 Mort, d'un des noms de calendrier de Tezcatlipoca, le maître du Soleil aztèque, dont Huitzilopochtli n'était qu'un avatar. Dans le compte des jours, 2 Roseau se situait presque à mi-chemin entre 1 Mort et 1 Silex, signes situés exactement à cinquante-deux jours l'un de l'autre. Or, 1 Mort était aussi le jour de la mort du Colibri Gaucher et 1 Silex celui de sa naissance. Enfin et surtout, c'est en une année 2 Roseau des pérégrinations mexicas que Huitzilopochtli naît à Coatepec et vainc les ténèbres : sa sœur Coyolxauhqui et ses frères les quatre cents Huitznahuas.

Comme la plupart des rites aztèques s'appuient sur ou sont justifiés par des prototypes mythiques, on en créa aussi pour le déplacement du Feu nouveau de 1 Lapin à 2 Roseau.

La *Légende des Soleils* raconte qu'un couple humain, Tata et Nene, survit au déluge qui met fin à l'ère précédente en se réfugiant dans un tronc de cyprès évidé. Il ne leur est permis de manger qu'un seul épi de maïs. Lorsque les eaux commencent à se retirer, en l'an 1 Lapin, ils sortent et allument du feu pour cuire du poisson. La fumée monte au ciel, où elle irrite les créateurs. Tezcatlipoca vient interpeller les coupables. Il leur coupe la tête et la leur colle sur les fesses, les changeant ainsi en chiens.

Le feu allumé par Tata et Nene fait refluer les flots et rend la terre habitable. Mais il est déclaré illicite et Tezcatlipoca en allume un autre, bon cette fois, l'année suivante, en 2 Roseau. Dans un document proche de la *Légende*, il n'est même plus question de feu en 1 Lapin. Cette année-là, les dieux relèvent la voûte céleste qui s'est effondrée et ressuscitent la terre. En 2 Roseau, Tezcatlipoca fête les dieux en allumant un feu [36]. Dans les deux cas, c'est Tezcatlipoca qui donne le branle à l'ère nouvelle en y introduisant le principe même de la vie, le feu. L'ère qui commence est la sienne. Les mythes le laissent entendre et on va même jusqu'à réécrire l'histoire des origines du monde pour le dire. Car il est évident que les deux textes, qui racontent l'histoire du monde et surtout des Aztèques depuis leurs origines, ont été composés après la réforme de Montezuma et vraisemblablement sur ses ordres.

Ce cas de réécriture n'a pas été le seul. Il a été question d'une véritable révolution. Le mot n'est pas trop fort lorsque l'on sait que les sources écrites qui nous sont parvenues, et qui sont des copies et des commentaires de codex précolombiens, situent *toutes* les « ligatures des années » survenues depuis les origines des Aztèques en l'an... 2 Roseau. Comme si de tous temps elles avaient eu lieu alors ! Autrement dit, Montezuma a dû faire remanier au bas mot une bonne partie des livres du Mexique central. Nous avons parlé de l'autodafé d'Itzcoatl qui voulait présenter une nouvelle version de l'histoire. Voilà, sous Montezuma II, un second exemple, grandiose, de ce genre de manipulation.

LE RAJUSTEMENT DES FÊTES DE L'ANNÉE SOLAIRE

Le transfert de la fête séculaire d'une année à l'autre ne modifiait guère la structure même du calendrier de 365 jours. Celui-ci revêt une importance extrême chez des populations essentiellement agricoles. C'est lui qui doit régler les travaux des champs et, partant, la vie tout entière de la communauté. Il importait au plus haut point de savoir, par exemple, quand allait commencer la saison des pluies. Les Mésoaméricains n'avaient pas la chance des anciens Égyptiens, chez qui le lever de Sirius annonçait immanquablement les crues fertilisantes du Nil. Ils devaient établir des computs et prévoir. Avant même les premières pluies, tout devait être prêt pour les semailles. Mais celles-ci ne devaient pas être entreprises trop tôt, car les dernières gelées nocturnes risquaient de détruire les jeunes pousses de maïs.

Les premières pluies tombaient une quarantaine de jours après l'équinoxe de printemps ou une quinzaine de jours avant le premier passage du soleil au zénith au-dessus de Mexico. Il fallait donc déterminer ces moments. Des moyens simples y pourvoyaient. Pour les solstices et les équinoxes, il suffisait de relever systématiquement les ombres les plus courtes, les plus longues et les moyennes projetées à midi par tel édifice, telle colonne ou tel poteau planté dans le sol. Pour l'observation de la position zénithale du soleil, on aménageait notamment des chambrettes souterraines qui communiquaient avec l'air libre par un conduit vertical. Les rayons du soleil n'en atteignaient le fond que lorsque l'astre se trouvait dans l'axe du conduit à midi.

Montezuma connaissait l'importance de tout ce qui touchait au calendrier. Sa réforme de la « ligature des années » en porte témoignage. La cérémonie du Feu nouveau fut rattachée à la fête des Bannières, Panquetzaliztli. Mais elle le fut aussi à un événement astronomique précis : la culmination des Pléiades à minuit. C'était précisément à ce moment-là que le feu devait s'allumer dans la poitrine béante d'un guerrier sacrifié.

Un autre renseignement témoigne de l'intérêt de l'empereur pour ces questions et de sa volonté de relier les fêtes des mois à l'année astronomique. On nous dit en effet qu'il voulut faire abattre la pyramide principale de Mexico et la faire reconstruire de telle sorte que, lors de la fête de l'Ecorchement des Hommes (Tlacaxipehualiztli), à l'équinoxe de printemps, le soleil se lève exactement dans son axe [37].

Le calendrier solaire avait ceci de remarquable qu'il se décalait par rapport aux saisons, au rythme d'un jour tous les quatre ans environ. L'année y comptait 365 jours, alors qu'elle en a en réalité 365,2426. En Occident, il a fallu attendre Jules César et l'introduction de l'année bissextile, avec ajout d'un jour supplémentaire tous les quatre ans en février, pour que le problème du décalage soit résolu avec une assez bonne approximation. Mais les Indiens du Mexique et du Guatemala n'intercalèrent jamais de jours. Non pas qu'ils aient ignoré la durée véritable de l'année tropique. Seulement, la moindre intercalation aurait compromis la merveilleuse harmonie qui régissait leurs différents cycles de 365, 260 et 584 jours.

Impossible, donc, d'introduire des jours supplémentaires, sous peine de dérégler l'accord entre les trois cycles. L'année se décalait, les fêtes qui ponctuaient chacun des dix-huit « mois » de l'année aussi. Pour s'en convaincre, il suffit de reconstituer une année idéale où fêtes et événements saisonniers coïncident exactement.

Cette opération est possible grâce au fait que certains noms de mois font nettement allusion à des phénomènes saisonniers. Au XVIᵉ siècle, Atlcahualo ou « Arrêt des Eaux » par exemple, une fête des dieux de la pluie, se situait à la fin de la saison humide. Mais il suffit de remettre « Arrêt des Eaux » à sa place normale, soit à la fin de la saison des pluies, pour qu'automatiquement les autres vingtaines dont le nom présente des connotations saisonnières — « Chute des Eaux » (Atemoztli) et « Sécheresse » (Toxcatl) principalement — se retrouvent du même coup à leur place originelle :

Position des mois en 1519 et avant le décalage

	1519	Position originale
Atlcahualo	13/2 - 4/3	Huey Tecuilhuitl
Tlacaxipehualiztli	5/3 - 24/3	Tlaxochimaco

Tozoztontli	25/3 - 13/4	Xocotl Huetzi
Huey Tozoztli	14/4 - 3/5	Ochpaniztli
Toxcatl	4/5 - 23/5	Teotleco
Etzalcualiztli	24/5 - 12/6	Tepeilhuitl
Tecuilhuitontli	13/6 - 2/7	Quecholli
Huey Tecuilhuitl	3/7 - 22/7	Panquetzaliztli
Tlaxochimaco	23/7 - 11/8	Atemoztli
Xocotl Huetzi	12/8 - 31/8	Tititl
Ochpaniztli	1/9 - 20/9	Izcalli
Teotleco	21/9 - 10/10	Atlcahualo
Tepeilhuitl	11/10 - 30/10	Tlacaxipehualiztli
Quecholli	31/10 - 19/11	Tozoztontli
Panquetzaliztli	20/11 - 9/12	Huey Tozoztli
Atemoztli	10/12 - 29/12	Toxcatl
Tititl	30/12 - 18/1	Etzalcualiztli
Izcalli	19/1 - 7/2	Tecuilhuitl
(Nemontemi)	8/2 - 12/2	

On peut facilement calculer la différence de jours entre la position originelle des fêtes, avant tout décalage, et celle au XVIᵉ siècle, au moment de l'arrivée des Espagnols (1519). Cette différence est de 209 jours. A raison d'un jour de décalage tous les quatre ans, il a donc fallu 4 x 209, soit 836 années, pour que les fêtes finissent par se retrouver là où elles se situaient à l'époque de la Conquête.

En 1519, ces fêtes tombaient donc 209 jours avant l'événement saisonnier qu'elles célébraient. La fête des semailles avait fini par échouer peu avant la moisson, celle des moissons avant les semailles, le solstice d'été en plein hiver, et ainsi de suite. C'était un peu comme si Pâques tombait en septembre, Noël en mai, les vacances d'été en plein hiver... Pourtant, les rituels avaient pour l'essentiel conservé leur signification première, même s'il y eut certains changements religieux importants. Ainsi les Mexicas ont-ils systématiquement remplacé le dieu solaire Quetzalcoatl par Huitzilopochtli dans le cycle des fêtes.

Le décalage des fêtes n'offrait pas que des désavantages. Les prêtres ont bien vite dû se rendre compte que ce mystère, qu'ils étaient seuls à comprendre, renforçait leur prestige et leur pouvoir. En glissant d'un jour tous les quatre ans, le cycle des vingtaines dessinait une année rituelle, ésotérique, image parfaite de l'année réelle mais toujours en avance sur elle, une année rituelle qui paraissait susciter magiquement les événements saisonniers par le rite. De plus, les fêtes devenaient de moins en moins compréhensibles pour les gens du commun, qui devaient sans arrêt s'adresser aux prêtres afin de connaître le moment propice pour semer, sarcler, biner, châtrer les agaves, commencer les moissons, etc. Pour le clergé, en revanche, il suffisait de tenir le compte des jours omis depuis le début du décalage pour savoir exactement où en étaient les fêtes par rapport à l'année réelle.

Or, que fait Montezuma ? Il déplace la fête du Feu nouveau en Panquetzaliztli, ce qui n'a de conséquences qu'aux plans rituel et symbolique. Mais en plus, il relie cette fête à la culmination des Pléiades à minuit ! Du coup, la vingtaine des Bannières se trouve rattachée à un événement astronomique précis, comme si elle n'était plus appelée à se décaler ! Dans le même ordre d'idées, il semble vouloir que la fête de Tlacaxipehualiztli coïncide avec l'équinoxe. Et qu'elle coïncide durablement, puisqu'il aurait envisagé de reconstruire la pyramide principale de Mexico pour que son axe indique exactement l'endroit du lever du soleil à l'équinoxe de printemps.

Faut-il dès lors croire que l'empereur voulait en quelque sorte « figer » le cycle des vingtaines et le relier à l'année tropique ? Ou bien, ce qui paraît moins probable, ignorait-il que les mois étaient considérablement décalés ? Une chose est sûre : les Mexicas tentèrent d'imposer à certaines fêtes de nouvelles significations, et, qui plus est, des significations se rattachant à la position qu'occupaient les fêtes au XVIᵉ siècle.

La première fête qui fut ainsi transformée est précisément Panquetzaliztli, « Érection des Bannières ». Elle réactualisait le saut de Quetzalcoatl-Nanahuatl dans le brasier qui devait le transformer en soleil, ainsi que sa victoire en enfer sur les forces des ténèbres. A l'origine, la fête commençait au solstice d'été, en plein cœur de la saison des pluies, soit, dans la pensée mésoaméricaine, au milieu de la nuit, et le saut en question avait effectivement eu lieu à minuit. L'*émergence* du soleil, son lever, ne se produisait que cent jours plus tard, au début de la saison sèche et donc du jour, en Tlacaxipehualiztli.

Dans un premier temps, les Mexicas transformèrent cette fête en lui faisant réactualiser le mythe de l'avènement de leur Soleil, Huitzilopochtli. Ce mythe nous ramène au cœur des pérégrinations mexicas, censées se dérouler dans la nuit, donc la saison humide et l'inframonde. Au beau milieu de ce périple, à minuit,

Huitzilopochtli se matérialise — sans qu'on précise comment — et triomphe d'une rébellion des forces de l'obscurité, de l'inertie et de la mort, représentées par sa demi-sœur aînée Coyolxauhqui et ses demi-frères les quatre cents Huitznahuas. Le lendemain, les Mexicas les trouvent tous morts et lèvent le camp. Huitzilopochtli vainc au milieu de la nuit-saison des pluies. Dès lors, la réactualisation de ce mythe a parfaitement sa place au milieu de la saison des pluies, surtout que le mythe souligne bien que l'événement se passe au cœur de cette saison. En arrivant, les errants transforment la région aride en paradis verdoyant. Puis c'est la nuit et la victoire. Le lendemain, quand le jour se lève, tout se dessèche et il faut repartir.

A l'époque de Montezuma, ce n'est plus cette variante du mythe qui est jouée en Panquetzaliztli, mais une autre, nouvelle, celle qui a été résumée dans le premier chapitre. Huitzilopochtli se matérialise cette fois en entrant dans le sein de Coatlicue, d'où il naît tout armé. Coatlicue étant la terre, il est alors le soleil qui, en se levant le matin, chasse la lune et les étoiles, et non plus celui qui triomphe à minuit.

Il y a donc un bouleversement majeur : de fête de la victoire *nocturne* du soleil, Panquetzaliztli devient celle de sa victoire à l'aube. Or, au XVIe siècle, la fête de Panquetzaliztli tombait exactement au solstice d'hiver, soit quand les jours commencent à allonger, moment qui est souvent considéré comme celui de la renaissance du soleil et du début du jour. Notre fête de Noël en témoigne : ce n'est pas par hasard qu'on célèbre alors la naissance du Christ qui sort enfin le monde des ténèbres où il était plongé depuis la chute d'Adam et Eve. Il semble donc que les Mexicas aient voulu réinterpréter la fête en fonction de sa position réelle et, probablement, l'y fixer définitivement.

Une autre fête, Atlcahualo, paraît confirmer ce désir de remanier et de réinterpréter le cycle de fêtes d'une manière radicalement nouvelle par rapport à ce qui existait depuis plus d'un millénaire au moins. « Arrêt des Eaux » tombait à l'origine à la fin de la saison des pluies, en septembre. L'essentiel des rites consistait en actions de grâces aux Tlaloc pour les bienfaits qu'ils avaient prodigués au cours de la saison écoulée. En 1519, la vingtaine avait fini par se retrouver en février-mars, soit plutôt aux approches de la saison des pluies. Les Mexicas la célébraient alors avec un faste tout particulier et on nous dit que Montezuma et Nezahualpilli y participaient fort activement. Toutefois, les rites auxquels prenaient part les souverains n'étaient plus des rites de fin, mais au contraire de *début* de saison humide.

Ce qu'on réactualisait, c'était un épisode des pérégrinations dans lequel on assiste à une véritable passation de pouvoir des Toltèques aux Mexicas. L'affaire est narrée dans la *Leyenda de los Soles*, une autre forgerie datant de l'époque de Montezuma II.

On est à la fin de Tollan. Huemac joue à la balle contre les dieux de la pluie, les Tlaloc. L'enjeu est ce qu'il y a de plus précieux : du jade et de longues plumes vertes de quetzal. Huemac finit par gagner et les Tlaloc doivent payer. Or, au lieu d'apporter ce qui a été convenu, ils donnent des épis de maïs avec leurs feuilles vertes. Fureur de Huemac qui exige le jade et les plumes de quetzal. Les Tlaloc s'exécutent, mais pour punir Huemac qui a méprisé la richesse véritable, le maïs, ils le lui refusent désormais. Une épouvantable famine dévaste le pays pendant quatre ans.

Au terme de ce laps de temps, les Tlaloc avisent Huemac qu'ils exigent en sacrifice la fille du roi des Mexicas, Tozcuecuex. Car, prophétisent-ils, c'en est désormais fini des Toltèques et le pouvoir doit passer aux Mexicas. Tozcuecuex mène sa fille Quetzalxoch au lieu du sacrifice, Pantitlan, un tourbillon dans la lagune de Mexico. On l'immole et lui arrache le cœur. Les Tlaloc déposent le cœur de la fillette dans le sac du roi en même temps que les subsistances, répétant que le sort des Toltèques est scellé. Aussitôt, il recommence à pleuvoir et l'abondance revient, mais pour les Mexicas. Les Toltèques, eux, périssent.

En Atlcahualo, on reproduisait ce sacrifice de Quetzalxoch à Pantitlan. Exceptionnellement, la victime devait être une « fille des Mexicas » et, puisque dans le mythe elle était de sang royal, Montezuma, Nezahualpilli de Texcoco et d'autres souverains, même d'États ennemis, participaient aux cérémonies.

Or, il est bien clair que l'immolation de Quetzalxoch et les autres sacrifices et offrandes qui l'accompagnaient étaient censés mettre fin à la sécheresse et amener la saison des pluies, comme dans le mythe. La fête est réinterprétée en fonction de sa position au début du XVIe siècle, c'est-à-dire au début du mois de mars, avant le début de la saison des pluies. Ici encore, il paraît y avoir adaptation aux circonstances saisonnières réelles prévalant au XVIe siècle, comme pour Panquetzaliztli.

Il est donc fort possible que Montezuma ait mis en chantier un remodelage et une réinterprétation complets des fêtes, mais il dut les interrompre à un moment donné puisque, selon toute apparence, il ne toucha pas aux autres vingtaines. Poussa-t-il sa réforme des fêtes jusqu'à sa conséquence logique, l'intercalation de bissextes ? On ne peut l'affirmer avec certitude [38]. Mais cela aurait présenté des avantages substantiels : un calendrier remis en ordre, des fêtes redevenues compréhensibles pour le commun des mortels, une emprise amoindrie du clergé conservateur. En outre, il y aurait eu une rupture de plus avec le passé, tandis que la présence des Mexicas et de leur dieu dans les mythes et les rites aurait été singulièrement renforcée.

CHAPITRE V

Premières campagnes

L'activité guerrière fut constante durant tout le règne de Montezuma. Les campagnes furent aussi nombreuses que brèves, eu égard aux immenses problèmes de logistique qu'elles posaient dans un pays où les déplacements se faisaient à pied et le transport à dos d'homme, sur des sentiers ou des chemins incertains.

Les sources énumèrent des cités conquises en nombres impressionnants. Il est exclu que ces conquêtes aient pu avoir lieu successivement. On ne se battait que pendant la saison sèche, soit la moitié de l'année, et une armée pouvait difficilement effectuer plus d'une grande campagne par an. Cependant, une ou deux batailles suffisaient parfois pour que les cités proches des vaincus viennent faire allégeance aux vainqueurs. En outre, les impériaux avaient certainement ample possibilité de dépêcher plusieurs armées simultanément dans des directions différentes.

Ces guerres sont mal documentées[1]. Certaines seulement sont relatées de manière plus ou moins détaillée. Pour la plupart, il faut se contenter de prendre acte de leur mention. Sans même, d'ailleurs, pouvoir en préciser les dates avec quelque certitude. Pourquoi, alors que ces événements étaient consignés année par année dans des annales ? Et alors que les documents historiques avaient été réécrits après 1507, sur ordre des autorités de l'empire ? Peut-être faut-il incriminer en premier lieu la diversité des comptes des années. De plus, il était parfois nécessaire de refaire une conquête en matant une rébellion. Enfin, les sources pouvaient, selon leur provenance et les intérêts des commanditaires, mettre en relief les événements de telle ou telle région. Un chroniqueur au service de Texcoco, par exemple, met l'accent sur les conquêtes qui intéressent au premier chef sa cité.

La guerre, en théorie, se faisait pour des motifs religieux : parce qu'il fallait nourrir ciel et terre, parce que les Mexicas avaient été chargés par Huitzilopochtli de conquérir le monde, parce que seule la mort héroïque, sur le champ de bataille ou sur la pierre sacrificielle, permettait la glorieuse survie dans la Maison du Soleil. Elle était donc imprégnée de rituel. Les prêtres précédaient les armées d'un jour, portant sur le dos les images des divinités. Avant la bataille, ils s'activaient à allumer du feu en faisant tourner rapidement entre leurs paumes une drille en bois dans le creux d'un bâtonnet horizontal. Dès que le feu avait pris, ils donnaient le signal de l'attaque en poussant des cris. Les premiers ennemis capturés étaient immédiatement immolés devant les images divines [2]. Le signe le plus clair de la victoire totale, c'était l'incendie du temple du dieu tutélaire adverse et, éventuellement, la capture de celui-ci. On privait ainsi les vaincus d'appui surnaturel, on détruisait leur temple, témoignage de leur gloire et fruit de générations d'efforts, on brûlait les livres conservés dans le sanctuaire, effaçant du même coup la mémoire du vaincu. Enfin, les guerriers ennemis étaient amenés dans les cités de la Triple Alliance pour y servir de nourriture aux dieux et aux vainqueurs.

A ces raisons religieuses s'ajoutait, surtout depuis Montezuma, la prétention à l'empire universel. Mais dans la pratique, la religion et l'idéologie ne paraissaient suffisamment convaincantes ni aux Mexicas, ni aux autres peuples du Mexique, pour justifier une agression. On alléguait des motifs plus concrets, souvent des prétextes : le refus de commercer librement ; l'attaque d'une caravane de marchands ; l'assassinat d'ambassadeurs ; le refus d'une répartition « équitable » des richesses du monde en prétendant garder le monopole de tel ou tel produit... Comme les Espagnols un peu plus tard ou comme telle superpuissance aujourd'hui, ils se battaient en invoquant Dieu et le droit international et mettaient toutes sortes de bonnes raisons de leur côté. Bonnes raisons qui cachaient à peine des motivations telles que la peur, l'intérêt économique, le prestige de l'État, la gloire personnelle, le devoir de protection des vassaux, le maintien de l'ordre dans l'empire...

LA PREMIÈRE CAMPAGNE D'OAXACA

L'année même de la guerre d'intronisation, en 1503, Montezuma entreprit une première campagne contre Xaltepec et Achiotlan, dans la région mixtèque de l'Oaxaca [3].

Xaltepec (actuellement Magdalena Xaltepec) se situe à 25 kilomètres à l'est d'Achiotlan et à 65 kilomètres à vol d'oiseau au nord-ouest d'Oaxaca. Achiotlan était à l'époque « comme le grand temple et la synagogue » de la Mixteca, c'est-à-dire sa capitale religieuse. Autrefois, au temps de Dzahuindanda, la cité avait été redoutable. Ce roi possédait un grand sac magique. En cas de besoin, il escaladait la montagne qui dominait la cité et priait son dieu pour obtenir des guerriers. Puis il lui suffisait de secouer le sac pour en voir surgir des armées innombrables [4]. Plus tard, malgré la disparition du précieux récipient, la cité se sentit encore assez puissante pour méditer la destruction des armées d'Ahuitzotl en route, à travers l'isthme de Tehuantepec, vers Xoconochco (1496 ?) et pour mettre l'empereur en échec à Guiengola. Depuis, elle avait décliné.

La *Chronique X* fait de Xaltepec et de Cuatzontlan les objectifs principaux de cette campagne [5]. Ayant appris que Mexico avait un nouveau roi peut-être irrésolu, les rois de Xaltepec et de Cuatzontlan, deux grands royaumes très peuplés, décidèrent unilatéralement de le mettre à l'épreuve. Ils firent tuer tous les Mexicas et leurs partisans installés dans leurs frontières. Selon une autre version, leur acte de terrorisme international consista à tuer les marchands d'Azcapotzalco, de Cuauhtitlan et de Chalco qui se trouvaient dans les parages. Puis ils se mirent en défense. Les chemins et les pistes furent rendus impraticables, les accès bloqués, les villes entourées de grands fossés et de palissades de madriers.

Montezuma ne fut pas mécontent d'apprendre cette rébellion. Il convoqua les souverains de Texcoco et de Tlacopan ainsi que les rois des provinces pour leur faire part des événements. « Car, commente Durán en exagérant outrageusement, sans l'aide et le secours de tous ces seigneurs et de tous ces royaumes, Montezuma et ses gens ne pesaient pas lourd. » Immédiatement après le conseil, qui bien sûr décida la guerre, on passa aux actes. Les rois rentrèrent chez eux pour mobiliser. L'empereur envoya des espions pour reconnaître la région et le chemin. Il convoqua les intendants des provinces et leur demanda de fournir des mantes,

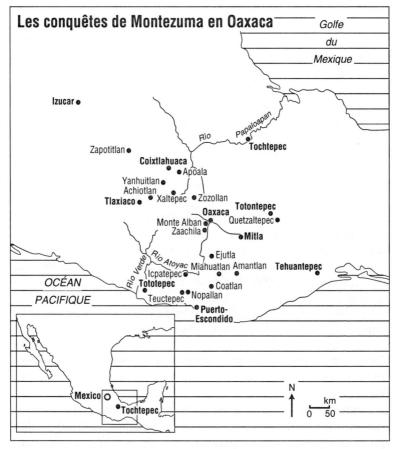

Les conquêtes de Montezuma en Oaxaca

des plumes, des armes et des subsistances prélevées sur les réserves. Les armes furent distribuées aux guerriers les plus en vue, tandis qu'un peu partout on en fabriquait. Certaines devaient être livrées en cours de route par des cités tributaires [6].

On puisa aussi dans les arsenaux royaux qui, plus tard, furent visités par les Espagnols. Laissons la parole à un spécialiste en la matière, le conquistador Bernal Díaz, qui eut ample occasion de vérifier l'efficacité de l'armement aztèque : « Montezuma avait des maisons remplies de toutes sortes d'armes. Quelques-unes étaient richement ornées de pierres précieuses et d'or fin : c'étaient des sortes de rondaches grandes et petites ; des casse-tête, des espadons à deux mains, formés de lames en obsidienne qui coupaient mieux que nos épées ; des lances plus longues que les nôtres, dont le couteau avait bien une brasse, et si résistantes au choc qu'elles ne se brisaient ni ne s'ébréchaient en frappant sur des boucliers ou des rondaches. Elles étaient si bien affilées, du reste, qu'elles coupaient comme des rasoirs, au point d'être utilisées pour raser la tête. On y voyait des arcs et des flèches excellents ; des piques [ou, plutôt, des javelines], les unes simples, les autres à deux dents, avec la machine qui sert à les lancer ; beaucoup de frondes, avec leurs pierres arrondies, façonnées à la main. On y remarquait aussi une sorte de bouclier si artistement fait qu'on peut le plier au-dessus de la tête, afin d'en être moins embarrassé alors qu'on n'a pas à se battre, tandis qu'au moment du combat, quand on en a besoin, on le laisse s'ouvrir et on a le corps presque couvert de haut en bas. Il y avait aussi des armures matelassées en coton, très richement ouvragées à l'extérieur avec des plumes de couleurs variées formant comme des devises et des dessins capricieux. Nous y vîmes encore des cabassets, quelques casques en bois et d'autres en os, très bien ornés de plumes [7]. »

La « machine » à lancer les javelines, le propulseur, était un bâton d'une soixantaine de centimètres de longueur, pourvu à son extrémité d'un crochet sur lequel reposait la javeline. En prolongeant le bras, il permettait de lancer des projectiles d'un kilo et demi à une soixantaine de mètres — de quoi arrêter net un assaillant [8]. Quant aux glaives ou espadons *(maquahuitl)*, ils étaient en bois et pourvus de tranchants d'obsidienne, une pierre volcanique noire dont les éclats ou les lames, très effilés, servaient notamment à se raser. Une telle arme pouvait d'un seul coup faire sauter une tête ou couper un corps en deux.

L'empereur donna des ordres pour que les guerriers se préparent et qu'on rassemble les grandes quantités de provisions indispensables pour une expédition aussi lointaine. Certes, les cités de l'empire par où passaient les armées étaient tenues de les approvisionner, mais cela ne suffisait pas. Au reste, les Indiens ne faisaient rien s'ils n'avaient sur eux de quoi manger. Pendant la bataille, les guerriers qui n'étaient pas engagés se restauraient tandis que les autres combattaient, puis les uns et les autres permutaient... Dans chaque *calpulli*, les « vieux aigles » veillèrent à faire préparer de grandes quantités d'une certaine pâte moulue et séchée au soleil, de haricots moulus, de farine de graines de maïs et de plante chia, de biscottes broyées. Tous les jours, en attendant le départ, les anciens et les guerriers chevronnés entraînaient les jeunes au maniement des armes dans les collèges ou les maisons de jeunes gens.

Un incident se produisit lorsque Tlatelolco tarda à fournir les provisions de bouche, les peaux de cerfs faisant office de couvertures, les devises et les armes réclamées. Montezuma convoqua les seigneurs de la cité jumelle et leur demanda pourquoi ils ne livraient pas le tribut que leur avait imposé son père lors de leur rébellion. Ils s'excusèrent en arguant que les empereurs précédents avaient fait semblant de rien. Montezuma rétorqua que les choses seraient dorénavant différentes et qu'il exigeait son dû. Les Tlatelolcas s'inclinèrent [9]. Des vivres coûteux, des sandales, des mantes de fibre d'agave et des armes furent livrés en telle profusion que le *huey tlatoani* permit aux seigneurs tlatelolcas de camper près de lui. Il veilla à ce que rien ne leur manquât et leur rendit leurs titres. Il les autorisa même à réédifier leur temple qui, depuis la défaite infligée par Axayacatl, avait été transformé en dépôt d'ordures et de fumier, une manière de punir les dieux censés avoir inspiré la rébellion. Bref, les Tlatelolcas avaient regagné, du moins temporairement, l'amour de leur souverain. Ils étaient redevenus des parents et des amis. Pourvu qu'ils paient le tribut.

L'appel aux armes fit merveille. De partout les hommes affluaient. Au point, paraît-il, qu'il fallut modérer un zèle qui risquait de dépeupler les cités. Même des aventuriers de Tlaxcala, de Cholula et de Huexotzinco se joignirent aux troupes impériales. On venait pour l'exercice, le plaisir, le butin, la gloire, voire pour la mort fleurie qui assurait le bonheur. Mais, écrit Durán, « jamais l'histoire [qu'il consulte, la *Chronique X*] ne donne le chiffre précis de ceux qui allaient à la guerre et ainsi elle dit d'une façon générale que la foule était innombrable [...]. Aussi indiqué-je très rarement le nombre de combattants ».

Sur ces entrefaites, les espions arrivèrent avec des renseignements et des cartes des contrées explorées. Ainsi informé, l'empereur établit les plans avec ses généraux, le *tlacochcalcatl* et le *tlacatecatl*, déterminant la route à suivre et les étapes à parcourir. A vol d'oiseau, Xaltepec se trouve à environ 300 kilomètres de Mexico [10].

Le départ se fit dans la joie. Pour les guerriers du moins, car ceux qui restaient, les parents, étaient tenus de faire pénitence en jeûnant, en se saignant et en s'abstenant de se laver jusqu'au retour des leurs. Montezuma et le roi de Tlacopan, nouvellement élu, accompagnèrent les armées, de même que le *cihuacoatl* Tlilpotonqui et tous les grands. Mais dès le lendemain, le *cihuacoatl* fut renvoyé à Mexico pour gouverner le royaume et pour éliminer les précepteurs des fils de l'empereur et les duègnes de ses épouses et de ses concubines.

Des messagers prévenaient les populations riveraines des routes suivies par les armées, afin qu'elles préparent les approvisionnements nécessaires, ainsi que les cadeaux d'usage pour l'empereur et les principaux seigneurs. Dans la première cité traversée, on leur offrit des fleurs de toute sorte, des cigares, des guirlandes, des vêtements et des chaussures. Montezuma recommanda cependant à son majordome *(petlacalcatl)* de ne pas lui proposer de mets délicats. Il voulait vivre à la dure. La guerre était une entreprise sacrée, non une partie de plaisir.

L'ordre de marche était l'habituel. Les prêtres précédèrent les armées d'un jour, probablement accompagnés d'une solide escorte. Partirent ensuite les braves chevronnés *(tiacahuan, tequihuaque)*, le lendemain les Mexicas, le jour d'après Texcoco, puis les Tépanèques et enfin les autres provinces [11]. Un tel dispositif était évidemment propice aux embuscades. Mais il était forcé, surtout si les différentes armées confédérées devaient emprunter le même chemin. Supposons en effet que l'armée de Mexico-Tenochtitlan ait compté vingt escadrons de 400 soldats, soit 8 000 hommes. Il faudrait d'office y ajouter un nombre égal de porteurs. Si l'armée marchait en colonne par deux, cela représentait une longueur de 8 000 hommes, soit, à raison de 2,5 mètres par homme, une file de 20 kilomètres. Comme les routes étaient sommaires, quand le terrain montagneux ne les transformait pas en pistes, et comme il y avait un effet d'accordéon, il est plus prudent d'estimer que les 16 000 hommes s'étiraient sur une trentaine de kilomètres, c'est-à-dire une bonne journée de marche (sans compter que les derniers se mettaient en marche à peu près quand les premiers finissaient l'étape et qu'il fallait leur ménager le temps d'arriver).

Pourquoi autant de porteurs que de combattants ? Les guerriers, peut-on supposer, portaient leurs propres armes, leur tenue de bataille ainsi que des vivres et de l'eau pour la journée. Mais le reste de l'équipement — armes de réserve, munitions, vivres — était transporté à dos d'homme par des hommes qui devaient eux aussi manger. Un porteur ayant par exemple une charge de 24 kilogrammes, composée pour moitié de vivres et d'eau, pour l'autre d'équipement divers (armes et munitions, matériel pour camper, dons à distribuer en cours de route, etc.), pouvait nourrir un guerrier et se nourrir lui-même pendant six jours, après quoi il devait être réapprovisionné pour continuer sa route pendant autant de temps. Tant qu'on se trouvait en pays pacifié, il n'y avait pas de problème. Mais une fois en territoire ennemi, il fallait mener les choses rondement de manière à extorquer les provisions nécessaires à la poursuite des opérations et au retour.

Ces problèmes de logistique indiquent que les expéditions à longue distance comptaient sans doute des effectifs assez restreints. 8 000 Mexicas, 8 000 Texcocains, autant de Tépanèques et 8 000 alliés, surtout du sud de la vallée de Mexico, du pays des jardins flottants, représentent, avec autant de porteurs, quelque 64 000 hommes. 64 000 hommes qui devaient trouver des vivres en cours de route, dans des entrepôts. Une armée dont l'avant-garde arrivait en vue de l'objectif huit jours avant l'arrière-garde, à moins que les corps aient suivi des routes différentes, ce qui n'était pas toujours possible. Imagine-t-on cette avant-garde obligée d'attendre plusieurs jours avant de passer à l'assaut ? Comment vivait-elle, sur quelles provisions ? Et comment pouvait-elle se garder d'une attaque surprise toujours possible ? Probablement les effectifs étaient-ils moindres, surtout quand il s'agissait de réduire des cités-États peu peuplées qui, même en faisant appel à des alliés et à des tributaires, devaient difficilement aligner plus d'une dizaine de milliers d'hommes [12].

Parvenus sans heurts à Xaltepec, les impériaux installent leur camp devant les palissades ennemies. Montezuma divise son armée en trois batailles, de sorte que Mexico, Texcoco et Tlacopan combattent chacun de son côté. Ainsi, il encercle la ville et, du même coup, il stimule la compétition et peut voir qui se comporte le mieux. Des éclaireurs parviennent nuitamment à s'insinuer dans la cité. En témoignage de leur exploit, ils rapportent à l'empereur des pierres à moudre le grain, de la vaisselle et même des enfants trouvés endormis aux côtés de leur mère.

La ville étant si mal gardée, il faut attaquer. On fait les harangues d'usage : Montezuma recommande de massacrer quiconque a plus de cinquante ans, car ce sont ceux-là, prétend-il, qui suscitent les trahisons et les rébellions. Puis c'est l'assaut. L'empereur, vêtu de la peau d'un vaincu écorché, marche en tête et fait résonner son tambour. Il franchit l'enceinte. Flanqué de capitaines, il fonce vers la pyramide principale, qui est bientôt prise et incendiée.

Les Xaltépèques commencent à résister sérieusement, mais leurs armes de combat rapproché, haches, massues et grands poignards, ne peuvent prévaloir contre les redoutables *maquahuitl*. La population est décimée et la cité livrée au pillage. Pendant quelques jours, les armées parcourent le pays environnant à la recherche de vivres et de butin. Enfin, on règle le sort d'Achiotlan. Plusieurs cités profitent du passage de l'empereur pour faire leur soumission et offrir des cadeaux. Sans doute vient-on même de plus loin, pour faire obédience ou pour solliciter l'amitié et la protection de la Triple Alliance.

Tel aurait été le cas des Tehuantépèques, des Miahuatèques et des Ixhuatèques. La *Chronique X* raconte que les ambassadeurs de ces cités vinrent saluer Montezuma et lui offrir tribut et présents. De plus, ils demandèrent et obtinrent de l'empereur une de ses sœurs ou de ses filles comme épouse pour le roi de Tehuantepec, Cocijoeza. Si le renseignement est exact, ils ont dû faire vite, car Tehuantepec est à quelque sept jours de marche de Xaltepec et on sait que les troupes de Montezuma n'avaient guère intérêt à s'attarder outre mesure. Il est possible aussi que les ambassadeurs soient venus de Zaachila, où Cocijoeza résidait habituellement [13].

Lorsque l'armée de la Triple Alliance prit le chemin du retour, les rois et les nobles qui se trouvaient sur son passage vinrent avec leurs sujets pour rendre humblement hommage à l'empereur. Celui-ci voyageait dans une litière ou un hamac porté par des personnages de haut rang. Dans toutes les villes, il y eut de grandes réceptions et des fournitures de vivres et de cadeaux. A Chalco surtout, l'accueil fut fastueux. De là, Montezuma fit prévenir Tepepulco qu'il voulait se reposer quelque peu dans la cité en attendant l'arrivée des prisonniers. Il envoya aussi des messagers à Mexico pour dire au *cihuacoatl* que les seigneurs et les grands devaient être accueillis comme si l'empereur se trouvait avec eux.

Tepepulco était un îlot situé dans la partie méridionale du lac de Texcoco, à une douzaine de kilomètres au sud-est de Mexico. Montezuma y avait des jardins. Lorsque les pêcheurs de la lagune apprirent que leur souverain s'y trouvait, ils affluèrent pour lui offrir du poisson, des oiseaux, de la faune lacustre de toute espèce. Montezuma les reçut avec grande amabilité et leur fit distribuer des vivres et des vêtements. Pour les hommes, quatre mantes avec des pagnes et des sandales ; pour les femmes, quatre paires de jupes et de chemisiers. Il jouait ainsi son rôle de garant du bien-être général. L'épisode, qui n'a rien d'extraordinaire — surtout dans une période de disette —, montre que la distance entre le peuple et l'empereur n'était pas toujours aussi grande que ne l'indiquent les sources.

Au crépuscule, Montezuma embarqua secrètement dans un canot à six rameurs et se rendit incognito à Mexico. Il voulait voir si, en son absence, les grands étaient reçus comme il convenait. L'accueil fut en effet celui qui était habituellement réservé aux armées triomphantes. Les généraux et les grands seigneurs allèrent faire leurs actions de grâces au temple, puis on les avisa de l'arrivée de l'empereur dans son palais et ils vinrent le saluer. Des pauvres et des vieillards avaient pour coutume de venir souhaiter un bon retour aux personnes de qualité et de chanter leurs prouesses. En échange, ils recevaient à boire et à manger ainsi que des vêtements et quelques miettes du butin.

La promenade avait été fructueuse : les révoltes étaient matées et plusieurs cités indépendantes qui avaient eu la mauvaise idée de se trouver sur la route des armées aztèques avaient dû se soumettre ou réclamer la protection de l'empire. En outre, le puissant royaume de Tlaxiaco était contourné par le flanc. Son tour viendrait bientôt [14].

En 1503 toujours, le pays des Yopis aurait été conquis. Entendons que quelques centres y furent pris, par exemple Malinaltepec [15], car jamais le Yopitzinco ne fut entièrement pacifié. Les Yopis ou Tlapanèques, peu civilisés, vivaient assez dispersés, de sorte qu'il était malaisé de les réduire. De plus, leur territoire, bordant le Pacifique à l'ouest d'Acapulco, était accidenté et couvert de forêts, donc d'accès difficile. Ils faisaient partie des « ennemis traditionnels » de l'empire et étaient régulièrement invités aux grands holocaustes de Mexico.

LA FAMINE DES ANNÉES LAPIN

Malgré ces succès, Montezuma avait des raisons d'être inquiet. On sait que les premières années de son règne furent marquées par une grande sécheresse. L'empereur ouvrit tout grands ses magasins et distribua des vivres. Il fit aussi importer du maïs de la côte du golfe du Mexique, mais cela ne suffit pas à enrayer la disette. Beaucoup d'habitants de la vallée se mirent en marche, à la recherche de cieux plus cléments, et beaucoup moururent en cours de route. D'autres furent contraints de vendre leurs enfants, pour survivre ou pour qu'ils survivent. Montezuma s'efforça de racheter les enfants nobles, à défaut de pouvoir les racheter tous.

C'est dans le même contexte que fut rénové l'aqueduc qui alimentait la ville en eau potable. Mais à peine l'eau entra-t-elle que la foudre frappa un temple, qui brûla de fond en comble. A mille mètres de là, voyant l'incendie et entendant le tumulte, les Tlatelolcas crurent que Mexico était attaqué et accoururent, armés et vociférant. Montezuma prit la chose très mal. Il crut, ou fit semblant de croire, à un coup monté, et pour éviter toute traîtrise, il priva les Tlatelolcas des hautes dignités qu'ils occupaient dans l'État. Peu après, il se radoucit et leur rendit leurs charges [16].

La famine atteignit son apogée en 1505. Le Popocatepetl cessa de fumer pendant vingt jours, ce qui fut interprété comme une promesse de bonnes récoltes. L'année suivante, en 1 Lapin, Montezuma procéda lui-même à un sacrifice à coups de flèches pour rendre à la terre sa fertilité. La cérémonie dut avoir lieu dans le contexte de la fête de l'« Écorchement des Hommes », Tlacaxipehualiztli, une fête des moissons qui avait fini par se retrouver au mois de mars. Une victime fut parée avec les attributs du dieu de Tlacaxipehualiztli, Xipe Totec, le dieu à peau d'écorché qui présidait aux changements de saison et au maïs mûr. On l'attacha bras et jambes écartés, comme pour concevoir, à un chevalet de bois, et l'empereur, armé d'un propulseur, la perça de javelines. De son corps jaillit alors le sang, c'est-à-dire la vie, qui, en se répandant, irrigua et féconda la terre. Malheureusement, cette même année, les champs ensemencés furent ravagés par des myriades de rongeurs qu'il fallut chasser avec des torches [17].

Il y eut également des signes néfastes dans le ciel. Non content de tout dessécher, le soleil se mêla de disparaître partiellement. Le 16 mars 1504, à 18 heures, une éclipse de soleil — d'après les *Anales de Cuauhtitlan* en un jour 13 Mort [18] — sema la panique parmi les gens du commun qui se mirent à hurler en se frappant la bouche avec la main. Le tumulte et les cris étaient partout. On craignait que, si l'astre était englouti tout à fait, la nuit ne tombe définitivement et que les monstres nocturnes tapis dans la voûte céleste, les Tzitzimimes, ne descendent dévorer les hommes. Alors les enfants dans le ventre de leur mère se transformeraient en Tzitzimimes. Pour l'éviter, les femmes enceintes se mettaient un fragment d'obsidienne

Les premières années du règne de Montezuma II. D'après le *Codex Tellerianus Remensis*.

Pour l'an 12 Silex, le codex signale l'inauguration du temple de Cinteotl et des successions au trône à Tepechpan et Colhuacan. Pour 13 Maison, des scènes en relation avec la famine. Pour 1 Lapin, la mise à mort à coups de javelines, par Montezuma, d'une victime dont le sang doit irriguer la terre. En dessous, un homme armé d'une torche chasse les rats qui ont envahi les champs.

sur le ventre ou dans la bouche. Dans les temples, on entonna les hymnes appropriés et on sacrifia des prisonniers de guerre et des albinos qui étaient gardés dans le palais de l'empereur. Chacun s'extrayait du sang. Fortifié par ces pénitences et ces immolations, l'astre parvint à prendre le dessus sur le monstre qui tentait de le dévorer [19].

LA GRANDE OFFENSIVE CONTRE LA VALLÉE DE PUEBLA

L'astre reparut, mais le désastre que présageait son éclipse ne tarda pas. Il se produisit dans le domaine si sensible de la lutte contre la vallée de Puebla. La cité de Huexotzinco était toujours déchirée par des luttes intestines et les factions cherchaient des appuis extérieurs, les unes à Tlaxcala, les autres du côté de la Triple Alliance. Celle-ci encourageait évidemment tout ce qui pouvait diviser l'ennemi. Forte de cet appui, une bande huexotzinca fit en 1504 une incursion en territoire tlaxcaltèque. A Xiloxochitlan, près de Tlaxcala, elle se livra au pillage et commit des atrocités contre les habitants. Un important *tecuhtli* tlaxcaltèque d'Ocotelulco, Tizatlacatzin, lui courut sus avec quelques hommes, espérant l'occuper jusqu'à l'arrivée de renforts. Ceux-ci ne vinrent pas. Tizatlacatzin succomba, ce qui suscita un grand émoi à Tlaxcala. Cette cité ne tarda pas à organiser une contre-attaque fulgurante. Les Huexotzincas aux abois firent appel à la Triple Alliance, qui leur envoya immédiatement une grande armée de secours. La rencontre eut lieu à Atlixco. Les Tlaxcaltèques attaquèrent avec force avant que les Alliés eussent pu se déployer. Ils firent des ravages, tuant même, peut-être, un membre de la famille impériale. Les Alliés prirent la fuite. Peu après, les Tlaxcaltèques dévastèrent les champs de Huexotzinco et mirent le feu aux palais du roi Tecayehuatzin et de plusieurs hauts dignitaires. L'année suivante, il n'y eut pas de récoltes et les Huexotzincas durent travailler des champs mexicains pour survivre.

Cette défaite exaspéra Montezuma. Il résolut de frapper un grand coup et d'en finir avec l'enclave hostile. Alors seulement il n'y aurait plus dans le monde, l'Anahuac, qu'une volonté, un commandement, un pouvoir absolu et un seigneur universel. Pour y arriver, il fallait avant tout isoler Tlaxcala. Le roi Tecayehuatzin parvint à mettre les Cholultèques de son côté, mais ces marchands représentaient un appoint médiocre. On tenta aussi de gagner les populations des marches de la vallée en les comblant de cadeaux. C'étaient entre autres des Otomis en grand nombre, ainsi que des gens de Chalco et de Xaltocan qui avaient fui les armées et la terreur des Alliés. Ils avaient trouvé refuge dans la vallée de Puebla où des terres leur avaient été octroyées. En échange, ils payaient tribut, effectuaient des corvées et, surtout, montaient une garde permanente aux frontières.

L'attaque générale contre l'enclave devait avoir lieu de tous côtés, le jour convenu. Les troupes de Mexico, de Coatlichan et de Chalco attaqueraient par le sud-ouest et se joindraient aux forces de Huexotzinco et de Cholula. Celles de Totomihuacan, Tepeyacac, Quecholac et Tecamachalco partiraient du sud et du sud-est, celles d'Iztacmaxtitlan et de Tzacuhtlan de l'est, et celles de Zacatlan, Tetela et Tuzapan du nord-est.

Si toutes ces armées avaient agi de façon réellement concertée et si elles avaient fait leur jonction de manière à concentrer un maximum d'hommes en deux ou trois points, peut-être l'agression aurait-elle réussi, surtout si les garnisons frontalières avaient trahi. Mais ces réfugiés politiques détestaient par trop les Mexicas pour se laisser acheter. Les cadeaux qu'ils avaient reçus n'avaient fait qu'éveiller leur méfiance et augmenter leur vigilance. Les attaques au nord, à l'est et au sud furent trop faibles et trop dispersées. Quant aux guerriers de la vallée de Mexico, ils ne parvinrent même pas à percer le rideau des troupes frontalières, soit parce qu'ils étaient en trop petit nombre, soit parce qu'on ne leur avait pas donné l'occasion de se déployer en ordre de bataille. Les Tlaxcaltèques n'eurent pas le temps d'intervenir. Les redoutables Otomis et leurs amis suffirent à stopper partout l'attaque, à mettre l'ennemi en fuite et à capturer de nombreux prisonniers et un riche butin. Ils apportèrent ces preuves de leurs exploits aux quatre chefs-lieux de Tlaxcala (Ocotelulco, Tizatlan, Quiahuiztlan et Tepeticpac), où ils furent comblés de dons et de bienfaits. Les Tlaxcaltèques leur offrirent leurs filles à marier et nombre d'Otomis furent anoblis. Puis la victoire fut célébrée par de grandes fêtes et d'impressionnants sacrifices. Montezuma, de son côté, ne tira pas les leçons tactiques de sa mésaventure. Il dut se consoler en pensant que les temps n'étaient pas encore mûrs pour une conquête de la vallée et qu'il suffisait d'attendre[20].

L'année 1504 vit cependant quelques succès. Le royaume de Totollan (actuellement Piaxtla), une conquête d'Ahuitzotl qui s'était soulevée, fut ramené à la raison par les armées alliées, de même sans doute que quelques sites avoisinants. La reprise de cette cité, située dans l'extrémité méridionale de l'actuel État de Puebla, était importante, car Totollan pouvait menacer les communications avec les provinces mixtèques de l'empire[21].

LES SABLES DE QUETZALTEPEC

L'année suivante, il y eut une nouvelle campagne contre l'Oaxaca. La première avait eu lieu en réponse à une rébellion. Cette fois, il s'agissait, dans le chef de Montezuma, d'une action plus délibérée, visant à consolider une des importantes routes commerciales vers l'isthme de Tehuantepec et la région maya. Restait à trouver le prétexte.

Les lapidaires de Mexico, de Tlatelolco et d'autres cités avaient appris que la région de Totontepec et de Quetzaltepec, dans le nord-est de l'Oaxaca oriental[22], possédait un sable très approprié au travail des pierres, ainsi que de l'émeri pour leur brunissage. Seulement, ces deux cités n'échangeaient ces produits qu'au compte-gouttes et à très haut prix. Dûment informé de cette circonstance, Montezuma se fit le champion du libre-échange et envoya des messagers pour demander de troquer ces produits. L'ambassade comprenait une centaine de dignitaires chargés d'offrir des présents — joyaux, plumes précieuses —, mais aussi l'amitié perpétuelle de Mexico. Selon une autre version, Montezuma eut moins de tact. Il dépêcha des marchands à Totontepec et Quetzaltepec pour leur demander de lui offrir quelques émeraudes et des opales. En d'autres termes, de payer tribut, ou, à tout le moins, de reconnaître leur vassalité[23].

Le roi de Totontepec fit bon accueil aux envoyés et à leurs présents. Il devait toutefois se concerter avec Quetzaltepec, où il envoya des messagers. La réponse fut brutale : « Qu'est-ce que cette ambassade ? Que dit mon parent et ami de Totontepec ? Que nous devrions être tributaires de Montezuma ? Cela, il n'en est pas question. Dites-lui que je ne céderai rien ! Mais qu'il fasse une chose. Qu'il m'envoie la moitié de l'ambassade mexicaine et je les tuerai tous ici. Aucun ne retournera, car ce sont des gens méchants, belliqueux et aux mauvais desseins, qui veulent devenir nos seigneurs. Je les tuerai ici et les jetterai dans le rio. Qu'il en fasse autant avec ceux qui resteront là-bas. »

Le roi de Totontepec suivit le conseil. La moitié des Mexicas allèrent à Quetzaltepec, où ils firent part de la demande de l'empereur. Le roi s'indigna : « Que dites-vous ? Suis-je par hasard vassal de Montezuma ? Me gagna-t-il ou me conquit-il en juste guerre ? Ou est-il ivre ? » Puis, se tournant vers ses hommes : « Qu'est-ce que ces gens, Quetzaltepécains ? » La phrase agit comme un signal. Une foule armée de massues entra dans la salle et massacra les ambassadeurs. Leurs corps furent précipités dans la rivière. La même chose se passa à Totontepec.

Puis les deux cités préparèrent leur défense. Les voies d'accès et surtout une « route royale » furent obstruées par des pieux, des troncs, des rochers et des épineux. Quelque 20 000 hommes construisirent des enceintes de terre surmontées de palissades. A Totontepec, ces enceintes étaient au nombre de cinq. Faites de pierre et de terre bien damée, elles étaient pourvues de parapets de fascines et de troncs d'arbres. La dernière avait 6 brasses (soit près de 10 mètres) de hauteur et 4 de largeur, tandis que les autres s'élevaient à 4 ou 5 brasses. On y avait entassé des pierres pour les lancer sur les assaillants.

Peu de temps après, une caravane de marchands se vit refuser l'entrée dans les deux cités en armes. Les hommes descendirent boire au rio et trouvèrent les cadavres des ambassadeurs. Ils prirent les vêtements pourris et en lambeaux pour les montrer à l'empereur. Lorsque celui-ci fut mis au courant des événements, il convoqua les chefs des différents quartiers et les épouses des victimes afin de leur faire reconnaître les dépouilles. Puis il leur enjoignit le silence et envoya des marchands spécialisés dans l'espionnage pour vérifier les faits et reconnaître les défenses des deux villes.

Les espions revinrent sains et saufs et firent leur rapport. Le crime était bien établi. Au refus du libre-échange, Totontepec et Quetzaltepec joignaient le mépris du droit international et le terrorisme. Les rois alliés proclamèrent donc la mobilisation dans les trois cités. On dit, mais c'est improbable, que tous les mâles durent prendre les armes, hormis les moins de dix-huit (ou quinze ?) ans et les vieux. Durán parle de plus de 400 000 hommes pour les trois armées. C'est tout à fait excessif, surtout si l'on songe, d'une part, au train énorme qui devait accompagner une telle multitude, et, d'autre part, aux faibles effectifs de l'ennemi. Le dixième du chiffre avancé devait amplement suffire pour réduire les deux petits royaumes. Mais il est évidemment possible que l'empereur ait envoyé plusieurs armées, en un large éventail, pour régler en même temps le compte d'autres petits États. Une telle démarche aurait présenté l'avantage d'empêcher la concentration à Totontepec et Quetzaltepec de troupes d'autres cités coalisées pour la circonstance.

Les trois armées de la Triple Alliance — ou, du moins, le gros de ces troupes, si d'autres colonnes marchèrent sur d'autres objectifs — firent leur jonction à Xaltianquizco, quelque peu au nord de Totontepec. Là, on décida que Montezuma continuerait tout droit, Nezahualpilli par la droite et Tetlepanquetza de Tlacopan par la gauche, pour envelopper Totontepec.

« Moi, dit l'empereur, en tant que Mexica, je dois continuer tout droit, pour voir et tâter l'arme que brandit l'ennemi, pour voir si son espadon est plus fort que le mien et tranche mieux, pour voir si le vieillard l'emporte sur le jeune homme ou si nous sommes égaux. » Des éclaireurs trouvèrent un vieux chemin obstrué que l'armée emprunta. Une heure avant l'aube, après une marche nocturne, l'armée arriva devant un rio en crue. L'ennemi, sur l'autre rive, vociférait et grimaçait. Montezuma fit faire à toute vitesse des radeaux de roseaux, des rames et même des ponts suspendus de cordages. Le rio fut franchi la nuit suivante, alors que l'ennemi s'était retiré dans la ville. On fonça jusqu'aux enceintes, qui furent percées en un quart d'heure. La garnison, qui attendait le choc en un autre endroit, fut prise à revers. Montezuma parvint jusqu'au temple et y mit le feu. Vers le milieu de la matinée, tous les guerriers étaient morts ou prisonniers. Totontepec n'était plus peuplé que de femmes et d'enfants de moins de huit ans. Les Mexicains avaient fait 600 prisonniers, les Texcocains 400, les Tépanèques 350. Pour empêcher leur fuite, on leur attachait les bras et les jambes ou on leur liait les bras à un solide bâton placé sur les épaules.

Les troupes alliées prirent quelque repos cependant qu'une douzaine de guerriers chevronnés allèrent en éclaireurs à Quetzaltepec. Ne pouvant trouver une entrée, ils observèrent soigneusement les six hautes enceintes et les effectifs de la cité, puis firent rapport. Pour franchir les défenses, Montezuma fit préparer deux cents échelles et des bâtons pour creuser des brèches. De leur côté, les habitants de Quetzaltepec entassaient sur les enceintes de grandes quantités de pierres, de troncs et de javelines. Les guerriers restèrent en éveil toute la nuit, criant et chantant. Le jour venu, ils sortirent en ordre de bataille. Montezuma fit donner seulement les Mexicas, les Chalcains et les Tlalhuicas. La bataille fut acharnée et les morts nombreux, également du côté des Alliés qui se faisaient bombarder du haut des ouvrages de défense. A la fin de la journée, il fallut se replier. Le lendemain, les gens de Quetzaltepec firent une nouvelle sortie et ce fut au tour des Acolhuas de les affronter, mais ils ne purent parvenir jusqu'aux murailles. Le troisième jour, les Tépanèques accrochèrent un ennemi de plus en plus fatigué et qui n'avait certainement pas la possibilité d'aligner sans cesse, comme par jeu, des troupes fraîches. L'ennemi recula. Montezuma fit alors charger les autres armées, qui parvinrent aux murailles. Les échelles se hérissèrent et, couverts par les archers, les lanceurs de javelines et les frondeurs, les assaillants franchirent la première enceinte. La seconde tint bon pendant trois jours. Une délégation de Quetzaltepec vint demander la paix, disant que les défenseurs de la cité mourraient plutôt que de se rendre. Montezuma rétorqua que s'il avait ne fût-ce qu'envisagé de ne pas revenir victorieux, il ne serait pas parti. Peu après, la seconde enceinte fut franchie. La progression continua les jours suivants. La dernière muraille fut minée en plusieurs endroits. Les Alliés s'engouffrèrent la nuit dans les brèches et se répandirent dans la ville. Bientôt, le temple principal fut en flammes.

Une partie de la population de la cité avait déjà pris la fuite vers les collines. Les guerriers voulaient déposer les armes, mais les Alliés refusaient de cesser le combat. Ils tenaient à venger le meurtre de leurs concitoyens envoyés en ambassade. Les anciens et les nobles de Quetzaltepec vinrent alors demander grâce en pleurant. Ils se présentèrent avec de grandes richesses qu'ils proposaient comme tribut : du cacao, du papier, des mantes, des plumes, des pierreries, des opales. Montezuma accepta leur soumission. Le carnage prit fin. La ville se repeupla.

Le retour, avec le butin et les prisonniers, se fit par Izúcar et Chalco. Partout, les rois de la Triple Alliance furent reçus avec les plus grands honneurs. A Mexico même, l'accueil fut grandiose. La route de l'armée victorieuse, les palais et les temples étaient décorés de fleurs et de branchages. Avant de faire son entrée triomphale entre les haies de prêtres et de vieux guerriers, Montezuma s'enduisit le corps de couleur jaune, se para de joyaux précieux et se mit sur le dos la calebasse à tabac. Puis on sonna les conques et on salua le roi et les grands qui l'accompagnaient. Sur la grand-place, le *cihuacoatl*, vêtu comme la déesse qu'il représentait, attendait Montezuma pour le conduire au sommet de la pyramide principale. Accroupi devant Huitzilopochtli, le roi remercia son dieu en se saignant les oreilles, les mollets et les arêtes des tibias avec un os de jaguar appointé. Puis, flanqué des souverains de Texcoco et de Tlacopan, il suivit le *cihuacoatl* jusqu'au palais pour y recevoir l'habituel hommage des anciens [24].

LES RÉBELLIONS DE YANHUITLAN ET DE ZOZOLLAN

Pendant l'hiver 1505-1506, il fallut faire une nouvelle incursion en Oaxaca, cette fois pour mater la rébellion de Yanhuitlan et de Zozollan, dont les rois interdirent l'accès aux Mexicas[25]. Zozollan (San Jerónimo Sosola) se situe à une quarantaine de kilomètres au nord-ouest d'Oaxaca. Les traditions locales affirmaient que les premiers habitants de la Mixteca étaient apparus dans les champs des alentours de la cité. Celle-ci jouissait d'extraordinaires défenses naturelles, entourée comme elle l'était par deux rivières profondément encaissées. De plus, les Zozoltèques la fortifièrent en construisant un mur d'enceinte long de plusieurs kilomètres, encore visible au XVIIᵉ siècle[26]. Enfin, la région produisait de l'or, comme l'atteste une lettre de Cortez[27]. Aux Espagnols qu'il dépêcha sur les lieux, écrit-il, « on montra trois rivières et de chacune d'elles ils nous rapportèrent des échantillons d'or très fin, que les Indiens retirent de la façon la plus primitive ». Quant à Yanhuitlan, à une vingtaine de kilomètres plus au nord-ouest, c'était un centre prestigieux dont l'histoire remontait à un demi-millénaire au moins.

Montezuma envoya une délégation sur place pour enquêter sur la situation. En cours de route, les émissaires rencontrèrent des marchands de Texcoco et de Xochimilco qui avaient été volés et malmenés par les rebelles. Yanhuitlan était entouré de quatre enceintes bien gardées qu'on ne leur laissa pas franchir. Ils s'en retournèrent donc à Mexico, avec les négociants qui les avaient attendus. Montezuma consola ces derniers en leur promettant une belle vengeance et en leur prodiguant des soins et des étoffes.

Une expédition punitive fut préparée. La campagne était bienvenue, car la fête d'Ecorchement des Hommes approchait et il y avait pénurie de prisonniers de guerre. On ne sait trop si Montezuma prit part à cette guerre ou s'il se fit représenter par le *cihuacoatl*. Les contingents de la Triple Alliance rejoignirent ceux des provinces — quelque 200 000 guerriers, affirme Durán, qui avait pourtant promis de la retenue en matière de chiffres — à Zapotitlan, situé à l'entrée nord-ouest de l'actuel État d'Oaxaca, et à 300 kilomètres de Mexico.

Le premier objectif était Yanhuitlan. Après qu'on en eut exploré les défenses, on fabriqua des échelles avec des troncs d'arbres coupés dans la montagne. Les chefs firent les discours d'usage, encourageant les hommes et les recommandant aux dieux de la nuit et de l'air, de la terre et du soleil. Ils leur promirent la richesse et le repos après la victoire ou, s'ils succombaient, la joie suprême dans la Maison du Soleil, en compagnie de l'astre. A l'aube, ce fut la charge, irrésistible. Emportés par leur élan, les guerriers alliés bousculèrent tout sur leur passage, tuant même les femmes et les enfants qui étaient yanhuitlanèques et dès lors coupables. Puis, la fureur initiale étant quelque peu apaisée, on travailla avec plus de méthode. Les survivants furent faits prisonniers. La cité fut brûlée et pillée, et on déracina les arbres fruitiers et les agaves, dont le suc servait à faire le breuvage enivrant, l'*octli* ou pulque. De tels exploits méritaient un peu de repos. Le surlendemain seulement, on marcha sur Zozollan. Mais la leçon de Yanhuitlan n'avait pas été perdue. Quand les éclaireurs impériaux arrivèrent sur les lieux, ils trouvèrent une ville morte, presque entièrement désertée par ses habitants qui avaient pris le maquis. Pendant quatre jours, on ratissa les alentours, mais les prises furent parcimonieuses. Puis ce fut le retour vers Mexico.

Il se peut que la révolte ait eu plus d'ampleur. D'après Torquemada[28], qui semble puiser dans des sources mixtèques, elle toucha une bonne partie de la Mixteca ainsi que la région de Tehuantepec. Les éléments les plus séditieux étaient les rois 4 Fleur de Zozollan et 1 Silex de Coixtlahuaca. Ils décidèrent de se défaire d'un coup de tous les fonctionnaires et guerriers mexicas établis en Oaxaca. 1 Silex les convia avec leurs familles à un grand banquet où ils furent traités royalement. Seulement, 4 Fleur s'était posté en embuscade sur le chemin du retour et il les massacra tous.

Les Alliés envoyèrent contre Zozollan une armée vengeresse. L'ennemi résista, puis s'esquiva. Les sources mexicas ne mentionnent pas cette belle défense. On ne saura jamais si les Zozoltèques se vantent ou si les Mexicas escamotent un épisode minime ou peu glorieux. Toujours est-il que les Alliés durent revenir à la charge plus tard, peut-être en 1509. La route de Zozollan étant coupée, il leur fallut faire un détour par Huauhtlan où Cozcacuauhqui, frère de 1 Silex, s'allia aux Aztèques menés par Cuitlahuac, futur empereur éphémère. Une première bataille eut lieu, au terme de laquelle l'ennemi se retira sur une colline où avaient été entassées des provisions. 4 Fleur arriva avec du secours venu de Tehuantepec, des Yopis et de l'État indépendant de Tototepec, mais il fut battu. Parmi les nombreux captifs figurait 1 Silex : contrairement aux autres, il ne fut immolé que plus tard. Son frère hérita de son royaume. Quant à 4 Fleur, il réussit à s'échapper, mais il fut lui aussi finalement vaincu et sacrifié [29].

Le retour à Mexico fut triomphal. On ramenait un millier de Yanhuitlanèques et de nombreux Zozoltèques, soit des victimes en suffisance pour célébrer dignement Tlacaxipehualiztli. Originellement, cette fête correspondait au début de la saison sèche et du jour. Le début de la saison sèche était l'époque de la moisson de maïs. Le premier lever du soleil avait vu les premiers sacrifices et la première guerre pour nourrir l'astre. Aussi cette fête était-elle celle d'une double récolte : la nourriture des dieux et celle des hommes, l'une étant assimilée à l'autre. L'homme n'avait-il pas été façonné avec du maïs moulu ?

Dans la guerre du premier lever de soleil, la guerre prototypique contre les quatre cents Mimixcoas, Mixcoatl et ses trois frères étaient assimilés à deux jaguars et à deux aigles. Comme il était pour le moins périlleux de la réactualiser littéralement — comment organiser un combat entre quatre guerriers, même bien armés, et quatre cents captifs désarmés ? —, on traitait les victimes l'une après l'autre dans ce que les Espagnols appelleront le sacrifice « de gladiateurs ». Cette mise à mort était réservée aux plus vaillants ou aux plus nobles. La victime, parée d'atours rouges et blancs à extrémités en queue d'aronde caractéristiques du dieu revêtu d'une peau d'écorché, Xipe, était attachée à une meule de pierre au moyen d'une corde passée autour de la taille. On lui faisait d'abord boire du pulque, car dans le mythe les Mimixcoas étaient constamment ivres. Avec des armes factices, morceaux de bois ou glaive sans tranchants d'obsidienne, la victime devait se défendre contre un guerrier-aigle bien armé. Si elle tenait bon, on lui envoyait un guerrier-jaguar, puis encore un aigle et un jaguar, et enfin, s'il le fallait, les quatre en même temps, ou bien un gaucher. Dès que le captif était blessé et s'effondrait, on le saisissait, on le couchait sur la pierre et on lui arrachait le cœur. Parfois, affirment les textes, il parvenait encore à se lever et à faire quelques pas [30]. Puis on le décapitait, on l'écorchait et un personnificateur de Xipe revêtait sa peau.

La meule était souvent ornée sur sa surface supérieure de l'image du soleil. Posée à même le sol, elle était percée d'un trou qui figurait une ouverture de la terre. En immolant la victime

Scène de « sacrifice de gladiateurs ». *Codex Nuttall*, d'après Séjourné, 1981.

directement sur la meule, on signifiait clairement qu'on nourrissait les deux destinataires du sacrifice.

La victime, du reste, était fils du soleil et de la terre. Le mythe le disait explicitement et le rite l'illustrait. La corde passée autour de la taille était le cordon ombilical qui reliait la victime à sa mère la terre et à l'image de l'astre du jour.

Nourriture, la victime attachée était aussi l'épi de maïs sur sa tige. Peu avant les moissons, les paysans pliaient les cannes de maïs afin que les épis puissent sécher à l'abri des pluies. De même, les « aigles » et les « jaguars » blessaient d'abord la victime, pour qu'elle s'écroule avant d'être mise à mort. Une fois l'épi moissonné, on lui ôtait ses feuilles extérieures et on le mettait dans un grenier. Quant à la victime, on la dépouillait de sa peau. Enfin, la récolte était assimilée à une bataille et, avant de moissonner, les agriculteurs faisaient mine d'attaquer le champ de maïs comme s'il était couvert d'ennemis.

Au cours de la fête ou immédiatement après, un certain nombre de victimes étaient tuées à coups de javelines pour nourrir de leur sang la terre épuisée. En mars 1507, ce fut aux Zozoltèques qu'échut l'honneur de trépasser et d'« épouser la terre » de cette manière.

Les immolations étant nombreuses et spectaculaires, les ennemis traditionnels furent invités à venir les contempler et les célébrer. Pour les dérober aux regards de la foule, on les cacha dans des maisons faites de feuilles de sapotille, car celles-ci étaient un attribut de Notre Seigneur Porteur de Peau. Ils étaient assis sur des sièges ornés de plumes de spatule rose, comme le personnificateur de Xipe dans le rite.

LA DEMI-VICTOIRE DE TEUCTEPEC

Durant l'hiver 1506-1507, Montezuma décida de pénétrer plus loin en Oaxaca et d'aller soumettre Teuctepec (Santa Lucia Teotepec, Oaxaca, à une cinquantaine de kilomètres au nord-nord-est de Puerto Escondido). L'explication que donne Durán étonne. Cette cité, dit-il, s'était révoltée et alliée avec Coatlan. Or, pour autant qu'on sache, Teuctepec n'avait pas encore été soumis. En outre, dans le compte rendu de la campagne, il n'est plus question de Coatlan. Il se peut donc que Durán confonde ou que, ne connaissant pas la cause exacte de la guerre, il donne l'explication la plus usuelle[31].

D'après des informations en provenance de Coatlan même, cette cité était tributaire du puissant royaume côtier de Tototepec. A un moment donné, elle se rebella et demanda la protection de Montezuma, qui la lui accorda moyennant tribut. On voit mal, dès lors, Teuctepec s'allier à Coatlan à l'occasion d'une révolte contre Mexico. Il est plus probable que lorsque Coatlan voulut se détacher de Tototepec, Teuctepec ait été chargé de l'en empêcher en attendant l'arrivée de troupes de Tototepec. Montezuma profita de la demande d'assistance de Coatlan pour intervenir dans cette région et tenir Tototepec en respect. L'intervention en faveur de Coatlan se justifiait aussi par des motifs religieux. L'empereur avait besoin de victimes pour inaugurer un nouveau temple qu'il avait fait construire, un temple appelé précisément Coatlan. N'était-il pas tout indiqué de lui dédier les adversaires d'un centre ami portant le même nom ?

L'armée compte des contingents des principales villes de l'empire. Arrivée aux frontières de Teuctepec, elle campe près d'un cours d'eau impétueux qu'il est impossible de franchir à gué[32]. Il faut donc confectionner six vastes radeaux, qui sont arrimés aux arbres. En dépit des efforts adverses, on parvient à faire passer 4 000 hommes sur l'autre rive. Une première escarmouche a pour résultat une sortie générale des Teuctépèques, qui espèrent pouvoir régler le compte de l'avant-garde. Devant ce péril, les Alliés recourent à la ruse. L'avant-garde simule un repli, puis la fuite, et repasse le rio. Croyant la victoire acquise, l'ennemi les pourchasse et s'embarque à son tour sur les radeaux (dont on ne voit pas très bien comment ils sont revenus chez eux). Les Alliés les laissent prendre pied sur l'autre rive, puis, quand ils jugent qu'ils ont des captifs en suffisance, ils rompent les amarres des radeaux, coupant ainsi les Teuctépèques de leurs arrières et empêchant toute fuite. Certains sautent à l'eau et on les voit avec terreur se transformer en caïmans et en autres animaux aquatiques redoutables. Faut-il comprendre qu'ils furent dévorés par des caïmans ? Plus vraisemblablement, on doit être en présence d'une mauvaise interprétation d'un codex où des crocodiliens étaient représentés dans le cours d'eau.

La cité même de Teuctepec apparaît comme inexpugnable. Elle est ceinte de quatre remparts élevés et ses défenseurs ont la réputation d'être particulièrement redoutables. On décide donc de rebrousser chemin, avec quelque 2 300 prisonniers — de quoi décourager les velléités d'intervention contre Coatlan.

Au retour de l'expédition, le triomphe eut lieu comme d'habitude, quoique Montezuma, qui n'avait pas pris part à l'expédition, eût préféré la prise de la cité. Les villes alliées et les ennemis préférés furent invités à l'inauguration du nouveau temple, le Coatlan ou Coateocalli, où étaient concentrées, pour ne pas dire enfermées, toutes les divinités de l'empire. D'abord, les trois rois remirent solennellement des insignes, des présents et des titres de *tecuhtli* aux vaillants qui s'étaient le plus distingués au cours des dernières campagnes. Désormais, explique Durán, ces hommes avaient l'autorisation de se vêtir de coton, de chausser des sandales, d'entrer dans le palais, de tenir des bouquets de fleurs et de fumer le cigare, d'avoir autant de femmes que le permettaient leurs moyens et d'être exemptés de tribut et de services personnels. Ils pouvaient participer aux danses royales, manger de la chair humaine, boire, émettre un vote dans les matières militaires, avoir des maisons à étage et se joindre aux chevaliers du soleil. Comme quoi Montezuma récompensait autant que ses prédécesseurs le mérite acquis sur le champ de bataille.

Puis eut lieu l'inauguration proprement dite. L'empereur du monde *(cem anahuac tlatoani)* se rendit au temple où il fut accueilli par les prêtres qui faisaient sonner les conques, les flûtes et les tambours tout en répandant de l'encens. Il revêtit des atours sacerdotaux, se teignit de bitume « divin » en signe de pénitence et coiffa une mitre d'or. Le *cihuacoatl* fit de même. Un encensoir en or en forme de louche à la main, Montezuma alla rendre hommage aux divinités du sanctuaire. A midi commencèrent les sacrifices. Tandis que résonnaient les conques, l'empereur et le *cihuacoatl* immolèrent un certain nombre de Teuctépèques, leur arrachant le cœur pour l'élever vers le soleil et le jeter ensuite à l'intérieur du sanctuaire. Les prêtres prirent le relais, jusqu'à la nuit tombée. Le sang des 2 300 victimes, coulant à flots des plaies béantes des poitrines et des cous tranchés, teinta de rouge toute la façade de l'édifice, l'inaugurant de la façon la plus éclatante [33].

LES COMBATS DANS LA VALLÉE DE PUEBLA

L'an 1507 vit une reprise virulente des combats avec les habitants de la vallée de Puebla. Après l'échec de l'attaque généralisée trois ans auparavant, Huexotzinco avait eu tendance à se rapprocher à nouveau de Tlaxcala. Quant à Montezuma, il s'en était tenu aux seules joutes fleuries, c'est-à-dire à la tactique habituelle d'étranglement et d'épuisement progressif de l'adversaire. Or, voilà que s'offraient de nouvelles occasions d'intervenir directement dans la vallée voisine.

Ce fut d'abord un conflit entre Huexotzinco et Cholula. Un jour, pour des raisons inconnues, les Huexotzincas mettent le feu à des maisons de Cholula et tuent quelques citoyens. Sachant que Mexico s'en mêlerait, ils y envoient immédiatement deux ambassadeurs pour donner leur version des événements. Mais, au lieu d'atténuer les faits, les deux individus les amplifient considérablement, parlant d'une véritable défaite infligée à Cholula et d'une dévastation de la ville. Est-ce maladresse de leur part ? A Huexotzinco, les émissaires ne sont peut-être pas, comme à Mexico depuis Montezuma, issus du *calmecac* et rompus à toutes les finesses du langage. Ou bien, les ambassadeurs appartiennent à un parti hostile aux Mexicas ou au lignage au pouvoir à Huexotzinco et ils cherchent à provoquer un conflit. Mexico, en effet, ne peut demeurer passif. Cholula est la ville sainte de Quetzalcoatl et un siège majeur des grandes corporations de négociants. L'attaquer, c'est un peu comme si aujourd'hui on s'en prenait à la fois au Vatican et à Wall Street. Le Seigneur des Colhuas garde les envoyés à vue jusqu'à plus ample informé. Les Cholultèques expliquent ce qui s'est passé. Outrés de ce qu'on leur ait menti, les Alliés marchent sur Huexotzinco, emmenant avec eux les deux ambassadeurs. Les Huexotzincas, de leur côté, envoient leurs guerriers à leur rencontre. Mais avant d'engager le combat, les Alliés demandent des explications et apprennent que les ambassadeurs n'ont pas fait la commission dont on les a chargés. Ils livrent les deux ambassadeurs aux Huexotzincas, qui leur coupent le nez et les oreilles, comme à des traîtres. Dès lors, il n'y a plus de motif de juste guerre et il ne reste aux Alliés qu'à rebrousser chemin [34].

Peu après, les habitants de Cuauhquechollan et d'Atzitzihuacan viennent se plaindre de ce que les Huexotzincas et les Atlixcas dévastent leurs champs de maïs et de légumes [35]. Montezuma promet de les venger et mobilise. Cependant, le roi de Tula (Tollan), Ixtlilcuechahuac, sollicite de Montezuma la grâce de pouvoir en découdre avec l'ennemi, ou, peut-être, prend part à la campagne et, en cours de route, propose d'attaquer le premier. Toujours est-il qu'il se retrouve bientôt face aux Huexotzincas dans le val d'Atlixco, de sinistre mémoire.

Les Toltèques commencent par lancer des cigares et des fleurs à leurs adversaires, qui frappent leurs boucliers. Puis on passe à des projectiles plus consistants : pierres, flèches et javelots. Enfin, c'est le corps à corps, à coups de glaives et de javelines. Le roi de Tula arbore sur le dos une belle devise figurant de la façon la plus naturelle un aigle frappant de ses ailes un adversaire. Il se bat valeureusement pendant deux jours. Les pertes sont minimes de part et d'autre. Mais le troisième jour, désireux d'en finir et de se distinguer, Ixtlilcuechahuac devance ses troupes et charge les Huexotzincas avec une témérité telle qu'en dépit de ses exploits, il est pris et mis en pièces. Sa mort, en 1507, est confirmée par les annales de Tula. Ses hommes, démoralisés, reculent. Les Texcocains viennent à la rescousse, mais sont malmenés par un ennemi déchaîné qui poursuit sur sa lancée. C'est alors aux Tépanèques d'entrer en lice. La Triple Alliance parvient cependant à se maintenir au prix de lourdes pertes.

Le lendemain, on veut en finir. Les Acolhuas et les Tépanèques engagent le combat, mais faiblissent. Les Mexicas et les Chalcas viennent les appuyer et parviennent à se maintenir, mais trois —

chiffre fatidique ! — très vaillants cousins germains de Montezuma succombent[36]. Voyant cela, les Chalcains attaquent avec une fougue telle que les Huexotzincas et les Atlixcas implorent l'arrêt du combat : « Frères mexicains, nos neveux, cela suffit ! Nous avons joué quelque temps avec le soleil et les dieux des batailles. Restons-en là si vous le voulez bien. » Les Alliés ne demandent pas mieux que de bien vouloir. Ils ont perdu, dit-on, quelque 10 000 hommes. L'ennemi lui aussi a subi de très lourdes pertes.

Immédiatement après ces événements[37], Tezozomoc narre une seconde bataille qui paraît répéter la précédente, tout en différant sur certains points. Quechollan et Atzitzihuacan envoient des messagers pour aviser Montezuma que ceux d'Atlixco et d'Acapetlahuacan souhaitent venir « jouer » dans trois jours. (Atzitzihuacan et Cuauhquechollan sont les deux cités dont les champs ravagés ont provoqué la bataille précédente.) Les Huexotzincas et même les Cholultèques participeront aux réjouissances. L'empereur ne peut qu'accepter. Il alerte ses deux alliés ainsi que les Chalcas, les Xochimilcas, les guerriers de la région des jardins flottants et de la vallée de Morelos. Le jour indiqué, les armées campent à Cuauhquechollan et à Atzitzihuacan.

Un premier bataillon composé des guerriers les plus vaillants engage le combat, bientôt rejoint par le reste des armées. On se bat avec acharnement toute la journée, mais la partie est des plus inégales. L'ennemi aligne, paraît-il, six fois plus d'hommes que les Alliés. Une fois de plus, ceux-ci perdent beaucoup de monde. Quelque 8 200 hommes, affirme Tezozomoc, sans compter les inévitables proches parents de l'empereur, toujours au nombre de trois ! Le soir venu, les Mexicas suggèrent l'arrêt de la « bataille courtoise et glorieuse, parsemée de fleurs, de plumages précieux, de mort glorieuse et joyeuse sur le champ fleuri ». L'ennemi, qui a lui aussi beaucoup souffert, estime qu'on s'est bien amusé mais que cela suffit pour le moment. Rentrés dans leur camp, les Mexicas observent, émus : « Le champ est fleuri des corps morts des ennemis et ces corps sont semblables à des roses rouges enveloppées dans des plumes précieuses. Ils sont morts si joyeusement que déjà ils jouissent de nos ancêtres et des rois d'antan en compagnie de Mictlantecuhtli, le Seigneur de l'Enfer. »

A Mexico, Montezuma pleure amèrement, se demandant ce qu'il a bien pu faire aux bons dieux pour les irriter de la sorte. La réception est funèbre. Il n'y a ni encens, ni sonnerie de trompettes et de conques, ni fleurs, ni réjouissance. Au contraire, tout le monde pleure. Les femmes des morts et des blessés se dénouent les cheveux, se frappent et poussent de grands cris. Postés à l'entrée du Grand Temple, Montezuma et le *cihuacoatl* assistent au retour des troupes. Ils sont vêtus de mantes de plumes d'aigle et s'appuient impassibles sur leurs grands espadons. Les guerriers défilent sans les saluer, se dirigeant vers le temple pour y faire les cérémonies habituelles d'actions de grâces. Puis les chefs se rendent au palais pour faire leur rapport. « N'est-ce pas le devoir du guerrier, leur dit Montezuma, de vaincre ou de mourir ? Un jour, c'est l'ennemi qui vainc, un autre jour nous. La mort de mes frères m'est infiniment douleureuse, mais le fait d'avoir succombé pour la défense de leur patrie les diapre et les colore de la couleur de leur sang et de leur grand courage. Ils sont décorés des pierres précieuses et des riches plumages que sont leurs hauts faits et leurs exploits. C'est là une fin désirable pour nous tous, car ils ne sont pas morts comme des femmes, derrière le tison et le foyer. Au contraire, ils sont tombés l'épée à la main. Ils ont coloré de leur sang couleur de la rosée de l'aube, et du sang adverse, les herbes des champs ainsi que les rayons du soleil et je m'en fais une gloire. »

Après les obsèques solennelles, l'empereur s'étonne que les Tlatelolcas ne paraissent pas célébrer de funérailles. L'explication est simple : ils n'ont pas eu de tués. Ils sont comme des cerfs et, sur le champ de bataille, ils se sont cachés. « Comment est-ce possible ? s'indigne Montezuma. Souffrira-t-on que ces individus se moquent de nous et s'amusent en voyant les dommages et le mal que nous subissons ? Ces traîtres ignoreraient-ils qu'ils sont mes vassaux ? Doivent-ils se borner à me payer tribut ? [...] J'ordonne que dorénavant ils me livrent aussi des esclaves comme tribut, ainsi que le font les autres provinces, et que, quand nous partons à la guerre, ils marchent de leur côté et se battent seuls, sans aide de personne. »

Les Tlatelolcas sont atterrés lorsqu'on leur rapporte ces propos. Ils se font très humbles et avouent leur faute. Certains d'entre eux songent néanmoins à reconquérir leur liberté. Le rapport des forces est cependant par trop inégal. La raison l'emporte et les Tlatelolcas se proposent d'apaiser l'empereur par leurs prouesses. Mais pendant une année entière, ils ne sont plus admis en sa présence[38].

Cette affaire Tlatelolco était la troisième depuis le début du règne. La première fois, l'empereur avait exigé le paiement du tribut, systématiquement négligé alors que, depuis la défaite de 1473, Tlatelolco était dirigé par deux gouverneurs militaires, à l'instar de certaines places peu sûres. Le second incident était survenu lorsque l'incendie du temple de Tzonmolco avait provoqué une fausse alerte et que Montezuma avait appréhendé une attaque.

Ces accrochages répétés trouvent leur origine dans les efforts centralisateurs de l'empereur. Depuis 1488, l'un des gouverneurs militaires de Tlatelolco, le *tlacatecatl* Cihuapopocatzin, appartenait au lignage royal de Tlatelolco. Il fut remplacé en 1506 par Yollocuanitzin, qui n'était sans doute pas de lignage royal [39]. En même temps, Montezuma imposa un nouveau *tlacochcalcatl*, Itzcuauhtzin, un « noble et vaillant Mexicain [40] ». Ces changements traduisent une volonté de mieux contrôler et intégrer la cité sœur. Tout dans l'attitude de l'empereur semble du reste aller dans le même sens. D'une part il sème l'effroi, d'autre part il oblige et attire, comme il l'a fait lors de sa réforme nobiliaire. Le bâton et la carotte. Il montre la faute, puis s'attache le coupable par son pardon généreux.

Volonté de centralisation, donc, que certains, à Tlatelolco, supportèrent mal. De là ces velléités de révolte, vite étouffées par le bon sens.

Telles furent les premières campagnes de Montezuma. Elles sont très caractéristiques de l'ensemble du règne. Sont et seront surtout visés, d'une part, la vallée de Puebla et, d'autre part, l'Oaxaca.

La vallée de Puebla, parce qu'une telle enclave indépendante, si proche, est intolérable dans un empire digne de ce nom. L'Oaxaca, parce qu'il dispose d'immenses richesses relativement proches. Des matières premières — l'or de Zozollan, par exemple — et des produits finis, fabriqués par les artisans, les potiers, les peintres, les orfèvres si réputés de la région mixtèque. Le tribut payé par la province de Coyolapan (vallée d'Oaxaca), par exemple, donne une idée de l'intérêt que présentait la région. Il consistait en quelque 800 charges — soit 16 000 unités — de capes ou de mantes artistement décorées, 1 600 charges de grandes mantes, 20 disques d'or épais comme le doigt et grands comme une assiette, 20 sacs de cochenille, deux « greniers » de maïs, un de haricots et un de graines d'une variété de sauge. Comme un grenier représente environ 186 043 kilogrammes [41], le total des vivres s'élevait à quelque 744 172 kilogrammes !

En principe, pour transporter à Mexico une telle quantité de richesses, il fallait 32 355 hommes et vingt-cinq jours. Mais les porteurs devaient aussi emporter de quoi se nourrir pendant l'aller et le retour, soit au moins 30 kilogrammes par personne. Bref, le transport de ces quantités de vivres n'était possible que par un système de relais-corvées où les porteurs n'opéraient que pendant quelques jours et avec leurs propres provisions. Plus probablement, ces vivres étaient entreposés sur place et servaient au ravitaillement des troupes armées ou des convois de passage. Peut-être aussi une partie était-elle stockée sur place, dans des entrepôts impériaux, et l'autre acheminée vers Mexico ou vers des dépôts susceptibles de recevoir la visite d'armées ou de caravanes de marchands. Il semble que le transport des produits faisait partie des charges du tribut. Chaque cité d'une province avait en outre son propre tribut à livrer.

L'Oaxaca était intéressant à d'autres égards. C'était une des voies de passage vers l'isthme de Tehuantepec et le pays maya, ou du moins jusqu'à cette plaque tournante du commerce à longue distance qu'était Xoconochco, aux abords du Guatemala. De là provenaient du cacao, des plumes précieuses, des peaux de jaguars, de l'ambre, de la jadéite... Cette route des hautes terres était plus aisée pour les Aztèques, habitués à vivre en altitude, que celle de la côte du golfe du Mexique. D'autre part, la conquête de l'Oaxaca protégeait le flanc méridional de la route côtière et contribuait à l'encerclement de la vallée de Puebla. Enfin, l'activité guerrière de Montezuma en Oaxaca visait à éliminer les enclaves existantes, à mater des révoltes et, dès lors, à augmenter la cohésion de l'empire [42].

Les campagnes ne se déroulaient donc pas au hasard. Les pénétrations des empereurs précédents en Oaxaca formaient une sorte de griffe ou de trident, dont deux éléments avançaient jusqu'à Coyolapan et Teopuctlan et enveloppaient une bonne partie de la Mixteca. La première campagne vers Xaltepec et Achiotlan avait pour effet de fermer cette poche et de la réduire considérablement [43]. La seconde, vers Totontepec et Quetzaltepec, tendait à relier les conquêtes dans la Mixteca orientale et la vallée d'Oaxaca avec celles de l'isthme de Tehuantepec. La troisième résultait de révoltes et consolidait la route vers la vallée d'Oaxaca.

La quatrième protégeait Coatlan et mettait sur la défensive le royaume de Tototepec, couvrant ainsi les arrières des nouvelles conquêtes.

Toutes ces campagnes étaient donc loin de manquer de cohérence. Montezuma consolidait et cherchait à transformer un État pillard, prédateur, en un tout cohérent et structuré, un véritable empire, qui opérait ses rapines de façon plus policée, en mettant de son côté la loi et l'ordre. Il le faisait aussi systématiquement que le lui permettaient les circonstances et les nécessaires expéditions punitives. Ses guerres confirmaient ce qui se dégageait de ses réformes politiques, administratives et religieuses initiales. Mais elles étaient encore menées comme des raids de pillage et de chasse aux têtes, avec des forces d'une supériorité écrasante, en suivant toujours la ligne de moindre résistance. Sauf avec la vallée voisine de Puebla, densément peuplée. Là, pour limiter les pertes, on menait une guerre rituelle d'usure, une guerre réglée que parfois on transformait en vraie guerre, pour mesurer la résistance de l'adversaire.

CHAPITRE VI

La vie quotidienne
d'un souverain mexicain

LE PALAIS DE L'EMPEREUR

Le temps passant, Montezuma était de moins en moins enclin à prendre part aux campagnes militaires lointaines. Le Seigneur des Colhuas préférait se consacrer à la mise en œuvre de ses grandes réformes, particulièrement à l'approche de la fête séculaire du « Feu nouveau ».

Pour l'essentiel, son existence se déroulait dans le nouveau palais qu'il s'était fait construire à côté de la place principale et de l'enceinte méridionale du Grand Temple. Ce palais était, paraît-il, une merveille. Les conquistadores, qui ont eu mainte occasion de le parcourir, en ont laissé des descriptions enthousiastes. Écoutons par exemple Cortez, qui savait regarder et qui écrit peu après avoir quitté la ville. « Il avait dans sa capitale des palais où il résidait si grands et si merveilleux que je n'en saurais peindre la magnificence. Je ne puis en dire autre chose, sinon qu'en Espagne il n'existe rien de comparable. Il avait un autre palais presque aussi grand, avec de beaux jardins que dominaient des pavillons ornés de marbres et de jaspes admirablement travaillés. Il y avait dans ce palais des appartements assez vastes pour y recevoir deux grands princes avec leurs suites et serviteurs [1]. »

Lorsque Cortez affirme que l'Espagne ne possédait rien de comparable, il force la note. N'avait-il pas tout intérêt à présenter sa conquête à son roi sous les dehors les plus alléchants ? L'architecture domestique aztèque était relativement simple. Pour les demeures d'une certaine importance, elle consistait en pièces approximativement rectangulaires, à toit plat, disposées autour de patios. Dans les grands palais, les pièces et les cours pouvaient être extrêmement nombreuses et certaines parties comportaient un étage. Les murs étaient de pierre, les toits de grandes poutres recouvertes de pierraille et de mortier. Arcs, voûtes, coupoles étaient inconnus, de même que les colonnades, tandis que les piliers étaient rares. Quant aux étages, on ignore si l'audace des architectes allait jusqu'à les superposer directement, ou si les niveaux plus élevés reposaient sur des terre-pleins. Il n'y avait pas de fenêtres et les portes étaient fermées par des tentures de fibres d'agave, de coton, voire de plumes[2]. Cela dit, le palais devait être immense et somptueux : un conquistador affirme l'avoir visité à quatre reprises et avoir marché chaque fois à s'en fatiguer, sans réussir à tout voir. Et Dieu sait pourtant si ces hommes étaient infatigables ! Dans l'une des salles, trois mille hommes pouvaient se tenir sans se gêner[3].

L'ensemble des édifices était surélevé sur un socle. Selon Francisco López de Gómara, qui, bien après la Conquête, fut le chapelain de Cortez et qui eut donc l'occasion de recueillir ses souvenirs, il y avait cinq entrées — cinq par côté peut-être, gardées chacune par vingt portiers — et trois grandes cours, dont l'une pourvue d'une belle fontaine. Une centaine de bassins l'agrémentaient. Les jambages et les linteaux des portes ainsi que les plafonds étaient faits de bois divers — cèdre, palmier, cyprès, pin... Les murs étaient souvent revêtus de pierres de couleurs — onyx, jaspe, porphyre, pierre noire veinée comme de rubis, pierre blanche ou translucide. Plus habituellement, ils étaient peints, parfois de motifs figuratifs, ou tendus de tentures de coton, de poil de lapin ou de plumes.

Le mobilier était rare. Les grands seigneurs avaient droit à des sièges à dossier, faits de joncs et de roseaux ou de vannerie, et peints ou couverts de peaux de jaguar, de puma ou de cerf. Il existait aussi de nombreuses banquettes de pierre adossées aux murs et ornées de frises en relief. Sinon, on s'asseyait par terre. Les sols étaient couverts de nattes.

Le palais contenait des objets de toute beauté, « si merveilleux, s'exclame Cortez, que, vu leur nouveauté et leur étrangeté, ils n'ont pas de prix, et qu'il n'y a pas un prince au monde qui possède rien d'aussi riche et d'aussi magnifique. [...] Toutes les créatures vivantes qui peuplent la terre et les eaux dont Muteczuma put avoir connaissance, il les fit reproduire en or, argent, pierreries et plumes avec une telle perfection qu'elles paraissaient naturelles [...] et qu'il n'est pas un bijoutier au monde qui puisse faire mieux. » Les lits consistaient en des couvertures de coton jetées sur des nattes ou du foin. Certaines étaient si finement tissées qu'elles paraissaient plus belles que si elles avaient été en soie. D'autres ainsi que des couvre-pieds étaient « tissés de plumes et de coton de toutes les couleurs et les plus merveilleuses qu'on pût voir ». Ils étaient l'œuvre des jeunes filles cloîtrées près du temple de Huitzilopochtli ou des épouses et des concubines du monarque, dont c'était le passe-temps principal. Ces femmes occupaient de beaux appartements sévèrement gardés.

Le *coacalli* était réservé aux seigneurs étrangers invités. On peut l'imaginer plutôt sobre, comme le furent les appartements offerts aux Espagnols dans le palais d'Axayacatl. Seul Cortez eut droit à des salons tapissés de belles étoffes ; les autres furent logés dans de simples pièces blanchies à la chaux et ornées de rameaux. Quelques parties du palais étaient plus spartiates, comme celles destinées au personnel pléthorique, aux danseurs, aux jongleurs, aux bouffons et aux artisans — tailleurs de pierre, maçons, charpentiers, sculpteurs, lapidaires, plumassiers, sans cesse occupés. Le palais abritait encore de nombreux entrepôts de vivres et de tribut, ainsi que des arsenaux.

Centre économique, le palais de Montezuma était aussi le principal centre administratif de l'empire. Il comprenait des salles de tribunal, d'autres où se réunissaient le conseil de guerre, les exécuteurs des hautes œuvres, les collecteurs de tribut, les maîtres des jeunes gens... Dans la « maison du chant », les jeunes gens venaient le soir chanter et danser. Au *mixcoacalli*, tous les chanteurs de Mexico et de Tlatelolco attendaient le bon vouloir du grand *tlatoani*. Certaines pièces contenant des cages de bois faisaient fonction de prisons pour les criminels, d'autres pour les captifs de guerre.

Un aqueduc approvisionnait en eau les nombreux bassins et les milliers d'occupants du palais : venant de Chapultepec, à cinq kilomètres de là, il pénétrait jusqu'au cœur de l'édifice. En outre, plusieurs canaux de la cité lacustre le traversaient de part en part, permettant d'acheminer facilement, par canot, du bois et des vivres[4].

Plusieurs pièces d'eau faisaient partie des jardins de l'empereur ;

Danse guerrière au son des tambours. Durán, *Historia...*, 1867-1880.

ceux-ci étaient d'autant plus admirés qu'alentour se trouvait un jardin zoologique et botanique, chose que les Espagnols n'avaient guère eu l'occasion de voir chez eux. On y avait planté des arbres de toute espèce, certains odorants, mais il n'y avait pas de fruitiers car Montezuma les jugeait incongrus dans un jardin d'agrément. En revanche, on cultivait une grande quantité d'herbes médicinales [5]. Ecoutons encore Cortez : « Il y avait là dix grands réservoirs peuplés de toutes les espèces d'oiseaux d'eau du pays qui sont fort nombreuses et toutes domestiquées. Pour les oiseaux de mer, l'eau des réservoirs était salée ; pour les oiseaux de rivière, ils étaient remplis d'eau douce. On vidait les bassins de temps à autre pour les nettoyer et on les remplissait au moyen des canoas [canots]. On donnait à chaque volatile la nourriture dont il avait l'habitude lorsqu'il vivait en liberté ; de sorte que celui-ci avait du poisson, celui-là des vers, cet autre du maïs ou autre grain plus menu auquel il était accoutumé. Je puis certifier à Votre Altesse qu'il fallait par jour aux palmipèdes seuls dix arrobas (250 livres) de poissons qu'on prenait dans le lac salé. Il y avait pour prendre soin de ces oiseaux trois cents individus qui n'avaient pas d'autre occupation. Il y avait d'autres gens qui ne s'occupaient que de soigner les oiseaux malades. Sur ces étangs et ces bassins, il y avait des promenades et des pavillons fort élégamment décorés où l'empereur venait se délecter à voir ses collections d'oiseaux. Il y avait dans cet endroit une salle réservée à certains hommes, femmes et enfants tout blancs de figure, de corps, de cheveux, de cils et de sourcils.

« Le prince avait un autre palais très élégant, où se trouvait une vaste cour pavée de dalles de couleur, de manière à former comme le damier d'un jeu d'échecs. Les cages avaient une profondeur d'un *estado* [196 centimètres] et demi et leur superficie était de six pieds carrés. La moitié de chaque cage avait un toit de dalles en terre cuite et l'autre moitié n'était couverte que d'un filet de lianes très bien fait. Chacune de ces grandes cages contenait un oiseau de proie depuis la crécelle jusqu'à l'aigle. Il y avait là tous les oiseaux que nous avons en Espagne et d'autres espèces que nous ne connaissons pas. Chaque espèce offrait un grand nombre de sujets et sur le toit de chaque cage il y avait un bâton en forme de perchoir et un autre en dessous du filet ; les oiseaux se perchaient sur l'un la nuit ou quand il pleuvait, et sur l'autre quand il faisait beau. Chaque jour on donnait à ces oiseaux des poules et pas autre chose. Il y avait aussi dans ce palais de grandes salles contenant d'autres cages, construites en gros madriers parfaitement ajustés, et dans toutes il y avait des lions, des tigres, des loups, des renards et des chats d'espèces diverses, tous en grande quantité, que l'on nourrissait avec des poules ; pour les animaux féroces et les oiseaux, il y avait trois cents autres Indiens préposés à leur garde [6]. »

Bernal Díaz affirme avoir entendu dire qu'on nourrissait les « tigres » et les « lions » — c'est-à-dire des jaguars et des pumas — de chair humaine. Lors d'un sacrifice, précise-t-il, le cœur allait aux idoles, les cuisses et les bras aux parents de ceux qui avaient capturé la victime, la tête sur la plate-forme d'exposition et le torse aux fauves. En avaient une part aussi des serpents à sonnettes logés dans des cuves ou des cruches garnies de plumes. Toutes ces bêtes eurent l'occasion de se régaler de quelques centaines d'Espagnols immolés lors de la fuite des conquistadores en 1520.

Ces descriptions font qu'on parle habituellement du « jardin zoologique » de l'empereur, mais le terme est impropre. Ces animaux ne sont pas là simplement pour l'émerveillement du roi ou l'instruction du passant. Il en va de même de l'art. Les sculpteurs aztèques étaient de remarquables animaliers, capables de saisir sur le vif le coyote attentif, la grenouille prête à bondir, le serpent lové sur lui-même. Quantité d'œuvres sont parvenues jusqu'à nous et on a l'impression d'un art profane, d'une sorte de zoo de pierre. On sait que Montezuma avait fait reproduire dans son palais tout ce qui avait vie. Or, les découvertes archéologiques ont montré que les sculptures de ce type avaient leur place dans les grandes enceintes sacrées, autour des pyramides, dans les sanctuaires. Elles avaient un rôle religieux à jouer. Tel était également le cas pour ces animaux du jardin de Montezuma. Bernal Díaz le dit explicitement. Les fauves et les serpents entouraient un édifice où se trouvaient plusieurs idoles que l'on disait représenter les divinités féroces. Le toit de ce sanctuaire était couvert de feuilles d'or et d'argent dans lesquelles étaient enchâssées avec art des pierres diverses, agates, cornalines, topazes, chalcédoines et émeraudes. Montezuma s'y rendait pour s'entretenir avec le dieu redoutable par excellence, Tezcatlipoca [7]. Il semble donc qu'à l'instar des hommes, les dieux avaient des *naguals*, des doubles animaux, qui naissaient en même temps qu'eux et dont ils partageaient le destin [8]. On comprend mieux, dans ces conditions, pourquoi ces animaux étaient nourris de chair humaine, comme des dieux.

Dans une autre maison, se rappelle Cortez, « le prince avait réuni une collection de monstres humains, nains, bossus, contrefaits et une foule d'autres difformités ; chacun de ces monstres avait une chambre à lui ; et il y avait aussi diverses personnes pour prendre soin de ces malheureux. » Les Espagnols y voyaient des « sources de distraction » et croyaient que l'empereur en faisait collection, à la manière d'amateurs de curiosités de la Renaissance. Il est exact que les nains et les bossus jouaient aussi le rôle de bouffons à la cour. A la mort du roi, ils étaient immolés pour l'accompagner dans l'au-delà. Mais ces êtres hors de la norme se trouvaient là aussi pour des raisons religieuses, sans qu'on puisse toujours spécifier pourquoi. On sait en tout cas que des enfants bicéphales et des albinos étaient sacrifiés dans un tourbillon de la lagune de Mexico en cas de famine [9].

Le palais que nous avons décrit n'était, avec ses jardins et ses dépendances, qu'une des demeures de l'empereur. Il en avait d'autres dans la ville et plusieurs à la campagne.

VÊTEMENTS, ATOURS ET PARURES

Montezuma se lavait deux fois par jour, le matin et en fin d'après-midi. Il se faisait apporter des jarres d'eau par un seigneur qui les déversait sur lui. Puis il prenait de l'eau dans la bouche et se frottait vigoureusement les dents avec les doigts. Un autre seigneur lui mettait de fines serviettes sur les bras, avec lesquelles il s'essuyait. Personne ne pouvait toucher à ses vêtements, qui étaient enveloppés dans des tissus et portés avec grande vénération. Il en changeait quatre fois par jour et ne mettait jamais deux fois le même, tout comme il ne mangeait pas deux fois dans la même vaisselle [10].

La garde-robe impériale était impressionnante. Elle comprenait, dit Cortez, dont l'enthousiasme est toujours amplifié par la nécessité d'émerveiller Charles Quint, des « pièces d'étoffe [...] d'une telle finesse que, tissées de coton sans mélange de soie, il ne pourrait s'en tisser d'aussi belles au monde, ni de couleurs si vives et si diverses ». Il y avait des vêtements, d'hommes et de femmes, « absolument merveilleux ». Parfois ils étaient faits de plumes ou recouverts de mosaïques polychromes de minuscules fragments de plumes et rehaussés d'or et de pierreries. Les vêtements représentaient un élément capital de la richesse mobilière de l'empereur, car ils faisaient fonction de monnaie et servaient à récompenser les sujets méritants. Comme les couvertures, une partie était faite par les femmes et les jeunes filles cloîtrées ; le reste provenait de dons ou de tributs et était redistribué ou donné en paiement de services.

Le vêtement masculin consistait en un pagne *(maxtlatl)* et une cape ou mante *(tilmatli)*. Le pagne était une bande de tissu passant entre les jambes et nouée autour de la taille de manière telle que les extrémités retombaient devant et derrière. La mante était un tissu rectangulaire noué sur l'épaule ou sous le cou. Les femmes portaient une longue pièce de tissu enroulée autour du bas du corps *(cueitl)* et une chemise *(huipilli)* ou une pièce en forme de losange percée en son centre d'une ouverture pour passer la tête *(quechquemitl)*.

Le décor brodé ou tissé de certaines mantes nous est connu par des représentations figurant dans des codex (le *Magliabechiano*, l'*Ixtlilxochitl* ou le *Mendoza)* et par des descriptions faites aux Européens. Les *papaloyo tilmatli tenixio*, par exemple, « ont un fond roux sur lequel ont été tissés des papillons en plumes blanches, portant chacun un œil humain au milieu du corps. Ces papillons étaient disposés en rang d'un coin à l'autre du manteau, dont les bords se terminaient par une bordure portant des yeux tissés sur un fond noir, avec une frange rouge percée à jour par de petits trous ». Une autre mante représentait une peau de jaguar bordée de bandes rouges et, à l'extérieur, d'une bordure tissée de plumes blanches. Des pagnes étaient brodés de papillons, de pattes d'aigle, de motifs géométriques assortis à ceux de la mante qui l'accompagnait [11]...

A cela s'ajoutaient des ornements et des bijoux de toute sorte : sandales incrustées d'or et de pierres semi-précieuses, colliers, bracelets et ornements d'oreille en or ou en pierreries, bracelets de cuir noir apprêtés avec des substances balsamiques et sertis de pierres de jade, panaches de plumes précieuses... Les Aztèques de haut rang se perçaient les ailes du nez et la lèvre inférieure pour y insérer des jades, des turquoises ou des labrets. Ceux-ci pouvaient se présenter sous la forme de tubes de jade, de cristal de roche ou d'ambre allant jusqu'à plus de cinq centimètres de longueur. Passés dans la lèvre inférieure, ils étaient pourvus d'embouts en or. L'un, à l'arrière, avait une extrémité aplatie qui, placée entre la lèvre et les dents, maintenait l'objet en place. L'autre extrémité, celle qui se voyait, pouvait avoir la forme d'un pélican, d'un aigle, d'un serpent de feu, etc.

D'autres bijoux habituels étaient les disques d'oreille. Il en est d'or avec des incrustations et des pendentifs étagés, se terminant par des grelots. Le disque même est pourvu à l'arrière d'un tube passé dans le lobe de l'oreille ; il peut être orné d'une tête d'animal en relief. D'autres sont en fine obsidienne transparente, polie avec une virtuosité inouïe. Des bagues en or sont agrémentées de têtes d'animaux, ou de Xipe, dieu des orfèvres. On les fabriquait par le procédé dit de la cire perdue, de même que les autres ornements en or. Les sandales royales étaient en peau de jaguar, avec des semelles de peau de cerf, et étaient parfois incrustées de pierreries. Il y avait encore des colliers d'or, de jade, de coquillages, des médailles ou des pectoraux à personnages et reliefs divers, le diadème royal de turquoise, les divers ornements de plumes...

C'était surtout lorsqu'il participait à une danse solennelle que l'empereur déployait toute sa gloire. Sa coiffe, d'abord. Relativement simple, un bandeau frontal retenant deux bouquets de plumes de quetzal. Plus voyante, une couronne de plumes de spatule rose surmontées de plumes de quetzal. Extravagante, en forme d'oiseau multicolore, tout en plumes, la tête relevée, les ailes déployées, la queue retombant sur le cou. Une de ces splendides coiffes est conservée au musée d'Ethnographie de Vienne. Elle comptait à l'origine quelque cinq cents longues plumes caudales vertes de quetzal — cet oiseau en a trois ou quatre —, disposées en éventail autour de la tête, à partir d'une demi-couronne de petites plumes rouges et bleues alternant avec de l'or. Sur le dos, Montezuma portait un petit tambour précieusement décoré qui servait à donner des ordres ainsi qu'un haut insigne en plumes de spatule rose. Dans les mains enfin, il tenait un chasse-mouches à lames d'or ou un bouquet de fleurs et un cigare.

Sur le champ de bataille, l'empereur était tout aussi flamboyant. Aux ornements qui viennent d'être décrits s'ajoutaient, selon les circonstances, les augures ou l'humeur royale, quelque devise dorsale destinée à impressionner, comme le « seigneur jaguar », de peau de jaguar accompagnée de rayons d'or, ou comme le « papillon d'obsidienne », le spectre Tzitzimitl, le Huaxtèque bichrome... ; puis une armure de plumes vermeilles parsemée d'escargots en or, une jupe de plumes et une rondache. Ses armes personnelles figuraient un aigle abattu sur un jaguar [12]. La lumière triomphant des ténèbres, pour celui qui verrait la nuit tomber sur son empire...

Cortez reçut de Montezuma une série de sarbacanes de chasse aux oiseaux et il s'en extasia : « Je ne pourrai [en] dire l'élégante perfection, car elles étaient couvertes de fines peintures aux nuances les plus délicates, où se trouvaient représentés, dans toutes les attitudes, des oiseaux, des animaux, des arbres et des fleurs, et dont le point de mire était formé par des grains d'or ; il y en avait un autre dans le milieu également bien ciselé. Il me donna en même temps un carnier en filet d'or pour les petites balles qui seraient en or. »

LA TABLE IMPÉRIALE

Montezuma prenait ses repas seul, solennellement, dans une grande salle décorée de peintures et au sol recouvert de nattes neuves. S'il faisait froid, on brûlait des morceaux d'écorce odoriférante qui ne produisait pas de fumée. Quelquefois, peu avant le dîner, il allait voir les cuisiniers qui lui signalaient les meilleurs morceaux et la façon dont ils étaient préparés. Puis il revenait dans la grande salle et s'installait sur un coussin de cuir ou sur un siège à dossier, devant une table basse recouverte de nappes blanches et de petites serviettes allongées [13]. Plusieurs centaines des jeunes nobles qui étaient à son service apportaient les trois cents plats que l'on disposait dans la salle sur de petits réchauds garnis de braises.

Il y avait habituellement, dit Bernal Díaz del Castillo, des poules et des coqs d'Inde, « des faisans, des perdrix du pays, des cailles, des canards sauvages et domestiques, du chevreuil, du sanglier [on se demande quel animal il désigne ainsi], des pigeons, des lièvres, des lapins, une grande variété d'oiseaux », etc. Les informateurs indiens de Sahagún, plus précis et plus prolixes, énumèrent différentes sortes de galettes de maïs, servies dans un panier et recouvertes d'une serviette blanche, comme cela se pratique encore de nos jours ; de la volaille rôtie ou bouillie, des cailles rôties, du ragoût de dinde avec du piment rouge, des tomates et des pépins de calebasse moulus, des poissons de toute sorte, accommodés au piment jaune ou rouge et accompagnés de prunes pas encore mûres, des grenouilles au piment vert, des têtards, des fourmis ailées, des sauterelles, des écrevisses, des bouillies de maïs diversement préparées, des fruits variés, que Montezuma mangeait peu.

Certains affirment, dit Gómara, qu'on lui servait aussi des enfants, mais, nuance-t-il, il ne mangeait que des sacrifiés — ce qui n'exclut évidemment pas les enfants. D'après Durán [14], chaque jour, Montezuma faisait tuer un esclave pour lui, ses invités et ses favoris. Mais cette information, nullement confirmée, fait probablement partie de la campagne de calomnies dont Montezuma est victime dans la *Chronique X* et dans Durán en particulier. Il est certain que le souverain devait assez souvent recevoir de la chair de sacrifié. La cuisse de chaque victime ne lui était-elle pas réservée, du moins en théorie [15] ?

Tout cela était présenté dans de la belle vaisselle peinte en céramique de Cholula, mais il y avait aussi des plats en or ou en argent, à décor, par exemple de feuillage, au repoussé. Le cacao était servi dans des tasses d'or.

Avant et après le repas, l'empereur se lavait les mains. Une vingtaine de ses femmes apportaient de l'eau et quatre d'entre elles approchaient, les unes avec des aiguières pour arroser ses mains, les autres avec de grands plateaux pour recueillir l'eau. On lui passait des serviettes en guise d'essuie-mains. Les serviettes, la vaisselle et les réchauds n'étaient employés qu'une seule fois. Lorsque l'empereur prenait place à table, un maître d'hôtel disposait un paravent de bois, rehaussé d'or et de scènes peintes, pour le dérober aux regards. Ses femmes venaient lui offrir différentes sortes de galettes de maïs, puis le maître d'hôtel se chargeait seul de passer et d'enlever les plats. Quatre ou six proches parents, dignitaires de haut rang, se tenaient debout auprès de lui. Parfois, il leur adressait la parole et leur offrait un plat. Tout le monde se taisait, mais de temps à autre un orchestre jouait de divers instruments à vent : flûtes, flûtes de Pan, conques, tambourins... Quelquefois aussi, les nains et les bossus de la cour faisaient des bouffonneries ou chantaient et dansaient, ce qui plaisait beaucoup à Montezuma. Pour les récompenser, il leur faisait remettre des restes et des tasses de cacao.

D'après Cortez, au moment où on servait Montezuma, on apportait aussi à manger aux courtisans, à tout le personnel du palais et même à quiconque le demandait. Les informateurs de Sahagún en revanche disent que les invités, les ambassadeurs, les courtisans et les gens du palais, soit plusieurs milliers de personnes, mangeaient après le roi. Lorsqu'il avait fini, il se lavait les mains et ses femmes lui apportaient des tasses d'or débordant de cacao écumant, au miel ou à la vanille, censé avoir des vertus aphrodisiaques. Puis on lui présentait des tubes peints et dorés, remplis de liquidambar mélangé avec du tabac. Il en aspirait quelques bouffées et s'endormait.

UNE JOURNÉE DE MONTEZUMA

L'immense palais ne désemplissait pas, sauf la nuit, où il restait relativement peu d'hommes, mais entre mille et trois mille femmes : concubines, servantes et esclaves [16]. Tôt le matin, quelques centaines de notables ou de grands seigneurs s'y rendaient pour faire acte de présence ou attendre les ordres de leur souverain. Parmi eux, sans doute, ces seigneurs de province qui étaient tenus de résider une partie de l'année à Mexico. Ils demeuraient là jusqu'au soir, assis ou déambulant, s'entretenant entre eux, comme dans tant d'autres cours autrefois. Chacun était accompagné de quelques serviteurs. A l'époque où les ont vus les Espagnols, ces serviteurs étaient en armes, mais peut-être était-ce exceptionnel et dû seulement à la présence de l'ennemi dans la cité.

Personne, hormis les rois alliés, ne pouvait garder ses sandales aux pieds. Celui qui devait voir l'empereur, par exemple pour lui faire rapport, devait troquer ses riches atours contre des vêtements simples en fibre d'agave. Il devait garder les yeux toujours baissés, en signe de respect. En approchant, il faisait trois révérences profondes en disant : « Seigneur, mon seigneur, grand seigneur. » Puis il s'accroupissait à au moins quatre mètres de Montezuma. Celui-ci répondait brièvement. L'audience terminée, il fallait se retirer sans lui tourner le dos et toujours sans le regarder en face. Les seigneurs de province ne pouvaient venir en droite ligne au palais et devaient faire un détour en le longeant en partie. Cortez, le meilleur témoin de la vie au palais, conclut : « Les cérémonies qu'exigeait l'étiquette à la cour de ce prince étaient si nombreuses qu'il me faudrait beaucoup trop de temps pour les rappeler toutes et une grande mémoire pour m'en souvenir ; et il n'y a pas de sultans ou grands seigneurs infidèles de ceux que nous connaissons qui mettent en pratique, à leur cour, des cérémonies aussi compliquées [17]. »

Pour ses rares sorties, le monarque empruntait un splendide palanquin, le plus souvent fermé et porté par des personnages de haut rang. Lorsqu'il marchait, il s'appuyait sur deux grands seigneurs et avançait « sous un dais merveilleusement orné ; ses draperies, tissues de plumes vertes, étaient ornementées de dessins en fil d'or ; des plaques d'argent, des perles, des *chalchihuis* [pierres de jade] rehaussaient luxueusement une large bordure bien digne d'admiration ». Des grands seigneurs l'accompagnaient et l'empereur leur parlait en ponctuant ses propos avec une petite canne partiellement recouverte d'or. Il était précédé d'un dignitaire qui portait deux ou trois longs bâtons pour annoncer son passage et d'autres qui écartaient la foule. Si l'occasion était solennelle, des nobles balayaient le sol qu'il devait fouler et y étendaient des tapis. Les gens se prosternaient ou baissaient la tête et regardaient ailleurs, de sorte que les Mexicains purent affirmer aux Espagnols qu'ils n'avaient jamais vu Montezuma [18].

Il n'est pas facile de reconstituer une journée de l'empereur. On a certes des renseignements provenant des Espagnols, mais ils concernent la période particulière où Montezuma était prisonnier de ses invités dans le palais d'Axayacatl. En principe, il continuait à régner comme avant, mais rien n'indique que le rythme de ses activités n'ait pas changé.

Le matin, l'empereur commençait par s'adresser à ses dieux et par leur faire des offrandes ou des sacrifices. Il devait notamment saluer le soleil levant, avec ces mots : « Veuille notre seigneur faire son devoir et accomplir sa mission ! », puis l'encenser et décapiter des cailles en son honneur. Ainsi, il contribuait à assurer la marche de l'astre [19]. Ensuite, il mangeait un peu de piment avant d'aller dans une salle de tribunal pour connaître des litiges de seigneurs de province. Il était toujours accompagné d'une vingtaine de conseillers et de chefs de guerre. Les plaideurs expliquaient leur cas à deux juges âgés de haut rang, exhibaient le cas échéant des documents pictographiques concernant leurs terres et montraient avec des baguettes où se situait le litige. Les juges résumaient l'affaire au *tlatoani* et exprimaient leur avis. Montezuma tranchait. Il devait aussi, avec d'autres juges, entendre les causes criminelles et, d'une manière générale, veiller à la prompte et bonne marche de la justice. Plus tard, il recevait des tributs et réglait les affaires importantes de l'État.

Vers le milieu du jour, il déjeûnait et faisait une sieste. Après quoi, il donnait encore audience ou consultait ses conseillers. Puis il allait se baigner, pour se délasser ensuite en écoutant de la musique ou en regardant ses bouffons et ses jongleurs. Certains d'entre eux se rendirent célèbres en Europe, plus tard, pour la virtuosité avec laquelle ils projetaient en l'air et rattrapaient des troncs d'arbres avec leurs pieds [20]. Il lui arrivait aussi de jouer au *patolli* ou d'assister à des parties. Le jeu consistait à lancer des fèves rayées sur une natte marquée de cases comme une marelle. Il aimait surtout le *totoloque*, une sorte de jeu de dés. Les enjeux étaient considérables, comme pour le jeu de balle. Celui-ci opposait deux équipes sur un terrain en forme de I. Au centre du terrain, il y avait deux anneaux de pierre placés verticalement. Une des façons de gagner consistait à faire passer la lourde balle de caoutchouc plein à travers un de ces anneaux, mais elle ne pouvait être propulsée qu'avec les hanches ou les fesses. Montezuma regardait faire les bons joueurs ou participait lui-même. On misait des colliers, des étoffes, du jade, des champs de maïs, des esclaves, des maisons, etc.

Parmi ses autres distractions, Montezuma chantait et dansait, et il collectionnait des arbrisseaux à fleurs dont il faisait des parterres. Nous ferons bientôt connaissance avec une victime de cette manie apparemment innocente... Il était vigoureux, excellent nageur et s'exerçait régulièrement au maniement des armes. Ses nains, ses bossus et ses contrefaits l'accompagnaient dans tous ses divertissements[21].

Les rois aiment chasser. Le monarque universel excellait à l'arc, dans la chasse aux animaux sauvages, et à la sarbacane contre les oiseaux. Une grande chasse pouvait mobiliser trois mille hommes. Montezuma y allait en litière, cependant qu'on rabattait cerfs, renards et coyotes, qui étaient abattus à coups de flèches. Pour les battues, la foule était plus grande encore et le gibier était tué à mains nues, à coups de bâtons, avec des filets ou avec l'arc et la flèche. On parvenait même à attraper n'importe quel oiseau. Un jour, alors que les Espagnols s'extasiaient en voyant passer un faucon, Montezuma dit à ses hommes de s'en emparer. Ils y parvinrent, après l'avoir longuement traqué. Enfin, il y avait la fauconnerie. On chassait le héron, le milan, la pie, le corbeau... au moyen d'aigles, de vautours et d'autres rapaces[22].

LES FEMMES DE L'EMPEREUR

Le chroniqueur Gonzalo Fernández de Oviedo affirme que le père de Montezuma, Axayacatl, aurait eu quelque cent cinquante enfants, mais que la plupart des fils auraient été liquidés par l'empereur. Peut-être exagère-t-il, mais il est sûr que chaque succession suscitait des rivalités et des luttes. Ainsi, après la mort de Montezuma, son successeur Cuitlahuac fit tuer six de ses fils[23]. Comme le trône pouvait passer d'un frère à l'autre, certains trépignaient sans doute d'impatience.

Oviedo dit encore que Montezuma mariait ses sœurs avec qui bon lui semblait. Cela, en revanche, est tout à fait vraisemblable. Ses sœurs, comme ses filles, étaient des instruments politiques essentiels pour la cohésion et la survie de l'État. En Mésoamérique, il en avait été ainsi dès les temps les plus reculés, notamment chez les Mayas. Donner une sœur ou une fille en mariage à un roi étranger, c'est apaiser un ennemi, se gagner un allié, renforcer une amitié ou récompenser une loyauté. C'est aussi marquer un statut de supériorité ou d'infériorité, affirmer son pouvoir ou sa soumission, étendre son influence. Ce peut être un moyen de s'ingérer dans les affaires d'autrui. C'est, enfin, recevoir des femmes en échange. Comme, de plus, une épouse de haut rang apporte en dot des terres plus ou moins étendues, il en résulte un réseau de liens inextricables qui se renforce continuellement. Habituellement, les Aztèques se mariaient lorsqu'ils avaient entre vingt et vingt-cinq ans. Tel a dû être le cas pour Montezuma. La polygamie était de règle, du moins pour les riches et les puissants. Ils avaient de nombreuses femmes, dont le rang variait selon le statut antérieur de chacune et le caractère plus ou moins formel du mariage. Puisque le souverain de Mexico ne pouvait trouver nulle part ailleurs une princesse d'un rang équivalent au sien, il choisissait son épouse principale à l'intérieur de la famille royale, une cousine par exemple. C'étaient les enfants de cette épouse-là qui accédaient au trône, l'un après l'autre, puis on passait à la génération suivante. L'empereur épousait aussi des femmes des lignages royaux de Texcoco et de Tlacopan, mais les enfants issus de ces unions n'héritaient pas la couronne mexica.

A Texcoco, il en allait différemment. L'épouse principale du roi était une Mexicaine. Comme elle provenait d'une dynastie plus puissante, ses fils héritaient le pouvoir, ce qui renforçait la position de Mexico. De la même manière que le roi de Texcoco prenait femme dans la cité dont il dépendait, les seigneurs des quatorze cités acolhuas soumises à Texcoco devaient épouser des femmes du lignage royal de Texcoco [24].

Oviedo — toujours lui — cite le chiffre de 4 000 épouses secondaires ou concubines, une autre source 600 [25]. Nezahualpilli en aurait eu pour sa part plus de 2 000 — deux fois plus que Salomon —, mais Montezuma était bien plus puissant que le roi de Texcoco. Les chiffres les plus élevés s'expliqueraient, entre autres, par le fait que le roi reprenait parfois les épouses de son prédécesseur, ou que certaines femmes de haut rang venaient avec une nombreuse suite de dames de compagnie et de servantes, voire avec des sœurs, qui toutes pouvaient finir par rejoindre le harem royal. De plus, parmi les femmes qui étaient filles de rois et de grands seigneurs, certaines étaient avant tout des otages ou des gages de fidélité, tandis que d'autres étaient parfois offertes par l'empereur à des personnes qu'il tenait à honorer. Enfin, il y avait aussi des esclaves.

Quoi qu'il en soit, même si le chiffre de 4 000 est excessif et en dépit du fait qu'elles apportaient des propriétés en dot, les nombreuses femmes représentaient une lourde charge. A tous égards d'ailleurs, car un bon mari traitait toutes ses femmes également bien [26]. Égalité de traitement qui explique que, parfois, une cinquantaine de femmes se trouvaient enceintes en même temps. Gómara dit même 150. Elles auraient toutes avorté. Sur ordre du diable, avec lequel elles étaient abouchées, affirme Oviedo. Peu croyable. Ou bien, se demande Gómara, qui copie et amplifie Oviedo, parce qu'elles savaient que leurs enfants n'hériteraient pas. Notons que les enfants d'épouses secondaires n'encouraient aucun mépris. Même nés de roturières, ils étaient nobles et pouvaient éventuellement hériter de leur père, voire, pour les fils de rois, monter sur le trône, mais c'était exceptionnel. Cela dit, l'avortement était puni de mort, mais on peut imaginer que, dans ce cas, il s'agissait de restreindre le nombre de candidats à la succession et donc les sources de conflits [27].

On sait peu de chose sur la vie intime de Montezuma, sauf — et ceci explique cela — que lorsqu'il avait commerce avec ses épouses, c'était de manière très discrète, et qu'il s'en tenait aux femmes. Comme l'exprime de façon inimitable, au siècle passé, le traducteur de Bernal Díaz : « Il n'avait de communications intimes que par des voies très secrètes, au point que quelques serviteurs seulement le pouvaient savoir. Il n'avait point de vices crapuleux. » On dit qu'il traitait bien ses femmes et qu'il les « honorait grandement », mais on ne sait quel sens donner exactement à ces honneurs. Cela, donc, d'après le témoignage des Espagnols, qui auront essayé de savoir ou de voir quand Montezuma était leur hôte forcé. Par ailleurs, les mères allaitaient leurs enfants pendant quatre ans et évitaient autant que faire se pouvait les rapports sexuels pendant ces années [28].

En dehors du temps nécessairement réduit que cette multitude d'épouses consacraient à leur mari, elles passaient leurs journées à filer, à tisser, à broder et à préparer des mets délicats et des boissons telles que le cacao. Des boiteuses, des naines et des bossues les servaient et les distrayaient en chantant et en jouant du tambourin. Il en allait de même chez les Incas, à plusieurs milliers de kilomètres de là, avec lesquels les Mésoaméricains n'entretinrent jamais de rapports. Les femmes du *tlatoani* se devaient de bien se tenir et d'être pieuses. Elles ne sortaient pas, ne pouvaient même pas regarder un autre homme et étaient placées sous la surveillance constante de duègnes. Elles se livraient à de fréquentes macérations, se saignant jusqu'aux parties les plus intimes de leur personne [29].

La plupart des documents établissent qu'une seule de ces épouses était considérée comme principale. Bernal Díaz [30] affirme cependant que l'empereur en avait deux. D'autres sources citent en effet plusieurs noms d'épouses principales, mais celles-ci furent peut-être des épouses successives, les décès en couches étant fréquents.

Pour Tayhualcan, fille de Totoquihuatzin, roi de Tlacopan, l'historien Ixtlilxochitl dit explicitement qu'elle était épouse principale de Montezuma, à qui elle donna plusieurs filles. Mais la véritable épouse principale dont les enfants devaient succéder au trône (après les frères) était une fille d'Ahuitzotl. Son fils Axayacatl fut aussi généralement reconnu comme « légitime », de même que sa sœur Tecuichpo. D'autres épouses de marque furent Miahuaxochitl, fille du roi de Tula Ixtlilcuechahuac, un demi-frère de Montezuma qui mourut glorieusement sur le champ de bataille d'Atlixco, ainsi que les filles du roi d'Ecatepec et du *cihuacoatl* Tlilpotonqui [31].

L'union avec Tlacopan fortifiait l'alliance entre les deux cités. Avec Ecatepec et Tula, plus au nord et au nord-nord-ouest, les mariages étaient réguliers. Dans ces cités avaient été installés autrefois des rois d'origine mexica qui avaient épousé des princesses locales. Pour éviter que ces dynasties ne se développent ensuite de façon trop autonome, les empereurs continuaient de contracter alliance avec elles et de ces mariages provenaient les futurs rois de ces cités. Chaque union apportait de surcroît son lot de terres dotales et renforçait l'implantation dans ces royaumes.

Enfin, épouser une princesse de Tula était toujours utile : pour bien des peuples de la Mésoamérique, Quetzalcoatl restait la source même du pouvoir légitime. Ne disait-on pas que Mexico avait été édifié à l'emplacement du trône du Serpent à Plumes [32] ? De manière significative, les Mexicas s'allièrent à la famille royale de Tula dès la fondation de leur empire. Quant à Ecatepec, il faisait partie de l'immédiat arrière-pays de Mexico et occupait une position clef aux frontières des terres de Texcoco et de Tlacopan [33]. Autre type d'alliance enfin, tourné vers l'intérieur cette fois, celle avec la fille du *cihuacoatl*, c'est-à-dire le représentant de la cité même et, plus particulièrement, de ses habitants les plus autochtones. Le fait qu'il fallait toujours les ménager confirme que le tissu ethnique de Mexico-Tenochtitlan n'était pas parfaitement homogène. Les quelques épouses connues ne posent pas trop de problèmes. Leurs enfants et ceux des concubines, en revanche, constituent un casse-tête. D'autant plus que, pour la plupart, ils n'entrent en scène qu'après la mort de leur père. On affirme que l'empereur eut cinquante enfants ou plus, mais la liste la plus longue n'en énumère que dix-neuf. Quant à savoir lesquels étaient « légitimes »... D'après Bernal Díaz, l'empereur lui-même dit avoir « un fils et deux filles légitimes » qu'il offrit en otage à Cortez à sa place. Mais on parle aussi d'une fille et un fils ou de deux fils [34].

En 1509, Montezuma donna une de ses filles en mariage à Nequametl, roi d'Opochhuacan Chalco. Ce roi avait été intronisé par Montezuma en personne, qui lui avait adjoint deux nobles co-dirigeants. Deux ans plus tard, une autre fille épousa le roi de Colhuacan. L'année suivante, une fille, appelée peut-être Ilancueitl, convola avec le roi de Cuauhtitlan. Quant aux fils, Montezuma, à l'approche des Espagnols, en plaça à la tête de certaines cités : Huanitl à Ecatepec, d'où venait sa mère, Omacatl — sans doute un neveu ? — à Xochimilco et Acamapich à Tenayuca [35].

LE CULTE ET LES GRANDES FÊTES RELIGIEUSES

L'empereur consacrait une partie considérable de son temps aux dieux. Tôt le matin, on l'a vu, par sa prière au soleil, mais sans doute se levait-il aussi la nuit pour faire pénitence. Parfois, en cas de guerre par exemple, ses jeûnes et ses macérations pouvaient se prolonger. Avant de décider la guerre, il consultait longuement les devins sur son issue. Il interrogeait aussi les dieux et, pour les obliger, faisait des sacrifices et se mortifiait.

Quand les armées étaient en campagne — ce qui, faut-il le dire, était fréquent ! —, les parents des guerriers ne prenaient qu'un repas par jour, à midi, et s'abstenaient de se peigner et de se laver le visage. Le souverain donnait l'exemple de ces austérités et interdisait chants, danses, jeux et réjouissances de toute sorte, sauf à l'occasion des fêtes sacrées. Il allait au temple faire des offrandes, décapiter des cailles et prier, assis en tailleur ou debout, les bras croisés ou levés vers le ciel. De vieux prêtres devaient prendre des champignons et des breuvages hallucinogènes pour voir en vision si tout allait bien. S'ils se taisaient, se trompaient ou faisaient des annonces de mauvais augure, ils étaient exécutés. Au retour des armées, l'empereur prenait à sa charge les soins et l'entretien des blessés et des mutilés [36].

Lorsqu'il se rendait au temple, Montezuma veillait à mettre pied à terre et à abandonner sa pompe en approchant de l'enceinte sacrée, car il lui fallait marquer son infériorité et sa soumission par rapport aux dieux [37].

Aux dévotions personnelles de l'empereur s'ajoutaient les dévotions officielles, et avant tout sa participation aux fêtes régulières : celles, au nombre de dix-huit, qui scandaient l'année solaire, et celles du cycle de 260 jours. On nous affirme que, tous les vingt jours, il allait avec des prêtres sacrifier au temple de la Lune à Teotihuacan [38]. Avant les grandes fêtes, il faisait pénitence et offrait de l'encens pendant plusieurs jours, probablement quatre, dans la maison de la Conque [39]. Sa participation aux cérémonies variait d'une fête à l'autre [40].

Lors de la fête du « mois » de vingt jours appelée « Ecorchement des Hommes », Montezuma invitait secrètement les chefs ennemis pour assister aux sacrifices « de gladiateurs » et les combler de cadeaux. Ensuite, en compagnie des rois de Texcoco et de Tlacopan, il participait à une grande danse où Mexicas Tenochcas et Tlatelolcas se faisaient face et dansaient lentement, solennellement. Tous étaient richement ornés. Comme c'était la fête des moissons, les uns et les autres tenaient des galettes de maïs, des blettes imitées en plumes ou des cannes de maïs. En guise de colliers, ils portaient des guirlandes de maïs grillé.

Soixante jours après, la fête de Toxcatl, « Sécheresse », célébrait la fin des moissons et son symbole, le maïs grillé. C'était le milieu du jour, le moment où l'ambigu et fallacieux soleil de l'après-midi prenait le relais du soleil matinal. En ce mois, on immolait dès lors des personnificateurs de Tezcatlipoca, le Miroir brillant, et de Huitzilopochtli-Soleil. C'était aussi la fête de la royauté, dont Tezcatlipoca était le principal protecteur. Aussi Montezuma en personne habillait-il et parait-il somptueusement le prisonnier de guerre incarnant le dieu. Il le considérait comme son « dieu chéri » : comprenons qu'il en était le sacrifiant, c'était lui qui l'offrait et qui était censé mourir symboliquement, en Tezcatlipoca, lors de son sacrifice.

Le captif incarnait Tezcatlipoca pendant un an. Il était choisi avec le plus grand soin, car il ne devait présenter aucun défaut. Il menait une vie princière et parcourait les rues en fumant et en jouant de la flûte pour inciter à la pénitence. On lui rendait les hommages dus à une divinité. Au début du « mois » ou de la vingtaine de Toxcatl, on le mariait avec quatre esclaves incarnant quatre déesses, la belle Xochiquetzal, déesse de l'amour et de la terre, la vierge Xilonen, la déesse de l'eau Atlantonan et la déesse du sel Huixtocihuatl. Cinq jours avant son sacrifice, Montezuma s'enfermait pour faire pénitence et se préparer à partager symboliquement la mort de Tezcatlipoca et sa résurrection. Partout ailleurs, on dansait et on chantait.

Le jour de la fête proprement dite, vingtième de Toxcatl, l'incarnation du dieu était conduite en canot jusqu'au lieu de sacrifice, un petit temple situé sur la rive nord du lac de Chalco. Là, elle escaladait lentement les marches de l'édifice tout en brisant les flûtes dont elle avait joué « au temps de sa prospérité ». On l'immolait en lui excisant le cœur qu'on offrait au soleil. Sa tête tranchée était exposée sur une estrade.

Cependant, à Mexico, des jeunes gens et des guerriers dansaient en serpentant autour de jeunes femmes qui, le front ceint de guirlandes de maïs grillé, effectuaient la danse du maïs grillé. On disait qu'elles « embrassaient Huitzilopochtli ». La danse était conduite par une victime personnifiant un avatar de Huitzilopochtli. La veille, on avait fait une statue du dieu en pâte de semences de blettes. A l'aube, Montezuma sacrifiait solennellement quatre cailles en son honneur. Puis un prêtre prenait le relais et toute la population le suivait. On lançait les cailles vers la statue ou on les mangeait. Le personnificateur était mis à mort au moment qu'il choisissait lui-même.

Soixante jours plus tard, c'était Huey Tecuilhuitl, la « grande fête des Seigneurs » et du soleil de l'après-midi. Un des moments forts des cérémonies consistait en une grande danse des jeunes gens dans laquelle les Tenochcas faisaient face aux Tlatelolcas, comme en « Ecorchement des Hommes ». Parfois, Montezuma venait s'y joindre. Il offrait les vêtements d'une esclave représentant la déesse du maïs et conviait toutes les femmes des environs de la lagune à une grande danse. Comme la fête des Seigneurs tombait en juillet, période difficile où les réserves de vivres s'épuisaient tandis que les nouvelles récoltes n'étaient pas encore faites, l'empereur procédait à de grandes distributions de vivres à tous les nécessiteux.

Xocotl Huetzi, « Le fruit tombe », peu après, était la fête du coucher du soleil et des astres — comme des fruits, ils pénétraient dans la terre et la fécondaient — et du dieu du feu. En son honneur et pour le nourrir, on précipitait dans le feu des prisonniers ligotés et anesthésiés qui, à peine grillés, étaient extraits du brasier et achevés par arrachement du cœur. On actualisait ainsi le saut de Quetzalcoatl-Nanahuatl dans le brasier ou son immolation sur un bûcher à la fin de sa vie. Dans les deux cas, il en était résulté une métamorphose : en soleil, puis en Vénus, et les prisonniers sacrifiés étaient censés eux aussi devenir des astres. La participation de l'empereur consistait à manger le cœur d'un des guerriers offerts au feu.

Danse autour du mât de la fête du Fruit qui tombe. *Codex Borbonicus*, d'après Seler, 1902-1923.
Au sommet du mât, un paquet funéraire représentant le « fruit », un défunt.

Le mois suivant se déroulait la fête du Balayage, Ochpaniztli. Située une demi-année après la fête de Tlacaxipehualiztli, elle en formait le pendant. En Tlacaxipehualiztli, on écorchait des hommes, ici des femmes. Tlacaxipehualiztli était le début du jour et de la partie mâle de l'année, Ochpaniztli le début de la nuit et de la partie féminine. Cette fête-là célébrait les moissons, celle-ci les semailles (commencées déjà symboliquement au cours du mois précédent, « Le fruit tombe »). Lors de l'Écorchement des Hommes, on réactualisait la première apparition du soleil ; en Balayage, on répétait la création de la terre et la naissance du maïs.

Ochpaniztli (« Balayage »)	*Tlacaxipehualiztli* (« Écorchement des Hommes »)
Début de la nuit	Début du jour
Création de la terre	Apparition du soleil
Écorchement des femmes	Écorchement des hommes
Semailles	Moissons

Visiblement, la fête du Balayage devait précéder celle de l'Écorchement des Hommes. Il en était ainsi bien avant l'entrée en scène des Mexicas et, à l'origine, ce mois était probablement le premier de l'année. Son nom et certains de ses rites l'indiquent. Car on remettait tout à neuf, on blanchissait les murs, on balayait partout, on purifiait tout, comme pour un nouveau départ. De même que lors de la fête de la Ligature des années, qui marquait aussi un début, celui d'un siècle. Au cours des cérémonies, on éteignait tous les feux et on observait le silence le plus total, comme si la terre était morte. Puis il fallait rallumer ce feu solennellement, reproduisant la naissance de Vénus-Feu au début de l'ère. Fête haute en couleur, plus encore que les autres, avec des rites particulièrement frappants, cette fête capitale qui régénérait la terre assurait magiquement l'avènement de la saison des pluies et la naissance des plantes...

C'était donc les semailles. Trois déesses étaient à l'honneur, personnifiées par des esclaves rituellement baignées : la Terre — Toci, « Notre Aïeule » —, l'Eau et 7 Serpent, déesse de la germination. Tout ce qu'il fallait pour assurer la naissance du maïs. On disait à l'incarnation de Toci, une femme mûre, qu'elle allait s'unir à Montezuma. A minuit, dans le plus grand silence, on la menait au temple où un prêtre la portait sur le dos, comme une jeune mariée, et on lui tranchait la tête. On l'écorchait et un

La fête du Balayage. *Codex Borbonicus*, d'après Séjourné, 1981.
   Debout sur une plate-forme, un personnificateur de la déesse du maïs assiste à la scène qui se déroule à ses pieds. La déesse Terre accueille le cortège qui vient la féconder : un prêtre de la pluie et du maïs, qui brandit dans sa direction un foudre-phallus serpentiforme, et des représentants de Mimixcoas phallophores. A droite, trois animaux symbolisant la fécondité et la fertilité : de haut en bas, la chauve-souris, la sarigue et le coyote. En haut, un cortège éloignant le gel néfaste pour les jeunes pousses de maïs.

prêtre jeune et vigoureux revêtait sa peau et ses insignes, représentant ainsi la terre rajeunie et revigorée. Ce nouveau Toci allait, dans une course folle, jusqu'au pied du temple de Huitzilopochtli pour y jouer la conclusion de ces tragiques épousailles. Il y écartait bras et jambes, comme pour concevoir, puis s'accroupissait et mimait un accouchement. Alors un personnificateur de Cinteotl apparaissait à côté de lui : le jeune maïs, assimilé au feu et à Vénus, naissait. Le rite reproduisait les mythes d'origine et les événements cosmiques, en une synthèse d'une rare puissance. On y retrouvait, fondus en un tout, les mythes de la terre déchirée en deux qui avait donné naissance aux plantes utiles ; de Xochiquetzal qui avait péché au paradis et était morte en donnant le jour à Dieu Maïs ; et du soleil qui, à la fin du jour-saison sèche, se couchait et pénétrait la terre pour la féconder.

Bien d'autres rites symbolisaient l'ensemencement de la terre. Ainsi, on obligeait des captifs à escalader de hauts mâts au sommet desquels étaient perchés des prêtres. Lorsqu'ils étaient parvenus en haut, les prêtres les précipitaient dans le vide et les captifs s'écrasaient sur la terre comme des fruits mûrs. Leur sang était recueilli dans une vasque. Toci y trempait le doigt, le suçait, puis faisait semblant d'accoucher... Ou encore, on attachait les victimes bras et jambes écartés à un chevalet et on les perçait de traits, irriguant ainsi la terre de leur sang fertilisant. Autre rite enfin, auquel pouvait participer la population tout entière : lorsque le personnificateur de Toci passait près de la foule, on crachait sur des fleurs et on les lui lançait. Si l'on sait que les fleurs symbolisent le sexe féminin, le sens du rite saute aux yeux.

Lorsque la terre avait été déchirée en deux, à l'origine des temps, elle avait exigé des cœurs et du sang en échange des plantes utiles. A son premier lever, le soleil avait à son tour exigé des sacrifices. C'est donc pour nourrir terre et ciel qu'on faisait la guerre et immolait des guerriers. Aussi, à la fin de la fête, les guerriers étaient-ils à l'honneur. Ils défilaient devant Montezuma qui trônait sur un siège recouvert des dépouilles d'un aigle et d'un jaguar. Chacun venait ensuite prendre le don qui lui était réservé — un insigne, une arme, un vêtement. Puis Montezuma guidait une danse très particulière, sans musique, qui consistait à marcher en agitant les mains. Suivait une distribution de semences consacrées, arrosées par le sang de la victime incarnant la déesse de l'eau, puis avait lieu le rite au cours duquel on lançait des fleurs vers Toci, qui ripostait en chargeant ses assaillants. Ceux-ci s'enfuyaient en désordre. Parmi eux, pendant un petit moment, l'empereur.

Trois mois ou soixante jours plus tard, c'était la fête de Quecholli, au cours de laquelle on réactualisait les pérégrinations des Toltèques dans le désert, avant le lever du soleil. On allait à la campagne, dans le sud de la vallée, où on s'installait dans des camps et imitait la vie nomade. L'empereur était là, vêtu comme Mixcoatl-Camaxtli, et faisait pénitence. Une grande chasse était organisée et ceux qui capturaient du gibier de choix, cerf ou coyote, étaient traités comme des braves et recevaient du souverain des capes à franges de plumes et des vivres.

Le mois suivant s'appelait Erection des Bannières, Panquetzaliztli. Les rites restaient dans le même registre : les pérégrinations mythiques, mais cette fois celles des Mexicas. Une longue procession autour d'une des lagunes les reproduisait, mais c'était surtout l'événement central des pérégrinations qui importait : la naissance de Huitzilopochtli et sa victoire sur le Coatepec. Des esclaves baignés, parés comme Huitzilopochtli, se battaient contre des guerriers-Huitznahuas. L'empereur lui-même les armait de bâtons de pin ainsi que de jaquettes rembourrées et de boucliers décorés d'yeux de « loup » *(cuetlachtli)*. Ensuite, on mettait à mort les prisonniers de guerre. Les centaines de captifs qui montaient en file indienne vers la pierre de sacrifices au sommet de la pyramide représentaient les quatre cents Huitznahuas montant à l'assaut du Coatepec. Tel était d'ailleurs le nom de cet édifice.

Au cours de cette fête, on sacrifiait et mangeait la statue de pâte de blettes de Huitzilopochtli. En présence du roi, un prêtre appelé Quetzalcoatl la perçait d'un dard. Ensuite, la statue était mise en pièces et partagée entre les citoyens de Tenochtitlan et de Tlatelolco. Montezuma en mangeait le cœur.

Izcalli, deux mois plus tard, était consacré aux dieux du feu. Tous les quatre ans, la mise à mort des incarnations des dieux du feu des quatre directions était suivie d'une danse solennelle des seigneurs habillés de bleu, comme Xiuhtecuhtli, le Seigneur de Turquoise. En tête, Montezuma, coiffé du diadème royal, le *xiuhuitzolli*.

Dernière fête enfin à laquelle Montezuma participait, celle d'Atlcahualo, au cours de laquelle on remerciait les dieux de la pluie pour les bienfaits qu'ils avaient accordés dans la saison écoulée. Il en a été question, avec Panquetzaliztli, à propos des réformes de l'empereur.

Atlcahualo, « Arrêt des Eaux », était aussi appelé Cuahuitlehua, « L'arbre se dresse ». Quelques jours avant la fête, on allait dans la montagne de Colhuacan couper l'arbre le plus grand, le plus droit et le plus touffu qu'on pouvait trouver et on le transportait jusqu'à Mexico, en veillant bien à n'en point abîmer la moindre branche. On le plantait devant la pyramide double de Huitzilopochtli et de Tlaloc. Quatre arbres plus petits étaient disposés autour du grand qu'on appelait « Notre Père ». Ils étaient reliés par des cordes et l'espace qu'ils définissaient était aménagé en jardin artificiel.

La veille de la fête, les rois de Mexico, de Texcoco et de

Tlacopan, ainsi que les souverains ennemis de Tlaxcala et de Huexotzinco, se rendaient, avec une suite nombreuse, au pied de la montagne Tlalocan, qui domine la vallée à l'est. A l'aube, ils conduisaient en procession, dans une litière fermée de toutes parts, un garçonnet jusqu'au sommet de la montagne, où se trouvait un sanctuaire des dieux de la pluie. L'enfant, splendidement paré, était de noble extraction. Il incarnait un des Tlaloc. On l'immolait dans la litière et on enduisait de son sang les statues des Tlaloc. Puis, l'un après l'autre, les rois allaient parer les statues de riches atours et leur faire des offrandes de plumes de quetzal, de jade et de nourriture. Ensuite, tout le monde retournait à Mexico, exception faite d'une centaine de guerriers qui montaient la garde auprès des offrandes qu'on laissait pourrir sur place.

Pendant ce temps, dans la ville, les prêtres avaient transporté jusqu'au jardin artificiel une fillette vêtue de bleu qui représentait soit Quetzalxoch, soit Chalchiuhtlicue, déesse des eaux, des sources, des lagunes et des rivières. On l'installait auprès du grand arbre, puis on chantait au son d'un tambour. Lorsqu'on apprenait que les seigneurs étaient descendus du Tlalocan et s'apprêtaient à embarquer pour traverser la lagune, on conduisait la fillette au bord de l'eau. L'arbre était enlevé et mis sur un radeau, puis tout le monde embarquait et, en un bruyant cortège, on naviguait jusqu'au tourbillon de Pantitlan. Là, la flottille des seigneurs et celle des prêtres accompagnant la victime se rejoignaient. L'arbre était précipité à l'eau et planté solidement dans la vase. Alors on égorgeait la déesse dans sa litière avec une foène, on nourrissait l'eau de son sang et on jetait son corps dans le tourbillon, en même temps que quantité de pierreries et de plumes précieuses. Enfin, chacun rentrait chez soi en silence.

La participation de l'empereur à cette fête s'imposait plus que jamais. Le rite réactualisait manifestement l'épisode du passage des Mexicas à Tollan et de la fin des Toltèques, narré dans la *Leyenda de los Soles*, un ouvrage concocté sous le règne qui nous occupe. Rappelons en bref qu'à la suite de l'aveuglement de Huemac qui réclame du jade et des plumes au lieu du maïs que lui offrent les dieux de la pluie, ceux-ci retiennent les pluies et les Toltèques meurent de faim. Après quelques années, un messager des Tlaloc apparaît et propose aux Mexicas le maïs, la prospérité et l'héritage des Toltèques en échange de la fille de leur roi. Quetzalxoch est immolée à Pantitlan et la pluie revient.

On est en une année 2 Roseau — celle vers laquelle Montezuma déplaça la Ligature des années. L'empereur était donc concerné à double titre. Par la famine et la réforme du début de son règne, et parce que, comme dans le mythe, la victime était censée être fille de roi. De plus, ce sacrifice était capital pour la royauté, car il reproduisait le mythe qui légitimait le pouvoir mexica. Il montrait aussi combien Montezuma était tout à l'opposé de Huemac. Celui-ci avait perdu son empire en s'accrochant aux biens matériels. L'empereur mexica, au contraire, conservait son empire en manifestant son détachement : les jades et les plumes précieuses, il les jetait à profusion dans le tourbillon, en don aux Tlaloc. Ironie suprême, bientôt il se trouvera si proche de Huemac qu'il songera à calquer son attitude sur la sienne.

Les fêtes mobiles du calendrier de 260 jours, anniversaires des dieux, sont infiniment moins bien documentées que celles de l'année solaire. On sait néanmoins que le jour 4 Mouvement, celui où le soleil se mit en branle, était grandement vénéré par Montezuma qui jeûnait et faisait des sacrifices. Le jour 1 Fleur, date de naissance de Cinteotl-Vénus et du genre humain, on célébrait la fête des nobles et du soleil de l'après-midi. Il y avait alors une danse dont, affirmait-on, « seul Montezuma savait dans son cœur combien de jours elle devait durer, peut-être quarante ». C'était lui qui déterminait les chants qu'il fallait entonner. Après la danse, il distribuait des devises aux vaillants et des dons divers aux chanteurs, aux musiciens, aux compositeurs et aux guides des danseurs. Le jour 1 Pluie, on exécutait des condamnés, des pêcheurs et des captifs. Par ceux-ci, le souverain était vivifié et sa gloire accrue. Enfin, en 1 Silex, anniversaire de Huitzilopochtli, il offrait toute sorte de fleurs à l'image du dieu.

Les fêtes auxquelles participait Montezuma sont loin d'être choisies au hasard. Il y a d'abord les deux débuts de saison : Balayage et Écorchement des Hommes, fêtes majeures, l'une de la terre et de Vénus-Maïs, l'autre du soleil. Célébrations du soleil encore, Panquetzaliztli bien sûr, puis celles de l'astre de l'après-midi, Toxcatl, Huey Tecuilhuitl et Xocotl Huetzi. Huey Tecuil-huitl s'imposait aussi en tant que fête majeure des seigneurs, Xocotl Huetzi comme fête du feu, un des principaux protecteurs des rois. Izcalli est aussi une fête du feu et Quecholli celle de Mixcoatl, qui intéressait tout spécialement l'empereur. Reste Tlaloc. Pour cette divinité, une seule fête, mais l'empereur y intervient longuement. Les fêtes mobiles confirment ces orientations, puisqu'elles concernent encore le soleil, la royauté, les seigneurs et Vénus.

En Panquetzaliztli et en Tlacaxipehualiztli, le nombre de victimes, fruit des guerres de l'empereur, était parfois considérable. Dans ces occasions, Montezuma lui-même agissait comme sacrificateur, assisté éventuellement par ses alliés. De par sa fonction sacrée, de par le fait que, plus que quiconque, il représentait la divinité, il prenait donc le pas, s'il le voulait, sur les grands-prêtres. On qualifiait même parfois le souverain de prêtre, *tlamacazqui* ou *teopixqui*, gardien du dieu, titre qui lui convenait à merveille. Plusieurs rois avaient d'ailleurs été d'abord grands-prêtres.

Certains dieux intriguaient ou intéressaient tout spécialement l'empereur. Yacatecuhtli, par exemple, le dieu des marchands, personnage mystérieux aux origines obscures. L'empereur fit faire en vain une enquête à son sujet [41]. De nos jours, on croit que Yacatecuhtli était un aspect de Quetzalcoatl. Peut-être Montezuma le soupçonnait-il et voulait-il savoir s'il devait éliminer Yacatecuhtli des rites de la cité, comme cela avait été fait avec le Serpent à Plumes. D'autre part, il tenta à plusieurs reprises de s'emparer d'images de Mixcoatl, le père de Quetzalcoatl. L'un et l'autre étaient les divinités principales des cités de Tlaxcala, de Huexotzinco et de Cholula.

C'est vraisemblablement à la fois pour satisfaire sa curiosité et pour des motifs religieux que Montezuma fit explorer le Popocatepetl, la Montagne qui fume. Il y dépêcha des hommes pour voir d'où provenait la fumée. Et, peut-on supposer, pour voir s'il y avait là une voie de contact privilégié avec le dieu du feu et le monde souterrain. Ou pour trouver une relique de Tezcatlipoca, patron et protecteur de Texcoco. On disait que le dieu avait pénétré dans ce volcan et que, de là, il avait lancé son fémur, que depuis les Texcocains conservaient dans leur temple.

Deux explorateurs moururent pendant l'ascension. Les autres parvinrent au sommet, mais quatre d'entre eux trépassèrent peu après leur retour. Montezuma confia le salut des deux survivants aux meilleurs médecins. Ils se rétablirent et expliquèrent que le sommet du volcan n'était pas une grande cheminée, mais une surface couverte de rochers et pleine de fissures par où s'échappait la fumée. De là-haut, on voyait la mer comme si elle s'étendait au bas de la sierra [42]... Montezuma dut trouver tout cela fort intéressant, mais il aurait assurément préféré qu'on lui ramenât l'autre fémur ou le crâne de Tezcatlipoca, histoire de rabattre un peu la morgue de ses associés texcocains...

CHAPITRE VII

L'époque du Feu nouveau

LA FÊTE DU FEU NOUVEAU

Au mois de Panquetzaliztli de l'année 2 Roseau (décembre 1507) eut enfin lieu la grande fête de la Ligature des années. Comme elle suivait la famine et devait inaugurer une ère nouvelle, comme elle était aussi un élément majeur de ses réformes, l'empereur veilla à ce qu'elle fût particulièrement grandiose.

L'enjeu de la fête était d'une importance cosmique, puisqu'il s'agissait ni plus ni moins que d'assurer la survie du monde. Un cycle d'années était épuisé et il fallait faire en sorte qu'un nouveau cycle recommence, que les astres poursuivent leur course, que le soleil se lève à nouveau. Sinon, ce serait la nuit éternelle. Les démons des ténèbres — bêtes féroces, jaguars, spectres Tzitzimimes — descendraient du ciel, où l'astre du jour les avait tenus en respect, et dévoreraient toute vie. Ils seraient aidés, sur la terre même, par les femmes enceintes et les petits enfants qui, à leur tour, se transformeraient en mangeurs d'hommes. Les montagnes se briseraient et l'eau qu'elles contiennent noierait la terre. Et, pour couronner le tout, la voûte céleste s'effondrerait. Le risque encouru cette fois était d'autant plus grand que la réforme séculaire avait allongé à cinquante-trois années le cycle qui s'achevait [1].

Le jour venu, partout dans le pays, on éteint les feux, les foyers domestiques comme les immenses braseros qui brûlent sans cesse dans le Grand Temple. Rien que pour Huitzilopochtli, 2 800 bûches sont consumées chaque jour, afin de le protéger contre les Tzitzimimes [2]. Ces feux, il faut aussi les éteindre, quitte à laisser le grand dieu exposé aux attaques des monstres jusqu'au rallumage du feu nouveau. Dans les maisons, on brise la vaisselle et on se débarrasse des trois pierres du foyer, des broyeurs cylindriques de graines, ainsi que des images de bois ou de pierre des divinités. Tout cela est jeté à l'eau et on balaie activement pour tout purifier. C'est entièrement propres et « remis à neuf » que les Aztèques entameront un nouveau cycle.

L'essentiel de la cérémonie a lieu sur la Colline ou le Mont des Épineux, le Huixachtepetl, Huixachtlan ou Huixachtecatl, un volcan éteint situé entre Colhuacan et Iztapalapan, à une dizaine de kilomètres au sud de Mexico. Cette colline, actuellement le Cerro de la Estrella, est également connue à l'époque sous le nom de Montagne de Mixcoatl (Mixcoatepec)[3]. L'endroit est bien choisi. C'est là, selon la légende, que Quetzalcoatl enterra son père Mixcoatl, assassiné par ses frères Mimixcoas. C'est là aussi qu'il alluma un feu au sommet de la colline et fut attaqué par les Mimixcoas qu'il massacra. Le mythe, prototype de celui de la naissance et de la victoire de Huitzilopochtli-Soleil sur le Coatepetl, est une variante du mythe de la création du soleil à Teotihuacan. Il signifie la naissance du soleil et l'avènement d'une ère nouvelle.

La veille, tout le monde jeûne et s'abstient de boire. A la tombée de la nuit, des prêtres accomplis, « vendeurs de feu » *(tlenamacaque)* et « encenseurs », se mettent en route vers le Huixachtecatl. Ils avancent en un cortège haut en couleur. Chacun est vêtu des atours de la divinité qu'il sert. Le prêtre de Quetzalcoatl porte le grand pectoral représentant une conque sectionnée et les ornements d'oreille en points d'interrogation inversés. Son couvre-chef forme une savante architecture : sur le front, une sorte de boudin en zigzags verticaux et frappé d'un grand glyphe de jade ; au-dessus, deux paires d'éléments évoquant des ailes aux extrémités arrondies et surmontées d'un chapeau pointu en peau de jaguar. Dans ce chapeau est fiché un os sacrificiel. Un ruban rouge en retombe, auquel est fixé un oiseau qui pend à une certaine distance du visage. L'un symbolise le flot de sang qui dégouline de l'os et l'autre le colibri qui vient le sucer. A l'arrière de la coiffe est attaché un ornement figurant un segment de soleil nocturne.

Dans le cortège, il y a aussi le personnificateur de Tezcatlipoca, le visage peint de raies noires et jaunes, le miroir fumant sur la tempe et, accrochée à la nuque, une tête de « serpent de feu » ; Xipe, vêtu d'une peau de sacrifié, de vêtements rouges et blancs et d'une tiare de plumes roses, surmontées d'un panache vert ; Cinteotl, portant sur le dos une corbeille d'épis de maïs ; Tlazolteotl, tout en blanc, avec un boudin frontal et des ornements d'oreille de coton brut et, sur le dos, de grandes bannières rouges et noires frappées de croissants lunaires ; beaucoup d'autres représentants de dieux encore et, bien sûr, Huitzilopochtli, tout bleu, un colibri sur la nuque, coiffé d'un diadème d'or et de somptueux panaches de plumes de quetzal. Le prêtre de Copolco, territoire où se trouve le *calpulli* (division territoriale) du dieu du feu et où sont enterrées les cendres des rois décédés[4], porte les instruments à faire le feu — un morceau de bois à encoches et un autre semblable à une flèche — et s'exerce à l'allumer.

Les années du Feu nouveau. D'après le *Codex Tellerianus Remensis*.
Sous l'an 2 Roseau 1507 figure la montagne Huixachtecatl avec son temple et, en dessous, les instruments à faire le feu. On mentionne aussi une éclipse partielle du soleil et un tremblement de terre (un champ rectangulaire portant le glyphe « mouvement »). Plus bas, 2 000 guerriers emportés par le rio Tózac. Sous 4 Maison 1509 apparaît la pyramide de lumière annonciatrice de la fin de l'empire. A gauche, la campagne contre Zozollan.

Le cortège se dirige vers la colline, dans le plus grand silence, et avec une majestueuse lenteur de manière à y arriver peu avant minuit. Il est suivi d'une foule nombreuse, tandis qu'un peu partout dans la vallée les gens grimpent sur le toit de leur maison ou escaladent les flancs des collines, dans l'espoir de voir ce qui va se passer sur le Mont des Epineux. L'obscurité devenant de plus en plus opaque en l'absence de tout feu, l'angoisse grandit. Pour se prémunir contre les éventuelles métamorphoses des femmes enceintes et des enfants, ceux-ci se mettent sur le visage un masque de feuilles d'agave [5]. Pour plus de sûreté, les femmes enceintes sont enfermées dans des silos à maïs devant lesquels des guerriers montent la garde, armés d'espadons à lames d'obsidienne. Les petits enfants doivent rester éveillés, sous peine d'être changés en souris. Aussi les secoue-t-on et leur crie-t-on dans les oreilles.

Arrivés au sanctuaire du sommet du Huixachtecatl, les prêtres incarnant les dieux commencent à observer le ciel, où les Pléiades doivent culminer vers minuit. Un prisonnier de guerre est étendu sur une pierre de sacrifices. Il a été choisi avec soin. Illustre et noble, il doit porter, à l'instar de Xiuhtecuhtli, un nom comportant le mot *xiuitl*, *xiuh-*, qui signifie notamment année, turquoise et feu. En 1507, l'élu est un certain Xiuhtlamin de Huexotzinco, capturé par le sieur Chien de Tlatelolco, un vaillant qui dorénavant peut se parer de l'épithète Xiuhtlaminmani, « celui qui a capturé Xiuhtlamin ».

Au moment où les Pléiades atteignent le milieu du ciel, le prêtre de Copolco allume du feu sur la poitrine de Xiuhtlamin. Il fait tourner entre ses paumes la drille à feu dans une encoche d'un bâton posé horizontalement sur le captif. Lorsque le bois prend feu, le sacrificateur ouvre la poitrine de la victime avec le couteau de silex et lui arrache le cœur. A cet organe de l'ardeur, de la vie, est en quelque sorte substitué le feu, qu'il contribuera à alimenter. De l'étoupe, mise au contact du bois incandescent, est portée sur la plaie béante du sacrifié où elle enflamme des matières bien sèches. Puis le feu est transmis à un grand tas de bois et de bûches dans un vaste foyer. Les prêtres, cependant, n'ont cessé d'observer les Pléiades. Bientôt, ils les voient dépasser le milieu du ciel et entamer leur déclin. Cela signifie que, sous terre, le soleil a dépassé le nadir et entamé sa marche ascendante. Il s'est régénéré dans la flamme de minuit. L'allumage du feu nouveau a eu l'effet escompté...

Partout, le soulagement et la joie éclatent. De loin, de sur les toits et les collines, les habitants ont vu s'enflammer le brasier. Ils poussent des cris d'allégresse, se tailladent les oreilles avec de petites lames d'obsidienne et nourrissent la lumière qui vient de renaître en jetant le sang dans sa direction. Les prêtres des dieux allument de grandes torches ou des faisceaux de bois dans le brasier et les confient à des messagers qui se hâtent de les transporter vers leurs temples. A Mexico, des torches sont portées d'abord au temple de Huitzilopochtli, où l'on allume un grand feu dans un brasero devant la statue du dieu. Puis on y répand du copal blanc. De là, le feu est porté soit au palais de Montezuma, soit à la grande demeure des prêtres appelée Mexico Calmecac — les sources divergent —, puis de l'un de ces lieux il essaime vers les autres collèges, les temples de quartier, les maisons des jeunes gens et, enfin, les demeures particulières. La même chose se passe dans les autres cités et les villages.

Dans la matinée, les habitants renouvellent leurs vêtements, les nattes qui leur servent de sièges et de lits, leurs ustensiles et les images de leurs dieux. On brûle de l'encens et on décapite des cailles. Le soulagement est général. « La maladie et la famine nous ont quittés », clame-t-on. C'est, en 1507, l'exacte vérité. A midi, le jeûne est rompu et on mange des gâteaux de semences de blettes recouvertes de miel. Au même moment, dans le Grand Temple, sur la pyramide de Huitzilopochtli[6], on commence à sacrifier plusieurs milliers de captifs provenant des campagnes de l'Oaxaca[7]. Montezuma et Nezahualpilli en personne en ont offert chacun vingt. On est au mois de Panquetzaliztli, fête de la naissance de Huitzilopochtli et de sa victoire sur le Coatepec. De plus, c'est l'an 2 Roseau, celui de la naissance et de la mort du dieu. Les victimes qui, en file, escaladent la pyramide représentent ses frères ennemis, les quatre cents Huitznahuas. On leur arrache le cœur et on les décapite. Puis leurs corps sont jetés au bas de la pyramide et tombent sur la grande pierre ronde figurant Coyolxauhqui, la sœur ennemie de Huitzilopochtli, démembrée. Sur cette pierre, les victimes sont dépecées et emportées par les parents de ceux qui les ont capturées pour être bouillies et mangées. Xiuhtlamin a droit à un sort particulier. Son cœur et son corps ont alimenté le premier brasier, comme Nanahuatl à l'aube du Soleil présent, mais on a fait de lui une effigie de pâte d'amarante et c'est elle qui est mangée.

L'APOGÉE DE L'ART AZTÈQUE

La fête de la Ligature des années fut l'occasion de rénover le temple du Feu nouveau sur le Mont des Épineux[8]. Responsables du culte, les souverains aztèques devaient non seulement nourrir les dieux, mais aussi les loger décemment et doter leurs temples des images, des autels, des récipients et autres instruments de culte appropriés. A mesure que l'empire s'étendait et que les richesses affluaient, les temples devenaient plus grands et plus fastueux, les monuments plus imposants. Il convenait en effet d'honorer les dieux par des réalisations proportionnelles aux moyens de plus en plus amples dont on disposait. Par la même occasion, on embellissait la cité, augmentant ainsi le prestige de la royauté et de la nation. Montezuma, plus que tout autre, se devait de faire fleurir les arts. Il régnait sur un empire à son apogée et pouvait s'inspirer de tout ce qu'avaient créé ses prédécesseurs. Il avait une haute idée de sa fonction qu'il tenait à glorifier. Il avait, enfin, toutes les raisons que lui suggérait son programme de réformes religieuses et politiques. Et, de fait, l'art aztèque lui doit énormément.

Comme tous les rois de Mexico, il fut d'abord un grand bâtisseur. Il suffit de songer aux dizaines d'édifices réunis dans l'enceinte du Grand Temple, édifices qui étaient régulièrement agrandis, rénovés ou remplacés. L'une des tâches essentielles du roi était d'« amplifier » le temple de Huitzilopochtli, la Montagne des Serpents (Coatepec). Les fouilles dites du Grand Temple de Mexico ont ainsi permis de déterminer que la pyramide principale avait connu une douzaine d'agrandissements, certains en ajoutant seulement une nouvelle façade, d'autres en englobant l'édifice tout entier dans une construction nouvelle.

Montezuma, pourtant, ne semble pas avoir eu le temps de s'attaquer à cette tâche primordiale. Du moins les sources ne l'en créditent-elles pas. Peut-être la concevait-il d'une ampleur telle qu'il hésita et perdit du temps. Deux informations plaident dans ce sens. De l'une, il a déjà été fait état. L'empereur aurait voulu détruire la pyramide et la reconstruire, sous prétexte qu'elle ne se trouvait pas exactement dans l'axe du soleil levant à l'équinoxe de printemps. L'autre provient des *Anales* de Cuauhtitlan, qui rapportent que Montezuma voulait reconstruire le sanctuaire tout en or et le décorer à l'intérieur de pierres vertes et de plumes de quetzal[9].

Pour d'autres constructions, plus modestes, Montezuma parvint à ses fins. En 1504, il fit ériger un très grand temple en l'honneur de Cinteotl, dieu du maïs, et un autre à Quetzalcoatl sous son aspect de dieu du vent. Ces deux édifices étaient très probablement destinés à se concilier la faveur des dieux des moissons en ces années de disette. Pour Cinteotl, c'est évident. Quant à Quetzal-coatl-Ehecatl, il n'était pas non plus sans rapports intimes avec l'agriculture. D'abord, parce qu'il était le souffle vital et qu'il favorisait l'éclosion de la vie. Ensuite, parce que, en tant que vent, il était celui qui « balaie le chemin de la pluie », qui apporte les alizés fertilisateurs. On invoquait son jumeau Xolotl en cas de sécheresse extrême. On s'adressait à l'un et à l'autre pour les labours. Enfin, Quetzalcoatl était le patron du *coatl*, le bâton à fouir avec lequel se travaillait la terre[10]. Montezuma fit encore reconstruire le Tzonmolco, un sanctuaire à toit de chaume consacré au dieu du feu, qui avait été frappé par la foudre[11].

Outre ces édifices appelés par les circonstances — famine, incendie, fête séculaire —, Montezuma en fit construire d'autres qui répondaient davantage à des préoccupations personnelles. Tel est le cas du Coateocalli ou Coacalli, un sanctuaire où furent concentrées toutes les divinités du pays. Plus précisément, des images des divinités ennemies capturées. Ce n'était pas, évidemment, le seul effet de la piété du roi, comme le dit Durán. Le véritable but était d'héberger ces dieux à Mexico et de les garder en quelque sorte en otages, exactement comme on le faisait pour les fils de rois soumis. Fait significatif, cette « Maison de tous » (Coacalli) était, semble-t-il, rattachée au sanctuaire de Huitzilopochtli et fut inaugurée par le sacrifice de 800 prisonniers représentant les Huitznahuas. Montezuma et le *cihuacoatl* com-mencèrent eux-mêmes les immolations[12].

Parmi les autres réalisations de Montezuma figurent le temple de Tlamatzincatl, un dieu de la chasse, de la guerre et du pulque étroitement associé à Mixcoatl ; une vaste plate-forme d'exposition des crânes des sacrifiés, plate-forme qui, en 1519, se parait de 136 000 têtes ; et la rénovation de l'aqueduc de Chapultepec[13]. L'étonnant complexe de temples creusés dans la falaise de Malinalco, entamé par Ahuitzotl, fut poursuivi. Enfin, Montezuma fit édifier son fabuleux palais[14].

LE MESSAGE DES SCULPTURES

L'empereur a aussi encouragé la sculpture, qui lui permettait de communiquer avec les dieux et avec ses sujets pour publier ses réformes, pour exposer de nouvelles synthèses idéologiques, pour proclamer la gloire de Mexico, de ses dieux et de ses rois, pour leur assurer la durée. Plusieurs monuments qui comptent parmi les plus fameux de l'art aztèque peuvent lui être attribués.

La famine du début du règne et les sacrifices faits à cette occasion sont commémorés sur le « Bloc du Métro », une pierre décorée de reliefs figurant un personnage important en train de s'extraire du sang de l'oreille et des victimes de sacrifices en l'honneur des Tlaloc. Du corps immolé d'un personnificateur du dieu de la pluie naît le maïs, représenté par de longues plumes et du jade — dont on sait, depuis la partie de jeu de balle entre Huemac et les Tlaloc, qu'ils symbolisent le maïs [15].

Plus tard, pendant le règne de Montezuma, la fête séculaire de la Ligature des années, et surtout son déplacement de 1 Lapin à 2 Roseau, ont donné lieu à toute une série de sculptures. Surtout son déplacement, car les ligatures habituelles, plus anciennes, n'ont pas laissé de traces. Il y a ainsi de nombreuses reproductions en pierre de faisceaux de cinquante-deux roseaux symbolisant un « siècle ». Ils portent le glyphe de l'année 2 Roseau, de même que certaines sculptures figurant des serpents qui symbolisent le feu et le temps qui s'écoule.

Mais le monument le plus remarquable sculpté pour la circonstance est sans contredit le *Teocalli* de la guerre sacrée [16]. Il expose en une synthèse géniale la portée de la réforme de la fête séculaire et la doctrine de la guerre sacrée. C'est une sculpture en ronde bosse représentant une pyramide surmontée d'un sanctuaire *(teocalli*, maison de dieu). Le temple est le lieu de contact entre les hommes et les dieux, l'endroit même où sont immolées les victimes de la guerre sacrée. Sur la façade du sanctuaire, le disque solaire ; sur le sol qui le précède, Tlalteotl, le monstre de la terre — c'est-à-dire les deux bénéficiaires de la guerre sacrée. Le soleil est flanqué de deux personnages qui tiennent des épines sacrificielles. Ce sont Huitzilopochtli, le soleil levant, et Montezuma lui-même, personnifiant — singulier pressentiment — le soleil au déclin. Comme l'indique le glyphe devant leur bouche, ils prononcent les paroles « eau-feu » qui désignent la guerre sacrée. Les mêmes paroles sont prononcées par tous les protagonis-

Le *Teocalli* de la guerre sacrée, vu de face et de haut. E. J. Palacios, « La Piedra del Escudo Nacional de México », *Publ. de la Secretaria de Educación Pública*, 22, 9, Mexico, 1929.

tes du monument : quatre dieux figurés sur les flancs de la pyramide et, à l'arrière, l'aigle perché sur un cactus — le symbole de Mexico, la cité chargée de faire la guerre sacrée.

Teocalli de la guerre sacrée, l'aigle sur le figuier de Barbarie. Palacios, 1929.

Sur le socle pyramidal, deux dates. L'une, 1 Lapin, est le nom de la terre. L'autre, 2 Roseau, celui du soleil (cette seconde date est entourée d'une corde signifiant la Ligature des années en 1507). Les deux dates se réfèrent aux deux bénéficiaires de la guerre, mais aussi à la réforme de 1506-1507.

Quel est le rapport entre la réforme et la guerre sacrée ? La famine des années 13 Lapin à 1 Lapin du début du règne de Montezuma II reproduisait exactement celle qui avait eu lieu un « siècle » de cinquante-deux ans auparavant, sous Montezuma Iᵉʳ. Cette première famine avait été à l'origine de la guerre fleurie. La deuxième est l'occasion de reprendre cette guerre, relance proclamée notamment par le biais de ce monument.

Les sculptures qui précèdent appartiennent au début du règne de Montezuma et à l'an 1507. Pour d'autres œuvres majeures, en revanche, on ignore où elles se situent dans son règne. Tel est le cas pour cet autre chef-d'œuvre de la sculpture aztèque, la fameuse « Pierre des Soleils », appelée aussi le « Calendrier aztèque ». Qu'on imagine un immense disque de 356 centimètres de diamètre entièrement décoré de reliefs sur sa surface principale et sur sa surface latérale, haute d'une quinzaine de centimètres.

Relevé de la Pierre du Soleil ou Calendrier aztèque.

Le disque représente le soleil dardant ses rayons qui chassent les ténèbres. Celles-ci sont symbolisées par les deux serpents de feu qui entourent l'astre et par la bande d'étoiles décorant la surface latérale du cylindre. Mais pour les anciens Mexicains, le soleil, Tonatiuh, celui qui chauffe, était aussi l'astre avide de sang et de cœurs humains, celui qui définit les points cardinaux et les jours, les vingtaines, les années, les « siècles » et les ères, l'astre double, miroir et reflet de lui-même l'après-midi, et, enfin, celui qui accueille les défunts méritants dans l'au-delà. Ces différents aspects sont inscrits sur le monument en une extraordinaire synthèse cosmologique et cosmogonique, unique en son genre dans les arts archaïques. Cela, avec une assurance suprême, sans rien forcer, de façon claire, harmonieuse, équilibrée, éminemment lisible — plus encore, bien sûr, quand le monument avait encore toutes les couleurs dont il était rehaussé, à l'instar de la plupart des sculptures mésoaméricaines. Le relief est doux et les artistes ont fait preuve d'une précision et d'une maîtrise prodigieuses.

Autres œuvres exceptionnelles, deux statues colossales de la déesse Terre, Tlalteotl, figurée comme un fauve dressé sur ses pattes postérieures et levant les griffes pour frapper. Elle est décapitée et les flots de sang qui s'échappent de son cou se sont transformés en deux serpents dont les têtes s'affrontent. L'une porte une jupe de serpents entrelacés, l'autre une jupe de cœurs. Toutes deux ont un collier de cœurs et de mains coupées auquel est attachée, comme élément central, une tête de mort. Telles quelles, hideuses, effrayantes, elles représentent la terre qui dévore les hommes qu'on ensevelit en son sein, la terre qui, en mourant, donne la vie. Celle-ci est symbolisée par les serpents et les cœurs. Les serpents sont le sang. Ils sortent du cou et d'entre les jambes de la déesse, ils forment sa jupe, en un répugnant grouillement de vie. Et les cœurs sont les organes mêmes du mouvement, ceux qui, en nourrissant le soleil, lui permettent d'avancer dans le ciel. Deux monstres qui sont aussi des femmes, avec tout ce que cela représente de mystère et d'inquiétude. Des femmes, ressenties comme plus proches de la nature, plus sauvages que les hommes. Aussi les statues sont-elles fortement géométrisées, comme comprimées dans des prismes et des pyramides, car il convient de contenir dans les formes de la culture ce chaotique éclatement de vie et de mort.

On peut encore assigner au règne de Montezuma deux gigantesques et magnifiques récipients du type *cuauhxicalli*, « vase de l'aigle », destinés à recevoir les cœurs et le sang des sacrifiés. L'un affecte la forme d'un jaguar et l'autre, récemment découvert, celle d'un aigle [17]. Cependant, ce sont les grandes œuvres de synthèse comme le *Teocalli* ou la Pierre du Soleil qui sont les plus caractéristiques. Elles montrent combien Montezuma avait à cœur de proclamer haut et fort ses réformes et ses nouvelles conceptions. Il fit d'ailleurs dessiner des codex qui retraçaient toute l'histoire — essentiellement mythique — de l'univers depuis ses origines, telle qu'il voulait qu'on l'entende. Ces livres sont perdus, mais deux ouvrages de l'époque coloniale en procèdent directement, la *Leyenda de los Soles*, rédigée en nahuatl, et l'*Historia de los Mexicanos por sus pinturas*, en espagnol.

NOUVELLES CAMPAGNES EN OAXACA

La célébration de la Ligature des années fut, pour Montezuma, l'apogée de son règne. Jusqu'alors, tous les espoirs lui étaient permis. Mais le nouveau siècle commença mal. Quelques jours après sa recréation, le soleil subit une éclipse et il y eut un tremblement de terre[18]. Puis, dans les années qui suivirent, l'empereur eut de plus en plus de raisons d'appréhender une fin catastrophique de son empire.

Après 1507, Montezuma ne modifie guère les grands axes de sa politique. L'Oaxaca et la vallée de Puebla restent au centre de ses préoccupations, ce qui ne l'empêche pas d'envoyer des armées dans d'autres directions, pour mater des révoltes, combler des lacunes, ou ouvrir de nouvelles brèches. Mais à cela viendront s'ajouter de graves difficultés avec Texcoco, la seconde ville de l'empire.

L'activité en direction de l'Oaxaca et de la vallée de Puebla paraît avoir été pour ainsi dire ininterrompue. D'abord, Montezuma s'intéressa à nouveau à Teuctepec, partiellement vaincu mais insoumis. Non seulement la cité continuait de maltraiter les marchands et les voyageurs de l'empire, mais en outre elle s'était fortifiée en construisant une nouvelle enceinte au-delà du rio.

Une armée impressionnante fut mise sur pied. Les Tlatelolcas, qui étaient en quarantaine à la suite de leur lâcheté passée, apportèrent des provisions de toute espèce en grande quantité, puis se présentèrent à Mexico. Montezuma, toujours irrité, les fit jeter hors de la ville et n'accepta rien. Ulcérés, les Tlatelolcas résolurent de regagner par l'héroïsme ce qu'ils ne pouvaient obtenir par des prodigalités. Ils formèrent un fort contingent, marchèrent jour et nuit, et arrivèrent à Teuctepec les premiers. Le reste de l'armée semble avoir eu de gros problèmes, car au-delà d'Itzyocan (Izucar) quelque 2 000 soldats se noyèrent dans le rio Tuzac.

Divisés en escadrons, les Tlatelolcas attaquèrent et emportèrent la première enceinte, obligeant l'ennemi à se retirer derrière le fleuve. Avec l'aide des Alliés, ils passèrent ensuite le cours d'eau et tous ensemble avancèrent vers la ville, qu'ils investirent. Puis ils détruisirent les enceintes l'une après l'autre, entrèrent dans la cité et y boutèrent le feu. Le massacre fut effroyable. Ceux qui y échappèrent furent faits prisonniers et la ville se retrouva presque dépeuplée. Les captifs étaient au nombre de 2 800, sans compter les 500 guerriers capturés par les Tlatelolcas [19]. Apprenant les exploits de ces derniers, Montezuma leur pardonna. Ils purent revenir à la cour et reprendre leurs charges [20].

En 1509, Montezuma lança une campagne contre Amatlan, au sud d'Oaxaca et à l'est de Miahuatlan. Si Miahuatlan était un important centre de marché, Amatlan, en revanche, n'avait pas grand-chose à offrir. Les Zapotèques de cette petite cité de montagne ne payaient à leur seigneur, en guise de tribut, que des corvées consistant à travailler ses champs et à construire et entretenir ses demeures. Si les Mexicas les visaient, ce n'était donc pas pour des motifs économiques, mais parce qu'ils harcelaient les troupes de la Triple Alliance présentes dans la vallée d'Oaxaca [21]. De plus, leur soumission resserrerait l'étau autour de l'État de Tototepec.

On n'est pas sûr que la campagne ait été un succès, du moins pas du premier coup. Un blizzard se déchaîna lors du passage des troupes alliées dans la montagne, causant de lourdes pertes. Des guerriers moururent de froid, d'autres furent écrasés sous des avalanches de rochers ou sous des arbres arrachés par la tempête. Des survivants poursuivirent jusqu'à Amatlan et s'y firent massacrer. Mais, en fin de compte, la cité fut prise [22].

Le complot de Chalco

En cette même année, des conflits internes à Chalco, dans le sud-est de la vallée, permirent à l'empereur de mieux asseoir son autorité sur cette province et, par la même occasion, de s'y faire détester. Quatre Chalcas vinrent à Mexico pour dénoncer les dirigeants de la capitale provinciale de Tlalmanalco (un des quatre États de Chalco), Itzcahua et son fils Nequametl. Ils les accusèrent de distribuer des armes et d'habiter des demeures trop belles pour des vassaux. Montezuma réagit par sa technique habituelle du bâton et de la carotte. D'une part, il confisqua quelques terres des accusés, leur faisant tenir ces propos : « Votre souverain, le terrible Huitzilopochtli, nous a envoyés, sa voix qui est dans les joncs, dans les roseaux, vient de se faire entendre ainsi : Dites à mon aïeul Itzcahua et à Nequametl que je prends encore un peu de bien pour les Mexicains-Tenochcas, mais la guerre est certainement finie, bien terminée.» Le peu de bien, c'était les terres, qui devaient être considérables, de Malinaltepec, de Tenanyocan et de Tlacuillocan. La carotte, d'autre part, c'était d'abord l'assurance qu'on était amis : la guerre était bien finie. Puis un mariage, après que les princes de Tlalmanalco se furent aplatis, clamant qu'ils étaient la chose de Huitzilopochtli-Montezuma. L'empereur offrit à Nequametl l'une de ses filles, qui alla s'installer à Tlalmanalco accompagnée de redoutables Otomis. Ceux-ci, véritable garnison au service de Montezuma, étaient en nombre suffisant pour occuper deux quartiers de la cité [23].

Sans doute cette « garnison » fut-elle de trop. Quand Cortez, en route vers Mexico, passa par Tlalmanalco, les Chalcains vinrent lui offrir leur amitié et, surtout, se plaindre des mauvais traitements qu'ils subissaient. Les percepteurs de Montezuma leur volaient tout ce qu'ils avaient, ils violaient sous leurs yeux leurs femmes et leurs filles s'ils les trouvaient jolies, ils les faisaient travailler comme des esclaves et leur confisquaient leurs terres au profit des idoles de Mexico [24].

LA VALLÉE DE PUEBLA INVINCIBLE

Dans la vallée de Puebla, on ne pouvait pas dire que tout allait pour le mieux. Les grands projets de l'empereur restaient, hélas, à l'état de projets. La lutte continuait, tantôt fleurie, tantôt plus sérieuse, mais rarement réconfortante. En 1508, au cours d'une bataille sanglante dans les vaux d'Atlixco, 2 800 Alliés périrent et, parmi eux, Macuilmalinalli (5 Herbe), frère aîné de Montezuma, ainsi qu'un autre grand seigneur mexica. En 1509, un combat contre les Huexotzincas ne rapporta que 60 malheureux prisonniers [25]. Et la situation promettait de s'aggraver encore.

Nezahualpilli, le roi de Texcoco, avait la réputation d'être fort versé dans la magie et dans la prévision de l'avenir. Il avait des pouvoirs extraordinaires, comme celui d'envoyer à son gré son âme dans les cieux ou dans l'inframonde, à la manière des chamans [26]. Dès lors, il connaissait maint secret des dieux et il était d'ailleurs en communication constante avec une divinité personnelle.

Un jour, Nezahualpilli vint trouver Montezuma inopinément pour l'entretenir de choses gravissimes. « Puissant et grand seigneur, lui dit-il, j'aimerais beaucoup ne pas inquiéter ton âme puissante, calme et reposée. Cependant, l'obligation dans laquelle je me trouve de te servir me contraint de t'informer d'une chose étrange et merveilleuse qui doit survenir en son temps, avec la permission et par la volonté du dieu des cieux, de la nuit, du jour et de l'air. Il te faut donc être avisé et averti que dans peu d'années nos cités seront détruites et saccagées, nous et nos fils tués, et nos vassaux humiliés et brisés. Et quant à cela, n'aie aucun doute.

« D'ailleurs, comme preuve de ce que je te dis et pour que tu saches que c'est vrai, sois certain que lorsque tu voudras faire la guerre aux Huexotzincas, aux Tlaxcaltèques ou aux Cholultèques, jamais plus tu n'obtiendras la victoire. Au contraire, les tiens seront toujours vaincus, avec grande perte de tes gens et seigneurs.

« Et je te dis plus encore. Dans peu de temps, tu verras des signes dans le ciel qui t'annonceront ce que je te dis. Dès lors, ne t'en inquiète ni ne t'en trouble, car il est impossible de tourner le dos à ce qui doit arriver. Une chose me console fort, c'est que moi, je ne verrai plus ces calamités et ces afflictions, car mes jours sont comptés. C'est pourquoi j'ai voulu t'informer avant de mourir, comme si tu étais mon fils très chéri. »

Le discours, certainement apocryphe, s'inscrit dans le cadre des signes avant-coureurs de la conquête espagnole, signes dont il sera bientôt question. À l'époque où nous nous trouvons, vers 1510, Nezahualpilli a déjà parfaitement pu avoir reçu des informations au sujet des êtres étranges débarqués ou descendus du ciel dans les mers de l'est, voire des cataclysmes que provoquait leur passage, et il a pu en retirer le sentiment que l'ère aztèque touchait à sa fin. Quoi qu'il en soit, il paraît qu'après ce discours les deux rois fondirent en larmes et poussèrent des clameurs vers les dieux, implorant la mort. Nezahualpilli parti, Montezuma se dit qu'il disposait d'un moyen sûr de vérifier l'exactitude de ses dires. Il suffisait de livrer bataille contre un des ennemis de la vallée de Puebla.

Aussitôt, des préparatifs furent faits et, dans les plus brefs délais, une armée campa dans la plaine d'Ahuayucan. Un combat féroce s'y déroula contre les guerriers de Tlaxcala. Les impériaux furent vaincus et subirent des pertes sévères. Tous les seigneurs et les généraux furent capturés. Les Mexicas, eux, ramenèrent en tout et pour tout 40 captifs, Texcoco 20, les Tépanèques 15 et les Tlatelolcas 5. Furieux, Montezuma traita ses guerriers de femmelettes. Il interdit la moindre réception pour leur retour. Lorsque les vaincus rentrèrent, il n'y avait pas âme qui vive pour les attendre et la ville était comme morte. Au palais, où ils allèrent pour saluer le roi, on les chassa ignominieusement. Peu après, l'empereur réunit ses différents conseils pour les avertir du châtiment exemplaire qu'il réservait aux guerriers chevronnés ou distingués. Tous devaient être rasés et privés de leurs insignes de vaillants ainsi que des armes et devises qu'il leur avait offertes. De plus, pendant un an, il leur était interdit d'entrer dans le palais et de porter des vêtements de coton et des sandales.

On imagine la douleur et le désespoir des braves. Ils eurent très vite l'occasion de se racheter. L'année d'après, il y eut une nouvelle bataille contre Tlaxcala et, quoiqu'ils n'y eussent pas été conviés, les guerriers dégradés s'enrôlèrent et s'efforcèrent, par leurs exploits, de se racheter. Ils firent tant et si bien que les pertes furent égales de part et d'autre. Trop heureux de retrouver ses braves, Montezuma leva les sanctions et accueillit triomphalement ses troupes [27].

Quelque temps après, ce fut la fête du Balayage (Ochpaniztli) en l'honneur de Toci, Notre Aïeule, la terre. A cette occasion, ce furent les prisonniers tlaxcaltèques faits à Ahuayucan qui servirent de victimes. Certains furent immolés par l'habituel arrachement de cœur suivi de décapitation, de quoi satisfaire à la fois le soleil et la terre. D'autres furent jetés dans un brasier, devenant ainsi les premières étoiles-maïs de l'ère nouvelle. Un troisième groupe fut sacrifié à coups de flèches dans le sanctuaire de Toci, le Tocititlan, afin de féconder la déesse. Ce temple était situé à l'entrée de la ville. Il se singularisait par le fait qu'en face de lui, quatre mâts de plus de 25 brasses de haut étaient plantés dans le sol de manière à former un carré. Au sommet de chacun des poteaux se trouvait une plate-forme surmontée d'une petite hutte. Les Tlaxcaltèques furent attachés à ces mâts, puis percés de flèches et de javelines. Ces dignes sacrifices donnèrent grande satisfaction à Montezuma, même si les Tlaxcaltèques — dont il n'est pas précisé qu'ils furent invités, mais c'est probable — durent moins les goûter.

Toci, la Terre, en tant que régente de la treizaine de jours 1 Mouvement,
dans le calendrier divinatoire du *Codex Borbonicus*. D'après Séjourné,
1981.

La déesse, revêtue d'une peau de sacrifié et d'attributs de coton brut,
accouche de Cinteotl-Maïs-Vénus. Celui-ci est aussi figuré en haut, se
dirigeant vers Toci pour pénétrer dans son corps : c'est l'étoile du soir
qui disparaît à l'horizon avant de réapparaître comme étoile du matin. A
droite, le séducteur de la déesse dans le paradis originel, Tezcatlipoca
déguisé en vautour, tenant des épines ensanglantées. Dans le bas, une
plate-forme d'exposition des crânes et une pierre de sacrifices.

Peu après, des Huexotzincas désireux de se gagner les faveurs
de Tlaxcala montèrent une opération de représailles contre
Mexico. Une nuit, un commando s'insinua jusqu'aux approches
de Mexico et mit le feu au Tocititlan.

Fureur à Mexico, d'autant plus qu'on voulut y voir un mauvais
augure. L'empereur fit jeter en prison — entendons dans des

cages de bois — les prêtres de Toci qui ne s'étaient rendu compte de rien. Pour leur apprendre à veiller au lieu de dormir, il fit répandre dans leurs cages une multitude de petits couteaux et de fragments de lames, afin qu'ils s'y coupent jusqu'à en perdre tout leur sang et à périr. En attendant, tous les jours, il prenait soin d'aller leur rappeler leur devoir de veiller jour et nuit sur les temples et les dieux. Comme il fallait aussi s'occuper d'affaires plus sérieuses, il ordonna de découvrir les coupables du sacrilège.

Un Tlaxcaltèque fait prisonnier par les gens de Tlatelolco vendit la mèche, affirmant que les Huexotzincas étaient venus se vanter de leur exploit à Tlaxcala. Aussitôt, Montezuma entama des préparatifs pour punir Huexotzinco. En attendant le moment opportun, il fit reconstruire le Tocititlan de façon somptueuse, avec des mâts encore plus hauts qu'auparavant, et le garnit de prêtres et de gardes stipendiés. Puis il envoya les armées de Mexico et des cités alliées ou soumises combattre les redoutables Huexotzincas dans les vallées d'Atlixco. La bataille se prolongea pendant plusieurs jours. Les gens de Tlatelolco s'y distinguèrent tout particulièrement, au prix de nombreux morts. Dès qu'ils obtinrent un nombre satisfaisant de prisonniers à sacrifier, les Alliés retournèrent chez eux. Ils furent glorieusement reçus et Montezuma fut comblé de victimes. Les Tlatelolcas à eux seuls en offrirent 120.

Les Huexotzincas capturés méritaient un destin digne des Tlaxcaltèques dont ils s'étaient faits les défenseurs. Un certain nombre d'entre eux furent écorchés, apparemment en Tlacaxipehualiztli (Écorchement des Hommes), et leurs peaux furent revêtues par des *xipeme*, des pénitents qui, pendant quarante jours, parcouraient la ville en demandant des aumônes. Au fur et à mesure que le temps passait, les peaux se desséchaient, noircissaient et sentaient de plus en plus mauvais. Elles rendaient manifeste, de la manière la plus sensible, la souillure dont les pénitents voulaient se débarrasser. Après les quarante jours, les *xipeme* ôtaient solennellement ces vieilles peaux et se lavaient. Ils apparaissaient ainsi tout rajeunis, ayant fait peau neuve, régénérés, purifiés...

D'autres Huexotzincas furent mis à mort une demi-année plus tard, lors des fêtes du Fruit qui tombe et du Balayage, fêtes qui coïncidèrent avec l'inauguration du nouveau sanctuaire de Toci. Certains furent brûlés vifs, d'autres tués à coups de flèches et de javelines, d'autres encore furent précipités du haut du sanctuaire

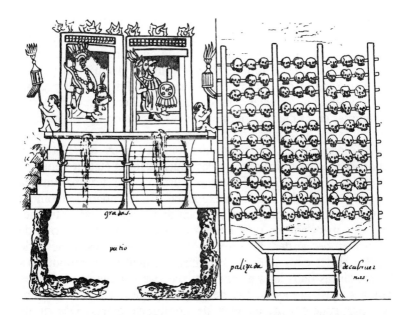

La pyramide principale de Mexico. Durán, *Historia...*, 1867-1880.
Les sanctuaires abritent les statues de Tlaloc (à gauche) et de Huitzilopochtli. A droite, une grande plate-forme d'exposition des crânes.

— comme des fruits qui tombent — et un dernier groupe fut
enfermé dans des maisons dont on fit s'effondrer les toits[28].

Tant de prévenances appelaient des politesses en retour et le
sanglant potlatch continua. Les Huexotzincas convièrent Montezuma à la fête de leur dieu Camaxtli. Empêché comme d'habitude
de répondre aux invitations de ce genre, l'empereur se fit
représenter par de hauts dignitaires qui virent à leur tour
nombre de leurs concitoyens, voire de leurs frères, sacrifiés par
cardiectomie, brûlés ou percés de flèches. « Que vous en semble ?
commenta-t-il lorsqu'on lui fit rapport sur les festivités, c'est
pour cela que nous sommes nés et pour cela que nous allons en
campagne. C'est cela, la mort bienheureuse si recommandable
que nous enseignèrent nos ancêtres. » Il ne manqua pas d'accabler
de dons et d'honneurs les Tlatelolcas, pour qu'ils poursuivent
dans la bonne voie et s'attachent à lui[29].

LA RIVALITÉ AVEC TEXCOCO

Sur ces entrefaites survinrent les funestes signes et prodiges annoncés par Nezahualpilli. Ensuite, le souverain de Texcoco aurait ordonné à ses troupes de ne plus participer aux guerres incessantes contre Puebla et, pour le reste, de s'en tenir surtout à la défensive. Cette passivité aurait été à l'origine de nombreuses rébellions [30]. Chez Montezuma, elle dut susciter des sentiments mêlés d'indignation et de secrète jubilation de voir son vieux rival s'affaiblir encore. Quant à Nezahualpilli, quoique s'adressant à Montezuma « comme à un fils », c'est sans doute avec quelque délectation qu'il lui annonça la fin d'un empire dans lequel, de toute façon, l'influence de Texcoco se réduisait d'année en année. Elle était loin, la belle époque de l'entente contre Azcapotzalco et de la création de la Triple Alliance.

Dès ces temps reculés, d'ailleurs, il y eut certainement des tensions entre les deux cités. Les informations divergent quant aux parts respectives des Alliés dans les fruits des campagnes, quant aux limites de leurs domaines ou aux préséances. On dit que, lors de campagnes conjointes, Mexico et Texcoco recevaient chacun deux cinquièmes du butin et Tlacopan un cinquième ; ou que Mexico percevait huit quinzièmes, Texcoco quatre et Tlacopan trois. Bien entendu, la version de Tlacopan diffère : à l'en croire, la cité tépanèque aurait eu droit à un tiers, comme ses alliées... Théoriquement, chaque cité conservait ses possessions et avait son aire d'expansion. Celle de Texcoco correspondait au quadrant entre le nord et l'est — c'est-à-dire aussi la côte du golfe du Mexique. En réalité, bien des cités des régions huaxtèque et totonaque, sur la côte du golfe, se disaient tributaires de Mexico...

Ce qui est sûr, en tout cas, c'est que les choses étaient suffisamment confuses pour que surgissent et grandissent des rivalités. Celles-ci ont-elles jamais débouché sur un conflit ouvert entre les principaux acteurs, Mexico et Texcoco ? On peut en douter, même si les deux parties l'affirment. L'historien de Texcoco, Ixtlilxochitl, prétend que le grand Nezahualcoyotl envahit Mexico, dans les années 1430, pour apprendre à vivre à Itzcoatl qui ne le reconnaissait pas comme seigneur suprême de l'empire et des Chichimèques *(chichimecatecuhtli)*. Effrayé, Itzcoatl aurait présenté des excuses accompagnées, pour mieux les faire valoir, de vingt ravissantes jeunes princesses. Rien n'y fit. Pendant sept jours, Nezahualcoyotl tenta en vain de pénétrer dans l'île de

Mexico-Tenochtitlan. Puis les défenses cédèrent enfin, la ville fut prise, les temples principaux incendiés et les palais pillés. Itzcoatl demanda la paix et, dorénavant, Mexico, Tlacopan et les cités assujetties durent payer tribut à Texcoco [31].

Son de cloche radicalement différent dans la *Chronique X*, d'origine mexica, où Nezahualcoyotl apparaît nettement moins présomptueux. La scène se passe après la mort d'Itzcoatl, lors de l'élection de Montezuma Ier Ilhuicamina. Avant de se rendre à Mexico, Nezahualcoyotl recommande vivement aux grands de son royaume de rechercher toujours l'amitié de la grande cité de la lagune. « Si vous les rencontrez en chemin et qu'ils vous demandent quelque chose de ce que vous transportez, partagez avec eux. Choyez-les, car nous ne perdons rien à le faire, tandis que l'attitude contraire ne rapporte rien, hormis des guerres et des troubles, des morts d'hommes, des rapines, notre sang versé et la destruction de notre province. Dès lors, soyez en paix et quiétude. Et recommandez cela dans tous les villages et toutes les cités de mon royaume, en particulier aux voyageurs et aux marchands, car ce sont eux qui suivent et parcourent les chemins et les provinces pour chercher leur vie. »

Puis, rendu à Mexico, il demande à entretenir le nouveau souverain en particulier, pour lui offrir la soumission de Texcoco. « Sache, seigneur, que tous tes vassaux là-bas, aussi bien les grands que les gens du commun, se blottissent sous ton ombre, car tu es comme un arbre qui donne grande ombre, comme la sabine, sous laquelle on aime se mettre et se blottir pour jouir de la fraîcheur de ton amitié et de ton amour, surtout les vieux et les vieilles, l'orphelin et la veuve, le pauvre et le mendiant. Ceux-ci sont comme les plumes de tes ailes et des plumages de ta tête... Nous venons supplier et implorer ton extrême clémence afin que tu juges bon de nous garder dans ta paix et ta concorde. Que jamais, à aucun moment, tu ne permettes que Mexico nous fasse la guerre. Je sais bien, en effet, ce qui se passe si, sans raison ni fin aucune, je me rebelle contre Mexico et lui fais la guerre. La furie des Mexicas est sans mesure ni fin, elle va jusqu'à extraire les gens de sous la terre, elle est vindicative et blesse et tue insatiablement. C'est pourquoi je te demande que tu les reçoives comme tes enfants et tes serfs, sans guerre ni lutte, car ils te veulent toi pour père et mère et pour leur consolation, et ils veulent toute la nation mexicaine pour amie. »

Montezuma accueille la demande avec faveur et interroge son

conseil. On veut bien accepter, à condition que l'image de Mexico comme cité conquérante et intransigeante n'en pâtisse point. Il est convenu de feindre une bataille et une poursuite jusqu'au cœur de Texcoco. On affecte de se battre, les Texcocains prennent la fuite et Nezahualcoyotl fait bouter le feu à un temple. Puis il demande la paix, se soumet, accepte les conditions habituelles et offre des terres. Il n'y a ni morts ni pillage. Les guerriers mexicas retournent chez eux, « pas très satisfaits de ces guerres simulées [32] »...

Les versions de Texcoco et de Mexico sont à la fois inconciliables et complémentaires. Chaque cité prétend avoir vaincu l'autre. Dans la version texcocaine, l'initiative vient d'Itzcoatl, qui nie la souveraineté de Texcoco. Il faut une bataille véritable pour l'amener à la raison. Dans la version mexica en revanche, c'est Nezahualcoyotl qui prend les devants pour reconnaître la supériorité de Mexico. Aussi Montezuma Ier se contente-t-il d'une bataille simulée. Si Texcoco va plus fort dans sa présentation des événements, c'est évidemment parce qu'il a davantage de chemin à faire pour convaincre. Dans la première moitié du XVe siècle, les deux cités étaient peut-être de même force, quoiqu'on puisse en douter. Les relations matrimoniales entre elles montrent clairement que Mexico avait acquis depuis longtemps un statut supérieur. Et au XVIe siècle, Mexico, cinq fois plus peuplé que Texcoco, est bien plus puissant. D'où les exagérations d'Ixtlilxochitl.

Exagérations à partir, peut-être, d'un fait réel. Il n'est pas exclu que l'alliance initiale entre les deux cités ait été scellée par des guerres simulées, rituelles, dans lesquelles chaque ville soumettait l'autre. On songe à ces mythes indo-européens analysés par Dumézil, dans lesquels des cités ou des États complémentaires mais ennemis — les Romains et les Sabins, les Ases et les Vanes — se combattent, avec des alternatives de succès et d'insuccès de part et d'autre, pour finir par s'allier durablement.

Quoi qu'il en soit, Texcoco faisait de moins en moins le poids et les rancœurs s'étaient accumulées. La cité acolhua souffrait de se sentir inférieure à son rôle et humiliée, Mexico trouvait de plus en plus excessifs la part que Texcoco conservait dans l'alliance et les égards qu'il fallait lui témoigner. A cela s'ajoutait, au XVIe siècle, le contentieux familial entre Nezahualpilli et Montezuma II.

Les relations dont on dispose à ce sujet proviennent d'Ixtlilxochitl et paraissent, au moins pour la première, passablement romancées. Une des sœurs de l'empereur, fille d'Axayacatl, fut envoyée avec d'autres princesses auprès de Nezahualpilli pour qu'il choisisse parmi elles une épouse légitime et des concubines. La demoiselle répondait au doux nom de Chalchiuhnenetzin, « Poupée (ou Vulve) de jade ». Comme elle était encore petite, Nezahualpilli la fit élever dans son palais avec grand train. Il n'avait pas le choix, car Chalchiuhnenetzin serait venue avec plus de deux mille serviteurs. Entendons qu'il y avait au total deux mille personnes chargées de son entretien, de son éducation, de son service, etc.

Petite fille sérieuse et sage en apparence, la princesse de Mexico était en réalité une Messaline. Devenue l'épouse principale du roi, sa vraie nature ne tarda pas à se révéler. Tout beau jeune homme qui lui plaisait était convoqué pour qu'elle jouisse de ses faveurs. Puis il était assassiné. Afin d'en conserver le souvenir, la reine faisait faire de chaque patient une statue bellement parée. Bientôt, toute une salle du palais fut ainsi transformée en galerie de portraits.

Lorsque le roi l'interrogea à leur sujet, Chalchiuhnenetzin répondit que c'étaient ses dieux. Elle commit toutefois l'imprudence de laisser la vie à trois de ses amants et de leur faire des cadeaux. Un jour, le roi reconnut sur un des nobles de sa cour un très beau bijou qu'il avait offert à sa femme. Pour en avoir le cœur net, il se rendit une nuit chez elle à l'improviste. Les dames de compagnie eurent beau dire qu'elle dormait, il insista, contrairement à son habitude, et pénétra dans la chambre. Il n'y trouva qu'un mannequin à perruque dont la tête reproduisait très fidèlement les traits de Chalchiuhnenetzin. Au comble de l'indignation, le roi la fit rechercher et donna l'ordre d'arrêter tous les gens du palais. On la découvrit en train de faire la fête en compagnie de ses amants.

Le roi déféra l'affaire à la justice. Tous les complices, depuis les dames de la cour jusqu'aux tueurs et aux sculpteurs, furent inculpés. Lorsque la cause fut entendue, le roi informa ses collègues de Mexico et de Tlacopan du jour de l'exécution et fit venir de partout les nobles avec leurs épouses et leurs filles, pour leur édification. Chalchiuhnenetzin fut garrottée sous les yeux de tous, avec ses amants et deux mille complices. Tout le monde félicita le roi pour cet exemple si sévère et édifiant, mais, conclut Ixtlilxochitl, les parents mexicas de la princesse, qui auraient apprécié davantage de discrétion, dissimulèrent leur dépit et leur désir de vengeance. Parmi ces parents, Montezuma, encore enfant à l'époque [33].

L'adultère de la reine, fille d'Axayacatl, et son châtiment avec tous ses complices sont narrés par un autre historien de Texcoco, Pomar [34], mais il va de soi qu'Ixtlilxochitl s'en donne à cœur joie pour les détails. La tête sculptée à l'image de Chalchiuhnenetzin, les statues de ses amants sont des non-sens : l'art aztèque, archaïque, n'en était pas à saisir et rendre l'individu ; les portraits véritables, permettant de reconnaître les modèles, y sont inconnus. De plus, les aventures de la jeune reine rappellent de façon trop frappante la tour de Nesle et les malheurs d'une autre reine, Marguerite de Bourgogne, pour que le seul hasard puisse être invoqué [35].

Les infortunes conjugales de Nezahualpilli ne s'arrêtèrent pas là. Il est vrai qu'il y avait occasion à dérapages, puisqu'il avait plus de deux mille concubines, dont une quarantaine d'habituelles. Sa préférée était appelée la dame de Tula. Fille d'un marchand, elle était belle, bien sûr, mais aussi cultivée, sage et versée dans la poésie [36]. Or, elle fut courtisée par le vaillant Huexotzincatzin, ainsi nommé pour ses exploits contre Huexotzinco. Il était non seulement le fils préféré du roi et l'héritier du trône, mais aussi le neveu de Montezuma. On ne sait trop s'il coucha avec la favorite, mais en tout cas il fut surpris alors qu'il lui adressait des propos peu convenables. Pour Ixtlilxochitl, qui sans cesse embellit, ils s'en tinrent à des échanges de poèmes. Toujours est-il qu'ils furent tous deux condamnés à mort et exécutés [37].

La sévérité dont Nezahualpilli dut faire preuve envers les siens ne l'incita pas à l'indulgence pour les autres. En 1509, Tezozomoc d'Azcapotzalco, un beau-père de Montezuma, commit un adultère. Les tribunaux des trois cités eurent à connaître de son cas. Pour plaire à Montezuma, les juges mexicas ne le condamnèrent qu'à l'exil et à la destruction de ses palais. Les Tépanèques proposèrent un châtiment supplémentaire inédit, consistant à lui couper le bout du nez. Mais les juges de Texcoco, inflexibles, exigèrent le respect de la loi coutumière. Aussi Tezozomoc fut-il garrotté et son corps brûlé, à la grande irritation de l'empereur.

Dans le domaine familial toujours, Nezahualpilli avait également des reproches à adresser à Montezuma. Celui-ci ne s'était-il pas, selon les Texcocains, arrangé avec les Atlixcas en 1508 pour que son frère 5 Herbe se fasse tuer sur le champ de bataille ? Or, lors de l'élection, Nezahualpilli aurait préféré Montezuma à 5 Herbe, époux, pourtant, de sa fille aînée. Il aurait plus tard amèrement regretté son choix. Les deux souverains n'avaient donc guère de raisons de s'aimer.

A plusieurs reprises, Montezuma se serait d'ailleurs attaqué directement à Nezahualpilli en faisant appel à ses magiciens et à ses sorciers, mais ceux de Texcoco auraient efficacement protégé leur roi. En 1514, il lui reprocha la relative inertie de ses troupes qui, on s'en souvient, ne participaient plus que mollement aux campagnes depuis les phénomènes célestes et les intersignes des années 1510. Sous prétexte d'y remédier et d'apaiser les dieux, il proposa une attaque conjointe contre Tlaxcala qu'il mènerait en personne, ce qui obligeait pratiquement Nezahualpilli à en faire autant. A en croire les Texcocains, il voulait en réalité se défaire de son vieux collègue et de ses meilleures troupes, de manière à assurer une fois pour toutes la prééminence totale de Mexico.

A cet effet, l'empereur s'aboucha en secret avec les Tlaxcaltèques et leur fit annoncer l'attaque, en précisant que Nezahualpilli venait non pas pour l'exercice de ses troupes et pour faire des captifs, mais pour détruire tout le pays et s'en emparer. Affirmant cyniquement qu'il ne pouvait s'associer à une telle félonie, Montezuma promit à Tlaxcala de lui prêter main-forte, si nécessaire, et de frapper Texcoco dans le dos. Les Tlaxcaltèques, outrés, se préparèrent à tendre une embuscade.

Texcoco envoya contre Tlaxcala la fleur de son armée. Toutefois, Nezahualpilli, déjà âgé de plus de cinquante ans et désireux d'éviter des accrochages avec Montezuma, resta à Texcoco. Il envoya deux de ses fils, Acatlemacoctzin et Tequanehuatzin, pour le représenter et guider ses troupes. En route vers Tlaxcala, les Texcocains campèrent dans les gorges de Tlaltepexic, à une dizaine de kilomètres au nord de la ville. Sans s'en rendre compte, ils y furent bientôt complètement encerclés. La nuit précédant la bataille fut pleine de sinistres présages. Des nuées de charognards survolaient les guerriers texcocains. Certains parmi les plus braves rêvaient qu'ils étaient redevenus de petits enfants et qu'ils cherchaient en pleurant à se réfugier dans les bras de leur mère. A l'aube, alors qu'ils se disposaient à sortir au plus vite du défilé, ils furent attaqués de toutes parts et massacrés sans pitié. Montezuma assista sans broncher à la scène, avec son armée, depuis les flancs du Xacayoltepetl. Rentré à Mexico, il interdit aux cités des *chinampas*, des jardins flottants sur les lacs méridionaux, de payer tribut à Texcoco ou de reconnaître sa suzeraineté de quelque manière que ce soit. Lorsque Nezahualpilli protesta, Montezuma répondit que les temps avaient changé, que désormais il y avait une tête au lieu de trois et que ceux qui se mêlaient de ce qui ne les regardait pas seraient châtiés. Conscient de son impuissance, Nezahualpilli se le tint pour dit et ne sortit plus de son palais [38].

CHAPITRE VIII

Les signes avant-coureurs de la chute de l'empire

C'est aux alentours de 1510 qu'on situe l'apparition en grand nombre de phénomènes étranges de toute sorte qui présageaient la fin prochaine de l'empire [1]. L'époque n'est pas indifférente. Car 1510, c'est le milieu du règne de Montezuma. Un règne étant comparé à un jour, c'est donc midi, le moment où commence le déclin du soleil et où naît la nuit. Certains signes y feront référence de la manière la plus explicite.

LE RETOUR À AZTLAN

S'il faut en croire les chroniques et les annales, peu d'événements extraordinaires auraient été aussi attendus que la chute de l'empire aztèque. La première annonce remonte au règne de Montezuma Ier Ilhuicamina. Lorsque ce souverain se vit à l'apogée de sa gloire, il lui prit la fantaisie d'envoyer une partie des trésors obtenus aux habitants de la terre d'origine des Mexicas. Peut-être, conjectura-t-il, la mère de Huitzilopochtli était-elle encore en vie et, dans ce cas, elle pourrait jouir de ce que son fils avait réussi à conquérir. Il y dépêcha donc des enchanteurs et des sorciers.

Les émissaires marchèrent jusqu'à Coatepec, près de Tula. Là, ne sachant par où continuer, ils firent des invocations et, transformés les uns en oiseaux, les autres en jaguars, pumas et autres animaux, ils furent conduits par un esprit jusqu'à Aztlan. C'était, comme Mexico, une île dans une lagune, mais paradisiaque. En son centre, une montagne recourbée appelée Colhuacan. Ils furent reçus par le vieux majordome de Coatlicue, qui leur demanda des nouvelles des Mexicas qui avaient jadis quitté Aztlan. Les envoyés de Montezuma répondirent qu'ils étaient morts depuis longtemps. Stupeur chez leur interlocuteur. A Aztlan, personne ne mourait : qu'avait-il bien pu arriver à ces malheureux ? Il les invita à le suivre avec leurs dons, puis escalada avec légèreté et agilité la montagne recourbée, dont la moitié supérieure était composée de sable très fin. Les Mexicas ne purent le suivre. Ils enfonçaient dans le sable jusqu'à la taille. Le vieil homme s'étonna :

« Qu'avez-vous, Mexicains ? Qu'est-ce qui a pu vous rendre si lourds ? Que mangez-vous là-bas, dans vos terres ?

— Seigneur, nous mangeons les aliments qu'on y cultive et nous buvons du cacao.

— Ce sont ces nourritures et ces boissons, fils, qui vous rendent lourds et pesants et qui vous empêchent de voir le lieu où vécurent vos pères. C'est cela qui vous a apporté la mort. Nous n'usons ici que de simplicité et de pauvreté, non de ces richesses que vous avez. »

Le vieux majordome prit une de leurs charges et alla chercher Coatlicue. La mère de Huitzilopochtli ne tarda pas. Elle était vieille et laide, et sale au-delà de toute expression. Depuis le départ de son fils, elle était en deuil et s'abstenait de se débarbouiller, de se peigner et de changer de vêtements, comme la femme dont le mari ou le fils était parti à la guerre. Les envoyés lui firent leur ambassade :

« Grande et puissante dame [...], nous sommes envoyés ici par ton serviteur, le roi Motecuhzoma, et son coadjuteur, le *cihuacoatl* Tlacaelel, pour te voir et rechercher le lieu où habitèrent leurs ancêtres [...]. Pour que tu apprennes, aussi, comment il règne actuellement et gouverne la grande cité de Mexico, et que tu saches qu'il n'est pas le premier roi mais le cinquième.

« Le premier roi était appelé Acamapichtli, le second, Huitzilihuitl, le troisième, Chimalpopoca et le quatrième, Itzcoatl. Et que [tu apprennes] que moi, votre indigne serviteur, je suis le cinquième et je m'appelle Motecuhzoma l'Ancien [*sic !*] et je suis tout à vos ordres. Et que tu saches encore que les quatre rois passés ont souffert bien des famines et ont connu des difficultés et la misère. Ils ont été tributaires d'autres provinces, mais à présent la cité est prospère et libre, les routes de la côte et de la mer et de toute la terre sont ouvertes et sûres. Et sache que Mexico est maître et prince et tête et roi de toutes les cités, car toutes sont à ses ordres. Et que déjà on a découvert les mines d'or et d'argent et de pierres précieuses et qu'on a trouvé la maison des plumes riches. Et, pour que tu le voies, il t'envoie ces choses en présent. Ce sont les biens et les trésors de ton merveilleux fils Huitzilopochtli, qui les a gagnés avec son bras et sa poitrine, sa tête et son cœur, et le seigneur de la création, du jour et de la nuit nous l'a donné. »

Quelque peu consolée déjà, Coatlicue les remercia. Elle demanda à son tour des nouvelles de ceux qui avaient quitté Aztlan et s'étonna de leur décès. Puis : « C'est très bien, mes enfants. Mon cœur est apaisé. Mais dites à mon fils qu'il ait pitié de moi et de la grande souffrance que me cause son absence. Voyez comme je suis à cause de lui : en jeûne et en pénitence ! Savez-vous ce qu'il m'a dit en partant ?

''Ma mère, je ne tarderai guère à revenir, juste le temps qu'il faut pour conduire ces sept *calpulli* [les sept groupes originels des Mexicas] et les installer là où ils doivent habiter et peupler cette terre qui leur est promise. Et lorsque je les aurai installés, établis et consolés, je reviendrai aussitôt en rebroussant chemin.

''Et cela sera lorsque seront accomplis les années de ma pérégrination et le temps qui m'est imparti. Pendant ce temps, il me faudra faire la guerre à toutes les provinces, cités, villes et lieux, et les soumettre et assujettir à mon service. Mais, de la même manière que je les conquerrai, de cette même manière des gens étrangers me les enlèveront et les reprendront et me chasseront de cette terre.

''Alors je viendrai ici et je retournerai en ce lieu. Car ceux-là mêmes que j'assujettirai avec mon épée et ma rondache, ceux-là mêmes se retourneront contre moi et me précipiteront la tête la première en commençant par les pieds, et moi et mes armes nous roulerons par terre. Alors, ma mère, mon temps sera accompli et je reviendrai fugitif dans votre giron. Et jusqu'à ce moment-là, il n'y a pas lieu d'avoir de la peine. Mais ce que je vous demande, c'est que vous me donniez deux paires de chaussures, l'une pour aller et l'autre pour revenir. Donnez-m'en quatre, deux pour aller et deux pour revenir.''

« Et moi je lui dis : "Mon fils, vous pouvez partir et veillez à ne pas traîner, de sorte que vous reveniez aussitôt que ce temps dont vous parlez sera écoulé."

« Il me semble, mes enfants, qu'il doit se trouver bien là, au point d'y rester et de ne se souvenir ni de la tristesse de sa mère, ni de la chercher ou d'en faire cas. Dès lors, je vous charge de lui dire que le temps est accompli. Qu'il vienne de suite et, pour qu'il se souvienne que je veux le voir et que je suis sa mère, donnez-lui cette mante et ce pagne en fibre d'agave, pour qu'il les mette. » Coatlicue y ajouta quelques cadeaux pour Montezuma et Tlacaelel, puis dénonça à son tour tant d'opulence. A Aztlan, pour rajeunir, il suffit d'escalader la montagne recourbée. Mais les Mexicas sont devenus trop lourds : « Voyez, tout ce dommage [de mourir] vous vient et est causé par ce cacao que vous buvez et ces nourritures que vous mangez. Ce sont eux qui vous ont pervertis et corrompus et qui ont changé votre nature. Et ces mantes et ces plumes et ces richesses que vous avez apportées et que vous utilisez, c'est cela qui vous perd. » Les magiciens remercièrent et retournèrent à Mexico, où ils firent rapport au roi[2].

Tels sont les moments forts de ce très beau mythe. Montezuma croit bien faire en montrant à ses aïeux, dans sa terre d'origine, la réussite des Mexicas. Mais loin d'être applaudi, il reçoit une sévère leçon : l'abondance de biens et le raffinement corrompent, alourdissent et conduisent à la mort. Si les Mexicas avaient conservé les mœurs austères de leur pays d'origine et s'ils avaient gardé le contact avec la montagne recourbée, ils vivraient toujours. Maintenant, ils sont sur le déclin.

Car c'est là le mot clé de cette extraordinaire création des « historiens » de Mexico : le déclin. Le récit date manifestement d'après la Conquête, puisque Huitzilopochtli annonce lui-même l'arrivée victorieuse des Espagnols (« des gens étrangers me les enlèveront et les reprendront et me chasseront »). Alors, les provinces se révolteront (« ceux-là mêmes que j'assujettirai avec mon épée et ma rondache, ceux-là mêmes se retourneront contre moi ») et la statue du dieu sera jetée du haut de sa pyramide (« et me précipiteront la tête la première en commençant par les pieds »). Notons au passage que les « étrangers » re-prendront les vassaux de Huitzilopochtli. Autrement dit, ils ont été les maîtres du Mexique autrefois. Quand ? Lorsque régnait Quetzalcoatl, le dieu qu'après la Conquête Indiens et Espagnols jugèrent utile et bon de présenter comme un homme blanc et barbu, un missionnaire catholique égaré...

Mythe d'après la Conquête, aussi, parce que si le récit attribue à Montezuma Iᵉʳ cette sorte de retour en arrière qu'est le voyage d'Aztlan, ce n'est évidemment pas par hasard. Dans la série des neuf souverains qui ont régné sur Mexico, depuis Acamapichtli jusqu'à l'adversaire de Cortez, Montezuma Iᵉʳ est le cinquième, soit celui du milieu, donc du midi. On le présente comme l'apogée de l'empire. Lui est invaincu, ses successeurs subiront des défaites ou périront lamentablement. Or, la vie d'un empire est comme celle d'un Soleil ou comme un jour. Après le zénith, c'est le déclin. Un déclin dont on sait les causes. A midi, le soleil rebrousse chemin vers son point de départ, cependant que son éclat poursuit vers le couchant, capté et réfléchi par un miroir noir. Celui-ci symbolise la nuit et, partant, la terre, les femmes, les autochtones prospères, les soumis, tandis que le soleil est le guerrier viril, austère, nomade, toujours en mouvement, conquérant. Le soleil de l'après-midi, c'est l'union des contraires, c'est l'astre de feu qui s'englue dans la matière et qui, dès lors, retombe.

De même, l'empire qui monte, c'est le soleil ascendant, l'astre véritable. Mais les fondateurs d'empire, les austères guerriers, se laissent peu à peu gagner par les coutumes faciles des sédentaires raffinés. Ils s'acculturent, prennent goût au luxe, perdent leur ardeur et leur allant. Ils se font absorber et déclinent.

Montezuma Iᵉʳ, c'est ce moment-charnière, ce moment de contact avec le miroir. Il retourne vers son point de départ, comme Huitzilopochtli lui-même. Car pour le dieu déjà, « le temps est accompli, qu'il vienne de suite ». Il doit faire demi-tour tandis que son image de miroir continuera vers l'ouest, captive du miroir noir. Pour quelqu'un qui se dédouble ainsi, quatre paires de sandales ne sont pas de trop !

Midi, la rencontre avec le miroir-nuit-terre, préfigure un autre moment de contact entre le soleil et la terre, décisif celui-là, celui du coucher. Et Montezuma Iᵉʳ, à plusieurs égards, préfigure Montezuma II. Le luxe, c'est sous Montezuma II qu'il corrompt, mais il est annoncé dès son grand-père. Dans le mythe, Montezuma Iᵉʳ dit que « déjà on a découvert les mines d'or et d'argent et de pierres précieuses, on a trouvé la maison des plumes riches ». Mais c'est Montezuma II qui veut construire un temple d'or et de jade et de plumes vertes à Huitzilopochtli, ce sont ses palais que l'on dit d'or, c'est lui qui imite les demeures augustes de Quetzalcoatl... D'après les *Anales* de Cuauhtitlan, c'est en 1458, sous Montezuma Iᵉʳ, que fut introduit le cacao, mais on dit aussi, contre toute vraisemblance, qu'il n'arriva qu'en 1504 [3] !

LES SIGNES D'INSPIRATION ESPAGNOLE

Quelque apocryphes que soient les prophéties rapportées dans ce récit, elles s'intègrent dans un mythe et dans des structures de pensées authentiquement indigènes. Il n'en va pas de même d'autres prophéties rapportées par l'inoubliable adaptateur de la tour de Nesle, Ixtlilxochitl. Il parle d'un vague parent de ses aïeux, appelé également Ixtlilxochitl, un fils de Nezahualpilli qui fut l'intrépide allié de Cortez.

Ce personnage naît en 1500, à peu près en même temps que Charles Quint. La Providence a de ces hasards... Car « tous deux furent instrument principal pour amplifier et dilater la sainte foi catholique ». Comme à toute naissance, on consulte les devins. Et que voient-ils dans leurs *tonalamatl* ? Que promettent les divinités qui président au jour, à la neuvaine de jours, à la treizaine, à la vingtaine et — abrégeons — à l'année de la naissance ? Eh bien ! que plus tard cet infant *(sic)* de Texcoco adoptera une loi et des coutumes nouvelles. Qu'il sera l'ami de nations étrangères et se dressera contre son pays et son propre sang. Mieux, qu'il vengera le sang de tant d'innocents captifs immolés et sera l'ennemi acharné de sa religion et de ses dieux.

On comprendra que devant de telles révélations des esprits réactionnaires aient suggéré à Nezahualpilli de se défaire de son fils. Mais le roi objecta que ce serait aller à l'encontre des décisions du Dieu créateur de toutes choses. Car, expliqua-t-il, ce n'était pas par hasard qu'il recevait un tel fils au moment où devaient s'accomplir les antiques prophéties de Quetzalcoatl [4].

Le récit, on le voit, adopte ici délibérément un point de vue européen et déforme les données aztèques en conséquence. Nezahualpilli est un roi qui connaît le vrai Dieu et qui comprend que son fils en est l'instrument. Grâce à Ixtlilxochitl, la tâche de Cortez se trouvera considérablement facilitée...

Ces soi-disant prophéties les plus anciennes donnent le ton. Dans celles qui suivent et dans tous les signes annonciateurs, on peut discerner deux groupes — ceux d'influence espagnole, édifiants ou destinés à justifier la Conquête, et ceux d'origine aztèque, simplement annonciateurs, ou cherchant à expliquer la défaite —, mais l'un et l'autre tendent à récuser le totalement nouveau, à le présenter comme prévu et attendu dans la conception cyclique de l'histoire. A cela s'ajoute au moins une « annonce » mixte, la plus connue, celle du « retour » de Quetzalcoatl, auquel il a été fait allusion.

Passons à présent aux autres prédictions dans lesquelles l'influence espagnole est prépondérante. Cervantes de Salazar, prêtre et professeur de rhétorique à l'université de Mexico, fut chargé par le conseil municipal de Mexico d'écrire une histoire de la Conquête. Il s'agit d'une œuvre de propagande à la gloire des conquistadores et les prophéties qu'il rapporte s'en ressentent. Selon lui, un vieux prêtre de Huitzilopochtli annonça en mourant l'arrivée, en provenance de l'occident *(sic)*, d'hommes à longues barbes « dont un seul vaudrait plus que cent d'entre vous ». Ils vaincraient et, dès lors, il n'y aurait plus qu'un seul Dieu et les Indiens seraient libérés du joug des caciques « qui vous oppriment tant ». A peine eut-il achevé de parler qu'on entendit le démon lui dire : « Ça suffit, va-t'en, je m'en vais aussi. » Le prêtre expira et le démon, de son côté, se prépara à quitter cette terre où il avait régné en maître absolu, à décamper devant les soldats du Christ [5].

L'« oppression des caciques » se traduisait notamment par l'exigence régulière de victimes humaines à sacrifier. Or, peu avant la Conquête, un prisonnier retenu à Tlatelolco pour être immolé vit venir à lui un « oiseau du ciel » — on sut plus tard que c'était un ange — qui lui dit : « Aie courage et confiance ; n'aie pas peur, car le Dieu du ciel aura pitié de toi ; et dis à ceux qui maintenant sacrifient et répandent du sang que très bientôt les sacrifices et l'épanchement de sang cesseront et que déjà arrivent ceux qui doivent commander et devenir seigneurs de cette terre. » L'Indien, conclut le récit, mourut en invoquant le Dieu du ciel [6].

Les Indiens étaient directement invités à se convertir. En commençant, selon des méthodes éprouvées, par le sommet de la hiérarchie. Papantzin, une sœur de Montezuma, avait épousé le gouverneur de Tlatelolco. Devenue veuve peu après, elle resta dans son palais de Tlatelolco jusqu'en 1509, année où elle mourut des suites d'une maladie. On l'enterra dans une cave voûtée située dans le jardin de son palais. Le lendemain de ses funérailles, qui eurent lieu en présence de toute la noblesse du pays, elle ressuscita, écarta la lourde pierre qui fermait son sépulcre et s'installa sur les marches d'une pièce d'eau en attendant d'être reconnue.

Stupeur, allées et venues diverses. Papantzin demanda l'empereur, mais personne n'osa aller l'avertir, eu égard à son irritabilité en matière de présages. Finalement, elle fit appel à son oncle Nezahualpilli, qui alla prévenir Montezuma. Lorsque son impérial frère accourut, incrédule, Papantzin lui raconta comment, après sa mort, elle s'était retrouvée dans une plaine immense traversée par un fleuve. Alors qu'elle se préparait à passer le cours d'eau à la nage, elle fut retenue par un grand jeune homme blond, ailé, vêtu de blanc, brillant comme le soleil, et au front marqué d'une croix. Il lui annonça qu'il n'était pas encore temps pour elle de passer le fleuve et qu'un Dieu qu'elle ne connaissait pas l'aimait beaucoup. Puis elle fut conduite plus loin, dans un endroit où gisaient des squelettes et des têtes gémissantes. Il y avait aussi une foule de personnages noirs, cornus, à pattes de cerf, qui se hâtaient d'achever la construction d'une maison. Mais, plus étrange, surgissaient de l'orient, sur le fleuve, de grands bateaux peuplés d'hommes au teint rosé, aux yeux gris clair, et barbus. Ils portaient des vêtements insolites et des casques, et se disaient fils du soleil. Le jeune homme expliqua que les ossements gémissants étaient ceux des Indiens morts sans la Foi et que la maison en construction devait abriter ceux qui mourraient dans les batailles à venir. Car les personnages inquiétants des bateaux s'empareront du pays par la force et lui apporteront la connaissance du vrai Dieu. Papantzin devait survivre pour être la première à se faire baptiser et donner l'exemple.

Montezuma fut profondément troublé par tout ce que lui révéla sa sœur. Il s'en alla sans rien dire et ne la revit plus. La princesse se rétablit et vécut de façon exemplaire, ne mangeant qu'une fois par jour. Lors de la Conquête, elle fut la première baptisée, du moins à Tlatelolco.

Cette histoire nous est transmise par le tardif Torquemada, qui dit la tenir de peintures anciennes et du témoignage de vieilles personnes, pour qui elle était très certaine. Le récit, ajoute le pieux missionnaire, en fut couché par écrit et mandé en Espagne. Preuve meilleure encore, il faut croire que le miracle eut lieu « puisqu'on le racontait ainsi ». Et, ajoute-t-il, doña Papantzin était très célèbre à Tlatelolco[7]. Possible, mais la princesse est inconnue par ailleurs, alors qu'une sœur de Montezuma ne devait pas passer inaperçue. En revanche, on connaît la source réelle de l'histoire. Des informateurs indiens racontèrent au moine Bernardino de Sahagún que, sous le règne de Montezuma, une femme de qualité mourut de maladie et fut enterrée dans la cour de sa maison. Sa tombe fut recouverte de pierres. Quatre jours plus tard, elle ressuscita pendant la nuit et alla dire à Montezuma ce qu'elle savait : « Ce qui m'a fait ressusciter, c'est le besoin de t'annoncer que c'en est fini de toi. Avec toi prend fin l'empire de Mexico. Ceux qui arrivent, hélas, viennent pour soumettre le pays et ils occuperont Mexico. » La femme vécut encore vingt et un ans[8].

Voilà donc la version sobre sur laquelle ont été brodées les enjolivures chrétiennes du mythe de Papantzin, hissée pour la circonstance au rang de sœur du roi. Dans le récit de Torquemada, la tombe voûtée style Lazare, fermée par une pierre, l'ange blond, les petits démons à pattes de cerf — les boucs étant inconnus en Amérique, il est question de cerfs — sont évidemment d'inspiration évangélique et seule la description de l'au-delà comme une plaine infinie traversée par un cours d'eau semble authentiquement indigène. Notons que, même si ce sont les diables qui construisent la maison, les infidèles tués dans la lutte contre les Espagnols ne vont apparemment pas en enfer, mais dans ce qui ressemble à de sinistres limbes. N'ayant pas encore eu l'occasion de prendre connaissance de la Foi, ils ont le bénéfice du doute.

Les prophéties d'inspiration espagnole annoncent les bienfaits à venir pour les Indiens : conversion à la vraie foi et salut des âmes, libération du régime tyrannique des souverains aztèques et extirpation des abominables sacrifices humains — ce sont là les thèmes constants par lesquels les Espagnols se convainquent eux-mêmes et essaient de persuader les Indiens, alliés ou vaincus, du bien-fondé de leur entreprise. Les Aztèques auraient d'autant plus mauvaise grâce à nier l'amélioration de leur condition qu'elle leur est annoncée par leurs propres concitoyens et, qui plus est, par des représentants de toutes les couches de la population : un captif en instance d'immolation, un prêtre et les devins consultés à la naissance d'Ixtlilxochitl, une princesse et, nous le verrons dans un instant, le bon peuple, représenté par les pères de famille.

L'amélioration se traduit également par une hausse du niveau de vie et la paix générale. Très significatif à cet égard est un texte du moine Gerónimo de Mendieta[9], texte en outre très révélateur sur certaines espérances qui animaient de nombreux missionnaires. Depuis quatre générations, les Indiens se transmettaient de père en fils une prophétie annonçant l'arrivée d'individus barbus et casqués : « Et quand ceux-ci arriveront, toutes les guerres cesseront, et partout dans le monde il y aura paix et amitié [...], et le monde entier s'ouvrira, et partout des chemins seront tracés, pour que les uns communiquent avec les autres et que tout marche [...]. Alors on vendra du cacao aux marchés [...], et on vendra des plumes riches, du coton et des mantes, et d'autres choses qui à l'époque faisaient défaut en maint endroit [...]. Et alors nos dieux périront, et il n'y en aura plus qu'un dans le monde, et nous n'aurons chacun plus qu'une femme. »

Pour un Aztèque aisé, la vision avait de quoi inquiéter. « Ah, que deviendrons-nous ? Comment pourrons-nous vivre ? » se demande avec angoisse le narrateur indien en guise de conclusion. Pour un moine chrétien, en revanche, c'était une vision idyllique. Bien sûr, elle ne correspond qu'en partie à la réalité coloniale, mais elle laisse nettement transparaître l'espérance millénariste qui animait Mendieta. S'il parle en effet de paix universelle, de bien-être et de monothéisme général, c'est parce que, comme d'autres franciscains, il espérait créer avec les Indiens une sorte de paradis sur terre, en prélude, peut-être, à l'avènement du Royaume de Mille Ans annoncé par l'Apocalypse. Espoir qui, plus tard, sera encore celui des jésuites du Paraguay[10].

LES SIGNES AUTHENTIQUEMENT INDIENS

Du côté indien, les signes de toute sorte abondent dans les sources : avertissements, prémonitions, comètes, pierres tombant du ciel, guerriers se battant dans les airs, lumières insolites dans la nuit, incendies, inondations, apparitions de monstres... Signes qui n'ont rien de spécifiquement mésoaméricain. La *Vie d'Antonin le Pieux*, par exemple, énumère comme sinistres présages : quelques incendies et des inondations, l'apparition d'une comète et la naissance d'un enfant à deux têtes ainsi que de quintuplés ; en Arabie, un grand serpent à crête se mangea la moitié du corps, etc. Le règne de Commode fut également témoin du passage d'une comète, tandis qu'on aperçut des traces de pas de dieux quittant le Forum. Une brume soudaine et des ténèbres enveloppèrent le cirque, les portes du temple de Janus s'ouvrirent spontanément, une statue de bronze d'Hercule transpira pendant plusieurs jours. La veille de la mort de l'empereur romain Pertinax, en plein jour, des étoiles apparurent autour du soleil. Avant la prise de Jérusalem par les Romains, une comète en forme d'épée apparut, puis, en pleine nuit, une grande lumière jaillit autour du Temple, dont la lourde porte s'ouvrit toute seule peu après. Une nuit, dans tout le pays, on vit dans l'air des chariots pleins de guerriers qui paraissaient encercler les villes. Une voix sortie du Temple cria : « Sortons d'ici ! », et, quatre ans avant l'événement et jusqu'à la chute de la ville, un illuminé parcourut les rues de la ville en clamant : « Malheur sur nous [11] ! »

Pareils donc à ceux que des circonstances semblables ont suscités ailleurs dans le monde, les signes avant-coureurs de la fin de l'empire aztèque sont moins transparents, à première vue, que ceux que nous avons examinés. Pourtant, en dépit de leur apparente banalité, ils sont bien plus structurés et plus intimement liés aux conceptions aztèques du monde et de l'histoire.

Il est impossible de les énumérer tous, mais on peut commencer par une petite liste très exemplaire, presque canonique, de huit présages, fournie en aztèque, après 1550, au moine Bernardino de Sahagún [12] :

1. Il y eut d'abord, en 1509 ou 1510, l'apparition, à l'est, d'une sorte de pyramide de flammes, « comme une aurore », qui éclairait comme en plein jour. Sa pointe allait « jusqu'au beau milieu du ciel, jusqu'au cœur du ciel ». Elle naissait à minuit et s'effaçait au lever du soleil [13].

2. Ensuite, le temple de Huitzilopochtli s'enflamma spontanément sans que l'on pût éteindre les flammes [14].

3. Le temple du dieu du feu fut frappé par la foudre alors qu'il ne faisait que bruiner légèrement.

4. En plein jour encore, une très longue comète, divisée en trois parties, traversa le ciel d'ouest en est.

5. Par temps parfaitement calme, l'eau de la lagune de Mexico se mit à bouillonner, au point d'inonder la ville [15].

6. La nuit, une femme gémissait, disant : « Mes très chers enfants, voici déjà notre départ [...]. Où vous emmènerai-je ? »

7. Des pêcheurs capturèrent au filet une étrange grue cendrée

pourvue sur la tête d'un miroir dans lequel on voyait la nuit étoilée. On alla montrer l'animal à Montezuma. A midi exactement, il vit dans le miroir les étoiles, puis une multitude de gens de guerre accourant montés sur des chevreuils [16].

8. Enfin, des monstres, des frères siamois apparaissaient souvent. On les montrait à l'empereur, puis ils disparaissaient aussitôt.

Cette série de présages n'est pas construite au hasard. Elle s'articule sur le système dualiste caractéristique de la pensée aztèque, qui oppose ce qui est masculin, céleste, igné, actif, léger, solaire, lumineux... au féminin, terrestre, aqueux et matériel, passif, lourd, lunaire, obscur.

En effet, les quatre premiers présages sont d'origine céleste, sauf peut-être la combustion spontanée du temple de Huitzilopochtli, encore que le feu soit par excellence ce qui est léger et appartient au ciel. Le premier et le quatrième sont moins précis et concrets que le deuxième et le troisième, puisque ceux-ci font directement allusion à une défaite militaire. Quand une cité était prise, son temple principal était incendié. L'édifice en flammes était d'ailleurs devenu le signe même — et le glyphe — de la conquête. Par ailleurs, l'apparition d'une comète signalait la mort du roi, une guerre ou une famine [17].

Les quatre derniers signes sont d'origine terrestre, sauf peut-être l'oiseau, encore qu'il ait été capturé dans la lagune. La terre étant associée au féminin et à l'élément liquide, on voit intervenir une femme, ainsi que la lagune. Une femme qui se lamente la nuit : on songe à la déesse Cihuacoatl. A juste titre, une autre version de Sahagún en témoigne [18], où le moine dit carrément que « le diable appelé Ciuacoatl voguait de nuit par les rues de la ville où on l'entendait crier : "O malheur ! mes enfants, je vais vous abandonner" ». Cihuacoatl, « Serpent femelle », était aussi appelée la Guerrière. Les Indiens la décrivaient comme « une bête sauvage, un mauvais présage » qui, « la nuit, se promenait en pleurant et en se lamentant ; elle était aussi un présage de guerre ». Elle n'engendrait, paraît-il, que des jumeaux (cocoa, serpents en nahuatl) [19]. Ceux-ci étaient considérés comme de très mauvais augure et il fallait toujours en tuer un des deux pour éviter qu'ils ne dévorent leurs parents. Le nom de Quetzalcoatl pouvant aussi signifier « jumeau précieux », les monstres qui apparaissent dans le huitième présage font peut-être allusion à Quetzalcoatl qui viendra, en quelque sorte, dévorer les siens.

Remarquons que, comme dans la série précédente, le premier et le dernier présage sont moins explicites que ceux qu'ils encadrent. Signes célestes et signes terrestres, signes ignés et signes aquatiques : signes, donc, des contraires, et plus précisément de la guerre et de l'union des contraires dont le symbole était le glyphe *atl-tlachinolli*, « eau-incendie », formé de flots d'eau et de feu entrelacés. L'allusion à la guerre qui dévastera Mexico est ici on ne peut plus claire. Prenons en effet les intersignes qui affectent directement la cité : ses temples brûleront (première série), ses maisons seront détruites par les eaux (seconde série). Que ces signes doivent bien être compris de cette manière est démontré par d'autres chroniques, dans lesquelles Montezuma fait interroger ses sujets sur d'éventuels rêves prémonitoires. On ne lui en rapporte que deux. Un vieillard — un homme donc, du côté igné, céleste des choses, et un homme au déclin — a vu brûler le temple de Huitzilopochtli. Une vieille femme a vu les flots emporter le palais de l'empereur[20].

La complémentarité entre la première et la deuxième série de présages se retrouve entre le premier et le septième signe. Mais gardons présent à l'esprit qu'une ère est comme un jour et que jour et nuit s'engendrent mutuellement ; le jour naît dans le brasier de minuit, la nuit naît à midi sous la forme du miroir noir.

Or, que voient les Aztèques ? Partons du plus évident, c'est-à-dire, dans la série « terrestre », l'apparition de la grue au miroir. Il est très significatif qu'on présente le volatile à Montezuma à midi, soit précisément à l'heure où naît dans le ciel le miroir noir, la nuit. N'est-il dès lors pas évident que ce qu'il y voit, c'est la nuit qui va tomber sur son empire ? D'autant plus que les étoiles y sont promptement remplacées par des guerriers montés, qui ne peuvent être que les Espagnols ! Les chevaux étant inconnus dans l'Amérique ancienne, ils furent tout naturellement décrits comme des chevreuils[21].

Si la série terrestre montre la nuit qui achèvera le Soleil aztèque, la série céleste en revanche montre le jour nouveau, soit l'ère nouvelle, qui commence pour les Espagnols débarquant du côté du soleil levant. Le jour naît à minuit : c'est à ce moment-là que l'on voit apparaître, à l'est, cette lumière semblable à celle du jour, ce cône étincelant dont la pointe, la racine, plonge au cœur de la nuit, équivalent du nadir. En somme, le sombre miroir de midi et la lumière de minuit se font pendant et expriment sans ambiguïté la transition d'une ère à l'autre qui se prépare.

Lorsqu'un Soleil prend fin et que l'astre qui lui donne son nom se couche, il n'est plus simplement ce qu'il était à l'aube : il est devenu semblable, aussi, au vieux dieu du feu. Les mythes sur la fin de l'ère toltèque le laissent clairement transparaître, tandis que sur la célèbre Pierre du Soleil, le soleil couchant et le vieux dieu du feu sont figurés comme deux aspects d'une même réalité. Cela doit expliquer pourquoi ce sont précisément les temples de Huitzilopochtli — le soleil aztèque — et du dieu du feu qui sont détruits par les flammes. Observons enfin que les signes se précisent de la première à la seconde série. Ils le feront davantage encore à mesure que s'approchera l'année fatale, celle de l'arrivée des Espagnols.

La « lumière nocturne » suscitait un émoi tout particulier. En la voyant, les Indiens poussaient des cris en se frappant la bouche du plat de la main, comme lors d'une éclipse ou sur le champ de bataille. Façon de faire que les westerns nous ont rendue familière et qui est figurée dans une fameuse scène de bataille à Cacaxtla. Cette clarté continua à apparaître jusqu'à la fin de la Conquête, « christianisée », si l'on peut dire. L'historien de Tlaxcala[22] raconte que la première croix érigée par les Espagnols dans la province de Tlaxcala le fut dans le palais de Xicotencatl, à Tizatlan. Lorsque les Espagnols la plantèrent, durant la nuit, une clarté descendit du ciel sur elle, comme une brume blanche. Elle y resta trois ou quatre ans, jusqu'à ce que tout le pays fût pacifié. Cela, selon le témoignage de nombreux anciens principaux. C'est dans ce palais et probablement près de cette croix que fut dite la première messe en présence des Tlaxcaltèques et que leurs quatre rois furent baptisés et firent soumission à l'Église et à Charles Quint.

Il y eut bien d'autres présages sinistres. Comme en 1511, l'année même où des Espagnols mirent pour la première fois — pour autant qu'on sache — le pied sur le sol mésoaméricain. On vit dans le ciel des hommes en armes qui s'entre-tuaient ; ce phénomène rappelle un de ceux qui annoncèrent la prise de Jérusalem. Plus tard, dans la maison de chant et de danse (cuicacalli), une poutre se mit à chanter : « Malheur à toi, ma hanche ! danse aujourd'hui, car tu seras bientôt jetée à l'eau. » Une colonne de pierre tomba du ciel tout près du temple de Huitzilopochtli. A Tecualoyan (« lieu où on se fait dévorer [par un fauve] ») le bien nommé, on attrapa un animal horrible et épouvantable. Ailleurs apparut un grand oiseau, comme un pigeon ramier, à tête humaine, et on vit dans sa vélocité une indication de celle avec laquelle approchaient les ennemis inconnus. Deux années plus tard, il y eut tant d'oiseaux qu'ils cachaient le soleil du levant au couchant. En guise d'entrailles, ils n'avaient que de l'ordure et de petits bouts de bois. En racontant cela, les Aztèques devaient songer au cadavre sans entrailles et pourrissant qui était apparu lors de la fin de l'empire toltèque de Quetzalcoatl et qui y avait jeté la désolation. Un cadavre qui symbolisait la souillure des Toltèques...

En 1511 encore, à Texcoco, un lièvre entra dans la cité et pénétra jusque dans le palais du roi. On voulut le tuer, mais Nezahualpilli s'interposa : c'était, dit-il, l'annonce de la venue d'autres gens qui devaient entrer par les portes sans rencontrer de résistance de la part des habitants [23]. Inquiet, Montezuma fit appeler en consultation le roi de Texcoco. Car il en savait long sur le sujet, Nezahualpilli ! N'avait-il pas eu droit aux pronostics de la naissance de son fils Ixtlilxochitl ? Il confirma à Montezuma ce que les visions et les annonces disaient clairement : des étrangers approchaient et s'empareraient de l'empire. Puis, pour montrer le peu de cas qu'il faisait du pouvoir, il proposa à Montezuma de jouer son royaume acolhua au jeu de balle.

Du coup, Montezuma oublie tous ses soucis. Il joue une première partie et gagne. Puis une deuxième, et l'emporte encore. Plus qu'une partie et Texcoco est à lui ! Déjà il se croit victorieux et se réjouit bruyamment. « Il me paraît, seigneur Nezahualpilli, que je me vois déjà seigneur des Acolhuas, comme je le suis des Mexicains ! » Mais son adversaire, qui, raconte la légende, l'a laissé gagner à dessein, s'empresse de glacer son enthousiasme. Cette manie de Montezuma de se croire le seigneur absolu de l'univers lui passera vite et il verra alors combien les choses sont changeantes. Et il poursuit : « Moi, seigneur, je vous vois sans royaume du tout et l'empire mexicain se terminera avec vous. Mon cœur me dit que d'autres viendront qui à vous et à moi et à nous tous enlèveront nos royaumes. Et afin que vous croyiez ce que je vous dis, poursuivons la partie et vous verrez. » Partie de jeu de balle fatidique, celle qui dans les mythes signale toutes les transitions. Nezahualpilli emporte coup sur coup les trois parties suivantes et sauve son royaume. Provisoirement. Il le regrettera. Il aurait mieux fait, dira-t-il, ou dit par sa bouche le moine

espagnol qui rapporte le mythe, de perdre au profit de Montezuma
plutôt qu'au profit de ces étrangers qui ne le remercieront même
pas [24].

La *Chronique X* rapporte une autre légende à structure comparable, celle de la première prophétie de Nezahualpilli, évoquée
dans le chapitre précédent. Là aussi, Nezahualpilli annonce la
destruction prochaine de l'empire. Et comme preuve, non plus
une partie de jeu de balle, mais un jeu bien plus sanglant que
Montezuma perdra : celui des guerres fleuries.

Un autre roi encore a averti Montezuma. Tzompantecuhtli de
Cuitlahuac avait la réputation d'être versé dans six cent dix
sciences et de connaître l'avenir. En 1517, l'empereur le consulta
au sujet du nouveau temple qu'il entendait construire : « Il me
paraît souhaitable et même nécessaire, dit-il en substance, que la
demeure de Huitzilopochtli soit tout en or et qu'à l'intérieur elle
soit décorée de pierres vertes et de riches plumes de quetzal, etc.
Il y faudra le tribut du monde entier. Que vous en semble ? »
Tzompantecuhtli n'était pas de cet avis. En agissant ainsi,
expliqua-t-il, l'empereur précipiterait la ruine de sa cité et
offenserait le ciel. Le temps de Huitzilopochtli était révolu et le
maître de la création arrivait. « Va, va attendre mes ordres »,
coupa l'empereur irrité. Et il le fit tuer, ainsi que ses fils, par les
gens de Cuitlahuac [25].

L'incident aurait eu lieu en 1517. On a dû l'infléchir de
manière à pouvoir dénoncer l'orgueil de Montezuma. A cette
époque, celui-ci s'interrogeait déjà effectivement sur un éventuel
retour de Quetzalcoatl et sur la fin de son empire. Il avait
certainement à l'esprit ce qui s'était passé à la fin du grand
empire des Toltèques. Il songeait sans doute à Tollan, où
Quetzalcoatl avait vécu entouré de luxe dans des palais aux murs
recouverts de plumes précieuses, de jade, de coquillage et d'or,
avant de devoir tout abandonner. A-t-il dès lors volontairement
cherché à accentuer le parallélisme entre la fin de Tollan et la fin
de Mexico, ou est-ce l'historiographie postérieure qui s'en est
chargée ? A-t-il vraiment fait un étalage insolent de luxe, afin de
bien marquer tout ce qui le séparait des Mexicas des origines,
ces pauvres errants riches de leur seule ardeur et de leur vaillance ?
On l'en a accusé, avant même la chute de l'empire, mais
l'empereur a nié. Ici encore, la lettre de Cortez datée du 30
octobre 1520, qui cite les propos de Montezuma, est précieuse :
« Ils vous ont aussi dit que mes palais avaient des murs en or et

que les nattes de mes salons et de mes autres appartements étaient également d'or [...]. Ces palais, vous le voyez, ils sont de pierre et de chaux et de terre. » Ses palais n'étaient pas d'or, mais ils étaient splendides. Il est certain que Montezuma comptait refaire le temple de façon grandiose. Parce que cela faisait partie de sa politique de prestige et de centralisation. Et parce que, peut-être, il était plus que temps de se concilier Huitzilopochtli-Tezcatlipoca en vue de l'épreuve qui s'annonçait. Mais Montezuma s'y prit trop tard. Dès 1518, ses ambassadeurs rencontrèrent les premiers Espagnols.

Furent encore interprétés comme de mauvais augure des fléaux comme la famine du début du règne, une année de nuées de sauterelles, des tremblements de terre, certaines inondations et noyades, des éclipses partielles du soleil, dont une le 1er novembre 1510 [26]. Ces phénomènes n'avaient rien d'insolite, mais, en raison du contexte, ils renforcèrent la démoralisation qui s'emparait du pays. Montezuma, affirma-t-on plus tard, en aurait eu les nerfs particulièrement à vif. Dans les dernières années de son règne, au retour d'une campagne victorieuse, il dit au roi de Coyoacan : « Maintenant que nous avons soumis la province de Xocomulco [Xoconochco] et vaincu telles et telles provinces et populations [...], je peux bien dire que Mexico dispose à présent de fondations et d'une enceinte de fer. » Le roi rétorqua : « Monseigneur, le fer se brise et se vainc par un autre fer. » Montezuma fut fort troublé par cette insolence qui lui parut davantage une prophétie que la réponse d'un vassal [27].

Prophéties, signes et annonces auraient donc foisonné — du moins après coup, car l'immense majorité de nos sources datent d'après 1530, soit plus de dix ans après l'arrivée des Espagnols. Cela ne signifie pourtant pas qu'il faille rejeter en bloc l'authenticité de tous les présages. Quelque vingt-cinq années s'écoulèrent entre la découverte de l'Amérique et celle du Mexique. Durant ce laps de temps, les occasions de contact direct ou indirect n'ont pas manqué. Certes, le prétendu voyage de Vespucci, en 1497, le long des côtes du Mexique n'eut jamais lieu. Quelques années plus tard, en 1502, Colomb accomplit son quatrième voyage. Près de la côte septentrionale du Honduras, l'amiral rencontre une grande embarcation de marchands mésoaméricains qui transportent, entre autres, des glaives à tranchants d'obsidienne de type aztèque. Peu après, il aborde la terre ferme et en prend possession.

En 1509, une expédition dirigée par Juan Díaz de Solís, futur découvreur du rio de la Plata, et Vicente Yañez Pinzón, qui fut capitaine de la *Niña* dans la flottille de Colomb, aurait longé une partie des côtes de la péninsule du Yucatan. En 1511, un navire fit naufrage au large des côtes du Yucatan et plusieurs Espagnols rescapés furent capturés par les Mayas. Certains furent aussitôt sacrifiés et mangés ; d'autres survécurent pendant des années. Cependant, dès les premiers contacts avec les Blancs, les Indiens des Antilles furent victimes de cataclysmes sans nom. Or, il leur arrivait d'avoir des relations occasionnelles avec le Mexique [28].

Des échos de ces passages d'êtres insolites et de cataclysmes ont dû parvenir jusqu'au Mexique central. Il existe des témoignages à ce sujet. Il y eut, dit-on, des prêtres aztèques et des anciens qui savaient que les îles de l'est (les Grandes Antilles) étaient conquises et peuplées par des gens venus de très loin, et ils s'attendaient à ce que ces gens débarquent bientôt sur la terre ferme. D'autre part, Montezuma était informé, notamment par des marchands, de ce qui se passait en pays maya. Parvenues déformées à Mexico, amplifiées peut-être par les ennemis de l'empereur, les rumeurs y auront suscité des sentiments d'angoisse qui ont fait interpréter des phénomènes naturels et des visions d'épouvante comme des annonces de catastrophes [29]. D'autant plus que pour les Aztèques, l'écroulement de leur empire était chose normale, attendue. Les Soleils et les empires du passé — en particulier celui des Toltèques — n'avaient-ils pas pris fin eux aussi, et l'histoire ne se répétait-elle pas cycliquement ? Mais jusqu'aux alentours des années 1500 ou 1510, on imaginait cette fin encore lointaine.

CHAPITRE IX

L'empire à son apogée

En 1510, l'année des présages, les guerres auraient connu un net ralentissement, comme si les Alliés avaient retenu leur souffle [1]. L'autorité de l'empire aurait même été ébranlée. Des magiciens de Cuetlaxtlan (actuellement Cotaxtla, au sud-ouest de Veracruz) aperçurent, au fond d'un trou obscur qui leur servait d'observatoire, des hommes blancs et barbus, à cheval, suivis de Mexicas portant les bagages des étrangers. Ils en déduisirent que l'empire touchait à sa fin et massacrèrent les collecteurs d'impôt. Montezuma, dit-on, ne réagit pas et son attitude aurait encouragé des révoltes [2]. Exagération manifeste, car, lors de l'arrivée des Espagnols, l'autorité de Mexico à Cuetlaxtlan était incontestée.

LA RÉVOLTE DE NOPALLAN ET D'ICPATEPEC

L'année suivante, les pierres paraissaient fumer tant il y avait de vapeurs qui s'élevaient dans le ciel [3]. Cela n'empêcha pas les grandes campagnes de reprendre — pour autant qu'elles aient jamais cessé. Avec la participation de Texcoco, où la prétendue trêve proclamée par le roi Nezahualpilli semble elle aussi relever de la légende.

Les cités-États de Nopallan et d'Icpatepec, sommées à deux reprises de payer tribut, refusaient d'obtempérer. Situées dans le sud de l'Oaxaca, respectivement à une trentaine et à une soixantaine de kilomètres au nord de Puerto Escondido, elles comptaient, pour rester impunies, sur la distance et sur leurs fortes enceintes, faites de hauts et larges murs de terre damée retenue par des parements de bois et de pierres sèches. Mais Nopallan était près de Teuctepec et appartenait au royaume indépendant de Tototepec, ce qui suffisait amplement à justifier sa soumission. On se demande d'ailleurs pourquoi celle-ci n'eut pas lieu lors d'une des expéditions contre Teuctepec⁴.

Une fois la guerre décidée, Mexico dépêcha des messagers importants pour battre le rappel des alliés. La mobilisation, lit-on dans la *Chronique X*, fut générale et quiconque ne se présentait pas courait le risque de se voir dénoncé publiquement et exilé. On ne sait trop que penser de telles assertions, car une mobilisation vraiment générale aurait livré des effectifs en nombres excessifs.

Les années 1510 à 1512 d'après le *Codex Tellerianus Remensis.*
Sous 1510, une éclipse et la mort du roi de Chietlan. Sous 1511, guerre contre Tlachquiauhco, « jeu de balle-pluie », dont le glyphe est surmonté d'un guerrier paré en victime sacrificielle. La même année encore, attaque d'Icpatepec, au moyen d'échelles. En 1512, pluies et pierres fumantes ; plus bas, prise de Nopallan (« lieu du figuier de Barbarie ») et de Quimichintepec (« montagne des souris »). Nopallan est relié par un trait à une indication de triple tremblement de terre.

Les préparatifs furent plus longs qu'à l'accoutumée, car il fallut fabriquer des échelles de bois et de corde, des pics et des bâtons à fouir pour franchir les murailles. Tout ce matériel, qu'on emporta plutôt que de le confectionner sur place, alourdit considérablement le train, au détriment des effectifs combattants. Finalement, les armées de la Triple Alliance, de Chalco, de Xochimilco et des autres provinces purent se mettre en route, guidées par Montezuma en personne [5]. Une fois arrivés sous les murs de Nopallan, les Alliés établirent leurs camps. La nuit, des éclaireurs intrépides pénétrèrent dans la cité où ils trouvèrent les sentinelles endormies. Ils leur tranchèrent la tête pour les montrer à l'empereur. D'autres s'introduisirent jusque dans le palais royal et dans le temple, y enlevant des pierres à moudre, voire de petits enfants endormis auprès de leur mère. Ils les ramenèrent enveloppés dans des mantes pour qu'ils ne pleurent pas... Les Nopaltèques ne s'aperçurent de rien.

Pareils exploits sont aussi mentionnés lors de l'attaque de Xaltepec par exemple. Ce doivent être des lieux communs, que les narrateurs produisaient régulièrement dans leurs descriptions de campagnes militaires. D'une façon générale, ces descriptions paraissent quelque peu stéréotypées, comme si les guerres n'étaient jamais que des raids punitifs foudroyants ou des promenades militaires. Mais on imagine mal qu'elles se soient toujours réellement déroulées comme le disent les sources. Comment croire que ni les prêtres qui précédaient les armées, ni des détachements de celles-ci n'aient jamais fait l'objet d'embuscades, que des « rebelles » n'aient pas été informés de l'approche des impériaux, qu'ils ne les aient pas remarqués alors qu'ils campaient sous leurs murs et qu'ils n'aient pas fait de sorties à l'improviste ? Même ritualisés, les conflits n'excluaient pas les attaques par surprise.

L'assaut de Nopallan fut fixé au lever de l'étoile du matin [6]. Lorsque les prêtres observèrent son apparition, ils donnèrent le signal du combat. Les escadrons des différentes cités se mirent en marche, les novices encadrés par les guerriers chevronnés. Bientôt, les échelles furent dressées autour des remparts, tandis que des sapeurs s'efforçaient de percer les murs avec leurs bâtons à la pointe durcie au feu. En moins d'une demi-heure, d'immenses brèches avaient été ouvertes et des milliers de soldats — 60 000, dit Durán — se précipitèrent dans la cité pour tuer et piller. Criant et vociférant, ils mirent le feu aux maisons et au temple, et massacrèrent hommes, femmes et enfants qui avaient le tort inexpiable d'être Nopaltèques.

A sept heures du matin, lorsqu'ils se furent un peu calmés, les soldats commencèrent à passer le collier de captif à ceux qui leur tombaient sous la main. D'autres se répandirent dans les alentours pour dévaster les champs et les vergers, couper les cacaoyers et piller à qui mieux mieux. Les vaincus se lamentaient bruyamment et offraient de payer tout ce qu'on voulait. Après quelques menaces, Montezuma se laissa fléchir. Il ordonna le rappel de ses hommes et reçut des seigneurs ennemis les prémices du tribut. La nouvelle de la déroute de Nopallan ayant atteint l'arrière-pays, des délégations d'autres cités et villages vinrent faire acte de soumission, les mains croisées. Le vainqueur mit ses hôtes forcés en garde contre une nouvelle rébellion, qui leur vaudrait la destruction complète de la cité. Il laissa un gouverneur sur place et alla défaire la cité d'Icpatepec. Puis ce fut le retour, avec un copieux butin et quelque 5 100 captifs de Nopallan et 3 860 d'Icpatepec [7].

C'est peut-être au cours de la même campagne que les Alliés soumirent d'autres centres, comme Quimichintepec et Izquixochitepec, où ils firent 400 prisonniers [8].

L'ARBRE FLEURI DE TLAXIACO

L'année suivante, 1512, vit une nouvelle campagne en Oaxaca. Tlaxiaco (Oaxaca, autrefois Tlachquiauhco), au cœur des montagnes de la haute Mixtèque, était une importante cité qui avait été vaincue par Montezuma l'Ancien. Son roi, Malinal, possédait un arbre appelé *tlapalizquixochitl (Bourreria* sp.), dont les belles fleurs odorantes sont semblables au maïs blanc éclaté — de même que l'*izquixochitl (Bourreria formosa)* —, mais tachetées de rouge. Les feuilles et les fleurs de l'*izquixochitl* servaient notamment à parfumer l'eau et le chocolat. Tressées en guirlandes, elles ornaient le corps de la victime qui, pendant un an, incarnait Tezcatlipoca en attendant d'être sacrifiée au cours de la fête du maïs éclaté, au mois de Toxcatl [9]. Montezuma entendit parler de cet arbre et voulut l'avoir pour sa fameuse collection d'arbrisseaux à fleurs. Il dépêcha une ambassade à Tlaxiaco dans l'espoir de convaincre le roi de le lui vendre à n'importe quel prix.

Le désir de Montezuma était un ordre. Malinal le prit fort mal. Outré, il apostropha les envoyés : « Que dites-vous là ? Auriez-vous perdu la raison ? [Et d'abord], qui est ce Montezuma dont vous parlez ? [...] Est-ce par hasard Motecuhzoma Ilhuicamina, qui est mort depuis bien des années déjà et auquel d'autres rois ont succédé dans l'empire mexicain ? Qui est ce Montezuma dont vous parlez ? S'il en est un de ce nom aujourd'hui et s'il est roi de Mexico, allez lui dire que je le tiens pour mon ennemi et que je ne veux pas lui donner mes fleurs. Qu'il sache que je considère le volcan qui fume comme ma frontière[10]. »

Malinal refusait, mais en multipliant les affronts. En feignant de ne pas connaître l'empereur et en revendiquant un territoire jusqu'au Popocatepetl, soit jusqu'à la vallée de Mexico, il rendait la guerre inévitable. Inévitable et à l'issue connue d'avance. Tlaxiaco ne devait pas compter beaucoup plus de 10 000 habitants. Même avec l'aide des dépendances et d'éventuels alliés — Yucuañe ? —, il ne pouvait faire le poids. Il y a dès lors tout lieu de croire que Malinal se savait condamné. Peut-être la demande de Montezuma fut-elle plus énergique que ne le laisse entendre Torquemada.

Il existe du reste une version mixtèque où Montezuma est nettement plus arrogant. Le texte parle de Yucuañe, près d'Achiotlan, au lieu de Tlaxiaco, mais il doit s'agir du même conflit. Il y a donc à Yucuañe un petit arbre venant de très loin et qui a des fleurs si belles et si odorantes que Montezuma le convoite, ne supportant pas qu'un autre que lui puisse le posséder. Le roi refuse de le lui donner. L'empereur envoie une grande armée qui tue beaucoup de monde. Le roi est fait prisonnier et l'arbre emmené, mais celui-ci se dessèche[11].

Dans la *Chronique X*, le *casus belli* allégué est tout différent, soit parce qu'un motif aussi futile que la possession d'un arbrisseau ne constituait pas un motif de guerre valable, soit parce qu'il y a eu confusion entre Tlaxiaco et Yucuañe. On peut supposer, en effet, que l'objectif principal, Tlaxiaco, opulent centre de marché, ait été attaqué pour les raisons exposées par la *Chronique X* et que le sort de Yucuañe, dont le roi refusait d'offrir l'arbrisseau, fut réglé par la même occasion.

A en croire cette chronique, le tribut livré à Mexico par Coixtlahuaca et par Oaxaca passe par le territoire de Tlaxiaco. Ledit territoire doit être très étendu, car Coixtlahuaca se trouve à quelque 80 kilomètres au nord-nord-est de Tlaxiaco. Quoi qu'il en soit, des guerriers de Tlaxiaco interceptent le convoi, vraisemblablement sur une des voies allant vers Mexico qui passe à une soixantaine de kilomètres au nord de leur cité. Ils tentent en vain de persuader les gens de Coixtlahuaca de se ranger de leur côté. Comme ils sont accompagnés de percepteurs de Mexico, les Coixtlahuacas n'ont aucune envie de se faire remarquer et réprimandent leurs indociles voisins. Ceux-ci n'apprécient pas la leçon. Ils confisquent le tribut et malmènent les percepteurs, au point que certains d'entre eux passent de vie à trépas.

Montezuma prend la chose avec calme. Il loge et soigne les rescapés, consulte ses collègues et mobilise. Ordre est donné aux troupes, en cas de résistance, de tuer la moitié des hommes et des femmes de la province et de capturer les autres ; mais, s'ils se rendent sans coup férir, de n'amener que quelques personnes pour les sacrifices de Tlacaxipehualiztli.

L'armée parvient à Tlaxiaco et établit son camp devant la ville. Les habitants n'ont pas l'air de s'en faire outre mesure. La nuit, des bruits de chants et de danse et des clameurs parviennent jusqu'au camp allié. Persuadés que l'ennemi cherche à rester en éveil, les coalisés envoient des espions dans la ville. Ceux-ci ont la surprise de voir les prêtres, les anciens et les nobles en train de danser et de chanter pour implorer la victoire. Ils sont tout ensanglantés des mortifications auxquelles ils se sont livrés pour obliger davantage leurs dieux tutélaires. Quant aux autres habitants, ils dorment, ivres morts.

Aux premières lueurs de l'aube, les Alliés passent à l'assaut. Un groupe fonce vers le temple, un autre vers le palais, sans rencontrer âme qui vive. Dans le palais, les seigneurs sont capturés alors qu'ils dansent en toute quiétude. Le temple et le palais sont incendiés, la ville mise à sac et quelques habitants massacrés, jusqu'à ce que les Mixtèques viennent implorer la clémence de l'empereur. Les assaillants, qui n'ont pas perdu un seul homme, exigent d'abord la restitution des biens interceptés. Puis on discute du tribut et des corvées. Les vaincus promettent d'approvisionner les armées de passage et de livrer régulièrement des produits de leur artisanat, tels que des rondaches de différentes sortes et des glaives à tranchants d'obsidienne. Ils doivent en outre s'engager à loger les convoyeurs du tribut d'Oaxaca et de Tehuantepec. On leur impose enfin des percepteurs et un gouverneur mexicas.

Le retour s'effectue avec de nombreux prisonniers et un beau butin. Le *Codex Mendoza* indique que la seule province de Tlaxiaco devait livrer annuellement vingt calebasses de poudre d'or, cinq sacs de cochenille, quatre faisceaux de plumes de quetzal, seize mille mantes et une tenue précieuse de guerrier avec sa rondache.

Le triomphe à Mexico fut suivi des préparatifs en vue de la fête de Tlacaxipehualiztli. Les guerriers vaillants s'exercèrent au combat « de gladiateurs » tandis que d'autres participants répétaient le rôle qu'ils auraient à jouer dans les rituels. Le jour venu, un millier de Mixtèques furent immolés en présence des ennemis traditionnels. Puis les soldats qui s'étaient distingués en ramenant des captifs reçurent de l'empereur des capes richement brodées, des joyaux, des plumes et des armes, selon leur rang. Montezuma créa aussi quelques seigneurs, non pas, leur expliqua-t-il, pour qu'ils en tirent orgueil, mais pour qu'ils soient toujours prêts. D'après Torquemada, en revanche, les prisonniers de cette campagne, au nombre de 12 210, furent immolés pour l'inauguration du temple de Tlamatzincatl et d'une nouvelle plate-forme supportant un grand récipient de cœurs et de sang. Le chiffre élevé peut n'être qu'une vantardise mexica.

Cette même année, il fallut lancer encore une expédition punitive au Guerrero pour dégager la garnison de Tlacotepec, menacée par des Yopis révoltés. Deux cents d'entre eux furent capturés[12].

Sur les conquêtes des années suivantes, on ne dispose que de données éparses. Les Alliés ont toujours pour objectif l'Oaxaca. En 1513, ils remportent une victoire contre Alotepec, petite cité située soit à l'ouest de Tehuantepec, près d'Ecatepec et de Tlacolula, soit, plus probablement, au nord-est de Quetzaltepec. Ils obtiennent aussi une victoire sans lendemain contre le royaume indépendant de Tototepec, sur les rives des mers du Sud[13]. En 1513 toujours, ils auraient fait un raid à Quetzalapan, qui aurait rapporté 1 332 captifs. On signale une cité de ce nom dans l'actuel État de Veracruz, sur les bords du lac Catemaco, et plusieurs en Oaxaca, mais le document qui rapporte l'événement la situe en pays huaxtèque[14].

L'année suivante (1514), Cihuapohualoyan, encore en Oaxaca, est occupé tandis que les habitants de Cuezcomaixtlahuacan prennent la fuite et se retranchent à Quetzaltepec. Cette dernière cité tombe à son tour, de même qu'Iztactlalocan. Cuauhtemoc se distingue dans cette campagne qui, vu la proximité des lieux, se confond peut-être avec celle au cours de laquelle fut vaincu Alotepec [15].

En 1515, Centzontepec (Santa Cruz Centzontepec), au nord de Tototepec, est détruit et on s'empare de Texocuauhtli (près de Nopallan ?) et de la statue de son dieu Xipe Totec. L'année suivante ont lieu les dernières conquêtes mentionnées : Xaltianquizco (Santa Maria Jaltianguis, au nord d'Oaxaca) et Mitla, où subsistent de splendides palais aux murs ornés de mosaïques de pierres [16].

Bien d'autres conquêtes encore sont attribuées au règne de Montezuma, à en juger d'après les listes de cités assujetties que citent les différentes annales [17]. Beaucoup d'entre elles se trouvent en Oaxaca. Elles ont pu être prises en cours de route lors de l'une ou l'autre campagne, à moins qu'elles n'aient envoyé des ambassades faire acte d'allégeance ou demander leur protection aux armées qui approchaient. Nos sources signalent aussi des conquêtes dans les actuels États de Guerrero, Puebla, Hidalgo, Chiapas et Veracruz, où se produisirent de nombreuses rébellions au cours des dernières années [18]. Si l'on tient compte en outre des informations contenues dans les *Relations géographiques* rédigées dans les années 1580 sur ordre de Philippe II, il faut ajouter une vingtaine de cités du Veracruz, comme Papantla, Misantla, Xalapa, Hueytlalpan et Matlatlan... Certaines batailles auraient été particulièrement sanglantes. Chiltoyac, près de Jalapa, attribue sa faible population à ce qu'elle « fut détruite par guerre de Montezuma » et par des épidémies [19].

Nous verrons que dans les toutes dernières années de son règne Montezuma envoya des armées s'emparer de la région maya autour de Xicalanco, peut-être pour surveiller l'arrivée des Espagnols. On dit aussi que Montezuma poussa jusqu'au Guatemala et au Nicaragua [20]. Rien ne corrobore cette assertion, qui s'explique sans doute par le fait que nombre de toponymes de ces régions étaient et sont encore nahuas — en fait, ils remontent à des migrations bien antérieures. Montezuma évitait d'agrandir un empire déjà démesuré : il voulait conserver et consolider, d'où ses campagnes dans tous les sens et surtout vers le sud-est, l'Oaxaca. Parce que cette région proche était riche et densément peuplée, parce qu'il s'y trouvait des artisans hors pair, parce que c'était une région de passage et qu'elle permettait de contourner et de menacer la vallée de Puebla.

LA SUCCESSION DE TEXCOCO

C'est en 1515 que mourut Nezahualpilli, après un règne de quarante-quatre ans. Le roi de Texcoco, avait, affirme-t-on, cinquante-deux ans, soit exactement un « siècle » : autrement dit, sauf coïncidence, on ne connaît pas son âge réel. Ses funérailles furent grandioses. Montezuma et les hauts dignitaires de Mexico vinrent y assister en apportant de fastueuses offrandes et vingt esclaves. De partout, des ambassades affluèrent. Quelque deux cents esclaves mâles et cent femelles furent sacrifiés pour servir le roi dans l'au-delà et pour qu'il ne meure pas seul, que son trépas soit celui d'un microcosme, la fin d'une petite ère. Il laissait cent quarante-cinq enfants. Son épouse principale, la princesse adultère Chalchiuhnenetzin, n'en avait pas eu. Une autre épouse principale lui en avait donné onze, parmi lesquels quatre fils, ou sept — quoique le chroniqueur Pomar affirme qu'il n'eut aucun fils légitime ! On ne sait d'ailleurs pas exactement qui était cette autre épouse principale. L'historien de Texcoco, Ixtlilxochitl, cite la « dame d'Azcapotzalco », Tlacayehuatzin, fille d'Atocatzin et descendante de Montezuma Ier, mais dans d'autres documents il propose trois noms et deux pères différents. Enfin, une autre épouse, une sœur aînée de Montezuma, la « dame de la maison de Xilomenco », ne pouvait qu'être femme légitime elle aussi, et non une concubine, comme l'affirme Ixtlilxochitl. Torquemada la dit première épouse principale[21].

Ixtlilxochitl dit donc que Nezahualpilli eut quatre fils légitimes et, trente pages plus loin, sept. D'abord, Huexotzincatzin, l'aîné, qui fut tué pour cette sombre histoire avec la dame de Tula. Puis, comme troisième enfant, Cuauhtliiztactzin, suivi de Tetlahuehuetzquititzin. Le huitième fut Coanacochtzin, le neuvième Ixtlilxochitl, homonyme du chroniqueur, puis Nonoalcatzin et enfin Yoyontzin. Ces trois derniers étaient encore mineurs à la mort de leur père.

Inutile d'essayer de concilier tout cela avec ce qu'écrit Durán[22], qui cite cinq fils adultes, dont deux seulement correspondent à ceux qu'énumère Ixtlilxochitl ! La Conquête approche, bien des acteurs et des témoins vivaient encore lorsque les faits furent couchés par écrit. Malgré cela, les récits des événements diffèrent tant qu'on doit se contenter d'en reconstituer les grandes lignes. Nezahualpilli aurait commis l'imprudence de ne pas désigner

de successeur. Habituellement, à Texcoco, le trône revenait à
l'aîné. Mais Tetlahuehuetzquititzin était peu capable.
Montezuma insista sur le nécessaire respect de la coutume selon laquelle le
successeur devait être issu d'une femme mexica. Il tenta donc
d'imposer Cacama, un neveu qu'il aimait beaucoup et qui était
brave. Sa mère était la sœur aînée de l'empereur, quoiqu'une
source aztèque affirme qu'elle était une fille de l'ancien *cihuacoatl*
de Mexico, Tlacaelel[23]. Pour la suite, il est sûr que Cacama
devint roi, peut-être un an plus tard seulement, et peut-être ne
le fut-il que de nom pendant un temps[24]. Il est sûr aussi
qu'Ixtlilxochitl se rebella et qu'il y eut une période de grande
incertitude à Texcoco. Pour le détail, on reste dans le flou.

Montezuma envoie donc ses ambassadeurs à Texcoco pour
plaider la cause de Cacama et pour voter en sa faveur. Certains
frères, comme Coanacochtzin, ne font aucune objection ou même
approuvent, mais Ixtlilxochitl est furieux. Il commence par nier
la mort de son père. La preuve, explique-t-il, c'est qu'aucun
successeur n'a été désigné ! Puis il se déchaîne contre Montezuma,
qu'il accuse de vouloir régner seul, en monarque absolu. Ne l'a-
t-il pas entendu dire à son père Nezahualpilli que les temps
avaient changé et que le roi de Mexico était le roi des rois ? Si
l'empereur cherche à imposer son favori, Cacama, c'est parce
que celui-ci est malléable comme de la cire... Mais les électeurs
hésitent et Ixtlilxochitl, furieux, se retire dans la sierra de
Metztitlan, d'où sont originaires ses précepteurs. Il y a des
partisans et entreprend de rassembler une armée. Cacama roi
équivaut à Montezuma roi, clame-t-il partout, et Montezuma roi
signifie la fin du royaume acolhua de Texcoco. Les Mexicas
doivent se contenter de Mexico-Tenochtitlan, voire rendre des
territoires à Texcoco ! De tels arguments ne laissent pas de
convaincre et bientôt Ixtlilxochitl est en mesure de passer à
l'offensive.

Le rebelle n'est pas un adversaire négligeable. A l'âge de trois
ans, il fait justice d'une de ses nourrices qui a eu la faiblesse
d'aller puiser de l'eau pour faire plaisir à un seigneur. Il la
pousse dans le puits et la lapide. Puis il explique à son père,
orfèvre en la matière, que les lois interdisent sous peine de mort
de courtiser une dame du palais ou d'en donner l'occasion. A
sept ans, ce petit prodige joue au général avec ses camarades.
Certains conseillers recommandent à son père de se débarrasser
d'un individu aussi turbulent et orgueilleux, mais Nezahualpilli

refuse. En quoi il a tort, à moins que ses dons surnaturels ne lui aient révélé combien ce fils contribuerait à la chute de Montezuma. Quoi qu'il en soit, Ixtlilxochitl, alors âgé d'une douzaine d'années, se charge avec quelques camarades de jeu d'aller pendre les mauvais conseillers. Deux ans plus tard, il fait merveille sur les champs de bataille de Tlaxcala et d'Atlixco. Lorsque son père meurt, il n'a que seize ans mais a déjà mérité les insignes de vaillant capitaine...

Devant ce forcené et ses troupes nombreuses, comprenant même des Totonaques de la Sierra, Cacama juge préférable de battre en retraite. Il se replie à Mexico, où il sollicite l'aide de son oncle. Montezuma la lui accorde bien sûr et promet de le réconcilier avec son frère, au besoin par la force. Cacama retourne à Texcoco avec son oncle Cuitlahuac, frère de Montezuma. Il est élu roi, mais doit fuir à nouveau lorsque Ixtlilxochitl marche sur lui avec une armée immense et s'empare de tout le nord de l'empire acolhua. Le roi d'Otumba (Otompan), qui résiste, doit livrer bataille et est tué. Mais au lieu de marcher sur Texcoco, Ixtlilxochitl reste à Otumba. Finalement, il conclut un accord avec ses deux frères, Cacama et Coanacochtzin. Celui-ci reçoit un tiers des rentrées du royaume tandis que Cacama obtient Texcoco et les alentours, et Ixtlilxochitl les provinces septentrionales ainsi que la charge de général en chef du royaume. Cacama est intronisé en 1517. Montezuma ordonne encore de pourchasser Ixtlilxochitl à un Mexica d'Iztapalapan, un certain Xochitl, qui se fait battre en combat singulier et brûler vif. Aussi décide-t-il d'attendre des temps meilleurs. Ils ne viendront plus [25].

Voilà donc la version de Texcoco. Elle est nettement favorable à Ixtlilxochitl pour deux raisons. D'abord, parce que le chroniqueur du même nom appartenait à sa famille. Ensuite, parce qu'à l'époque coloniale il sera de bon ton d'être de son côté, Ixtlilxochitl ayant été un valeureux collaborateur des Espagnols pendant et après la Conquête. En revanche, on s'efforce de dénigrer Cacama en le présentant comme un instrument de l'empereur, « malléable comme de la cire ». Sans doute Montezuma espérait-il beaucoup de son appui à Cacama, mais en fin de compte il a dû déchanter. Cacama avait du caractère et osait prendre ses responsabilités, comme le prouveront les événements. Montezuma finira du reste par le faire arrêter pour le livrer à Cortez.

Toute différente est la version des faits relatée dans la *Chroni-*

que X, qui reflète les choses vues de Mexico. D'après Durán, Nezahualpilli eut cinq fils adultes : Tocpaxochiuh, Coanacochtzin, Tlahuitoltzin, Ixtlilxochitl et Quetzalacxoyatl. A la demande des grands électeurs de Texcoco, Montezuma suggéra de prendre comme successeur Quetzalacxoyatl, qui fut effectivement couronné, mais mourut peu après. Or, Durán dit tenir ce renseignement non seulement de la *Chronique* qu'il utilise, mais aussi d'une « histoire de Texcoco »! A Quetzalacxoyatl succède son frère Tlahuitoltzin, qui se hâte également de trépasser. Puis c'est au tour de Coanacochtzin, qui était au pouvoir lorsque arrivèrent les Espagnols[26].

On peut à la rigueur admettre les deux règnes très courts de ces frères inconnus par ailleurs. Peut-être exercèrent-ils le pouvoir dans la ville même de Texcoco pendant la période troublée qui suivit immédiatement la mort de Nezahualpilli[27]. Mais la présence de Coanacochtzin sur le trône à l'arrivée de Cortez est inacceptable. Coanacochtzin, au contraire, succéda à Cuicuitzcatzin, un frère cadet de Cacama, après la mort de ce dernier en 1520. Et ce qui est le plus ahurissant, c'est l'escamotage de Cacama !

On ne sait trop comment l'expliquer. Certes, Cacama se révélera moins docile que prévu pour les Mexicas, mais ce n'est pas une raison suffisante pour l'ignorer. La même remarque vaut pour son hostilité aux Espagnols, même si un autre auteur, Pomar, l'invoque pour refuser de parler de lui : « Et parce que celui-ci [Cacama] ne régna que trois ans [et] parce qu'il a été très vicieux, il ne sera pas question de lui dans cette relation, mais de Nezahualpiltzintli, son père[28]. » A moins que « vicieux », rétif, ne se réfère à autre chose qu'à la « rébellion » de Cacama contre l'empereur et les Espagnols ? Reste enfin l'hypothèse la plus vraisemblable : l'histoire qu'utilise Durán en la circonstance émane de l'entourage du candidat malheureux au trône de Texcoco, Ixtlilxochitl, qui détestait Cacama et ne le reconnut jamais vraiment comme roi.

L'EXIL DES HUEXOTZINCAS

Montezuma avait malgré tout atteint un de ses objectifs majeurs, l'affaiblissement de son rival, déchiré par des factions. Dans la vallée de Puebla aussi se déroulaient des événements favorables à l'empire universel des Mexicas. Jusqu'à la mort de Nezahualpilli, les batailles continuèrent régulièrement. On signale par exemple qu'en 1513 les gens de Cuitlahuac allèrent mourir à Huexotzinco, mais cette cité et Tlaxcala demeuraient invaincus. Après les échecs prophétisés par Nezahualpilli, Montezuma en était revenu à des batailles fleuries moins téméraires. Plus tard, il dira aux Espagnols qu'il aurait facilement pu soumettre les habitants de la vallée voisine, mais qu'il les avait ménagés à dessein pour l'exercice de ses troupes et l'approvisionnement en victimes sacrificielles fraîches[29].

En réalité, l'empereur croyait qu'il ne disposait pas de forces suffisantes. Il pouvait difficilement imaginer des tactiques plus efficaces et des efforts plus soutenus que ceux auxquels les Aztèques recouraient d'habitude. Davantage encore que Huexotzinco, Tlaxcala ressemblait à un véritable camp retranché : ses guerriers étaient supérieurement exercés, de nombreux réfugiés avaient rejoint leurs rangs et ils bénéficiaient du glacis protecteur des redoutables Otomis. Plutôt que de risquer encore de lourdes pertes, mieux valait poursuivre, d'une part, la guerre d'usure « fleurie » et, d'autre part, les manœuvres pour diviser la vallée ennemie[30].

En cette providentielle année de 1515 qui vit la disparition du roi de Texcoco, les efforts de Montezuma — et, n'en doutons pas, de ses services secrets — furent enfin récompensés. La guerre éclata entre Tlaxcala et Huexotzinco. On n'en connaît pas les raisons exactes, mais elle est bien attestée. Il semble qu'il y ait eu une famine dans la vallée de Puebla et qu'elle ait été amplifiée par des incursions de la Triple Alliance. Peut-être les Tlaxcaltèques allèrent-ils piller les champs de leurs voisins pour survivre. Il y eut en tout cas des batailles et il en résulta une disette accrue à Huexotzinco. Finalement, deux princes de cette cité furent dépêchés chez Montezuma pour lui demander son aide militaire contre Tlaxcala ainsi que des vivres. Depuis longtemps, expliquèrent-ils, ils souhaitaient se confédérer avec Mexico et payer tribut à Huitzilopochtli, et c'est pourquoi les Tlaxcaltèques les harcelaient.

Inutile de dire que les deux princes furent accueillis à bras ouverts. La Triple Alliance décida de leur porter secours. Des messagers se rendirent à Huexotzinco pour inviter toute la population à venir s'installer à Mexico. La manœuvre avait ceci de beau qu'elle engageait totalement les Huexotzincas du côté des Alliés et les transformait en otages des Mexicas. La situation des Huexotzincas devait être véritablement exécrable, car ils acceptèrent l'offre. Il est vrai que, depuis vingt ans, guerres intestines et extérieures s'étaient succédé sans relâche [31]. De nombreux réfugiés affluèrent à Mexico, surtout des femmes, des enfants, des vieillards et des nécessiteux. D'autres se réfugièrent à Chalco, à Texcoco et à Tlacopan. Montezuma sortit de la ville pour aller recevoir le roi de Huexotzinco. Il l'hébergea dans son palais, les nobles huexotzincas furent installés chez leurs homologues mexicas et les gens du peuple furent répartis dans les quartiers. Ordre fut donné de veiller à ce qu'ils ne manquent de rien. Les guerriers, eux, restèrent à Huexotzinco où ils furent rejoints par des hommes de la Triple Alliance [32].

TLAHUICOLE

La guerre que mena la Triple Alliance contre Tlaxcala fut acharnée, mais les historiens aztèques en ont surtout retenu l'épisode de la capture et du destin d'un général tlaxcaltèque, Tlahuicole.

Dans un premier temps, les Mexicas s'y engagèrent seuls, refusant même l'aide des Huexotzincas. On admettra que c'est stupéfiant. La vallée de Puebla est divisée comme jamais, les Huexotzincas, encore puissants malgré tout, sont compromis à fond du côté allié, c'est le moment ou jamais de tenter de concentrer toutes les forces pour en finir enfin avec les Tlaxcaltèques. Mais non, Montezuma attaque seul. Voulait-il d'abord tâter les forces de Tlaxcala avant de passer à un assaut général ? Ou espérait-il que Mexico pourrait régler seul le compte de Tlaxcala, et dès lors régner sans partage sur ces nouveaux territoires ? C'est possible. Partir à l'assaut sans aide aucune, c'était aussi s'instituer le défenseur privilégié de Huexotzinco, qui ne dépendrait donc que de Mexico-Tenochtitlan.

Mais Tlaxcala tint bon. Les Mexicas durent appeler les autres cités à la rescousse. Il n'y eut pas d'attaque générale et la guerre s'enlisa. Au lieu de foncer et de tirer profit de la situation extraordinairement favorable, Montezuma considéra peut-être une nouvelle fois que Tlaxcala n'était pas encore mûr et que la victoire coûterait trop cher. Il lui aurait fallu inventer la guerre totale. Or, à cette époque, ses préoccupations étaient ailleurs, du côté des Tarasques et peut-être même déjà à l'extrême orient du monde connu, où l'on parlait de plus en plus d'êtres blancs et barbus. Il dépêcha des armées dans ces directions opposées et Tlaxcala survécut. Pour son malheur.

A défaut de victoire totale, Montezuma obtint une victoire morale.

Il fait donc marcher les seuls Mexicas, recommandant instamment à ses hommes de capturer le vaillantissime et glorieux Tlahuicole. Cet Otomi avance sur Huexotzinco avec ses troupes et engage le combat, qui reste indécis pendant vingt jours. Comme les Tlaxcaltèques reçoivent quotidiennement des renforts des cités environnantes, les Mexicas s'épuisent et réclament de l'aide. Montezuma fait alors appel aux troupes de Texcoco et de Tlacopan. Quelques jours plus tard, les Alliés prennent l'avantage et capturent Tlahuicole avec de nombreux autres guerriers illustres. Les Tlaxcaltèques doivent quitter le territoire de Huexotzinco. On ne les poursuit pas.

Lors du retour triomphal de l'armée à Mexico, Montezuma veut voir quel genre d'homme est ce fameux Tlahuicole. Il le convoque. L'Otomi qui faisait trembler le monde a perdu beaucoup de sa superbe. Il baise humblement les mains de l'empereur et lui demande pardon des offenses qu'il a commises. Ajoutons que, selon une version de la *Chronique X*, le prisonnier a davantage de dignité, s'estimant fier et heureux d'avoir vu la royale présence et un *tlatoani* aussi généreux. Quoi qu'il en soit, Montezuma lui adresse les paroles de consolation habituelles en ces cas-là : ce sont les hasards de la guerre, être capturé est le sort de tout guerrier. L'empereur le loge et le pourvoit de tout. Pour manifester publiquement la haute estime en laquelle il le tient, il lui offre même des vêtements royaux, des armes et des insignes de chevalier.

Mais le temps passe. Tlahuicole s'assombrit au fur et à mesure. Il songe de plus en plus à ses femmes et à ses enfants, et finit par pleurer tous les jours. Comme les pleurs d'un prisonnier sont de mauvais augure, Montezuma en est avisé. Peiné et irrité à la fois, il fait dire à l'Otomi qu'il s'imaginait qu'un homme de sa trempe ne craignait pas la mort, mais que, devant tant de lâcheté et de pusillanimité, il lui rend la liberté : que Tlahuicole retourne chez ses femmes. Dorénavant, ses gardiens ne doivent plus lui donner à manger et doivent le laisser aller à sa guise. Lorsque Tlahuicole apprend cela, il sombre dans une profonde dépression. Rentrer chez lui signifie le déshonneur et la mort, car on ne tolère pas qu'un brave se soustraie à son destin. Pendant un temps, il erre dans les rues en demandant l'aumône, puis, désespéré, il se rend à Tlatelolco, escalade la grande pyramide et se précipite dans le vide, se sacrifiant ainsi lui-même aux dieux. Les Mexicas ne perdent pas le nord : ils lui arrachent le cœur et lui coupent la tête selon les rites habituels. Apprenant ce lamentable épisode, les Tlaxcaltèques cessent d'envahir les terres de Huexotzinco [33].

C'est là un bel exemple de propagande mexica. Les Tlaxcaltèques paraissent redoutables, mais au fond ils sont lâches. Témoin leur plus brillant général : il ne peut se passer des femmes et finit par se suicider, comme un être lunaire — Huemac à la fin de Tollan, par exemple.

Par bonheur, nous disposons d'une version tlaxcaltèque de ces événements. Hagiographique, bien entendu. Elle provient de l'*Histoire de Tlaxcala* de Diego Muñoz Camargo [34]. Tlahuicole, petit et râblé, est d'une force colossale. Sa massue-espadon est si lourde que lui seul peut la soulever. Sur le champ de bataille, il semble invincible. Son seul nom inspire la terreur. Finalement, les Huexotzincas parviennent à le neutraliser alors qu'il s'embourbe dans un marécage. Ils l'enferment dans une cage de bois et en font présent à Montezuma, qui est très heureux de pouvoir montrer son estime pour un tel héros. L'empereur le relâche, le couvre de présents et, chose inouïe, le laisse libre de rentrer chez lui. Tlahuicole refuse et réclame le privilège d'être immolé comme le furent ses ancêtres.

A l'époque, Montezuma médite une incursion chez les Tarasques du Michoacan afin de leur extorquer de l'argent et du cuivre, qu'ils possèdent en abondance. Il propose dès lors à Tlahuicole de prendre le commandement de son armée. Tlahuicole accepte, attaque les Tarasques et leur livre une sanglante bataille qui fait beaucoup de victimes de part et d'autre. Sa vaillance est telle qu'il dépouille de nombreux ennemis de leurs ornements et de leurs armes de métal. Montezuma le remercie et propose une fois de plus de lui rendre la liberté. Tlahuicole refuse encore. L'empereur, alors, le garde à sa cour et lui permet de faire venir sa femme préférée.

Comme la mort sacrificielle se fait attendre, Tlahuicole exige d'être immolé comme les braves, en joute de gladiateurs. Montezuma ne peut refuser. Pendant huit jours, l'Otomi participe à des banquets et à des danses en son honneur. Lors d'une de ces fêtes, on lui sert en potage le sexe de sa femme sacrifiée. Puis a lieu le combat, en présence de l'empereur et de tous les personnages de distinction. Tlahuicole est vêtu d'atours de papier blancs et rouges aux extrémités en queue d'aronde, et porte un chapeau pointu assorti. On l'attache par une corde à la meule de pierre. Il se défend comme un diable, tue huit adversaires déguisés en aigles et en jaguars, en blesse plus de vingt ; mais finalement, il est terrassé et sacrifié sur la pierre ronde.

Du côté tlaxcaltèque, donc, on nous présente un personnage héroïque de part en part, qui accepte de façon chevaleresque les hommages que lui rend Montezuma, qui emmène même ses troupes dans une guerre lointaine. Aucune faiblesse chez lui. Sur le champ de bataille, il n'est pas vaincu par les armes mais par la terre. Les femmes, il les domine et incorpore leur énergie. Lorsqu'il exige enfin son dû, le sacrifice, il succombe de la façon la plus virile et la plus glorieuse. Récit édifiant sur l'acceptation du sacrifice, comme il en existait du côté mexicain. Que l'on se rappelle la guerre de Chalco et Tlacahuepan qui se précipite du haut d'un mât. Ce n'est sans doute pas un hasard si les Mexicas montrent Tlahuicole se jetant du sommet de la pyramide.

Il est difficile de dire quelle relation est la bonne. En principe, les Mexicas connaissaient mieux que les Tlaxcaltèques le sort réservé au héros. Qui plus est, la version tlaxcaltèque présente des invraisemblances. Lorsqu'on sait la rigueur et l'intransigeance de Montezuma, surtout en matière de religion, sa volonté de soustraire Tlahuicole au sacrifice paraît incongrue. Et il savait pertinemment que si le héros acceptait, il était déshonoré aussi bien dans l'empire que dans la vallée de Puebla. Mais si la version tlaxcaltèque est erronée, cela ne signifie pas pour autant que l'autre soit exacte. Ici, comme toujours, les Mexicas se seront efforcés de présenter une histoire ethnocentrique — donc au détriment de l'enfer, de l'ennemi — et une histoire utile.

HUEXOTZINCO REPREND LES ARMES

Les Huexotzincas restèrent trois ans à Mexico-Tenochtitlan. Ils allèrent jusqu'à épouser des Mexicas et Montezuma prit même une de leurs femmes pour concubine. Mais les choses se gâtèrent lorsque leur hôte leur réclama leur dieu Camaxtli. Les Huexotzincas refusèrent et, alors que Montezuma se préparait sans doute à passer outre, ils tuèrent leurs femmes mexicaines ainsi que les enfants qu'elles leur avaient donnés, puis quittèrent la ville. Certains d'entre eux furent interceptés à Chalco et sacrifiés [35]. Ce n'était pas la première fois que les Mexicas tentaient de s'emparer du dieu Mixcoatl-Camaxtli. Ils tenaient absolument à avoir à Mexico une image authentique de celui qui était la principale divinité de l'ennemi et le père du Serpent à Plumes. Sous Montezuma Ier, ils avaient déjà réussi à capturer une image d'un dieu semblable à Mixcoatl, Teuhcatl. Et quelques années seulement avant les événements qui nous occupent, un commando mexica s'était embusqué dans le palais de Huexotzinco, peut-être sous le couvert d'une ambassade, afin de prendre d'assaut le temple pour emporter la statue ou le « paquet sacré » contenant des reliques du dieu. Mais celui-ci avertit les siens, qui coururent aux armes. Les Mexicas n'eurent que le temps de fuir par les toits et de disparaître dans la nuit [36]. Aussitôt, les guerres reprennent de toute part. Les Huexotzincas rallient le camp tlaxcaltèque et douze cents Tenochcas succombent lors d'une attaque contre eux. La Triple Alliance se bat contre Tlaxcala, et Chalco contre Cholula. En attendant l'adversaire décisif, qui approche dangereusement [37]...

CHAPITRE X

Les êtres sortis de l'eau céleste

L'attitude de Montezuma vis-à-vis de Texcoco et de la vallée de Puebla ne fit que renforcer une opposition outragée par ses efforts de centralisation et d'accroissement du pouvoir impérial. De plus en plus, on disait l'empereur d'une ambition et d'un orgueil démesurés et on lui reprochait de se prendre pour un dieu. Peut-être certaines personnalités qui lui étaient proches, comme son frère Cuitlahuac, commençaient-elles à penser que tout irait mieux si elles se trouvaient aux commandes. C'est alors que prirent consistance les rumeurs inquiétantes venues de l'est : les personnages étranges surgis de la mer, de l'« eau céleste », arrivaient...

On a vu que Montezuma savait depuis longtemps ce qui était de notoriété publique au Yucatan : des êtres étonnants, blancs et barbus, étaient apparus dans les îles des mers orientales, puis dans la péninsule. Les sources d'information étaient de deux ordres au moins. D'abord, les Antillais eux-mêmes, qui souffraient énormément du fait des envahisseurs. Ils avaient des contacts occasionnels avec le continent, comme l'atteste la présence d'une Jamaïcaine échouée en 1516 sur les côtes de l'île de Cozumel[1].

Ensuite, les rescapés blancs du naufrage survenu en 1511 sur les côtes du Yucatan. La plupart avaient été tués par les Mayas ou étaient morts épuisés, mais deux d'entre eux avaient survécu, Jerónimo de Aguilar et Gonzalo Guerrero. Ce dernier était devenu un chef de guerre important à Chetumal tandis qu'Aguilar, réduit en esclavage, avait néanmoins eu l'occasion lui aussi de faire la preuve de talents guerriers redoutables. A plusieurs reprises, il aurait assuré la victoire de son maître, le roi de Xamanzana. Il serait même venu à bout, par une habile manœuvre, d'une

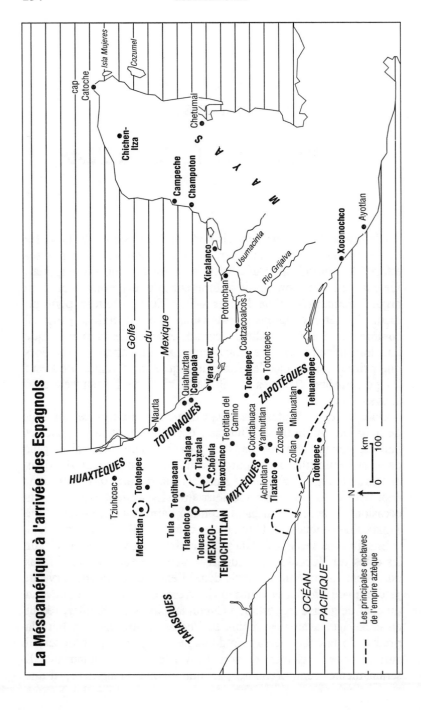

La Mésoamérique à l'arrivée des Espagnols

coalition de cités voisines dirigée contre lui. Sur ses conseils, les guerriers de Xamanzana feignent de fuir. L'ennemi les poursuit. Aguilar, qui s'est embusqué avec un petit groupe dans les hautes herbes, l'attaque dans le dos. Les fuyards font volte-face et obtiennent une victoire éclatante, dont le bruit se répand dans le pays maya tout entier[2].

Dans les années 1510 toujours, on apporta à Montezuma un coffre provenant de quelque bateau espagnol perdu. Il contenait des vêtements, une épée, des anneaux et d'autres joyaux. Le grand *tlatoani* les donna aux rois de Texcoco et de Tlacopan. Pour apaiser leurs craintes, il leur assura que ces trésors appartenaient à ses ancêtres[3].

L'EXPÉDITION DE CÓRDOBA

Le navire qui s'était brisé sur des récifs en 1511 venait du Darién (Panama). La véritable invasion blanche, elle, viendra de Cuba, c'est-à-dire de l'est, du côté du soleil levant. L'île avait été découverte et explorée en partie par Colomb dès ses deux premiers voyages. Mais il fallut attendre 1511 pour qu'une expédition conduite par Diego Velázquez de Cuéllar en entreprenne la conquête et la colonisation. Parmi les membres de l'expédition, des noms illustres : Hernández de Córdoba, Grijalva, Fernand Cortez, Pedro de Alvarado, Bernal Díaz del Castillo, Pánfilo de Narváez... Quelques années plus tard, l'île était complètement explorée et pacifiée. Bientôt, elle allait servir de base aux opérations vers l'ouest.

En 1517, Francisco Hernández de Córdoba et deux associés arment à leurs frais trois navires à Santiago de Cuba pour aller « naviguer et troquer ». Ou plutôt, pour aller à la chasse aux esclaves dans les îles de Guanaja, au large du Honduras. On manquait de main-d'œuvre dans les mines et les exploitations agricoles. Le gouverneur de l'île, Diego Velázquez, avait des intérêts dans l'expédition et lui donna des instructions. Le départ eut lieu le 8 février[4].

Les Espagnols mirent le cap à l'ouest. Après avoir essuyé une tempête et erré pendant trois semaines, ils aperçurent une terre et un important centre habité. Mieux encore : pour la première fois en Amérique, les Européens se trouvaient en présence de témoignages d'une grande civilisation. En l'occurrence, des constructions en dur, des pyramides et des gens richement vêtus. L'endroit, près du cap Catoche, à l'extrémité septentrionale du Yucatan, fut appelé Grand Caire. Comparaison d'une justesse remarquable. Les civilisations de Mésoamérique étaient en effet d'un niveau très comparable à celui de l'Égypte d'Ancien Empire. Des Mayas vinrent dans des canots à la rencontre des grands navires. Ils reçurent des vivres et de la verroterie. Un des membres de l'expédition, un jeune homme du nom de Bernal Díaz, raconte qu'un personnage important invita les Espagnols à venir à terre. Ainsi fut fait le lendemain. Les cent dix hommes de Córdoba débarquèrent en bon ordre, armés notamment de quinze arbalètes et de dix escopettes. Mais les Indiens qui les avaient invités les conduisirent tout droit dans une embuscade. Des bataillons de guerriers surgirent de la forêt, envoyèrent une pluie de flèches et de javelines qui blessèrent plusieurs hommes, puis se précipitèrent à l'assaut armés de lances. Les Espagnols ripostèrent avec tous leurs moyens, tuant quinze hommes. Épouvantés par les épées contre lesquelles leurs armures de coton rembourré n'offraient aucune protection et qui provoquaient des blessures qu'ils n'avaient jamais vues, coupant tronc, bras et jambes, les assaillants se replièrent. Deux d'entre eux furent capturés. Plus tard, ils furent baptisés sous les noms de Melchor et Julian, et jouèrent le rôle d'interprètes [5].

Cette bataille n'est mentionnée que par Bernal Díaz, qui écrit quarante ans après. Des rapports bien plus proches des faits — Cortez en 1519, Pierre Martyr en 1520, puis Oviedo — n'en soufflent mot. C'est que Bernal Díaz, pourtant considéré comme une source de premier plan, se trompe souvent et invente parfois. Nous en verrons d'autres exemples, qui incitent à une prudente réserve à son endroit.

L'expédition reprit sa route, contournant la partie septentrionale de la presqu'île du Yucatan. Deux semaines plus tard, le dimanche de Lazare (c'est-à-dire celui qui précède celui des Rameaux), elle mouilla à Campeche, cité de trois mille maisons, et établit des relations amicales avec les autorités locales. On fit du troc. Il paraît que les Indiens leur disaient : « Castilan, Castilan », en montrant l'est, comme pour demander s'ils venaient de là. Invités, ils se rendirent dans la ville. Des guerriers surgissaient de partout. Une dizaine de prêtres vinrent les encenser, pour leur intimer

Pyramide du Soleil à Teotihuacan.

Maquette du Grand Temple de Mexico, compte tenu des fouilles
entreprises à partir de 1978 (Museo del Templo Mayor).

Le Grand Temple (Templo Mayor) de Mexico. A gauche, la pyramide principale consacrée à Huitzilopochtli et Tlaloc. Reconstitution hypothétique d'Ignacio Marquina (Instituto Nacional de Antropologia e Historia).

Edifice des Aigles, Templo Mayor de Mexico.

Temple rond de Quetzalcoatl à Calixtlahuaca (vallée de Toluca).

Calixtlahuaca, place avec l'Autel des Crânes et la Structure 4.

Ruines de la pyramide principale de Mexico-Tenochtitlan.

Autel de sacrifices de type *chacmool* consacré à Tlaloc.
Pyramide principale de Mexico.

Détail de la pierre d'Axayacatl, un gigantesque récipient
de cœurs et de sang (*cuauhxicalli*) : l'empereur mexica
s'empare du dieu tutélaire de la cité de Xochimilco.

Teocalli de la guerre sacrée, détail : Montezuma II s'extrayant du sang de l'oreille.

Cuauhxicalli (récipient de cœurs et de sang) en forme d'aigle.

Fernando Cortez
(Mairie de Medellin).

Cempoala, vue actuelle du site.

Labret d'or (5,4 cm), Museo civico
numismatico-ethnologico-orientale, Turin.

l'ordre ensuite de partir avant que ne fussent consumés certains faisceaux de bois. Córdoba n'insista pas. L'étape suivante fut Champoton, où il était urgent de faire de l'eau. Les hommes prennent terre dans une petite baie et demandent à remplir leurs barriques. On leur montre l'intérieur des terres et un méchant sentier d'allure suspecte. Comme ils refusent de s'engager, des Mayas sur le pied de guerre, qui n'ont cessé d'affluer en grand nombre, leur décochent des flèches. Córdoba fait donner l'artillerie des navires, mais sans grand effet. Au lieu de fuir, les Indiens se lancent à l'assaut. En dépit de pertes sévères, ils reviennent sans cesse à la charge. Du côté espagnol, plusieurs hommes sont tués et quelques-uns capturés ; aucun n'est indemne. La retraite s'impose. Sur la plage, les aventuriers perdent encore du monde en essayant d'embarquer. Finalement, ils parviennent en lieu sûr, mais la petite troupe a perdu le quart ou la moitié de ses effectifs. Córdoba lui-même a reçu trente-trois blessures, auxquelles il ne survivra pas. Son expédition prend le chemin du retour.

L'hostilité et la pugnacité des Mayas ne laissent pas d'étonner, surtout si on les compare à la fréquente hospitalité des Indiens ailleurs. Faut-il les expliquer par la présence parmi eux de Gonzalo Guerrero ? Celui-ci s'était parfaitement intégré dans son nouveau milieu. Chez les Espagnols, il n'était qu'un marin ; autrement dit, il se situait tout au bas de l'échelle sociale. Chez les Mayas, il était puissant et considéré. Devenu chef de guerre, il avait épousé une Maya et en avait eu des enfants. S'il retournait chez les siens, il perdrait tout et de surcroît paraîtrait ridicule ou inquiétant, au choix. N'avait-il pas été tatoué et ne lui avait-on pas percé le nez et la lèvre inférieure pour y insérer des ornements ? Dès lors, il embrassa à fond la cause de son pays adoptif. Sachant mieux que quiconque ce que signifierait l'arrivée des Blancs, il s'efforça de prévenir les Mayas, de les convaincre de s'opposer résolument aux envahisseurs, de leur apprendre, peut-être, à ne pas s'effrayer des armes à feu... On dit que c'est lui qui aurait fait attaquer Córdoba. Ce n'est guère vraisemblable s'il habitait vraiment Chetumal, qui est très éloigné du cap Catoche ou de Champoton, mais il avait certainement préparé les esprits à la venue de ses compatriotes. En tout cas, bien des années plus tard, en 1536, il aurait organisé une grande expédition navale pour secourir des insurgés mayas au Honduras, où il aurait été tué d'un coup d'arquebuse [6].

Montezuma n'ignorait certainement pas l'arrivée de l'expédition de Hernández de Córdoba. Ne dira-t-il pas lui-même à Cortez, plus tard, qu'il savait tout ce qui lui était arrivé depuis Champoton ? Il devait être informé par ses troupes de Xicalanco et par les marchands de Mexico et de Tlatelolco, d'Azcapotzalco, de Huitzilopochco et de Cuauhtitlan, qui se rendaient régulièrement dans cette ville. C'était un important et fort ancien port de commerce situé sur les rives du golfe du Mexique et de l'actuelle lagune de Términos, à une bonne centaine de kilomètres au sud-ouest de Champoton. Les négociants en ramenaient à l'empereur des pierres vertes de diverses formes, du jade et de la jadéite, des rondaches décorées de mosaïques de turquoises, de grands coquillages rouges ou jaunes, des plumes de spatule rouge, des plumes de perroquets, des peaux d'animaux sauvages[7] — et aussi des nouvelles. Des nouvelles effrayantes, car amplifiées par la rumeur, et contradictoires. Peut-être lui a-t-on dit que dans les îles orientales, les hommes du Levant, les « fils du soleil[8] », avaient fait des ravages, notamment en répandant des maladies mystérieuses sur tous ceux qui leur voulaient du mal[9].

L'empereur a dû entendre aussi des descriptions horrifiées des captifs du Yucatan, grands, blancs et fortement barbus, réduits en esclavage mais guerriers terribles que plusieurs peuples avaient en vain tenté de vaincre. Puis il apprit comment ces êtres, de plus en plus nombreux, arrivaient sur des maisons flottant sur l'eau et surmontées de nuages. La foudre semblait leur obéir et leurs armes répandaient la terreur. Il était difficile de les tuer, mais ils étaient mortels, et les gens de Champoton les avaient mis en fuite. A moins que ces Mayas ne se soient vantés, comme d'habitude ? D'autres informations ne disaient-elles pas que la ville de Champoton avait subi des pertes absolument disproportionnées ?

Voyant la menace se préciser, Montezuma se mit à craindre pour son empire. Et à s'interroger. En imposant ses réformes, en renforçant le prestige de l'empire et de l'empereur, n'avait-il pas outrepassé ses droits ? N'y avait-il pas du vrai dans les accusations de ses ennemis ? Avait-il agi pour le bien commun, ou par orgueil ? S'entourait-il d'objets grandioses et luxueux pour élever la dignité impériale et la mettre définitivement hors de question et hors d'atteinte, ou par folie des grandeurs ? Et si ses ennemis avaient raison, n'était-ce pas pour punir sa faute et celle du peuple dont il était le cœur qu'arrivaient ces étrangers ? La faute des Mexicas aussi, car ils avaient peu à peu abandonné leur antique sobriété, leur rigueur et leur ardeur inquiète au contact de l'opulence et des plaisirs des populations conquises... Et puis, ces Blancs venaient comme le soleil levant, comme un peuple en ascension ou un empire en formation...

Peut-être Montezuma décida-t-il dès ce moment de faire surveiller les côtes, afin de pouvoir intervenir au plus tôt, le cas échéant. Ainsi, un retour de ces surhumains ne le prendrait pas au dépourvu.

ULTIMES AVERTISSEMENTS

Les nouvelles de l'est inquiétèrent Montezuma et plongèrent dans l'incertitude, voire l'angoisse, les milieux informés. Les malveillants et les ennemis de l'extérieur y voyaient la confirmation de ce qu'ils ne cessaient de clamer : cet empereur qui se croyait le maître de l'univers menait son empire à sa perte. Les mythes provoqués par ces craintes et ces rumeurs ainsi que par les événements dramatiques qui survinrent plus tard ont trouvé leur expression, après coup, dans la *Chronique X*.

Ainsi, le dominicain Diego Durán affirme que l'empereur jugeait mesquin et minime tout ce qu'avaient accompli les autres souverains. En tout, il voulait les surpasser. Lorsqu'il se proposa de faire sculpter un monument historié pour proclamer sa grandeur et les exploits de son règne, un monument comparable à la pierre d'Axayacatl ou à celle de Tizoc, ornées l'une et l'autre de représentations de conquêtes mexicas, il le voulut gigantesque. Sa pierre serait plus large d'une brasse (168 centimètres) et plus haute de deux coudées que le monument rituel le plus grand. (La pierre de Tizoc a 260 centimètres de diamètre et 88 de hauteur.) Ce serait aussi un *temalacatl*, une « meule de pierre » destinée au sacrifice « gladiatoire ». Ces monuments affectaient la forme d'un cylindre aplati et étaient ornés sur leur surface supérieure d'une image du soleil. Ils faisaient aussi office de *cuauhxicalli* (« vase de l'aigle »), car la cavité creusée en leur centre permettait d'y déposer les cœurs et le sang des victimes.

Les carriers cherchèrent une pierre de belles proportions et en trouvèrent une à Acolco, dans la province de Chalco. Il fallut plus de dix mille hommes pour la dégager, dit sans rire

Tezozomoc. Puis trente artisans la sculptèrent avec des ciseaux d'obsidienne [10]. Ce délicat travail achevé, on se prépara à la traîner jusqu'à Mexico. De partout affluèrent des corvées avec des cordages. Les prêtres encensèrent la pierre, la couvrirent de papier et lui sacrifièrent des cailles, tandis que des chanteurs du temple, des bouffons et des acteurs dansaient et faisaient des cabrioles pour lui ouvrir la voie. Dix ou douze mille hommes commencèrent à tirer sur les cordes. La pierre ne bougea pas. Montezuma envoya des renforts. Pendant des jours, on multiplia les tentatives. La pierre avança quelque peu, puis s'immobilisa durant deux jours. Les cordages se rompaient sans le moindre résultat. Finalement, une voix surgie de la pierre proclama : « Misérables et malheureuses gens, pourquoi vous obstinez-vous à vouloir m'emporter à la ville de Mexico ? Sachez que vos efforts sont vains, que je ne dois pas arriver là-bas et que je n'en ai d'ailleurs pas le désir ; mais puisque vous vous acharnez à ce point, tirez, j'irai jusqu'où il me plaira, pour votre malheur. »

Lorsque le Seigneur des Colhuas entendit raconter cette histoire, il décréta qu'elle était ridicule et fit emprisonner les messagers. Par la suite, on put mouvoir le bloc sans effort jusqu'à Tlapitzahuayan. Mais là, il s'immobilisa de nouveau et apostropha son cortège : « Pauvres malheureux, pourquoi vous échinez-vous inutilement ? Ne vous ai-je pas dit qu'il ne fallait pas que je parvienne à Mexico ? Marchez et allez dire à Montezuma qu'il n'est plus temps. Il a pensé trop tard à me faire venir ! Il aurait dû s'en souvenir plus tôt ! A présent, je ne serai plus d'aucune utilité là-bas, car c'est autre chose qui a été déterminée, par volonté et décision divines. Qu'il ne cherche pas à aller à leur encontre. Pourquoi m'enlève-t-il ? Pour que demain je me retrouve là, jeté à bas et méprisé ? Et prévenez-le que c'en est fini de son pouvoir et de sa charge ; qu'il verra et expérimentera promptement ce qui doit lui arriver, parce qu'il a voulu se faire plus grand que Notre Seigneur, créateur du ciel et de la terre, qui a déterminé ces choses. Dès lors, laissez-moi ! Car si je continue, ce sera pour votre malheur. »

Montezuma passa outre. On parvint à nouveau à traîner la pierre sans difficulté et elle fut accueillie en grande pompe, comme pour l'apaiser, à l'entrée de Mexico. Mais arrivée au pont de bois de Xoloco, qui franchissait un des nombreux canaux de la Venise mexica, elle rompit les poutres, faisant de nombreuses victimes, et disparut dans l'eau. Des plongeurs tentèrent vainement de la localiser : ils ne virent au fond de l'eau qu'un trou profond qui s'enfonçait dans les entrailles de la terre. Peu après, on la retrouva à l'endroit même d'où elle avait été extraite [11]. Les pierres et les statues qui refusent de bouger ou qui parlent sont un thème fréquent du merveilleux universel. Elles foisonnent dans l'Antiquité classique. Ainsi, lorsque Tarquin construisit le temple de Jupiter sur la colline tarpéienne, la statue du dieu Terme refusa de quitter les lieux. Les Romains y virent un présage de la solidité et de la stabilité de l'État [12]. Au Mexique même, on racontera bientôt que les Aztèques ne purent enlever une image de la Vierge que Cortez avait placée dans le Grand Temple de Mexico [13]. Probablement était-ce un signe de la solidité d'implantation de la foi nouvelle. Mais toute différente doit être l'explication de l'immobilité de la pierre de Montezuma. Si celle-ci refuse d'avancer, c'est effectivement, comme elle le dit, parce qu'il est trop tard. La fin de l'empire approche. Les étranges envahisseurs, au sujet desquels les rumeurs deviennent de plus en plus précises et insistantes, se trouvent aux portes mêmes de la Mésoamérique et livrent leurs premiers combats aux Mayas. Or, ces nouveaux venus n'auront que faire des autels et des récipients pour les sacrifices humains : ils les humilieront et les jetteront bas. Le temps des dieux anciens est révolu. La voix dans la gigantesque pierre le sait bien, elle qui se fait le porte-parole d'une divinité nouvelle dont les décisions sont souveraines.

L'objet rebelle avait un précédent remarquable, et ce dans un contexte similaire : la fin d'une autre ère, celle qui précéda le Soleil aztèque. Dans le Tollan de Quetzalcoatl, des Toltèques par milliers avaient tenté en vain d'éloigner un cadavre pestilentiel : les cordes se rompaient, les gens s'écrasaient les uns les autres et mouraient. Ce cadavre représentait la souillure des Toltèques, comme l'indiquent son poids extraordinaire — plus on est pesant, plus on est éloigné du ciel — et son odeur, le péché étant qualifié de « notre puanteur, notre pestilence [14] ». Quant à la pierre de Montezuma, sa taille gigantesque traduit évidemment à merveille l'orgueil coupable de l'empereur et son poids correspond à l'immensité de sa faute. Faute qui, au demeurant, est celle des Aztèques dans leur ensemble, de ces guerriers amollis qui vivent dans un luxe scandaleux. Du point de vue chrétien aussi, la pierre est souillure, et c'est dans une ambiance chrétienne que furent rédigés ces textes mythiques. N'est-elle pas l'instrument sanglant d'un culte révolu, le symbole même des crimes et de l'aveuglement des Aztèques ?

Les noms des lieux de départ et d'arrivée de la pierre attestent que l'épisode est apocryphe. Acolco, « l'endroit de l'épaule », entendons du coude d'une rivière, renvoie directement à l'infra-monde, où coule un fleuve à neuf replis. Une des épithètes du seigneur des enfers était « Celui proche de l'épaule » (Acolnahua-catl) [15]. Cette signification est corroborée par un fait que ne manquent pas de relever les sources : Acolco se situe dans la province de Chalco, dont le nom, « au bord du gouffre », renvoie lui aussi à l'inframonde. La pierre si pesante est pour ainsi dire d'origine infernale ; elle empruntera d'ailleurs une voie souterraine pour retourner à son point de départ.

Ensuite, la pierre rebrousse chemin à Xoloco, au « Lieu de Xolotl ». Ce n'est pas par hasard : Xolotl, dieu aux invocations multiples, était associé en premier lieu à certains mouvements de va-et-vient, comme ceux du broyeur sur la pierre à moudre ou de la balle dans le jeu de pelote. De plus, il présidait aux ouvertures conduisant vers les régions infernales. On le représentait souvent comme un chien — l'animal qui accompagnait les défunts dans l'au-delà — et il était assimilé à l'étoile du soir qui frayait le passage du soleil vers l'inframonde [16]. La pierre, en somme, est semblable à l'astre du jour, qu'elle doit d'ailleurs représenter puisque d'ordinaire elle était ornée de son image. Elle sort de l'inframonde, puis, au terme de son parcours, y replonge : pour elle comme pour l'empire aztèque, la fin est arrivée. Non seulement la pierre signifie que tout est fini, mais en outre elle l'exprime en termes non équivoques et en rend Montezuma responsable : ce qui lui arrivera est de sa propre faute.

L'histoire de la pierre, dit encore la légende, eut sur Montezuma l'effet le plus profond. Avec les grands de sa cour, il se rendit sur le lieu où était retournée la pierre et y fit de grands sacrifices, entre autres d'esclaves, et de longues prières. Rentré à Mexico, il se lamenta : « En vérité, mes frères, je crois à présent que nos épreuves et nos souffrances seront grandes et que notre vie ne représente plus grand-chose ! Aussi décidé-je de me laisser mourir. Que le seigneur de la création fasse de moi ce qui lui plaît, comme il l'a fait pour mes ancêtres. »

D'autres épisodes imaginaires, narrés dans les mêmes sources à la suite de celui de la pierre rebelle, confirment, précisent et « mythifient » les accusations que les malveillants faisaient circuler et les craintes que beaucoup éprouvaient. Un jour, à Coatepec, dans la région de Texcoco, un aigle immense saisit un laboureur par les cheveux et l'emporta dans les airs. Il le conduisit jusqu'à une montagne élevée, le déposa dans une caverne et prononça ces mots : « Puissant seigneur, j'ai obéi à tes ordres et voici le paysan que tu m'as fait quérir. — Soyez les bienvenus et mettez-le ici », répondit une voix. L'homme fut introduit dans une splendide salle où se trouvait un grand seigneur qui lui offrit des fleurs et un cigare. Puis il lui montra Montezuma endormi et proféra : « Vois ce misérable Montezuma, comme il est là, sans connaissance, enivré par sa superbe et son orgueil, et qui méprise tout le monde [...]. Et, si tu veux voir combien sa superbe le tient hors de lui, touche-lui la cuisse avec ce cigare brûlant et tu verras comme il ne sent rien. » Après une brève hésitation, le paysan obéit. L'empereur ne broncha pas. Puis son hôte lui recommanda d'aller raconter à Montezuma ce qui s'était passé. En guise de preuve, il devait lui signaler la trace de brûlure sur sa cuisse. « Et dis-lui qu'il a irrité le dieu de la création et qu'il a lui-même cherché le mal qui doit lui tomber dessus et que c'en est fini de son pouvoir et de sa superbe. Qu'il profite bien du peu de temps qui lui reste et qu'il subisse patiemment, car il a lui-même cherché le mal. »

L'aigle reconduisit l'infortuné messager, qui alla tout raconter à Montezuma. Celui-ci se souvint d'avoir rêvé qu'un vilain lui brûlait la cuisse. Il en retrouva la marque douloureuse et fit jeter l'homme aux oubliettes...

Montezuma dormait dans une grotte au sommet d'une montagne : nous aurons bientôt l'occasion d'apprendre qu'il aurait prétendument voulu s'enfuir dans une grotte et nous retrouverons la voix accusatrice qui se fait le porte-parole d'un créateur manifestement d'inspiration chrétienne. L'épisode a lieu à Coatepec, car il s'agit de montrer que Montezuma se situe aux antipodes du dieu mexica qui triompha de Coyolxauhqui et des quatre cents Huitznahuas. Huitzilopochtli jaillit du sein de sa mère la terre pour attaquer. Montezuma lui aussi se trouve dans le sein de la terre — une caverne, symbole de la lune et de la matrice —, mais il gît inerte et insensible. Il est un astre couchant.

C'est en cette même année de 1517 qu'eut lieu la sombre affaire Tzompantecuhtli, ce souverain de Cuitlahuac qui avait déconseillé à l'empereur de décorer somptueusement la demeure de Huitzilopochtli. Consciemment ou non, le Seigneur des Colhuas se comportait de plus en plus comme un soleil de la fin d'une ère [17].

LE PORTRAIT DU ROI

Après l'incident de la pierre rebelle, l'empereur aurait pu, pendant quelque temps au moins, faire grise mine à la sculpture.

Montezuma fait faire son portrait à Chapultepec. Durán, *Historia...*, 1867-1880.

Il n'en fut rien. Toujours selon la *Chronique X* [18], aussitôt après, il fit tailler son image dans la meilleure pierre du rocher de Chapultepec, comme l'avaient fait avant lui certains de ses prédécesseurs. Les artistes furent royalement rétribués. Avant même de commencer leur travail, ils reçurent chacun de beaux vêtements en grand nombre, des pains de sel, dix charges (une charge représente 23 à 30 kilos) de fèves, autant de haricots, deux fardeaux de poivre du Chili, un chargement de canot de maïs et deux charges de cacao et de coton — bref, amplement de quoi vivre, eux et leurs familles, pendant tout le temps que durerait le travail. Plus tard, Montezuma leur fit remettre la dernière livraison de tribut de Cuetlaxtlan [19].

Le *tlatoani* fut figuré, affirme Tezozomoc, « tel qu'il était, de courte taille, bien fait, le visage beau, les cheveux tressés décorés de plumes de spatule rose, et dans le nez un tube d'or très fin et des ornements d'oreille de jade appelés *xiuhtezcanacochtli*, un labret d'or très sublimement travaillé, au poignet droit et à la cheville droite, des bracelets de peau de jaguar, [et il tenait] une rondache et des sonnailles appelées *omichicahuaz*. [Il était] assis sur un trône ocellé, à grand dossier de peau de jaguar, et il regardait avec grande gravité. » Se voyant ainsi, il dit en pleurant : « Si nos corps étaient aussi durables et perpétuels en cette vie que cette effigie peinte sur ce rocher, effigie qui doit durer toujours, qui craindrait la mort ? Mais je vois bien que je dois mourir et que seul doit subsister de moi ce souvenir. »

L'histoire, ici, rejoint la légende : Montezuma se fit effectivement représenter sur le rocher de Chapultepec. Il en existe encore des traces. La base orientale du rocher conserve des reliefs royaux — à l'origine, ils étaient également peints — qui nous donnent une belle occasion de confronter Tezozomoc au témoignage archéologique [20].

Le souverain n'est pas assis sur un trône recouvert de peaux de félin, mais il est debout, de face. Impossible de juger de l'expression du visage (pour autant qu'il y en ait eu, ce qui serait étonnant), car celui-ci, de même que la majeure partie du corps, a été martelé à dessein et effacé. Il n'est donc pas possible non plus d'apprécier la précision du chroniqueur-compilateur quant aux ornements divers. Ce qui doit être exact, en tout cas, c'est la coiffe de plumes de spatule rose, la rondache et l'*omichicahuaztli* — ou plutôt le *chicahuaztli*, le bâton de sonnailles typique du dieu à peau d'écorché, Xipe Totec. Ce bâton ressemblait vaguement à une lance et était orné de rubans. A la base de la pointe se trouvait une petite sphère creuse remplie de pierraille qui faisait un bruit de grelot quand on frappait le sol avec le bâton. Or, ce bâton est reconnaissable sur le relief et sa présence indique que le roi est figuré en Xipe ; la rondache ainsi que la coiffe de plumes de spatule rose sont également caractéristiques du dieu à peau d'écorché.

Cette tenue était celle que le *tlatoani* revêtait le plus volontiers lorsqu'il partait en guerre [21]. Il y a à cela plusieurs raisons. D'abord, sur le champ de bataille, on s'empressait d'écorcher vif le premier prisonnier et de revêtir de sa peau un vaillant [22]. Ensuite, Xipe était une divinité présidant à la moisson, et la guerre était la moisson des dieux [23].

Le personnage est flanqué de glyphes. Le principal renvoie à la réforme de la fête du Feu nouveau : la date 2 Roseau, pourvue d'une corde autour du roseau, fait allusion à la ligature des années. Il s'agit donc bien du règne de l'empereur. Puis il y a le glyphe seigneurial, qui désigne à l'occasion Montezuma, « Celui qui se fâche en *Seigneur* ». Suit une date 1 Cipactli (Caïman), peut-être celle, réelle ou théorique, de son intronisation. De l'autre côté du roi, on parvient encore à reconnaître le glyphe de 1 Roseau. Cette date peut être interprétée de diverses façons. C'est le nom de calendrier de Quetzalcoatl, et c'est aussi l'année qui correspond à 1519, c'est-à-dire celle où arriva Cortez. Ensuite, Montezuma serait né cette même année et aurait eu exactement un « siècle » cinquante-deux ans plus tard. Enfin, dans la mythologie, 1 Roseau est, selon l'*Historia de los Mexicanos por sus pinturas* [24] — qui repose sur un document composé sous Montezuma —, la date de la première guerre sacrée.

De ces quatre interprétations possibles, laquelle est la bonne ? Il est peu probable que le glyphe indique l'année de naissance de Montezuma. Si l'empereur avait porté le même nom de calendrier que Quetzalcoatl, les chroniqueurs l'auraient souligné à l'envi, du moins ceux qui insistent sur la confusion entre Cortez et le Serpent à Plumes. De plus, les Aztèques n'avaient pas pour habitude d'inscrire le nom de calendrier des personnages historiques. Le glyphe renvoie encore à la question de l'âge de Montezuma. Il est déjà extraordinaire que Cortez soit arrivé l'année de la naissance de Quetzalcoatl. Il n'y avait qu'une chance sur cinquante-deux. Il est peu vraisemblable qu'en outre Montezuma soit né en cette année et qu'il ait accompli exactement un « siècle » en 1519. Cela ferait décidément trop de coïncidences !

Le glyphe désignerait-il alors l'année de la consécration du monument ? C'est probable. En 1519, Montezuma suivait pas à pas la progression des Blancs. Peut-être la date fait-elle allusion en même temps à la « renaissance » de Quetzalcoatl. La juxtaposition d'une image du roi-Xipe et de la date n'est pas sans signification à cet égard. Car, selon certaines versions, Xipe aurait été le compagnon de Quetzalcoatl à Tollan ! Cela dit, le choix de Xipe peut avoir été dicté par des considérations étrangères à Quetzalcoatl. D'ailleurs, un roi précédent au moins s'était fait représenter de cette manière.

Même si 1 Roseau renvoie à l'année de consécration et à Quetzalcoatl, l'hypothèse de la référence à la première guerre sacrée mythique n'est pour autant pas exclue. N'oublions pas que la date 1 Roseau fait pendant à 2 Roseau de l'autre côté de l'image du roi. On sait en effet que le déplacement de la fête du Feu nouveau, après la longue famine des années précédentes, avait été pour l'empereur l'occasion d'une sorte de recréation de la guerre fleurie, recréation que proclame le *Teocalli* de la guerre sacrée. Or, la principale « guerre sacrée », celle contre la vallée de Puebla, n'était-elle pas née exactement un siècle auparavant, au terme d'une autre famine catastrophique ? Si le relief représentant Montezuma date bien de 1519, faut-il y voir une preuve des angoisses de l'empereur ? Aurait-il vraiment fait sculpter ce monument parce qu'il sentait sa fin proche ? En tout cas, la *Chronique X* affirme que tous les souverains qui se firent représenter — Montezuma Ier, Axayacatl, Ahuitzotl — le firent lorsque, âgés ou malades, ils se crurent près de la mort. Voyant se concrétiser la menace venue de l'est, Montezuma s'inquiétait en effet de plus en plus du sort de son empire. Et du sien...

LA DEUXIÈME EXPÉDITION

Il craignait d'autant plus qu'en 1518 une seconde expédition espagnole avait atteint les confins de son empire et était entrée en contact avec lui. Lorsque le gouverneur de Cuba apprit que les terres nouvelles explorées par Córdoba recelaient de grandes richesses, il envoya aussitôt quatre caravelles et deux cents hommes, sous le commandement de son neveu Juan de Grijalva, pour faire du troc et explorer.

Leurs aventures nous sont connues principalement par deux textes : le rapport officiel établi par le chapelain de l'expédition, Juan Díaz, rapport qui fut publié dès 1520, et les mémoires de Bernal Díaz del Castillo, qui prétend avoir accompagné Grijalva. Mais Bernal Díaz écrit plus de trente ans après les faits. Il a certainement lu Juan Díaz et s'appuie fréquemment sur l'œuvre de Francisco López de Gómara, qui fut un temps le chapelain de Cortez et eut accès à de nombreux témoignages.

La flottille quitte Cuba le 18 avril 1518 et cingle vers le Yucatan. Lorsque la côte est en vue, on la longe vers le sud et on découvre l'île de Cozumel. Peu après, on rebrousse chemin vers le nord et on contourne la péninsule comme l'avait fait Córdoba. A Campeche, les Indiens laissent prendre eau et offrent quelques vivres et un peu d'or, notamment un masque de bois doré, tout en insistant pour que les étrangers s'en aillent. Le lendemain, ils se présentent nombreux et en armes. Grijalva leur fait comprendre qu'il partira le jour suivant. Dès le matin, à l'aube, les Mayas reviennent à la charge. Ils déposent par terre un encensoir et intiment l'ordre aux Espagnols de se retirer avant que l'encens ne soit consumé. Le délai écoulé, ils lancent une pluie de flèches. Grijalva fait donner son artillerie et tue trois Indiens. Les assaillants refluent. Plusieurs sont abattus par les arbalétriers. Les Espagnols les poursuivent, mais, emportés par leur élan, se divisent. Certains suivent le drapeau et d'autres le capitaine. Aussitôt, les Mayas réagissent et parviennent à tuer un ennemi et à en blesser quarante. Grâce à leur artillerie, les Espagnols peuvent se dégager et regagner leur camp. Le soir, les Indiens leur offrent la paix, mais les étrangers embarquent et mettent les voiles.

Lorsque l'expédition approche de Champoton, une nuée de canots surgissent, agressifs. Deux coups de canon suffisent à leur inspirer la prudence. La flottille continue vers Champoton, où on ne sait trop ce qui se passe. D'après le rapport officiel, les Espagnols ne s'arrêtent pas, instruits par l'expérience de Córdoba. Gómara, en revanche[25], parle d'une halte forcée pour faire de l'eau. Il s'ensuit une bataille où périt un certain Juan de Guetaria et où sont blessés cinquante Espagnols, sans compter que Grijalva y perd une dent et demie. Bernal Díaz suit Gómara et en rajoute. Outre Guetaria, deux Espagnols anonymes tombent et les blessés sont au nombre de soixante ; Grijalva perd deux dents et deux cents Indiens succombent[26]. Le fait est qu'il y eut à Champoton une petite escarmouche qui n'a dû faire de grands dégâts ni d'un côté ni de l'autre. Mais elle eut lieu seulement au retour de l'expédition[27] et Gómara a fait une confusion, reprise par Bernal Díaz qui pourtant, en sa qualité de témoin oculaire, prétend rectifier les erreurs du chapelain de Cortez !

AUX CONFINS DE L'EMPIRE

Le cabotage reprend vers le sud-ouest. On répare une douzaine de jours dans l'embouchure orientale de la lagune de Términos. L'endroit est baptisé Puerto Deseado. Puis on continue, sans soupçonner l'existence de l'important port de Xicalanco. Peu après, on atteint l'estuaire d'un puissant fleuve auquel est donné le nom de Grijalva. L'Indien y est hostile. Une pluie de flèches accueille l'expédition. Le lendemain, des gens de l'autre rive se dirigent à bord d'une centaine de grands canots vers les explorateurs et leur demandent ce qu'ils cherchent. Les Espagnols répondent par le truchement de leurs interprètes, les Mayas Julian et Melchor. Ils veulent faire du troc pour obtenir de l'or. En gage de leur bonne volonté, ils offrent quelques cadeaux. Le lendemain, ils reçoivent la visite d'un seigneur qui invite Grijalva dans son canot. Le capitaine accepte. A lieu alors une scène tout à fait étonnante. L'Indien fait habiller Grijalva « d'un corselet (cuirasse légère) d'or et de certains bracelets d'or, de brodequins jusqu'à mi-jambes pourvus d'ornements d'or, et sur la tête il lui mit une couronne d'or, sauf que ladite couronne était très subtilement travaillée de feuilles d'or ». Grijalva à son tour fait habiller le seigneur [28].

On pourrait croire que le vêtement d'or n'était qu'une réponse à la demande formulée par les Espagnols. Mais le seigneur devait-il pour autant *revêtir* le capitaine ? Et se déplacer spécialement pour cela ? Son attitude tranche singulièrement avec l'agressivité des Mayas de l'autre rive du fleuve. Lui cherche à connaître les intentions des étrangers et vient prendre contact avec eux. Il agit comme le feront plus tard les dignitaires au service de Montezuma. Les moyens dont il dispose semblent d'ailleurs dépasser de loin ceux d'un roitelet local. La tenue avec le corselet d'or (ou de bois doré ?) — et, selon une autre source [29], de nombreux éléments en or — paraît être un vêtement d'une qualité exceptionnelle. Il y a plus. Les Indiens du cru, des Chontals, ont reconnu parmi les explorateurs un Indien qui avait été capturé lors de la halte des Espagnols dans la lagune de Términos. Le seigneur souhaite le racheter et n'hésite pas, à cet effet, à proposer d'apporter le lendemain *son poids en or* ! « Mais Grijalva ne veut pas attendre... » Pourtant, l'or est rare dans la région. Plus tard, Cortez remportera ici une victoire importante et, pour l'apaiser, on ne pourra lui offrir qu'« environ 140 piastres d'or en objets divers, pièces si petites et si minces qu'il nous parut bien que le pays devait être pauvre en or et que le peu qui s'y trouvait devait avoir été apporté au moyen d'échange [30] ».

Payer, pour libérer un individu d'une autre région, son poids en or, alors que ce métal est rare, est ahurissant. Il est certes possible de négliger l'épisode en considérant que les interprètes, à peine formés, ont mal traduit et que les Espagnols, ou certains d'entre eux du moins, ont compris ce qu'ils voulaient entendre. Grijalva, d'ailleurs, ne semble pas y avoir trop cru. Il a décampé. Parce qu'il craignait un piège ? Ou simplement, comme le dit Bernal Díaz, parce que des vents du nord mettaient en péril les deux grands navires de l'expédition ? Mais en supposant qu'on ait vraiment offert le poids de l'Indien en or, comme l'affirme Juan Díaz, la chose ne s'explique que si l'individu présente un intérêt tout particulier et que ceux qui veulent le récupérer disposent de grandes réserves. Or l'Indien, apparemment, était anodin. S'il avait été un personnage important, Juan Díaz l'aurait signalé. Quel intérêt pouvait-il dès lors présenter ? On n'en voit qu'un seul : celui d'avoir vécu parmi les étrangers et donc de pouvoir donner des informations à leur sujet. Celui qui était prêt à payer si cher devait vraiment être très désireux d'en savoir plus. Et l'on songe évidemment à Montezuma.

Mais l'empereur avait-il quelque autorité sur la région ? La plupart des historiens modernes répondent par la négative [31]. L'évêque du Yucatan, Diego de Landa, affirme pourtant qu'il y avait des garnisons mexicaines à Tabasco — tout près du lieu de la rencontre avec Grijalva — et à Xicalanco [32]. D'autre part, un certain Giraldo Díaz de Alpachc, mari d'une nièce de Montezuma, rapporte que l'empereur avait envoyé son frère pour conquérir la région de Xicalanco et que celui-ci établit sa base de départ à Xicalanco. La *Relación de la Villa de Santa María de la Victoria*, c'est-à-dire Potonchan, la cité devant laquelle eut lieu la rencontre entre le seigneur et Grijalva, confirme. Xicalanco y est en effet qualifié de « frontière de Montezuma » et l'auteur précise qu'il y avait des garnisons à Cimatlan et Xicalanco. Une partie de la province parlait nahuatl [33].

« Frontière de Montezuma » : c'est exactement ce qu'affirme Juan Díaz dans son rapport. Après avoir quitté Puerto Deseado, l'expédition entame l'exploration « d'une autre terre qui s'appelle Mulua » — entendons Culúa, les Colhuas, nom par lequel sont désignés les Mexicas ! Nous sommes le 8 juin 1518 et aussitôt après les Espagnols découvrent le rio Tabasco ou Grijalva... Et quand ils interrogent les Mayas du rio Tabasco ou Grijalva sur l'or, ceux-ci répondent en clamant : « Culúa, Culúa, Mexico, Mexico [34] ! »

Il paraît donc clair qu'une partie de la région au moins se trouvait sous contrôle mexicain, ce qui s'explique d'ailleurs par l'importance de Xicalanco. Dans cette cité même, il y avait des marchands aztèques, probablement regroupés dans un quartier à eux, et sans doute des guerriers mexicas établis depuis peu. C'est vraisemblablement de là que venait le seigneur et c'est des entrepôts de Xicalanco que provenaient les riches atours offerts à Grijalva et que devait venir, le jour suivant, la grande quantité d'or promise.

Si une partie de la région appartenait à Montezuma, tout s'éclaire. Depuis Córdoba au moins, Montezuma suivait de près ce qui se passait à l'est. Peut-être fut-ce même pour mieux surveiller la situation qu'il envoya son frère à Xicalanco. Lorsque surgit Grijalva, le seigneur agit sur ordre, cherchant à tout prix à obtenir le plus de renseignements possible. L'épisode est extrêmement révélateur de l'inquiétude de l'empereur et de l'importance qu'il accorde à ces événements.

Autre fait significatif, Grijalva est traité quasiment comme un dieu. Lors de certaines cérémonies, les rois et les seigneurs aztèques avaient en effet coutume de procéder à l'habillage de la divinité célébrée, ou du moins de son image[35]. Nous verrons que Cortez sera lui aussi revêtu d'atours, dont les informateurs indiens disent clairement qu'ils étaient divins.

Reste à savoir à quel dieu appartenait la tenue dont fut affublé le capitaine. Comme les Espagnols étaient avides d'or, « excrément du soleil » pour les Aztèques, et qu'ils venaient du côté du soleil levant, a-t-on voulu marquer leur parenté avec l'astre en vêtant d'or Grijalva ? Mais la tenue, et en particulier le corselet d'or ou doré, évoque surtout Xipe Totec. Celui-ci était notamment le patron des orfèvres et, dans l'hymne qui lui est consacré, on le prie de passer son « vêtement d'or[36] ». La peau dont il se revêtait formait une sorte de corselet jaune — tenue, on l'a vu, qu'enfilait volontiers l'empereur. Est-ce pour cela, comme s'il s'agissait d'un égal, que Montezuma la fait offrir ? Ou parce que, d'après son hymne, Xipe est le guerrier qui marche à la tête des autres ? Ou, mieux encore, parce qu'à Tollan, Xipe, sous l'aspect de Huemac, fut le compagnon de Quetzalcoatl à la fin de l'empire toltèque ? Ou pour toutes ces raisons à la fois ?

Quoi qu'il en soit, Grijalva ne reçut pas seulement les atours de Xipe. Oviedo et Gómara donnent la liste complète des cadeaux, copiée peut-être d'une annexe perdue du rapport de Juan Díaz[37].

Ils énumèrent quatre masques à mosaïques de turquoises, quatre médaillons de plaques dorées, quatre boucliers à plaque d'or et décor de plumes, de nombreux bijoux d'or, des panaches, deux genouillères de bois avec des plaquettes d'or, une jaquette de plumes et divers vêtements de coton. On a l'impression qu'il y avait quatre tenues, pour quatre dieux différents. Or, Cortez recevra les vêtements de quatre dieux.

LES PREMIÈRES AMBASSADES

Plutôt que d'échanger l'Indien capturé contre son poids en or, Grijalva prend donc le large. L'expédition poursuit vers l'ouest en longeant la côte. Elle dépasse le rio Dos Bocas et continue à caboter, jusqu'à une région où l'on aperçoit, l'une après l'autre, de nombreuses fumées, qui paraissent autant de signaux. Le déplacement des navires est observé de près par les indigènes. Ceux-ci sont en émoi. Plus loin, près d'une cité, ils se pressent nombreux sur la plage, les hommes armés et en grand apparat, les femmes somptueusement parées, et suivent le navire qui s'approche le plus de la côte. Les Espagnols atteignent le cap d'un îlot et prennent terre (18 juin). C'est l'Ile des Sacrifices, appelée ainsi en raison des victimes immolées qu'ils découvrent dans le temple abandonné. L'édifice est rond. Sur la terrasse qui le couronne se trouvent une sculpture en forme de jaguar faisant fonction d'encensoir et un récipient de pierre contenant du sang humain. De l'autre côté, une statue de divinité et, devant elle, à proximité de deux bannières, les corps sacrifiés de quatre Indiens. Deux d'entre eux sont très jeunes et paraissent morts depuis une vingtaine de jours, les deux autres depuis trois jours seulement. Tout près, une plate-forme d'exposition de crânes et des autels de sacrifice.

Les mises à mort sont-elles liées à l'arrivée des Espagnols ? La question s'imposerait, surtout lorsque l'on sait que les temples ronds étaient habituellement dédiés à Quetzalcoatl-Ehecatl, mais Díaz précise que les morts n'étaient pas récentes. La scène est d'ailleurs des plus étonnantes. D'habitude, les Aztèques n'abandonnent pas ainsi les corps des victimes et ils ne les laissent certainement pas pourrir sur place. Ils les mangent ou les ensevelissent en des endroits prévus à cet effet. Lors de certains rites pourtant, on laissait pourrir dans le temple les offrandes et la nourriture destinées au dieu [38]. Peut-être s'agit-il ici d'une variante rituelle locale. Les Espagnols sont arrivés le 18 juin. Or, le 12, c'était la fête d'Etzalcualiztli, consacrée au dieu de la terre et de la pluie Tlaloc [39]. Les victimes les plus récentes ont dû être immolées à cette occasion et les autres vingt jours avant, soit lors de la fête de Toxcatl, dédiée à Tezcatlipoca.

Le lendemain, les Espagnols aperçoivent sur la terre ferme de nombreux Indiens agitant des bannières blanches. Grijalva envoie Francisco de Montejo, le futur conquérant du Yucatan, pour tenter de savoir ce qu'ils veulent. Montejo débarque avec un Indien « de cette province » comme interprète (on se demande d'où il vient et comment il pouvait se faire entendre des Espagnols ou de leurs vagues interprètes mayas). Il se voit offrir de belles mantes de couleur et demande évidemment de l'or. On lui en promet pour l'après-midi et il s'en retourne. Peu après, trois Indiens viennent en canot avec des étoffes supplémentaires et la promesse d'or pour le lendemain.

Ce jour-là, les Indiens reparaissent avec des bannières blanches et appellent le capitaine. Grijalva descend à terre. Il baptise la terre « Sanct Joan » (San Juan) et en prend possession. Les Indiens totonaques couvrent le sol de rameaux verts pour permettre aux Espagnols de s'asseoir et leur offrent des cigares, du maïs moulu et des gâteaux de dindon. Ceux-ci ont fort bonne mine, mais, comme c'est vendredi, les Espagnols n'y touchent pas, ce qui ne manque assurément pas d'inquiéter leurs hôtes.

Tous ces détails sont très significatifs. A partir du moment où les Espagnols sont arrivés en vue de territoires appartenant depuis longtemps à l'empire, ils sont annoncés, observés, suivis, attendus. Les habitants de la côte ont dû recevoir l'ordre de Montezuma d'être à l'affût, à l'instar des riverains du rio Grijalva ; il est probable aussi que ceux-ci aient averti Mexico et les cites proches du golfe du Mexique [40].

Très vite d'ailleurs, des personnages importants se présentent et font de grandes démonstrations d'amitié. Ce sont le *huey calpixqui* (grand intendant, gouverneur) Pinotl de Cuetlaxtlan, le *calpixqui* Yaotzin de Mictlancuauhtla, un Teocinyatèque, ainsi que deux capitaines de la suite de Pinotl, Cuitlalpitoc et Tentlilli. On remarque surtout les plus assidus, deux seigneurs qui paraissent père et fils — probablement Tentlilli et Cuitlalpitoc [41]. Les Espagnols sont comblés de dons : mantes polychromes, sculptures de bois recouvertes de mosaïques, statues de pierre ou d'or, bijoux de pierres semi-précieuses ou d'or, cinq masques de pierre recouverts d'or... Ils offrent en échange des vêtements européens, des miroirs, de la verroterie, des couteaux, des peignes, des aiguilles, etc. « Mais tout ce qu'on leur donna ne valait pas quatre ou cinq ducats en Castille, et ce qu'eux donnèrent en valait plus de mille. » Lorsque les visiteurs demandent de l'or en barres, on leur en apporte. Tentlilli et Cuitlalpitoc leur témoignent beaucoup d'amour — *dixit* Juan Díaz — et veillent à ce que, chaque matin, on dispose pour eux tous des abris contre le soleil et la pluie [42].

Le troc et les excellentes relations durent plusieurs jours. Puis, refusant de fonder un établissement — ses ordres ne le lui permettent pas —, Grijalva décide de repartir. On est le 24 juin. Embrassades générales et émues. Le capitaine reçoit, en guise de cadeau d'adieu, une jeune Indienne très richement vêtue. On appareille enfin. Pedro de Alvarado est renvoyé vers Cuba avec une partie de la troupe, les malades, l'or, la jeune fille et un rapport destiné à Velázquez, le gouverneur de Cuba. Grijalva, lui, continue vers le nord. Plus loin, des canots viennent encore à sa rencontre pour l'inviter à terre. L'expédition reprend la mer pendant quelques jours. Probablement au large de Tochpan, dans la Huasteca, elle se fait attaquer par une flottille de canots. Une bordée envoie par le fond un canot, tue deux Indiens et disperse les autres. Un fort courant empêchant de pousser plus avant, Grijalva fait demi-tour. Le retour est sans histoire, malgré une escarmouche à Champoton, et l'on troque quand on en a l'occasion [43].

« ILS PENSAIENT QUE C'ÉTAIT LUI, NOTRE VÉNÉRÉ PRINCE QUETZAL-COATL, QUI ÉTAIT ARRIVÉ... »

Pour les premiers contacts entre Indiens et Espagnols, nous nous sommes appuyés essentiellement sur les versions espagnoles. Reste à savoir ce qui se passait à Mexico. Malheureusement, les sources indiennes sont si vagues et si peu fiables qu'elles sont pour ainsi dire inutilisables. Mais elles permettent d'éclairer la légende qui s'est formée contre Montezuma et l'interprétation qui fut faite des événements en termes de fin du Soleil aztèque.

C'est surtout la *Chronique X* qui est sujette à caution. Elle prétend relater les événements en détail, mais mélange tout et brode effrontément. Deux faits principaux permettent d'en juger. D'abord, le ou les auteurs confondent les arrivées de Grijalva et de Cortez. Nous les verrons en effet parler de l'interprète indienne du capitaine, c'est-à-dire Marina, alors que celle-ci n'entre en scène que l'année suivante. Grijalva n'avait pas de bon moyen de communication avec les Indiens. Ensuite, la *Chronique* multiplie les allées et venues entre Mexico et la côte. Un habitant de la côte vient à Mexico annoncer l'arrivée des Blancs. Des observateurs se rendent sur place, envoyés par Montezuma. Ils reviennent faire rapport. Montezuma les renvoie sur la côte, d'où ils verront repartir les Espagnols. Au total donc, quatre déplacements, de 450 kilomètres chacun. Comme il s'agit des mêmes personnes qui voyagent et non de messagers qui se relaient de façon ininterrompue, elles ne peuvent parcourir que 50 kilomètres par jour. Rien que pour les quatre voyages, il leur aurait donc fallu au moins trente-six jours. Mais les Espagnols ne sont restés que peu de temps, dix jours selon Juan Díaz, du 18 au 24 juin pour Oviedo ! Ce qui suit est donc matériellement impossible.

Or donc, selon la légende [44], un Indien sans oreilles ni pouces ni gros orteils se rend chez l'empereur. Il dit venir de Mictlancuauhtla, un centre situé sur la côte du golfe du Mexique, non loin de Veracruz [45]. Cela, selon la version de Tezozomoc. Durán, lui, dit que l'homme vient des régions infernales. En fait, il ne comprend pas que Mictlancuauhtla est un nom de lieu réel et il en traduit une partie : *mictlan*, lieu des morts ! C'est beaucoup plus évocateur, cela explique l'apparence inquiétante de l'individu et, enfin, cela sent le souffre, comme toutes ces histoires surnaturelles dans lesquelles le diable a certainement sa part !

L'homme vient raconter ce qu'il a vu en se promenant le long de l'eau. Quelque chose d'admirable et d'épouvantable, comme une montagne ronde qui se déplace de part et d'autre. Il doit absolument en informer l'empereur ! Celui-ci, ingrat, fait boucler le phénomène en attendant confirmation. Il mande le seigneur-prêtre *(teuctlamacazqui)* Tlillancalqui, accompagné d'un serviteur appelé Cuitlalpitoc, pour vérifier les faits et blâmer les autorités de Cuetlaxtlan et de la côte pour leur grande négligence. Rendus à Cuetlaxtlan, les envoyés informent des événements le *huey calpixqui* Pinotl, qui aussitôt mande des observateurs sur les lieux.

Ceux-ci confirment. Voulant en avoir le cœur net pour établir un rapport circonstancié, Tlillancalqui et Cuitlalpitoc se rendent sur place. Perchés dans un arbre, ils regardent et font reproduire la scène par dessin. Puis ils se hâtent de rentrer à Mexico. A l'empereur atterré, ils décrivent les « hommes blancs, blancs de visage et de mains, ayant la barbe très longue et fournie et vêtus de toutes les couleurs : blanc, jaune et rouge, vert et bleu et violet : enfin, de toutes les couleurs. Et ils ont sur la tête une couverture ronde ».

Montezuma en est comme foudroyé. Il ordonne de relâcher l'Indien de Mictlancuauhtla, mais celui-ci, évidemment un nécromancien, comme tous ces gens de la côte, a disparu sans laisser de traces. Puis il fait convoquer des maîtres artisans : deux orfèvres, deux plumassiers et deux lapidaires, qu'il charge d'exécuter dans le palais un certain nombre de splendides parures et de joyaux pour les offrir aux êtres blancs et barbus. Le seigneur-prêtre est chargé d'aller les porter et, surtout, de recueillir des informations sur leur chef. Il importe de savoir « si c'est celui que nos ancêtres appelaient Topiltzin et, de son autre nom, Quetzalcoatl, dont nos histoires disent qu'il s'en fut de cette terre après avoir annoncé que lui ou son fils reviendrait y régner et posséder l'or et l'argent et les joyaux qu'il laissa enfermés dans les montagnes, ainsi que toutes les autres richesses que nous possédons actuellement ». S'il s'agit bien de lui, c'est qu'il est revenu « pour jouir de ce qui lui appartient : car ce trône, ce siège et cette majesté sont à lui et je ne les ai qu'en prêt ».

Comment savoir si le chef est vraiment le Serpent à Plumes ? En lui offrant à manger. S'il accepte et que la nourriture lui plaît, c'est qu'il la reconnaît comme de son pays et qu'il est donc le dieu. Dans ce cas, il faut le parer des atours et des joyaux, et lui dire que Montezuma le supplie de le laisser mourir et de ne reprendre son royaume qu'ensuite.

Les dangers de la mission n'échappent pas à l'empereur, surtout si les inconnus sont des dieux. Il s'efforce de rassurer ses ambassadeurs. Si les Blancs préfèrent de la chair humaine, qu'ils se laissent manger sans scrupule, l'empereur se chargera de leurs familles qu'il comblera de biens et d'honneurs.

Le *teuctlamacazqui* Tlillancalqui et sa suite repartent en secret et vont déposer les offrandes de nourriture sur les plages du Golfe. Puis ils grimpent dans leur arbre pour observer la suite des événements. Sans succès. Les Espagnols se contentent d'aller pêcher. Le lendemain, à l'aube, les ambassadeurs placent les vivres là où les étrangers s'assoient pour pêcher. Lorsqu'ils les aperçoivent, ils leur signifient de tout emporter et les accompagnent à bord. Une fois passée leur stupéfaction devant toutes ces choses qui leur paraissent plus divines qu'humaines, ils entrent en contact avec le chef par le truchement d'une Indienne qui parle nahuatl et espagnol.

Cuitlalpitoc observe les Espagnols. Durán, *Historia...*, 1867-1880.

D'abord, Tlillancalqui et Cuitlalpitoc remettent les cadeaux, au nom de Montezuma de Mexico. A l'Indienne qui leur demande ce qu'ils veulent, le seigneur-prêtre répond : « Madame, je viens demander à ce seigneur le motif de sa bonne visite, où il va, quelles sont ses intentions et ce qu'il cherche. » La femme rétorque : « Le seigneur de ces gens dit qu'il vient voir et saluer ton seigneur Motecuhzoma et qu'il n'a pas d'autre intention que d'aller à Mexico, de le saluer et de le remercier de ce présent ainsi que de l'honneur qui lui est fait. » L'ambassadeur transmet alors le message de l'empereur et insiste pour que Grijalva mange ce qu'il a apporté. L'interprète le rassure : « Ces dieux disent qu'ils lui baisent les mains et qu'ils le mangeront. Mais étant donné qu'ils ne sont pas accoutumés à ces mets, goûtez, vous d'abord, et ensuite nous les mangerons nous. » Les Mexicas obtempèrent, bientôt imités par les Espagnols qui dévorent avec un bel appétit les affriolantes dindes rôties, les galettes de maïs et le ragoût, le tout arrosé de cacao. En échange, les Mexicas reçoivent du biscuit, du lard, quelques morceaux de viande et du vin, qu'ils apprécient fort. Le lendemain, on leur donne en sus de la verroterie et des babioles. Mais ce qui les réjouit au plus haut point est la promesse du capitaine de s'en aller. Même s'il ajoute qu'il reviendra et sera heureux de retrouver Montezuma toujours en vie.

Quelques jours après, à Mexico-Tenochtitlan, les ambassadeurs font leur rapport et montrent ce qu'ils ont reçu, notamment un morceau de biscuit. Montezuma le fait goûter par ses bossus. Lui-même en prend et constate que le goût n'est pas infernal. Sur son ordre, on met ce qui reste dans un vase bleu et on le porte dans le temple de Huitzilopochtli. Des prêtres placent le récipient dans le grand *cuauhxicalli*, le gigantesque vase sacrificiel de pierre, et l'encensent. Puis on le porte solennellement à Tula. Là, dans le temple de Quetzalcoatl, on l'encense derechef et on lui sacrifie des cailles. Enveloppé de riches tissus, le vase est placé dans un coffre de pierre qui est enseveli dans la pyramide. Les colliers de verroterie sont enterrés à Mexico, aux pieds de la statue de Huitzilopochtli. Montezuma est maintenant fixé : « En vérité, il m'a fait une grande grâce, le seigneur Quetzalcoatl, celui qui était et résidait avec nous à Tula, et je crois qu'il est véritablement Ce Acatl [1 Roseau] et Nacxitl [autre nom de Quetzalcoatl], qui, il y a plus de trois cents ans, s'en fut au ciel et en enfer. » Les ambassadeurs sont comblés de dons. Le *teuctlamacazqui* reçoit tout le tribut de Tochpan, Tziuhcoac, Itzcuincuitlapilco, Tochtepec et Oztoman ; et, paraît-il, ces cités seront siennes pour toujours [46] !

Il s'agit maintenant pour l'empereur d'éviter que ne s'installe la panique et d'interpréter exactement les renseignements reçus. Ceux qui sont au courant des événements survenus sur la côte ne doivent en souffler mot, sous peine de mort pour eux et pour leur lignage et de destruction de leurs biens. Puis, sous le sceau du secret le plus total, Montezuma fait interroger les personnes les plus âgées de la cité, mais nul ne sait quoi que ce soit sur les intrus. Il questionne alors les savants.

Un spécialiste de la peinture rouge et noire, c'est-à-dire des codex figuratifs, est chargé de représenter les Espagnols et leurs navires d'après les descriptions de Tlillancalqui. Ses dessins sont soumis aux sages un peu partout dans le pays. Quelqu'un a-t-il jamais vu, dans quelque livre ancien, des êtres et des choses comparables ? Les Malinalcas exhibent un manuscrit où figurent des hommes semblables à des cyclopes et d'autres qui n'ont qu'un seul pied, mais si grand que, lorsqu'ils s'étendent, ils s'en font un parasol ; leurs énormes oreilles leur servent de couvertures et ils ont la tête dans la poitrine. Aux dires des ancêtres des Malinalcas, ces gens viendraient s'emparer du pays. Les scribes de la région de Cuauhnahuac (Cuernavaca), eux, parlent d'êtres mi-hommes, mi-poissons. Les renseignements de Cuitlahuac et Mizquic sont attendus avec un intérêt bien plus grand. Les habitants de ces cités des *chinampas* seraient en effet apparentés aux Toltèques. D'après eux, les fils de Quetzalcoatl doivent venir dominer le pays et recouvrer tous leurs biens. Mais l'aspect qu'ont ces hommes dans les codex chinampanèques ne correspond pas à celui des Espagnols.

Reste Xochimilco, où Tlillancalqui connaît un vieillard particulièrement érudit appelé Quilaztli. Celui-ci se présente avec ses livres qui contiennent les révélations que la divinité patronne de la cité fit aux porteurs de son image pendant ses pérégrinations. Cette divinité est du plus haut intérêt. Elle porte le même nom que le vieux sage : Quilaztli (« Qui fait augmenter les légumes »), mieux connue sous le nom de Cihuacoatl, « Serpent Femelle »[47]. Ses aspects sont multiples. On la connaît tout d'abord comme déesse tellurique. La Terre, à l'aube des temps, avait, en mourant, donné naissance aux plantes et avait exigé en échange du sang et des cœurs. Aussi, Cihuacoatl venait au marché et y abandonnait un berceau qui contenait un couteau de silex, signifiant par là qu'il lui fallait des sacrifices humains. Ou bien, elle pleurait la nuit dans les rues pour recevoir sa nourriture. Serpent Femelle pouvait aussi apparaître au marché comme une belle jeune fille qui séduisait les jeunes gens et les tuait après s'être unie à eux. Elle était la mère du genre humain, la patronne des accouchements et des femmes mortes en couches et, dès lors, la guerrière héroïque. Elle pouvait prendre l'aspect tantôt d'une bête féroce ou d'un serpent, tantôt au contraire d'un cerf, et on la disait aigle. Sa demeure est le Tlillan, le noir, ce qui nous rappelle le seigneur-prêtre Tlillancalqui, « celui de la maison noire[48] ». Terre, femme et mère, elle symbolise les autochtones ; si elle est guerrière, c'est aussi en tant que défenseur de son territoire. Au plan politique, c'est le vice-roi ou *cihuacoatl* qui représente les habitants les plus anciens de la cité.

Autre aspect important de la déesse pour notre propos, ses

liens de parenté. Mère du genre humain, c'est elle qui a moulu les os rapportés de l'enfer par Quetzalcoatl. On la dit du reste épouse du seigneur de l'enfer. C'est elle qui a élevé le jeune Quetzalcoatl après la mort de sa mère. Et elle semble correspondre à la mère ou à l'épouse de Mixcoatl, père de Quetzalcoatl. Enfin, les Mexicas la qualifient de mère ou de sœur de Huitzilopochtli et le Tlillan était situé dans le temple du dieu solaire.

C'est donc cette Cihuacoatl si proche de Quetzalcoatl qui avait fait les révélations contenues dans le livre du vieux Quilaztli. Celui-ci n'était-il pas idéalement placé pour éclairer l'empereur sur les rapports entre les intrus blancs et Quetzalcoatl ? Les deux informateurs principaux de Montezuma sont d'ailleurs l'un et l'autre étroitement associés à Cihuacoatl. Le seigneur-prêtre Tlillancalqui, celui de la *maison* de la déesse, de son lieu d'ancrage dans la terre, rapporte ce qui se passe présentement. Quilaztli — la déesse même — informe sur le passé et sur les mythes. Les incarnations des autochtones surveillent les intrus.

Les propos du vieux savant ne laissent pas d'étonner. On verra venir de la mer céleste orientale des gens à têtes de serpents ou de grands poissons et à « pieds de chenilles ». D'autres n'auront qu'un pied ou seront montés sur des aigles ou de grands serpents sur lesquels ils mangeront et dormiront[49]. Puis viendront des gens ayant la tête dans la poitrine. Mais les tout premiers à arriver seront des individus tout blancs et à longue barbe, vêtus de façon variée et colorée, coiffés de petites « terrines » et montés sur de grands cerfs. Ils viendront dans de grandes demeures, comme des montagnes de bois...

A l'appui de ses dires, Quilaztli exhibe un très vieux document où sont figurés ces Blancs, leurs nefs et leurs montures, dont certaines sont des aigles. Voyant cela, l'empereur effondré se met à pleurer d'angoisse. Il explique au sage ce qui s'est passé sur la côte et poursuit : « Mais une chose me console, c'est que je leur ai envoyé un présent et les ai suppliés qu'ils partent. Ils m'ont obéi et s'en sont allés. J'ignore s'ils reviendront. » Quilaztli rétorque que dans un ou deux ans, trois ou quatre au plus, les Blancs seront de retour. Montezuma décide alors de faire surveiller les côtes et de garder auprès de lui, pour le consulter toujours, un personnage aussi bien informé que ce Quilaztli. Désormais, l'« Autochtonie » sera comme son ombre...

Deux années passent et rien ne se produit. Alors l'empereur retrouve son entrain et son orgueil. Il ne craint même plus les dieux. Tyrannisant les cités, il destitue leurs souverains et les remplace par ses parents : son neveu Oquizqui à Azcapotzalco, un autre neveu, Huanitl, à Ecatepec, un troisième, Omacatl, à Xochimilco, et son fils Acamapichtli à Tenayuca[50]. Légende, donc, pour l'essentiel, que le récit de la *Chronique X*. Les allées et venues sont impossibles, il n'y eut pas d'interprète — et certainement pas doña Marina — et donc pas de dialogue. Montezuma n'a pas eu besoin de l'Indien mystérieux de Mictlancuauhtla pour apprendre ce qui se passait sur la côte. Ce ne sont pas ses ambassadeurs, mais des responsables locaux qui sont entrés en contact avec les étrangers. Une autre version indienne des événements, recueillie par Sahagún, le dit explicitement. Les noms de Tlillancalqui et de Quilaztli sont lourds de sens. Enfin, le bestiaire fantastique — cyclopes, sirènes, hommes à pied-parasol ou à oreilles-couvertures, etc. — rappelle davantage le merveilleux occidental que les codex précolombiens. Pline le décrit, saint Augustin en parle dans sa *Cité de Dieu* (16, 8), le Moyen Age en a hérité et on le retrouve sur des cartes d'Afrique à cette époque. Tezozomoc situe d'ailleurs lui-même les hommes à pied-parasol dans les « déserts d'Arabie[51] » !

Le texte est une fabrication qui combine des données de deux arrivées successives, celle de Grijalva et celle de Cortez. Il vise encore à montrer l'angoisse de Montezuma, cette peur paralysante qui, aux yeux des chroniqueurs, le mène lui et l'empire à sa perte. Il faut montrer en outre qu'une fois l'alerte passée, son orgueil le reprend de plus belle. Et cette fabrication est inconsciemment structurée par le mythe, comme en témoigne l'association de Montezuma à des personnages symbolisant la terre des autochtones.

Le récit contient des déformations voulues et des éléments légendaires ou mythiques. Il télescope les événements. Mais il présente aussi des éléments authentiques, appartenant davantage au voyage de Cortez qu'à celui de Grijalva. Les appréhensions de l'empereur, sa peur, sont réelles. Ne fait-il pas observer la mer depuis longtemps ? Et n'a-t-il pas fait faire son portrait à Chapultepec ? Qu'il cherche à comprendre et qu'il s'informe de toutes parts est tout aussi vraisemblable. Si nous entendions de vagues rumeurs au sujet de dangereux extraterrestres débarqués en un coin éloigné de la planète, nous tremblerions également — qu'on se rappelle la panique déclenchée à New York par le feuilleton radiophonique d'Orson Welles, *La Guerre des mondes*

— et nous interrogerions aussi bien les scientifiques que les romans de science-fiction pour tenter de comprendre et savoir comment réagir. Dans la même optique, l'anecdote du biscuit est crédible, comme l'est l'offrande de nourriture pour savoir à qui on a affaire. Nous en aurons confirmation. Reste à déterminer l'authenticité d'un autre épisode du récit, essentiel celui-là : l'attente du retour de Quetzalcoatl. Montezuma ou ses dignitaires croyaient-ils vraiment, comme l'affirment les informateurs de Sahagún, « que c'était lui, notre vénéré prince Quetzalcoatl, qui était arrivé [52] » ?

CHAPITRE XI

Le Serpent à Plumes

LE RETOUR DE QUETZALCOATL

D'après les informateurs de Sahagún, en voyant Grijalva et ses hommes, Pinotl de Cuetlaxtlan, Yaotzin de Mictlancuauhtla, l'intendant de Teocinyocan, Cuitlalpitoc et Tentlilli auraient donc cru que Quetzalcoatl était de retour. La *Chronique X*, de son côté, dit que Montezuma veut savoir si les étrangers appartiennent à ce Topiltzin-Quetzalcoatl qui s'en est allé en proclamant que lui ou son fils viendrait reprendre possession du pays et y régner, ce Quetzalcoatl dont il emprunte seulement le trône. L'annonce du retour de Quetzalcoatl serait aussi consignée dans les livres des Chinampanèques de Cuitlahuac, Mizquic et Xochimilco...

La croyance en ce retour annoncé aurait grandement facilité la Conquête en démoralisant les Aztèques et tout particulièrement Montezuma, que certains dépeignent comme une « sorte d'Hamlet exotique », « intoxiqué du poison mortel de la désespérance [1] ». Elle a pourtant été contestée par plusieurs auteurs révisionnistes qui ont vu dans le mythe de Quetzalcoatl une « légende postcortésienne », voire une fabrication du conquistador lui-même. Celui-ci aurait voulu montrer par là que la souveraineté espagnole sur le Mexique était bien antérieure à son arrivée [2].

Disons d'entrée de jeu que ces thèses ne sont pas démontrées, surtout en ce qui concerne le rôle de Cortez. Les sources espagnoles indiquent clairement que, tout au long de sa marche vers Mexico, il ne s'est jamais réclamé de Quetzalcoatl, en dépit des perches qui lui furent tendues à mainte reprise.

Le mythe de Quetzalcoatl a été exposé dans le prologue. Il a sa logique et forme une partie essentielle de la conception du

monde et de la pensée des anciens Mésoaméricains. On en trouve
des variantes chez d'autres populations, par exemple les Mayas.
Il n'est donc pas question de nier son caractère préhispanique.
Mais il est évident que le mythe a fait l'objet de réinterprétations
à l'époque coloniale. Notamment parce que Cortez a été alors
confondu avec le Serpent à Plumes. Du coup, on a fait du dieu
un Blanc. Et un barbu, surtout qu'il est parfois figuré ainsi dans
certains codex anciens. Puis, comme on le disait prêtre et pieux
à la fin de sa vie, et victime du sombre Tezcatlipoca, certains y
ont vu un chrétien, voire un missionnaire — Durán, par exemple,
parle de l'apôtre Thomas, saint Thomas des Indes —, ou même
le Christ en personne. L'absence de mort et de sacrifices humains
dans le Tollan paradisiaque du déclin fut interprétée comme une
opposition du dieu aux sacrifices, et sa fuite comme une victoire
du parti des sacrificateurs, mené par Tezcatlipoca ! On crut bon
aussi de mettre dans la bouche du réformateur vaincu l'annonce
de son retour[3].

Le manuscrit du jésuite Juan de Tovar est des plus instructifs
à cet égard[4]. Il explique que dès que les Aztèques apprirent
l'arrivée des Espagnols, ils s'accordèrent pour y voir le retour de
Quetzalcoatl, « parti depuis longtemps, loin sur la mer, du côté
où le soleil se lève [...] ; il avait dit qu'il reviendrait au bout
d'un certain temps et qu'il fallait aller le recevoir en lui portant
en présent toutes les richesses de ce pays, car il lui appartenait
et c'était son empire ».

Puis Tovar résume l'« histoire » de Quetzalcoatl : « Et pour que
cela soit mieux compris, il faut rappeler qu'il y a eu dans ce
pays, dans les temps passés, un homme qui, selon la relation qui
en a été conservée [celle de Durán ?], fut un très saint homme,
au point que beaucoup assurent que ce fut un saint, qui arriva
en quelque port de cette contrée pour annoncer le Saint Évangile,
car ses jeûnes et ses pénitences, ses veilles et ses prédications
contre tous les vices, qu'il flétrissait sévèrement en exhortant à la
vertu, étaient dignes en tout point d'un saint de l'Évangile ; et
qui plus est, on assure qu'il n'était pas idolâtre, mais qu'il haïssait
au contraire les idoles et les rites cruels et les fausses cérémonies
qu'ils avaient, raison pour laquelle on dit qu'il fut beaucoup
persécuté, à tel point qu'il dut quitter ce pays par la mer, en
ayant dit qu'il reviendrait, lui ou d'autres qui vengeraient les
crimes qui se commettaient contre Dieu dans ce pays. [...] Les
Mexicains avaient cet homme en grande vénération, car on dit

qu'il avait fait beaucoup de miracles et sa vertu était telle qu'on le tenait pour surhumain ; et on disait qu'il était l'authentique seigneur et empereur de tout ce pays, envoyé de Dieu. »

On sait actuellement que Quetzalcoatl ne fut ni un Blanc ni un réformateur religieux, qu'il n'annonça pas son retour et, même, qu'il n'exista jamais que dans l'imaginaire mythique des Mésoaméricains. Ce furent les intérêts conjugués des Espagnols et des Indiens qui lui donnèrent cette allure plus ou moins prononcée de missionnaire occidental. Du côté espagnol, soit pour réclamer son héritage et justifier le nouveau pouvoir, soit, dans le chef des missionnaires, pour montrer que les Indiens étaient chrétiens depuis aussi longtemps que les Espagnols eux-mêmes et donc dignes d'intérêt et de clémence. Du côté indien, pour les mêmes raisons que les missionnaires et pour faire croire qu'au Mexique aussi des voix s'étaient élevées depuis longtemps pour dénoncer les crimes monstrueux qu'étaient les sacrifices humains.

Quetzalcoatl n'a pas annoncé son retour à la fin de sa vie, c'est vrai. Mais il n'avait pas besoin de le faire : ce retour allait de soi. Souvenons-nous que, pour les Indiens, les âges du monde ou « Soleils » étaient l'enjeu d'une lutte constante entre Tezcatlipoca et Quetzalcoatl, qui alternaient au pouvoir. Le quatrième Soleil était l'âge présent pour les prédécesseurs des Aztèques. Il appartenait à Quetzalcoatl qui régnait sur les Toltèques à Tollan. Le Serpent à Plumes fut détrôné par Tezcatlipoca, flanqué de Huitzilopochtli, le Soleil aztèque — le cinquième. Tout naturellement, Quetzalcoatl devait revenir et chasser Tezcatlipoca-Huitzilopochtli.

Le cinquième Soleil était une fabrication récente, et plus encore le remplacement de Quetzalcoatl par Huitzilopochtli. Pendant tout le Soleil aztèque, Quetzalcoatl avait systématiquement été relégué à l'arrière-plan et on lui avait substitué le Colibri Gaucher dans les rituels et les fêtes. N'était-il pas normal qu'en entendant parler de son retour les Mexicas — et eux seuls — se soient sentis coupables ?

Revenons à Montezuma. Comment interprète-t-il la venue des étrangers ? Nous savons qu'il a disposé d'informations en sens divers. On lui a parlé de cataclysmes dans les îles, de guerriers invincibles mais pourtant vaincus, d'arrivées en nombres de plus en plus considérables, d'armes foudroyantes, d'apparences abominables ou sublimes... Il n'est pas impossible que Guerrero, le naufragé espagnol devenu chef de guerre maya, ait lui-même

Quetzalcoatl et Tezcatlipoca. *Codex Borbonicus*, d'après Séjourné, 1981.

fait répandre de tous côtés des mises en garde alarmistes : si ses compatriotes arrivaient, ce serait la fin des Indiens et de leurs civilisations, ils seraient tous réduits en esclavage...

Une chose du moins doit être claire pour Montezuma. Les nouveaux venus sont des *teteo* (pluriel de *teotl)*, mot qu'on traduit habituellement par dieux, mais dont le sens est bien plus large. La mer est dite *teoatl*, « eau immense », ou « imposante », « merveilleuse ». Le *teocalco* est la pièce du palais où sont entreposés les trésors, ce qui émerveille. Les *Teo*chichimèques sont les Chichimèques vrais, authentiques. Dans d'autres composés, *teo* peut encore signifier terrible, ardu, effrayant ou dangereux, soleil, sacré, exceptionnel... Et les Espagnols sont tout cela.

Sont-ils vraiment des dieux, comme Mixcoatl, comme Quetzalcoatl, comme Huitzilopochtli ? C'est ce que cherche à savoir le grand *tlatoani*. Voilà pourquoi il fait surveiller les côtes, pourquoi il est prêt, à Potonchan, à payer un informateur potentiel le prix de son poids en or, pourquoi il interroge les sages et les livres anciens. Les étrangers ont une prestance extraordinaire, comme les dieux. Ils semblent apparaître et se déplacer à leur gré sur l'eau immense. Ils commandent à la foudre et sont redoutables. Certes, on peut les tuer. Difficilement. Mais les dieux ne meurent-ils pas eux aussi ? Mixcoatl n'a-t-il pas été séduit et tué ? Quetzalcoatl n'a-t-il pas été vaincu et ne s'est-il pas immolé sur un bûcher ? Tous les dieux n'ont-ils pas été sacrifiés lors de la création du soleil ? N'est-ce pas le propre des dieux que d'être morts ? Hormis le couple créateur. Mais lui ne compte pas vraiment, on ne lui voue aucun culte.

Les intrus blancs ont un corps. Et les dieux ? On les représente comme des hommes. Sait-on, en fait, s'ils sont matière ou non ? Les sages et les prêtres ont-ils des réponses à ce sujet ? N'est-il pas bien établi que les dieux apparaissent parfois en chair et en os ? Huitzilopochtli ne s'est-il pas incarné dans une femme ? Mais les dieux commandent aux éléments, font pleuvoir, lever les moissons, trembler la terre... Qu'en est-il des nouveaux venus ? Ils déchaînent la foudre. Mais pour le reste ? Assurément, ils sont des *teteo*, mais de quel genre ? Ou bien, mais c'est difficile à imaginer, peut-être sont-ils par rapport aux Mexicas ce que ceux-ci sont par rapport aux Barbares, aux Chichimèques : plus civilisés ? Redoutable pensée, car civilisé et toltèque étant synonymes, cela voudrait dire : plus *toltèques* que les Mexicas ! Plus proches donc de Quetzalcoatl ! Peut-être sont-ils des hommes extraordinaires habitant le pays où règne Quetzalcoatl en attendant de revenir ? Leurs navires, qui paraissent propulsés par le dieu même sous son aspect d'Ehecatl, plaident en ce sens... « Ils disaient à propos des navires que le dieu Quetzalcoatl, qui était le dieu du vent, venait en portant ses temples sur le dos[5]. »

Il faut savoir ! Aussi l'empereur fait-il observer les Blancs. Non pas pour obtenir confirmation du fait qu'ils sont des *teteo* — c'est sûr —, mais pour savoir à quoi ressemblent réellement des *teteo*, des surhumains, et ce qu'on peut faire contre eux ! Et, bien entendu, pour savoir de quels dieux il s'agit, ou quels sont ceux qui les ont envoyés.

Sur ce dernier point, les indications semblent convergentes. Ces bruits de cataclysme et d'effondrement de l'empire qui sont dans l'air, ces accusations portées contre Montezuma et sa folie des grandeurs ou son orgueil, tout indique l'avènement d'une ère nouvelle et donc le retour du Serpent à Plumes...

LA TROISIÈME EXPÉDITION

Le départ de Grijalva n'est qu'un répit. L'année suivante, 1519 ou 1 Roseau — date anniversaire de la naissance de Quetzalcoatl —, sera celle du débarquement définitif. Et toujours du côté du soleil levant !

La troisième flotte a appareillé le 18 février 1519. Elle est partie de l'île Fernandina, ou Cuba, comme les précédentes, et fait voile vers l'île de Cozumel. A sa tête, Fernand Cortez (Fernando Cortés).

Né à Medellín (Estrémadure) en 1485, Cortez est le fils de pauvres hidalgos. Il fréquente pendant deux ans l'université de Salamanque (1499-1500), qu'il quitte prématurément avec le titre de bachelier ès lois, des connaissances en latin et le goût des formes juridiques. Puis il apprend le métier de notaire à Valladolid. On le dit turbulent, coureur de jupons et de santé branlante, ce qui ne l'empêche pas d'aimer l'aventure et les armes.

A l'âge de dix-neuf ans, il part chercher fortune en Amérique. Il participe à la pacification de l'île d'Hispaniola et reçoit en récompense une petite commende d'Indiens et la charge de notaire public du conseil municipal d'Azua.

Dévoré d'ambition, Cortez attend son heure en cultivant les relations utiles. En 1509, il participe à la conquête de Cuba, sous les ordres du capitaine Diego Velázquez, et parvient à se rendre indispensable par son efficacité. Il devient le secrétaire de Velázquez, puis s'adonne à l'élevage et à l'extraction d'or, tout en étant alcade ou juge municipal de Santiago de Baracoa. Son amitié avec Velázquez connaît des éclipses, comme lorsque le capitaine veut le pendre pour avoir comploté contre lui. Mais les réconciliations succèdent aux disputes. Vers 1515, Cortez se marie. Mariage qui finira mal, puisqu'on accusera Cortez d'avoir étranglé sa femme, Catalina Xuárez.

Peu après ont lieu les expéditions de Córdoba et de Grijalva. Pedro de Alvarado, envoyé en avant par Grijalva, apprend à Velázquez la richesse des terres nouvellement découvertes. Velázquez, maintenant *adelantado* (gouverneur de marche), obtient des moines hiéronymites qui gouvernent Cuba l'autorisation de monter une nouvelle expédition. Il se met immédiatement en quête d'un capitaine général plus entreprenant que Grijalva et finit, non sans hésitation, par choisir Cortez. Sa mission ? Retrouver des naufragés, faire du troc pour de l'or et de l'argent, explorer, s'informer sur le « pays de Culúa », prendre possession des terres découvertes, convertir les Indiens, qui doivent être bien traités, les inviter à se soumettre au roi d'Espagne[6]. Et surtout, trouver enfin, entre les îles, une voie vers l'Orient, la Chine et le Japon tout proches[7].

Cortez sent son heure venue. Il réalise tous ses biens et s'endette même pour se pourvoir en navires, en hommes, en armes et en équipement. Rendu méfiant par tant de zèle et de dévouement, Velázquez se ravise. Informé, Cortez prend le large, avec onze navires, environ cinq cents soldats et près de cent marins, seize chevaux, quatorze canons, trente-deux arbalètes et treize arquebuses[8]. Parmi les officiers, des hommes tels que Pedro de Alvarado, futur conquérant du Guatemala et qui ira plus tard tenter sa chance en Équateur ; Francisco de Montejo, l'homme du Yucatan ; et Cristobal de Olid, qui se rebellera contre Cortez au Honduras. Deux moines aussi, Juan Díaz, que nous connaissons, et Bartolomé de Olmedo, ainsi que cinq ou six Espagnoles. Plus quelques centaines de porteurs cubains.

L'île de Cozumel est atteinte à la fin du mois de février 1519. Le navire à bord duquel se trouve Alvarado arrive le premier. On débarque près d'un village déserté par ses habitants et Alvarado en profite pour faire main basse sur des dindons et, dans le temple, sur des bijoux et des ornements. Lorsque don Fernando arrive, il blâme sévèrement son lieutenant indiscipliné et s'efforce d'obtenir le retour des Mayas qui se sont enfuis. Un messager est chargé de leur expliquer, au nom de Cortez, que celui-ci « ne venait pas dans l'intention de leur faire aucun mal, mais pour les engager à accepter les doctrines de notre sainte religion ; il ajouta que nous avions pour seigneurs les plus grands princes du monde, qui étaient eux-mêmes les sujets d'un prince plus grand encore [le pape], et qu'il ne demandait aux caciques et aux Indiens rien d'autre que d'obéir à Vos Altesses, ce qui leur attirerait toute espèce de biens et empêcherait que dorénavant personne leur fît du mal [9] ».

Ce petit discours, dans le droit fil des instructions de Velázquez et de la politique de la couronne espagnole à l'égard des Indiens, a l'effet souhaité. Cortez le replacera, plus ou moins développé, à chaque nouvelle prise de contact avec les indigènes. Il fait aussi briser les statues des dieux et dire la messe dans le temple purifié. Ayant par ailleurs eu confirmation de la présence de captifs blancs au Yucatan, il dépêche des Indiens avec des lettres invitant les naufragés à venir le rejoindre et avec de la verroterie pour acheter leur liberté. Un petit détachement est envoyé vers le Yucatan pour les attendre. En vain. Six jours plus tard, le détachement revient. Cortez alors veut aller à la recherche des naufragés avec toute l'expédition, malgré l'avis des pilotes qui disent que la côte n'offre aucun abri et que la mer est toujours mauvaise. Heureusement, des vents violents se lèvent et il se met à pleuvoir. Les pilotes déconseillent le départ.

Dès cette toute première étape de la conquête du Mexique, Cortez révèle ses grandes qualités de chef. « Ce fut dans cette île, observe Bernal Díaz, que notre capitaine commença à prendre le commandement au sérieux. Le bon Dieu lui avait départi tous les dons ; partout où il mettait la main, il était assuré de réussir, ayant surtout un tact spécial pour pacifier les villages et les habitants de ces contrées. » On ne saurait mieux dire. Cortez voit déjà grand et loin. Il traite les Indiens en sujets — ou en futurs sujets — de la Couronne, donc en personnes dignes d'égards. Il fait régner la discipline. Ferme, politique et humain à la fois. Prudent et avisé, il est aussi généreux, et peut-être joue-t-il de cette générosité. On lui connaît des élans de cœur qui parfois risquaient de tout compromettre. Comme, dans le cas présent, pour sauver les naufragés. Ou, plus tard, à Mexico, en voulant à tout prix abattre des idoles. Mais habituellement, il a la chance d'être arrêté à temps. Par la tempête, ou par ses hommes. A moins qu'il ne compte précisément sur ses hommes pour le retenir...

De la chance — aussi parce qu'il l'a préparée — et l'art de s'en servir. Le lendemain du départ manqué de la flotte, Aguilar, un des rescapés du naufrage de 1511, rejoint Cozumel en pirogue. « Messieurs, êtes-vous chrétiens ? Et vassaux de qui ? » Andrés de Tapia et d'autres Espagnols, qui l'accueillent sur le rivage, répondent et se disent du roi de Castille. Aguilar en pleure de bonheur et tombe à genoux pour remercier le ciel. Tapia l'embrasse, puis le conduit chez Cortez, qui d'abord le prend pour un Indien. On lui donne des vêtements européens — façon de lui rendre son identité — et il raconte ses aventures. Il ajoute qu'il a été voir l'autre survivant, le fameux Gonzalo Guerrero, qui lui aurait dit : « Aguilar, mon frère, je suis marié, j'ai trois enfants, on m'a fait cacique et même capitaine pour les temps de guerre ; partez, vous, et que Dieu vous garde ! Quant à moi, j'ai des tatouages sur la figure et des trous aux oreilles ; que diraient de moi les Espagnols en me voyant ainsi fait ? Et regardez combien sont gentils mes trois petits enfants ; donnez-moi, de grâce, pour eux, de ces verroteries vertes que vous portez ; je dirai que mes frères me les envoient de mon pays. » Guerrero refuse de venir. Et madame Guerrero, une nature, chasse l'esclave Aguilar [10]...

LA BATAILLE DE CINTLA

Forte maintenant d'un interprète espagnol qui sait parfaitement le maya, l'expédition reprend sa route. Aucun incident notable ne survient jusqu'à l'arrivée au rio Grijalva. Désireux d'explorer ce fleuve peu profond, don Fernando fait embarquer ses hommes sur les deux brigantins et sur les canots, et remonte le rio jusqu'à Potonchan. Mais les rives se couvrent d'une multitude en armes et des guerriers arrivent dans des canots. Par Aguilar, les Espagnols demandent à débarquer pour prendre de l'eau et acheter des vivres, ainsi que pour leur parler des rois d'Espagne. Les Mayas Chontals leur intiment l'ordre de s'en aller. Comme le jour est déjà fort avancé, les Espagnols passent la nuit sur des bancs de sable en face de Potonchan.

Le lendemain, des canots apportent quelques vivres et l'ordre renouvelé de décamper. Cortez répond qu'il lui faut reconnaître le pays pour en faire rapport aux rois. Il envoie deux cents soldats pour contourner Potonchan ; lui-même débarquera directement dans la cité avec quatre-vingts hommes. Sur la rive, les Indiens l'attendent en armes. Cortez leur fait lire à trois reprises le *requerimiento*, comme la loi l'y oblige. C'est un document mis au point pour limiter les conflits armés avec les Indiens en leur donnant une chance de se soumettre. Ils y sont sommés de reconnaître la souveraineté de l'Église, du pape et des rois d'Espagne ainsi que d'entendre la parole de Dieu. Aguilar traduit. Un notaire dresse procès-verbal. Les Indiens restent résolus. Cortez attaque, le détachement de deux cents hommes aussi, par-derrière. Bientôt, les Potonchanèques prennent la fuite et les Espagnols s'installent dans la partie la plus forte de la cité.

Le jour suivant, des messagers apportent quelques menus cadeaux avec la prière adressée aux Espagnols de quitter les lieux. Cortez leur demande leur soumission, ce qu'ils acceptent, ainsi que des victuailles, qu'ils promettent mais n'apportent pas. Trois jours après, des maraudeurs se font attaquer à proximité du village de Cintla par des Indiens en grand nombre. Vingt d'entre eux sont blessés. Le lendemain, Cortez décide de passer à l'offensive. A l'issue de la messe, il fait débarquer une dizaine de chevaux et envoie d'abord trois cents hommes, puis cent de plus, vers le lieu de l'escarmouche. Ils sont commandés par Diego de Ordás. Lui-même protège les flancs avec ses quelques cavaliers — mais à l'époque, on considère qu'un cavalier vaut trois cents piétons.

Bientôt, dans la plaine de Cintla, le gros de la troupe tombe nez à nez avec une armée indienne forte de 40 000 hommes, paraît-il. Les Indiens ont bien choisi l'endroit : des champs entrecoupés de multiples canaux d'irrigation. Les Espagnols ont beau protester de leurs intentions pacifiques — nécessairement, devant une telle foule ! —, les Indiens répondent à coups de flèches, de pierres et de javelines. La bataille s'engage, tandis que l'arrière-garde rejoint les trois cents hommes déjà aux prises avec l'ennemi. Les Indiens se battent bien. Les armes inconnues, canons, arquebuses, qui font des ravages à chaque décharge, ne les découragent pas. Ils se rendent vite compte des dégâts terribles que font les épées des dieux dans les corps à corps et prennent du champ, de manière à pouvoir canarder à leur aise l'adversaire tout en limitant les risques. Mais les Espagnols eux aussi comprennent vite et s'efforcent de rester au contact. Cependant, leur situation s'aggrave lorsqu'ils commencent à être encerclés. La cavalerie, qui a dû contourner un marais, n'est toujours pas intervenue. Ce n'est qu'après deux heures qu'elle rallie le champ de bataille et se lance contre la multitude qui enveloppe les

Espagnols. Quoique épouvantés par les monstres inconnus qu'ils croient former corps avec leurs cavaliers, les Indiens résistent. Assailli de toutes parts, Cortez n'avance que lentement. Lorsque enfin l'infanterie espagnole l'aperçoit, elle reprend courage et s'élance avec fureur, dispersant les Indiens. Du côté des chrétiens, il y a un mort et plusieurs dizaines de blessés. Le soir, Cortez envoie deux prisonniers avec un message de paix. Les Mayas, qui ont perdu deux cents hommes, sont conciliants. Mais la décision n'appartient pas à eux seuls. Pour la bataille, quelque huit cités-États se sont coalisées et il faut l'avis de leurs seigneurs. Ceux-ci se présentent le lendemain et font leur soumission. Ils offrent des vivres, des objets d'or de peu de prix, des tissus et surtout vingt femmes esclaves. En principe pour moudre le maïs des Espagnols et leur faire la cuisine. Les Indiens ont en effet remarqué qu'il n'y a que peu de femmes parmi les envahisseurs et donc presque personne pour préparer les indispensables galettes de maïs quotidiennes.

L'une des femmes est belle, vive et, mieux encore — mais on ne s'en rendra compte que plus tard —, bilingue. Elle s'appelle Malinalli et sait le nahuatl et le maya. Ses parents étaient des seigneurs d'une cité située non loin de Coatzacoalcos. Après la mort de son père, sa mère épousa un autre seigneur dont elle eut un enfant. La petite fille fut vendue comme esclave à des marchands de Xicalanco, qui la revendirent à Potonchan[11]. Les vingt femmes sont baptisées sans délai et réparties entre les lieutenants qui peuvent désormais, sans trop de scrupules, avoir commerce avec elles. Malinalli, appelée désormais Marina, échoit à Hernández Puertocarrero.

A la demande de Cortez, Potonchan se repeuple rapidement et la vie reprend son cours. Les sacrifices humains sont interdits, les statues des dieux détruites. Un autel surmonté d'une croix et d'une image de la Vierge est érigé dans le temple. La chose ne doit pas trop surprendre les Indiens : les Aztèques eux-mêmes n'imposaient-ils pas aux vaincus de placer dans leur temple, sur le même pied que la divinité principale, une image de Huitzilopochtli ? Puis le père Olmedo dit la messe en présence des seigneurs chontals et nahuas. Cortez se charge d'exposer les rudiments de la foi. Quelques jours plus tard, c'est le dimanche des Rameaux et les chrétiens organisent une procession solennelle devant les nobles mayas qui brandissent des rameaux. Ces Indiens sont fiers d'être distingués de la sorte. La population est impressionnée et s'interroge devant ces rites si nouveaux, où l'on se contente de manger la divinité sous la forme d'un morceau de pain et non d'un personnificateur humain sacrifié. Puis les Espagnols embarquent. Le lendemain, ils lèvent l'ancre et font voile vers l'ouest.

A Potonchan, Cortez n'a pas manqué d'interroger le roi Tabasco et ses alliés sur les causes de leur hostilité, alors que Grijalva avait été bien reçu. Ils lui ont répondu que les Mayas, et surtout ceux de Champoton, leur ont amèrement reproché leur passivité et leur lâcheté lors de l'expédition précédente et qu'ils ont été excités par Melchorejo, un des deux interprètes mayas, qui s'est enfui la veille de la bataille. D'autre part, selon Gómara, les vaincus expliquent qu'avec Grijalva il ne s'agissait que de troquer, ce qu'ils faisaient de bon gré. Mais lorsqu'ils ont vu revenir les navires en plus grand nombre, ils ont cru qu'on allait leur prendre tout le reste et ils ont eu le sentiment d'avoir été trompés. D'où la coalition et la bataille [12].

A première vue, les Mayas agissent de leur propre chef. Ils ont voulu l'affrontement, comme leurs compatriotes de Champoton ou de Campeche. Et, vaincus, ils se soumettent. Sans chercher à gagner des informations. Sans disposer non plus de tout cet or que semblait avoir le seigneur qui vêtit Grijalva. Quand les Espagnols leur demandent d'où viennent leurs richesses, ils répondent « de l'Occident », et ajoutent : « Culúa » et « Mexico ». Mais, précise Bernal Díaz, « comme nous ne savions pas ce que c'était que Mexico ou Culúa, nous n'y faisions aucune attention ».

Le seigneur qui s'était déplacé pour Grijalva n'est pas présent cette fois. N'a-t-il pas été prévenu à temps, soit parce qu'il était en campagne, soit parce que les Espagnols de Cortez ont avancé trop rapidement, sans long arrêt dans la lagune de Términos ? C'est peu probable. Entre l'arrivée à Cozumel et la bataille de Cintla, près d'un mois s'est écoulé, au cours duquel les Espagnols ont envoyé des messagers à l'intérieur de la péninsule à la recherche des naufragés. Les Mexicas de Xicalanco n'ont pu l'ignorer, la nouvelle a dû être rapidement transmise à Montezuma, et l'empereur a dû l'apprendre la mort dans l'âme... A-t-il décidé alors de tenter la résistance ? Peut-être le responsable des troupes de l'empire dans la région de Xicalanco a-t-il eu pour instruction de ne pas se montrer, mais d'encourager les Mayas à s'unir et à se battre. On peut imaginer que ses services secrets ont moqué la prudence excessive des Chontals tout en vantant le courage de ceux de Champoton, qui avaient mis en fuite Córdoba. Ou qu'ils ont répandu les bruits dont fait état Gómara : cette fois, les envahisseurs prendront tout ! et ils ont trompé leur monde ! Assertion particulièrement intéressante que celle-ci, car l'argument n'a de sens que dans la bouche de Montezuma et des siens. En effet, quelle tromperie peut-on reprocher à Grijalva ? Aucune, si ce n'est d'avoir donné à l'empereur l'espoir qu'il ne reviendrait pas...

Il est donc très possible que les Mexicas aient contribué à la constitution de l'alliance qui a couru sus aux Espagnols. Mais en restant dans l'ombre. A aucun moment, les vaincus ne les ont mis en cause. A moins qu'ils n'aient cité leur nom parmi ceux d'autres coalisés. En tout état de cause, une chose est certaine : c'est que par la suite Montezuma fera en sorte que les autres se battent à sa place [13].

LES DIEUX S'ÉTABLISSENT EN ANAHUAC

Le 20 avril est le jeudi saint. Tard dans l'après-midi, la flotte jette l'ancre dans la baie de Saint-Jean-d'Ulua. Aussitôt, deux grands canots se dirigent vers le navire amiral. Les Indiens montent à bord, où ils sont reçus par Cortez. Comme ils parlent nahuatl, langue qu'ignore l'interprète Aguilar, on ne comprend pas ce qu'ils veulent. On apprendra plus tard qu'ils sont envoyés par le gouverneur de la province de Cuetlaxtlan, Tentlilli, qui demande si les voyageurs ne font que passer ou s'ils comptent rester. Cortez les remercie de leur visite, leur offre à manger et à boire, donne quelques cadeaux et essaie de rassurer ses hôtes. Puis il annonce son intention de voir Tentlilli. Les envoyés mangent avec méfiance, mais le vin semble leur plaire. Ils en réclament pour leur maître, ainsi que des aliments, puis s'en vont. Le lendemain, vendredi saint, les Espagnols débarquent. Ils construisent un camp fortifié et mettent en place un autel et l'artillerie [14].

Les versions aztèques des faits, recueillies une ou plusieurs décennies plus tard et de la bouche d'informateurs qui n'étaient pas des témoins, sont évidemment toutes différentes. Elles se contredisent et sont parfaitement invraisemblables. Informé de l'arrivée des Espagnols, Montezuma leur envoie Tlillancalqui pour leur demander s'ils comptent venir à Mexico, afin qu'on puisse leur préparer le chemin et les recevoir dignement [15]. Ou, d'après Sahagún, il convoque cinq ambassadeurs qu'il charge d'aller offrir des vêtements divins à Quetzalcoatl. « Allez ! leur dit l'empereur, ne vous attardez pas ! Adorez notre seigneur le dieu, dites-lui : "Voici que nous envoie ton gouverneur Motecuhzoma, voici ce qu'il t'offre puisque tu es parvenu jusqu'à ton foyer de Mexico." » Ce sont ces ambassadeurs qui seraient allés voir Cortez à bord de son navire dès son arrivée, le jeudi saint. S'il faut en croire cette version des informateurs de Sahagún, ils l'habillent en disant : « Seigneur, revêts-toi de ces habits que tu portais autrefois, quand tu te trouvais parmi nous comme notre Dieu et notre Roi. » Ensuite ils lui offrent d'autres atours, mais Cortez trouve le cadeau médiocre et les fait mettre aux fers. Pour les terroriser, il fait tonner le canon. « Et les messagers, alors, se crurent morts et s'évanouirent, ils chancelèrent, ils vacillèrent, ils ne surent plus rien. » Les Espagnols les relèvent et les raniment avec du vin et un peu de nourriture. Enfin, Cortez les défie : « Les Mexicas ont la réputation d'être vaillants et de se battre à un contre dix ou vingt. Voici des armes. Demain, nous nous mesurerons. » Les envoyés refusent, prétextant l'ire de l'empereur qui les a seulement chargés de saluer le seigneur. Et rapidement ils quittent le navire et s'enfuient [16].

Dans la version de la *Chronique X*, la réception est moins mauvaise. Les Espagnols mangent les dindes rôties et les autres vivres qu'on leur apporte, puis Tlillancalqui assure Cortez que Montezuma sera heureux de le voir, de lui remettre son trône et de l'adorer.

Passage intéressant que celui de Sahagún, qui montre comment les thèmes de la légende viennent s'articuler sur un petit fond de vérité [17]. Dès l'arrivée des Espagnols, deux Indiens sont en effet montés à leur bord. La côte était surveillée et on suivait de près la progression des étrangers. Cela dit, le portrait de Cortez que proposent les Indiens est aussi peu réaliste que s'il avait été peint ou sculpté par des artistes aztèques.

Ici, le capitaine est tout sauf diplomate. Or, s'il est une qualité qu'il possède au plus haut point, c'est bien celle-là ! Mais peu importe aux narrateurs aztèques. Ce qu'il faut, c'est du contraste. D'une part, les intrus, forts, brutaux, épouvantables. Des conquérants. S'efforçant de terroriser, à la manière de la Triple Alliance à l'égard de ses ennemis. C'est vrai que Cortez veille à susciter une crainte salutaire, par exemple en montrant l'efficacité de ses armes, mais il le fait de façon infiniment plus subtile que celle qui nous est dépeinte ici. La mise aux fers est bien sûr une invention. Les fers, comparables au dispositif que les Mésoaméricains emploient pour entraver des esclaves ou des captifs — un bâton passé sous les bras, dans le dos, et des cordes —, mais bien plus solides, ont fortement impressionné les Indiens, surtout quand ceux-ci ont à leur tour été réduits en esclavage par milliers, après leur défaite. Aussi les introduit-on ici et on les retrouvera lors de la première rencontre de Cortez avec Montezuma. D'emblée, lui aussi aurait été mis aux fers ! C'est faux, bien entendu, mais rien de plus parlant et de plus significatif que ces fers. Ils proclament clairement que dès les premiers contacts, les Mexicas sont réduits en esclavage.

Si les Espagnols terrorisent, du côté mexica, en revanche, on ne trouve que peur abjecte, soumission et lâcheté. Depuis le roi jusqu'aux envoyés. Ces orgueilleux qui croyaient qu'ils valaient dix ou vingt ennemis (mais qui s'arrangeaient en général pour lutter à dix contre un), les voilà qui tremblent comme des feuilles au seul bruit du canon ou à la seule vue des épées ! A Cintla, à Champoton, les Indiens ont été autrement vaillants !

Il est clair que les informateurs ne sont pas mexicas. C'est en effet à Tlatelolco que Sahagún a recueilli leurs versions et, même si les Tlatelolcas se sont battus jusqu'au bout contre les envahisseurs, ils n'ont pas oublié pour autant leur rancune contre leurs encombrants voisins.

Le récit durcit le trait également en ce qui concerne l'attitude de Montezuma. Nous verrons que le ton de l'empereur, ou celui de ses ambassadeurs, est nettement plus fier. C'est vrai qu'il songe au retour de Quetzalcoatl. Mais, d'abord, rien ne dit que le dieu se trouve parmi les arrivants. Ce ne sont peut-être que des envoyés ou des avant-gardes, comme lors du voyage précédent. Ensuite, en admettant que ce soit Quetzalcoatl, est-ce une raison pour ne pas se défendre ? Ne faut-il pas se ranger du côté des ennemis du Serpent à Plumes, c'est-à-dire de Tezcatlipoca et de Huitzilopochtli ? Mais avant tout, il faut savoir à qui on a affaire. Par exemple, en offrant des atours divins variés. Pour voir lesquels le *teotl* acceptera.

Le vendredi saint donc, Cortez dispose d'une solide tête de pont dans l'empire aztèque. La population des environs afflue et, très vite, Indiens et Espagnols se lancent dans d'infinies opérations de troc. Cortez interdit d'accepter de l'or, pour ne pas montrer trop d'avidité.

A Pâques, Tentlilli et Cuitlalpitoc [18] arrivent de Cuetlaxtlan, situé à une quarantaine de kilomètres au sud. Avec eux, quatre mille hommes et des vivres en quantité. Ils saluent Cortez de la manière habituelle, en se penchant pour prendre de la terre et la porter aux lèvres. De plus, ils l'encensent et se saignent en son honneur. Cortez les embrasse. Puis ils offrent des vivres et des joyaux. C'est ici que doit se situer la scène de l'habillage du conquistador, car celui-ci à son tour fait revêtir Tentlilli d'une chemise de toile de Hollande, d'une robe de velours et d'une ceinture d'or [19].

A en croire Sahagún, les atours que Montezuma a confiés à ses ambassadeurs sont au nombre de quatre et appartiennent à Quetzalcoatl sous son aspect de dieu de la fin de Tollan, à Tezcatlipoca, à Tlaloc et à Quetzalcoatl comme dieu du vent. Deux dieux nocturnes-terrestres-lunaires — Tezcatlipoca et Tlaloc [20] — et deux dieux lumineux, diurnes — Quetzalcoatl comme astre matinal et le Quetzalcoatl de la fin de Tollan. A noter que ce Quetzalcoatl au déclin, « proche de la terre », est extrêmement proche de Tlaloc. Et, en tant que soleil de l'après-midi réfléchi dans un miroir noir, il est proche aussi de Tezcatlipoca, Miroir (noir) Fumant [21].

Les Indiens habillent Cortez et il se laisse faire. Il ne choisit pas les vêtements et les insignes de Tezcatlipoca et de Tlaloc. Mauvais signe : l'intrus ne se place pas du côté des dieux qui trônent au centre de Mexico, Huitzilopochtli-Tezcatlipoca et Tlaloc. En revanche, il revêt les atours du Quetzalcoatl de la fin de Tollan. Le Quetzalcoatl au panache vert en éventail, celui-là même, peut-être, que conserve le musée d'Ethnographie de Vienne. C'est le dieu vieilli, inoffensif, immobile, facile à tromper. Montezuma a dû y voir une consolation [22].

Jusqu'à présent, tout s'est passé sans qu'on se comprenne réellement. C'est alors que quelqu'un remarque qu'une des esclaves offertes en terre maya par Tabasco, le roi de Potonchan, s'entretient sans difficulté avec les hommes du surintendant-gouverneur. Cortez comprend immédiatement. Il convoque la jeune femme, Malinalli-Marina, et lui promet la liberté si elle le sert loyalement comme interprète et secrétaire. Marina accepte, bien sûr. Désormais, elle traduira du nahuatl en maya et Aguilar du maya en espagnol. Mais elle apprendra vite l'espagnol et jouera un rôle considérable dans la Conquête aux côtés du conquistador, à qui elle donnera un fils, Martin Cortez.

Cependant, c'est l'heure de la messe, que les Mexicas suivent avec curiosité. Ensuite, on va conférer dans la tente du capitaine qui invite ses hôtes à passer à table. Est-il toujours affublé des atours de Quetzalcoatl, passés par-dessus les siens ? C'est peu probable. Du moins a-t-il dû, pour manger, ôter le masque orné de mosaïques représentant un serpent. Quant à Tentlilli, peut-être a-t-il troqué son inconfortable chemise de toile et sa robe de velours contre ses habituels vêtements de coton, un pagne et une mante légère, infiniment mieux adaptés à l'étouffante chaleur humide de la côte du Golfe.

Cortez explique à ses hôtes qu'il est vassal de l'empereur des chrétiens Charles d'Autriche, roi d'Espagne et seigneur de la plus grande partie du monde. Il a été envoyé au pays des Colhuas pour rendre visite à son roi et lui transmettre un message de l'empereur. Tentlilli se réjouit d'apprendre combien cet empereur est bon et grand. Mais il précise aussitôt que le souverain qu'il sert ne lui est aucunement inférieur. Enhardi par les révélations de Cortez, qui, tout compte fait, n'est qu'un envoyé, comme lui-même, il aurait ajouté : « Tu arrives à peine et tu veux déjà lui parler ; reçois d'abord ce présent que nous t'offrons en son nom, et tu me diras, après, ce que tu désires [23]. » Puis il offre des bijoux et des charges d'étoffes de coton, pour recevoir en retour des perles fausses, un fauteuil en bois sculpté et peint, des pierres en marcassite et un bonnet cramoisi décoré d'une médaille en or figurant saint Georges terrassant le dragon. Cortez lui demande si Montezuma possède de l'or et, comme Tentlilli répond par l'affirmative, il l'invite à en apporter lors de sa prochaine visite. Car, confie-t-il, « mes compagnons et moi souffrons d'un mal au cœur, une maladie que l'or guérit [24] ». Cependant, des Indiens de la suite du gouverneur dessinent tout ce qu'ils voient : hommes, chevaux, chiens, armes, bateaux...

Il est temps, pour don Fernando, d'impressionner ses interlocuteurs. Comme pour leur faire honneur et afin que Montezuma soit dûment informé, il ordonne à ses troupes de défiler, fanfare en tête. On simule aussi un combat. La petite cavalerie charge et l'artillerie tonne. Les Aztèques sont frappés de stupeur. Cela n'empêche pas Tentlilli d'observer qu'un dieu mineur porte un casque doré semblable à ceux des ancêtres des Mexicas. Il le demande pour le montrer à Montezuma. On le lui donne, mais

Cortez le prie de ramener le casque plein de pépites d'or, pour voir si l'or mexicain est pareil à celui que connaissent les Espagnols.

La délégation mexica s'en va, non sans avoir promis des vivres et des dons. Deux dignitaires, dont Cuitlalpitoc, restent sur place avec un millier d'hommes. Ceux-ci construisent des huttes de branchages. Ils sont chargés de l'approvisionnement des hôtes étrangers en vivres, eau et bois. Il y a en outre des femmes pour moudre le maïs et cuisiner.

De retour à Cuetlaxtlan, le gouverneur-surintendant de la cité dépêche des messagers chez l'empereur pour lui expliquer ce qui s'est passé et lui remettre les dessins, les présents des nouveaux venus, ainsi qu'un peu de leur nourriture. Bernal Díaz raconte qu'en voyant tout cela, Montezuma fut saisi d'admiration et de joie. Et le casque doré le convainquit que les intrus étaient bien ceux dont on avait annoncé la venue [25].

L'allégresse décrite par le vieux conquistador est à coup sûr exagérée. Comme l'est la prostration que lui attribuent les sources mexicas. D'après celles-ci, alors qu'il était encore dans l'attente de nouvelles, il ne mangeait et ne dormait plus, et gémissait : « Que va-t-il nous arriver ? Qui donc va rester debout ? Hélas ! avant ce jour, moi, j'existais. Il est bien blessé à mort, mon cœur, c'est comme s'il était plongé dans de l'eau de piments et il éprouve une vive brûlure, il m'élance ! Où est donc le vrai, oh ! notre seigneur ? » Puis l'empereur reste sans voix, comme mort. Lorsque les messagers arrivent enfin, il les reçoit dans le Coacalco — le temple de tous les dieux, même étrangers —, fait sacrifier deux prisonniers en leur honneur et les asperge de leur sang. Car, ayant vu les dieux et leur ayant parlé en des lieux pleins de frayeur, ne sont-ils pas un peu dieux eux-mêmes ? Ne sont-ils pas en quelque sorte morts et glorifiés, comme tous ceux qui ont vu la divinité en face ? Les messagers présentent un rapport détaillé des événements et Montezuma en est « extrêmement terrorisé [26] ».

AUTOCHTONES ET NOUVEAUX VENUS

Ou, du moins, fort perturbé. Et, on l'a vu plus haut, croyant sans doute qu'il mourrait bientôt, puisqu'il se fit figurer à Chapultepec. Car qu'a appris l'empereur ? Que les intrus sont des envoyés, ce qui peut paraître rassurant à première vue — Tentlilli s'est du coup senti plus à l'aise en l'entendant —, mais ne l'est pas vraiment. Ils sont probablement plus humains qu'on ne le croyait, mais n'en restent pas moins des *teteo*, des êtres extraordinaires, et les représentants d'un puissant souverain dans un empire lointain — peut-être au ciel, qui sait[27] ? Représentants, donc, d'autres personnes. Ce qui veut dire qu'après le groupe qui vient de débarquer, il y en aura encore, en nombres croissants. D'autre part, Cortez aura certainement parlé de Dieu. Celui-ci et ce grand souverain ne seraient-ils pas le Créateur, Ometecuhtli, et Quetzalcoatl ? On dit que le Serpent à Plumes affectionnait le luxe. Les étrangers, eux, veulent de l'or... Mais, ce que Montezuma a appris surtout, c'est que les étrangers veulent venir le voir. Ils ne s'en iront pas comme le visiteur précédent. Ils veulent aller à Mexico — et, sans doute, y rester !

Est-ce alors que l'empereur a compris, ou dans les jours suivants, tandis que rapports et informations continuaient à affluer ? Est-ce alors qu'il a fait le rapprochement ? Cette petite bande de guerriers pauvres et démunis, n'ayant presque rien à manger, avides de biens et d'or, toujours en mouvement et ô combien redoutables, il est bien placé pour les connaître ! Ne sont-ils hélas pas étrangement comparables aux Mexicas des débuts des pérégrinations, après leur débarquement en provenance d'Aztlan ? Ne sont-ils pas eux aussi de pauvres nomades démunis, conduits par leur Dieu vers une terre promise qu'ils conquerront et où ils s'empareront de toutes les richesses ? Ils sont apparus à l'extrême-orient. Ne viennent-ils pas comme le soleil levant d'une nouvelle ère ? A l'instar des Mexicas d'autrefois ? Mais les temps ont changé... Les pauvres errants élus par Huitzilopochtli se sont sédentarisés et enrichis. Désormais, ce sont eux les opulents autochtones raffinés, victimes toutes désignées des jeunes conqué-rants !

Oui, les exemples ne manquent pas dans l'Histoire ! Les Toltèques ont quitté leur terre d'origine et ont débarqué au Mexique. Ils ont erré, guidés par Mixcoatl et Quetzalcoatl, vers une terre d'abondance dont ils ont soumis les autochtones. Ils ont ensuite conquis le monde. Mais ils se sont petit à petit civilisés au contact des vaincus et ont perdu leur allant. Le soleil de Quetzalcoatl a pris fin, le dieu a été chassé par son adversaire de toujours. Ces événements se sont répétés et forment l'histoire des Mexicas, dans cette ère dominée par Tezcatlipoca-Huitzilopochtli. Et voici à présent que des nouveaux venus débarquent, du côté où l'on situe le départ de Quetzalcoatl. Bien décidés à aller de l'avant, ils semblent aussi redoutables que Quetzalcoatl ou que Huitzilopochtli, qui l'un et l'autre ont triomphé de quatre cents adversaires. A propos de ce nombre ! D'après certains sages, c'est avec quatre cents guerriers mexicas que Huitzilopochtli venant d'Aztlan avait débarqué autrefois sur cette même côte orientale, du côté de Pánuco. Or les nouveaux venus ne doivent pas être beaucoup plus nombreux[28]. Les signes et les rumeurs n'ont pas menti : la fin approche !

Que faire, alors ? Que décider, dans une situation aussi effroyable, aussi étrange, et en même temps si familière ? Montezuma rumine et consulte. Les dieux d'abord. Huitzilopochtli et Tezcatlipoca répondent qu'il ne faut pas voir Cortez ni recevoir ses messages[29]. Un oracle célèbre de Tilantongo, dans la Mixteca, a aussi été interrogé sur le but et les effets de la venue des étrangers. La statue aurait prophétisé la fin du pouvoir indien[30]. Les hommes ensuite. S'il faut en croire l'historien Ixtlilxochitl de Texcoco, plus crédible cette fois, Montezuma réunit en conseil tous les grands de l'empire et leur présente la situation sous la forme d'une alternative. Ou bien les nouveaux venus sont Quetzalcoatl et ses fils qui viennent le déposséder et, dans ce cas, il faut leur barrer le chemin et les empêcher d'entrer. Ou bien ils sont les émissaires de ce grand souverain du Levant, au-delà de la mer divine, et alors il faut les recevoir. Il s'ensuit une vive discussion. Cuitlahuac, l'énergique frère de l'empereur, est clair et bref : « Mon avis, grand seigneur, est que vous ne devez pas introduire dans votre maison celui qui vous en éjectera. » Cacama de Texcoco réagit en disant que toute ambassade doit être reçue, et *a fortiori* quand elle vient d'un personnage aussi important que ce souverain d'outre-mer. Si ses envoyés ont de mauvaises intentions, les braves ne manquent pas pour protéger l'empereur. Mieux vaut les recevoir et être vite fixés que de leur donner l'impression, en les empêchant de venir, de ne pas savoir quoi faire et d'avoir peur. Tous les hommes de cœur approuvent

Cacama, mais Montezuma penche du côté de Cuitlahuac et décide d'empêcher l'arrivée de Cortez[31].

Muñoz Camargo de Tlaxcala fait également état de consultations, mais cette fois par un Montezuma décontracté. Car les nouveaux venus sont peu nombreux et donc d'une force négligeable. Et s'ils sont des dieux ou des messagers des dieux, il y a toujours moyen de les fléchir par la piété et les sacrifices. Le conseil décide de laisser passer, mais Montezuma interdit qu'ils dépassent Cempoala tant qu'il n'est pas fixé à leur sujet[32].

Si cette version est encore conciliable avec celle d'Ixtlilxochitl et avec les faits, celle de Durán, en revanche, ne l'est pas du tout. D'après lui, les Espagnols peuvent venir à Mexico et doivent être bien accueillis partout. C'est l'occasion, pour le dominicain, de mettre dans la bouche du malheureux *tlatoani* quelques monologues aussi prophétiques qu'apocryphes. Montezuma sait que les étrangers le tueront et confie ses fils à son ami Tlillancalqui, qui doit les protéger et les cacher, afin d'éviter que les Mexicas, méchants et pervers, ne les exterminent. Tlillancalqui tente de le consoler en expliquant combien les dieux sont gentils. Il faut essayer de leur plaire, et c'est ce que fera l'empereur[33].

C'est Ixtlilxochitl qui est dans le vrai. D'accord avec son frère Cuitlahuac, Montezuma va tenter d'empêcher l'arrivée des envahisseurs. Car c'est ce que lui enseigne l'histoire de son peuple — nous dirions les mythes. Toujours, les riches sédentaires autochtones ont essayé d'immobiliser les jeunes conquérants pleins de fougue. Dans le cas présent, il faut éviter l'affrontement direct. La bataille de Cintla a montré que des forces cent fois supérieures ne peuvent venir à bout des nouveaux venus. S'ils sont environ quatre cents, il faut au moins quatre cents fois plus d'hommes, comme à Coatepec ou au Mixcoatepec. Mais diriger de telles forces vers la côte, ce serait laisser la Triple Alliance sans défense, voire pousser les Totonaques et les Tlaxcaltèques dans les bras des Espagnols. Et puis, cela demanderait du temps.

Dans l'immédiat, le mot d'ordre est donc d'attendre et de voir. Et, si possible, d'éviter les problèmes en détournant la menace. L'expédition précédente est repartie : pourquoi celle-ci n'en ferait-elle pas autant ? Surtout si on l'y encourage ? Jusqu'ici, lorsque ces dieux abordaient quelque part, c'était pour avoir de l'eau, des vivres et surtout de l'or. Donnons-leur tout cela et qu'ils s'en aillent ! S'ils s'obstinent, qu'on leur coupe les vivres et qu'on les attaque par des moyens secrets ! Des instructions précises sont envoyées à Cuetlaxtlan, ainsi que des cadeaux splendides.

Sept ou huit jours après son départ, Tentlilli revient à Ulúa-Chalchiuhcueyecan avec une centaine de porteurs et les présents. Trente charges, soit six cents capes de coton, des panaches de plumes, des tenues diverses, des boucliers dorsaux, des animaux exécutés en or de façon très réaliste : canards, chiens, jaguars..., des peaux d'animaux divers, mais surtout un disque d'or de 100 marcs (environ 23 kilos) représentant le soleil et un disque d'argent de 52 marcs représentant la lune [34]. Plus le casque doré rempli de pépites d'or. Tout cela est déposé devant les principaux dieux après qu'on les a encensés. Puis vient la réponse de Montezuma. Le grand *tlatoani* se réjouit fort d'apprendre l'existence d'un prince aussi puissant que le roi d'Espagne et de voir aborder ces étrangers. Que leur chef dise le temps qu'il compte rester et ce qui lui manque, il y sera pourvu. S'il y a dans le pays quelque chose qui peut plaire à l'empereur des chrétiens, Montezuma l'offre volontiers. Quant à le voir et lui parler, c'est malheureusement impossible et l'empereur dispense les visiteurs de cette formalité. Il est malade et ne peut se rendre sur la côte. Les Espagnols ne peuvent pas venir non plus, car le voyage est très périlleux et fatigant. Il y a des chaînes de montagnes difficilement franchissables ainsi que de vastes étendues désertiques où l'on manque de tout. De plus, certaines régions sont aux mains d'ennemis cruels qui n'hésiteraient pas à tuer les étrangers s'ils les savaient amis de Montezuma [35].

La réponse du souverain aztèque et sa générosité ne donnent pas le résultat escompté. Loin de rassasier les conquistadores, les métaux précieux ne font qu'accroître leur avidité. Au lieu de les effrayer, les propos de Montezuma leur donnent l'impression qu'il a peur — ce qui est indéniable. Et ils apprennent de surcroît qu'il y a, sur la route de Mexico, des ennemis de Montezuma. Dont acte. Tout incite les plus entreprenants à aller de l'avant.

Cortez d'ailleurs n'hésite pas. Il remercie Tentlilli pour les présents, donne en retour ce qu'il a de mieux et explique qu'il ne peut manquer d'aller voir un roi si puissant et si bon. Ne pas accomplir son ambassade serait manquer gravement aux lois de la chevalerie et risquer la disgrâce royale. Puis, s'il a parcouru 2 000 lieues sur l'eau, il peut bien en faire 70 encore par voie de terre. Il prie donc le gouverneur d'envoyer de nouveaux émissaires à Mexico-Tenochtitlan pour annoncer la détermination des Espagnols. Et, ajoute-t-il imprudemment, cela sans tarder, car les vivres pourraient venir à manquer. Tentlilli s'empresse de rassurer Cortez. Chaque jour, des messages sont envoyés à la capitale. Quant aux vivres, il y en a à profusion. En attendant, que les étrangers se réjouissent et s'amusent. Ils peuvent même, s'ils le veulent, s'installer dans un endroit plus confortable à six ou sept lieues de là, près de Cuetlaxtlan. Cortez refuse [36].

A lieu alors un incident pénible. Il est difficile de savoir ce qui s'est passé exactement, car les textes qui le mentionnent, d'origine aztèque, donnent des versions différentes. Comme de coutume, les Indiens veulent offrir à manger à leurs hôtes. Puisqu'il s'agit de *teteo*, quelques victimes humaines rehausseront dignement le menu. Avant même que les Espagnols aient compris ce qui se passe, un homme est immolé et son sang, recueilli dans un « vase de l'aigle », est offert à boire. Indigné au plus haut point, Cortez intervient violemment. On dit même — mais aucune source espagnole ne le confirme — qu'il tire l'épée et tue le sacrificateur. Les informateurs de Sahagún affirment de leur côté qu'on avait arrosé les mets ordinaires du sang des victimes. « Mais, lorsque les Espagnols ont vu cela, ils ont éprouvé un grand dégoût ; ils ont craché, ils se sont frotté les paupières, ils ont fermé les yeux, ils ont secoué leurs têtes. La nourriture, avec du sang les messagers l'avaient salie, l'avaient recouverte. Cela a beaucoup dégoûté les Espagnols, leur a donné des nausées, et ainsi ils ont trouvé le sang extrêmement puant. Et il avait agi ainsi, Motecuhzoma, parce qu'il les croyait des dieux, il les prenait pour des dieux, il leur rendait culte comme à des dieux. Pour cela ils étaient appelés, pour cela ils étaient nommés : les "dieux-venus-du-ciel" ; et les Noirs furent nommés : les "dieux-sales" [37]. »

Versions indiennes, donc peu fiables. Les Espagnols n'auraient pas manqué de signaler une chose aussi extraordinaire qu'un sacrifice humain perpétré sous leurs yeux, dans leur camp. On peut supposer qu'on leur a simplement présenté des hommes encore en vie ou, sinon, des mets arrosés du sang de victimes immolées auparavant.

En donnant l'ordre d'offrir des hommes aux nouveaux venus, Montezuma cherchait encore à savoir de façon plus précise à qui il avait affaire. Les Tlaxcaltèques, plus tard, utiliseront le même procédé. Le conquistador Andrés de Tapia raconte comment, quelques jours avant l'arrivée à Tlaxcala, on vit venir des Indiens avec cinq captifs. Et Cortez entendit ces paroles stupéfiantes : « Si tu es un de ces dieux qui se nourrissent de sang et de chair, mange ces Indiens et nous t'en apporterons d'autres. Et si tu es un dieu bon, voici de l'encens et des plumes. Et si tu es un homme, voici des poules [d'Inde], du pain et des cerises. » Dans ces cas, ajoute Tapia, Cortez répondait toujours que ses hommes et lui étaient des hommes tout comme eux[38]. Petite phrase importante que corroborent quantité d'autres textes. Elle confirme que le conquistador ne s'est jamais fait passer pour Quetzalcoatl et a évidemment encore moins créé le mythe du retour du dieu.

Tactiques de harcèlement

Montezuma veut savoir, car il prépare l'épreuve de force. Tentlilli est revenu non seulement avec des porteurs, des prêtres et des victimes à sacrifier, mais aussi avec des magiciens qui doivent voir ce que sont les envahisseurs et s'il est possible de les ensorceler, « s'ils pourraient leur souffler dessus, les fasciner ; s'ils pourraient encore leur lancer des pierres ; s'ils pourraient encore, avec des paroles d'homme-hibou, former une incantation sur eux, pour les rendre malades peut-être, pour les faire mourir, ou encore peut-être pour qu'ils s'en retournent ». Les tentatives se soldent par un échec : les magiciens se sentent « comme nuls » en présence des étrangers[39].

Une autre arme secrète n'a pas plus d'effet. C'est un compagnon du gouverneur-surintendant, un seigneur qui ressemble étonnamment à Cortez. C'est d'ailleurs par ce nom que les Espagnols le désignent. Il a été choisi par Montezuma lui-même — aidé, bien sûr, par des messagers qui ont vu le capitaine[40].

Qu'espère obtenir l'empereur en mettant Cortez en présence de son sosie ? On se perd en conjectures. Il a été suggéré que c'était une façon de faire bon accueil au nouveau venu, ou de lui faire comprendre qu'on ne le prenait pas pour un dieu, puisqu'un mortel lui ressemblait[41]. Mais ce résultat pouvait être obtenu à moindres frais, par exemple tout simplement en le lui disant, comme le fera Montezuma plus tard ! D'autres ont parlé d'une sorte de « magie par personnification », sans être en mesure de préciser davantage[42].

On peut se demander si le sosie en question n'est pas

l'équivalent d'une image de miroir. Un des moyens utilisés par Tezcatlipoca pour perdre Quetzalcoatl avait consisté à lui présenter un miroir. Voyant son corps-matière et son visage déformé, le dieu avait été désarçonné et honteux ; depuis, il n'avait commis que des faux pas. Montezuma escomptait-il obtenir le même résultat avec le nouveau Quetzalcoatl ou son envoyé ? Ou voulait-il signifier au capitaine qu'il avait une image de miroir et qu'il était dès lors l'astre au déclin et non le victorieux soleil ascendant ? Certaines images de miroir déformées étaient en effet censées « mettre en dispute avec soi-même ». Pour mettre en fuite des sorciers, on s'arrangeait pour leur faire voir leur image dans un « miroir-lune » improvisé, formé d'un récipient d'eau contenant un couteau d'obsidienne [43].

C'était donc plus que probablement un piège, destiné à troubler l'ennemi et à lui faire commettre des erreurs. Car, dans la partie terrible, de dimensions cosmiques, qui commence, toute erreur est fatale au premier qui la commet. C'est là, du moins, ce qu'enseignent les mythes de transition d'une ère à l'autre.

Cortez se trouble d'autant moins qu'il ne remarque rien. Mais il insiste pour que Tentlilli dépêche sur-le-champ d'autres messagers à Mexico. L'ambassadeur s'exécute à contrecœur et se retire. Cuitlalpitoc reste pour veiller au service des Espagnols. Mais à mesure que les jours passent, il les néglige de plus en plus. Les Indiens qui viennent faire du troc se raréfient. La petite armée des conquistadores attend, sur la plage brûlante infestée de moustiques hargneux provenant de proches marécages. Plusieurs dizaines d'entre eux meurent, de maladies, de blessures contractées à Potonchan et, bientôt, de malnutrition. Cuitlalpitoc observe.

Dix jours après, Tentlilli revient, cette fois avec dix charges d'étoffes très riches, des objets en or et surtout quatre somptueuses pierres vertes destinées à Charles Quint [44]. Pour les Indiens, ces jades sont du plus haut prix. L'ambassadeur dit combien les cadeaux des Espagnols ont réjoui l'empereur, mais ajoute qu'il ne doit plus être question d'entrevue ni d'envoyer des messagers à Mexico. Cortez réplique qu'il ne partira pas sans avoir vu Montezuma. Sur ces entrefaites, une cloche sonne l'angélus et tous les soldats s'agenouillent en se tournant vers une croix plantée sur une éminence. Tentlilli et Cuitlalpitoc s'étonnent. Cortez en profite pour leur faire exposer les bases du christianisme par le père mercédaire.

Puis le capitaine général intervient pour expliquer que les Espagnols ont été envoyés afin d'empêcher les sacrifices humains, le vol et le culte des idoles, idoles qu'il demande de remplacer par des croix et des images de la Vierge. En fin politique et homme d'État avisé, il joue la carte qu'il utilisera jusqu'au bout, celle du droit, ou du devoir même, d'« ingérence humanitaire ». L'Occident intervient en Amérique mandaté par une instance supranationale, le pape. Il veut proposer aux Indiens une idéologie plus humaine, la religion chrétienne, qui prône la liberté de l'homme. Il veut renverser les tyrans iniques et mettre un terme à des crimes contre l'humanité tels que les immolations d'hommes et le cannibalisme. Il entend, enfin, compléter cette liste de bienfaits en améliorant le niveau de vie des Indiens. Si ceux-ci refusent tant d'avantages, on les leur imposera par la force. Quitte à faire des milliers de morts. Le salut éternel des autres et des générations futures ne vaut-il pas à lui seul ce sacrifice — si l'on peut employer ce mot ?

Tentlilli et Cuitlalpitoc se retirent, mal persuadés. Ils ont échoué dans leur mission. Les envahisseurs s'accrochent. Il faut donc passer à la stratégie de rechange prévue par l'empereur. S'ils veulent rester, qu'ils se débrouillent. Le lendemain matin, il n'y a plus âme qui vive à proximité du camp espagnol. Les seigneurs, leur suite, leurs porteurs et la foule de serviteurs qui occupaient les huttes de branchages ont disparu. C'est presque une déclaration de guerre. Lorsqu'un détachement sous les ordres d'Alvarado part marauder en direction de Cuetlaxtlan, il trouve la campagne déserte et des traces fréquentes de sacrifices humains. Craignant une attaque prochaine, les Espagnols se mettent sur la défensive. Mais rien ne se passe.

Le lendemain, des sentinelles voient arriver quelques Indiens qui demandent à voir le capitaine. Ils parlent totonaque, mais deux d'entre eux savent le nahuatl. Cortez les reçoit. Ils sont chargés par leur maître, le roi de Cempoala, de lui souhaiter la bienvenue et de lui offrir ses services. D'apprendre, aussi, si les étrangers sont des hommes ou des dieux. Ils seraient venus plus tôt s'ils n'avaient craint les Colhuas-Mexicas, qui ont soumis leur peuple par la force. Percevant immédiatement le parti qu'il peut tirer de cette situation, Cortez fait quelques cadeaux et promet d'aller à Cempoala [45].

D'après Fernando de Alva Ixtlilxochitl, ce ne sont pas des envoyés de Cempoala, mais d'Ixtlilxochitl de Texcoco qui seraient venus offrir leur amitié à Cortez et leur alliance contre le tyran. Il va de soi que cette information, ou plutôt cette déformation, est inspirée par le seul esprit de clocher [46].

LA VILLA RICA DE LA VERA CRUZ

Cependant, Francisco de Montejo est parti avec deux navires à la recherche d'un port mieux abrité. Il revient trois semaines plus tard, n'ayant trouvé qu'une petite rade située à une douzaine de lieues au nord, près de la cité de Quiahuiztlan. Cortez envisage d'y transférer son camp, lorsque se manifestent avec vigueur les partisans de Diego Velázquez, nombreux dans son armée. Il y a déjà eu pas mal de pertes, arguent-ils, et il y en aura davantage si on poursuit dans un pays aussi densément peuplé. Mieux vaut rentrer avec tout l'or et les trésors acquis jusqu'à présent et faire rapport au gouverneur de Cuba. Cortez répond ce qu'il dit aussi à Montezuma : il ne saurait rentrer sans avoir vu. Et puis, tout a marché pour le mieux jusqu'à présent !

Mais les partisans de Velázquez reviennent à la charge. Cortez réagit sans délai. Il sait que de nombreux conquistadores impécunieux ont l'intention de fonder des établissements dans les terres nouvellement découvertes et d'y prospérer. Affectant d'accepter de repartir, il fait entamer les préparatifs à cet effet. Sur quoi les hommes qui veulent rester se mettent à clamer leur indignation. On leur a promis monts et merveilles ! Velázquez leur avait dit qu'ils pourraient coloniser [47] et voilà qu'on laisse tout tomber et qu'on les trahit ! Ils ne sont pas des lâches et exigent d'aller de l'avant. Et surtout, les intérêts des rois ne passent-ils pas avant ceux du gouverneur de Cuba ? Une bonne partie des indécis viennent faire chorus. Cortez, l'air embarrassé, demande à réfléchir, puis s'incline. On fonde donc une cité, appelée la Villa Rica de la Vera Cruz, la Ville riche de la Vraie Croix. En mémoire du débarquement le vendredi saint. Et tout un programme...

Le conseil municipal est mis sur pied sans tarder. Les alcades sont Puertocarrero, un ami de Cortez, et Montejo, du parti de Velázquez. A peine l'autorité civile est-elle en place que Cortez lui remet les instructions de Velázquez et démissionne de sa charge. Le conseil municipal examine ces instructions, les juge dépassées et délibère brièvement sur la situation nouvelle. Non sans s'être fait longuement prier, Cortez est nommé grand justicier *(alcalde mayor)* de Vera Cruz et capitaine général [48].

Jusqu'ici, Cortez avait respecté scrupuleusement les instructions données par Velázquez. Cette fois, il les outrepasse et rompt avec le gouverneur, comme il en avait eu l'intention secrète depuis le début. Mais il s'arrange pour donner l'impression de respecter les formes légales. Il fait créer une commune, qui, selon le droit de Castille, ne dépend que du roi, puis se fait nommer par cette commune. Cette astuce doit permettre aux juristes de l'excuser en cas de réussite...

Légalement investi des pouvoirs civils et militaires, Cortez est couvert et paré pour la suite des événements. Il essaie d'amadouer les partisans de Velázquez, mais les plus résolus refusent de lui obéir. Ils sont enchaînés, puis relâchés peu après et apaisés avec de belles paroles, des promesses et, bien sûr, de l'or. On peut passer à des choses sérieuses.

D'abord, il faut gagner un endroit plus salubre et plus sûr. La petite armée et la flotte se mettent en route vers Quiahuiztlan.

CHAPITRE XII

L'empire se lézarde

LA FUITE À CINCALCO

Pendant que Cortez agit, que fait Montezuma ? Rien, prétendent la *Chronique X* et les informateurs de Sahagún. Ou plutôt, il est mort de peur et cherche à fuir. Surtout lorsque les Espagnols paraissent le viser personnellement. Ils interrogent partout : « Comment est-il ? jeune ? mûr ? vieux ? A-t-il déjà la sagesse d'un vieux ? Est-il déjà un vieillard ? A-t-il déjà la tête blanche ? » « Et quand il entendait ceci, Motecuhzoma, que l'on questionnait beaucoup, que l'on recherchait avec insistance, que les dieux souhaitaient vivement voir son visage, c'était comme si son cœur se tourmentait, comme s'il souffrait du cœur. Il se serait enfui, il aurait voulu prendre la fuite, il aurait voulu prendre la fuite en courant, il se serait enfui en courant. Il se serait caché, il aurait voulu se cacher, il se serait caché d'eux, il aurait voulu se cacher des dieux. » Et il songe à disparaître dans quelque caverne [1].

Les sources donnant des versions mexicas nous plongent à nouveau en plein mythe. La panique aurait été générale. On croyait venue la fin du monde et les puissants cherchaient à se réfugier dans des cavernes, type d'abri qui avait fait ses preuves, lors de précédentes destructions de Soleils, en permettant chaque fois à un couple de survivre. On dit aussi que Montezuma était comme ivre et qu'il avait perdu les sens. Comme les Toltèques de la fin de Tollan, lorsque s'abattirent sur eux des catastrophes sans nom [2].

Où l'empereur pouvait-il fuir ? Vers l'est ? Mais c'était faire comme Quetzalcoatl à la fin de Tollan, alors qu'il n'était pas le dieu et que celui-ci lui courait sus venant de cette direction...

Dans la direction opposée, alors ? Vers l'ouest ? Évidemment !
Comme l'astre couchant qu'il était ! Vers la caverne de Chapultepec, par où on accédait au Cincalco, l'énigmatique Maison du
Maïs... « Et si nous entrons là-bas, dit l'empereur, nous ne
mourrons jamais ! Au contraire, nous vivrons pour toujours ! Et
là il y a des arbres fruitiers de toute espèce, et tous les habitants
sont les plus contents du monde, et leur roi, Huemac, le plus
joyeux et le plus satisfait du monde ! »
   Le Cincalco était en effet une sorte d'au-delà paradisiaque, une
version particulière du Tlalocan. On y accédait par une grotte
dans le rocher de Chapultepec. Il convenait à Montezuma à
plusieurs titres. C'était un paradis d'agriculteurs, de sédentaires
opulents — comme les Mexicas à présent — et on ne risquait pas
d'y rencontrer de jeunes guerriers fougueux, associés au soleil
ascendant : le Cincalco était la maison de l'astre au déclin [3].
   Le seigneur de cet au-delà n'était autre que Huemac, celui-là
même qui au maïs avait préféré les plumes vertes et le jade !
Huemac, l'adjoint tantôt allié, tantôt ennemi de Quetzalcoatl à
Tollan, le semeur de discorde qui se confondait avec Tezcatlipoca.
On racontait qu'il avait été immolé par les siens ou qu'il s'était
suicidé dans la grotte de Chapultepec [4]. Peut-on imaginer un
compagnon plus indiqué pour le monarque aux abois ? Huemac,
un avatar de l'éternel adversaire du Serpent à Plumes ! Montezuma
va se réfugier chez lui pendant la nouvelle ère de Quetzalcoatl
qui s'annonce ! Il passe dans l'opposition, mais reviendra au
pouvoir quand ce sera à nouveau le tour de Tezcatlipoca !
Au siècle passé encore, les Indiens attendaient ce retour de
Montezuma... Peut-on imaginer aussi des destins plus semblables
que ceux de Huemac et de Montezuma ? Rois, l'un et l'autre,
dans une cité radieuse à la fin d'une ère. Parents, tous deux, de
femmes inassouvissables (la fille de Huemac et Chalchiuhnenetzin). Pommes de discorde, aussi, et déclencheurs de cataclysmes.
Obligés à fuir et à se suicider, ou, ce qui revient presque au
même, tués par leurs propres sujets !
   Avant d'envoyer des messagers chez Huemac, Montezuma
s'enivre, comme l'avait fait Quetzalcoatl avant de quitter Tollan.
Ensuite, il fait sacrifier en l'honneur de Huitzilopochtli et écorcher
quatre prisonniers de guerre. Les peaux doivent être offertes au
seigneur du Cincalco, que certains textes assimilent à Xipe Totec,
le dieu à peau d'écorché qui préside à la souillure et à la
pénitence [5]. Le dieu, également, dont les rois guerriers revêtent

les atours — par exemple lorsqu'ils font sculpter leur image sur le rocher de... Chapultepec.

Les émissaires de l'empereur, des serviteurs et des magiciens, se dirigent donc vers le rocher de Chapultepec et pénètrent dans la grotte. C'est une entrée vers le monde souterrain, le pays des morts. Quatre chemins s'offrent aux visiteurs[6]. Ils choisissent celui qui descend et rencontrent bientôt un vieillard tout noir, tenant à la main un bâton de sonnailles. Il se nomme Totec Chicahua et est, comme l'indique son nom, un avatar de Xipe Totec, dont le bourdon s'appelait le *chicahuaztli*.

« Qui êtes-vous, demande-t-il, d'où êtes-vous ?

— Seigneur, répondent les envoyés, nous venons voir le roi de ce lieu auquel nous apportons une ambassade.

— Quel roi cherchez-vous ?

— Le seigneur d'ici, Huemac, et c'est Montezuma qui nous envoie.

— Soyez les bienvenus. »

Totec les conduit chez Huemac et les annonce :

« Roi et seigneur, des hommes de la terre sont venus, envoyés par Montezuma.

— Que nous fait dire Montezuma ?

— Seigneur, disent les magiciens et les serviteurs, il te salue et t'envoie ces peaux. Et il te fait demander que tu veuilles le recevoir à ton service, pour qu'il te serve comme balayeur et pour tout ce qui convient à ton royal service.

— Que dit-il ? Que veut-il ? Demandez à ce malheureux prince quelle est la peine qui le tourmente, qu'il me le fasse dire pour que j'y puisse remédier ! Allez donc, retournez et rapportez-lui ce que je vous ai dit. »

Puis le vieillard leur offre des produits de son pays d'abondance : du poivre du Chili, du jitomate, des œillets d'Inde, des épis de maïs vert et des épis égrenés.

De retour à Mexico avec une réponse qui n'en est pas une, les ambassadeurs sont plutôt mal reçus. Montezuma les fait jeter en prison en attendant d'être lapidés. Sous le sceau du secret le plus total, il charge ensuite de la même mission ses serviteurs les plus fidèles. Ceux-ci s'engagent à leur tour dans la grotte. Ils y rencontrent cette fois Ixtepetla, un personnage aveuglé par la chair boursouflée qui lui entoure les yeux. C'est un autre substitut de Huemac ou de Xipe Totec : les chairs gonflées et l'aveuglement connotent en effet la souillure. Conduits chez Huemac, les

Mexicas lui remettent un nouveau chargement de peaux fraîches d'écorchés et lui expliquent la situation. Montezuma s'inquiète de son sort et de celui de son empire, et veut savoir. Huemac, impatienté, rétorque : « Que dit Montezuma ? Croit-il qu'ici c'est comme là-bas, dans le monde où il règne ? Il ne supporterait pas d'y vivre ne fût-ce qu'une heure, et encore moins un jour. Qu'il sache que moi, ici, je ne mange ni ne m'habille jamais, pas plus que tous ceux qui sont ici. Car les habitants d'ici ne sont plus comme quand ils étaient sur la terre, mais d'une autre forme et manière. Sur terre, ils connaissaient la joie, le repos et le contentement. A présent, tout leur est tourment. Cet endroit n'est pas, comme dit le refrain, un délicieux paradis de joie, mais un tourment continuel. Nous ne sommes pas venus en ce lieu de plein gré, mais contraints par la force, et nous y sommes par la volonté du Très-Haut ! Dites cela à Montezuma. S'il voyait ce lieu, il fuirait de pure terreur et irait se cacher dans une pierre dure. Maintenant, il peut se glorifier dans la joie, l'allégresse et le plaisir, il jouit des pierres précieuses, de l'or, des plumes riches, des différentes sortes de beaux vêtements et des nourritures et des boissons de prix. Qu'il ne se soucie pas d'en savoir plus. De toute façon, il ne saurait échapper à ce qui est déterminé ! Allez et dites-lui ! »

Passage étrange que celui-ci, où le Cincalco ne correspondrait pas aux croyances admises. La première fois, Huemac avait offert des produits de ce lieu de délices. Maintenant, il dissuade d'y venir. Faut-il voir dans son discours une influence chrétienne ? S'agit-il de faire entendre aux auditeurs de ces récitations que les au-delà préhispaniques ne sont que des enfers ? Ou que les suicidés comme Huemac sont promis à un châtiment éternel ? C'est fort possible. L'empreinte chrétienne apparaît en tout cas dans la référence à la « volonté du Très-Haut » et à l'inéluctabilité de « ce qui a été déterminé ». D'autres épisodes mythiques ont montré sans l'ombre d'un doute que ce « déterminateur » était bien le Dieu des chrétiens.

Mais il y a plus. On a vu que, selon des croyances modernes, Montezuma chassé à la fin du Soleil aztèque faisait pénitence en attendant son retour. La vie dans un paradis comme le Cincalco n'interdit nullement, en effet, les austérités et les pénitences. A l'origine des temps, les enfants du couple créateur mixtèque n'hésitaient pas à se saigner dans le merveilleux jardin qui leur avait été donné en partage. Et à Aztlan, on vivait sobrement. On peut donc admettre que, dans la Maison du Maïs, Huemac et les siens se livrent à des austérités. La présence de Totec et d'Ixtepetla dans le mythe d'Aztlan le confirme.

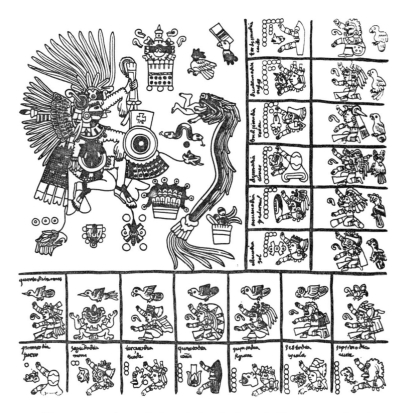

Xipe comme régent de la treizaine de jours 1 Mouvement, dans le calendrier divinatoire du *Codex Borbonicus*. D'après Séjourné, 1981.
Le dieu est revêtu d'une peau d'écorché et porte sur la tempe le miroir fumant de Tezcatlipoca. Devant lui, un « vase de l'aigle » rempli de cœurs et de sang, et un serpent à plumes avalant un homme.

On conçoit que la seconde réponse de Huemac réjouisse moins encore l'empereur que la première. Les envoyés subissent le même sort que leurs prédécesseurs et, cette fois, ce sont deux nobles d'Acolhuacan, ou deux proches de Montezuma, qui sont dépêchés chcz le souverain de l'au-delà. Dans la grotte, ils sont accueillis par un mystérieux Acuacuauh. A Huemac, ils expliquent que Montezuma souhaite venir le servir « parce qu'il ne veut pas voir toute cette honte et ce déshonneur qui seront son lot dans la vie ». Huemac fait observer que l'empereur a bien cherché ce qui lui arrive. N'a-t-il pas été orgueilleux et cruel avec ses proches, allant jusqu'à les occire ? « Dites-lui qu'il commence à faire pénitence, qu'il jeûne et laisse les mets riches auxquels il est habitué, et qu'il abandonne peu à peu le luxe, le trône et les atours royaux ainsi que le pouvoir. Qu'il s'habille en pénitent, qu'il se contente de manger quelques boules de sarriette blanche et une cuillerée de haricots cuits, qu'il boive de l'eau bouillie et surtout qu'il s'éloigne et se tienne à l'écart de ses femmes, qu'il n'ait pas accès à elles. S'il accomplit cette pénitence, ce qui a été prononcé contre lui changera. Sinon, je serai avec lui de temps à autre. Dites-lui cela. »

Les nobles ambassadeurs répètent ce propos à un Montezuma enfin soulagé. Et, disent-ils encore, si l'empereur fait ce qui lui est recommandé, Huemac viendra à sa rencontre pour l'accueillir au-dessus du rocher de Chapultepec ou à Tlachtonco, au milieu de la lagune. Le *tlatoani* les récompense splendidement et entame un jeûne de quatre-vingts jours accompagné d'austérités. Graduellement, il se détache du monde et abandonne sa superbe. Lorsqu'il est enfin prêt, les deux messagers retournent au Cincalco pour en informer Huemac, qui promet de venir l'accueillir quelques jours plus tard.

Apaisé, Montezuma charge ses nains et ses bossus d'observer le Chapultepec. Après quatre jours, ils aperçoivent au-dessus de la colline une pierre blanche brillante et courent en aviser leur maître. Celui-ci fait préparer l'endroit convenu à Tlachtonco, au milieu de la lagune. On y répand des feuilles de sapotier et on dispose des sièges, l'un à plumes de spatule rose, les autres également recouverts de ces feuilles associées au culte de Xipe. On apporte aussi quatre corbeilles bien enveloppées.

Ces préparatifs terminés, Montezuma annonce à ses nains et à ses bossus qu'ils l'accompagneront au Cincalco. Ceux-ci se mettent à verser des larmes. « Ne pleurez pas, les console l'empereur, car nous vivrons toujours dans la joie et le loisir et nous ne nous souviendrons pas de la mort. » Entrer dans un au-delà, c'est en effet mourir. Ce que la légende prétend exprimer, c'est que Montezuma a songé à se suicider. Il a « voulu entrer dans le

Cincalco », *via* la caverne de Chapultepec, comme Huemac, qui s'y était pendu, Huemac, le lunaire patron des suicidés[7].

On embarque. Rendu à Tlachtonco, Montezuma revêt une peau humaine et les autres attributs de Xipe, puis va s'asseoir sur le siège à plumes de spatule rose. Bientôt s'ouvre au-dessus de la colline de Chapultepec une grotte si lumineuse qu'on y voit comme en plein jour, et Huemac apparaît, resplendissant, se confondant avec la « grotte » *au-dessus* de la colline, grotte qui n'est autre que la lune.

Cependant, un jeune homme endormi dans un temple où il incarne une divinité est réveillé par une apparition qui lui dit : « Viens donc et vois ce qu'est ce Montezuma et ce que vaut sa prétention. Maudite soit la honte qui l'habite. Que diront de lui les peuples qui entourent l'empire ? Que diront nos ennemis et plus spécialement ceux de Huexotzinco, Cholula, Tlaxcala, Tliliuhquitepec et Metztitlan, du Michoacan et du Yopitzinco ? C'est une grande honte, car ce qui doit lui advenir arrivera bientôt, car c'est irrévocablement promis. Et de toute manière, il lui est impossible d'aller là où il veut se rendre. C'est pourquoi je suis envoyé ici par le seigneur des airs, de la terre et de la mer, des rivières et des monts. Je suis venu pour arrêter Huemac et dès qu'il m'a vu il a fait demi-tour. Vous avez entendu l'ordre du Dieu qui sustente le ciel et la terre et le monde entier. Allez dire à Montezuma qu'il doit rentrer chez lui et cesser d'importuner Huemac, car ce qu'il veut est impossible. »

Le personnificateur, surnommé Tzoncoztli, « cheveux blonds » — comme les divinités stellaires —, prend donc un canot et se rend à Tlachtonco. Le lieu du *tlachtli*, du jeu de balle, ce jeu pivot qui fait basculer les ères et recommencer le temps. Le jeu qui marqua la fin de Tollan et de Xibalba, ou qui annonça déjà la fin de Mexico-Tenochtitlan. « Mon seigneur Montezuma, interroge-t-il, que faites-vous ici ? Seriez-vous par hasard n'importe qui ? N'êtes-vous pas la tête du monde ? Voyez, seigneur, je suis l'image Tzoncoztli, je suis envoyé. N'est-il pas très grand, le déshonneur que vous, seigneur, voulez vous attirer et communiquer à tout l'empire ? Ecartez-vous de ce chemin ! Voulez-vous donner à des étrangers l'audace de venir ruiner la monarchie de cette tête du monde ? Que vous arrive-t-il, seigneur ? Quelle vaine et basse pensée vous anime ? Votre première pensée avait été de soumettre, par la force de votre grand cœur, jusqu'aux limites du ciel. A présent, elle tend vers la bassesse la plus grande

qui soit ! Que diront les grands de votre disparition ? La honte
et le déshonneur ne touchent pas seulement votre personne, mais
aussi tout le lignage royal ! Ce qui doit vous arriver arrivera
nécessairement, car il a été ordonné que vous deviez le voir.
Prenez donc courage, abandonnez les pensées vaines et lâches. »
Sur ces entrefaites, la voix qui a éveillé Tzoncoztli interpelle
Huemac : « Retourne d'où tu sors ! Il ne t'appartient pas
d'emporter ce qui n'est pas à toi ! Pensais-tu enlever Montezuma ?
Car le Dieu très haut et Seigneur a dit de te chasser ou sinon de
t'enchaîner ! »
On retrouve ici l'influence chrétienne. Huemac redevient le
maître de ce lieu de tourments et une voix — un ange ? —
s'adresse à lui comme au démon. Le personnificateur, quant à
lui, admoneste une dernière fois son roi : « L'aube point. Retourne
à ta place, seigneur, et abstiens-toi d'actions aussi inconsidérées ! »
Prenant enfin la parole, Montezuma soupire : « Allons, jeune
homme. » Il lui interdit de souffler mot de l'affaire et promet
qu'on lui trouvera un remplaçant et qu'il ne sera pas sacrifié.
Les jours suivants, la honte empêche Montezuma de sortir de
chez lui. Tzoncoztli l'apprend. Il va le trouver dans son palais et
le console : « Notre seigneur, fils si aimé et chéri de tous, sortez
d'ici, car les nobles ont grande peine, vous croyant malade.
Jouissez de votre jeunesse fleurie, ayez plus de joie que jamais
dans votre vie ! Oublions le passé. N'ayez aucune crainte, car
jusqu'à la fin de mes jours, le secret pourrira dans ma poitrine
avant que je ne dise quoi que ce soit. » Et le personnificateur
resta jusqu'à sa mort le favori de l'empereur [8].
Telle est donc la légende de la « fuite » de Montezuma. Elle
vise à assimiler la fin de Mexico à la fin de Tollan, elle montre
Montezuma dans une situation analogue à celle de Quetzalcoatl
autrefois, et prêt à fuir chez l'ennemi du Serpent à Plumes, mais
arrêté par un envoyé du Très-Haut. Une fois de plus, on dénonce
sa pusillanimité et on affirme l'inéluctabilité de son destin.
Surtout, on prétend que l'empereur chercha à « fuir », à se
suicider. D'après les informateurs de Sahagún, la chose était
de notoriété publique. Mais comment les Mexicas ont-ils pu
l'apprendre, alors que Tzoncoztli aurait été discret et fidèle
jusqu'à sa mort ? Les Espagnols, qui pendant des mois ont vécu
en contact direct avec l'empereur et ses proches, ne soufflent
évidemment mot d'une volonté de suicide. Tout indique qu'on
est à nouveau en présence d'un des volets de la légende tardive

du Montezuma puni pour ses méfaits et, de surcroît, faible et lâche.

L'ALLIANCE TOTONAQUE

En fait, Montezuma observait. Quel serait l'effet de la mesure qu'il venait de prendre ? Il avait prévu deux issues favorables. D'une part, que les nouveaux venus, affamés, se décident à rembarquer et à rentrer chez eux. Ce serait toujours autant de temps de gagné. D'autre part, qu'ils se mettent à marauder et à extorquer des vivres et de l'or, ce qui amènerait les populations de la région à leur faire la guerre. Dans un premier temps, tout s'annonçait plutôt bien. D'après les espions de Montezuma, le manque de vivres se faisait sentir de plus en plus, au point que des détachements devaient aller battre la campagne désertée pour trouver à manger. Puis toute la troupe se mit en marche. Heureusement, vers le nord, vers Quiahuiztlan. Mais, brusquement, tout chavira.

Car à proximité du chemin de Quiahuiztlan, il y avait Cempoala[9]. Et sur le chemin, une délégation d'une vingtaine de Cempoaltèques qui attendaient Cortez pour le conduire dans leur cité. Elle lui offrit des vivres et des cadeaux et pria le capitaine général d'excuser l'absence du roi, qui éprouvait quelque difficulté à se déplacer. A Cempoala même, ville très verdoyante, la troupe d'étrangers fut accueillie par une foule joyeuse. Le roi sortit de son palais pour recevoir ses hôtes. Il marchait soutenu par deux nobles, parce qu'il était excessivement gros, mais aussi parce que c'était là une habitude royale. Après avoir encensé Cortez et l'avoir salué, il lui désigna ses quartiers, dans l'enceinte crénelée du Grand Temple, près de la pyramide principale. Les lieux, encore visibles aujourd'hui, furent rapidement mis en défense et les canons disposés aux endroits adéquats.

Le lendemain, le roi et les nobles vinrent apporter des cadeaux et des victuailles à profusion. Cortez rendit la politesse le jour suivant en offrant des vêtements et de la verroterie. Il fut invité au palais royal où, assis sur une banquette dans une pièce basse, il eut un long entretien avec le gros roi. Comme d'habitude, il commença par expliquer qu'il était l'envoyé d'un grand souverain et qu'il venait répandre la vraie foi, redresser les torts et abolir les sacrifices humains. Encouragé par ces propos, le souverain se plaignit amèrement de la tyrannie de Mexico, des guerriers sacrifiés, des hommes et des femmes réduits en esclavage, des corvées épuisantes et des tributs exorbitants qui parfois les faisaient mourir de faim. Tout ne valait-il pas mieux que cela et, surtout, l'amitié d'un souverain aussi bon et juste que celui que Cortez évoqua ? Puis le roi décrivit Mexico, ses richesses et sa puissance et énuméra les ennemis des Alliés, ennemis qu'il devait être possible de rallier autour d'hommes aussi vaillants que les vainqueurs de Cintla. Cortez était enchanté. On lui confirmait l'opulence de Mexico tout en lui indiquant le moyen de s'en emparer ! Il s'empressa de rassurer son interlocuteur. Ses nouveaux amis seraient protégés, les injures vengées, les iniquités abolies et les tyrannies abattues [10].

Montezuma ne s'était évidemment pas attendu à ce que la vermine cempoaltèque fît un tel accueil aux envahisseurs, alors qu'il n'avait rien autorisé de ce genre. Il n'eut pas besoin d'attendre la venue de nouveaux messagers pour comprendre qu'une alliance dangereuse s'ébauchait. Il fallait rappeler à l'ordre ces quasi-rebelles et leur inspirer une terreur salutaire. Des instructions furent dépêchées aux percepteurs de la province pour qu'ils interviennent immédiatement.

LA RÉVOLTE DE QUIAHUIZTLAN

Seulement, la petite armée des conquérants démunis, toujours en mouvement, avait repris la route pour gagner Quiahuiztlan. Les villages étaient abandonnés et la ville même de Quiahuiztlan apparemment déserte, la population n'osant pas se montrer, par peur des étrangers. Sur la place centrale, Cortez et ses lieutenants furent accueillis par une quinzaine de nobles qui les encensèrent et les guidèrent vers leur roi, fort entouré. Celui-ci, prévenu par son collègue de Cempoala, attendait les Espagnols et les encensa à son tour. On échangea des politesses et les inévitables dons avant de commencer les palabres. Dès qu'il en eut l'occasion, le roi parla de Montezuma avec la même amertume que le gros roi de Cempoala.

Survinrent alors une vingtaine de personnages importants. Ils brandissaient des bâtons de commandement et humaient des bouquets de fleurs. Des serviteurs les éventaient avec de grands chasse-mouches de plumes. A leur vue, les Quiahuiztèques pâlirent et se mirent à trembler. Le brillant cortège était en effet celui de cinq percepteurs de Montezuma et de leur suite. Ils passèrent devant Cortez et les siens en affectant ostensiblement de ne pas les voir. Les Totonaques s'empressèrent autour d'eux, leur désignant des appartements et leur donnant à manger. En échange, ils se firent tancer pour avoir offert de leur propre chef l'hospitalité aux étrangers. L'empereur, leur dit-on, n'était pas content du tout et entendait bien le leur faire sentir, surtout s'ils persistaient. Le même message avait déjà été transmis au roi de Cempoala[11]. Il y eut un moment de flottement. Terrorisés comme ils l'étaient, les Totonaques pouvaient être tentés de se racheter en chassant les Espagnols. Il en serait résulté une bataille à l'intérieur même de la ville, où les chances des envahisseurs auraient été moindres qu'en rase campagne — c'est peut-être ce qu'escomptait Montezuma. L'ennemi subirait de lourdes pertes et fuirait par la mer, comme l'avait fait Córdoba à Champoton. Malheureusement, réagissant immédiatement, Cortez fit pencher la balance de son côté. Ses hôtes, rassura-t-il, ne devaient rien craindre puisqu'il était là et qu'il les protégerait. Ils devaient au contraire choisir clairement leur camp en s'emparant des cinq *calpixque*.

On imagine l'émoi que provoquèrent ces paroles. Arrêter les percepteurs, c'était déclarer la guerre à la Triple Alliance ! C'était *le* crime inexpiable ! Il fallut, pour convaincre les Totonaques, tout le talent de persuasion de Cortez. N'était-il pas venu pour faire régner la justice ? Puis il se permit de faire la leçon aux Colhuas en feignant de croire que les *calpixque* abusaient de leurs pouvoirs et en annonçant qu'il les dénoncerait à Montezuma ! Finalement, les Quiahuiztèques franchirent leur Rubicon. Ils se décidèrent à faire prisonniers les percepteurs. Comme ceux-ci faisaient mine de résister, on leur assena quelques bons coups de gourdin et ils furent attachés à un bâton passé dans le dos, à la manière des esclaves ou des captifs de guerre. Pour rendre plus irréversible encore la décision des Totonaques, Cortez leur recommanda de ne plus obéir et de ne plus payer tribut aux Aztèques.

Commence alors entre le capitaine et l'empereur un jeu subtil où chacun croit duper l'autre. Pour Cortez, il s'agit de se gagner des alliés, non de se mettre d'emblée à dos toute la puissance de la Triple Alliance. Pour Montezuma, il importe de limiter les dégâts et d'éviter d'autres révoltes ou d'autres alliances — surtout celle de Tlaxcala. Impossible pour lui, en effet, d'intervenir directement par les armes. La mobilisation est trop lente et les étrangers sont trop mobiles. De plus, envoyer des troupes vers la côte, c'est courir le risque de voir d'autres cités rallier le camp adverse et d'enflammer le pays tout entier. Mieux vaut attendre que les Espagnols se séparent des rebelles. La tactique de la rupture n'a pas été payante. Il faut renouer avec l'ennemi, regagner sa confiance et le guider vers un endroit où il pourra être mis hors d'état de nuire à coup sûr.

Cortez a l'initiative. Parmi les gardes chargés de surveiller les *calpixque* mis en cages figurent quelques Espagnols. La nuit, il leur ordonne de libérer le plus discrètement possible deux des captifs et de les lui amener. Ainsi dit, ainsi fait. Aux percepteurs qui ne comprennent plus rien, Cortez demande qui ils sont et ce qui s'est passé. Ils répondent qu'ils viennent percevoir certains tributs et que les Totonaques se sont rebellés parce qu'ils se sentent forts de la présence des dieux. Le conquistador prétend n'être au courant de rien et ne vouloir que leur bien. Il leur donne à manger et les charge d'aller rapporter à l'empereur comment ils ont été libérés et combien son amitié lui est chère. S'il a dû aller à Cempoala, c'est malgré lui, parce que l'empereur lui a coupé les vivres. Les percepteurs sont conduits en bateau jusqu'à un endroit sûr, d'où ils pourront gagner Mexico.

Lorsque, le lendemain, les Quiahuiztèques se rendent compte de la disparition des deux fonctionnaires, ils sont atterrés et veulent tuer les autres. Cortez intervient pour les sauver. Il prêche le respect du droit naturel et blâme l'incurie des Indiens qui a permis l'évasion. Désormais, il assurera lui-même la garde des prisonniers. Les intéressés sont mis aux fers et conduits dans un navire, hors de portée des Totonaques.

Le moment est venu, pour les rebelles terrorisés, de tenir un conseil de guerre. En effet, bientôt les évadés feront part de leur mésaventure au grand *tlatoani* qui préparera une vengeance terrible, selon son habitude. Certains opinent qu'il faut rejeter la faute de ce qui s'est passé sur les Espagnols et demander pardon à Montezuma. D'autres pensent que le moment est venu de rejeter définitivement le joug de la Triple Alliance. Finalement, les partisans de la liberté l'emportent. Cortez, pressenti pour se mettre à leur tête, les invite à bien réfléchir avant de s'attirer l'ire des Colhuas. Mais, poursuit-il, s'ils le veulent, il sera leur chef et les protégera, car il préfère leur amitié à celle de l'empereur. Les Quiahuiztèques doivent en aviser tous leurs amis, afin que ceux-ci rallient leur bord. Non pas, bien sûr, parce que les Espagnols auraient besoin d'aide. Ils pourraient parfaitement régler le compte des armées colhuas à eux seuls. Mais les insurgés doivent être prêts à parer à une éventuelle attaque de l'empire. Les Totonaques affirment qu'ils peuvent lever cent mille hommes. Ils jurent obéissance au roi d'Espagne, ce qui est dûment enregistré par le notaire de l'expédition. Des messagers sont envoyés de tous côtés et les ralliements affluent. Bientôt, il ne reste plus un seul fonctionnaire impérial dans la région. D'après un conquistador, « ils ne se possédaient pas de joie en pensant à la tyrannie dont ils étaient délivrés [12] ».

A la suite de ces événements, la position des Espagnols s'est singulièrement renforcée. Ils peuvent dorénavant envisager leur établissement en terre mexicaine avec beaucoup plus de sérénité. Aussi se mettent-ils à construire une nouvelle « Ville riche de la Vraie Croix », avec place, église, maison communale, prison, débarcadère, quartiers d'habitation et, surtout, une forteresse.

Montezuma aussi est satisfait. Les intrigues de Cortez lui donnent l'occasion de rétablir le contact avec les étrangers sans perdre la face. De plus, elles montrent que Cortez le ménage et donc le craint. Il décide de lui envoyer une nouvelle ambassade, conduite par deux de ses jeunes neveux, accompagnés de quatre conseillers âgés et d'une suite nombreuse [13]. Les princes prennent contact avec Cortez à Veracruz. D'abord, ils font les cadeaux habituels : des tissus très fins, des objets de plumasserie, des bijoux en or et en argent ainsi qu'un bol rempli de pépites d'or que Montezuma envoie à Cortez « pour le guérir de sa maladie, dont il demande des nouvelles [14] ».

Ce petit trait ironique lancé, les jeunes gens remercient Cortez pour avoir libéré les deux *calpixque* et empêché que l'on tue les autres. « Montezuma agirait de même et lui demande de relâcher les trois fonctionnaires prisonniers. Il renonce à châtier l'outrage commis parce qu'il l'aime bien et parce que les Totonaques l'ont reçu dignement. Mais ces gens sont ainsi faits qu'ils commettront bientôt d'autres méfaits et alors ils paieront le tout en une fois. Pour le reste, l'empereur n'est pas en bonne santé et, de plus, il est occupé à d'autres [*sic* !] guerres et à des affaires importantes.

Il est dès lors difficile de dire où et quand ils se verront, mais ce moment viendra en son temps. » Cortez répond courtoisement, sans manquer de rappeler la disparition subite de Cuitlalpitoc — et, sous-entendu, du ravitaillement qu'il assurait. « Il croyait, du reste, et tenait pour certain que son seigneur Montezuma ne lui avait pas donné l'ordre de commettre une pareille vilenie ; mais c'était pour cela que nous avions résolu de venir dans ces villages, où l'on nous avait honorablement reçus ; il priait, en grâce, que Montezuma pardonnât aux Totonaques leur conduite ; pour ce qui regardait le tribut qu'ils refusaient, bien certainement ils ne pouvaient servir deux seigneurs à la fois et, dans le temps que nous avions passé chez eux, ils s'étaient mis au service de nous tous, au nom du Roi notre maître ; enfin, nous ne tarderions pas, Cortés et tous ses frères, à aller voir le prince et à lui présenter nos hommages. Alors, quand nous serions en sa présence, nous soumettrions nos volontés à ses ordres. » Après avoir fait don de sa meilleure verroterie, Cortez offre en guise de spectacle un combat simulé de cavaliers, fort goûté des seigneurs, puis il les loge de son mieux. A peine ont-ils le dos tourné qu'il s'empresse d'appeler le roi de Quiahuiztlan pour lui annoncer triomphalement que Montezuma n'ose pas réagir par les armes et que les rebelles peuvent désormais se regarder comme libres. Peu après, l'ambassade mexica rebrousse chemin [15].

LA CAMPAGNE DE TIZAPANTZINCO

Quelques jours plus tard, les Cempoaltèques appellent les Espagnols au secours contre la cité de Tizapantzinco, qui fait des incursions sur leur territoire, détruisant les cultures et massacrant les habitants. La cité est perchée sur une colline et bien fortifiée. Soucieux de son image, Cortez feint d'abord de n'envoyer qu'un seul soldat, particulièrement laid et effrayant, comme si cela devait suffire, et le bruit se répand qu'un *teotl* marche seul contre les Colhuas. Puis, l'effet souhaité ayant été obtenu, Cortez le rappelle et part en personne avec ses hommes, soi-disant pour montrer le cas qu'il fait de ses alliés. Une nombreuse armée cempoaltèque l'accompagne. Les versions disponibles diffèrent quant à la suite des événements, mais il se peut qu'il n'y ait même pas eu combat. D'après Gómara, le chapelain de Cortez, les incursions étaient le fait d'une garnison mexica qui exerçait des représailles contre les Indiens révoltés. En voyant arriver les Cempoaltèques, les Mexicas sortirent à leur rencontre. Cependant, lorsqu'ils virent que les Espagnols les accompagnaient, ils jugèrent plus prudent de prendre leurs jambes à leur cou et tentèrent de se réfugier dans la forteresse. Mais Cortez et quelques cavaliers les devancèrent et en bloquèrent l'entrée. La garnison capitula. Cortez lui laissa la liberté pourvu qu'elle rendît ses armes, ce qu'elle fit. Puis il regagna la côte.

Selon Bernal Díaz en revanche, les Mexicas avaient quitté Tizapantzinco. Les gouvernants de la ville se présentèrent en paix devant Cortez et lui expliquèrent en pleurant qu'ils n'étaient pas fautifs. Les Cempoaltèques étaient leurs ennemis de toujours et cherchaient à profiter de l'appui espagnol pour régler de vieux comptes. De fait, ils avaient déjà commencé à piller. Cortez leur ordonna d'arrêter et de restituer leur butin. Puis il intercéda pour que les deux cités fissent la paix [16].

Il est difficile de juger quelle version est la bonne. La présence de Mexicas est confirmée par des témoins qui parlent de nombreux tués parmi les Indiens. Quoi qu'il en soit, ce qui importe pour notre propos, c'est de déterminer l'attitude de la Triple Alliance. Que la garnison ait exercé des représailles contre la province révoltée ne paraît pas douteux : il convenait de la détacher de ses nouveaux alliés. A-t-elle ensuite décampé, sans attendre la réaction des envahisseurs ? C'est peu probable. Si la garnison agissait sur ordre de l'empereur, elle avait vraisemblablement pour mission de voir — tout en évitant le conflit — jusqu'où iraient les Espagnols. Appuieraient-ils effectivement, par les armes, la rébellion, en courant le risque d'affronter les troupes impériales ? Peut-être la garnison se retira-t-elle dès que ses éclaireurs comprirent que Cortez marchait sur Tizapantzinco. Ou peut-être voulut-elle en avoir le cœur net et resta-t-elle jusqu'au moment où les Espagnols passèrent à l'attaque.

En tout cas, Montezuma savait ce qu'il voulait savoir. Les envahisseurs n'hésitaient pas à attaquer ses armées. Et, comme une mauvaise nouvelle ne vient jamais seule, il apprit aussi que Cortez avait reçu le renfort de plusieurs dizaines d'hommes et de neuf chevaux, qui venaient de débarquer à Veracruz. Peu après, on lui annonça le passage le long de la côte de quatre autres navires qui continuèrent vers le nord. Était-ce donc à une invasion en règle qu'il devait faire face ? On lui rapporta encore que les Espagnols avaient échoué par le travers la plupart de leurs vaisseaux. Comme s'ils étaient résolus à rester pour toujours en Anahuac...

En accord avec une partie de ses hommes, Cortez avait en effet décidé de se priver de toute possibilité de retraite. Dès avant l'expédition de Tizapantzinco, il avait dû faire face à l'hostilité renouvelée des partisans de Velázquez. Sept d'entre eux refusèrent de marcher, estimant que c'était folie de vouloir s'imposer en si petit nombre dans un pays aussi densément peuplé. Ils demandèrent donc à pouvoir rentrer à Cuba. Cortez feignit de consentir. Mais à son instigation sans doute, le conseil municipal de Vera Cruz intervint et somma le capitaine général de retenir ces individus qui désertaient en un moment aussi critique.

Au retour de Tizapantzinco, vers le 1er juillet, Cortez eut donc l'heureuse surprise de trouver des renforts conduits par un certain Francisco de Salceda. Mais la caravelle apportait aussi des nouvelles moins réjouissantes. La Couronne espagnole avait donné autorisation à Diego Velázquez de conquérir et de peupler le Yucatan et les terres au-delà, et l'en avait nommé *adelantado*. Cortez, devenu non seulement rebelle, mais aussi usurpateur des fonctions de Velázquez, devait faire quelque chose. Décidant de s'adresser directement au roi, il rédigea sa première lettre, malheureusement perdue, dans laquelle il plaida sa cause en exposant tous les événements survenus jusqu'alors. Le conseil municipal de Vera Cruz écrivit dans le même sens et implora le souverain de soustraire les colons à l'autorité du gouverneur de Cuba. Comme messagers et procureurs, deux alcades de Vera Cruz furent choisis, Francisco de Montejo — un ami de Velázquez qu'il était bon de se concilier — et le fidèle Alonso Hernández Puertocarrero, dont la désignation avait le mérite supplémentaire de rendre sa belle maîtresse indienne, doña Marina, disponible pour Cortez. Ils levèrent l'ancre le 26 juillet, emportant avec eux quatre Indiens arrachés au sacrifice, des codex figuratifs et le quint royal, c'est-à-dire le cinquième de toutes les richesses obtenues jusque-là.

Pour les partisans de Velázquez, qui n'avaient cessé de murmurer, le moment était venu de jouer leur va-tout. Certains d'entre eux décidèrent de s'emparer d'un brigantin et de rentrer à Cuba pour informer le gouverneur du départ des procureurs et du moyen de les intercepter. Cortez en fut informé et les fit arrêter. Deux d'entre eux furent condamnés et pendus, deux autres fouettés, les autres relâchés. C'est à la suite de ces événements, et aussi pour ôter tout choix à ceux que la marche vers l'intérieur du pays n'enthousiasmait pas, que Cortez fit désarmer et échouer la plupart de ses navires. Leurs équipages, une centaine d'hommes, vinrent renforcer les rangs de sa petite armée[17].

La fin des dieux de Cempoala

Puis l'armée d'invasion se mit en marche, laissant dans la ville fortifiée de Vera Cruz une garnison de cent trente hommes environ. Elle passa une fois de plus par Cempoala. Là, les conquistadores apprirent le passage, le long de la côte, de quatre navires de l'expédition de Francisco de Garay, qui recherchait un détroit permettant le passage vers l'océan Pacifique. Plusieurs hommes de ces navires furent incorporés dans l'armée de Cortez.

Pour sceller définitivement leur pacte avec les Espagnols, les seigneurs de Cempoala leur offrirent huit de leurs filles, fastueusement parées, accompagnées de servantes. Le roi obèse présenta à Cortez sa propre nièce, à vrai dire peu favorisée par la nature. Mais le capitaine général fit bonne figure et accepta en son nom et en celui de ses lieutenants, pourvu que ces demoiselles devinssent chrétiennes. Il en profita pour désapprouver les sacrifices humains et le cannibalisme. Si les Indiens voulaient vraiment son amitié, ils devaient y mettre un terme et abandonner leurs idoles. D'après Gómara et Cervantes de Salazar, les Totonaques acquiescèrent sans trop faire de difficultés. Bernal Díaz en revanche donne à l'affaire des proportions épiques.

Les dignitaires et les prêtres, dit-il, jetèrent des hauts cris, clamant que leurs dieux pourvoyaient à tous leurs besoins. Cortez, alors, s'emporta. Il apostropha ses hommes : « Comment nous serait-il possible de rien faire d'utile si nous ne veillions au soutien de l'honneur divin et à la ruine des sacrifices que ces hommes faisaient à leurs divinités ? Il nous recommanda d'être bien sur nos gardes et prêts à combattre pour le cas où ils voudraient nous empêcher de détruire ces idoles, ajoutant qu'il fallait absolument qu'elles fussent renversées ce jour-là même.

La petite troupe espagnole en marche. *Codex Azcatitlan*, Bibliothèque nationale, Paris.

Nous eûmes donc soin de nous tenir armés, comme nous en avions du reste la coutume, bien préparés à en venir aux mains. »

Lorsque Cortez exhorta ensuite les chefs cempoaltèques à détruire eux-mêmes les images de leurs dieux, le gros roi appela aux armes. Le ton monta encore lorsqu'un groupe d'Espagnols fit mine d'escalader la pyramide principale. Les seigneurs jurèrent de mourir en massacrant les Espagnols plutôt que de laisser déshonorer leurs dieux. Cortez ne céda pas : « [Il] leur répondit très irrité qu'il les avait déjà priés de ne pas sacrifier à ces mauvaises figures, afin de ne plus en être dupes ; que c'est pour cela que nous venions les faire disparaître ; qu'ils les enlevassent eux-mêmes sans retard s'ils ne voulaient que nous les fissions rouler du haut en bas des degrés ; il ajouta que nous ne les tenions plus pour amis, mais pour nos adversaires, puisqu'il leur donnait un bon conseil et qu'ils ne voulaient pas le suivre ; considérant, d'ailleurs, que leurs capitaines s'étaient présentés armés en guerre, il était très irrité contre eux et très disposé à en tirer vengeance en les faisant périr. »

Il paraît que Marina traduisit tout cela de la façon la plus expressive et qu'elle représenta en outre aux Cempoaltèques combien leur situation était critique. Ou bien ils se feraient rosser par les *teteo*, ou bien ils devraient subir la vengeance de Montezuma. Ébranlés par cette perspective, les nobles et les dignitaires totonaques trouvèrent un moyen commode de s'en sortir. Ils laissèrent à leurs dieux le soin de se défendre. Ce que ceux-ci ne firent pas. Une cinquantaine de chrétiens mirent en pièces les statues et les précipitèrent du haut du temple. Les dignitaires totonaques commencèrent à pleurer et à clamer leur innocence. Les guerriers, alors, s'avancèrent et décochèrent des flèches. Prompts comme l'éclair, les Espagnols s'emparèrent du roi ainsi que d'un certain nombre de dignitaires et de prêtres, menaçant de les tuer si l'un d'entre eux bougeait. Le gros roi apaisa ses hommes et leur demanda de s'éloigner. Tout rentra dans l'ordre. Les morceaux des statues furent brûlés. Cortez protesta de son amitié, exposa les rudiments de la foi et offrit aux Cempoaltèques une belle image de la Vierge. Le temple principal fut nettoyé de tout le sang des sacrifices qui l'éclaboussait, blanchi à la chaux et abondamment fleuri. On y installa un autel sur lequel furent placées une croix et l'image. Le lendemain, le père Bartolomé de Olmedo y dit la messe et les huit Indiennes furent hâtivement instruites et baptisées, pour qu'on pût en user chrétiennement. Des prêtres du cru furent chargés de l'entretien du temple et il fut décidé qu'un Espagnol vieux et boiteux resterait sur place pour tout surveiller [18].

Si ces événements s'étaient déroulés comme les décrit Bernal Díaz, les appréhensions du grand Seigneur des Colhuas n'auraient pu que croître devant l'exaltation, la hardiesse et l'inflexibilité des intrus qui, au nom de leur Dieu, étaient prêts à en découdre même avec leurs nouveaux alliés, quitte à se retrouver seuls contre tous. Il y aurait eu là pour lui ample matière à réflexion. Sur cela et, surtout, sur la façon dont le roi de Cempoala avait été pris en otage... Mais Montezuma n'en fut jamais informé, pour la bonne raison que la version de Bernal Díaz n'est pas digne de confiance. Il est le seul à l'offrir et on se doute bien que Cortez n'aurait pas passé sous silence une action aussi héroïque. En réalité, Díaz projette à Cempoala des faits qui se produiront plus tard, à Mexico, l'empereur étant prisonnier.

LES PÉRILS DES PÉRÉGRINATIONS

Cependant, Montezuma avait pris des mesures et attendait des résultats. Il avait vu clair. Les Espagnols venaient instaurer un nouveau Soleil. Il fallait donc arrêter la marche de ces migrants nouveau venus, solaires, vers leur Terre promise. Et les moyens à mettre en œuvre étaient ceux dont les récits du passé offraient maint exemple, ceux qu'employèrent les autochtones pour arrêter les Toltèques ou les Mexicas errants. Soleil au déclin, proche de la terre, l'empereur devait se défendre avec des moyens d'autochtone, de lune, de femme, de déesse Terre.

Les méthodes des autochtones sont obliques. Dans les mythes, ils tentent d'immobiliser les migrants en les empêchant d'avancer, ou en leur faisant croire qu'ils sont rendus, ou encore en les séduisant et en les incitant à s'établir là où ils se trouvent. Ce qu'il faut, c'est les désarmer, les priver de cette ardeur virile et divine qui les rend terribles et invincibles, qui les propulse vers le zénith, à l'instar de l'astre matinal.

En route vers les hautes terres du Guatemala où ils devaient s'établir, les Mayas Quichés avançaient, inexorables, en faisant des carnages parmi les autochtones. Que résolurent ceux-ci pour neutraliser les chefs des envahisseurs ? « Peut-être, se dirent-ils, est-ce parce qu'ils ne connaissent pas d'autres femmes qu'ils sont vaillants et comme emplis d'un feu divin. Choisissons et parons trois belles jeunes filles. S'ils en tombent amoureux, leurs dieux protecteurs les détesteront et s'ils sont privés de cette protection, nous pourrons les tuer ! » Mais les chefs ne succombèrent pas et les autochtones furent vaincus [19].

Les Toltèques subirent des épreuves comparables au cours de leurs pérégrinations. Alors qu'ils étaient à la chasse, deux de leurs chefs, Xiuhnel et Mimich, virent tomber du ciel deux cerfs bicéphales qu'ils poursuivirent longtemps pour leur décocher leurs flèches. Subitement, les cerfs se métamorphosèrent en femmes. Xiuhnel les appela : « Venez, sœurs aînées ! » L'une d'elles l'invita à boire une coupe de sang [20]. Xiuhnel accepta, puis s'étendit à ses côtés. Aussitôt, la femme se coucha sur lui pour lui perforer la poitrine et le manger. Quant à Mimich, qui s'était méfié, il fut poursuivi par l'autre femme, Itzpapalotl, Papillon d'Obsidienne. Finalement, après plusieurs péripéties, il parvint à la tuer avec l'aide de divinités du feu et la brûla. Itzpapalotl éclata en silex de plusieurs couleurs. Mixcoatl, le chef principal des Toltèques errants, prit le silex blanc comme divinité protectrice[21].

Dans un hymne nahuatl très ancien, Itzpapalotl est assimilée à « Notre Mère, Mère des Dieux », appelée aussi « Déesse Terre ». En effet, elle est l'« autochtonie » qui cherche à retenir sur place les migrants. Un autre texte, d'allure plus historique, le prouve amplement, car il dit de Xiuhnel non pas qu'il se laissa séduire et dévorer, mais qu'il *s'établit* à la « Montagne du Cerf », qu'il s'y sédentarisa, tandis que Mimich, peu après, tua Itzpapalotl[22]. Xiuhnel, donc, s'immobilisa parce qu'il fut séduit par la femme-mante religieuse. La même chose arriva plus tard à Mixcoatl. Guidant les Toltèques, il marcha de victoire en victoire, jusqu'à ce qu'il rencontrât une femme qui s'offrit à lui toute nue. D'abord, il lui décocha des flèches, puis finit par coucher avec elle. A partir de ce moment, il perdit son énergie et son allant, et fut bientôt vaincu et tué. La séductrice l'avait privé de son feu intérieur, de son énergie, ce que n'avaient pas réussi à faire les jeunes filles envoyées contre les Quichés[23].

Dans les récits des pérégrinations mexicas, les femmes usent d'autres moyens pour stopper les nouveaux venus errants. Avec Xiuhnel et Mixcoatl encore, devenus chefs des Mexicas. On sait que les Aztèques ont pillé la mythologie de leurs prédécesseurs. La femme mise en scène est Cihuacoatl-Quilaztli, sœur de Huitzilopochtli. Un jour, Mixcoatl et Xiuhnel vont à la chasse. Quilaztli leur apparaît sous la forme d'un aigle perché sur un figuier de Barbarie. Aux chasseurs qui s'apprêtent à décocher des flèches dans sa direction, elle dit qu'elle est leur sœur et qu'elle a voulu se moquer d'eux. Mixcoatl et Xiuhnel lui rétorquent qu'elle mérite la mort et passent leur chemin.

L'épisode est extrêmement révélateur. Pourquoi Quilaztli mérite-t-elle la mort ? Parce qu'elle a essayé de tromper les Mexicas. De les tromper pour les *retenir sur place*, leur faire abandonner leur quête, cette fois en leur faisant croire qu'ils étaient arrivés à la Terre promise. C'est en effet en se perchant sous la forme d'un aigle sur un figuier de Barbarie que, plus tard, Huitzilopochtli devra signifier aux Mexicas qu'ils ont atteint leur but. C'est là que sera fondé Mexico, dont le symbole est toujours l'aigle sur le nopal.

Autre tromperie, les événements de Coatepec. Coyolxauhqui et les quatre cents Huitznahuas — la lune et les innombrables étoiles, soit la nuit, associée à la terre — se rebellent contre

Huitzilopochtli en refusant de poursuivre la marche. Dans Coatepec-Tollan, ils prétendent reconnaître la Terre promise, parce que la Montagne des Serpents est une île entourée d'eau. Comme Mexico plus tard. Avec, au centre, la pyramide principale, appelée le Coatepec.

Les aventures vécues par les Mexicas au début de leurs errances illustrent d'autres tactiques utilisées par les autochtones. Peu après leur départ d'Aztlan, les errants eurent de graves ennuis avec Malinalxochitl, une sorcière d'autant plus redoutable qu'elle était la sœur de leur dieu. « Elle se faisait craindre par toute sorte de dommages et de malheurs qu'elle causait, usant de mille ruses pour se faire adorer comme un dieu », écrit le père Tovar. Aux prêtres qui lui firent part des plaintes du peuple, Huitzilopochtli répondit en songe que sa sœur néfaste devait être abandonnée sur place, ce qui fut fait. Malinalxochitl et les siens s'établirent à Malinalco, qui devint une puissante cité dont les habitants avaient au XVIᵉ siècle encore la réputation d'être des sorciers et des magiciens. Plus tard, lorsque les Mexicas pénétrèrent dans la vallée de Mexico et s'approchèrent de la Terre promise, ils durent vaincre une coalition des populations locales ameutées par le fils de Malinalxochitl, Copil.

Il vaut la peine d'examiner l'épisode en détail en nous appuyant sur le texte le plus sûr, le seul rédigé en nahuatl, celui de la *Crónica mexicáyotl* [24].

L'auteur se borne à décrire l'activité maléfique de Malinalxochitl, mais en des termes particulièrement bien choisis : la « perverse » *(tlaueliloc)* , la « non humaine » est dite *teyollocuani tecotzanani teixcuepani teotlaxiliani, tecochmamani tecohuaqualian, tecoloqualtiani ca mochi quinotza in petlazolcohuatl in tocatl.*

Au XVIᵉ siècle, Molina traduit *teyollocuani* par « sorcier vampire » ou « sorcière », *tecotzquani* et *teotlaxiliani* par « sorcier » et *teixcuepani* par « trompeur, enjôleur, mystificateur ou sorcier » [25].

Tels quels, ces noms nous en apprennent beaucoup moins au sujet de Malinalxochitl que si on les prend dans leur sens littéral. Car alors, on se rend compte qu'ils n'ont pas été choisis au hasard et qu'ils sont parfaitement appropriés aux circonstances : Malinalxochitl sévit parmi des hommes qui cheminent inlassablement, courageusement, en bravant mille périls, des hommes qui doivent avoir tous les sens aux aguets pour reconnaître et interpréter le moindre signe annonciateur de la Terre promise.

Or, la sorcière est une *teyollocuani*, littéralement une « dévoreuse des cœurs des gens ». En leur mangeant le cœur, elle prive les migrants de ce qui est regardé comme l'organe même du mouvement. Cœur, *yollotl* en nahuatl, a la même racine que *ollin*, « mouvement ». Ce sont les cœurs dont on nourrit le soleil qui lui permettent de poursuivre sa course dans le ciel ; sans cet aliment, il resterait immobile. Le cœur est aussi l'organe qui oriente et dirige la force du *tonalli*, cette étincelle de vie, cette chaleur animant l'être, cette force vitale qui est la cible préférée des manipulateurs de puissances occultes. C'est lui encore qui contient le feu divin des êtres inspirés, des personnalités d'exception, des guides des peuples migrants [26].

En tant que dévoreuse de cœurs, Malinalxochitl prive donc ses compagnons de voyage de leur vitalité, de leur force, de leur courage, de leur volonté. Celui qui n'a pas de cœur oublie [27] et perd donc de vue la tâche à accomplir. D'ailleurs, les Mexicas sont-ils encore capables de marcher, alors que la sœur de leur dieu est une *tecotzanani*, « qui enlève les mollets des gens » ? Même s'ils avaient du cœur et des jambes, ils ne trouveraient plus la Terre promise, car on leur « bouleverse le visage » *(teiycuepa)*, et le visage est conçu comme le siège des perceptions et des sensations [28]. Tezozomoc précise dans sa *Crónica mexicana* que celui qui regardait une montagne ou un fleuve croyait voir une bête féroce ou d'autres choses épouvantables [29]. Enfin, Malinalxochitl est aussi une *teotlaxiliani*, « qui fait errer les gens, ou les égare de leur chemin ».

Voyons à présent la suite du passage de la *Crónica mexicáyotl* cité plus haut. La sorcière « emporte sur son dos les gens endormis ». Elle est « celle qui leur fait manger des serpents » et « des scorpions », elle « convoque tout ce qui est scolopendre et araignée ». S'agit-il ici de techniques de sorcellerie, de figures de langage, ou faut-il prendre tout cela à la lettre ? Les trois à la fois sans doute, compte tenu du goût des Aztèques pour les doubles sens et les jeux de mots. Praticienne de son art, la sorcière endort les gens et les enlève, elle leur lance des serpents, elle appelle des araignées pour leur nuire : du moins est-ce ainsi que Tezozomoc paraphrase ce passage. Mystificatrice, elle leur fait « avaler des couleuvres ». Littéralement, elle soustrait à leur dieu les Mexicas paralysés. Plutôt que leur glorieux destin, ils rencontreront la misère, ils seront condamnés à manger des serpents et des scorpions, comme cela leur arrivera aux heures les plus sombres de leur histoire. Ils pourriront sur place, parmi les araignées qui font gonfler les chairs et parmi les scolopendres, qui pullulent dans les ordures et dont les piqûres font suppurer [30]. Malinalxochitl commande aux araignées et aux scolopendres.

Or, ceux-ci sont étroitement associés aux déesses de la terre, de l'amour, de la souillure, et celles-là à la mort, aux ténèbres, aux spectres, à la lune, aux déesses âgées, de même d'ailleurs que les scorpions et les serpents [31]. Elle se situe donc nettement du côté de la terre, de l'obscurité et de la mort, d'autant plus qu'elle est sorcière néfaste et femme. Son nom, « Fleur d'herbe sèche », corrobore ces connotations. L'herbe sèche *(malinalli)* présente dans son glyphe une tête de mort et on l'associe à la lune, à l'ivresse et à la déesse Cihuacoatl-Quilaztli, dont la sorcière est un aspect.

Ainsi donc, si la sœur de Huitzilopochtli l'avait emporté, les Mexicas se seraient arrêtés, ils se seraient fixés sur place et auraient végété lamentablement en l'adorant, elle, la représentante de la féminité passive, de la terre, des ténèbres, des arts magiques insidieux. Les intentions du dieu tutélaire des Mexicas étaient à l'opposé de celles de Malinalxochitl. Lorsque son peuple vient se plaindre, sa réponse est sans ambiguïté : il faut abandonner sa sœur sur place, lever le camp sans délai et reprendre la marche. Car sa tâche à lui, c'est la guerre, la conquête de l'univers, l'obtention de toutes les richesses. Ses instruments ne sont pas les maléfices, mais son bras et son cœur. Ce qu'il donnera à manger, c'est le cacao et les précieux épis de maïs [32].

A présent, les rôles sont renversés. Les nouveaux venus qui cherchent à conquérir l'univers et ses trésors par la force de leur bras et leur bravoure, ce sont les chrétiens. Quant aux Mexicas, ils sont devenus sédentaires et autochtones. Ils ont donc recours aux maléfices. Leur première tentative, sur les plages de Chalchiuhcueyecan, a échoué : ils n'ont pu chasser l'ennemi ni le rendre malade ou le tuer.

Lorsqu'il était devenu clair que les *teteo* se dirigeaient vers l'intérieur des terres, Montezuma avait dit son inquiétude à Celui de la Maison noire — la Maison de la Terre —, Tlillancalqui. « Je ne sais comment faire tout mon possible et mon devoir pour éviter que ces dieux ne parviennent à Mexico et ne voient ma face. Ce qui me paraît le mieux est que l'on convoque sur-le-champ tous les enchanteurs et les sorciers, ceux qui endorment les gens et les emportent et ceux qui commandent aux serpents, aux scorpions et aux araignées. » D'autres, aussi, qui se transformaient en animaux ou qui mangeaient les cœurs des gens. Tlillancalqui avait objecté que si les intrus étaient des dieux, tout cela serait inutile, mais qu'on ne perdait rien à essayer. Tous les spécialistes des hauts lieux de la magie et de la sorcellerie qu'étaient Oaxtepec, Malinalco, Tepoztlan, Yauhtepec, Huaxtepec, Acapichtlan, Xohuuitoto, Ocuila et Tenantzinco avaient donc été dépêchés à Cempoala.

L'attaque dura quatre nuits. Certains se transformèrent en animaux et s'efforcèrent de dévorer les cœurs. D'autres s'attaquèrent aux mollets. Exactement comme dans les récits des pérégrinations aztèques. Des émules de Malinalxochitl lâchèrent des serpents venimeux et des scorpions. Et certains enchanteurs tentèrent d'endormir les Espagnols pour les emporter et les précipiter dans des ravins.

L'échec fut total. Les chrétiens paraissaient n'avoir ni cœur ni mollets, ou du moins ne les trouva-t-on pas, et leur chair était trop dure. Les endormeurs ne purent approcher à cause des sentinelles. On ne put priver les nouveaux venus ni de l'ardeur qui les animait, ni de leurs mollets qui leur permettaient d'avancer. On ne parvint pas à endormir les sentinelles et moins encore à engloutir les Espagnols dans le sein de la terre. Lorsque les sorciers, les magiciens et les enchanteurs firent leur rapport à l'empereur, celui-ci ne se fâcha même pas. « Vous avez fait tout ce qui est en votre pouvoir, leur dit-il en substance. Reposez-vous. Peut-être vos enchantements et vos illusions prendront-ils plus de force lorsque les dieux seront arrivés ici. Alors, vous pourrez travailler sans discontinuer. Laissons-les entrer dans la cité. Nous chercherons des façons et des moyens de les détruire ici même. Ici, ils ne peuvent échapper à la mort, par vos mains ou les nôtres. Qu'ils viennent, qu'ils entrent dans la ville ! Et que mon vœu s'accomplisse ! Que pas un seul d'entre eux ne reste en vie, qu'aucune nouvelle d'eux ne parvienne là d'où ils viennent. » Puis Montezuma envoya le *huitznahuatl* Motelchiuh en ambassadeur à Cempoala pour conduire les Espagnols et veiller à ce qu'ils ne manquent de rien.

LE DÉPART VERS MEXICO

L'ennemi ayant déjà quitté Cempoala, Motelchiuh l'atteignit aux alentours de Chichiquila (à une vingtaine de kilomètres au sud d'Ixhuacán). Il souhaita la bienvenue à Cortez et lui dit de marcher très lentement, à petites étapes, en veillant bien à sa santé. Montezuma, expliqua-t-il, avait ordonné sous peine de mort à toutes les cités de la région de recevoir les dieux de leur mieux et avec allégresse et de les pourvoir de tout. Il proposa ensuite ses services pour le guider. Cortez répliqua qu'il disposait déjà de guides et pria l'ambassadeur de retourner à Mexico pour y remercier Montezuma de ses bontés. Motelchiuh ne pouvait faire autrement que de déguerpir[33].

Depuis le 16 août, la petite armée des envahisseurs marchait. Vers Tlaxcala, puisque la cité-État était l'amie des Totonaques et l'ennemie de Mexico. Quatre cents hommes — le même nombre exactement que ceux que Huitzilopochtli avait guidés vers Mexico quelques siècles auparavant —, quinze chevaux, treize cents auxiliaires Indiens, parmi lesquels des porteurs venus de Cuba et des Cempoaltèques à la fois amis et otages[34]. La lente escalade de la Sierra Madre les conduisit d'abord par Jalapa à Xiccochimalli, puis à Ixhuacán. C'est peu après qu'eut lieu la rencontre avec Motelchiuh. Passant au sud de la montagne Cofre de Perote, d'une altitude de plus de 4 000 mètres, les Espagnols traversèrent une difficile région riche en nitrate, où ils souffrirent de la faim, de la soif et du froid.

Après une nouvelle montée, ils arrivèrent à Zacatlan ou Xocotlan, où ils furent bien reçus, comme d'habitude. Le seigneur du lieu, Ollintecuhtli (ou Ollintetl), n'avait-il pas reçu les instructions de son empereur ? Il aurait même célébré l'événement en sacrifiant une cinquantaine d'hommes. Lorsque Cortez lui demanda s'il dépendait de Montezuma, il répondit, comme étonné : « Qui donc n'est pas le vassal de Montezuma ? » Le conquistador riposta en chantant la grandeur de Charles Quint, puis il lui demanda de l'or, en signe de soumission. « Il me répondit, écrit Cortez, qu'il ne me donnerait l'or qu'il avait que sur l'ordre de Muteczuma et que, sur cet ordre, il donnerait son or, sa personne et tout ce qu'il possédait. Ne voulant point le blesser et me susciter des empêchements pour mon voyage, je dissimulai du mieux que je pus et lui dis que bientôt Muteczuma lui enverrait l'ordre de livrer son or et tout ce qu'il possédait[35]. »

Ollintecuhtli ne voulut pas être en reste. Il décrivit complaisamment à son interlocuteur la puissance de son maître. Seigneur du monde, Montezuma avait trente vassaux disposant chacun de cent mille guerriers. Chaque année, il sacrifiait vingt mille hommes. Sa ville était la plus belle et la plus forte du monde, sa richesse inimaginable... Ces propos, on s'en doute, furent loin de décourager Cortez. Cela dit, même si le roi de Zacatlan avait exagéré, quelques troupes amies seraient les bienvenues. Quatre messagers cempoaltèques furent donc dépêchés vers Tlaxcala pour annoncer l'arrivée des conquérants.

Bernal Díaz prétend que les Espagnols auraient interrogé Ollintecuhtli sur le meilleur moyen de gagner Mexico et que celui-ci aurait vivement conseillé de passer par Cholula. Il est difficile d'apprécier le crédit que mérite l'assertion. Ici comme ailleurs, le conquistador suit de près Gómara. Faut-il vraiment croire qu'il complète son récit en faisant appel à ses souvenirs, quarante ans après ? Est-il vraisemblable qu'il ait été présent lors de presque toutes les conversations importantes, lui, simple soldat, que Cortez ne mentionne jamais ? Certains de ses témoignages ont de la valeur. Pas tous. Dans le cas présent, qu'en est-il ?

Le conseil d'Ollintecuhtli paraît à première vue peu probable. D'abord, Cortez n'aura pas attendu d'arriver à Zacatlan pour décider de la route à prendre. Ensuite, le territoire tlaxcaltèque s'étend à peu près exactement entre Zacatlan et Cholula. Pour passer par cette dernière cité, il faut pratiquement rebrousser chemin à travers des régions inhospitalières et contourner tout l'État de Tlaxcala. Pour aller à Mexico, il est bien plus facile de contourner Tlaxcala par le nord. Mais cette route passe par le royaume acolhua et risque de mettre Cortez en contact avec Ixtlilxochitl et les mécontents de Texcoco. Montezuma a dès lors effectivement pu avoir intérêt à suggérer ce détour. D'autre part, Cholula est tout désigné comme étape pour les Espagnols, en tant que ville sainte de Quetzalcoatl ! On peut leur y préparer une réception toute particulière. Le renseignement de Bernal Díaz est donc à tout le moins plausible.

Survinrent à Zacatlan deux seigneurs des alentours avec chacun, en guise de cadeaux ou d'offrandes, quelques colliers d'or de mauvais aloi et quatre femmes esclaves. L'un d'entre eux était le roi d'Iztacmaxtitlan, une cité fortifiée située à proximité. Après quelques jours de repos, les Espagnols allèrent chez lui et attendirent en vain le retour des messagers cempoaltèques. Le roi leur rendit la politesse en les accompagnant jusqu'aux limites de son territoire. Limites qui étaient aussi celles de Tlaxcala. On arriva bientôt devant une imposante muraille de pierre pourvue d'un parapet. Elle barrait toute la vallée et devait protéger Iztacmaxtitlan contre les Tlaxcaltèques. Une ouverture en chicane permettait de la franchir. L'armée s'arrêta et regarda, émerveillée. Croyant qu'elle hésitait à poursuivre, le roi conseilla à Cortez d'éviter ce chemin-là, car, puisqu'il était un ami de Montezuma, les Tlaxcaltèques l'attaqueraient. Mieux valait le suivre lui. Il les guiderait sans quitter les territoires de la Triple Alliance, de sorte qu'ils seraient bien reçus et approvisionnés partout [36].

Les souverains de Zacatlan et d'Iztacmaxtitlan agissaient sûrement sur ordre de Montezuma. Ils étaient chargés d'abord d'effrayer et de décourager les Espagnols. Dans l'espoir, toujours, que ceux-ci abandonneraient leur projet, surtout après les épreuves qu'ils avaient déjà subies. Aussi Ollintecuhtli vanta-t-il excessivement la puissance de l'empereur, tandis que son collègue représenta le danger de Tlaxcala. Mais qu'envisageait le Seigneur des Colhuas dans l'hypothèse, vraisemblable, où les intrus s'obstineraient ? Voulait-il ou non qu'ils passent par Tlaxcala ? Qu'ils y passent, avec l'espoir que les Tlaxcaltèques les exterminent ? Mais avec le risque, aussi, qu'ils fassent alliance ? Il est certain que l'empereur faisait tout ce qu'il pouvait pour inciter Tlaxcala à attaquer. Notamment, en répandant le bruit que les Espagnols étaient ses alliés. Et en avertissant charitablement ses ennemis de prédilection — qu'il rencontrait lors de certaines fêtes — que les envahisseurs comptaient les annihiler. N'avait-il pas, par de tels bruits, réussi à faire massacrer une armée de Texcoco ? Mais les Tlaxcaltèques n'étaient qu'à moitié convaincus. Certains d'entre eux plaidaient pour l'alliance avec les nouveaux venus. De là, peut-être, cette ultime tentative du roi d'Iztacmaxtitlan pour éviter Tlaxcala [37].

CHAPITRE XIII

Les pièges de la vallée de Puebla

Tandis que les chrétiens approchaient de Tlaxcala, il aurait régné dans la cité une inquiétude comparable à celle qui abattait Mexico. « Les dieux muets tombaient de leurs piédestaux, la terre tremblait, les comètes traversaient le ciel d'un bout à l'autre, les femmes et les enfants pleuraient à grands cris, terrifiés à l'idée de voir le monde s'écrouler dans l'abîme. » En réalité, les Tlaxcaltèques semblent avoir fait face aux événements de façon bien plus sereine que les Alliés[1].

Les rapports dont nous disposons sur ce qui se déroula à Tlaxcala sont tardifs et visent à atténuer, voire, dans le cas du Tlaxcaltèque Muñoz Camargo[2], à nier la responsabilité de la cité dans les différends qui suivirent.

On raconte par exemple que les messagers furent bien reçus et que les quatre rois de la confédération tlaxcaltèque ainsi que les grands seigneurs se réunirent immédiatement pour entendre les propositions de Cortez et en débattre. Deux partis se dessinèrent. L'un, dominé par Maxixcatzin, préférait recevoir les intrus pacifiquement plutôt que de les voir passer les armes à la main, à la grande joie de Montezuma. N'étaient-ils pas les fils du Soleil annoncés par les prophéties ?

L'autre parti, celui des guerriers, représentés par Xicotencatl le Jeune, jugeait qu'affronter les Espagnols leur donnerait une magnifique occasion d'accomplir des exploits et de voir si ces gens étaient des immortels ou des monstres vomis par l'écume de la mer. Il refusait en tout cas de les laisser passer et de les approvisionner, alors qu'eux-mêmes disposaient à peine du strict nécessaire. Ce sont sans doute les jeunes guerriers, fiers, hautains et adeptes de la guerre fleurie, que les agents secrets de l'empereur incitèrent le plus à résister.

Les avis étant partagés, une troisième attitude prévalut, qui avait le mérite de ménager des positions de repli en cas de mauvaise surprise. Un certain Temilotecatl conseilla en effet de permettre aux Espagnols de passer, mais de les faire attaquer par les Otomis des frontières, commandés par Xicotencatl. On verrait ainsi à qui on avait affaire. En cas de victoire, toute la gloire d'avoir défait les dieux serait pour Tlaxcala. Et si cela tournait mal, on accuserait l'entendement épais et la maladresse des Otomis [3]. Bonne tactique éprouvée, que Montezuma devait apprécier en connaisseur, lui qui avait probablement fait attaquer les Espagnols par les Mayas à Cintla, qui comptait à présent sur les Otomis et les Tlaxcaltèques pour leur régler leur compte, et qui en fin de compte se rabattrait sur les Cholultèques [4] !

D'après une autre version, les rois de Tlaxcala répondirent aux messagers : « Qu'est-ce donc que ces gens qui menacent sans savoir à qui ils ont affaire ? Demain, nous irons voir ces chrétiens et nous leur donnerons la réponse qui convient [5]. »

On dit aussi qu'initialement les Tlaxcaltèques regardaient les Espagnols comme des amis de Montezuma, puisqu'ils marchaient contre eux en compagnie de vassaux de l'empereur comme les Cempoaltèques. Le rôle des messagers envoyés par Cortez était précisément de dissiper ce malentendu [6].

Comme ces messagers tardaient à revenir, la petite troupe espagnole, accompagnée de quelques centaines de Cempoaltèques et de trois cents guerriers d'Iztacmaxtitlan, franchit la muraille et pénétra en territoire tlaxcaltèque. Peu après, elle traversa un épais bosquet où des fils chargés de bouts de papier étaient tendus entre les arbres, de manière à barrer le chemin. Les Tlaxcaltèques eux aussi recouraient à la magie pour contrer les envahisseurs... Leurs sorciers leur avaient assuré que ces sortilèges arrêteraient les Espagnols ou les priveraient de leurs forces [7].

Trois lieues plus loin, dans la région de Tecoac, deux cavaliers envoyés en éclaireurs tombent sur une quinzaine de guerriers, qui prennent la fuite [8]. Cortez survient avec d'autres cavaliers et leur court après en les interpellant. Vite rejoints, les Indiens font volte-face et attaquent. D'emblée, ils blessent trois hommes et tuent deux chevaux, leur coupant quasiment la tête de leurs espadons à tranchants d'obsidienne. L'affaire commence mal pour les intrus ! Mais leurs adversaires ne tireront aucune leçon de l'épisode, magnifique illustration, pourtant, des dommages qu'ils auraient pu infliger aux Espagnols en les harcelant. La guérilla n'était pas dans les habitudes des rutilantes armées du Mexique central... Presque aussitôt surgissent 4 ou 5 000 guerriers otomis [9]. La maigre cavalerie s'efforce de tenir bon et en tue une cinquantaine. Lorsque l'infanterie fait son apparition, les Indiens se replient en bon ordre. Arrivent alors des dignitaires accompagnés des deux Cempoaltèques envoyés à Tlaxcala. Ils présentent leurs excuses pour l'attaque, à laquelle ils disent ne rien comprendre, proposent des dédommagements pour les chevaux perdus et offrent leur amitié.

Les envahisseurs campent près d'une petite rivière. Le lendemain, ils se remettent en route. Dans un village, ils rencontrent les deux autres émissaires qui leur expliquent que les Tlaxcaltèques ont voulu les tuer et les immoler, mais qu'ils ont réussi à s'échapper. Peu après, ils tombent sur un millier d'Indiens dissimulés derrière une colline. Cortez offre en vain son amitié : les guerriers attaquent en poussant d'épouvantables clameurs. Contenus, ils se replient tout en combattant. Les Espagnols les poursuivent jusqu'à un terrain fort accidenté où sont embusqués des dizaines de milliers d'hommes qui les assaillent de tous côtés. Cortez parle de 100 000 hommes, Gómara de 80 000, Bernal Díaz de 40 000 et Torquemada de 30 000. A mesure que le temps passe, les effectifs fondent ! Quoi qu'il en soit, Espagnols, Cempoaltèques et impériaux d'Iztacmaxtitlan sont bientôt enveloppés de toute part. Après des heures de dure bataille, ils parviennent à percer jusqu'en rase campagne où les manœuvres des cavaliers et les boulets des canons dissuadent les agresseurs, qui se retirent et disparaissent.

Le soir, les Espagnols et leurs alliés établissent leur camp retranché à Tzompantepec, un petit centre pourvu d'une pyramide. Des messages de paix sont dépêchés aux Tlaxcaltèques, sans résultat. De son côté, Cortez sort avec sa cavalerie, 100 fantassins, 400 Cempoaltèques et 300 impériaux d'Iztacmaxtitlan pour aller ravager la campagne alentour. Il revient avec de nombreux prisonniers des deux sexes.

Xicotencatl, lui, a mis cette journée à profit pour réunir une force de guerre impressionnante. Le lendemain, il se présente devant le camp espagnol avec à nouveau des dizaines de milliers d'hommes (Cortez dit 149 000 !). D'abord, il fait remettre à l'ennemi quantité de dindes et de galettes de maïs, pour qu'on ne puisse pas dire qu'il s'en est pris à des hommes affamés et fourbus. Ledit ennemi se régale. Vient alors le moment d'attaquer. « Allons, ils auront fini de manger et il faut qu'ils paient les dindes et les tourtes et les galettes que nous leur avons données, et nous saurons qui les a envoyés pour envahir notre territoire [10]. » Le camp des Espagnols est encerclé et ses défenses percées. Mais des rivalités entre généraux empêchent une bonne coordination des mouvements tlaxcaltèques. Ils ont l'habitude de n'attaquer qu'en escadrons de 20 000 hommes et de chercher à faire des prisonniers plutôt qu'à tuer [11]. Les conquistadores et leurs alliés serrent les rangs. Dans le corps à corps, leurs armes sont souveraines et ils sont peu vulnérables. Les Indiens en revanche sont très mal protégés. Leurs jaquettes de coton rembourré et leurs rondaches de bois sont inefficaces contre les coups de rapière, les carreaux ou les balles. De plus, les Espagnols utilisent habilement leur petite cavalerie. Bernal Díaz expose très bien leur tactique de rupture. Il parle « des soins à prendre pour que les cavaliers en chargeant et en reculant conservent l'allure du demi-galop, la lance légèrement croisée, marchant de trois en trois, pour pouvoir mieux se venir en aide ; il était entendu que, lorsque nous chargerions les troupes ennemies, on balafrerait les figures avec la lance, sans s'attarder à donner de la pointe, pour ne pas s'exposer à ce que l'ennemi y portât la main. Et s'il arrivait, malgré tout, qu'il pût s'en saisir, on aurait soin de retenir l'arme avec force, prenant un solide appui sous le bras. En cette position, il suffirait de donner un vigoureux coup d'éperon pour que l'élan du cheval parvînt à l'arracher ou à entraîner l'Indien qui la tiendrait [12]. » On entrait et sortait ainsi sans cesse dans les masses ennemies, pour les disloquer, blessant et terrorisant plus que tuant, visant surtout les chefs afin de désorganiser. Finalement, le camp est dégagé et rendu inexpugnable.

Le jour suivant, Cortez repart faire des razzias dans les villages et les petites villes des alentours. Il lui faut des vivres et il veut décourager l'ennemi en le frappant là où il ne s'y attend pas. Cette tactique de guérilla se révèle efficace puisque, le jour d'après, des messagers viennent lui offrir la paix, des excuses, des plumes et surtout des vivres — en particulier des hommes, pour le cas où les Espagnols seraient des dieux cannibales [13]. En réalité, ces messagers cherchent à espionner le camp. Le lendemain, une cinquantaine d'autres Indiens apportent des vivres, mais ils regardent partout et questionnent les hommes d'Iztacmaxtitlan. Informé, le capitaine général les fait arrêter et interroger séparément. Ce sont des guerriers de qualité. Ils avouent qu'ils sont venus reconnaître le terrain en vue d'une attaque nocturne. Type d'attaque inhabituel, mais les envahisseurs paraissent invincibles le jour et peut-être leurs chevaux et leurs armes seront-ils moins effrayants la nuit... Cortez fait couper les mains des espions et les renvoie chez Xicotencatl. La nuit venue, celui-ci lance quand même son attaque, mais l'envahisseur est sur le pied de guerre et lui court sus. Il ne reste aux Tlaxcaltèques qu'à se replier. Avec des pertes sérieuses, alors que celles de leurs adversaires sont négligeables.

Toutefois, les Espagnols sont épuisés. Nombreux sont ceux qui estiment que c'est folie de vouloir s'obstiner contre de pareilles multitudes. Il faut toute la force de persuasion de leur chef pour les convaincre de ne pas reculer. Et son bon sens. Car une retraite verrait les impériaux, les Tlaxcaltèques et les Totonaques s'unir et se lancer ensemble à la curée [14].

L'AMBASSADE DES SIX PRINCES

Pour le Seigneur des Colhuas, tout tournait de plus en plus mal. Au début, il avait eu espoir. Les Tlaxcaltèques et leurs alliés attaquaient. Et sérieusement, en nombres confortables. Mais bien vite il fallut déchanter. Puis craindre le pire. Loin de se faire tailler en pièces, les nouveaux venus triomphaient. Ils paraissaient véritablement invincibles, du moins en rase campagne. Même les guerriers les plus redoutables, et en nombres énormes, ne pouvaient prévaloir contre eux. Tuer un Espagnol coûtait la vie à un millier d'Indiens ! Maigre consolation, les forces de Tlaxcala avaient perdu beaucoup d'hommes. Mais pas assez pour n'être plus dangereuses. Il fallait donc absolument éviter qu'elles finissent par s'allier aux envahisseurs. Et d'abord, en tentant encore de renvoyer ceux-ci chez eux.

De leur propre aveu, les Espagnols venaient pour obtenir la soumission des Aztèques à leur grand souverain d'au-delà des mers. Ou du ciel, puisque l'océan s'y prolonge. Mais si on leur offrait cette soumission, ils n'auraient plus aucune raison de continuer ! Et le moment devait être propice, vu les terribles épreuves qu'ils étaient en train de subir !

Une nouvelle ambassade fut envoyée auprès de Cortez. Six hauts dignitaires, avec une suite de deux cents hommes. Qu'on ne demande pas comment ils réussirent à pénétrer en territoire tlaxcaltèque, en principe si bien gardé. L'histoire du Mexique ancien regorge de mystères...

Comme il se doit, les princes n'arrivèrent pas les mains vides. Mille pièces d'étoffe, des œuvres de plumasserie, de l'or, pour une valeur de mille piastres ou castillans d'or... Mais cette fois, en guise de prémices de tribut. Car c'est bien cela qu'ils venaient proposer : de payer tribut et de reconnaître pour souverain le roi d'Espagne ! Comme ces rois de la Mixteca ou d'autres régions qui, en apprenant l'approche d'armées de la Triple Alliance, se hâtaient de faire leur soumission ! « Ils me dirent, rapporte Cortez, qu'ils venaient de la part de leur maître me dire combien il désirait être mon ami et le vassal de Votre Altesse ; que je n'avais qu'à spécifier le tribut qu'il aurait à payer chaque année à Votre Altesse, tant en or, argent, pierres précieuses, esclaves, étoffes de coton et autres qu'il pouvait avoir ; qu'il donnerait tout cela tant que je n'occuperai aucune de ses possessions ; et que s'il m'en priait c'est qu'elles étaient stériles et qu'il lui serait pénible d'apprendre que moi et les miens nous puissions manquer du nécessaire. » Mieux encore, l'empereur offrait même son aide militaire contre Tlaxcala !

Montezuma parait au plus pressé. Mexico n'était pas une Terre promise paradisiaque. Que les étrangers s'en aillent. Plus tard, on verra. Et, dans le pire des cas, on pourrait toujours effectivement payer tribut, ce qui préserverait l'autonomie de l'empire. N'était-ce pas ainsi que les choses se passaient en Anahuac ?

En agissant de la sorte, Montezuma révèle du même coup pourquoi il ne s'en prend jamais directement aux Espagnols. Il sait leur fantastique supériorité militaire. Il reconnaît en eux ce soleil levant que sont les jeunes migrants en route vers leur Terre promise. Tout indique qu'il ne pourra les vaincre. Il doit dès lors se ménager la possibilité de sauver ce qui peut l'être. En Mésoamérique, si un royaume sommé de se soumettre ne résiste pas, il conserve son roi et son autonomie...

Cortez remercia les ambassadeurs et s'abrita derrière les ordres qu'il avait prétendument reçus de son souverain. Il n'eut ensuite aucune peine à les convaincre de rester auprès de lui. N'avaient-ils pas pour mission d'observer l'évolution de la situation et d'intervenir si nécessaire ? Ce qu'ils firent. Ecoutons encore Cortez : « Ils demeurèrent près de moi presque tout le temps que dura la guerre ; ils en virent la fin et comprirent ce que pouvaient les Espagnols. Ils furent témoins de la soumission de la province, des offres de service des caciques à Votre Majesté Sacrée, ce qui me parut déplaire grandement aux envoyés de Muteczuma, car ils firent tout leur possible pour me brouiller avec mes nouveaux alliés, m'affirmant qu'ils me trompaient, que l'amitié jurée était fausse, que tout cela n'était que pour endormir ma vigilance et préparer quelque trahison [15]. »

En attendant, les Tlaxcaltèques restaient redoutables et les offres de Montezuma n'étaient pas tombées dans l'oreille d'un sourd. Pour en avoir le cœur net, Cortez décida d'envoyer directement deux de ses hommes à Mexico : Pedro de Alvarado, son lieutenant, et Vázquez de Tapia.

Les deux ambassadeurs se mettent en route, à pied — on peut prendre le risque de perdre deux hommes, mais pas deux chevaux —, avec une escorte mexica. La première étape est Cholula. Mais les Tlaxcaltèques ont eu vent de leur mission et sont bien décidés à les empêcher d'entrer en contact avec l'ennemi traditionnel. Des guerriers partent à leur poursuite pour les supprimer. Commence alors une course folle vers Cholula. Heureusement pour les Espagnols, une troupe armée sort de la ville et vient à leur rescousse. Ensuite, contournant le Popocatepetl par le sud, ils passent par Cuauhquechollan, Tochimilco, Tenantepec, Ocuituco, Chimalhuacan, Sumiltepec et Amecameca, pour arriver enfin à... Texcoco !

Car Montezuma ne tient pas à recevoir les envoyés de Cortez. Et pour cause ! Les pourparlers sont devenus sans objet : la résistance de Tlaxcala vient de prendre fin. Mais il a dépêché comme représentants son frère Cuitlahuac et son fils Chimalpopoca, flanqués de cinq seigneurs. L'empereur, disent-ils, est malade (Vázquez le soupçonne toutefois de se trouver parmi eux, incognito, pour voir enfin de ses yeux ces ennemis si redoutables) et la cité lacustre dangereuse. Il ne reste aux deux hommes qu'à rebrousser chemin [16].

Le pacte avec Tlaxcala

Les Tlaxcaltèques avaient en effet demandé la paix, après quelques ultimes escarmouches. Car, alors même qu'à Tlaxcala le parti de la conciliation l'avait emporté, le jeune Xicotencatl et ses partisans refusaient toujours de déposer les armes. Finalement, ils durent s'incliner, et le bouillant général vint lui-même offrir la soumission d'une terre qui, souligna-t-il, n'avait jamais eu de maître.

Lorsque l'ambassadeur Tolinpanecatl entra dans le camp espagnol en compagnie de Xicotencatl et d'autres grands seigneurs, il se fit interpeller avec véhémence par un des envoyés de Montezuma, furieux. Ixtlilxochitl, près d'un siècle après, reproduit ou reconstitue l'altercation : « Que viens-tu faire ici ? Qu'est-ce que cette ambassade que tu conduis ? Je veux savoir ce qu'elle est. Sais-tu chez qui tu la conduis ? Est-il ton égal, pour que tu viennes ici avec les resplendissantes armes habituelles des militaires ? » Puis, comme personne ne soufflait mot : « Qui est responsable des effronteries et des conflits qu'il y a eu à Huitzilhuacan, Tepatlaxco, Tetzmolocan, Teotlaltzinco, Tepetzinco, Ocotepec, Tlamacazquicac, Atlmoyahuacan, Zecalacoyocan et dans tous les alentours jusqu'à Cholollan ? [Il s'agit vraisemblablement de lieux où eurent lieu des escarmouches contre les Espagnols.] Voyons de quoi tu vas discuter avec Cortez, je veux le voir et l'entendre ! » Tolinpanecatl se tourna alors vers l'interprète Marina : « Je voudrais, en présence de notre père et seigneur le capitaine Cortez, répondre à mon parent l'ambassadeur mexicain [...]. Tu as tort, neveu, de traiter si mal ta patrie et seigneurie de Tlaxcala. Prends garde, on pourrait te reprocher les tyrannies que tu as exercées en t'emparant injustement des seigneuries d'autrui, en commençant par Cuitlahuac et en continuant par les provinces de Chalco, Xantetelco, Cuauhquechollan, Itzoncan, Cuauhtinchan, Tecamachalco, Tepeyacac et Cuextlan, jusqu'à arriver à la côte de Cempoala, en faisant mille dommages et vexations, d'une mer à l'autre [de l'Atlantique au Pacifique]. Et cela sans que personne ne le reproche ou l'empêche. Et on pourrait te jeter à la figure qu'à cause de vous, de vos trahisons et de votre duplicité, le Huexotzinca a pris mon sang en horreur. Tout cela par peur de vos tyrannies et de vos trahisons, dont vous vous rendez coupables seulement pour jouir splendidement des atours et des nourritures. [...] Et quant à ce que tu dis que j'ai reçu le capitaine Cortez, ton ami, les armes à la main, je te réponds que ceux qui lui firent la guerre furent ceux qui quittèrent Zacaxochitlan, Teocalhueyacan, Cuahuacan et Mazahuacan pour te fuir et se réfugier chez nous. Et à présent je porterai le capitaine Cortez sur les épaules et je le servirai [17].» Puis l'ambassadeur présenta au capitaine la soumission de la confédération tlaxcaltèque.

Cortez l'accepta. Voyant cela, les ambassadeurs mexicas lui dirent de se méfier : c'était certainement une ruse pour l'attirer dans la ville et le capturer. L'un d'entre eux alla aussitôt informer le Seigneur des Colhuas de la tournure des événements. Il revint, comme promis, six jours plus tard, avec des cadeaux splendides et surtout le conseil pressant de Montezuma aux Espagnols de ne pas se fier aux Tlaxcaltèques, qui les tueraient et les voleraient. Rien n'y fit. Le 18 septembre, les nouveaux venus solaires firent une entrée triomphale à Tlaxcala. « Nous sommes tlaxcaltèques », leur dit-on. « Vous vous êtes fatigués, vous avez atteint le pays, vous êtes parvenus à votre honorable demeure, la ville de l'Aigle, Tlaxcala [18].» Ils furent logés dans le palais de Xicotencatl l'Ancien et profusément pourvus de tout. Par exemple, de centaines de belles esclaves, tandis que les seigneurs offraient leurs filles en mariage aux officiers. Une manière habituelle de sceller une alliance — et de désarmer l'hostilité d'un ennemi redoutable.

Les Espagnols et leurs amis restèrent vingt jours sur place. Le temps de reprendre des forces, de transformer les vaincus en solides alliés, de recevoir le ralliement de Huexotzinco, de s'informer des relations entre Tlaxcala et Mexico-Tenochtitlan ainsi que de la puissance de cette ville. Le temps aussi, bien entendu, de prêcher la foi chrétienne, la destruction des idoles et l'abolition des sacrifices humains. A quoi les autorités de Tlaxcala repartirent qu'il leur était très difficile d'abandonner brusquement des croyances qui avaient été celles de leurs ancêtres depuis des siècles. Peut-être, s'excusèrent-ils, le feraient-ils à la longue, en comprenant mieux ce qu'était cette nouvelle foi et en voyant la façon dont la vivaient les Espagnols. Sur ce point, ils ont dû être vite édifiés ! Dernier argument, enfin : quand bien même ils abandonneraient tout pour plaire à leurs nouveaux amis, le peuple ne l'admettrait pas et les massacrerait.

Cortez eut le bon goût de ne pas insister. Il se borna à leur promettre la prompte venue de missionnaires qui leur expliqueraient la foi. Des croix furent plantées et une chapelle installée dans la grande salle du palais de Xicotencatl. Puis on baptisa les jeunes filles nobles et les femmes qui avaient été offertes. Immanquablement, il fut bientôt question de la marche sur Mexico. Les Espagnols savaient à présent que la ville se trouvait sur une île facile à défendre, fortement peuplée et disposant de ressources militaires inépuisables. Beaucoup d'entre eux, surtout ceux qui possédaient des biens à Cuba, jugeaient qu'il était plus prudent de rebrousser chemin et d'attendre des renforts à Vera Cruz. Les Tlaxcaltèques, de leur côté, multipliaient les mises en garde contre la perfidie des Mexicas. Un Cempoaltèque particulièrement intrépide dit au conquérant : « Seigneur, ne te fatigue pas à penser aller plus loin qu'ici. Lorsque j'étais plus jeune, j'ai été à Mexico et j'ai l'expérience de la guerre. Je sais que vous et vos compagnons êtes des hommes et non des dieux et que vous avez faim et soif et que vous vous fatiguez comme des hommes. Eh bien, sache que dans cette province il y a tant d'hommes qu'aujourd'hui tu en combattras cent mille, et s'ils sont morts ou vaincus, il y en aura aussitôt autant, et ils pourront continuer longtemps ainsi à mourir ou à être remplacés par cent mille. Et toi et les tiens, quoique invincibles, vous mourrez de fatigue à force de vous battre. Car, comme je te l'ai dit, je sais que vous êtes des hommes. Et il ne me reste qu'une chose à ajouter, c'est de réfléchir à ce que je vous ai dit. Et si vous vous décidez à mourir, moi j'irai avec vous. » Cortez remercia ce brave et affirma qu'il voulait continuer parce qu'il savait pouvoir compter sur l'aide de Dieu. Et aux Espagnols il dit fermement qu'il n'y avait pas le choix, qu'ils feraient ce qui avait été décidé dès le début et que tout autre avis était déplacé [19].

TOLLAN CHOLOLLAN

A Mexico, la consternation régnait. Tout, décidément, se retournait contre l'empire ! Les fils du Soleil, les conquérants nouveau venus s'alliaient — après les avoir rossés — avec les pires ennemis de la Triple Alliance ! Et ils ne se trouvaient plus qu'à quelques jours de marche (120 kilomètres) de Mexico ! Il fallait en finir. Si les envahisseurs s'obstinaient à avancer, ils devaient être exterminés une fois pour toutes. Non pas en les attaquant directement, en rase campagne. L'expérience tlaxcaltèque venait de confirmer les enseignements de Cintla : en bataille rangée, les *teteo* étaient invincibles et infligeaient des dommages épouvantables. Mieux valait employer des moyens conformes aux mythes, des moyens d'autochtones. La déesse de la terre Itzpapalotl engloutissait les nouveaux venus errants, ou elle les étreignait et les vidait de leur substance. Déjà, les Tlaxcaltèques avaient considérablement amolli les étrangers en les comblant de vivres et surtout de femmes. Il convenait à présent de les attirer dans une ville amie, de les y prendre au dépourvu et de les massacrer. La ville devait les engloutir.

Mais pas une ville de l'Alliance. Car si celle-ci était directement compromise dans l'affaire, en cas d'échec, Cortez marcherait sur Mexico en ennemi. Ce qu'il fallait éviter. Mieux valait donc encore faire faire le travail par les autres. Et si cette tactique devait échouer, on accueillerait les Espagnols à Tenochtitlan. Où, si nécessaire, il serait toujours possible de s'en débarrasser. Il importait aussi de les liquider tous en une fois, pour qu'aucun ne puisse repartir chercher du secours et raconter ce qui s'était passé. Car de cela aussi il fallait tenir compte : quelque redoutables qu'ils fussent à eux seuls, les nouveaux venus n'étaient que l'avant-garde d'une puissance immense...

Surprendre les envahisseurs dans une cité où on pouvait les morceler, les empêcher de serrer les rangs et de manœuvrer, entraver l'utilisation de la cavalerie, les canarder du haut des toits, à l'abri des rapières et des lances. Or, sur le chemin de Mexico, il ne restait qu'une grande ville. Mais une ville vraiment toute désignée pour servir de tombe aux envahisseurs : Cholula, ou Tollan Cholollan, la capitale religieuse du Mexique central, la cité de Quetzalcoatl, peuplée par les adeptes toltèques du dieu. On racontait qu'après son exil de Tollan, Quetzalcoatl, pourchassé par son ennemi Tezcatlipoca, avait fui de ville en ville jusqu'à Cholula, où il resta quelques années — vingt, ou davantage encore, et même, selon certains, cent soixante ans [20]. Finalement, Tezcatlipoca avait marché sur Cholula avec une immense armée et le Serpent à Plumes dut fuir pour de bon. Furieux de n'avoir pu capturer son ennemi, Tezcatlipoca perpétra de grands massacres dans la région [21]. Or, pour les impériaux, Tezcatlipoca était le dieu le plus puissant. Sous son aspect de Huitzilopochtli, il était le cinquième Soleil, le Soleil aztèque. S'il voulait survivre, il devait stopper son éternel rival. A l'endroit de son ultime victoire. A Tollan Cholollan.

Lorsque Quetzalcoatl avait été chassé du paradis de Tollan, il avait entrepris des pérégrinations conçues comme un voyage dans les ténèbres et une descente dans l'inframonde. Il aurait même fondé les maisons du pays des morts [22]. Quelles furent les grandes étapes de son périple vers la côte orientale ? Après la vallée de Mexico : Cuauhquechollan, Cholula, Huexotzinco et Tlaxcala, Cempoala, et Coatzacoalcos [23]. Soit, en sens inverse, à peu près exactement le trajet qu'empruntèrent les Espagnols ! Nous verrons que Montezuma essaiera de les faire passer également par Cuauhquechollan.

En sens inverse, car cette fois les fils de Quetzalcoatl étaient des nouveaux venus qui marchaient d'est en ouest. Ils étaient des errants, comme les Mexicas ou les Toltèques quelques siècles auparavant. Les uns et les autres avaient dû livrer une bataille décisive à proximité du but : les Toltèques à Colhuacan-Mixcoatepec, les Mexicas à Tollan-Coatepec. Les Espagnols eux aussi se trouvaient près du but, à Tollan Cholollan. Y triompheraient-ils ? Ou, au contraire, les Mexicas répéteraient-ils la victoire de Tollan-Coatepec, victoire qui leur permit de recueillir l'héritage de Quetzalcoatl et des Toltèques ?

Cholula était aussi la ville où tous les nouveaux souverains allaient faire confirmer leur pouvoir [24]. Tous, sauf ceux de Mexico naturellement, en froid avec le Serpent à Plumes. C'est là qu'on verrait si l'ascension et la quête du pouvoir des envahisseurs y recevraient confirmation, si les dieux réussiraient à émerger de l'inframonde ou s'ils seraient engloutis pour toujours dans les entrailles de la terre.

Ordre fut donc donné aux ambassadeurs auprès de Cortez de tout faire pour l'arracher à l'amitié tlaxcaltèque et de l'inviter à passer par Cholula. Là, lui dirent-ils, il apprendrait si Montezuma pouvait ou non le recevoir. Au surplus, cette ville était pourvue de tout, à la différence des quatre chefs-lieux de la confédération tlaxcaltèque, où les dieux étaient traités en dessous de leur condition.

Le capitaine général promit d'aller à Cholula et Montezuma avait déjà pris des dispositions en conséquence. Des émissaires avaient contacté les deux gouvernants de la cité, l'*aquiach* et le *tlalchiach*, représentant l'un le ciel et l'autre la terre. Ils leur avaient offert un tambour d'or en les priant d'accueillir les étrangers dans leur ville, puis de les capturer et de les livrer aux Mexicas. Une armée impériale de trente mille hommes se tiendrait à proximité pour leur porter secours.

Malheureusement, l'influence de l'empereur sur la grande cité religieuse et marchande était, pour le moins, fluctuante. Sur les six quartiers de la ville, trois lui étaient favorables — notamment ceux qui portaient des noms mexicas, comme Mexico et Izquitlan — et trois non[25]. Dès lors, les Cholultèques tergiversaient. Ils n'osaient pas refuser, mais ils n'avaient pas du tout envie de voir entrer dans leur ville des troupes de la Triple Alliance qui pourraient bien être tentées d'y rester. Ils optèrent donc pour un compromis : les Cholultèques se chargeraient de capturer les chrétiens et les livreraient aux Mexicas, qui toutefois ne pouvaient pénétrer dans la ville, ou seulement une petite partie d'entre eux.

Divers préparatifs furent entrepris pour recevoir les Espagnols. On entassa des pierres sur les toits plats des maisons, on creusa des fossés qui furent ensuite soigneusement camouflés, on dressa des barricades[26]. Les Cholultèques avaient une confiance aveugle en leur dieu Quetzalcoatl, dont ils espéraient qu'il foudroierait et noierait les intrus. Et ils se croyaient particulièrement bien placés pour savoir que Cortez n'était pas le dieu...

« Laissez venir ces étrangers de passage, clamaient-ils, voyons quel est leur pouvoir, car notre dieu Quetzalcoatl est ici avec nous, qui les anéantira en un tournemain [...]. Laissez venir ces misérables, voyons-les maintenant, rions-nous de leurs illusions et de leurs bêtises. Ils sont fous et c'est en eux qu'ont mis leur confiance ces sodomites efféminés [les Tlaxcaltèques !], car ils ne sont rien d'autre que les paillasses de leurs hommes barbus, et ils se sont livrés à leurs maîtres par couardise ; laissez-les venir, ces vendus, ces mercenaires, voyez-les, ces vils Tlaxcaltèques, ces lâches qui recevront le châtiment qu'ils méritent : comme ils voient qu'ils vont être vaincus par les Mexicains, ils vont chercher des gens de passage pour les défendre. Comment avez-vous pu changer si vite et vous soumettre à ces barbares étrangers, inconnus jusqu'ici dans le monde ? Dites-nous où vous avez trouvé ces mercenaires pour votre vengeance, misérables qui avez sali la gloire immortelle de vos ancêtres, héritiers du sang limpide des anciens Téochichimèques qui ont peuplé ces terres inhabitables. Qu'allez-vous devenir, malheureux ? Très bientôt, vous verrez s'abattre sur vous le châtiment de notre dieu Quetzalcoatl[27]. »

L'activité guerrière à Cholula ne pouvait rester ignorée des Tlaxcaltèques, qui avaient des partisans dans la place et qui tenaient à conserver leurs nouveaux alliés. Aussi furent-ils atterrés lorsque Cortez leur fit part de sa décision. La perfidie de ces marchands qu'étaient les Cholultèques était pourtant notoire ! La route royale avait été barrée, la cité se préparait pour la guerre, des troupes mexicaines se trouvaient à proximité ! Enfin, arguaient-ils encore, la preuve la plus évidente de l'hostilité des Cholultèques était que, contrairement aux Huexotzincas, ils n'avaient encore envoyé aucune délégation pour venir présenter leurs devoirs aux chrétiens.

L'observation frappa Cortez. Il envoya des émissaires tlaxcaltèques pour prier les dirigeants de la ville de venir entendre les motifs de sa visite. Peu après, il vit arriver quelques personnages qui se présentèrent au nom de leurs maîtres malades. Les Tlaxcaltèques avertirent Cortez que c'étaient là des gens de peu et qu'on se moquait de lui. Irrité, le capitaine renvoya les prétendus délégués avec un ultimatum, sommant les seigneurs de Cholula de se présenter dans les trois jours pour se déclarer vassaux du roi d'Espagne.

Cette incroyable assurance fut payante. Dès le lendemain, les seigneurs se rendirent à Tlaxcala et s'efforcèrent d'expliquer leur attitude. S'ils n'étaient pas venus plus tôt, c'était par crainte de leurs ennemis tlaxcaltèques, qui sûrement les avaient copieusement calomniés. Ils firent acte de soumission et invitèrent les Espagnols dans leur cité. Cortez accepta : « C'est que d'abord je ne devais pas montrer de faiblesse et qu'ensuite, sachant que leurs terres avoisinent celles de Muteczuma et que les rapports entre les deux peuples sont fréquents, j'espérais développer mes relations avec ce grand seigneur [28]. »

LES TRAQUENARDS

Le 11 octobre 1519, la petite armée des fils du Soleil se mit donc en route, suivie par des dizaines de milliers de guerriers de Tlaxcala et par des marchands. Ceux-ci voulaient profiter de l'aubaine pour acheter du sel et des étoffes de coton. Peu avant d'arriver à Cholula, Cortez parvint à persuader ses nouveaux amis de rentrer chez eux. Quelques milliers seulement restèrent à proximité, à toutes fins utiles [29].

Le lendemain, ce fut l'accueil triomphal à Cholula. Des citoyens par milliers s'étaient massés sur le parcours des extracontinentaux pour les contempler et leur offrir des fleurs et des vivres. Les tambours battaient et les trompettes sonnaient, cependant que les prêtres en grande tenue — la ville était une véritable théocratie — se dirigeaient vers leurs hôtes pour les encenser. Les Tlaxcaltèques interprétèrent mal cet accueil et dirent à Cortez : « Sachez, seigneur, que cette façon de recevoir est mauvaise et ils laissent entendre qu'ils sont en guerre et qu'ils veulent vous sacrifier ou vous tuer [30]... » Les captifs destinés au sacrifice étaient en effet encensés par les prêtres lors de leur entrée à Mexico.

Les Espagnols furent logés dans un vaste palais. Le premier jour, ils furent convenablement nourris. Les jours suivants, la qualité du service baissa considérablement, tandis que les autorités locales pratiquaient une politique de l'absence. Le capitaine général s'en inquiéta. Certains des préparatifs de guerre ne lui avaient évidemment pas échappé, même si, dans un premier temps, il avait peut-être voulu y voir des précautions contre les Tlaxcaltèques. Il avertit ses hôtes qu'il s'en irait bientôt. On lui promit beaucoup d'hommes pour l'accompagner, mais il n'accepta que les indispensables porteurs [31].

Montezuma, de son côté, dépêcha une nouvelle ambassade. Elle avait pour mission, une fois de plus, de dissuader les conquérants de poursuivre leur route — alors que, peu auparavant, on les avait invités à continuer jusque Cholula ! Comme arguments, on avançait n'importe quoi. Quelle importance ? Ce qui comptait, c'était de détourner l'attention de ce qui se tramait et de présenter l'empereur comme un être tout à fait inoffensif. Les émissaires prétendaient tantôt qu'il n'y avait pas de bonne route, tantôt qu'à Mexico il n'y avait rien à manger, une autre fois que Montezuma mourrait de peur si les Espagnols le voyaient, et enfin — allusion à son jardin zoologique — qu'il était entouré de jaguars, de pumas et de bêtes féroces de toute sorte en nombre suffisant pour dévorer les intrus. Mais simultanément, les émissaires multipliaient les conciliabules avec les Cholultèques. Ceux-ci — tout dans leur conduite le montre et plusieurs témoignages le disent explicitement — comptaient attaquer les chrétiens au moment de leur sortie de la ville, sortie qu'ils avaient veillé à précipiter. Mais leur jeu peu subtil était de nature à susciter la méfiance du plus crédule [32].

Tout était prêt selon les vœux du Seigneur colhua. Mais si le piège ne fonctionnait qu'à moitié ? Si des dieux réussissaient à fuir, à regagner la côte et la garnison de Vera Cruz, puis à revenir avec plus de monde ? La participation des Mexicas à l'embuscade serait avérée, les étrangers chercheraient à se venger et ce serait cette fois vraiment la fin de l'empire ! Pour éviter cela, Montezuma avait donné l'ordre à la garnison côtière de Nauhtlan, au nord de Vera Cruz, de liquider les dieux restés en arrière. Le travail devait être fait en même temps qu'à Cholula.

Le gouverneur de Nauhtlan s'appelait Coatlpopoca. Il savait qu'avec les forces limitées dont il disposait, il pourrait difficilement déloger une centaine au moins d'Espagnols de leurs retranchements, d'autant que les Totonaques des alentours leur étaient favorables. Il fallait donc les diviser. Pour ce faire, il conçut un plan machiavélique.

Un jour, la garnison de Vera Cruz vit arriver une délégation d'Indiens venus de Nauhtlan. Ils venaient annoncer que leur maître, Coatlpopoca, désirait venir faire sa soumission au grand souverain d'au-delà des mers. Mais il appréhendait l'hostilité des Totonaques révoltés qui l'entouraient et réclamait une escorte pour le protéger. Juan de Escalante, le commandant de la place, se fit répéter le message plusieurs fois pour être sûr de bien comprendre. Puis il décida d'envoyer quatre hommes à Nauhtlan. Arrivés là-bas, les malheureux furent attaqués. Deux d'entre eux furent occis ou sacrifiés, les autres parvinrent à s'échapper.

Apprenant l'incident, Escalante prit cinquante hommes, deux cavaliers, deux couleuvrines ainsi que plusieurs milliers de guerriers totonaques et marcha sur Nauhtlan. Coatlpopoca sortit de la ville avec toutes ses forces et des troupes amies. Il s'ensuivit une bataille féroce. Les Espagnols perdirent sept hommes, parmi lesquels Escalante, qui succomba à ses blessures. Les Mexicas furent vaincus et Coatlpopoca dut prendre la fuite avec des seigneurs alliés. Des prisonniers avouèrent qu'ils avaient agi sur ordre de Montezuma.

Le piège de Coatlpopoca avait pourtant été bien monté. D'abord faire venir quelques hommes et les tuer, mais en veillant à ce que d'autres échappent pour donner l'alerte. Puis faire sortir de sa place forte une partie des troupes ennemies et l'attendre en terrain familier. Enfin, liquider les faibles forces qui restaient à

Vera Cruz. Les Cempoaltèques n'entraient pas vraiment en ligne de compte : ils n'avaient jamais été des foudres de guerre. Mais les étrangers s'étaient révélés encore plus coriaces que prévu... L'affaire n'était cependant pas un échec total pour les Mexicas. Le prestige des Espagnols avait été considérablement entamé, au point que même les Totonaques, qui n'avaient guère brillé dans la bataille, les regardaient désormais de haut[33]. Il paraît — mais le renseignement vient de Bernal Díaz et est donc incertain — que la tête d'un des Espagnols, un certain Argüello, personnage volumineux et barbu, fut envoyée à Montezuma avant même l'entrée de Cortez à Mexico. Fort impressionné, l'empereur refusa qu'on l'offre aux dieux de la cité et ordonna de la porter à d'autres temples. Puis il demanda pourquoi ses forces n'avaient pu vaincre ces quelques hommes. On lui répondit qu'on n'avait rien pu faire parce qu'une grande dame de Castille marchait devant les *teteo* en les encourageant. Pour une fois, Bernal Díaz n'y était pas. « Ce miracle, conclut-il, je ne l'ai pas vu puisque j'étais à Mexico, mais certains conquistadores qui assistèrent à l'action l'ont rapporté. Plût à Dieu que cela fût vrai[34] ! »

A Cholula cependant, les Espagnols reçurent des avertissements plus précis. D'abord d'un jeune homme de Cempoala. La dame cholultèque chez qui il était logé lui demanda un jour de la suivre hors de la ville. Comme il insistait pour savoir pourquoi, la femme lui dit que les Mexicas viendraient la nuit pour massacrer tout le monde[35]. Ensuite, les Espagnols apprennent que des guerriers cempoaltèques ont découvert divers préparatifs de guerre, et notamment des tranchées camouflées pourvues de pieux pointus destinés à tuer les chevaux. Marina-Malintzin, enfin, leur révèle qu'une Cholultèque qui éprouvait de la sympathie à son endroit lui dit de rester à l'abri, car des troupes de Montezuma attendaient à proximité pour neutraliser ses maîtres, et déjà les citoyens de la ville évacuaient femmes et enfants[36].

Aussitôt informé, Cortez agit sans perdre un instant. Un passant est enlevé et interrogé. Il confirme le guet-apens. Après un bref conseil de guerre où chacun recommande de frapper vite et fort, Cortez convoque les autorités de la ville et fait enfermer tous les dignitaires qui se présentent. Interrogés séparément, ceux-ci avouent le piège, mais en rejettent la responsabilité sur Montezuma. Puis le capitaine général avertit ses hommes : lorsqu'ils entendront un coup d'escopette, ils devront se précipiter sur les Indiens qui remplissent la grande cour et les environs. Car depuis

le matin, une foule de plus en plus nombreuse s'y presse. Entre
autres, par milliers, les porteurs promis — en réalité, paraît-il,
les guerriers les plus intrépides avec leurs armes. Leur insolence
est sans bornes. Lorsque les étrangers leur demandent d'apporter
à manger ou à boire, ils ricanent : « Pourquoi veulent-ils manger,
ceux-là, puisqu'ils vont bientôt être mangés eux-mêmes avec du
piment ? », ou : « Si Montezuma ne se fâchait pas, nous les
tuerions nous-mêmes ici et nous les mangerions. » Les quatre
portes donnant accès à la cour sont gardées par des guerriers.

Quand retentit le signal, les conquistadores se lancent à l'assaut.
Les Indiens sont ébahis de se voir devancés. Il s'ensuit des
combats et un bain de sang pendant des heures. Les Tlaxcaltèques

Les Espagnols et les Tlaxcaltèques attaquent le temple de Quetzalcoatl
à Cholula. Lienzo de Tlaxcala, éd. par A. Chavero, Mexico, 1892.

restés aux abords de la ville arrivent à la rescousse et s'en donnent
à cœur joie, détruisant, tuant, pillant et emmenant quantité de
captifs. Les troupes de Montezuma ne se montrent pas. Plus de
trois mille ennemis passent de vie à trépas. Les prêtres se
retranchent au sommet de leurs pyramides, d'où ils décochent
des flèches et toute sorte de projectiles. Acculés, ils préfèrent se

jeter dans le vide ou se laisser brûler vifs dans leurs temples incendiés plutôt que de se rendre. Certains d'entre eux se précipitent vers la pyramide de Quetzalcoatl, afin d'en ouvrir les flancs, censés contenir de l'eau, et de noyer les Espagnols sous de véritables torrents. Mais rien ne sort de l'édifice. A l'évidence, Quetzalcoatl se trouve du côté des dieux... Il ne reste plus alors aux Cholultèques qu'à envoyer une délégation de dignitaires pour demander la paix et offrir la soumission, sincère cette fois, de la cité. Cortez accorde bien volontiers l'une et reçoit l'autre, trop content de s'en être tiré à si bon compte. Il parvient de surcroît à aplanir les différends entre Tlaxcaltèques et Cholultèques, et fait revenir la population qui a fui. Dès le lendemain, affirme-t-il, la vie a repris son cours normal à Cholula [37].

Comme les avertissements et les aveux des Cholultèques mettaient chaque fois en cause Montezuma, Cortez convoqua les émissaires de l'empereur et leur fit part des accusations portées contre leur maître :

« Je leur dis que cela était indigne d'un grand seigneur comme lui de m'envoyer les plus hauts personnages de sa cour pour m'assurer de son amitié, et de me faire attaquer par des étrangers, pour se déclarer irresponsable, si la chose ne réussissait pas. J'ajoutai que, puisqu'il m'avait manqué de parole, qu'il m'avait trompé, je changerai moi aussi de résolution.

« J'avais jusqu'alors l'intention d'aller le voir pour rechercher son amitié et causer avec lui de bonnes relations et de paix ; maintenant j'entrerai dans son royaume en ennemi, bien décidé à lui faire la guerre et tout le mal que je pourrai ; que cela me coûterait d'autant plus que j'avais ardemment désiré son amitié et que j'aurais toujours voulu prendre son avis sur les choses qu'il convenait de faire en ce pays [38]. »

Les nobles mexicas nièrent évidemment tout en bloc et prièrent le dieu de bien vérifier ses informations avant de se décider à faire la guerre à Mexico. Cortez fit semblant de les croire. Lors d'une autre conversation, il leur affirma qu'il n'ajoutait pas foi aux accusations des Cholultèques, car Montezuma était son ami et un grand seigneur ; or, les grands seigneurs ne mentent ni ne trahissent. Les Mexicas demandèrent congé pour aller voir leur maître et se rendirent en toute hâte à Mexico [39].

Le carnage de Cholula avait mis en émoi l'Anahuac tout entier [40]. Il y avait de quoi ! Depuis des décennies, les grandes tueries de ce genre étaient le quasi-monopole des gigantesques armées impériales lorsqu'elles se déchaînaient contre l'une ou l'autre petite cité. Or, c'était maintenant la Triple Alliance, ou du moins une ville complice, qui en était la victime ! Informé, Montezuma dut en concevoir une vive admiration pour l'énergie — égale à la sienne — et la détermination de son adversaire, et pour la façon dont celui-ci avait vu clair dans son jeu. Il aurait fait sacrifier de nombreuses victimes et se serait isolé pendant huit jours pour faire pénitence. Au cours de ces exercices, Huitzilopochtli lui dit de ne pas craindre les envahisseurs et de les laisser entrer à Mexico, où il en ferait ce qu'il voudrait car ils étaient peu nombreux[41].

En attendant, il fallait les amadouer, tout en préparant d'autres embûches. Les ambassadeurs furent renvoyés à Cholula avec, comme présents, dix plats en or, quinze cents pièces d'étoffe et des vivres en quantité. Ils transmirent au capitaine les regrets de Montezuma pour la perfidie ourdie contre les dieux et la confirmation que l'empereur n'y était pour rien. Il y avait certes des troupes impériales campées dans les environs, mais elles venaient d'Acatzinco et Azacan, deux cités voisines et alliées de Cholula que les habitants de cette ville avaient appelées à leur secours. Autant dire un aveu... Enfin, les ambassadeurs priaient encore les Espagnols de ne pas se rendre à Mexico, région stérile où tant de choses manquaient. Cortez répondit comme d'habitude qu'il avait des instructions auxquelles il devait se conformer. Peu après, Montezuma lui fit savoir qu'il se réjouissait de sa venue[42].

La controverse de Cholula

Tels sont donc les événements qui se déroulèrent à Cholula. Montezuma fit tendre un piège aux conquistadores en essayant de les surprendre là où ils pouvaient le plus difficilement se défendre. Conscients qu'on avait découvert leur point faible, les Espagnols réagirent avec brutalité afin de dissuader toute nouvelle tentative. Dans la situation où ils se trouvaient, ils n'avaient pas le choix[43].

Les témoignages sérieux concordent assez bien, même si les événements et les intentions ont donné lieu, dans l'esprit de conquistadores inégalement informés, à des interprétations parfois différentes. Pourtant, certains historiens modernes ne croient pas au complot. Orozco y Berra, par exemple, au siècle passé. Pour lui, rien dans l'attitude de Montezuma ne laisse prévoir un tel comportement. En réalité, les coupables seraient les Tlaxcaltèques et Marina, qui auraient inventé cette histoire de conspiration par haine pour l'empire et afin de se venger de leurs ennemis ! Collis opine mêmement. Pour Wagner, les Cholultèques étaient de doux agneaux, et Las Casas avait entièrement raison de le dire. Eulalia Guzmán considère sans preuve aucune qu'il y a simplement eu perfidie de Cortez et, dans un pamphlet contre le conquistador, Sotomayor va dans le même sens. Cortez fut bien accueilli par les Cholultèques et il manifesta sa gratitude en les massacrant en masse. En revanche, des auteurs comme Prescott, Babelon, Madariaga, Pérez Martínez, Descola, Padden, Brundage, White, Fuentes, Thomas et Martínez acceptent la thèse espagnole, de même que Vázquez, dans quelques fortes pages sur le sujet. Davies observe avec pertinence que l'attitude imputée à Montezuma et consistant à pousser les autres à se battre à sa place, quitte à les désavouer ensuite, lui sied bien [44].

Sur quoi les révisionnistes se fondent-ils ? Sur certaines dissonances entre les versions espagnoles et sur la plupart des auteurs indiens.

Voyons d'abord les Indiens ou leurs porte-parole, dont les témoignages sont peu dignes de foi. Ils ne sont évidemment pas unanimes. Muñoz Camargo le Tlaxcaltèque embrasse à fond la cause espagnole et amplifie même. Il raconte par exemple que les Espagnols et les Tlaxcaltèques envoyèrent comme messager de paix à Cholula l'illustre Patlahuatzin. Pour montrer leur détermination à se battre, les Cholultèques l'auraient renvoyé le visage et les bras écorchés. Chimalpahin, qui exprime le point de vue de Chalco, dit que les Cholultèques marchèrent contre les Espagnols [45]. Du côté « pro-Aztèque », les *Anales de Tlatelolco*, de 1528, ne soufflent mot de l'affaire. Seuls des textes plus tardifs, comme ceux qui gravitent dans l'orbite de la *Chronique X* et de Sahagún, la mentionnent.

La *Chronique* de Tezozomoc s'interrompt avant l'arrivée à Cholula. Durán ne parle qu'incidemment du massacre. Dans son *Livre des rites*, il explique que Cortez fit tuer cinq cents Indiens parce qu'ils apportaient du bois plutôt que des vivres. Dans son *Histoire*, les porteurs d'eau et de bois se font massacrer parce que Cortez les prend pour des seigneurs déguisés dans le but de commettre quelque trahison [46]. D'après les informateurs de Sahagún et Tovar, les Tlaxcaltèques montèrent les Espagnols contre Cholula. Craignant un piège, ceux-ci convoquèrent les seigneurs, les vaillants capitaines et les hommes du peuple dans le parvis du temple de Quetzalcoatl. Les accès au parvis furent bloqués et on assassina la foule désarmée [47]. Les Choultèques enfin, soixante ans plus tard, nient tout complot et affirment avoir été attaqués parce qu'ils auraient négligé le ravitaillement des Espagnols [48].

Deux éléments à retenir de ces chroniques : la haine de Tlaxcala, tout naturellement mise en avant par des partisans des Aztèques, et le massacre de porteurs d'eau et de vivres sous prétexte qu'ils interrompent le ravitaillement. La description du carnage par Sahagún et Tovar n'est pas fiable. Elle s'inspire d'un événement ultérieur, la tuerie de Toxcatl. A aucun moment les sources pro-Aztèques ne font état d'une participation quelconque de Montezuma. Cela aussi est compréhensible. On veut faire croire que les Mexicas ne se sont battus que lorsque, poussés à bout par les Espagnols, ils ne pouvaient vraiment plus faire autrement. Et pour cela, il faut faire passer Montezuma pour un pleutre — ce qui, on le sait, est une des préoccupations majeures des textes à affinités mexicas. Or, un pleutre ne tend pas d'embuscades...

Reste le massacre des innocents porteurs d'eau. Ou, selon les documents espagnols, des porteurs tout court qui furent réquisitionnés. Quelle en est la source ?

Il faut attendre 1529. Cette année-là, les ennemis de Cortez ont enfin obtenu qu'il doive rendre des comptes de son action depuis la Conquête. Un ancien conquistador, Vázquez de Tapia, qui le hait pour des raisons personnelles, vient témoigner en secret et parle de Cholula. Il explique que Cortez demanda aux autorités de la ville de nombreux porteurs afin de se remettre en route. Quatre ou cinq mille se présentèrent, qui tous furent enfermés dans la cour du Grand Temple. « Il ordonna aux Espagnols qui étaient là et lui avec eux de les tuer tous et ainsi ils les tuèrent, et lorsqu'ils furent morts, il sortit immédiatement dans la ville avec tous ses hommes et il tuait tous ceux qu'il rencontrait et il ordonna aussi que l'on entrât dans les maisons des seigneurs où ils avaient fui et s'étaient réfugiés et là ils les tuaient et ils boutaient le feu aux mosquées [...]. Et ils disaient que lesdits Indiens voulaient se soulever pour tuer les chrétiens, mais ce témoin a vu qu'on les [les Espagnols] avait bien reçus et donné à manger avec bonne volonté.» Il y aurait eu plus de vingt mille morts et captifs [49] ! Telle est donc la version concoctée par Vázquez et certains de ses complices pour nuire à Cortez. Méchante et insidieuse. « Ils [les Espagnols] disaient que les Indiens voulaient se soulever.» Mais Vázquez, lui, n'a rien vu, si ce n'est l'accueil chaleureux. Comme si Cortez allait tuer pour le plaisir. Et des porteurs encore, des malheureux, inoffensifs et dont, de surcroît, il avait besoin ! Faut-il dire que d'autres témoins des faits donnèrent des versions conformes à ce que relatent les sources espagnoles [50] ? Puis, Vázquez lui-même ne croit pas à sa version invraisemblable. Plus tard, lorsqu'il ne s'agit plus de nuire à son ancien chef, il donne une version toute différente. C'est entre 1542 et 1546 qu'il rédige un document administratif destiné à dresser le bilan des services qu'il a rendus à la Couronne et de ses mérites. Là, il admet la thèse du complot et confirme la présence de troupes mexicas postées à proximité. Et il va jusqu'à dire radicalement le contraire de ce qu'il avait témoigné. Non, les Espagnols ne furent pas bien reçus ni bien nourris ! Il était bien placé pour le savoir, lui qui était passé par Cholula quelque temps auparavant, lors de son voyage vers Mexico. Les Espagnols furent logés dans des édifices délabrés alors que ceux où lui-même avait été hébergé étaient parfaits. Il le signala d'ailleurs à Cortez. De plus, ajoute-t-il, les Indiens ne voulurent rien donner à manger, même pas aux chevaux [51] !

Mais en attendant, le mal était fait. Les ennemis des conquista-dores — des Indiens, des moines protecteurs des Indiens — avaient repris sa version avec gratitude. Durán, par exemple. Ou Juan Cano, un Espagnol qui épousa une fille de Montezuma. En 1544, il dit à Oviedo que Cortez avait demandé trois mille porteurs et qu'il les fit exterminer. Las Casas aussi, qui, dans sa *Brévissime Relation de la destruction des Indes*, donne, comme trop souvent, une dimension épique à ses outrances et tombe dans le grotesque. Sous sa plume, le nombre de porteurs — presque nus, humblement assis dans la cour comme de douces brebis, tenant un filet avec leur pauvre nourriture — est porté à cinq ou six mille et dépasse le chiffre fourni par Vázquez de Tapia. On bloque les entrées et on les étripe. Les seigneurs sont brûlés vifs. Tout cela uniquement pour semer la terreur. Et pour inspirer Cortez, qui pendant la tuerie entonne un air de circonstance : « Du haut de la roche Tarpéienne, Néron regardait brûler Rome ;

les enfants et les vieillards poussaient des cris, mais lui n'avait aucune pitié[52]. »

Plus étonnante est l'attitude d'un soldat de Cortez, dont le témoignage paraît être un compromis entre les versions espagnoles admises et celle de Vázquez. Francisco de Aguilar écrit quarante ans après la Conquête, alors qu'il est âgé de plus de quatre-vingts ans. Pour lui, dès l'accueil dans la ville, les Tlaxcaltèques mettent en garde les conquistadores contre l'attitude équivoque des Cholultèques. Attitude qui ne s'améliore pas les jours suivants, puisque les Espagnols ne reçoivent que de l'eau et du bois. Les officiers de Cortez l'incitent à faire la guerre pour assurer l'approvisionnement. D'abord le capitaine refuse, puis, comme ils insistent, il donne l'ordre de tuer les porteurs d'eau et de bois, soit quelque deux mille personnes. Ce n'est que plus tard, lors du départ de la ville, que les Tlaxcaltèques signalent à Cortez la présence d'une armée mexica dans les parages[53].

Aguilar admet donc la provocation de la part des Cholultèques et parle du massacre des porteurs, mais il se garde bien de l'expliquer — ou de donner l'impression de le justifier — par le complot, dont lui-même n'a peut-être pas vu de preuves. Mais il y a autre chose. Depuis trente ans, l'ancien conquistador est devenu dominicain. Comme Las Casas. S'il écrit, c'est parce que certains religieux le lui ont demandé avec insistance. Pouvait-il se permettre de donner une version qui contredisait de façon flagrante celle de Las Casas, le grand homme de son ordre ? Les religieux défenseurs des Indiens qui le priaient d'apporter son témoignage n'auraient-ils pas été meurtris s'il s'en était tenu aux faits ? Ne l'auraient-ils pas regardé comme un conquérant impénitent ? Aguilar a donc composé et a recouru, pour sa version, à des propos de Vázquez.

On suit donc très bien la genèse du mythe selon lequel il n'y aurait pas eu de guet-apens à Cholula. Mythe qui a le triple avantage de noircir les conquérants, de blanchir les Mexicas de l'accusation d'opposition aux Espagnols et de confirmer la prétendue lâcheté du Seigneur des Colhuas. Lâcheté qui est un mythe elle aussi. Tout jeune encore, Montezuma était intrépide et, à l'époque de la Conquête, il n'a à aucun moment donné aux envahisseurs l'impression de manquer de courage. C'est vrai que l'arrivée d'êtres aussi insolites qu'invincibles, associés à Quetzalcoatl, lui fait peur et qu'il a le sentiment de la fin de l'empire et de sa propre mort. Mais il n'en a pas moins fait son devoir en essayant par tous les moyens à ses yeux raisonnables d'éviter le cataclysme. Il a probablement compté sur les Mayas de Cintla d'abord. Il a sans cesse tenté de persuader les nouveaux venus de s'en aller. Il leur a coupé les vivres sur la côte. Il a recouru à la sorcellerie et à la magie. Il a excité contre eux les Tlaxcaltèques et en particulier les guerriers représentés par le jeune Xicotencatl, qui plus tard sera exécuté pour s'être rangé du côté des Mexicas. Le piège de Cholula, après cela, s'imposait. Et tout le prouve, pour autant qu'on accorde de la valeur aux documents. Contestant violemment Las Casas, Bernal Díaz affirme que les premiers franciscains venus en Nouvelle-Espagne effectuèrent une enquête à Cholula et durent constater que la version hispano-tlaxcaltèque des événements était la bonne [54]. Le témoignage de Cortez est corroboré par les autres témoins. Et les lettres de Cortez ne sont pas n'importe quoi. Ce sont des rapports officiels envoyés au roi et empereur, des témoignages dont l'auteur sait très bien qu'ils seront vérifiés, ce qui se produira effectivement. Il ne peut donc pas se permettre de raconter ce qu'il veut. Le récit de Cortez est confirmé, à l'époque même de la Conquête, par Martyr, qui a disposé d'autres témoignages. Sans arrêt au cours de sa marche, don Fernando s'est efforcé d'éviter les effusions de sang inutiles. Il est incontestable que les Mexicas ont insisté pour que les nouveaux venus poursuivent jusqu'à Cholula, alors que manifestement Montezuma ne voulait pas les voir à Mexico.

L'attitude imputée aux Cholultèques est cohérente. Dès le début, ils montrent leur hostilité aux Espagnols, par exemple en envoyant comme émissaires à Tlaxcala des gens du commun. Ensuite, ils accueillent les Espagnols pour éviter le conflit ouvert, mais font tout pour hâter leur départ et pour pouvoir les attaquer à ce moment. Les informations sur les partis favorables et hostiles à Montezuma dans la cité sainte sont vraisemblables, comme le sont les pressions de l'empereur et les craintes des Cholultèques à son égard, ainsi que leur refus de laisser entrer l'armée impériale.

L'aveu de Montezuma quant à la présence de ses troupes dans la région est révélateur lui aussi. Il ne peut nier l'évidence et donne une explication peu convaincante. Dès le séjour des conquistadores à Tlaxcala et peut-être même avant, si le renseignement fourni par Bernal Díaz au sujet d'un propos d'Ollintecuhtli est véridique [55], l'empereur envisage une embuscade dans une ville. L'idée trotte dans la tête de ses ambassadeurs, qui accusent les Tlaxcaltèques d'attirer les Espagnols dans leur cité pour les exterminer ! Il y a encore un argument capital [56] : l'attaque simultanée de Coatlpopoca contre la garnison de Vera Cruz. Enfin, on l'a vu, le piège correspond parfaitement au comportement de l'empereur et est tout à son honneur. Le choix de Cholula s'imposait parce que c'était la dernière grande ville avant Mexico et le lieu d'où avait été chassé Quetzalcoatl. Certes, un combat loyal sur le champ de bataille pouvait avoir plus de panache. Mais les faits avaient prouvé que c'était inutile. Et peu loyal de toute manière, vu l'écrasante supériorité de l'armement espagnol. Bref, Montezuma a fait ce qu'il fallait. Comme Cortez.

Selon certains chercheurs, Cortez montra aux Aztèques son vrai visage. Le bain de sang leur révéla qu'il n'avait rien à voir avec le bienveillant Quetzalcoatl, ce dieu pacifique et doux qui s'était opposé aux sacrifices humains. Au contraire, il devait plutôt se trouver du côté du sinistre Tezcatlipoca, l'éternel ennemi du bon Serpent emplumé [57].

Cette thèse s'appuie sur la conception erronée de Quetzalcoatl façonnée à l'époque coloniale. Le dieu précolombien n'avait rien d'un pacifiste. On l'a vu, par exemple, agresser Tezcatlipoca à coups de bâton à la fin de la première ère pour prendre sa place comme Soleil et tuer ses oncles sur la Montagne de Mixcoatl. Astre ascendant du quatrième âge, il était considéré comme un grand conquérant. Quant à voir Tezcatlipoca dans les nouveaux venus, il ne pouvait en être question : Tezcatlipoca-Huitzilopochtli était le dieu le plus important des Mexicas, il avait chassé Quetzalcoatl et c'est évidemment le retour de celui-ci qu'on appréhendait. Montezuma ne s'y trompa pas. Effrayé par la nouvelle de la tuerie, il s'exclama : « Ce sont bien les gens dont notre dieu avait annoncé la venue et la domination sur ce pays [58]. »

LES DERNIERS PIÈGES

Dans les jours qui suivirent le drame de Cholula, Cortez reçut de Vera Cruz une missive lui relatant le piège tendu par Coatlpopoca. D'autre part, il envoya une dizaine de volontaires avec Diego de Ordás faire l'escalade du Popocatepetl, tout proche. Avec l'aide de guides indiens, les hommes atteignirent le sommet du superbe volcan enneigé d'où ils découvrirent la vallée de Mexico, avec ses grandes lagunes et ses innombrables cités blanches dans leur écrin de verdure. Ils virent aussi un chemin qui conduisait vers la vallée en passant entre le Popocatepetl et son voisin septentrional, l'Iztaccihuatl, la Dame Blanche. La route leur parut bonne et les guides le confirmèrent[59]. « Et, après avoir massacré à Cholula, aussitôt, ils ont commencé alors à venir vers Mexico. Ils sont venus en groupe, ils sont venus rassemblés, ils sont venus en soulevant la poussière. Leurs lances en métal, leurs lances en chauve-souris [les hallebardes], c'était comme si elles lançaient des éclairs. Et leurs épées en métal, comme de l'eau elles ondoyaient. C'était comme s'ils résonnaient, leurs corsages en métal, leurs casques en métal. Et d'autres viennent même tout en métal, ils viennent entièrement faits en métal, ils viennent en lançant des éclairs. Ils sont venus ici en répandant de grands effrois, ils sont venus ici en semant une grande épouvante, ils ont été regardés ici avec crainte, ils ont été ici très redoutés[60]. »

De nouveaux émissaires de Montezuma les accompagnaient. Se situe ici, ou quelques jours plus tard, un épisode étrange dont ne font état que deux des « versions des vaincus », Sahagún et Tovar[61], celui-ci s'inspirant de celui-là. Il paraît donc qu'un des ambassadeurs de l'empereur devait se faire passer pour Montezuma en personne. Le père Tovar explique qu'après la tuerie Montezuma était si terrorisé qu'il voulait voir comment les envahisseurs le traiteraient, lui personnellement. Mais cette explication passe à côté de l'essentiel.

D'après les informateurs indiens de Sahagún, la scène a lieu lors du passage entre le Popocatepetl et l'Iztaccihuatl, au « lieu de la pierre de sacrifices de l'aigle » (cuauhtechcac). On offre aux Espagnols des étendards garnis d'or et de plumes de quetzal ainsi que des colliers d'or. Puis s'approche Tzihuacpopoca, celui qui joue le rôle de l'empereur. Mais les Tlaxcaltèques révèlent la supercherie. Aussi les Espagnols se mettent-ils à questionner : « Es-tu Montezuma ? » Tzihuacpopoca acquiesce. Aussitôt, il est sévèrement rabroué : « Va-t'en d'ici ! Pourquoi nous trompes-tu ? Qui nous crois-tu ? Tu ne nous tromperas pas, tu ne te moqueras pas de nous [...], tu ne détourneras pas notre regard, tu ne nous renverras pas, tu ne nous effaceras pas, tu ne nous aveugleras pas, tu ne nous jetteras pas de la boue au visage, tu ne nous passeras pas une main boueuse sur le visage. Non, pas toi. Car là-bas se trouve Motecuhzoma. Il ne se cachera pas de nous, il n'ira pas se réfugier ailleurs. Où irait-il ? Est-il oiseau ? Prendra-t-il son envol ? Ou, alors, peut-être bâtira-t-il son chemin sous terre ? Entrerait-il, quelque part, dans une montagne creusée ? Car nous le verrons, nous ne manquerons pas de le dévisager, nous entendrons sa parole, de ses lèvres nous l'entendrons.» Et désormais, les Espagnols affectent d'ignorer Tzihuacpopoca.

Pour les conquérants, ce fut un incident futile, un malentendu, et ils n'en parlent même pas. Le discours redondant et ampoulé qu'on leur attribue est non seulement reproduit en style aztèque, mais il est surtout une reconstitution de ce qui aurait dû se produire, de ce que les Espagnols auraient dû répondre s'ils avaient compris le piège. Car c'était bien un piège. Les Mexicas ont essayé de tromper les envahisseurs, de les aveugler et donc d'assurer leur perte.

Aux yeux des Mexicas, les Espagnols sont des nouveaux venus, pauvres mais héroïques, solaires, dont les errances, comme celles des Mexicas, des Toltèques ou des Quichés autrefois, sont assimilées à un voyage dans l'inframonde. Dans le *Popol Vuh* des Mayas Quichés, le peuple errant est représenté par les Jumeaux qui descendent aux enfers pour vaincre l'inertie et la mort, personnifiées par les Seigneurs de Xibalba. Mais les Seigneurs autochtones se défendent contre les nouveaux venus. L'accès à Xibalba est parsemé d'embûches. D'abord la rivière de sang, censée détruire les intrus. Puis un carrefour, où l'on est perdu si l'on ne choisit pas le bon chemin. Ensuite, les Seigneurs ont disposé dans une salle des effigies de bois les représentant. Si les visiteurs se laissent induire en erreur et saluent ces effigies plutôt que les Seigneurs eux-mêmes, qui sont assis à côté, c'est signe, encore, qu'ils sont perdus. Suivent enfin des épreuves dans différentes demeures de Xibalba [62].

Il est donc essentiel de ne pas se tromper. Celui qui se laisse prendre à des apparences fallacieuses est un être lunaire voué au déclin et à la mort.

Voilà pourquoi Montezuma envoie quelqu'un qui se fait passer pour lui. Si Cortez se méprend, il est perdu. Il donne la preuve qu'il n'est pas un astre ascendant. On songe à cet autre piège, difficile à déchiffrer, qui eut lieu au début des pérégrinations des Espagnols, lorsque Cortez fut confronté à Quintalbor, l'Indien qui paraissait son image de miroir — donc un soleil au déclin,

Le faux Montezuma rencontre les soi-disant ambassadeurs du roi d'Espagne. D'après Sahagún, livre XII.

réfléchi dans un miroir d'obsidienne, comme Quetzalcoatl à la fin de Tollan.

La rencontre a lieu à « l'endroit de la pierre des sacrifices ». Lieu significatif entre tous. A Tollan, les Toltèques victimes d'apparences illusoires s'étaient volontairement fait sacrifier sur un tel autel tombé du ciel.

Cette interprétation se renforce si l'on considère son contexte. Peu après l'épisode, Sahagún raconte que le Seigneur des Colhuas tenta de faire choisir un mauvais chemin aux Espagnols. Comme à la croisée de Xibalba ! Et pourquoi situe-t-il la rencontre entre le faux Montezuma et Cortez dans le passage entre les deux montagnes — endroit venteux et enneigé, peu propice aux rencontres s'il en est ? Parce que les deux montagnes qui s'entrechoquent forment un lieu bien connu du paysage de l'inframonde. Quand Quetzalcoatl passa par là dans sa fuite de Tollan, les deux volcans s'entrechoquèrent effectivement et beaucoup de Toltèques trépassèrent [63].

Montezuma continue donc à lutter contre les Espagnols en s'inspirant des mythes. Cholula était peut-être la rivière de sang qui, dans l'inframonde, détruit les visiteurs. Il y eut bain de sang en effet, mais pas celui que l'empereur escomptait. Il y eut ensuite le faux roi et le mauvais chemin. Enfin, il y aura les demeures de Mexico. Et chaque fois, les intrus déjouent les pièges. Tout se retourne contre l'infortuné monarque. C'est bien lui, l'être lunaire, l'astre couchant !

Les sources espagnoles confirment-elles ces épisodes d'une lutte mythique ? Elles ne mentionnent pas le faux Montezuma, mais cela peut s'expliquer par le peu d'importance que les conquistadores attachèrent à ce qu'ils auront considéré comme un simple malentendu. Le chemin barré, en revanche, est bien attesté.

C'est le 2 novembre que la cohorte chrétienne a quitté Cholula. Elle est accompagnée de quelques milliers de Tlaxcaltèques, dont les chefs ne cessent de mettre en garde contre la fourberie de Montezuma. Les Cempoaltèques sont pour la plupart rentrés chez eux, convaincus qu'à Mexico ils mourront et les Espagnols aussi. Des ambassadeurs de Mexico — est-ce ici qu'il faut situer Tzihuacpopoca ? — sont venus dire à Cortez que Montezuma l'attend. Ils ont pour mission de guider les Espagnols et de les conduire dans un piège. La route la plus commode vers la capitale a été recouverte d'agaves et est donc impraticable. Celle qu'indiquent les Mexicas passe par Cuauhquechollan. A première vue attrayante, elle est en réalité fort accidentée, avec des ravins, des ponts franchissant des abîmes et des endroits propices aux embuscades. Les Tlaxcaltèques y subodorent de nouveaux traquenards. Diego de Ordás, qui a fait l'escalade du Popocatepetl, de même qu'Alvarado et Vázquez de Tapia, qui ont eux parcouru la route périlleuse de Cuauhquechollan, conseillent d'emprunter le chemin le plus court qui passe entre les volcans. Ainsi est fait. Les guides de Montezuma n'élèvent pas d'objection. S'ils n'ont pas choisi cette route, expliquent-ils, c'est parce qu'elle passe par Huexotzinco, cité qui leur est hostile. Ils ne précisent pas que Cuauhquechollan était une des étapes de la fuite de Quetzalcoatl.

Cortez affirme avoir vu des preuves d'une embuscade. Bernal Díaz développe le thème. Les autorités de la région de Chalco auraient en effet révélé que le chemin préconisé par les Mexicas avait été coupé en un endroit dangereux qu'occupaient plusieurs escadrons de guerriers. Mais, auraient-elles ajouté, Huitzilopochtli avait conseillé de laisser passer les intrus et de les tuer à Mexico [64].

LA DÉROUTE DE TEZCATLIPOCA

Entre les épisodes du faux Montezuma et de la route barrée, les informateurs de Sahagún [65] situent une autre tentative de Montezuma pour s'opposer aux Espagnols. Pour la troisième fois, il envoie contre eux des magiciens et des sorciers. Mais, en cours de route, ceux-ci rencontrent un habitant de Chalco qui, feignant l'ivresse, se met à les apostropher : « Que venez-vous faire ici, encore une fois ? Que voulez-vous encore ? Que veut encore faire Motecuhzoma ? A-t-il seulement repris ses sens ? Est-il toujours, à cette heure, en proie à ses terribles épouvantes ? Car il a bien mal agi, il a abandonné l'homme du peuple, il a détruit le seigneur ; on a fendu la tête des gens, on a raillé les gens, on s'est moqué des gens.» Puis, de plus en plus furieux : « Pourquoi donc, en vain, êtes-vous venus ici ? Jamais plus il n'y aura de Mexico. Avec tout ce qui arrive, il est déjà entièrement passé. Allez ! Hors d'ici ! Ne restez pas là ! Retournez-vous-en ! Regardez Mexico, ce qui s'y passe déjà, comme cela s'y passe déjà.» Les magiciens se retournent et voient toute la ville en flammes, « comme si on avait déjà combattu». Et ils comprennent que l'ivrogne, qui entre-temps a disparu, n'était autre que Tezcatlipoca.

Les apparitions du Miroir Fumant sous des formes diverses étaient fréquentes et généralement de mauvais augure. Tantôt il se produisait la nuit sous l'aspect d'un homme sans tête dont la poitrine béante s'ouvrait et se fermait en faisant un bruit de hache, tantôt comme un paquet de cendres qui roulait par terre, tantôt encore il prenait la forme d'un putois, ou d'une naine, ou bien d'une tête de mort qui faisait des bonds [66]. Mais cette fois, son apparition n'a rien de spectaculaire. Il n'est qu'un Chalcain. Seulement, Chalco est le « lieu au bord du gouffre [67] », le lieu de contact avec l'enfer. C'est de là que provenait la fameuse pierre rebelle de Montezuma. Inframonde, territoire des autochtones, c'est ici l'équivalent de Xibalba, et Tezcatlipoca en est le représentant. Le dieu précède les Espagnols, précise le texte. Entendons qu'il fuit devant eux, comme Quetzalcoatl a fui devant Tezcatlipoca à la fin de l'ère précédente. Il est comme un ivrogne — mais Quetzalcoatl à la fin de Tollan était ivre aussi, et qui plus est, du fait de Tezcatlipoca. Il est furibond, mais il a toutes les raisons de l'être puisqu'il vient annoncer la mort de son Soleil. Et si son ère prend fin, s'il doit se sauver devant son

ennemi, c'est par la faute de Montezuma, de son mépris des
humbles — les protégés de Tezcatlipoca ! —, de son orgueil
incommensurable. Le 2 novembre, les envahisseurs franchissent la passe entre les
volcans. En descendant la montagne, ils contemplent avec crainte
et émerveillement la splendeur de la cuvette de Mexico : c'est,
s'exclament-ils, le plus beau spectacle du monde...

> *La ville s'étend par cercles d'émeraude :*
> *éblouissante Mexico, pareille au plumage du quetzal !*
> *Partout en barque passent les guerriers*
> *comme une brume fleurie sur la population.*
> *C'est bien ici ta demeure, ô Toi qui donnes Vie,*
> *c'est ici que Tu règnes,*
> *en Anahuac s'élève ta louange,*
> *comme une brume fleurie sur la population.*

> *Des blancs saules et des blancs glaïeuls*
> *Mexico est le lieu,*
> *toi, Héron Bleu, déploie tes ailes et vole ici !...*

> *Règne la ville parmi les verts nénuphars,*
> *règne Mexico sous le soleil de jade étincelant,*
> *voici le retour des princes, comme neige fleurie, à profusion.*
> *Certes c'est ici ta maison, ô Donneur de Vie !*

(Chant aztèque [68])

CHAPITRE XIV

La cité ceinte d'émeraudes

ULTIMES ÉTAPES

Une fois franchie la passe entre les volcans, ce fut la rapide descente dans la vallée[1]. Non sans appréhensions, car les soldats, en voyant les nombreuses cités et Mexico au milieu des eaux, craignaient d'y être pris comme dans une nasse. Cortez parvint néanmoins à ranimer leur courage. Peu avant la cité d'Amaqueme-can, ils trouvèrent un campement pour les abriter, avec des vivres préparés et les feux allumés. Tandis qu'ils y prenaient quelque repos survint une ambassade de Mexico-Tenochtitlan, menée par un frère de l'empereur. Après l'inévitable remise de présents considérables, comprenant une belle quantité d'or, les émissaires tentèrent une fois de plus de persuader les envahisseurs de s'en aller, le pays étant sans ressources, les chemins mauvais, la ville lacustre et périlleuse. Mexico paierait aux Espagnols ce qu'ils voudraient, une fois par an, dans un port ou dans tout autre lieu convenu. Don Fernando répondit comme toujours qu'il avait des ordres et devait voir l'empereur. Mais, promit-il, « sitôt que je l'aurai vu je m'en irai dans le cas où il ne lui plairait pas que je restasse près de lui ».

Dans le camp, l'atmosphère était tendue. Tout le monde était nerveux. On observa aux alentours divers mouvements qui firent craindre un assaut de nuit. Les Espagnols restèrent sur leurs gardes, de sorte que le lendemain Cortez pensait avoir déjoué une attaque. Des sentinelles affirmèrent d'ailleurs avoir vu s'éclipser discrètement de nombreux Indiens. Peut-être étaient-ce ceux qui avaient préparé le camp et qui étaient restés à proximité pour observer et servir les Espagnols, comme sur la côte lors du débarquement. Et peut-être avaient-ils jugé bon, devant les gestes menaçants des sentinelles, de fuir ou du moins de prendre du champ. Parmi eux, il y avait certainement de nombreux observateurs et espions de la Triple Alliance.

Le lendemain, les conquistadores atteignirent Amaquemecan, où ils furent logés dans les belles demeures des cinq seigneurs de la cité. Ceux-ci leur offrirent une quarantaine de jeunes filles, « extrêmement jeunes et belles, toutes très bien vêtues, soignées et fardées avec beaucoup de grâce, avec de riches plumages sur le dos, les cheveux tirés sur la nuque et les joues poudrées de façon ravissante ». Puis les seigneurs se plaignirent de la tyrannie de Montezuma, des tributs et des corvées indus qu'il leur imposait et de l'arrogance de ses percepteurs qui, non contents de voler, violaient les femmes et les filles sous les yeux de leurs maris et pères et les réduisaient en esclavage. Des délégations des villages environnants vinrent saluer Cortez et lui faire des présents en signe de soumission [2]. Sur ces entrefaites, de hauts dignitaires dépêchés par Montezuma se mirent à la disposition des Espagnols pour les accompagner et veiller à ce qu'ils ne manquent de rien. Et assurément aussi pour empêcher que se poursuive la décomposition de l'empire.

Deux jours après, les Espagnols atteignirent Ayotzinco, petite cité en partie située sur le lac et en partie accrochée aux flancs du mont Ayaqueme. Là encore, Cortez eut l'impression qu'un assaut nocturne se préparait. Les sentinelles aux aguets tuèrent quelque vingt espions ou rôdeurs.

L'attaque était peu probable. Toutes les tentatives d'enrayer l'avance des intrus ayant échoué — les prières, les menaces, les présents, la magie, les batailles réglées et les guet-apens par peuples interposés —, il fallait bien les laisser venir. Au surplus, avant Mexico, il n'y avait plus de ville suffisamment grande pour les engloutir sans peine. Mais à Mexico, on pourrait le faire à coup sûr, sans qu'un seul n'en réchappe [3] : il suffisait de couper les ponts pour que la cité redevienne une île et un piège parfait ! L'empereur avait à cet égard l'assurance de Huitzilopochtli, et il connaissait maintenant assez bien, grâce à ses ambassadeurs et à ses espions, les habitudes, les moyens et les points faibles de l'ennemi. En les recevant à Mexico, il aurait tout loisir de voir ce qu'ils voulaient réellement. Il pourrait les combler de faveurs jusqu'au moment où, amollis, sédentarisés, ils abaisseraient leur garde. A ce moment, si nécessaire, il frapperait. Extrémité qu'il préférerait éviter et qui serait coûteuse en hommes, extrémité qui ne ferait que retarder l'inéluctable, car d'autres étrangers débarqueraient tôt ou tard. Mais quelle marge de manœuvre lui laissaient l'obstination de Cortez et les adjurations de ses propres conseillers les plus belliqueux ? En attendant, l'empereur faisait des préparatifs, comme de mettre à l'abri, en des endroits différents, certains paquets sacrés contenant des reliques de divinités.

On ignore une fois de plus ce qui se passa exactement à Mexico au cours de ces journées cruciales. Car on ne peut regarder comme des informations sérieuses les inévitables légendes calomnieuses de la *Chronique X*, qui mettent en scène un Montezuma de plus en plus abattu. Si abattu qu'alors que les Espagnols approchent d'Iztapalapan, leur dernière étape avant Tenochtitlan, il convoque les rois de Texcoco et de Tlacopan, Cacama et Totoquihuaztli, pour pleurer avec eux : « Puissants seigneurs, je veux d'abord vous dire qu'il est juste que tous trois nous recevions les dieux, puis me consoler avec vous, vous saluer et vous dire adieu en essayant de rasséréner vos cœurs infortunés. Vous voyez combien peu nous avons joui de nos royaumes et seigneuries, lesquels nous laissèrent nos ancêtres, des rois et de grands seigneurs qui ont quitté cette vie dans la paix et la concorde, sans peine ni chagrin [...]. Mais nous, malheureux que nous sommes ! Qu'avons-nous mérité ? En quoi avons-nous offensé Dieu ? Comment cela a-t-il pu se produire ? D'où nous sont venus ces calamités, ces angoisses et ces tourments ? Qui sont ces gens qui arrivent ? D'où viennent-ils ? Qui les a conduits en ces lieux ? Pourquoi n'est-ce point arrivé aux temps de nos ancêtres ? Il n'y a pas d'autre remède, mes seigneurs, que de résoudre vos cœurs et vos âmes à souffrir patiemment votre destin, car il frappe déjà à vos portes. » Et les deux rois de pleurer amèrement et de se dire adieu.

Puis Montezuma aurait même querellé les dieux qu'il avait si bien servis et qui maintenant l'abandonnaient. « Il fit cette lamentation et cet amer discours devant les deux rois et le peuple tout entier réuni, au milieu des larmes abondantes et dévoilant à tout le monde combien la venue de ces étrangers l'affectait. Il suppliait les dieux de s'apitoyer sur les pauvres, les orphelins et les veuves, les enfants et les vieillards, leur adressait de nombreuses requêtes, promettant des sacrifices et des offrandes avec beaucoup de dévotion et de larmes, se mortifiant lui-même et versant le sang de ses bras et de ses oreilles et de ses jambes, de façon à montrer son innocence et la douleur qu'il ressentait de la venue des Espagnols. Puis, de retour dans son palais, il fit ses adieux à ses femmes et ses fils avec de grandes manifestations de douleur et de larmes, recommandant à ses favoris et serviteurs de prendre soin d'eux, comme un homme qui va mourir, et, de fait, il voyait sa mort certaine et l'avait constamment devant les yeux[4]. » Ce dernier détail, du moins, pourrait être authentique.

Les informateurs de Sahagún font chorus : « Et pendant ce temps, ici à Mexico, c'était comme si la ville avait été abandonnée ; plus personne ne sortait, plus personne ne venait. Les mères ne laissaient plus sortir leurs enfants. Ils étaient très propres, les chemins ; ils étaient grands ouverts, ils étaient vides et grands ouverts, les chemins ; comme lorsque la terre se voit. Personne n'allait en travers de ces chemins, personne ne les traversait. On s'était enfoncé dans sa maison, on n'était occupé qu'à s'affliger.

« Il disait, l'homme du peuple : "Que ce soit donc ainsi ! Que ce soit maudit ! Que pouvez-vous encore faire ? Car, voici que nous allons mourir, voici que nous allons périr, que nous sommes déjà, là, debout, attendant notre mort[5]." »

Mais retournons à Ayotzinco. Au lendemain de la nuit qui vit la chasse aux espions survinrent une douzaine de grands seigneurs entourant un jeune homme de vingt à vingt-cinq ans, Cacama de Texcoco. Il était porté en palanquin et on balayait pierres et pailles devant lui. L'empereur, dit-il, s'excusait de ne pouvoir venir en personne, car sa santé ne le lui permettait pas. Aussi avait-il été envoyé pour escorter les hôtes jusqu'à la ville. Ville au demeurant inconfortable, où les Espagnols seraient privés de tout et exposés à des dangers. Cortez traita ses visiteurs avec les égards qui leur étaient dus et chercha à les apaiser en leur promettant que sa venue serait très avantageuse pour les Mexicas.

L'armée espagnole se mit en route en longeant les rives du lac de Chalco. Puis elle commença à franchir le lac en empruntant la large chaussée qui conduisait à la presqu'île où étaient situés Colhuacan et Iztapalapan. Au milieu de cette chaussée se trouvait Cuitlahuac, une ravissante petite cité de deux mille habitants. Ilot surmonté de plusieurs pyramides, elle paraissait fortifiée. Les autorités locales reçurent très bien les Espagnols et voulurent les retenir jusqu'au lendemain, mais Cacama et les seigneurs qui l'accompagnaient invitèrent les Espagnols à continuer jusqu'à Iztapalapan. Les conquistadores passèrent donc leur chemin.

Cette hâte que Cortez, qui sait, explique par les exhortations des impériaux, est comprise tout différemment par ses subordonnés, qui en sont réduits aux conjectures. Vázquez de Tapia croit que Cortez ne veut pas s'attarder par crainte d'être attaqué dans cette petite cité dont il suffit de couper les ponts pour l'isoler. Aguilar va plus loin encore, qui ajoute que Montezuma a fait disposer beaucoup de nourriture pour pouvoir fondre sur les Espagnols en plein repas ! Ces interprétations manifestement fausses montrent, d'abord, que les soldats n'étaient pas toujours informés du pourquoi des décisions (sauf Bernal Díaz, qui, quoique servant dans le rang, a toujours tout vu et tout entendu...) et, ensuite, qu'ils s'attendaient à tout et restaient perpétuellement sur le qui-vive[6].

La cohorte des envahisseurs arrive à Iztapalapan cependant que Montezuma est soi-disant en train de pleurer avec Cacama et le roi de Tlacopan. Ce qui prouve que Cacama a le don d'ubiquité, puisqu'en principe il escorte Cortez ou est sur le chemin du retour vers Mexico... Le roi d'Iztapalapan n'est autre que Cuitlahuac, l'un des frères du Seigneur des Colhuas et celui qui lui succédera de façon éphémère. Il reçoit les Espagnols en compagnie de Tezozomoc, roi de Colhuacan, et d'une foule de nobles. Cortez admire sa ville et la décrit avec enthousiasme : « Cette ville d'Istapalapa peut avoir quinze mille habitants, elle s'élève sur le rivage d'un grand lac salé, elle est bâtie moitié sur l'eau et moitié sur terre. Le cacique a des palais qui, quoique inachevés, sont aussi beaux que les plus beaux que nous ayons en Espagne : je dis bien des plus beaux, des plus ornementés et des mieux organisés, aussi bien pour le corps de bâtisse, la charpente, les planchers et la perfection des services dans l'intérieur ; sauf les ornementations en relief et autres riches détails, d'usage courant en Espagne et dont ils ne se servent pas ici. En beaucoup de quartiers et à différentes hauteurs se trouvent de beaux jardins pleins de grands arbres et de belles fleurs avec de grands bassins d'eau douce aux bords cimentés et munis d'escaliers qui descendent au fond des bassins. Il y a un immense jardin potager près du palais au-dessus duquel s'élève un belvédère orné de galeries et de salles magnifiques[7]. » Le conquérant conquis par sa conquête. Il commence à se persuader qu'il a réussi à s'emparer pacifiquement de ce merveilleux pays. Il espère que Montezuma fera obédience à Charles Quint et qu'il continuera à régner, avec lui-même à ses côtés comme représentant de l'Espagne, sur ce qui sera devenu un protectorat.

Les versions indiennes, cependant, continuent à broder. Le plus souvent, elles ne constituent pas une « vision des vaincus », mais une reconstruction et une interprétation symbolique des événements, vus avec du recul et après que la mémoire collective les eut traités à sa façon. Durán, selon qui Cacama se trouve à Mexico alors qu'il accompagne les Espagnols, affirme que ceux-ci passèrent par Coyoacan où ils reçurent la soumission des Tépanèques. Il n'en est rien. Le *Codex de Florence* renchérit : ce sont Amaquemecan, Cuitlahuac, Iztapalapan, Mexicatzinco, Colhuacan et Huitzilopochco qui reconnaissent l'autorité des envahisseurs [8]. Cortez n'indique rien de tel. Par ailleurs, le père Tovar, recueillant une tradition de Texcoco, prétend qu'Ixtlilxochitl alla à la rencontre des Espagnols et les invita dans sa ville. Ils s'y rendirent, poursuit la relation fantaisiste, et furent accueillis par le roi, ses frères réconciliés et une foule prosternée qui adora les hôtes comme s'ils étaient les fils du Soleil. Peu après, Ixtlilxochitl et ses frères tombèrent à genoux devant le crucifix. Ils demandèrent et obtinrent le baptême [9].

L'ENTRÉE DANS LA TERRE PROMISE

Le neuvième jour du mois de Quecholli, en l'an 1 Roseau (8 novembre 1519), année anniversaire de Quetzalcoatl, les *teteo* font leur entrée dans la capitale de l'Anahuac. Un peu plus de trois cents hommes, suivis de quelques milliers d'alliés et de porteurs, défilent tambour battant, drapeaux déployés et en bon ordre, pour autant que le permet la foule.

Les spectateurs se pressent en effet sur le chemin ou regardent depuis les myriades de canots qui couvrent la lagune. A partir d'un certain endroit, la chaussée file droit vers le nord à travers les eaux. Elle est suffisamment large pour que huit chevaux y avancent de front. A près de trois kilomètres du centre de Mexico, une grande porte fortifiée contrôle l'accès à la ville. Là, un millier de personnalités splendidement vêtues attendent les conquistadores pour les saluer. L'une après l'autre, pendant une heure, elles viennent s'incliner devant eux, touchant la terre du doigt et le portant aux lèvres. Cacama, Cuitlahuac et d'autres grands en profitent pour rejoindre l'empereur, qui attend ses hôtes dans sa litière un peu plus loin.

Lorsque les Espagnols arrivent, Montezuma met pied à terre et marche à leur rencontre, sous un dais de plumes vertes orné d'or et de pendentifs d'argent que portent quatre seigneurs. Il s'appuie sur les bras de Cacama et de Cuitlahuac. Ceux-ci sont pieds nus tandis que Montezuma porte des sandales d'or incrusté de pierres précieuses. Deux cents personnages de haut rang le suivent en rasant les murs, les yeux baissés. Viennent ensuite des milliers de soldats et de serviteurs. Des courtisans balaient devant l'empereur et d'autres étendent sous ses pieds des étoffes qui sont ramassées après son passage. Il y a des fleurs partout. Cortez, qui est descendu de cheval dès qu'il a aperçu Montezuma, se dirige vers lui et veut l'embrasser, mais Cacama et Cuitlahuac s'interposent. Montezuma lui souhaite la bienvenue : « Oh ! notre seigneur ! Tu as souffert bien des fatigues, tu es las ; voici que tu es arrivé sur la terre, voici que tu es venu t'approcher de ta cité de Mexico, voici que tu es venu descendre sur ta natte, sur ton siège, que pour un moment je t'ai gardés, je t'ai conservés. Car ils sont partis tes gouverneurs, les seigneurs souverains, Itzcoatl, Motecuhzoma l'Ancien, Axayacatl, Tizoc, Ahuitzotl, eux qui pour si peu de temps étaient venus garder tes biens, étaient venus gouverner la cité de Mexico. Dans leur dos, derrière leurs épaules, ont avancé les gens du peuple. Est-ce qu'ils savent ce qu'ils ont laissé derrière eux, derrière leur dos ? Oh ! si l'un d'entre eux pouvait venir voir, pouvait venir s'émerveiller de ce qui, à moi, maintenant, m'arrive, de ce que je vois maintenant derrière eux, derrière le dos de nos seigneurs ! Je ne suis pas tout simplement en train de rêver, je ne suis pas uniquement en train de faire des songes, je ne vois pas ceci seulement dans mon sommeil, je ne fais pas que rêver de te voir, car je t'ai vu face à face. J'étais envahi de mauvaises impressions depuis cinq ans déjà, depuis dix ans déjà. J'ai regardé là-bas, vers l'endroit inconnu d'où tu es sorti, d'entre les nuages, d'entre les brouillards. C'est donc bien cela qu'avaient dit en partant les seigneurs souverains, que tu viendrais descendre ici, sur ta natte, sur ton siège, que tu viendrais.

« Et, maintenant, cela est arrivé, tu es venu ; tu as souffert bien des fatigues, tu es las ; approche-toi de la terre, repose-toi ; va faire connaissance avec ton palais, repose ton corps ; qu'ils approchent donc de la terre, nos seigneurs [10] ! » Cortez ôte son

collier de perles et de diamants de verre et le passe autour du
cou de Montezuma. Puis il le remercie de l'honneur qui lui est
fait. L'empereur fait alors un signe à un page indien, qui apporte
aussitôt deux colliers de coquillage rouge très prisé, pourvus
chacun de huit perles d'or, grosses comme des noix. Montezuma
en pare Cortez. Ensuite, il se met en marche avec Cacama vers
le centre de la ville, suivi de Cuitlahuac, qui accompagne Cortez,
et des autres rois et seigneurs, qui ont auparavant salué le
capitaine. Tout cela, sous les yeux d'une foule très dense perchée
sur les toits des maisons [11].

Montezuma conduit ses hôtes au palais de son père Axayacatl.
Dans la grande salle du palais, qui s'ouvre sur une vaste cour, il
leur fait un magnifique présent d'étoffes précieuses et de bijoux.
Cortez, dit-il, est chez lui. Que ses hôtes se reposent et mangent,
il reviendra les voir plus tard. Dès qu'il est parti, les Espagnols
s'installent, disposent les canons aux endroits stratégiques et se
restaurent.

Montezuma converse avec Cortez à Mexico. Derrière Cortez, doña
Marina. Lienzo de Tlaxcala, éd. 1892.

Bientôt l'empereur revient. Il s'assoit sur une estrade aux côtés
de Cortez et lui dit combien sa présence le réjouit. Certes, il lui
a demandé de ne pas venir, mais c'était parce que son peuple

avait grand-peur de voir des êtres barbus effrayants accompagnés d'animaux mangeurs d'hommes. Puis, écrit Cortez, il aurait poursuivi en évoquant le mythe du retour de Quetzalcoatl et aurait fait acte d'allégeance au roi d'Espagne : « Il y a bien longtemps que, par nos livres, nous avons appris de nos ancêtres que ni moi ni aucun de ceux qui habitent cette contrée n'en sommes les naturels ; nous sommes étrangers et nous sommes venus de pays lointains. Nous savons aussi que ce fut un grand chef, dont tous étaient vassaux, qui nous amena dans ce pays ; il retourna dans sa patrie d'où il ne revint que longtemps après, et si longtemps qu'il retrouva ceux qu'il avait laissés derrière lui mariés avec les femmes de la contrée et vivant en famille dans les nombreux villages qu'ils avaient fondés. Il voulut les emmener avec lui, mais ils s'y refusèrent et ne voulurent même pas le reconnaître comme seigneur.

« Alors il repartit. Nous avons toujours cru, depuis, que ses descendants reviendraient un jour pour soumettre ce pays et faire de nous ses sujets ; et d'après la partie du monde d'où vous me dites venir, qui est celle où le soleil se lève, et les choses que vous me contez de ce grand seigneur ou roi qui vous a envoyés, nous croyons et tenons pour assuré que c'est lui notre seigneur naturel ; d'autant plus que, depuis longtemps, il est, dites-vous, au courant de nos affaires. Soyez donc certain que nous vous obéirons et que nous vous reconnaîtrons pour maître au lieu et place du grand roi dont vous parlez. »

Durán résume un discours de teneur comparable, mais où Montezuma mentionne nommément « son père » [!] Quetzalcoatl sur le trône duquel il est assis, indigne [12]. Nous aurons l'occasion de revenir sur ce sujet et sur la soumission, authentique ou non, du Seigneur des Colhuas.

L'empereur ajoute encore : « Vous serez obéi et vous pourrez disposer de mes biens, comme des vôtres. Vous êtes ici chez vous, dans votre maison ; reposez-vous donc des fatigues du chemin et des combats que vous avez livrés. Car je sais très bien tout ce qui vous est arrivé, de Puntunchan ici ; je sais que les gens de Cempoal et de Tascaltecal [Tlaxcala] vous ont dit beaucoup de mal de moi ; ne croyez rien de plus que ce que vous verrez de vos yeux et surtout des gens qui sont mes ennemis, dont plusieurs étaient mes vassaux, qui ont profité de votre arrivée pour se révolter et me calomnient pour se faire bien voir de vous. Je sais qu'ils vous ont dit aussi que mes palais avaient des murailles d'or, que les nattes étendues dans mes salons et autres articles de mon service étaient également en or, que j'étais et me faisais un dieu et bien d'autres choses. Les palais, vous les voyez ; ils sont de terre, de pierre et de chaume. » Puis, soulevant ses vêtements, Montezuma montra son corps à Cortez en disant : « Vous voyez que je suis de chair et d'os comme vous et comme tout le monde, et que je suis mortel et palpable. Vous voyez combien ces hommes ont menti [13]. Il est vrai que je possède quelques objets en or qui me viennent de mes ancêtres ; ils sont à vous, si vous les désirez. Je m'en retourne dans d'autres palais où je demeure. Ici vous serez pourvu de toutes les choses nécessaires à vous et à vos hommes. N'ayez aucune inquiétude ; ce pays est le vôtre comme ce palais est à vous. »

Cortez remercie en se découvrant et dit que son empereur et roi est bien le personnage tant attendu par Montezuma. Pour la première et la dernière fois, il utilise à son profit le mythe du Serpent à Plumes [14]. Pourtant, Montezuma ne le croit plus un dieu. Au fur et à mesure que les Espagnols ont avancé et que les informations sont devenues plus précises, son attitude a changé. Au début, il tentait de s'expliquer le présent par le passé. Les Espagnols devaient être des dieux en rapport avec Quetzalcoatl et les Toltèques... Mais maintenant, il en est arrivé à expliquer le passé par le présent. Il doit se dire que ces dieux dont on raconte les exploits d'autrefois, ces Mixcoatl, Quetzalcoatl et Huitzilopochtli, ont sûrement été des hommes comme les Espagnols et ont été divinisés par la suite. Et les Mexicas en route vers la Terre promise aussi étaient semblables à ces hommes, et ces histoires de Soleils qui se succédaient en alternance se sont sans doute déroulées comme ce qu'il est en train de vivre. Ce sont donc bien ceux du Soleil précédent, celui de Quetzalcoatl, qui reviennent. Pour son malheur !

Les jours suivants furent d'attente et d'observation mutuelles. Des nobles mexicas venaient nombreux présenter leurs hommages aux hôtes étrangers. Ceux-ci recevaient un ravitaillement plantureux, ce qui permettait à une foule de porteurs et de serviteurs d'aller et de venir dans leurs quartiers. Tous, nobles et gens du commun, ouvraient grands leurs yeux et leurs oreilles et rapportaient aux autorités de la ville tout ce qui pouvait les intéresser. L'empereur attendait son heure, le moment où ses hôtes se détendraient, finiraient par se sentir chez eux. Alors, tentait-il de se persuader, il serait le maître du jeu et pourrait les supprimer s'ils se révélaient hostiles. Sinon, il pourrait peut-être s'en faire des alliés et les utiliser.

Entre-temps, Montezuma recueillait le plus de renseignements possible, même en personne. Le jour de l'arrivée de Cortez, il lui avait demandé lesquels parmi ses hommes étaient des personnes de qualité et lesquels des vassaux ou des esclaves, afin de les traiter et de leur faire des présents en conséquence. Le capitaine répondit habilement qu'ils étaient tous des amis et des compagnons. L'empereur s'informa alors en secret sur chacun et veilla à ce que tous fussent bien pourvus du nécessaire, de femmes et de joyaux [15].

Les Espagnols, de leur côté, explorèrent leur résidence de fond en comble, de manière à pouvoir en assurer la défense. Cela ne se passa pas sans heureuse surprise. Avisant une porte récemment obturée, ils la percèrent et découvrirent plusieurs salles dont certaines renfermaient des monceaux d'or, de joyaux, de plumes précieuses et d'autres objets de toute espèce. C'était, affirme Durán, le trésor des prédécesseurs de Montezuma. Cortez interdit de toucher à quoi que ce soit et fit resceller l'ouverture [16]. Provisoirement. Détail intéressant que ce trésor qu'on n'avait pas déménagé. Montezuma avait évidemment espéré détourner ou supprimer les envahisseurs et, maintenant encore, il comptait bien qu'ils ne resteraient pas longtemps dans sa cité. Du moins, pas longtemps en vie.

On visita aussi la ville, naturellement. Même, pour certains édifices principaux, en compagnie de Montezuma. Ce fut l'occasion de mieux mesurer l'ampleur de Mexico et de ses périls. Les Espagnols étaient quelques centaines dans une ville de 150 ou 200 000 habitants. Une ville entourée d'eau, d'où il était donc difficile de sortir. Une cité lacustre traversée de nombreux canaux. Partout, des ponts, faits de poutres qu'il était aisé d'enlever. Des rues bordées de maisons à toits plats d'où on pouvait se faire tirer dessus sans grande possibilité de riposter. Bref, Mexico était un immense piège. C'étaient les envahisseurs, cette fois, qui étaient les plus inquiets. Ils se rappelaient les avertissements de leurs amis : Huitzilopochtli avait conseillé à Montezuma de les laisser entrer pour pouvoir les massacrer. Ils observèrent, ou crurent remarquer, que le ravitaillement ne leur était plus apporté avec le même zèle que les premiers jours et réclamèrent des mesures à leur chef. Les Tlaxcaltèques parlaient à nouveau de guet-apens. Ne serait-il pas plus prudent de s'assurer de la personne de Montezuma ? Quoique persuadé qu'il faudrait en arriver là, Cortez refusa, attendant il ne savait trop quoi, une occasion exceptionnelle ou un prétexte. Puis lui revinrent à la mémoire les événements de Vera Cruz et la lettre qui lui était parvenue à Cholula. Il prit celle-ci et se prépara à agir [17].

L'EMPEREUR PRISONNIER

Le moment venu, six jours après l'entrée dans la capitale, la moitié des effectifs sont sur le pied de guerre dans le palais d'Axayacatl. Des hommes vont se poster aux carrefours du chemin conduisant au palais de Montezuma. Puis Cortez se rend chez l'empereur, accompagné d'une trentaine d'Espagnols qui s'infiltrent discrètement dans le palais, par petits groupes de trois ou quatre. Montezuma vient à sa rencontre et le conduit dans la salle de réception, où ils se mettent à deviser. Il est de fort bonne humeur et plaisante, selon son habitude. Visiblement, il ne se doute de rien. Pourquoi, d'ailleurs, se méfierait-il ? Des centaines de héros l'entourent, tous armés [18]. Et il fait tout ce qu'il peut pour séduire son hôte. En ce jour fatal, il va même jusqu'à lui offrir une de ses filles ainsi que d'autres filles de seigneurs pour ses compagnons. Cortez accepte, mais en expliquant qu'il est marié et que sa foi lui interdit d'avoir plus d'une épouse. Puis, alors que ses hommes se sont insensiblement rapprochés, la main sur le pommeau de l'épée, il produit la lettre reçue de Vera Cruz et dénonce les méfaits de Coatlpopoca, ce scélérat qui, pour se couvrir, prétend mensongèrement avoir agi sur ordre de l'empereur. Une enquête s'impose. Il faut convoquer le gouverneur de Nauhtlan et ses complices.

Que doit faire Montezuma ? Reconnaître la loyauté de Coatlpopoca, c'est s'exposer à des représailles immédiates : l'ennemi est à portée de la main et supérieurement armé. Certes la garde est nombreuse, mais comment pourrait-elle empêcher les Espagnols de le tuer ? Il ne reste qu'à nier, en espérant que les chevaliers comprendront et s'interposeront efficacement.

L'empereur, donc, dément avoir donné des ordres à Coatlpopoca et promet de punir les coupables. Il détache de son bras une statuette qu'il remet à des officiers en leur ordonnant de ramener morts ou vifs Coatlpopoca et ses complices. Ses hommes obéissent, sans comprendre la situation inimaginable dans laquelle se débat leur maître. Ou, s'ils comprennent, ils ne songent ou ne se risquent pas à prendre une initiative. Don Fernando remercie Montezuma mais lui dit qu'en attendant que l'affaire soit tirée au clair, il doit l'accompagner au palais d'Axayacatl. Montezuma est atterré. Du coup, pour lui, tout bascule. Une fois de plus, au lieu de surprendre, il est surpris, et cette fois de la façon la plus ignominieuse. On veut en faire un captif, un homme voué à la mort ! Lui, le Seigneur des Colhuas, le grand *tlatoani*, l'empereur de l'Anahuac, devant qui tout le monde tremble ! Il rétorque gravement : « Ma personne n'est pas de celles qu'on fait prisonnières », ou : « Ma personne n'est pas faite pour être captive » (« *No es persona la mía para estar presa* »). « D'ailleurs, ajoute-t-il, même si je le voulais, les miens ne le souffriraient pas !» Mais les siens, accoutumés à l'obéissance aveugle, attendent un ordre, un signe, qui ne vient pas.

Pendant des heures, Montezuma parlemente. Cortez lui promet qu'il gardera toute liberté et continuera à administrer son empire comme auparavant, dans les appartements qu'il aura choisis. « N'ayez aucun chagrin, je veillerai sur votre honneur et votre personne comme si c'était la mienne ou celle de mon roi ; et pardonnez-moi d'agir ainsi, mais je n'ai pas le choix. Car si je dissimulais avec vous, ceux ici qui m'accompagnent se fâcheraient contre moi parce que je ne les protège et ne les défends pas. Aussi, ordonnez aux vôtres qu'ils ne s'émeuvent ni ne s'agitent. Sachez que s'il nous arrivait quoi que ce soit, vous le paieriez de votre vie [19]. »

Cortez reste calme mais ses capitaines s'énervent. Finalement, l'un d'eux l'interpelle vivement : « Que fait donc Votre Grâce ? A quoi bon tant de paroles ? Enlevons-le ou perçons-le de nos épées. Répétez-lui bien que s'il crie et se débat, on le tuera ; car enfin, mieux vaut que d'une bonne fois nous assurions nos existences ou que nous les perdions !» Montezuma demande à Marina ce qu'il dit et elle transpose : « Seigneur Montezuma, ce que je vous conseille, c'est d'aller immédiatement avec eux à leurs quartiers sans faire aucun bruit ; je sais que vous y serez fort honoré et qu'on vous traitera en grand seigneur que vous êtes ; sinon, vous allez rester ici, mais mort ; tandis que, dans leur logement, on saura la vérité. » Montezuma s'adresse alors à Cortez : « Seigneur Malinche, puisque vous voulez qu'il en soit ainsi, sachez que j'ai un fils et deux filles légitimes ; prenez-les en otages et ne me faites point cet affront. Que diraient mes dignitaires s'ils vous voyaient m'emmener prisonnier ? » Cortez reste inflexible.

Montezuma finit par s'incliner [20]. Comprenant que les Espagnols ne cherchent pas seulement à l'intimider. Comprenant que s'il est tué, la guerre éclatera dans la cité, sans l'avantage de la surprise. Espérant regagner vite sa liberté. N'ayant nullement envie de mourir, surtout sans avoir désigné de successeur. Il fait préparer des appartements dans le palais d'Axayacatl et s'y rend en litière, accompagné par de nombreux seigneurs qui ne peuvent retenir leurs larmes. Dehors, la population commence à s'émouvoir, mais Montezuma essaie de calmer les esprits en expliquant qu'il se rend chez ses hôtes de son plein gré. Malgré tout, il parvient encore à se donner l'illusion de sauver la face [21].

L'empereur est désormais pris en otage. Certes, la prison est dorée ; il est servi comme chez lui, il continue à gouverner, s'entretient avec qui il veut, se rend au temple, est même libre d'aller à la chasse ou dans l'une de ses maisons de campagne. Les Espagnols se montrent courtois à son égard, plusieurs même sont très aimables. Ils y ont intérêt car Montezuma est généreux : c'est un des rares moyens d'action qui lui restent. Il n'empêche que huit hommes le surveillent jour et nuit avec mission de s'opposer à son évasion par tous les moyens [22].

Montezuma peut agir à sa guise, mais ses plans sont anéantis. Tant qu'il sera prisonnier, il ne pourra éliminer les intrus. Il faut les apaiser. Tenter encore de les persuader de s'en aller. Attendre en tout cas, une fois de plus. Espérer qu'on parvienne à le libérer. Guetter le moment propice pour un soulèvement. L'empereur est captif, mais il n'est pas seul. Mexico lui reste fidèle, de même que ses nobles, ou à tout le moins la plupart d'entre eux. Eux aussi attendent le moment d'agir, quoique certains, tel Cuitlahuac, estiment que Montezuma a eu tort de laisser entrer les Espagnols. Mais qu'aurait-il fait à sa place ? Se battre, contre des dieux ou des gens qu'il n'y a pas moyen de surprendre ? Se battre, donc, en combat régulier, c'est-à-dire au prix de pertes exorbitantes ? Avec le risque de voir les nobles exterminés et le commun préférer la paix espagnole à la guerre aztèque ? Non, Montezuma n'a pas eu le choix. Et il ne pouvait deviner la folle audace des envahisseurs et l'inefficacité des vaillants qui devaient le protéger.

Les apparences étaient sauves : l'empereur continuait à gouverner, mais depuis la demeure de son père. Chez ses amis les dieux. C'est ce qu'il avait dit — avait dû dire — pour apaiser les siens et ne pas se faire tuer. Mais ce propos de circonstance ne tardera pas à se retourner contre lui. Les Espagnols seront peu à peu ressentis comme des occupants et l'empereur comme l'ami de l'occupant. De plus en plus, ils se comporteront en maîtres et utiliseront l'empereur comme leur instrument. Dans certains cas, en le compromettant dangereusement.

Comme dans l'affaire Coatlpopoca. Quinze jours après l'enlèvement de Montezuma, on amena le gouverneur de Nauhtlan porté dans un palanquin, ainsi qu'un de ses fils et quinze seigneurs impliqués dans l'affaire du guet-apens préparé contre la garnison de Vera Cruz. Certains témoignages disent que Montezuma les reçut, assurément pour leur recommander de ne pas le mettre en cause. Les seigneurs furent ensuite livrés aux Espagnols, qui les interrogèrent séparément. Coatlpopoca était fier. Lorsqu'on lui demanda s'il était vassal de Montezuma, il rétorqua, superbe : « Y a-t-il donc un autre souverain dont je pourrais l'être ? » Ses compagnons et lui-même admirent qu'ils avaient tué des Espagnols, mais nièrent toute responsabilité de l'empereur. Ils furent condamnés à être percés de flèches — par des Tlaxcaltèques de surcroît ! —, puis brûlés vifs. Pour faire d'une pierre deux coups, leurs bûchers, érigés sur la grand-place, furent constitués de toutes les armes trouvées dans les arsenaux des environs. Au moment d'être exécutés d'aussi cruelle et, pour eux, insolite manière, sans que leur maître pût les protéger, ils le dénoncèrent et clamèrent qu'ils avaient bel et bien agi sur son ordre [23].

Mais Cortez n'avait pas eu besoin de leurs aveux pour en être convaincu. Aussi avait-il dès le matin fait mettre l'empereur aux fers. Cette fois, Montezuma était vraiment comme un prisonnier ou un esclave. Et cela, pendant la fête de l'Érection des Bannières, alors que l'on commémorait le plus grand triomphe mexica, celui de Huitzilopochtli à Coatepec ! L'empereur en éprouva, dit Cortez, une douleur mortelle. Quant à ses proches, ils pleuraient, effondrés, tout en soulevant les fers, afin qu'ils ne pèsent pas sur le *tlatoani*, et en passant de fines étoffes dans les anneaux, de manière à éviter qu'ils ne touchent sa chair.

Après l'exécution, le conquistador enleva les chaînes de Montezuma et s'efforça de le consoler. Cette fois-là et à plusieurs reprises, il aurait offert de lui rendre sa liberté. L'empereur déchu refusa. Par crainte d'être contraint à se révolter ? C'est ce qu'il dit à Cortez, évidemment pour lui faire plaisir[24]. Ou était-ce parce qu'il n'y croyait pas ? Sans doute. D'après Bernal Díaz, Cortez avait fait dire à l'empereur par Aguilar, comme en secret, que les capitaines et soldats s'opposeraient à sa libération. En outre, Montezuma avait honte d'avoir dû livrer ses loyaux serviteurs et d'avoir été traité comme un esclave. Quel prestige conservait-il encore ? Déjà, peut-être, il commençait à craindre les réactions de ses sujets. Bien à tort, au demeurant[25].

Quelques sources indiennes affirment que Montezuma fut fait prisonnier dès l'entrée des Espagnols à Mexico. Ainsi les informateurs de Sahagún : « Et quand ils furent arrivés au palais, quand ils y furent entrés, aussitôt ils saisirent vigoureusement, ils gardèrent sous leurs yeux, ils ne quittèrent plus des yeux Motecuhzoma et, avec lui, Itzcuauhtzin. » Montezuma, poursuivent-ils, dut demander des vivres et des ustensiles divers pour ses ravisseurs, mais les nobles, irrités contre le malheureux — pour des raisons qui nous échappent —, ne lui obéissaient plus ! Puis le palais de l'empereur aurait été mis à sac. Las Casas parle également d'un emprisonnement dès le premier jour[26].

Durán est plus précis. Il affirme avoir vu dans d'anciens codex figuratifs que Montezuma avait les fers aux pieds dès la rencontre sur la chaussée, de même que les rois qui l'accompagnaient. Cela est difficile à croire, commente-t-il, car aucun des conquérants ne le confirme, mais ceux-ci nient aussi des vérités plus manifestes. Chimalpahin de Chalco rapporte la même chose[27].

Les récits des vaincus ne doivent pas être pris au sérieux en tant que documents d'histoire. D'abord, ils se contredisent entre eux : arrestation au palais selon les uns, sur la chaussée même et mise aux fers selon les autres. Mais l'une et l'autre version sont parfaitement invraisemblables et sont contredites par tous les témoins[28]. On imagine difficilement comment, sur une chaussée malgré tout assez étroite, les Espagnols auraient pu entourer Montezuma sans que les siens s'interposent rapidement et empêchent la manœuvre. S'ils y étaient parvenus, la honte en serait retombée sur le peuple mexica tout entier. Au surplus, une telle opération ne s'improvise pas et on voit mal Cortez la préparer alors qu'il ne sait pas où exactement et dans quelles circonstances il rencontrera l'empereur. Une chaussée traversant une lagune était en tout cas l'endroit le moins approprié. Enfin, la lettre de Cortez à Charles Quint est formelle et on sait combien il devait être prudent, compte tenu des enquêtes dont il ferait l'objet. Personne, d'ailleurs, même parmi les conquistadores les plus malveillants à son égard, n'a songé à le contredire sur ce point. Ce qui est clair, c'est que les récits mexicains télescopent les faits. Ils ramassent en une seule séquence des événements survenus à des périodes différentes, tout comme leurs codex présentent souvent différents moments en une seule image. Il est exact que la rencontre sur la chaussée a eu lieu, suivie de la réunion dans le palais ; que, plus tard, l'empereur a été arrêté ; que, par la suite, on l'a enchaîné ; que ses trésors ont été pillés ; que, bien des mois après, les Mexicas ont négligé de ravitailler les Espagnols et que, finalement, certains nobles ont refusé d'obéir à leur maître. Mais il est plus frappant de concentrer tout cela sur une journée et en quelques images hautement significatives. De même que dès le premier contact à bord du navire amiral, au large de San Juan de Ulúa, les ambassadeurs de Montezuma ont été mis aux fers, ici, sur la chaussée dans la lagune, dès la première rencontre, Montezuma a été enchaîné lui aussi, et à travers lui tout l'Anahuac. La rencontre des deux civilisations a eu pour résultat la réduction des Indiens en esclavage. Voilà ce que signifient ces textes. Ce sont des récits symboliques créés par les vaincus longtemps après les faits[29]. Ajoutons qu'ils ont vraisemblablement été influencés par les événements du Pérou, où l'Inca fut effectivement capturé par les conquistadores dès la première entrevue avec eux.

Les jours suivants, les choses reprirent un cours à peu près normal. Montezuma avait été informé de la découverte des salles aux trésors et Cortez lui avait même dit que ses hommes n'avaient pu s'empêcher d'y puiser quelque peu. Montezuma répondit que ces richesses appartenaient aux dieux et demanda à ses hôtes d'y laisser tout ce qui n'était pas de l'or[30]. Durán raconte qu'on trouva non seulement des trésors, mais aussi des appartements très secrets où s'étaient réfugiées les épouses de Montezuma, à moins que ce ne fussent les jeunes filles cloîtrées du Grand Temple. Elles y fuyaient l'incontinence déjà patente des Espagnols. Et le moine d'opiner que les Espagnols n'ont pas dû conseiller aux vierges de persévérer dans leur chasteté ; ou, si c'étaient les épouses de l'empereur, de rester fidèles à leur mari enchaîné[31].

Il ne viendrait à l'esprit de personne de prendre ici la défense de la vertu des conquistadores. Toutefois, il faut bien relever les étrangetés de cette histoire. On voit mal Montezuma mettre ses épouses à l'abri dans le palais même où il compte loger ceux qu'il redoute. D'autre part, les Espagnols étaient déjà bien pourvus en femmes et Montezuma continua à leur en prodiguer. De plus, Cortez s'était toujours efforcé de faire régner la discipline dans sa petite troupe et d'éviter pillages et viols. Les intrus ne pouvaient vraiment pas se permettre de telles provocations. Plus tard, quand il y aura conflit ouvert, les choses changeront. Là encore, donc, Durán confond, songeant aussi à ce qui se passa au Pérou avec les épouses de l'Inca et les vierges du Soleil.

LA RÉBELLION DE CACAMA

Montezuma avait donné des ordres pour assouvir directement la soif d'or des pauvres nouveaux venus. Certaines cités furent tout simplement priées de livrer leur or, ce qui n'alla pas toujours sans malentendus. Ainsi, semble-t-il, lorsque les Espagnols se rendirent à Texcoco pour s'emparer de l'or du trésor du grand Nezahualcoyotl. Deux frères de Cacama les accompagnaient, dont Nezahualquentzin. Au moment d'embarquer, à Mexico, ce prince reçut la visite d'un messager de Montezuma et lui parla en aparté. Soupçonnant un piège, un des Espagnols donna des coups de bâton au prince et l'emmena chez Cortez qui l'aurait fait pendre séance tenante. Cacama en fut fort offensé. On le comprend d'autant mieux que selon Ixtlilxochitl de Texcoco, qui rapporte l'anecdote, le message de Montezuma consistait à... recommander à Nezahualquentzin de bien servir les chrétiens ! Cela n'empêcha toutefois pas Cacama d'envoyer un autre frère pour accompagner les Espagnols. Ceux-ci jugèrent l'énorme masse d'or insuffisante et contraignirent tous les seigneurs de Texcoco à en ajouter.

Il est difficile de faire la part des choses dans cette sombre histoire. Ce qui paraît certain, c'est que Cortez n'est pas en cause. D'après les annales de Tlatelolco (1528) [32], Nezahualquentzin fut pendu plusieurs mois plus tard, alors que Cortez avait déjà quitté la cité et que Cacama était depuis longtemps prisonnier des Espagnols.

Contraint de collaborer avec Cortez, Montezuma rusait en attendant l'occasion de prendre sa revanche. Les relations entre les Mexicas et les intrus étaient très tendues. Cortez avait interdit à ses hommes de s'éloigner sans permission du palais au-delà d'une certaine distance. Et à l'intérieur, ils devaient être très vigilants, car il y avait déjà eu plusieurs tentatives pour libérer l'empereur. Plus d'une fois, des murs avaient été percés. D'autres fois, on avait mis le feu aux toits. Un jour même, Montezuma avait voulu se jeter du haut d'une terrasse dans les bras de Mexicas qui l'attendaient, mais un garde parvint à l'en empêcher[33]. Cela prouve qu'il ne désespérait pas de prendre le contrôle des événements. Son entourage le pressait d'ailleurs de donner le signal de la révolte[34]. Mais comment le pouvait-il, étant otage ?

Parmi ceux qui brûlaient de passer aux actes et qui incitaient l'empereur à reprendre sa liberté, il y avait le jeune roi de Texcoco. Cacama supportait de plus en plus mal la quasi-captivité et l'inertie de son illustre oncle, et moins encore l'insolence grandissante des Espagnols qui décidément se comportaient comme s'ils étaient en pays conquis. De retour dans sa capitale, il commença des préparatifs de guerre. Informé, Cortez le somma de venir recevoir ses ordres. Sans succès. Il le fit convoquer à plusieurs reprises par Montezuma, toujours en vain. « Il répondit simplement que, si on avait à lui dire quelque chose, on vînt le trouver chez lui ; là on verrait ce qu'il valait et le service qu'il était obligé de rendre. » Certains disent qu'il y ajouta des paroles désobligeantes pour son oncle, le traitant de lâche[35]. Ce serait surprenant, puisque Cacama avait été de ceux qui avaient conseillé d'accueillir les Espagnols à Mexico !

Cortez interrogea Montezuma sur la conduite à tenir, en insistant sur le fait que c'était à son empereur que Cacama refusait d'obéir. Fallait-il marcher contre lui, Mexicas et Espagnols réunis ? Montezuma le déconseilla : l'opération était trop dangereuse, car Texcoco disposait de troupes et de ressources puissantes. Mieux valait recourir à la ruse.

Mexico avait des intelligences à Texcoco. Il ne fut pas difficile d'amener Cacama à tenir un conseil dans une de ses résidences construite en partie sur pilotis et surplombant le lac. Un commando embusqué sous l'édifice dans des canots fit irruption dans la salle du conseil, où certains capitaines étaient complices, et enleva Cacama. Le roi fut conduit à Mexico et livré à Cortez, qui le fit emprisonner. Montezuma, peu fier, avait refusé de le voir. Un frère cadet de Cacama, Cuicuitzcatzin, reçut de Cortez et Montezuma le trône de Texcoco. Il régna peu, car il fut bientôt assassiné par un autre frère, Coanacochtzin[36].

Cette lamentable affaire n'est évidemment pas à l'honneur du Seigneur des Colhuas. Il a dû se laisser persuader que Cacama cherchait à le supplanter et que, par la même occasion, Texcoco essayait de regagner le terrain perdu par rapport à Mexico. C'est ce que sous-entendent certains témoignages. Montezuma a réagi en tant que chef de l'empire, mais dans ce cas précis, les rôles de chef de l'empire et de collaborateur de l'occupant coïncidaient fâcheusement. Cela dit, y avait-il pour l'empereur une solution de rechange ? Si les Espagnols avaient marché seuls contre Texcoco et s'étaient fait battre, il aurait été accusé de les avoir attirés dans un piège. Mais une attaque des seuls Espagnols avec leurs alliés était improbable : ils auraient exigé des troupes mexicas, puisqu'il s'agissait de châtier la désobéissance à Montezuma. Et cela aurait signifié la guerre civile au cœur même de l'empire — à éviter à tout prix. Quant à refuser de s'en mêler, ou même prendre parti pour Cacama, c'était approuver la désobéissance à l'empire, jeter le masque et s'attirer la colère des Espagnols. C'était provoquer l'épreuve de force sans avoir l'avantage de la surprise et donc courir le risque de voir la ville dévastée et de se faire tuer, lui et les siens. Par ailleurs, si l'insurrection avait réussi, qui en aurait recueilli les lauriers, si ce n'est Cacama ?

En somme, si l'attitude de l'empereur était loin d'être la plus glorieuse, elle était celle qui hypothéquait le moins l'avenir. Cacama venait le rejoindre en captivité, sans plus. Et on attendrait encore le départ de l'ennemi, qu'on essayait toujours d'acheter [37], ou quelque circonstance favorable qui permettrait de le supprimer.

La passation des pouvoirs

Cependant, l'affaire Cacama indiquait aux Espagnols qu'il était urgent d'officialiser la situation de fait créée par l'arrestation de Montezuma. Quelques jours plus tard, l'empereur convoqua tous les grands de Mexico ainsi que les rois et seigneurs des royaumes alliés et soumis, et leur parla comme suit :

« Mes frères et mes amis, il y a longtemps, vous le savez, que vous, vos pères et vos aïeux sont et ont été vassaux et sujets de mes prédécesseurs et de moi. Nous vous avons toujours traités avec les plus grands égards et vous-mêmes avez également fait ce que de bons et loyaux vassaux doivent à leurs seigneurs naturels. Et je crois aussi que vous savez par vos ancêtres que nous ne sommes point naturels de cette contrée, et qu'ils y sont venus de très loin, sous la conduite d'un chef qui les y laissa et dont tous étaient les vassaux. Ce chef revint longtemps après. Il trouva nos ancêtres établis dans cette contrée, mariés aux femmes du pays, dont ils avaient eu beaucoup d'enfants ; de sorte qu'ils ne voulurent pas s'en retourner avec lui et qu'ils refusèrent de le reconnaître comme seigneur du pays. Il partit donc en disant qu'il reviendrait ou qu'il enverrait quelqu'un avec de telles forces, qu'il pourrait les contraindre et les ramener à son service. Vous savez que nous l'avons toujours attendu. Or, d'après ce que nous a dit le capitaine au sujet de ce roi et seigneur qui l'a envoyé ici, et compte tenu du côté d'où il dit venir, je tiens pour certain, et vous devez en faire de même, que ce roi est bien le seigneur que nous attendions ; d'autant plus qu'il nous dit que là-bas on avait entendu parler de nous. Puisque nos prédécesseurs n'ont pas rempli les obligations qu'ils devaient à leur souverain, c'est à nous à les remplir, et rendons grâce à nos dieux que c'est à notre époque qu'est survenu ce que nos pères ont si longtemps attendu. Je vous supplie donc, puisque tout ceci vous est bien connu, que, tout comme vous m'avez jusqu'à présent regardé comme votre seigneur et obéi en conséquence, que de même vous regardiez dorénavant ce grand roi comme votre seigneur naturel et lui obéissiez et, en ses lieu et place, à son capitaine. Vous lui rendrez donc tous les tributs et services que vous m'avez rendus à ce jour, car moi aussi je dois contribuer et servir dans tout ce qu'il m'ordonnera. Ainsi vous remplirez non seulement un devoir, mais vous me ferez grand plaisir [38]. »

De l'aveu même de Cortez, Montezuma prononça ces paroles en pleurant et en soupirant abondamment. C'est assez dire que le malheureux empereur y avait été contraint. Les nobles aussi étaient si émus qu'ils ne purent répondre et même les Espagnols éprouvaient une grande pitié. Lorsque les rois et les seigneurs purent enfin parler, ils dirent qu'ils tenaient Montezuma pour leur souverain et qu'ils avaient promis de lui obéir, ce qu'ils faisaient. Ils se reconnurent comme vassaux de Sa Majesté et donnèrent des enfants en otages. Cortez s'engagea à les bien traiter. Tout fut dûment enregistré par le notaire de l'expédition [39].

Ce second discours de Montezuma que rapporte Cortez ressemble fort à la première partie de celui que le conquistador lui attribue lors de leur première rencontre. On y retrouve la référence au mythe de Quetzalcoatl. Certes, le dieu n'est pas nommé, soit que Cortez n'y ait pas accordé d'importance à l'époque, soit, plutôt, qu'il ait jugé préférable de ne pas le mentionner à Charles Quint pour ne pas trop donner l'impression d'avoir menti : il a en effet dit à Montezuma que Sa Majesté était bien « le seigneur que nous attendions ».

L'authenticité de ces discours a été mise en doute [40]. On a voulu voir dans le transfert du pouvoir qu'effectue Montezuma une forgerie de Cortez, destinée à soustraire le Mexique à l'autorité de Velázquez, le gouverneur de Cuba, à légitimer son action et à justifier la répression de « rébellions » des Indiens contre le pouvoir légitime de l'Espagne. On se souvient par ailleurs des allégations selon lesquelles Cortez aurait même inventé le mythe raconté par l'empereur. En faisant dire à son interlocuteur que les ancêtres des Mexicas venaient d'un pays lointain, il aurait laissé entendre que l'autorité de l'Espagne sur ces nouvelles terres pouvait remonter à une époque très reculée.

Tout cela est excessif. Certes, les discours que nous transmet don Fernando ne sont pas, ne peuvent pas être exactement ceux qu'a tenus Montezuma. Ce que l'on sait de l'art oratoire aztèque montre que Cortez a raccourci, élagué, supprimé les ornements. Quant au fond, en a-t-il capté toutes les nuances, a-t-il su bien saisir les allusions aux mythes ? Poser ces questions, c'est demander aussi si Marina et Aguilar traduisaient parfaitement. Et, pour Marina, si elle ne forçait pas quelque peu dans le sens de ce que Cortez voulait entendre. C'est enfin se demander si Cortez, écrivant près d'un an après les faits, a tout retenu exactement, ou s'il ne confond pas quelque peu les deux discours.

Voyons d'abord le préambule historico-mythique de Montezuma. Est-il parfaitement conforme au mythe de Quetzalcoatl tel que nous le connaissons ? Non, peut-être pour les raisons qui viennent d'être dites. Est-il invraisemblable ? Nullement. Rien de plus conforme aux traditions et aux codex mésoaméricains que ce récit d'origines lointaines et d'errances sous la direction d'un grand chef. On songe aux prétendues origines des Mexicas, ou aux pérégrinations des Toltèques que Mixcoatl conduit depuis leur terre d'origine, de l'autre côté de l'eau. C'est bien sûr à ces pérégrinations toltèques que se réfère l'empereur, car c'est à cette époque que vécut Quetzalcoatl. Soit dit au passage, les Mexicas Colhuas se considèrent ici comme des descendants des Toltèques.

Rien de plus habituel également que cette opposition entre errants qui suivent leur chef et qui, devenus sédentaires, refusent de bouger encore. Le grand chef qui retourne chez lui évoque l'astre ascendant qui, parvenu au zénith, rebrousse chemin vers son point de départ. Le mauvais accueil du chef revenu, enfin, se retrouve dans plusieurs variantes du mythe de Quetzalcoatl [41]. Le refus des ancêtres des Mexicas de suivre encore Quetzalcoatl traduit peut-être, en termes pudiques, l'infidélité de la cité de Mexico qui abandonna son dieu tutélaire au profit de Huitzilopochtli. Bref, Cortez n'a pas pu inventer tout cela. Et la confusion qui s'est produite entre les ancêtres des Mexicas et les Espagnols n'est pas le fait de ceux-ci, mais de ceux-là.

Reste l'épineuse question de la passation des pouvoirs. Le conquistador avait-il quelque nécessité de l'inventer ? Non. Le pouvoir, il pouvait s'en emparer ; telle était bien son intention et il ne s'en cache pas. D'emblée, dans sa lettre, il promet à Charles Quint de soumettre Montezuma : « Confiant en la grandeur de Dieu, appuyé du nom royal de Votre Altesse, je résolus d'aller le voir, quelque part qu'il fût. Je me rappelle encore qu'il m'offrit, pour ne pas y aller, beaucoup plus que je ne l'eusse pensé ; cependant, j'ose assurer Votre Altesse que je l'aurai, prisonnier ou mort, ou soumis à la couronne royale de Votre Majesté. Dans cette résolution, je quittai Cempoal, que j'ai appelé Séville, le 16 août [42]. » D'autre part, pour être formellement en ordre du point de vue légal, il lui suffisait d'observer les dispositions relatives au *requerimiento*, c'est-à-dire de mettre en demeure les Indiens de se soumettre au roi d'Espagne, auquel l'Amérique avait été concédée par le pape, et d'accepter d'entendre la foi. Or Cortez respectait scrupuleusement ces prescriptions.

Reste la question de sa désobéissance à Velázquez. Mais Cortez la croyait réglée par sa nomination à Vera Cruz et espérait qu'elle serait sanctionnée par le succès de son entreprise. L'allégeance de Montezuma, qui de surcroît était un tyran contre lequel se rebellaient ses sujets, n'était donc pas absolument indispensable. Elle accentuait néanmoins l'aspect de « conquête pacifique » de l'entreprise de Cortez — officiellement, il ne s'était jamais battu contre la Triple Alliance — et la rendait d'autant plus acceptable.

Cette soumission a-t-elle eu lieu dès le premier jour, comme le rapporte le capitaine ? En ce fatidique 8 novembre 1519, neuvième jour du mois de Quecholli — mois consacré au père de Quetzalcoatl —, jour 8 Vent — Ehecatl est l'autre nom de Quetzalcoatl —, de l'an 1 Roseau — nom de calendrier du dieu ? C'est possible, mais peu probable.

C'est possible, parce que Montezuma avait déjà offert de payer tribut, afin de garder les intrus à distance. De plus, la passation des pouvoirs était une conséquence logique du mythe évoqué par Montezuma : les Espagnols devaient être les descendants des anciens maîtres du pays. Enfin, lorsque les Espagnols arrivèrent à Mexico, Montezuma avait certainement l'intention de les supprimer et un tel propos ne pouvait qu'endormir leur méfiance.

Mais c'est peu probable, car rien n'obligeait Montezuma à passer d'entrée de jeu ses pouvoirs aux Espagnols qui ne lui demandaient rien et qui, il devait s'en rendre compte, n'en menaient pas large. Et parce que, dans la réalité, Montezuma continuait évidemment à régner seul. Les Espagnols n'étaient que des hôtes. Le jour de la rencontre, Montezuma a certainement fait allusion au retour de Quetzalcoatl et dit aux nouveaux venus qu'ils étaient chez eux, en tant qu'hôtes et en tant qu'associés du Serpent à Plumes. Tout cela assorti de formules de politesse hyperboliques, mais qui n'étaient que des formules de politesse. Et Cortez les a transformées en une soumission en règle[43]. Pourquoi ? Parce qu'une soumission est plus convaincante si elle est faite par une personne libre que par un prisonnier contraint. Et surtout, elle faisait mieux passer l'arrestation de Montezuma quelques jours plus tard, arrestation dont Charles Quint aurait pu prendre ombrage comme d'une atteinte à la dignité royale.

Dans le second discours, si le récit du mythe de Quetzalcoatl peut laisser à désirer — pour Cortez, seul importe le rapprochement entre l'ancien souverain du pays et le roi d'Espagne —, la partie concernant l'allégeance, en revanche, doit être résumée fidèlement. En effet, Cortez avait certainement précisé à l'empereur ce qu'il devait dire et ses propos ont été actés. Mais Montezuma a-t-il dit exactement ce que souhaitait Cortez ? Rien n'est moins certain. Car, en fait, l'empereur transmet tous ses pouvoirs au roi d'Espagne et à son représentant, leur transférant aussi l'obéissance, les tributs et les services de ses « vassaux » et sujets. Que lui reste-t-il après cela ? Rien. Il est un roi déchu. Cortez n'a pas pu vouloir cela, car si le *tlatoani* retenu en otage était son principal atout et le salut de sa troupe, un roi déchu lui était nettement moins utile.

On peut dès lors se demander si Montezuma n'a pas délibérément été plus loin que ne le désirait Cortez. Peut-être a-t-il voulu signifier aux siens que, ne dépendant désormais plus de lui, ils pouvaient reprendre leur liberté d'action. Peut-être a-t-il donc voulu se sacrifier. D'où son émotion profonde, qui ne s'expliquerait pas seulement par l'humiliation de son abdication. Quoi qu'il en soit, les grands du royaume ne l'ont pas compris ou n'ont pas voulu le comprendre ainsi. « Ils répondirent au prince qu'il était toujours leur maître [44] » et continuèrent à le servir. Il est certain que le lendemain de la passation des pouvoirs, Cortez aura tout fait pour persuader Montezuma de continuer à régner. Les seigneurs aussi, en lui représentant par exemple que son effacement ou sa mort ouvrirait la voie à des conflits de succession et à la désintégration de l'empire, dont il fallait absolument maintenir ce qui restait [45].

Les rois de l'empire s'étaient engagés à payer tribut. De si bonnes dispositions devaient être encouragées. Cortez ne fit pas traîner les choses et exigea une première livraison. Montezuma lui montra ses salles de trésor et Cortez fit tout emporter, or, étoffes et plumes précieuses. Des percepteurs d'impôts furent dépêchés en province, accompagnés d'Espagnols, pour collecter des quantités d'or déterminées par l'empereur [46]. Cela n'alla pas toujours sans violences. Pedro de Alvarado se chargea de faire payer Texcoco. Cacama lui fit savoir que s'il pouvait l'accompagner, la collecte serait nettement meilleure. Alvarado l'emmena donc, enchaîné, mais une fois dans sa ville, Cacama affirma ne plus avoir d'or et n'être venu que dans l'espoir — vain — d'être libéré par les Texcocains. Les Espagnols n'apprécièrent pas et le maltraitèrent. Vázquez de Tapia témoignera en justice qu'on appliqua au souverain acolhua du goudron brûlant sur le ventre — mais on sait ce que valent ses témoignages. D'autres seigneurs auraient subi des sorts similaires [47].

CHAPITRE XV

Le roi sacrifié

LE PROTECTORAT ÉPHÉMÈRE

Sur ce qui se passa au cours des mois suivants, on sait fort peu de chose. Cortez, d'abord, veilla à la sécurité de son armée. Conscient des dangers de sa situation dans une île où il pouvait facilement être isolé, il fit construire quatre brigantins assez grands pour embarquer hommes — les Européens, à tout le moins — et chevaux. Des nouvelles et de l'argent furent dépêchés dans les îles afin d'attirer du renfort.

A plusieurs reprises, don Fernando promit à Montezuma qu'il le rendrait plus puissant que jamais en étendant ses territoires. Il commença par l'aider à mater des rébellions [1]. Il trancha aussi des querelles de frontières entre certains royaumes. En même temps, il s'informait sur tout ce qui concernait l'empire. A sa demande, une carte de la côte fut dressée afin de permettre à une expédition d'une dizaine d'Espagnols d'y trouver un port bien abrité. La petite troupe, accompagnée d'Indiens, longea le littoral jusqu'à l'embouchure du Coatzacoalcos, où le roi local, ennemi de la Triple Alliance, les reçut très bien. Montezuma prodiguait tous les renseignements que Cortez demandait sur les ressources du pays, en particulier sur l'emplacement des mines d'or, et il facilita l'envoi d'Espagnols sur place.

On s'occupa aussi de faire rentrer les tributs et surtout de collecter le plus d'or possible. Puis il fut procédé à la fonte de tout le métal précieux obtenu à ce jour et à son partage. On préleva le quint royal, le cinquième dû au souverain. Le conquistador était émerveillé par les joyaux qui y figuraient, « si beaux et si merveilleux que, vu leur nouveauté et leur étrangeté, ils n'ont pas de prix, et qu'il n'y a pas un prince au monde qui possède rien d'aussi riche et d'aussi magnifique ». Les orfèvres tant appréciés par Cortez se mirent, sur ordre de Montezuma, à fabriquer des crucifix, des médailles, des images de saints et des parures diverses en « merveilleuse » imitation de ce qui se faisait en Espagne. Dans un autre ordre d'idées, l'empereur fit établir à l'intention des Espagnols une vaste ferme où l'on cultivait à grande échelle le maïs, les haricots et le cacao et où l'on élevait quinze cents dindes et des canards [2].

Pour le reste, les Espagnols flânaient, observaient, visitaient. Pillaient aussi, à l'occasion. Ainsi, Pedro de Alvarado fut compromis dans une affaire de vol de six cents charges de graines de cacao dans le palais de Montezuma. Cortez fit faire une enquête, mais ne put sévir avec la rigueur requise lorsqu'il sut la complicité d'Alvarado. Celui-ci fut néanmoins sévèrement tancé [3]. Dans l'ensemble, les Espagnols se comportaient plus ou moins correctement, quoique les bavures comme celles dont fut victime Cacama n'aient pas dû être des cas isolés. Quant à Cortez, il prit des notes, ce qui nous vaut de belles descriptions enthousiastes de cette cité sur laquelle il régnait par personne interposée.

Cortez entretenait souvent Montezuma de religion, de même que les moines de l'expédition qui s'efforçaient de le convertir. Leurs efforts ne furent peut-être pas entièrement infructueux, puisque le *tlatoani* aurait fini par demander le baptême. Mais la cérémonie fut remise au dimanche des Rameaux, pour lui donner plus d'éclat et, finalement, elle n'eut jamais lieu [4]. Montezuma était-il sincère ? Plus vraisemblablement, il ne voulait pas contrarier les Espagnols afin d'endormir leur méfiance. Mais ses sentiments devaient être ambigus. A mesure que le temps passait, il finissait par éprouver de la sympathie pour Cortez et ses hommes, à la merci desquels il était livré. Notre époque actuelle connaît bien ce phénomène des otages qui peu à peu s'attachent à leurs ravisseurs.

Les deux hommes s'entendaient bien, extérieurement. Cortez faisait tout ce qu'il pouvait pour alléger la captivité de Montezuma. Joueurs tous deux, ils consacraient de longs moments à des jeux de hasard. Pedro de Alvarado comptait les points et favorisait toujours Cortez. Cela n'échappait pas à Montezuma, qui le faisait remarquer en riant. S'il gagnait, il distribuait les gains entre les soldats qui le surveillaient. Si don Fernando l'emportait, il les donnait aux neveux et proches de l'empereur. Le capitaine général veillait à ce que personne ne manque de respect à son otage. Tel garde, la nuit, faisait des vents bruyants. Montezuma lui fit observer que ce n'était pas très distingué et lui donna un beau bijou en or pour l'encourager à s'amender. La nuit suivante, le grossier personnage récidiva, espérant décrocher un nouveau présent. Montezuma en avisa le capitaine de la garde et le pétomane fut sévèrement réprimandé. Un autre soldat se plaignit à un collègue de devoir sans cesse surveiller « ce chien ». Montezuma l'entendit et en fut mortifié. Il s'en ouvrit à Cortez, qui fit fouetter l'individu.

Bernal Díaz raconte qu'il saluait toujours l'empereur fort bas, ce qui le fit bien voir. Un jour, il dit au page de Montezuma, un certain Orteguilla, qu'il aimerait recevoir une femme. Le page transmit la demande et Bernal Díaz reçut une belle jeune fille noble ainsi que de l'or et des étoffes. A propos d'Orteguilla, c'est Montezuma lui-même qui avait demandé ce petit garçon qui savait déjà un peu d'aztèque. Grâce à lui, il s'informait sur l'Espagne et Orteguilla rapportait aux Espagnols les entretiens de Montezuma avec ses généraux [5].

Et les Indiens ? A en croire Cortez, enchanté de sa conquête pacifique et pour une fois naïf, ils étaient aussi satisfaits que lui... « Je m'occupais de toutes ces choses, écrit-il, au grand plaisir de Muteczuma et des populations de ces provinces qui semblaient de tout temps avoir reconnu Votre Majesté pour leur souverain naturel et qui faisaient avec la meilleure volonté tout ce que je leur commandais en votre nom royal [6]. » En réalité, les Mexicas rongeaient leur frein, attendant la libération de l'empereur ou un ordre de lui. Ordre qui ne vint pas.

Montezuma commençait à se dire que, tout compte fait, la situation présente n'était pas si mauvaise que cela. Les Espagnols étaient arrivés dans leur Terre promise et s'en étaient emparés sans que se produisent tous ces cataclysmes qui avaient marqué la fin de Tollan : guerre, épidémies, famines, mortalité... Quant à lui, il continuait à régner. Avec Cortez certes, mais sur un empire plus uni et plus étendu qu'autrefois. Avec les Espagnols, mais ne pouvait-on pas aussi voir en eux une sorte de garde prétorienne et le noyau des armées du nouvel empire ? Puis, les autochtones finissaient toujours par absorber les nouveaux venus ! Enfin, devait encore se dire Montezuma, lui et les siens étaient toujours en vie. En revanche, s'il était libéré, ses pires appréhensions risquaient de s'avérer. Ce serait la révolte, la guerre

dans Mexico, des massacres sans nom et vraisemblablement la
destruction de la ville et la fin de l'empire. Et l'empereur périrait
avec son lignage tout entier. Car il en savait assez maintenant sur
l'Europe et sur l'Espagne pour comprendre que la défaite était
certaine. Mieux valait sauver ce qui pouvait l'être. Et maintenir
les choses en l'état. Non, décidément, sa situation n'était pas si
mauvaise. Il était l'otage des intrus, comme ceux-ci l'étaient de
Mexico. Il devait y avoir moyen de s'entendre.

Ces idées, l'empereur devait les garder pour lui. Son entourage
n'arrêtait pas de l'inciter à fuir et à se battre, et commençait
même à faire alterner prière et menace. Si le Seigneur des Colhuas
ne voulait pas se comporter en roi, pourquoi continueraient-ils,
eux, à se comporter en sujets ? Ne vivait-il pas dans le déshonneur,
ne se faisait-il pas dépouiller sans arrêt, ne livrait-il pas son pays
au pillage ? Et que dire de son neveu chéri qui était là, tout près,
enchaîné, avec d'autres grands seigneurs ? Deux ou trois tragiques
erreurs des Espagnols allaient mettre fin au rêve impossible d'un
protectorat relativement autonome et aux espoirs de Montezuma
d'épargner à son peuple les cataclysmes d'une fin d'ère.

Les idoles du Grand Temple

La première erreur fut commise par Cortez. Maître virtuel de
l'empire aztèque, il ne perdait pas de vue que la mission principale
des rois d'Espagne en Amérique était de convertir les Indiens à
la foi. Il en parlait souvent à Montezuma qui, bien sûr, continuait
à se rendre au Grand Temple où avaient toujours lieu des
sacrifices humains. Un jour, Cortez lui demanda d'y mettre un
terme. L'empereur répondit que s'il le faisait, la population
prendrait les armes pour défendre ses dieux, car ils lui prodi-
guaient la pluie, les moissons, la santé et quantité d'autres
bienfaits.

Peu après, alors qu'il se promenait dans le Grand Temple avec
quelques hommes, Cortez dit à l'un d'entre eux, Andrés de
Tapia, d'aller examiner un sanctuaire au sommet d'une pyramide.
Tapia monta, accompagné de quelques prêtres. L'entrée du
temple était occultée par une lourde tenture de fibres d'agave
parsemée de clochettes. Cortez monta à son tour avec une dizaine
d'hommes. Pour voir clair, ils tirèrent leurs épées et coupèrent

les tentures. Partout le long des murs, il y avait des statues de divinités recouvertes par endroits d'épaisses croûtes de sang coagulé. « O Dieu, soupira Cortez, pourquoi tolères-tu que le diable soit si grandement honoré dans cette terre ? Veuille trouver bon que nous t'y servions. » Il fit appeler les interprètes et s'adressa aux prêtres : « Dieu, qui a fait le ciel et la terre, vous a créés vous et nous et tout le monde. C'est lui qui fait pousser nos subsistances. Si nous sommes bons, il nous fera monter au ciel et, sinon, nous irons en enfer, comme je vous expliquerai plus en détail quand nous nous comprendrons mieux. Je veux qu'ici, où se trouvent vos idoles, il y ait l'image de Dieu et de sa sainte Mère. Apportez de l'eau pour laver ces murs et enlevons tout cela d'ici. » Peu convaincus, les prêtres se mirent à rire : « Non seulement cette ville, mais le pays tout entier considère [ces idoles] comme ses dieux. [Elles] sont ici pour Huitzilopochtli, auquel nous appartenons. Pour la population tout entière, parents et enfants ne sont rien en regard de ce dieu et elle décidera de mourir. Et regarde, pour t'avoir vu monter ici, tous ont pris les armes et veulent mourir pour leurs dieux. »

La situation était critique. Il n'y avait guère plus de cent dix Espagnols dans la ville, les autres étant partis en mission en divers endroits. Furieux, Cortez fit appeler une trentaine d'hommes à la rescousse et ordonna de redoubler de vigilance autour de Montezuma. Puis il s'empara d'une barre de métal et se mit à frapper les statues. « Et, note Tapia, j'affirme sur ma foi de gentilhomme et je jure devant Dieu qu'en vérité il me semble à présent que le marquis [Cortez, devenu plus tard marquis de la vallée d'Oaxaca] paraissait surnaturel. Et il s'élança impétueusement en tenant la barre par le milieu pour frapper l'idole au plus haut des yeux, et ainsi il lui enleva le masque d'or avec la barre en disant : "Plaise à Dieu de nous faire la grâce que nous mourions tous dans cette affaire si c'est pour son service !" »

Informé, Montezuma tenta de s'interposer. Il demanda à Cortez de pouvoir le rejoindre et, en attendant, d'interrompre ses destructions. Don Fernando lui permit de venir, mais sous bonne garde. Montezuma apaisa la foule et proposa de placer d'un côté les images chrétiennes et de laisser les dieux de l'autre côté. Cortez refusa. Montezuma dit alors : « J'essaierai qu'on fasse ce que vous voulez, mais vous devez nous donner les idoles pour que nous puissions les emporter où nous voulons. » Cette fois, Cortez accepta. Les statues furent enlevées du temple et remplacées par des images pieuses de Notre Dame et de saint Christophe, seules disponibles à ce moment. Montezuma aurait aussi promis de mettre un terme aux sacrifices humains. Il paraît qu'il n'y en eut plus en effet, du moins en présence des Espagnols [7].

L'offense subie par Mexico et par les prêtres était mortelle. Les Espagnols leur avaient pris leur grand *tlatoani*, maintenant ils détruisaient les statues des dieux, comme si la cité était vaincue. L'empereur était parvenu à limiter les dégâts, mais en composant, en faisant des concessions inadmissibles. Plus que jamais, ses sujets les plus résolus rêvaient d'exterminer les intrus. Et ils finiraient nécessairement par considérer leur empereur comme un obstacle, à moins qu'il ne prenne nettement position en leur faveur.

Montezuma, de son côté, consulta Huitzilopochtli, selon son habitude. Le dieu — par le truchement de ses prêtres ? ou, plus vraisemblablement, en vision suscitée par des macérations ? — lui dit qu'il fallait choisir. Ou bien il chassait ou tuait les Espagnols, ou bien Huitzilopochtli s'en allait.

Continuer à régner avec les Espagnols devenait de toute façon impossible. Les siens l'en empêcheraient. Et comment les convaincre que la guerre n'était pas nécessairement la meilleure solution ? Il n'est pas sûr qu'il l'ait tenté. Le sentiment de sa dignité et la crainte des reproches ont pu l'arrêter.

Sous la pression des circonstances, Montezuma résolut d'agir. Il allait mettre les Espagnols en demeure de s'en aller, sans quoi ils périraient. Une armée d'une centaine de milliers d'hommes fut levée en secret. Voulait-il réellement laisser partir les Espagnols, ou cherchait-il seulement à leur faire quitter leurs quartiers fortifiés pour mieux les supprimer, comme à Cholula ? Probablement, les grands guerriers voulaient attaquer, tandis que Montezuma espérait toujours une issue moins périlleuse. Et, plus certainement, personne ne devait s'attendre à ce que Cortez obtempère, d'où l'armée de cent mille hommes.

Puis Montezuma convoqua Cortez, qui eut un mauvais pressentiment : « Je me demande ce que c'est que cette nouvelle. Plaise à Dieu que ce soit dans notre intérêt. Mais cette ambassade ne me plaît pas. »

L'empereur vit arriver Cortez accompagné d'une douzaine d'hommes. Il l'accueillit de façon moins aimable qu'à l'habitude, le prit à part et dit à l'interprète : « Dis au capitaine que je le prie de quitter cette ville et mon pays, car mes dieux sont irrités de sa présence ici avec les siens. Qu'il demande ce qu'il veut, je le lui donnerai, et qu'il retourne dans son pays. Et qu'il ne croie pas que je dis cela pour rire, mais parce que cela doit se passer ainsi. Qu'il fasse savoir ce qu'il veut ou ce dont il a besoin pour la route. »

Marina n'avait pas encore fini de traduire que déjà Cortez avait fait mettre ses troupes en état d'alerte. Puis il demanda à l'empereur à quel moment il devait partir. Montezuma répondit qu'il pouvait s'en aller quand il le voulait. Cortez rétorqua alors qu'il lui fallait du temps pour construire de nouveaux navires et demanda l'aide de charpentiers indiens, ce qui lui fut volontiers accordé. Il n'avait évidemment aucune intention de partir. Rentré dans ses quartiers, il recommanda à ses hommes de gagner du temps en attendant l'arrivée de renforts [8].

ENTRÉE EN SCÈNE DE NARVÁEZ

Pendant quelque temps, le conquistador put croire ses vœux exaucés plus vite qu'il ne l'espérait. Huit jours après qu'eut été intimé aux Espagnols l'ordre de quitter le pays, une importante flotte jeta l'ancre à San Juan de Ulúa. Huit cents hommes et quatre-vingts chevaux en débarquèrent, commandés par Pánfilo de Narváez.

Montezuma fut rapidement avisé de cette arrivée, qui ne laissa pas de l'inquiéter. Plus que jamais, il fallait que ses hôtes abusifs déguerpissent. Il s'empressa d'en informer Cortez. Le capitaine, dit-il, ne devait plus attendre l'achèvement de ses navires, il venait d'en arriver une quinzaine : il pouvait donc s'en aller sans tarder. Les Espagnols en furent enchantés, croyant qu'il s'agissait des renforts espérés.

Dans l'entourage de l'empereur, c'était plutôt la consternation. Un de ses principaux conseillers lui recommanda de ne pas courir le risque de voir les deux armées ennemies faire leur jonction et d'annihiler sans tarder les hommes de Cortez d'abord — d'autant plus que beaucoup étaient en province —, les autres ensuite. Après de longues discussions, on se mit d'accord pour laisser venir les nouveaux venus dans la ville. Car s'ils apprenaient la disparition des cortésiens, ils seraient sur leurs gardes, s'en iraient pour revenir plus nombreux, et il faudrait les affronter en rase campagne, avec peu de chances de succès. Mieux valait les détruire tous en une fois, en terrain favorable, c'est-à-dire dans la cité lacustre[9].

Les Mexicas avaient tort de s'inquiéter et les Espagnols de se réjouir. La nouvelle petite armée était envoyée par Diego Velázquez... pour démettre Cortez et le punir, ainsi que ses complices, pour rébellion et usurpation ! *Adelantado* des terres conquises par Cortez, Velázquez entendait bien les mettre sous son contrôle et obtenir une bonne part des richesses inouïes qui s'y trouvaient. Il voulait régler l'affaire lui-même, par les armes, malgré l'interdiction des autorités de Saint-Domingue[10]. Deuxième erreur, impardonnable, qui introduisait la division entre les Espagnols.

Cortez envoya des messagers aux nouvelles, mais ne les vit pas revenir. Ayant appris peu après, par des émissaires mexicas, qu'ils avaient été arrêtés, il dépêcha l'aumônier de l'expédition, Bartolomé de Olmedo, auprès des arrivants pour leur expliquer la situation du pays, leur demander ce qu'ils voulaient et en quoi il pouvait leur être utile. C'est quelques jours après seulement qu'il sut par des hommes de Vera Cruz à qui il avait affaire et comment Narváez s'efforçait de rallier à sa cause le plus grand nombre de ses hommes. Il lui écrivit pour lui demander de justifier sa présence et ses agissements en produisant des pouvoirs du roi et ajouta qu'il lui était impossible de quitter la ville présentement, par crainte d'une révolte.

Narváez savait que les hommes de Cortez étaient aguerris et il apprit vite que le conquistador pouvait compter sur de nombreux auxiliaires. Pour assurer le succès de son entreprise, il se mit en devoir de gagner la sympathie et l'aide des Indiens. Les Totonaques d'abord, qui eurent tôt fait de constater que la nouvelle troupe de chrétiens était plus nombreuse et plus forte que la précédente. Puis il s'aboucha avec Montezuma, qui lui avait envoyé un haut dignitaire comme ambassadeur. Il lui fit dire qu'il viendrait le délivrer et capturer Cortez, un méchant homme qui voulait lui voler son royaume ; après quoi il s'en irait[11].

Pour Montezuma, le ciel s'éclaircissait enfin. La nouvelle invasion n'était pas dirigée contre lui, mais contre ses ennemis. Ceux-ci seraient obligés de quitter Mexico et d'aller affronter Narváez. Que restait-il à faire, sinon à attendre que les deux armées s'entre-tuent, pour liquider ensuite la garnison de Mexico et les survivants [12] ?

Cortez voyait la situation se dégrader rapidement. Il devait à tout prix empêcher que les nouveaux venus arrivent à Mexico. Et pour cela, il fallait aller à leur rencontre, à Cempoala, où Narváez s'était établi. Le capitaine prit congé de l'empereur, non sans lui rappeler l'obéissance jurée à la Couronne et lui recommander la garnison qui restait à Mexico. Montezuma promit tout ce qu'on voulait et offrit même des auxiliaires à Cortez, ce que celui-ci se garda bien d'accepter. Il demanda aussi l'autorisation, pour les jeunes nobles et les vaillants, de célébrer dignement la fête de Toxcatl dans le Grand Temple. Cortez l'accorda et partit, avec une bonne centaine d'hommes seulement, mais en cours de route il rallia un certain nombre de ceux qui avaient été envoyés en mission en province. Près de Cholula, il retrouva le père Olmedo qui apportait une lettre de Narváez demandant la soumission de Cortez. Mais le lieutenant de Velázquez n'avait toujours pas fait état des ordres que réclamait Cortez.

Au fur et à mesure qu'on approchait de Cempoala, les échanges d'émissaires s'intensifièrent, sans concessions ni d'un côté ni de l'autre. Ils furent l'occasion pour Narváez de tenter d'attirer Cortez dans un guet-apens, et pour Cortez de soudoyer un certain nombre de soldats de son adversaire. Bientôt, Cempoala était en vue [13].

LA TUERIE DE TOXCATL

Mexico, cependant, était en effervescence. On préparait fébrilement — non sans avoir encore demandé la permission à Pedro de Alvarado, lieutenant de Cortez, afin qu'il ne crût pas à un complot — les grandes festivités de la fin de la vingtaine ou du « mois » de Toxcatl (du 4 au 23 mai). Au cours de ce mois, on célébrait les deux principaux dieux de la cité, Huitzilopochtli et Tezcatlipoca. Un jeune homme personnifiant Tezcatlipoca parcourait la ville en jouant de la flûte pour inciter les gens à la pénitence. On fabriquait une immense image en pâte de blettes de Huitzilopochtli, image qui, de même que le personnificateur de Tezcatlipoca, devait être sacrifiée au terme de la fête, pour que les dieux renaissent plus forts.

Huitzilopochtli, le Soleil mexica, le dieu de la guerre. Tezcatlipoca, appelé aussi le Guerrier ou l'Ennemi. L'un et l'autre
ennemis de Quetzalcoatl, qu'ils avaient chassé de Tollan. Les
Mexicas ne pouvaient pas ne pas faire le rapprochement avec le
Quetzalcoatl qui régnait sur Mexico. Et ils n'ignoraient pas que,
Cortez parti pour combattre ses semblables, jamais plus belle
occasion ne se présenterait de se défaire des intrus.

Dans la petite garnison de cent vingt à cent cinquante Espagnols
qui étaient restés sur place pour garder Montezuma et conserver
l'empire, l'angoisse montait en même temps que l'excitation des
Indiens. Les conquistadores savaient eux aussi qu'ils étaient plus
vulnérables que jamais. Et cela peu après que Montezuma les
eut mis en demeure de décamper s'ils ne voulaient pas se faire
massacrer. Montezuma qui devait toujours avoir, prêts à intervenir
et trépignant d'impatience, la centaine de milliers d'hommes
qu'il avait mobilisés en secret.

La tension montait de part et d'autre. Chez les Indiens, de par
les danses qui venaient de commencer. Les jeunes gens et les
guerriers dansaient interminablement, pendant des jours, en
serpentant autour de jeunes filles censées « embrasser Huitzilopochtli ». Puis, plus de six cents guerriers éminents et de grands
seigneurs vinrent danser à leur tour [14]. Chez les Espagnols, parce
qu'ils sentaient que tout cela ne présageait rien de bon et parce
qu'ils appréhendaient le moment où la musique et les danses
s'arrêteraient.

Pedro de Alvarado, qui remplaçait Cortez, recevait des informations inquiétantes. En ville, le ton des Indiens changeait singulièrement. Le bruit courait aussi, propagé notamment par les Tlaxcaltèques, que tous ces personnages importants dans l'enceinte du
Grand Temple préparaient une attaque générale contre le palais
où habitaient les Espagnols [15]. Il fallait agir. Mais comment ?
Qu'aurait fait Cortez dans une telle circonstance ? Alors Alvarado
se rappela Cholula. Il fallait prendre les devants, comme là-
bas, décapiter l'insurrection sans attendre. Les danses, où les
comploteurs étaient tous réunis, fournissaient l'occasion rêvée.

Une bonne moitié des soldats espagnols sortirent de leurs
quartiers. Ils se dirigèrent vers le Grand Temple et certains en
bloquèrent les quatre entrées. Une cinquantaine d'autres tirèrent
l'épée et massacrèrent les seigneurs et les grands guerriers qui
dansaient. « Aussitôt, alors, ils ont entouré ceux qui dansaient ;
aussitôt, alors, ils sont allés là où étaient les tambourins ; aussitôt,

ils ont frappé les mains du joueur de tambour, ils sont venus trancher les paumes de ses mains, toutes les deux ; ensuite, ils ont tranché son cou, et son cou [*sic*] est retombé au loin. Aussitôt, alors, eux tous ont assailli les gens avec les lances en métal et ils les ont frappés avec leurs épées en métal. Certains ont été tailladés par-derrière et aussitôt leurs boyaux se sont dispersés. A certains, ils leur ont fendu la tête en morceaux, ils ont réduit en poudre [*sic*] leur tête. Et d'autres, ils les ont frappés aux épaules, ils sont venus trouer, ils sont venus fendre leur corps. A d'autres, ils leur ont frappé à plusieurs reprises les jarrets ; à d'autres, ils leur ont frappé à plusieurs reprises les cuisses ; à d'autres, ils leur ont frappé le ventre, et aussitôt tous leurs boyaux se sont dispersés.

« Et c'est en vain qu'alors on courait. On ne faisait que marcher à quatre pattes en traînant ses entrailles ; c'était comme si on s'y prenait les pieds lorsque l'on voulait s'enfuir. On ne pouvait aller nulle part. Et certains qui voulaient sortir, ils venaient les frapper là, ils venaient les larder de coups.

« Et certains ont grimpé par-dessus les murs, et ils se sont bien échappés. Certains sont entrés dans des maisons de quartier et là ils se sont échappés. Et certains se sont échappés parmi les morts, ils sont entrés parmi ceux qui étaient vraiment morts, tout simplement en faisant semblant d'être morts, et là ils se sont bien échappés. Mais, si quelqu'un palpitait encore et qu'ils le voyaient, ils le criblaient de coups.

« Et le sang des vaillants guerriers courait comme s'il avait été de l'eau, comme si cela glissait de partout. Et une odeur fétide montait du sang ; et les boyaux, c'était comme s'ils traînaient. Mais les Espagnols allaient partout, lorsqu'ils cherchaient dans les maisons de quartier ; partout ils lançaient des coups en cherchant, au cas où quelqu'un se serait réfugié là-bas ; partout ils ont été, ils ont été gratter partout, dans les maisons de quartier, alors qu'ils cherchaient [16]. »

Il y eut une véritable chasse à l'homme à l'intérieur et autour des dizaines d'édifices, petits et grands, compris dans l'enceinte du Grand Temple. Le personnificateur de Huitzilopochtli-Tlacahuepan ou de Tezcatlipoca fut frappé au visage [17]. La plupart des personnages de marque qui avaient participé à la danse furent tués et dépouillés de leurs ornements d'or et de pierres semi-précieuses. Les victimes se comptaient par centaines, voire par milliers [18].

Le spectacle fut atroce, selon les informateurs indiens de Sahagún. Mais ils le décrivent plusieurs décennies plus tard, alors que les mentalités ont évolué et que la société aztèque n'est plus cette redoutable machine guerrière chargée de nourrir l'univers de sang. Le ton a changé. Il n'est plus question de « bataille courtoise et glorieuse, parsemée de fleurs, de plumes précieuses, de mort glorieuse dans l'allégresse, sur le champ fleuri ». Les morts qui gisent ensanglantés ne paraissent plus, sur le « champ fleuri », « des fleurs, des pierres précieuses, des roses rouges enveloppées de précieux plumage ». Et ils ne sont plus tombés « avec une joie telle que déjà ils jouissent de [la présence de] nos ancêtres et rois ».

Cependant, des cris fusaient et on appelait au secours et aux armes : « Oh ! vaillants guerriers ! Oh ! Mexicains ! Accourez, que l'on dispose les armes, les boucliers, les flèches ! Venez ! Accourez ! Voilà que sont morts, déjà, les vaillants guerriers ! Ils sont morts, ils ont été détruits, ils ont été anéantis ! Oh ! Mexicains ! Oh ! vaillants guerriers !

« Aussitôt, alors, la foule gronda, alors elle pleura, on se frappa les lèvres. Vite, on alla s'encourager ensemble, et parmi les vaillants guerriers c'était comme si chacun s'était redressé. Ils portaient les flèches, les boucliers. Aussitôt, alors, on se battit. Ils leur lancèrent des javelines, des dards, et ils lancèrent des harpons, et ils jetèrent des javelines à larges pointes d'obsidienne. Ce fut comme si un nuage très jaune de roseaux s'étendait sur les Espagnols [19]. » Ceux-ci furent assaillis de toutes parts par des escadrons nombreux — visiblement prêts pour la bataille — et durent se replier précipitamment vers le palais d'Axayacatl. Alvarado, couvert de sang et furieux, courut chez Montezuma, qu'il n'avait jamais aimé : « Vois ce que m'ont fait tes vassaux !
— Si tu n'avais pas commencé, répliqua le monarque, mes vassaux n'auraient pas fait cela. Oh ! comme vous vous êtes appliqués à vous perdre, et moi avec [20] ! »

Rentrés dans leurs quartiers, les Espagnols se crurent à l'abri, mais des myriades de guerriers fondirent sur le palais. Certains essayaient de forcer les entrées, sans pouvoir venir à bout de la barrière de fer que leur opposaient les assiégés : leur supériorité numérique ne leur était d'aucune utilité. D'autres lançaient des nuées de flèches, de pierres et de javelines depuis les toits des édifices avoisinants. Comme les intrus tenaient bon, on essaya de miner les murs. Un premier s'écroula et les guerriers pénétrèrent dans le palais. Ils furent repoussés. D'autres brèches furent ouvertes, mais comblées aussitôt.

Le combat ne cessa qu'à la tombée de la nuit. Le lendemain, il reprit, et se poursuivit les jours suivants. Chaque fois, les Indiens repartaient à l'assaut avec une violence telle que les Espagnols et leurs alliés tlaxcaltèques, épuisés, croyaient leur dernière heure venue. En désespoir de cause, Alvarado, jouant sa dernière carte, fit appeler Montezuma. L'empereur fut contraint de monter sur une terrasse, accompagné de ses fils et d'autres grands du royaume. Mais lorsqu'ils apparurent, les Mexicas exigèrent leur libération. Alvarado dégaina son poignard et en posa la pointe sur la poitrine de l'empereur : celui-ci devait mettre fin à la rébellion, sinon il mourrait, de même que ses fils et tous les Indiens du palais.

Montezuma dut obtempérer. Car s'il mourait, le soleil se coucherait, le chaos s'instaurerait et les siens périraient avec lui : le Soleil aztèque ne se relèverait donc plus, remplacé par celui des nouveaux venus, de Quetzalcoatl. S'adressant aux Mexicas, il leur dit que, s'ils voulaient le revoir vivant, ils devaient rester en paix[21].

Le calme revint, mais non pas le salut pour les Espagnols. Les jours suivants, quelques combats éclatèrent encore, jusqu'au moment où on prit connaissance de la rencontre entre Cortez et Narváez. Ensuite, les Mexicas continuèrent à investir le palais et en interdirent tout ravitaillement. D'après certains conquistadores, Montezuma leur aurait conseillé d'attendre le retour des vainqueurs et de liquider tous les Espagnols en une fois[22].

Voilà ce qui se dégage des documents disponibles. Mais comme pour Cholula, les intentions belliqueuses des Mexicas ont été mises en doute. Comme si elles étaient honteuses... Or, honteuses, elles ne pouvaient l'être que pour les Indiens qui, par la suite, à l'époque de la Nouvelle-Espagne, essayèrent de faire croire qu'ils n'avaient finalement résisté aux Espagnols et aux bienfaits de la colonisation que contraints et forcés, excédés par les abus des conquistadores et en particulier par les tueries gratuites de Cholula et de Toxcatl. Honteuses aussi pour les moines espagnols, qui s'efforcèrent de présenter les Aztèques comme de doux agneaux, fidèles à outrance, mais victimes de la barbarie des agresseurs blancs. Paradoxalement, ceux qui avaient le plus intérêt à nier le complot aztèque étaient les amis de Velázquez.

Selon la plupart des quelques témoignages que Velázquez fit

Alvarado assiégé dans ses quartiers. Lienzo de Tlaxcala, éd. 1892.

réunir en 1521, le massacre de Toxcatl fut en effet parfaitement inutile — une lubie d'Alvarado, dit Vázquez de Tapia. La rébellion qui suivit n'avait pour cause que ce massacre et d'autres iniquités antérieures des Espagnols, qui coupaient mains et pieds des Indiens et torturèrent un grand seigneur [23]. Toutefois, ces témoignages ne sont pas innocents. Pour Velázquez, il s'agissait de montrer la fausseté de l'affirmation de Cortez, selon laquelle tout tourna mal du fait de l'arrivée de Narváez. Les témoins en faveur de Cortez, eux, insisteront sur la responsabilité de Narváez, et donc de Velázquez [24].

On dit aussi qu'Alvarado n'intervint que pour s'emparer des somptueuses parures des danseurs de marque. Juan Cano l'affirme, Gómara et Cervantes de Salazar s'en font l'écho, Bernal Díaz en relève l'absurdité [25]. La réalité est que la position d'Alvarado dans la ville en émoi ne lui permettait pas d'agir au gré de ses caprices et moins encore de faire des provocations. Il disposait de cent cinquante hommes tout au plus, dont une importante partie devait assurer la garde du palais et de l'empereur.

L'accusation selon laquelle seule la convoitise fut à l'origine du massacre de Toxcatl ne figure pas dans les versions des vaincus. Celles-ci sont confuses dans ce cas aussi. Ainsi, les annales de Tlatelolco, datant de 1528 [26], situent les faits à la même époque que la mort de Nezahualquentzin et de Coatlpopoca. Elles parlent aussi du carnage de porteurs d'eau qui avaient apporté de la nourriture pour les chevaux, peut-être par confusion avec les événements de Cholula.

La *Chronique X*, ou du moins le texte de Durán [27], situe le massacre de Toxcatl *après* le retour de Cortez et en fait le résultat d'un complot d'Alvarado et de Cortez. Les conquistadores avaient eu vent de projets de rébellion. Pour y faire face, ils demandèrent à Montezuma d'organiser une grande danse solennelle des seigneurs et des guerriers les plus braves de la province. Ne se doutant de rien, Montezuma accéda à leur vœu. Dix mille jeunes gens, la fleur de la noblesse de Mexico, vinrent danser. Sur ordre d'Alvarado (*sic*), Cortez fit alors bloquer les entrées du Grand Temple par quarante hommes tandis que dix autres y entraient et massacraient les dix mille braves désarmés. Décidément infatigables, trois ou quatre d'entre eux ne voulurent pas s'arrêter en si bon chemin et montèrent à l'assaut de la pyramide principale. Ils y tuèrent les prêtres et détruisirent les statues. Les hurlements et les clameurs des femmes et des enfants étaient insupportables, mais les capitaines espagnols se mirent à fredonner le petit air sur Néron qui regardait brûler Rome, air qu'on avait déjà mis dans la bouche de Cortez après Cholula. A la suite de cela, Montezuma aurait demandé à ses gardiens de le tuer, parce que les Indiens le rendraient de toute façon responsable de la tuerie. Les Mexicas se soulevèrent et, poursuit Durán en accumulant erreur sur erreur, choisirent un nouveau roi, Cuauhtemoc...

Le père Tovar retient de Durán que la grande danse fut organisée à la demande des Espagnols. Dans un autre texte, il dit que c'est « poussés par on ne sait quelle lubie, peut-être par la convoitise des ornements », qu'a lieu l'attaque. Montezuma, venu parler aux Mexicas, se serait fait insulter et traiter de lâche. Mais immédiatement, Tovar ajoute que « tous les jours, ils réclamaient leur roi dans un grand tumulte, et lui essayait de les apaiser et y réussit jusqu'à ce que Cortez fût revenu de Vera Cruz avec de nouvelles troupes [28] ».

Les impériaux méditaient-ils vraiment d'en finir avec les Espagnols ? Certainement. Ils auraient été fous de ne pas mettre à profit une situation si favorable. Cortez parti, une garnison étique, les Blancs qui allaient s'entre-tuer, les guerriers mexicas sur le pied de guerre, la fête des dieux ennemis de Quetzalcoatl... Montezuma avait sommé Cortez de s'en aller avant même l'arrivée de Narváez, et cette arrivée n'a pu qu'encourager le parti de la guerre [29]. La faute sanglante d'Alvarado a précipité les choses et obligé les Mexicas à jeter le masque.

On se rappelle que, dans un premier temps, certains conseillers avaient opiné qu'il fallait attaquer les intrus avant que les deux armées chrétiennes, celle de Mexico et celle qui venait de débarquer, fassent leur jonction. Mais en fin de compte, il fut décidé de laisser venir la seconde armée et de se débarrasser de tout le monde en une fois.

La situation changea d'aspect lorsqu'on apprit que Cortez marchait contre Narváez. Puisque les deux troupes allaient s'entre-tuer, pourquoi ne pas purger la ville des dieux qui s'y trouvaient encore ? Mais, d'abord, libérer Montezuma. Par exemple, par un coup de main, cependant qu'on attirerait les Espagnols ailleurs en attaquant le palais.

C'est peut-être ce plan que préparaient les Mexicas. C'est pour cela aussi qu'ils avaient organisé en Toxcatl une danse des seigneurs et des plus vaillants, danse qui, semble-t-il, ne faisait pas partie de l'ordinaire de la fête. D'après Juan Alvarez, un témoin qui se trouvait sur les lieux à l'époque, Alvarado pénétra un jour avec quelques hommes dans le Grand Temple pour voir comment s'y déroulaient les festivités. Comme d'habitude en Toxcatl, les Mexicas avaient confectionné une grande effigie de Huitzilopochtli faite de pâte de maïs moulu mélangé à du sang et à des cœurs de sacrifiés, et brandissant des armes.

Les informateurs de Sahagún confirment l'aspect effroyable et belliqueux du dieu : « Et il était vêtu en dessous de son manteau décoré de crânes et d'os humains. Et, en haut, elles [des femmes qui avaient jeûné pendant un an] enfilaient sa jaquette [...] peinte de crânes, d'oreilles, de cœurs, de boyaux, de foies, de seins, de mains, de pieds. [...] Et sur ses épaules il portait comme un fardeau sa bannière sanglante, avec un couteau en silex sur le devant. Sa bannière sanglante n'était qu'en papier, peinte en rouge, peinte de bandes de sang ; le couteau en silex placé en avant, lui aussi, n'était qu'un ouvrage en papier, et lui aussi n'était que comme peint en bandes, en bandes de sang. Et son bouclier se trouvait être un ouvrage en solide roseau, un bouclier en roseau solide, orné à quatre endroits de plumes d'aigle, de touffes de duvet qui tombaient jusqu'à terre, que l'on nommait un *teueuelli*. Et la banderole du bouclier, elle aussi, était peinte uniquement comme la bannière couleur de sang. Et il tenait ensemble ses quatre flèches avec son bouclier ; et son bracelet gauche pendait de son bras, bien disposé, en poil de coyote, et de lui pendait du papier coupé en bandes [30]. »

Mais revenons au témoin. Une victime humaine était attachée par une corde au dos de la statue, tandis qu'un autre Indien était arrimé de la même manière à une autre statue, sans doute celle de Tezcatlipoca. Voyant cela, Alvarado en retira l'impression qu'on préparait un mauvais coup. Il fit détacher les deux captifs et les emmena dans ses quartiers. Interrogés, ils dirent qu'ils devaient effectivement être mis à mort et qu'ils se réjouissaient d'aller rejoindre leurs dieux. Et ils ajoutèrent que la fin des danses serait le signal de l'attaque contre les chrétiens. Alvarado fut mis en demeure par un représentant de la troupe de prendre les devants. Ce qu'il fit, avec les résultats que l'on sait. Alvarez le vit revenir en fuite et l'interrogea. « Par Dieu, nous sommes tombés sur ces coquins. Puisqu'ils voulaient nous attaquer, nous avons frappé d'abord. Entre coquins, le premier qui frappe gagne. »

Cela donc d'après Alvarez, pourtant témoin à charge contre Cortez en 1521 [31].

Montezuma approuvait-il l'attaque ? Il avait été partisan d'attendre que la nouvelle armée ennemie entre aussi à Mexico, ce qui avait en tout cas l'avantage de retarder l'affrontement, un avantage non négligeable pour un roi qui avait peu de chances de s'en sortir vivant avec les siens. S'est-il ravisé après avoir reçu les promesses de Narváez ? On ne sait. Peut-être n'a-t-il approuvé que la tentative pour le libérer, en remettant à plus tard le soin de liquider ou de chasser les intrus survivants [32].

LE COUP DE CEMPOALA

Sur ces entrefaites, Cortez avait, tout en négociant, en envoyant des sommations, en menaçant et en corrompant, poursuivi sa marche sur Cempoala. Narváez ne le craignait pas, confiant en ses forces bien plus considérables. « Sachant, écrit Cortez, que les Indiens s'ameutaient et se révoltaient de plus en plus ; me recommandant à Dieu, mettant de côté la crainte des dommages qui pouvaient s'ensuivre ; considérant que mourir au service de mon roi pour défendre et protéger ses possessions et ne pas les laisser usurper serait pour moi et les miens cueillir la gloire la plus pure, je donnai l'ordre à Gonzalo de Sandoval, grand alguazil, de s'emparer de Narváez et de ceux qui se disaient alcades et regidors. Je lui donnai quatre-vingts hommes avec ordre d'aller les prendre pendant que moi, avec une troupe de cent soixante-dix hommes, car nous n'étions que deux cent cinquante, sans une seule arme à feu, sans un cheval, tous à pied, je suivrais mon grand alguazil pour lui prêter main-forte, si Narváez voulait opposer quelque résistance [33]. » Informé de l'arrivée de l'ennemi, Narváez marcha au-devant de lui mais ne le trouva pas. Il rentra bredouille à Cempoala.

Cortez décide d'agir de nuit. Il fonce vers Cempoala. Arrivé à proximité, il s'empare d'une sentinelle, mais une autre s'échappe et donne l'alerte. Quand Cortez arrive une demi-heure plus tard, les hommes de Narváez sont en alerte. Mais il avance si silencieusement qu'avant qu'on s'en soit rendu compte, il a pénétré, précédé par Sandoval, dans l'enceinte du Grand Temple, où campe l'ennemi, et foncé vers le quartier général de Narváez, qui se trouve au sommet d'une pyramide. La batterie de canons qui en défend l'accès a à peine le temps de tirer. La pyramide est promptement escaladée, la garde de Narváez attaquée et celui-ci pris. Alors le combat cesse. Il n'y a eu que quelques victimes, parmi lesquelles Narváez lui-même, qui a perdu un œil.

Avec de l'or et des promesses, il ne fut pas trop difficile de persuader les soldats de Narváez de se ranger du côté des maîtres du Mexique. Cortez s'empara de la flotte à Vera Cruz, pour empêcher que Velázquez fût informé. D'autres dispositions encore furent prises, comme d'envoyer des expéditions à Coatzacoalcos et en pays huaxtèque et d'avertir la garnison de Mexico-Tenochtitlan de la bonne nouvelle. Douze jours après, le messager revint avec la nouvelle du soulèvement de la cité [34].

Le retour se fit à marches forcées, mais il fallut bien attendre à Tlaxcala l'arrivée de détachements de Coatzacoalcos et de Panuco. Puis la troupe se remit en route. Avec cette fois plus de mille fantassins, près de cent chevaux, quatre-vingts arbalétriers, autant d'arquebusiers et deux mille Tlaxcaltèques, Cortez se croyait invincible. Il fit halte à Texcoco, où personne ne se montra. Un messager espagnol arriva en canot de Mexico et annonça que la garnison tenait bon et n'avait perdu que six ou sept hommes ; et que, depuis que les Mexicas avaient appris la victoire contre Narváez, leur ardeur s'était notablement refroidie. Survint ensuite un émissaire de Montezuma. L'empereur craignait à bon droit d'être regardé comme responsable des événements et d'être victime, avec les siens, de la vengeance du vainqueur. N'avait-il pas, peu auparavant, mis les Espagnols en demeure de quitter la ville ? Ne s'était-il pas abouché avec Narváez ? Pouvait-on raisonnablement imaginer qu'il n'avait pas souhaité voir les deux adversaires blancs s'entre-tuer ? Le croirait-on lorsqu'il dirait qu'on ne lui obéissait plus, alors qu'il avait suffi qu'il apparaisse pour que les combats s'arrêtent ? Il s'efforça donc d'apaiser le capitaine et de nier toute participation dans la révolte. Ce qui, aux yeux de Cortez, valait un aveu [35].

Le panégyriste d'Ixtlilxochitl narre ici comment ce candidat malheureux au trône de Texcoco avait passé son temps à harceler les Mexicas sur leurs arrières pour soulager les Espagnols. Il offrit cinquante mille hommes à Cortez et en recruta deux cent mille de plus en deux jours, avec lesquels il aida le capitaine à entrer dans Mexico. Sachant qu'Ixtlilxochitl arrivait, les Mexicas refluèrent en désordre... Passage délirant, où le chauvinisme ethnocentrique des sources indiennes atteint un sommet inégalé [36].

En fait, Cortez entra dans Mexico le 24 juin sans rencontrer la moindre résistance. La ville paraissait morte. Il fut accueilli avec un soulagement et une joie immenses par les assiégés. Deux dignitaires vinrent lui demander de se rendre chez Montezuma, mais il refusa : « Qu'il s'en aille à tous les chiens ! puisqu'il ferme ses marchés et refuse même de nous faire porter à manger. » Plusieurs officiers protestèrent devant des propos aussi véhéments. Mais Cortez renchérit : « Quelles cérémonies devrais-je faire avec un chien qui complotait en secret avec Narváez, et qui à présent, vous le voyez, ne nous donne même pas à manger ? » Et eux d'approuver : « Cela, il doit le faire, nous semble-t-il, et c'est un bon conseil [37]. » Les deux dignitaires, comprenant qu'on insultait leur seigneur, étaient mortifiés. Informé du refus de Cortez de venir le saluer et de ses reparties insultantes, Montezuma fit dire à ses sujets qu'ils pouvaient faire ce que bon leur semblait et qu'ils ne devaient plus tenir compte de lui [38]. Il se sacrifiait, car l'apocalypse était devenue inévitable.

Les Espagnols demandèrent à l'empereur d'envoyer une personne d'autorité pour faire ouvrir le marché. Montezuma en profita pour désigner son frère Cuitlahuac, qui évidemment ne revint pas. Peu après, un courrier espagnol envoyé à Vera Cruz apparut sanglant et hagard. La ville s'était soulevée et des guerriers affluaient de partout. Cuitlahuac avait pris la tête du soulèvement. Quelques cavaliers furent envoyés en reconnaissance. Ils n'allèrent pas loin, mais suffisamment pour voir que les ponts étaient coupés ou n'avaient conservé qu'une poutre sur deux. Attaqués depuis les toits, ils tournèrent bride et allèrent faire rapport à Cortez [39].

LE ROI TUÉ PAR LES SIENS

La bataille fit rage pendant plusieurs jours. Les Espagnols et leurs alliés firent des tentatives de sortie répétées. Chaque fois, ils durent rebrousser chemin avec des pertes. Une pluie de pierres, de javelines et de flèches leur tombait dessus du haut des maisons et les Indiens attaquaient en bataillons compacts. Les canons, les arbalètes et les arquebuses, les épées et les hallebardes infligeaient aux impériaux des pertes terribles, mais ils serraient les rangs et revenaient à l'assaut avec un courage inouï. Puis d'autres escadrons les relayaient, inépuisables. Il fallait franchir les canaux, conquérir ou reconstruire les ponts, prendre garde de ne pas se faire attirer trop loin, car rien n'était plus périlleux que le retour. Les pertes des conquistadores se chiffraient par dizaines, celles de la Triple Alliance par centaines ou par milliers. Puis, rentrés, les intrus se faisaient attaquer dans leur palais. On escaladait les toits, on ouvrait des brèches dans les murs, des parties étaient incendiées, les projectiles tombaient en averse... Deux, trois jours de suite.

Le quatrième jour, il y eut une grande sortie à l'abri de trois mantelets mobiles que Cortez avait fait faire pour protéger ses hommes contre les projectiles. En faisant feu de toutes leurs armes, ils avancèrent lentement, tuant beaucoup de monde chez l'ennemi.

L'objectif était la pyramide principale. Elle était défendue par des centaines de braves qui avaient entassé au sommet quantité de lourdes pierres et de poutres qu'ils faisaient tomber sur les assaillants. Après une lutte acharnée, les Espagnols et leurs alliés

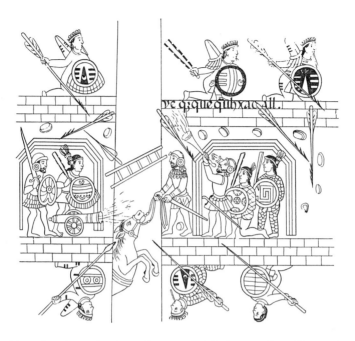

Tentative de sortie des assiégés, à l'abri de mantelets. Lienzo de Tlaxcala, éd. 1892.

parvinrent à un des sanctuaires auquel ils boutèrent le feu. Instant de triomphe suprême pour les Tlaxcaltèques, qui participaient ainsi à une victoire naguère inimaginable pour eux. Prendre le temple, n'était-ce pas obtenir la victoire ? Loin de perdre courage, les Mexicas combattaient avec plus de fureur encore. Il fallut bien redescendre et rentrer. Juste à temps pour empêcher l'ennemi de s'engouffrer par une brèche dans le palais [40]. La nuit, Cuitlahuac attaquait encore, mais avec des moyens différents. Les magiciens et les sorciers épouvantaient les assiégés par des visions atroces : des têtes qui sautaient dans les patios, des jambes se promenant seules, des cadavres qui se traînaient [41]...

Il était temps qu'intervienne Montezuma. Cortez le fit solliciter. D'abord en vain : « Que me veut encore Malinche ? Je ne désire ni vivre ni l'entendre, car c'est par sa faute que le sort m'a mis dans cette situation. » Alors, Cortez se rendit chez lui et s'entendit reprocher : « Vous vous êtes souvenu de moi tardivement, Monsieur, car ils ont déjà élu et fait seigneur mon frère. Et ils ont décidé de ne pas vous laisser sortir vivants d'ici. Néanmoins, j'irai, comme vous me l'ordonnez [42]. »

Tandis qu'au-dehors la bataille faisait rage, Montezuma se dirigea vers une terrasse pour s'adresser à son peuple. Des Espagnols l'accompagnaient pour le protéger de leurs boucliers. Mais, alors qu'il débouchait sur une sorte de petit balcon, l'empereur fut violemment touché par une pierre. Il mourut trois jours plus tard. Cela selon Cortez. Gómara précise que les Mexicas n'avaient même pas eu le temps de reconnaître leur *tlatoani*, abrité comme il l'était derrière un bouclier. C'est ce qu'avait affirmé avant lui Juan Cano, gendre de Montezuma. Les conquistadores anonymes qu'a repris Oviedo ne diffèrent guère. Aguilar dit la même chose mais ajoute que les Indiens dehors n'étaient pas des Mexicas et ne reconnurent pas l'empereur. A peine avait-on quelque peu abaissé un bouclier pour permettre à Montezuma de parler qu'une pluie de projectiles arriva et une pierre ronde le frappa en plein front. Vázquez de Tapia va dans le même sens : la pierre blessa Montezuma mortellement [43].

Tel est le noyau solide de témoignages sur la mort de Montezuma. Mais il en existe des versions très différentes, qui ont donné lieu à une polémique qui ne s'est toujours pas éteinte.

Dès l'*Origen de los Mexicanos*…, un petit document des alentours de 1532, il est question de rumeurs selon lesquelles les Mexicas avaient tué Montezuma en connaissance de cause, après l'avoir d'abord déshonoré en paroles. Rumeurs qu'on retrouve en détail dans Cervantes de Salazar, c'est-à-dire bien plus tard. Ici, c'est Montezuma lui-même, collaborateur à outrance, qui aurait demandé à Cortez de pouvoir apaiser son peuple, auquel il aurait adressé ensuite une longue harangue, promettant entre autres que les Espagnols s'en iraient si les Mexicas le souhaitaient. Il y a quelques instants de silence. Les chefs des assiégeants se concertent. Puis ils crient : « Tais-toi, lâche, sodomite, efféminé, né pour tisser et filer, non pour être roi et faire la guerre. Ces chiens chrétiens que tu aimes tant te gardent prisonnier comme un plébéien et tu es une poule. Il faut croire que ces gens couchent avec toi et te considèrent comme leur maîtresse. » Et après d'autres insultes encore, ils se mettent à lancer toute sorte de projectiles [44].

D'où Cervantes de Salazar tient-il ces propos, qui, près de trente ans plus tard, font écho à l'*Origen* ? Une seule piste s'offre à nous, que nous connaissons bien, celle des vaincus, qui encore

Montezuma tué par les siens. Lienzo de Tlaxcala, éd. 1892.
Les Mexicas assiègent le palais occupé par les Espagnols et leurs alliés. En haut, Montezuma s'apprête à leur parler, mais on lui jette des pierres et des javelines.

et toujours s'ingénient à diffamer Montezuma pour en faire le bouc émissaire général. Plus particulièrement, la *Chronique X*. En effet, s'il faut en croire l'*Histoire* qu'utilise Durán, Cortez fit sortir Montezuma. Parvenu sur une terrasse, le Seigneur des Colhuas fit signe qu'il voulait parler et la bataille s'arrêta. Il demanda de cesser de nuire aux Espagnols, ce qui lui valut une verte riposte de la part de ses officiers, qui lui répliquèrent qu'il était la femme des Espagnols et leur complice lorsqu'il s'agissait de massacrer les Mexicas. Il n'était plus leur roi, poursuivirent-ils, et ses femmes et ses enfants seraient extirpés du pays, en même temps que les Espagnols. Puis une pierre le frappa au front avant qu'on pût le protéger. Mais l'empereur ne fut que légèrement blessé, de même que par une flèche qui l'atteignit au pied. Il mourut plus tard, tué par les Espagnols qui ne voulaient pas s'embarrasser de lui dans leur fuite. Les Mexicas le trouvèrent dans le palais alors qu'ils le cherchaient pour lui faire un sort. Il était enchaîné et avait la poitrine percée de cinq coups de poignard. D'autres grands seigneurs gisaient à ses côtés. Comme Cacama, que les Espagnols tuèrent effectivement à ce moment [45].

Certaines versions indiennes prétendent donc que Montezuma fut supprimé par les Espagnols, mais pas toutes. Pablo Nazareo de Xaltocan, neveu de Montezuma, Muñoz Camargo de Tlaxcala, Ixtlilxochitl de Texcoco admettent la culpabilité des Mexicas. Juan Cano aussi, tandis que les informateurs tlatelolcas de Sahagún ne se prononcent pas [46].

Disons d'entrée de jeu que les Mexicas ont pu croire de bonne foi qu'ils n'étaient pas coupables. Tout compte fait, Montezuma est mort quelques jours après le coup de pierre et dans le camp espagnol. Mais ils ont surtout *voulu* le croire.

Les versions qui accusent les conquistadores sont désespérément contradictoires. On aurait donc trouvé le corps percé de cinq coups de poignard. Mais selon des fragments de Tovar, dont nous avons déjà pu apprécier le caractère fantaisiste, l'empereur fut tué plus discrètement encore, une épée lui ayant été passée dans l'anus, afin de ne pas laisser de traces visibles. Juste châtiment, puisqu'on le traitait de sodomite. Comme l'infortuné Edouard II d'Angleterre, puni lui aussi par où il avait péché... Ce crime aurait eu lieu dès le retour de Cortez qui, fort des hommes de Narváez, croyait ne plus avoir besoin de Montezuma. Malchance, car cinq heures plus tard les attaques furent telles qu'il fallait absolument trouver quelqu'un pour apaiser les Indiens. Et que fit Cortez ? Il s'inspira cette fois du Cid, en amenant le cadavre de Montezuma sur une terrasse, comme s'il était encore en vie, afin qu'il parle aux assaillants. Heureusement, il n'eut pas à dire grand-chose, car il fut atteint par une pierre qui, précise l'auteur avec perspicacité, ne pouvait lui faire beaucoup de mal [47]. Enfin, Sahagún et Chimalpahin font état d'une troisième version encore, selon laquelle Montezuma fut garrotté par les Espagnols avant leur fuite [48].

De toute évidence, les vaincus disent n'importe quoi. Ayant recueilli le cadavre, ils pouvaient pourtant facilement voir s'il était intact grâce à une mise à mort perfide, ou percé de coups de couteau, ou étranglé. Mais ils ne s'arrêtent pas à ces détails. Ils veulent avant tout nier leur responsabilité, alors que, en même temps et de façon caractéristique, ils alignent une foule de bonnes raisons pour tuer leur *tlatoani*. On a vu comment ils essayaient de faire passer Montezuma pour un orgueilleux, un tyran, un usurpateur d'autres trônes ou même du sien, un assassin ; puis, quand surviennent les Espagnols, pour un poltron, un lâche, un traître et un inverti. La chute de l'empire et le cataclysme de 1521 ne pouvaient qu'être le résultat de transgressions. Montezuma les a toutes commises, il est le coupable intégral, celui qu'il fallait tuer, que les Mexicas voulaient tuer d'ailleurs — Durán le dit —, mais ils ont été devancés — une fois de plus — par Cortez. Au surplus, les Indiens ne nient nullement avoir lapidé leur roi. Pour qui sait lire entre les lignes, tout, dans la version des vaincus, proclame qu'ils ont tué le Roi, le Père. Et surtout le mythe de la fuite à Cincalco, le rapport avec Huemac, qui, selon certains, s'est suicidé — comme aurait tenté de le faire Montezuma et comme il l'a fait réellement en se laissant mourir — ou qui a été tué par les siens. Comme Montezuma encore, mort pour avoir été lapidé par eux. Ce qu'on n'admet qu'en évoquant Huemac-Tezcatlipoca.

A la fin de Tollan, Huemac mourut donc comme Montezuma, tandis que Quetzalcoatl, le vrai Soleil toltèque, s'en alla vers l'est, vers le pays de Tlapallan, où il disparut. Quelques années après Montezuma, Cuauhtemoc, l'héroïque défenseur de Mexico en 1521, le « vrai » Soleil aztèque, mais le soleil couchant — Cuauhtemoc signifie « Aigle descendant » —, s'en ira vers l'est, dans le pays de Tlapallan, où Cortez le fera pendre.

Les témoignages espagnols sont clairs et cohérents. Ceux de Cortez et de son ennemi Vázquez de Tapia, ceux de Bernal Díaz, du moine Francisco de Aguilar, du gendre de Montezuma coïncident. Dans les procès qu'on lui fit, Cortez fut accusé de toutes sortes de crimes, sauf d'avoir supprimé Montezuma. Il ne l'a pas fait pour la bonne raison qu'il n'y avait aucun intérêt. Apparemment, Montezuma a conservé son autorité jusqu'au bout et il pouvait donc encore servir. Son peuple ne l'a pas insulté bassement. Cette désacralisation n'a eu lieu qu'après coup, dans la légende des vaincus, parce qu'elle leur était nécessaire, et parce qu'elle accusait les Espagnols, en faisant croire que Montezuma ne pouvait plus leur être d'aucune utilité, alors qu'il était toujours, pour eux, un atout majeur. Comme le dit justement Muñoz Camargo, c'est en lui que les Espagnols avaient placé tous leurs espoirs [49].

La cause est entendue. Cela n'empêche pas quelques historiens modernes de continuer à plaider la culpabilité espagnole. Au XIXᵉ siècle, Orozco y Berra, par exemple, se voit « obligé » de conclure dans ce sens, après avoir « médité calmement, mû non pas par la haine, mais par la conviction ». Et par la recherche de la vérité, mais, hélas, pas celle d'arguments. Chavero fut du même avis, de même que Guzmán. L'un et l'autre penchent pour la version du garrot, Padden pour le poignard, sans qu'on sache trop pourquoi. Toscano et Brundage croient aussi à la liquidation et Sotomayor accepte même la thèse du cadavre lapidé. D'autres auteurs proposent les deux thèses en présence sans se prononcer (León-Portilla), quoique Babelon juge la thèse indienne plausible. La plupart s'inclinent devant l'évidence de la version espagnole, depuis Prescott jusqu'à Vázquez, qui oppose lui aussi la cohérence des versions espagnoles à l'incohérence des versions indiennes [50].

Les Mexicas ont-ils sciemment tué leur roi ? Il est impossible de trancher cette question de façon définitive. Mais il est possible que certains d'entre eux du moins aient cru devoir le faire. Surtout Cuitlahuac, que Montezuma avait fait sortir du palais probablement en lui donnant carte blanche, et donc en se sacrifiant. C'est sans doute par son frère que Montezuma fit dire à son peuple qu'il ne fallait plus tenir compte de lui. Ce dont Cuitlahuac profita en faisant tuer aussi les enfants de Montezuma [51].

Blessé à la tempe, Montezuma ne mourut que quelques jours après. Il le voulait, car sa vie n'avait plus de sens. Il était une entrave pour ses sujets, il devait disparaître. Les Espagnols s'empressaient autour de lui, dont dépendait leur salut, mais il refusait tout soin. On essaya de lui faire accepter le baptême. En vain. Il confia ses enfants, et en particulier son fils Chimalpopoca, aux bons soins de Cortez, qui fit ce qu'il put. Lorsqu'il mourut, son corps fut remis à deux prisonniers pour qu'ils le restituent aux Mexicas. Ce qui fut fait. Il y eut de grandes clameurs et une immense douleur chez les Indiens, qui brûlèrent leur roi dans la nuit suivante et lui firent de solennelles funérailles [52].

Conséquents et incohérents à la fois, les vaincus nient — à tort, n'en doutons pas — les honneurs rendus à la dépouille de leur infortuné souverain. Incohérents, parce que si, comme ils l'affirment, Montezuma périt victime des Espagnols, dont il avait auparavant été le prisonnier, il méritait quelques égards. Conséquents, parce qu'il fallait continuer jusqu'au bout à le présenter comme le responsable de tout, le bouc émissaire, la souillure personnifiée.

On raconte que lorsque le corps de l'empereur fut livré par les Espagnols, un certain Apanecatl — le nom est celui de l'ennemi lunaire de Quetzalcoatl, qui fut vaincu au Mixcoatepetl ! — le prit sur son dos et courut dans toutes les directions, mais personne n'en voulut. A Necatitlan, on lui tira même dessus. Finalement, Apanecatl gémit : « Oh ! nos seigneurs ! Le voilà bien malheureux, Motecuhzoma ! Est-ce que je vais passer ma vie à le porter sur le dos ? » Alors, on donna l'ordre de le brûler [53]. On aurait ensuite insulté son cadavre qui se consumait sur le bûcher : « Ce scélérat ! Partout dans le monde il semait la terreur, partout dans le monde il faisait régner l'épouvante, partout dans le monde on venait tout tremblant devant lui, on venait tout surpris ! Lui ! Ceux qui l'offensaient tant soit peu, aussitôt il leur enlevait la vie ! Beaucoup ont payé pour des fautes imaginées, qui n'étaient pas vraies, qui n'étaient que des paroles trompeuses ! » Il faut préciser que ce passage, où la notion même d'empire est critiquée, est d'origine tlatelolca. Et, précise encore le texte, le corps de Montezuma « puait quand il brûlait ». En Mésoamérique, la mauvaise odeur connote le péché et la souillure. Les cendres de l'empereur ne reçurent pas de sépulture [54].

Montezuma est mort tué et suicidé à la fois, juste à temps pour ne pas voir ce qu'il avait si fort appréhendé : la destruction de sa ville et de sa civilisation. Il avait voulu éviter le suicide héroïque de son peuple. Son drame est qu'on le lui a reproché.

Dès le début, il avait compris que son empire ne pourrait prévaloir contre les nouveaux venus. Parce qu'ils paraissaient divins et invincibles et que, dès lors, ils devaient être ceux dont on craignait le retour.

Montezuma était prisonnier de ses mythes. Du mythe des ères et des Soleils qui déclinent, de l'alternance de Tezcatlipoca et Quetzalcoatl. Ce Quetzalcoatl dont on avait raccourci l'ère en le chassant, qu'on avait remplacé par Huitzilopochtli, et qui à présent revenait reprendre sa place. Du mythe des Mexicas errants ensuite, nouveaux venus pauvres mais vaillants, en route vers une Terre promise où ils vaincraient les autochtones décadents et finiraient par être absorbés par eux. Les Espagnols étaient les nouveaux venus de l'ère nouvelle. Mais la conception cyclique de l'histoire n'enseignait-elle pas qu'eux aussi se feraient absorber par les autochtones ?

Montezuma fut victime de ses mythes. Mais qui ne l'aurait été, alors qu'ils serraient de si près la réalité de la vie et de l'histoire ?

Et alors que tant de coïncidences extraordinaires avaient appelé la confusion : le nom de l'année de l'arrivée des Européens, le mois et le jour de leur entrée à Mexico ; la direction d'où ils débarquaient, leur nombre, leur apparence démunie, leur incroyable intrépidité, leur allure divine...

Montezuma était captif de ses mythes, mais aussi de son sentiment de culpabilité à l'égard d'un dieu que les Mexicas avaient persécuté. D'où ses angoisses toutes particulières, que les autres populations, comme les Mayas, les Tlaxcaltèques, les Cholultèques, ne partagèrent pas.

Prisonnier de ses mythes, mais en l'occurrence ils ne l'ont pas empêché de faire ce qu'il fallait. D'ailleurs, il a cru qu'il pouvait appliquer les mythes aux événements car les intrus paraissaient invincibles ; il n'a pas cru ceux-ci invincibles parce que ses mythes le lui disaient. Certes, il a fait appel à la magie, mais il n'a pas négligé pour autant l'action. Une action avisée, intelligente, prudente, cherchant à sauver ce qui pouvait l'être. Étudiant l'envahisseur, le mettant à l'épreuve, lui coupant les vivres, lui tendant des pièges. Essayant de l'annihiler, mais en se ménageant la possibilité, en cas d'échec, de maintenir l'empire mexica. De là ces batailles par populations interposées : les Mayas du Tabasco peut-être, les Tlaxcaltèques, Cholula, puis le piège de Mexico, où le maître de la lourde machine impériale fut encore devancé par la manœuvre rapide du petit groupe ennemi agile, maniable, résolu et jouant son va-tout.

En captivité, sa ligne de conduite resta la sauvegarde de l'empire, cet ensemble hétéroclite et instable auquel il s'était efforcé, pendant son règne, de donner plus de solidité et de cohérence. Roi grand et hautement intelligent, il avait introduit des réformes révolutionnaires qui, malheureusement, n'eurent pas le temps de sortir leurs effets. Il avait compris aussi qu'il fallait combler les lacunes territoriales plutôt que s'étendre encore.

Tout cela, certains ne le lui pardonnèrent pas. Souverains relégués à l'arrière-plan, roitelets déchus, grands seigneurs dépossédés, nobles humiliés, adversaires rituels traités en ennemis véritables, cités contraintes d'augmenter leur tribut, tous dénoncèrent le soi-disant orgueil du centralisateur. Et quand vint la chute, cet orgueil en fut désigné comme la cause. Par la suite, on fit de Montezuma le bouc émissaire que l'on sait, et l'autochtone type, vivant dans le luxe, lâche, efféminé, sans réaction. Cette image fausse avait, entre autres, ceci de beau qu'elle faisait accroire que les Mexicas n'avaient résisté aux Espagnols et à l'introduction de la foi que poussés à bout par les excès des conquistadores. Enfin, l'empereur devint ce soleil couchant d'une ère en perdition.

Il résulta de tout cela une histoire remodelée par le mythe, une histoire qui trop souvent a été prise pour argent comptant.

ÉPILOGUE

L'empereur mort, les combats reprirent de plus belle, avec une férocité inouïe. Jour après jour, les Espagnols firent des sorties pour s'emparer des ponts qui devaient leur permettre de quitter la ville. Peine perdue. Finalement, alors que presque tous les hommes étaient blessés et que deux des trois chaussées reliant l'île à la terre ferme étaient détruites, Cortez décida de fuir. Par la chaussée de Tlacopan, dès la nuit suivante.

Le départ eut lieu dans le silence le plus complet. Le temps favorisait l'entreprise : il pleuvait et la tempête faisait rage. On emmenait des enfants de Montezuma et le plus possible d'or du trésor accumulé. Cacama et d'autres personnalités éminentes prises en otages furent liquidées. Au début, tout se passa comme si les Aztèques ne se rendaient compte de rien. Mais alors que l'avant-garde se croyait déjà sauvée et que les derniers groupes sortaient du palais d'Axayacatl, les Espagnols furent attaqués. Les guerriers surgissaient de partout, lançant des pierres et des javelines, donnant des coups de lance et de *maquahuitl*, entraînant les intrus surchargés dans les canaux ou dans les eaux de la lagune. Ils étaient sur les toits, sur des esquifs, sur la chaussée, combattant sans relâche, tronçonnant la colonne presque aveugle et incapable de manœuvrer, faisant des prisonniers qui aussitôt étaient emmenés au temple de Huitzilopochtli pour y être immolés. Les fuyards étaient terrorisés par le bruit des grands tambours de guerre et les hurlements de leurs camarades que la lueur des brasiers permettait d'apercevoir au sommet de la pyramide.

Les pertes infligées aux intrus durant cette *Noche triste* furent terribles : plus de six cents Espagnols et deux mille Tlaxcaltèques y laissèrent la vie ; l'artillerie, l'or, les bagages étaient perdus, aucun survivant n'était indemne. Mais Cuitlahuac n'avait pu empêcher Cortez de sortir. Sa victoire, dès lors, était un échec. Il tenta d'y remédier en interceptant la colonne qui essayait de rejoindre Tlaxcala.

La bataille eut lieu sept jours après la *Noche triste*, le 7 juillet 1520, à Otumba. Ce matin-là, les rescapés eurent la mauvaise surprise, en se réveillant, de voir la campagne couverte de guerriers en nombre infini. Mais cette fois, on était en rase campagne. Et les Indiens étaient si nombreux qu'ils se bousculaient et se gênaient les uns les autres. Les Espagnols, eux, jouèrent de l'épée avec méthode, se frayant un chemin dans la direction d'un groupe de généraux signalés par leurs devises resplendissantes. Le commandant en chef fut tué et plusieurs généraux avec lui. Les troupes aztèques se débandèrent. Le lendemain, Cortez parvint en territoire tlaxcaltèque. Les Espagnols, à leur immense soulagement, y furent bien reçus.

Vingt jours de repos. Puis une première campagne, brutale, sanglante, contre la cité de Tepeaca, qui a tué des envoyés de Vera Cruz. Cependant, des renforts arrivent régulièrement. A la fin de l'année, la petite armée compte à nouveau près de mille hommes.

Cortez a tiré les leçons des événements. Il a compris qu'il ne pourrait maîtriser Mexico-Tenochtitlan sans contrôler les lagunes et les lacs alentour. Il fait construire treize brigantins qui seront amenés à pied d'œuvre en pièces détachées. Son esprit a changé. La première fois, il avait marché sur Mexico pacifiquement, autant que possible. Maintenant, il marche en guerre, faisant le plus de mal possible à l'ennemi.

Cuitlahuac, de son côté, a obtenu des ralliements et cherché des alliances nouvelles, entre autres avec les Tlaxcaltèques et les Tarasques, mais sans grand succès. C'est alors que le cataclysme commence réellement à se déchaîner. Un Noir de la troupe de Narváez a la variole, maladie inconnue en Amérique, comme bien d'autres. Elle se répand et prend une virulence extrême. En novembre, les morts se comptent par centaines de milliers, voire par millions. Vázquez de Tapia affirme qu'un Indien sur quatre succomba. Parmi eux, Cuitlahuac, qui n'avait même pas eu le temps de se faire introniser.

Cuauhtemoc, l'Aigle descendant, fils d'Ahuitzotl, lui succède, tout jeune encore et d'une bravoure exceptionnelle. Mais il ne parvient pas à contenir les Espagnols. Avec leurs alliés, ceux-ci soumettent systématiquement, cité après cité, village après village, toute la vallée de Mexico. Le 30 mai 1521, Mexico est investi. Le siège commence. Des dizaines de milliers de guerriers tlaxcaltèques, otomis, chalcas, xochimilcas sont venus participer à la fête. La ville est totalement isolée, les brigantins tiennent les canots, et donc le ravitaillement, à distance. Les envahisseurs avancent sur les chaussées, attaquent les barricades, les détruisent, puis passent aux suivantes. Les ponts étant coupés, ils doivent franchir certains fossés à la nage. Dans la ville, comme ils se font attaquer depuis les palais et les maisons, ils brûlent les constructions. La nuit, les assaillants se replient. Les Mexicas en profitent pour rouvrir les fossés et rompre les ponts. Le lendemain, tout est à recommencer.

Les combats sanglants durent des jours, des semaines. Il y eut des pertes énormes du côté mexica, parfois sévères chez les Alliés. Ixtlilxochitl de Texcoco est venu appuyer les Espagnols avec une grande armée. Mais rien ne décourage les Mexicas, qui se battent avec un courage, une ténacité, une endurance incroyables. Ils se servent même d'épées et de lances espagnoles. Excédé, incapable d'utiliser efficacement sa cavalerie, Cortez donne l'ordre de raser les maisons au fur et à mesure de l'avance et d'en utiliser les débris pour combler canaux et fossés et pour tout aplanir. Les combats continuent. Attaques soudaines de nuit, fausses retraites mexicas, embuscades, pénétrations fulgurantes, assauts de pyramides... Un jour, Cortez est presque pris, des dizaines d'Espagnols et un millier d'Indiens sont tués. Les vivres s'épuisent du côté des assiégés, qui servent de nourriture aux Tlaxcaltèques. Bientôt, ils en sont réduits à manger des racines et de l'herbe... Mais ils rejettent toute offre de paix.

C'est l'apocalypse, la fin de Tollan, ce que Montezuma avait tant craint. L'irruption de la guerre, de la famine, des maladies, de la mort sous toutes ses formes. Et la destruction totale de la splendide métropole, brûlée et rasée.

Les combats continuent encore trois mois. Trois mois de résistance acharnée, d'un héroïsme inconcevable, contre un ennemi finalement supérieur en nombre. Enfin, Cuauhtemoc est capturé en essayant de fuir, tandis que les survivants quittent la ville. « La douleur de ces malheureux était infinie. De longues files d'hommes, de femmes et d'enfants se dirigeaient de notre côté ; et pour sortir plus vite, ils se bousculaient et tombaient à l'eau et se noyaient au milieu de la multitude des cadavres ; l'eau salée qu'ils buvaient, la faim et la pestilence avaient enlevé plus de cinquante mille âmes à la ville. [...] Je recommandai bien aux capitaines de nos Indiens qu'ils veillassent à ce que leurs gens ne tuassent plus personne ; vaine recommandation ; ce jour-là, ils en tuèrent encore et sacrifièrent plus de quinze mille » (Cortez). C'était, trait pour trait, la fin de Tollan.

La ville était vaincue et détruite, mais non la civilisation aztèque. La paix revint : elle allait durer des siècles. Mais ce que la population gagna en vies humaines grâce à la cessation des guerres fut perdu par les brutalités et les exactions des conquérants.

Les épidémies eurent le dernier mot. Tout au long du siècle et plus tard encore. 1520-1521, 1531, 1538, 1545-1548, 1550 et ainsi de suite. Variole, rougeole, oreillons, typhus, variole encore... En cent ans, la population du Mexique tomba à moins d'un dixième de ce qu'elle avait été. Une catastrophe sans pareille dans l'Histoire. Un effondrement démographique qui effaça les civilisations indiennes, qui les tua aussi sûrement que le fait aujourd'hui l'explosion démographique du tiers monde, lorsqu'elle désintègre les civilisations non occidentales en les contraignant à adopter nos techniques et notre culture.

CHRONOLOGIE

Période préclassique (1700 av. J.-C. - 200 apr. J.-C.)

1400-400 :	Floraison de la culture olmèque.
400 av. J.-C.- 200 apr. J.-C. :	Cultures épi-olmèques ; formation des civilisations maya, du Mexique central (Teotihuacan, Cholula), de la côte du Golfe, de l'Oaxaca, de l'Occident.

Période classique (200-900)

200-700 :	Floraison des cités mayas ; apogée de Teotihuacan et de la civilisation zapotèque à Monte Albán.
700-900 :	Apogée des Mayas, puis effondrement ; essor de El Tajín sur la côte du Golfe, Cacaxtla, Xochicalco et Tollan au Mexique central.

Période postclassique (900-1521)

900-1200 :	Empire des Toltèques de Tollan ; essor des Mixtèques.
1063 :	Naissance mythique du cinquième Soleil.
1168 :	Départ des Mexicas d'Aztlan.
vers 1200 :	Invasions chichimèques au Mexique central.
1325 :	Prétendue fondation de Mexico-Tenochtitlan.
1375 :	Avènement du premier roi de Mexico, Acamapichtli.
1395 :	Avènement de Huitzilihuitl.
1414 :	Avènement de Chimalpopoca.

1418 :	Conquête de Texcoco par les Tépanèques.
1428 :	Défaite des Tépanèques, avènement d'Itzcoatl, fondation de la Triple Alliance Mexico-Texcoco-Tlacopan, début de l'empire aztèque.
1440 :	Avènement de Montezuma Ier.

1418 :   Conquête de Texcoco par les Tépanèques.
1428 :   Défaite des Tépanèques, avènement d'Itzcoatl, fondation de la Triple Alliance Mexico-Texcoco-Tlacopan, début de l'empire aztèque.
1440 :   Avènement de Montezuma Ier.
1450-1454 :   Grande famine, instauration de la guerre fleurie.
1469 :   Avènement d'Axayacatl, père de Montezuma II.
1473 :   Conquête de Tlatelolco.
1481-1486 :   Règne de Tizoc.
1487 :   Intronisation d'Ahuitzotl et inauguration de la pyramide principale de Mexico.
1492 :   Colomb en Amérique.
1498 :   Attaque surprise contre la vallée de Puebla ; peu après, guerre civile à Huexotzinco.
1502-1506 :   Années de famine ; réformes politiques et religieuses de Montezuma.
1502 :   Mort d'Ahuitzotl, avènement de Montezuma II. Colomb rencontre des marchands mésoaméricains.
1503 :   Campagnes de Xaltepec et Achiotlan (Oax.).
1504 :   Grande offensive contre la vallée de Puebla.
1505 :   Campagne de Quetzaltepec et Totontepec (Oax.).
1505-1507 :   Guerre contre Yanhuitlan, Zozollan, Teuctepec (Oax.).
1507 :   Fête de la Ligature des Années et du Feu nouveau ; défaite d'Atlixco.
1508-1509 :   Campagnes de Teuctepec, Miahuatlan (Oax.), défaites contre la vallée de Puebla.
1510 :   Signes avant-coureurs de la chute de l'empire.
1511 :   Naufrage d'un navire espagnol au large du Yucatan. Parmi les survivants, Gonzalo Guerrero et Gerónimo de Aguilar.
1511-1512 :   Campagnes de Nopallan, Icpatepec, Tlaxiaco (Oax.).
1515 :   Mort de Nezahualpilli, roi de Texcoco ; révolte d'Ixtlilxochitl. Guerre entre Tlaxcala et Huexotzinco ; les Huexotzincas se réfugient à Mexico.
1517 :   Expédition de Francisco Hernández de Córdoba.
1517-1518 :   Reprise de la guerre entre Mexico et Huexotzinco.
1518 :   Expédition de Juan de Grijalva.
1519 :   Expédition de Fernand Cortez.
    25 mars :   Bataille de Cintla.
    21 avril :   Arrivée de Cortez à San Juan de Ulúa.
    16 août :   Les Espagnols quittent Cempoala.
    1er-10 septembre : Guerre des Espagnols contre Tlaxcala.

16-18 octobre :	Massacre de Cholula.
8 novembre :	Entrée des Espagnols à Mexico.
1520	
10 mai :	Cortez marche sur Cempoala.
24 juin :	Cortez rentre à Mexico.
27 juin :	Mort de Montezuma.
30 juin :	*Noche triste*, fuite des Espagnols.
1521	
13 août :	Reddition de Mexico-Tenochtitlan.

NOTES

Abréviations

CF : *Codex de Florence*
CTR : *Codex Telleriano-Remensis*
CVA : *Codex Vaticanus A ou Ríos*
HMP : *Historia de los mexicanos por sus pinturas*

INTRODUCTION

1. Montezuma II a été le dernier empereur aztèque dûment intronisé. J'écris Montezuma, qui sonne mieux que Motecuhzoma prononcé à la française. Montezuma et Cortez sont de grandes figures historiques dont on a bien le droit de franciser les noms. L'espagnol nous donne d'ailleurs l'exemple en la matière, en hispanisant ou en actualisant sans hésitation, parlant par exemple de Hernán Cortés au lieu de Fernando Cortés, ou de Moctezuma au lieu de Motecuhzoma.

Par ailleurs, les *tlatoque* aztèques seront appelés rois ou, pour le roi des rois, empereur. Le terme de roi désigne en effet des réalités si variées — depuis les pharaons jusqu'aux rois-figurants, en passant par les souverains parfois multiples de l'ancienne cité grecque, les rois de Rome, de France, des Indes, les monarques absolus... — qu'il n'y a pas de raison d'en faire l'économie pour les Mésoaméricains.

2. Les Mayas ont laissé des inscriptions nombreuses que l'on déchiffre enfin. Mais elles sont trop peu nombreuses pour couvrir la carrière d'un seul et même personnage, et les renseignements qu'elles fournissent sont presque aussi sujets à caution que ceux des sources du Mexique central.

3. Le mécanisme des calendriers aztèques est exposé plus loin, chap. IV. Sur les problèmes de chronologie, voir, par exemple, Davies 1973b, App., et Graulich 1987.

4. Sur les sources, consulter, outre les introductions des différents ouvrages, les volumes 12 à 15 du *Handbook of Middle American Indians*, et en français, Graulich 1987.

PROLOGUE AUX DÉBUTS DES TEMPS

1. Pour qui n'avait pas cette chance, il restait la possibilité de mourir symboliquement à travers une victime-substitut. Le guerrier qui faisait sacrifier son prisonnier, le riche marchand ou les membres d'une corporation qui offraient un esclave rituellement baigné, « mouraient » à travers leur victime, et ce d'autant plus qu'ils s'y étaient préparés par les pénitences dont il a été question.

2. Pour les sources et l'analyse détaillée de ces mythes, voir Graulich 1987, 1988.

CHAPITRE PREMIER : L'ascension des Mexicas

1. *Crónica mexicáyotl* 1949 : 24 ; autre bel exemple de texte « mythique » composé bien plus tard, quand l'empire est devenu une réalité.

2. *Crónica mexicáyotl* 33-4.

3. « *Oncan tonaz, oncan tlathuiz* » : Muñoz Camargo 1984 : 144.

4. Cité qui devait posséder des terres sur la terre ferme, car on voit mal autrement comment ces petites îles auraient pu nourrir une population nombreuse.

5. Torquemada 1 : 163.

6. Outre les sources qui seront mentionnées dans le texte, voir : Sahagún 1956 : 2 : 283 ; *CTR* pl. 7 p. 273 ; *Codex Aubin* fol. 35 r° ; *Anales de Tlatelolco* 56-7 ; *Anales de Cuauhtitlan* 1945 : 52 ; *HMP* 1965 : 61 ; Chimalpahin 1965 : 200. Les sources de la vallée de Puebla, l'*Historia tolteca-chichimeca* et Muñoz Camargo n'en parlent pas.

7. Sur ce sujet, Ixtlilxochitl 2 : 111-3, aussi pour le récit qui suit ; *Anales de Tlatelolco* 56-7 ; *Anales de Cuauhtitlan* 1945 : 52 ; Chimalpahin 1965 : 200 ; *HMP* ; Durán 1 : 241-4 ; Torquemada 1 : 157-8 ; Hassig 1981 ; Davies 1987 : 58-61.

8. Sur la guerre fleurie : Ceballos Novelo 1939 ; Vaillant 1950 : 108-9, 214-53, 183, 218 ; Soustelle 1955 : 128 ss. ; Katz 1955 ; López Austin 1961 : 43-4 ; Canseco Vincourt 1966 : 101-24 ; Davies 1968 ; 1973a : 97 ss., 232, 1987 : 232-50 ; Brundage 1972 : 96 ss. ; 1985 : 131 ss. ; Hicks 1979 ; Isaac 1983 ; León-Portilla 1985 : 211-9 ; Alcina Franch 1989 : 105-6 ; Lameiras 1985 : 53 ; Hassig 1988 *passim*.

9. Cités dont les dieux sont, respectivement, Tezcatlipoca, Huitzilopochtli et Tlaloc et, d'autre part, Camaxtli, Matlalcueye et Quetzalcoatl (cf. Ixtlilxochitl). Ils vont par paires : Tezcatlipoca se confond en partie

avec Camaxtli, Matlalcueye avec l'épouse ou la sœur de Tlaloc, et on sait que Huitzilopochtli est un substitut mexica de Quetzalcoatl.
10. Tapia 1988 : 93 et Tovar fol. 66a, qui probablement s'inspire de Tapia.
11. Ixtlilxochitl 2 : 111-3 ; Pomar 1986 : 89 ; Torquemada 1. 2 chap. 71.
12. Durán chap. 28, 1967 : 2 : 232. Sur Tlacaelel : León-Portilla 1985 : 211-9 ; Davies 1987 : 48-50 ; Zantwijk 1986, 1992.
13. Six est aussi le nombre de *calpulli*, de quartiers chargés du culte de Huitzilopochtli à Mexico. *Cf.* Zantwijk 1966.
14. Durán 2 : 232-3, 235, 417 ; aussi Muñoz 1892 : 116 ; Motolinia 1970 : 219-20.
15. Pomar 1986 : 89 ; Ixtlilxochitl.
16. Chimalpahin 1987 : 46 ; 1965 : 152 ; Brundage 1972 : 101 et surtout note 23 veut faire remonter la guerre fleurie jusqu'à l'époque toltèque et ensuite celle de Quinatzin, mais les documents qu'il invoque n'autorisent pas ces conclusions.
17. *Anales de Cuauhtitlan* 1945 : 32 ; 1938 : 172.
18. Chimalpahin 1889 : 8, 71.
19. *Anales de Cuauhtitlan* 1945 : 32. Sur la « préhistoire » de la guerre fleurie : Davies 1968 : 89 ss., 147 : il cite comme autre cas de « guerre fleurie » la *Relation géographique de Villa de Espíritu Santo*, où il est question de cités qui luttaient pour obtenir des victimes à manger ; et à Ixtepexi ; Davies 1973a : 97. La scène de bataille de Cacaxtla, datant du VIIIᵉ siècle, paraît être rituelle et « fleurie ».
20. García Quintana 1969 : 191 ; *Codex Mendoza* pl. 58 p. 121 ; Acosta 1962 : 265.
21. Sahagún 1. 6 chap. 37, 31 ; 1880 : 454, 439.
22. Ce n'est pas une raison pour dire, avec Brundage 1985 : 132, que seuls les seigneurs *(tetecuhtin)* participaient à ces conflits, et sur base volontaire, les gens du commun en étant exclus !
23. Tezozomoc 491.
24. Voir, par exemple, Torquemada 1 : 199 ; Durán 2 : 466 ; Sahagún 1. 2 chap. 21, 1956 : 1 : 147 ; 1950-81 : 2 : 53. Nous en verrons des exemples dans les chapitres suivants.
25. Tezozomoc 632. Poésies : voir Garibay 1964-8, Bierhorst 1985. En français, Baudot 1976.
26. Ceballos Novelo 1939 ; Vaillant 1950 ; Soustelle 1955 : 128-9, 246 ; Brundage 1972 : 100-1, 1985 : 130-4 ; Burland 1967 : 48 ; Conrad et Demarest 1984 : 60 ; Townsend 1992 : 200.
27. Hicks 1979.
28. Harner 1977a, b ; Harris 1977.
29. Gómara 2 : 410 ; Tezozomoc chap. 38-9, 1878 : 360 ss.
30. Pomar 1986 : 92.

31. Cortés 1982 : 88 ; Cervantes de Salazar 1. 3, chap. 53, 1971 : 1 : 285.

32. Ixtlilxochitl 1 : 553 ss.

33. Muñoz 1984 : 176-8 ; repris par Torquemada 1 : 197-9. Ces données de Muñoz sont à la base de la théorie de López Austin 1961 : 43-4, selon laquelle les États insoumis de la vallée de Puebla faisaient peser une menace sur le commerce des Alliés avec la côte du Golfe et le pays maya. Il fallait donc les neutraliser, mais en évitant de les unir contre la menace extérieure. Mieux valait dès lors entretenir avec eux des relations officiellement correctes, voire amicales, tout en les affaiblissant constamment par des combats rituels. Sur les causes réelles des guerres, voir aussi Katz 1966 : 44 ; Isaac 1983a ; Conrad et Demarest 1984 ; Lameiras 1985 ; Davies 1987 ; Hassig 1988.

34. Davies 1968 : 109-10, 143 ; 1987 : 233 ; Hassig 1988 : 162. Torquemada dit que Tlaxcala vint réellement à l'aide des cités attaquées.

35. Cortés 1963 : 46 ; Dumond 1976 : environ 500 000 habitants en 1519, sans compter Huexotzinco et Cholula.

36. Voir aussi Hassig 1988 : 129 ss., 172, 255.

37. Davies 1980 : 166, cite García Cook 1974.

38. Padilla, Sánchez-Nava et Solís Olguín 1989 ; Pérez Castro, Sánchez-Nava et al. 1989 ; Graulich 1992.

39. Torquemada 1 : 191.

40. Durán chap. 57, 1967 : 2 : 433-6 ; Tezozomoc 610-3.

41. Cf. Durán et Tezozomoc. Les Anales de Cuauhtitlan 1938 § 1214 situent la bataille en 1495, Ixtlilxochitl en 1494, le Codex Aubin en 1498, Chimalpahin 1963 : 132, 1965 : 225 en 1495. Voir aussi Torquemada 1 : 191 ; Crónica mexicáyotl 134-5 ; Relación genealogía... 1941 : 279 : aussi avant l'avènement de Montezuma II. Muñoz 1892 : 114-5 fait mourir Tlacahuepan contre Tlaxcala. Le héros est souvent mentionné dans les poésies. Davies 1968 penche pour la version de la Chronique X, de même que Hassig 1988 : 227-9 par exemple. En sens contraire : Prem, Dyckerhoff et Miehlich p. 27.

42. Torquemada fait tomber ce fils de Montezuma en 1504 contre Tlaxcala. Davies 1968 : 135. Ixtlilxochitl en fait un frère, mais tué par les Atlixcas en 1494, ou en 1508 dans un autre passage.

43. Durán chap. 17, 1967 : 2 : 145-6 ; Tezozomoc 1878 : 294-7.

44. Chimalpahin 1965 : 225.

45. Torquemada 1 : 191 ; Chimalpahin 1889 : 169-70 donne une version toute différente, peu favorable à Toltecatl. Il aurait enfin été massacré avec ses partisans par ses oncles du clergé. Mêmes propos dans les Anales de Cuauhtitlan 1938 : 270-1 ; Prem, Dyckerhoff et Miehlich 1978 : 28.

46. Sur ce sujet : Gibson 1971 ; Bray 1972 ; Brumfiel 1983 ; Hodge 1984 ; Rojas 1991 ; Smith 1986 ; Broda 1978, 1979 ; Offner 1983 ; Hicks 1992 ; López Austin 1961 : 46-9 ; Davies 1987 ; Lameiras 1985.

CHAPITRE II : L'éducation d'un prince aztèque

1. Tezozomoc chap. 82, 1878 : 572-3 : Montezuma a 34 ans quand il accède au pouvoir ; *Codex Mendoza* pl. 17 et Mendieta 1 : 168 : il avait 35 ans en 1502 et mourut à l'âge de 53 ans. Selon Torquemada 1 : 187, il est mineur à la mort d'Ahuitzotl.

2. Díaz del Castillo chap. 91.

3. Sur les mécanismes du calendrier mexicain, voir chap. IV.

4. Tezozomoc chap. 103, 1878 : 670. Déesses : les « femmes divines » mortes en couches ainsi que Chicomecoatl et Aticpaccalquicihuatl : *CF* 1. 2 App., 1969-81 : 2 : 189, 212.

5. Chimalpahin 1965 : 215 ; *Crónica mexicáyotl* : 137-8. Xochicueyetl : Sotomayor 25 ; j'ignore l'origine de cette assertion.

6. *Codex Mendoza* fol. 12-5 : Tizoc et Ahuitzotl sont frères de Montezuma ; *HMP* 1965 : 62.

7. Motolinia 196.

8. Oviedo 4 : 245-7.

9. *Crónica mexicáyotl* 135-9 ; Tezozomoc 1878 : 572 ; Ixtlilxochitl 2 : 146-7.

10. Cortés 1982 : 129 ; Sahagún 1. 8 chap. 37, 1880 : 538-41 ; Las Casas 1974 : 154-7 ; Pomar 1891 : 27-30 ; Zurita 56-63 ; le *tlillan calmecac* : Durán 1967 : 317. La plupart des sources sur l'éducation sont réunies dans López Austin 1985 a et b ; voir aussi Orozco y Berra 1960 : 176-206 ; Soustelle 1955 : 200-3 ; León-Portilla 1968 : 64-8 ; Escalante 1986 ; Rojas 1986 : 189-91.

11. Sahagún 1. 6 chap. 17, 20 : 1880 : 381-2, 395-8.

12. Sahagún 1. 6, chap. 40, 1. 3, chap. 8, 1951-81 : 3 : 63-5 ; 6 : 213-8 ; Las Casas 1974 : 93, 140 ; López Austin 1985a : 2 : 65 ; *HMP* 1965 : 75-6.

13. Sahagún 1. 6 chap. 21, 22, 1951-69 : 6 : 113-25 ; Clavijero 202.

14. Sahagún 1. 6 chap. 22, 1880 : 404-7.

15. Juan Suárez de Peralta, *Tratado del descubrimiento de las Indias*, cité dans Vázquez 1987 : 8.

16. Sahagún 1880 : 538-41 ; selon Oviedo 4 : 246 : citant une lettre d'Antonio de Mendoza : Montezuma fut fait capitaine à l'âge de douze ans.

17. Clavijero 223 ; *Codex Mendoza* pl. 65 p. 135 ; Durán 1967 : 1 : 114-5 ; Piho 1974 : 280-1.

18. Oviedo 4 : 246 ; Mendieta 1 : 151 ; Torquemada 1 : 499 ; B. Díaz chap. 126, 1987 : 2 : 149 : « Personnellement, il avait vaincu en trois combats singuliers à propos de pays qu'il soumit à son empire. »

19. Torquemada 1 : 499 ; Tezozomoc 573.

20. Tezozomoc 579-80.

21. *Codex Mendoza* pl. 15 p. 34 ; Tezozomoc 579 ; Gómara 2 : 134 ; Torquemada 499 ; Sahagún 1. 8, Prol., 1956 : 2 : 282.

22. Torquemada 461-2.
23. Gómara 2 : 134 ; B. Díaz chap. 97 et 126 ; Torquemada 1 : 499.
24. Torquemada 1 : 461.
25. Torquemada 1 : 499 ; Mendieta 1 : 167.
26. Durán 1967 : 2 : 414.
27. *Codex Mendoza* pl. 15 p. 34 ; Mendieta 1 : 167.
28. Sahagún 1956 : 2 : 282 ; Gómara 2 : 136-41, 163.
29. B. Díaz chap. 91 ; Gómara 2 : 134 ; Oviedo 4 : 220 ; Sahagún 1. 12 chap. 9.
30. Sahagún 1956 : 3 : 19 ; Tezozomoc 572-3 ; Torquemada 1 : 187, 194. Mais *Codex Mendoza* pl. 14 p. 33 : il fut *tlacatecuhtli* ; Chimalpahin 1889 : 168 et Mendieta 1 : 167 : *tlacatecatl* ; sur le *tlacochcalcatl* : *Codex Mendoza* pl. 66 p. 137, pl. 68 p. 141 ; Brundage 1972 : 115 ; Piho 1974 : 281-2 ; Davies 1987 : 113, 160-6 ; Hassig 1988 : 40-48, 278.
31. Sahagún 1. 9 chap. 2, 1880 : 551.
32. Torquemada 1 : 194 ; *CVA*, p. 304 le montre revêtu d'une peau d'écorché.
33. En 11 Roseau, 1503, d'après les *Anales Antiguos de México y sus Contornos* 5 n° 17, les *Anales de Cuauhtitlan* 1945 : 59 et Ixtlilxochitl 2 : 177.
34. Durán chap. 51, 2 : 391.
35. Ixtlilxochitl 2 : 167, 177 ; Torquemada 1 : 193.
36. Tezozomoc 451, 454, 568 ; Durán 2 : 296, 394 ; sur les croyances aztèques relatives à la survie après la mort, voir Graulich 1980, 1990.
37. Durán chap. 39, 1967 : 2 : 300 ; Tezozomoc 456.
38. Tezozomoc 457, 569-70 ; Durán 2 : 73, 316, 393, 400 ; *Anales de Cuauhtitlan* 1945 : 35.
39. Durán 2 : 62 ; Tezozomoc 233 mentionne comme électeurs les chefs, les anciens et les prêtres des quatre quartiers.
40. Zorita 13.
41. Durán 1967 : 2 : 69, 72, 125, 249-50, 295, 313 ; voir aussi Davies 1987 : 108, qui diffère quelque peu.
42. *CF* 1.8 chap. 18, 1950-81 : 61.
43. L'ordre de succession a varié selon les époques et les lieux : voir Davies 1987 : 107 ; Offner 1983 : 205-7.
44. Durán 2 : 103, 125. Sahagún 1. 8 chap. 18 : *tlacochcalcatl*, *huitznahuatlailotlac*, *pochtecatlailotlac* et *tizociahuacatl*. Voir Piho 1972 ; Davies 1987 : 107. Si le *tlacochcalcatl* était noble, le *tlacatecatl* ne l'était pas, et inversement : Sahagún 1956 : 2 : 113, 140.
45. Sur ce sujet, voir M. Moreno 1971, López Austin 1961, Rounds 1982, Davies 1987 : 107-9.
46. Lors de l'élection d'Axayacatl en revanche, Tlacaelel dit qu'un roi devait être jeune et vaillant. A la mort de Tizoc, les principaux et le peuple estiment que la grandeur de Mexico, son autorité et sa gravité requièrent une personne vieille et vénérable : Durán 2 : 249-50 ; 314.

47. Durán 2 : 397-8 ; Tezozomoc 571-2 ; Motolinia 151 insiste aussi sur le rôle des souverains alliés dans l'élection de l'empereur, sans préciser pourtant s'ils prenaient part au vote. Selon Torquemada 1 : 194, les rois de Texcoco et Tlacopan furent informés de l'élection après coup.

48. Oviedo 4 : 223 : le père de Montezuma eut 150 enfants et l'empereur en fit tuer la plupart.

49. Ixtlilxochitl 2 : 177, 1 : 410.

50. Durán *Ritos* chap. 5, 1967 : 1 : 51-2.

51. Durán 2 : 69.

52. *Chronique X* ; Motolinia suivi par Gómara, Las Casas, Mendieta, Torquemada ; Sahagún ; Pomar et Ixtlilxochitl pour Texcoco ; le *Codex Magliabechiano* pour l'investiture ordinaire d'un souverain. Aussi Motolinia sur l'investiture du *tecuhtli*. Études : Broda 1976, 1978a ; Townsend 1987 (reconstitution hypothétique à partir de quelques sources) ; Hartau 1988 : 5-7, 11-3. Pourquoi des versions inconciliables ? Il faut tenir compte, entre autres, du fait que les informateurs n'étaient pas des prêtres mais, au mieux, des seigneurs qui n'ont vu qu'une partie des rites et témoignent parfois cinquante ans après les faits. De plus, nos sources sont de provenances différentes.

53. Durán 1 : 317, 399-402 ; Tezozomoc 573-6 ; aussi Torquemada 1 : 194.

54. Ponce 123-4 ; Alarcón 131.

55. Sahagún 1. 4 chap. 25-6, 1950-81 : 4 : 87-8 ; la version aztèque dit que l'élection d'un roi *avait* lieu en 1 Chien. Mais cette date n'était pas impérative. D'après le *Códice en Cruz* 35, l'élection de Montezuma aurait eu lieu en Tlacaxipehualiztli, mais les jours 1 Chien et 4 Roseau ne tombent dans ce mois ni en 1502 ni en 1504. Les renseignements quant au jour de l'intronisation sont du reste contradictoires. Pour Durán 2 : 311 : les rois étaient couronnés le jour Cipactli, mais la *Crónica mexicáyotl* 142 mentionne le jour 10 Lapin pour Ahuitzotl. D'après Ixtlilxochitl 2 : 177, l'intronisation de Montezuma II eut lieu au cours du mois de Toxcatl, le jour 1 Cipactli de 1503, an 11 Roseau. Cette précision est le fruit d'une laborieuse et vaine reconstitution *(cf.* Prem 1983). Elle ne vaut pas mieux que celle que mentionne Chimalpahin : 9 Mazatl, 14 avril, 7ᵉ jour de Tozoztontli. En fait, il est peu probable qu'on se risquait à attendre éventuellement pendant plus de 250 jours pour que se présente le jour propice à l'intronisation : les interrègnes étaient trop redoutés. Par ailleurs, 4 Roseau est le nom de Xiuhtecuhtli et de Vénus : Alarcón 1892 : 158, 168, 191... Une statue semble associer le souverain au feu : cf Heyden 1972. Sur l'association du roi au feu, *cf.* encore CF 1. 2 chap. 37 : en Izcalli, l'image du dieu du feu a les atours de Montezuma (aussi *CF* 4 : 88).

56. *Codex Magliabechiano* : 70vᵒ, 71 ; *Codex Tudela* : 54, 54vᵒ.

57. Durán 2 : 317 ; javelines : Tezozomoc 438 ss., 239, 350.

58. *Cf.* Durán 2 : 301, les cérémonies d'intronisation de Tizoc, pour compléter les renseignements moins complets que donne l'auteur sur Montezuma ; Tezozomoc présente un déroulement légèrement différent.

59. Sur Xipe, Durán *Ritos*, 1 : chap. 9, 1967 : 1 : 95-103 ; Graulich 1982. Le bouclier de Xipe est divisé en trois parties figurant le soleil, la nuit et l'union des contraires.

60. *CF* 8 : chap. 18, 1950-81 : 63-4 ; Pomar 1986 : 78-9 ; Ixtlilxochitl 2 : 139 ; *Codex Magliabechiano* : 70vº ; *Codex Tudela* : 54 ; Motolinia 151-2, 153 ss. (suivi par Gómara 2 : 389-91, Las Casas 1967 : 2 : 406 et Torquemada 2 : 359-61) ; Durán 2 : 302, 400. Ceci contredit le schéma de Townsend 1987 : 390 ss., qui place au début de tout la « mort rituelle » que constituait le jeûne de 4 jours, mort suggérée notamment par la mante aux os croisés qui cachait le visage du roi. On peut imaginer en effet que la véritable intronisation, avec le couronnement et l'habillage du roi, n'aurait eu lieu qu'après le jeûne. Celui-ci aurait signifié la mort rituelle, celle-là sa renaissance à une nouvelle existence. Que l'on compare avec les rites entourant la naissance d'un enfant. Une première cérémonie accompagnant la purification avait lieu à la naissance même, en présence du feu qui brûlait pendant quatre jours. Puis, quelques jours plus tard, avait lieu le « baptême » : on lavait le nouveau-né, lui donnant ainsi « une nouvelle vie », on lui donnait aussi son nom, les instruments de ses devoirs futurs — des armes pour un jeune noble — et des vêtements. Malheureusement, les textes disponibles ne permettent pas la reconstitution suggérée par Townsend ou par le parallèle avec les rites d'entrée dans la vie et de « renaissance ».

61. Durán 2 : 400-1, 317, 343 ; Tezozomoc 459, 574-5.

62. Durán 2 : 53, 74, 127, 249 ; *CF* 6 : 22, 110 ; Tezozomoc 239, 350, 440, 459 ; Motolinia 151-2.

63. *Codex Borgia* 72. A ceci près que le guerrier Xipe prenait la place de Macuilxochitl : Durán 2 : 298 ; Tezozomoc 433-4, 455. Ils citent Huitzilopochtli à la place de Tlazolteotl, mais les attributs qu'ils décrivent sont clairement ceux de la déesse. Dans Durán 1 : pl. 32, Macuilxochitl est assimilé à Xipe. En tant que porteurs, les dieux des quatre coins du monde sont assimilés aux personnages — trois hommes et une femme — qui guidaient les Mexicas au cours de leurs errances et qui portaient à tour de rôle l'effigie de Huitzilopochtli.

64. Garibay 1964-8 : 2 : 37-8.

65. Motolinia 151-2.

66. Aussi Pomar 1986 : 80 ; Clavijero 209.

CHAPITRE III : La guerre du soleil levant

1. Voir par exemple Torquemada 1 : 172, 195.

2. Voir Kelly et Palerm 1952 : 277-9, 311-7.

3. Chimalpahin, les codex *Telleriano-Remensis*, *Aubin* et *en Cruz*, les *Anales de Cuauhtitlan* et Torquemada.

4. Chimalpahin 1965 : 228 ; Torquemada 1 : 195.

5. Muñoz 1892 : 116.

6. Torquemada 2 : 536.

7. Durán 1967 : 2 : 408-9, 159-60. Sur les captifs et les lieux : Tezozomoc 317, 445, 503 ; Motolinia 160 ; Mendieta 1 : 151 ; *CF* 1. 8 chap. 14 ; Torquemada 2 : 353.

8. *CF* 1. 2 chap. 21, 2 : 52-3.

9. Girard 1972.

10. Torquemada 1 : 192 ; 2 : 541-2.

11. Durán 1967 : 2 : 409, 159-160 ; Tezozomoc 587-8, 485, 503.

12. Sur ce deuxième couronnement : Tezozomoc 589-97 ; Durán 1967 : 2 : 411-6, 130-1 ; *CF* 8 : 61-2 ; 1956 : 324 ; Motolinia 151-2.

13. Tezozomoc 597 dit que c'est une innovation, mais il en avait déjà fait état en décrivant le couronnement d'Ahuitzotl.

14. Tezozomoc 590.

15. *CF* 2 : 47-8 ; 1927 : 320 ; Durán 1967 : 2 : 443, 1 : 108, — mais p. 115 : un vaillant de basse extraction a droit à de la chair humaine ; *Codex Magliabechiano* 72 v°.

16. Torquemada 2 : 541-2.

17. Durán 1967 : 2 : 416 affirme que depuis lors, Montezuma invitait les seigneurs ennemis trois fois par an, en Tecuilhuitl, Panquetzaliztli, et lors de la « fête des révélations ». Tlaxcala l'invitait aussi et il s'y rendait ou s'y faisait représenter.

18. *Relación de Cholula*, dans *Relaciones geográficas* 5, 1985 : 130-1 ; *Título de Totonicapan* fol. 14 ; *Popol Vuh* 1950 : 72, 207-8.

CHAPITRE IV : Les années de réforme

1. Durán 1967 : 2 : 403-7, 417 ss. ; Tezozomoc 577-80, 597 ss. ; Tovar fol. 44.

2. Ixtlilxochitl 2 : 179-80.

3. Oviedo 4 : 222-3, 247.

4. Torquemada 1 : 35-6 ; Ixtlilxochitl 2 : 8.

5. Sahagún 1. 6 chap. 4, 1880 : 332.

6. Sahagún 1. 6 chap. 6, 1880 : 336-7 ; *CF* 6 : 19, 25.

7. Las Casas 1967 : 2 : 505-6.

8. García 1729 : 327-9.

9. Bancroft 1883 : 3 : 76-7.

10. Jerez 334 ; Acosta 329.

11. Cortés 1963 : 59 ; 1982 : 133-4, 109-10 ; B. Díaz cap 90.

12. Soustelle 1955 : 85.

13. Davies 1973 : 215-6 ; 1987 : 128 ; Brundage 1982 : 232-3 ; Umber-

ger 1981 : 236 ; Rojas 1986 : 94. Autres interprétations négatives : Bussière 1863 : 120-1 ; Orozco y Berra 1960 : 3 : 371 ; Thompson 1934 : 32 ; Conrad et Demarest 1984 : 65-6. A noter que rien dans la Conquête ne montre que Montezuma s'était aliéné les masses laborieuses.

14. Durán 1967 : 1 : 97-9, 195, 211-4.

15. Torquemada 1 : 183 : Hassig 1988 : 197.

16. Sur la noblesse, voir, par exemple, Carrasco et Broda 1976 ; Olivera 1978 ; Hicks 1978 : 144 ; Rounds 1979 ; Smith 1986 ; Zantwijk 1985 : 83.

17. Durán chap. 40, 1967 : 2 : 311.

18. Oviedo 4 : 220 ; Cortez.

19. Vázquez 1987 : 17.

20. Smith 1986 insiste aussi sur le fait que la noblesse était un important facteur de cohésion.

21. Motolinia 84.

22. Davies 1973 : 218-9 ; López Austin 1981 : 90 ; Conrad et Demarest 1984 : 62-4 ; Vázquez 1987 : 20.

23. Muñoz Camargo 1984 : 176-8.

24. Sur ce sujet, voir Graulich s.d.

25. Wolf 1962 : 128 ; López Austin 1981 : 88-9, 1985 : 221 ; Conrad-Demarest 1984 : 66 ; Vázquez 1981 : 208, 1987 : 19.

26. Voir chap. II.

27. Sahagún 1. 9 chap. 5, 6, 1880 : 562, 567. Voir aussi Chimalpahin 1965 : 228, 1889 : 174 ; *Codex Aubin* 1981 : 66 ; et Soustelle 1955 : 87, 90.

28. Motolinia, suivi et déformé par Torquemada 2 : 565 ; Thomas 1993 : 35.

29. Tezozomoc chap. 103, 1878 : 669 ; Acosta 1. 7 chap. 22, 1979 : 381. Nous verrons d'autres exemples de la méfiance de Montezuma.

30. Tovar fol. 45b ; Herrera 1944-7 : 4 : 132.

31. *Anales de Cuauhtitlan* ; le « bloc du Métro » confirme cette date (voir chap. VII). Sahagún 1880 : 499, 521.

32. *CTR* pl. 24 p. 307 ; sur ce sujet, *cf.* Ramírez 1844-6 : 2 : 107-15 ; Umberger 1981 : 220-1 ; 1987 : 442-4.

33. Sáenz 1967 : 16 ; Brundage 1972 : 134.

34. *Infra* chap. VII. Inventaire de ces pièces dans Umberger 1981 : 263, 122-5. Xochicalco : Sáenz 1967.

35. Paso y Troncoso 1899 : 213 ; Graulich 1979, 1980, 1982.

36. *Leyenda...* 1945 : 120 ; *CTR* p. 28 pl. 233 ; *HMP* 1965 : 32-3. Graulich 1987 : 100-8.

37. Motolinia 24.

38. Si tel est le cas, l'intercalation de bissextes a dû intervenir vers la fin du règne de l'empereur, comme pourrait l'indiquer peut-être l'inexplicable décalage d'un jour que présentent les sources mexicas par

rapport aux autres dans la détermination de l'entrée des Espagnols à Mexico. Sur tout ceci, Graulich 1979, 1987 *et al.*

CHAPITRE V : Premières campagnes

1. Les sources majeures sont la *Chronique X*, les listes des *Anales de Cuauhtitlan*, de Nazareo et du *Codex Mendoza*. La plupart des autres documents et en particulier les Relations géographiques font état de conquêtes non mentionnées ailleurs. Comme études, voir les travaux de Barlow, Kelly, Davies, Litvak King, Hassig.

2. Sahagun 1.8 chap. 24.

3. *Códice en Cruz* 1 : 35 ; *Chronique X* ; Spores 1967 : 101 ; *Anales de Tlatelolco* : 61 ; Burgoa. Torquemada 1.2 cap 69, 1969 : 1 : 196-7 mentionne pour 1503 aussi la soumission de Tlaxiaco, mais il est seul à le faire ; les autres sources situent l'événement près de dix ans plus tard. Dans le *CTR* pl. 23 p. 305, Tlachquiauhco figure sous l'an 1503, avec comme commentaire qu'il y eut beaucoup de neige en ce lieu cette année. Le glyphe de Tlachquiauhco — un terrain de jeu de balle, *tlach* —, et de la pluie, *quiauh-*, plus le locatif — *co*, est surmonté de nuages. Il se peut que Torquemada ait mal compris ce glyphe et ait cru qu'il s'agissait de la conquête du lieu. On peut aussi considérer, inversement, qu'un glyphe de conquête ait été mal lu comme une indication de neige par le commentateur du CTR. Pour la localisation de Xaltepec, voir Kelly et Palerm.

4. Burgoa 1 : 318-20.

5. Duran 1967 : 2 : 417 ss ; Tezozomoc 597 ss. Cuatzontlan est inconnu, mais doit être dans les parages.

6. *Relación de Acatlan*, dans *Relaciones geográficas* 5, 1985 : 2 : 48,57.

7. B. Díaz chap. 91, 1987 : 2 : 88-9.

8. Howard 1974 : 104 ; Hottois 1989.

9. Tezozomoc situe cela plus tard, dans la campagne contre Teuctepec. Ici, il dit seulement que les Tlatelolcas fournissent des provisions en abondance, au point que Montezuma les remercie si vivement et avec de si beaux cadeaux, que les Tlatelolcas pleurent de bonheur devant tant d'amour. Ils évoquent incrédules la folie de leur roi Moquihuix qui crut bon, quelques décennies auparavant, de se rebeller.

10. Sahagun 1.8 chap. 25, 1880 : 527. Hassig 1988 : 225 estime que le millier de kilomètres aller-retour représente 53 jours de marche, sans compter les temps de combat, de repos, de regroupement.

11. Sahagún 1.8 chap. 17, 1880 : 528.

12. Durán, à propos de la campagne contre Quetzaltepec et Totontepec, parle de 400 000 hommes ! Même en supposant que le train soit compris dans ce chiffre et que l'armée ait suivi quatre routes différentes, il faudrait au minimum douze jours de ralliement, et cela pour attaquer

des cités d'une dizaine de milliers d'habitants tout au plus (Spores 1967) ! Et on ne voit pas quels entrepôts, dans un empire récent et peu organisé, pouvaient nourrir de telles multitudes en cours de route. Hassig 1988 : 59-60 estime entre 258 000 et 569 750 les hommes susceptibles de porter les armes dans la vallée de Mexico (selon qu'on estime sa population totale à 1 200 000 ou 2 000 000 d'habitants).

13. *CTR* p. 305 pl. 23.

14. Hassig 1988 : 225 énumère toute une série de cités peut-être soumises au cours de cette campagne. Torquemada 1 : 204 signale que Cuauhnelhuatlan (Huauhtla de Jiménez, dans le centre-nord de l'Oaxaca) aurait été conquis cette même année. Or, cette cité ne se trouve pas vraiment sur la route la plus directe entre Mexico et Xaltepec ou Achiotlan. Mais n'oublions pas que les différents corps d'armée ne suivaient pas la même route et qu'un petit détour pouvait toujours être profitable pour s'approvisionner et convaincre des récalcitrants d'embrasser la paix aztèque.

15. Chimalpahin 1965 : 228 ; Torquemada 1 : 196-7, 213 ; *Codex Mendoza*.

16. Torquemada 1 : 207.

17. Sahagún 1.8 chap. 1, 14 ; *Codex Aubin* 1981 : 26, 125 ; Torquemada 1 : 203-4 ; Chimalpahin 1965 : 228 (ou 1889 : 174) ; *Anales de Tlatelolco* : 61, *CTR* pl. 24 p. 307 ; *HMP* 1965 : 63 ; *Anales de Cuauhtitlan* 1945 : 59.

18. De magnitude 0.33 ; mentionnée dans les *Anales de Cuauhtitlan* 1945 : 59 ; Torquemada 1 : 196. Voir Weitzel 1950.

19. *CF* 1.7 chap. 1 ; Mendieta 1 : 110 ; Muñoz Camargo 1892 : 132 ; Tezozomoc 517, 563. Représentations d'éclipses solaires : relief rupestre du cerro San Joaquín, État de Mexico, figurant le soleil dévoré par un monstre ; *Codex Borgia* : 18 ; *Codex Nuttall* : 19. Sur les sacrifices lors des éclipses : Seler 1902 : 215 ; Burland 1967 : 120.

20. Muñoz Camargo 1984 : 178-4 ; Torquemada 1 : 201-2 ; Barlow 1990 : 155 ss.

21. Chimalpahin 1965 : 229 ; *Codex Aubin* 1981 : 66 ; l'éditeur note que Totollan est conquis par Ahuitzotl : *Anales de Cuauhtitlan* 1938 : 318, § 1386 ; selon Kelly et Palerm, il s'agit de San Jerónimo Sosola-Zozollan, mais il est plus probable qu'il s'agisse de Piaztlan : *cf.* Gerhard 42.

22. Gerhard 1972 : 367 ; Davies 1968 : 198-200 et 1973 : 224 montre de façon convaincante qu'il ne s'agit pas du puissant royaume côtier mixtèque de Tototepec — quoique Durán parle d'un fleuve qui se jette dans la mer [il dit la même chose de Teuctepec, *infra*] — mais de Totontepec, à 80 km à l'est-nord-est d'Oaxaca, où il y a effectivement un Quetzaltepec à proximité (SE), au-delà de Xaltianquizco.

23. Sur cette campagne : Tezozomoc 602-10 ; Durán 2 : 425-32.

Leurs versions ne sont pas identiques, notamment pour la bataille de Quetzaltepec.

24. Voir Hassig 1988 : 227-30 pour d'éventuelles autres conquêtes de cette campagne.

25. Durán 2 : 436-7 ; Tezozomoc 614-22 ; confirmé par les *Anales de Tlatelolco* : 61, *de Cuauhtitlan* 1938 § 1239, le *Codex Aubin* 1981 : 26, *HMP* 63 : 1506, le *Codex Mexicanus* et Chimalpahin 1889 : 177. Le *CTR* situe en 1509 une révolte de Zozollan.

26. Burgoa 1 : 275.

27. Cortés 1982 : 115-6.

28. Torquemada 1 : 207-9. Sur les rois concernés, voir le *Códice de Yanhuitlan* : 10 ; Caso 1979 : 2 : 395.

29. Sur d'autres conquêtes de cette année, voir Torquemada 1 : 210 et Hassig 1988 : 230.

30. Tezozomoc chap. 93, 1878 : 620-2, qui ajoute que Cortez en fut témoin à Tepeaca et fit, de rage, jeter bas la statue de Quetzalcoatl ! Les Indiens se révoltèrent et Cortez leur tua plus de 10 000 hommes.

31. Durán 2 : 439-43 ; Tezozomoc 625 ss. Autre version dans la *Relación de Coatlan*. Aussi Chimalpahin et le *Codex Aubin*.

32. Durán parle d'un grand fleuve invraisemblable qui entre avec grand courant et bruit dans la mer, mais il avait déjà dit la même chose à propos de Totontepec !

33. Tezozomoc : on tue 220 hommes ce jour-là et les immolations durent quatre jours, car il y a 800 victimes.

34. Torquemada 1 : 209-10.

35. Durán chap. 58, 2 : 444-5, Tezozomoc chap. 94, 623-4 donne une version différente de la bataille.

36. Torquemada 1 : 624 cite Tlacahuepan — une fois de plus —, Mactlacuia et Tzitzicuacua, et, le jour précédent, d'autres princes, « Zezepatic » et Tezcatlipoca.

37. Durán chap. 59, 2 : 447.

38. Tezozomoc 630-4 ; Durán 2 : 447-50.

39. Comme pourrait l'indiquer le fait qu'en 1520 ce fut Cuauhtemoc de Mexico qui devient le *tlacatecatl*. Voir Barlow 1987 : 127-3.

40. García Granados 1 : 347.

41. Parsons 1976 : 251.

42. Davies 1987 : 90, 96.

43. Barlow 1947 : 221.

CHAPITRE VI : **La vie quotidienne d'un souverain mexicain**

1. Cortés 1982 : 134.

2. L'archéologie apporte peu de documentation sur les palais aztèques.

Voir à ce sujet Lombardo de Ruiz 1973 : 152 et pl. 31-9. Un autre plan de palais dans Vaillant 1962 : pl. 42.

3. Conquistador anonyme 23-4 ; l'ouvrage est apocryphe, mais repose sur des témoignages authentiques. Cortez ne fait pas état de la salle, alors qu'elle aurait dû le frapper.

4. Zurita 63 ; Gómara 2 : 140 ; Oviedo 4 : 223 ; Sahagún *CF* 1.8, chap. 9, 11, 14-21 ; Cortés 1982 : 124-5, 133 ; B. Díaz chap. 88, 91.

5. Gómara 2 : 144 ; Díaz chap. 91.

6. Cortés 1982 : 134-5, traduction amendée. Le jardin était peut-être dans l'enceinte annexe au palais proprement dit.

7. Oviedo 4 : 222.

8. Voir sur ce point Cr. del Castillo 1908 : 91.

9. Famine : Tezozomoc chap. 70, 80 ; 1878 : 517, 563 ; et des albinos encore, ainsi que des nains, en cas d'éclipse du soleil : *CF* 1.7, chap. 1 ; Mendieta 1 : 110 ; Muñoz Camargo 1892 : 132 ; Córdova 215 ; Seler 1902 : 183 ; Burland 1967 : 120. Sur leur mise à mort lors de décès : Duran 1 : 56 et *passim*.

10. Aguilar 180. Tapia 1988 : 105 ; Cortez 1982 : 136 ; Martir 2 : 484 ; Gómara 2 : 134 dit que les vêtements étaient offerts à des parents ou des soldats méritants ; Díaz chap. 91 : Montezuma attendait quatre jours avant de remettre un même vêtement.

11. Sahagún 1.8 chap. 8-10, 1880 : 508-17, aussi pour ce qui suit.

12. Gómara 2 : 140.

13. Oviedo 4 : 219-20 ; Gómara 2 : 134-6 ; B. Díaz chap. 91, 1987 : 2 : 86-7 ; Cortés 1982 : 136-7 ; Sahagún *CF* 1.8 chap. 13, 1880 : 517-20 ; Aguilar 181.

14. Durán 2 : 483.

15. *CF* 2 chap. 21, 1981 : 49.

16. Gómara 2 : 140.

17. Cortez 1982 : 136-7 ; Gómara 2 : 145 ; B. Díaz chap. 91 ; Oviedo 4 : 220.

18. B. Díaz chap. 88, 92 ; Cortés 1982 : 137 ; Sahagún 1.8 chap. 10 ; Aguilar 178.

19. Sahagún 1958 : 70-1 ; Las Casas 1974 : 160.

20. B. Díaz chap. 91, 97 ; Sahagún 1.8 cap 14-21, 1880 : 520-6 ; Gómara 2 : 136.

21. Sahagún 1.8 chap. 10 ; Torquemada 1 : 499.

22. Gómara 2 : 162.

23. Oviedo 2 : 223 ; Zantwijk 1978 ; cf. aussi les six enfants de Montezuma que Cuitlahuac fit tuer : *Crónica mexicáyotl* 163-4.

24. Soustelle 1955 : 209-13 ; Carrasco 1984.

25. Oviedo 2 : 223 ; *Códice Tudela* 76v°.

26. Soustelle 1955 : 213.

27. Oviedo 4 : 223 ; Gómara 2 : 140 ; Díaz chap. 97, 91 ; Graulich 1990.

28. B. Díaz chap. 91 ; Torquemada 1 : 435-6, 499. Zurita 62 : « tellement elles aimaient leurs enfants ».

29. Sahagún 1.8 chap. 22-3 ; Gómara 2 : 140 ; Oviedo 2 : 223.

30. B. Díaz chap. 91.

31. Ixtlilxochitl 2 : 177-8 ; *Crónica mexicáyotl* 1949 : 144, 125, 152. Axayacatl fut peut-être le fils de Tayhualcan : *cf. Origen* 1941 : 276. Clavijero : 363 ; Chimalpahin 1965 : 225.

32. *Crónica mexicáyotl* : 43.

33. Hicks 1992.

34. Oviedo 4 : 22 ; *Crónica mexicáyotl* 150-9 ; B. Díaz chap. 95 ; Chimalpahin 1965 : 275 ; *Anales de Tlatelolco :* 65 ; *Origen* : 276 ; Ixtlilxochitl 2 : 177-8 ; aussi *Archivo General de la Nación Vínculos* 11.

35. *Anales de Cuauhtitlan* 1945 : 61, 63 ; *Crónica mexicáyotl* : 153 ; Tezozomoc chap. 109, 1878 : 696-7.

36. Pomar 1986 : 68-9, 97 ; Durán chap. 65, 1967 : 2 : 484 dit que l'inquiétude de Montezuma quant à l'issue des guerres date surtout de l'annonce de la chute de l'empire.

37. B. Díaz chap. 92 ; Pomar 1986 : 69.

38. *Relación de Teotihuacan*, dans *Relaciones geográficas...*, 7, 1986 : 235-6.

39. *CF* 1950-81 : 2 : 180-1, 214.

40. Sur les fêtes, voir surtout Sahagún CF 1.2 ; Durán 1.1, les codex *Tudela, Magliabechiano, CTR, Borbonicus*. Études : Broda, Brundage, Graulich.

41. Motolinia 25, 42. Durán 1967 : 2 : 163-4 ; sur Tezcatlipoca, Las Casas 1967 : 1 : 643-4.

42. Durán, *Ritos* chap. 18, 1967 : 1 : 163-4.

CHAPITRE VII : L'époque du Feu nouveau

1. *CF* 1.11 chap. 12, p. 247 ; pour la trame de la fête : *CF* 1.7 chap. 12, pp. 25-32, suivi par Torquemada 2 : 292-5, 301 ; Motolinia : 23 ; *Costumbres* : 62 ; Mendieta 1 : 110 ; figuré dans le *Codex Borbonicus* : 34 ; Tezozomoc chap. 97, 1878 : 637-8.

2. *CF* 1.3 chap. 1 ; Tezozomoc chap. 97, 1878 : 637-8.

3. *Cf. Hymne à Macuilxochitl, CF* 1.2 ; Lehmann 1938 : 366 note 3 ; Heyden et Horcasitas, dans Durán 1971 : 161 note 1 ; Zantwijk 1985 : 136.

4. Zantwijk 1985 : 136-8 ; Veytia 1944 : 2 : 321.

5. Dans la mythologie grecque, la ménade Agavé, enivrée et en transe, mit en pièces son fils Penthée. Un humaniste du XVIᵉ siècle donna son nom au maguey, la plante qui donne le pulque ou *octli*, parce que le mythe de la naissance de la plante rappelle le mythe grec. Mayahuel,

déesse du pulque, fut en effet mise en pièces par ses aïeules et de ses os naquit l'agave.

6. Ou, selon Tezozomoc 637, au Huixachtecatl même, et de minuit à l'apparition de Vénus.

7. 200 de Zozollan, de nombreux de Tecozauhtepec et de Teuctepec : Chimalpahin 1889 : 177, 1965 : 229 ; Durán 2 : 453-4 : 2 000 de Teuctepec.

8. *CTR* pl. 25 p. 308 ; Torquemada 1 : 210.

9. *Anales de Cuauhtitlan* 1945 : 61 ; 1938 : 290-1.

10. *HMP* 62 ; *CTR* p. 124 p. 306 ; *Codex Azcatitlan* pl. 22 ; *Codex Magliabechiano* 33v° ; Muñoz Camargo 1892 : 167 ; Ponce 126.

11. Sahagún 1.12, 1983 : 49 ; Torquemada 1 : 211.

12. Durán 439 ; Tezozomoc 627-30.

13. Torquemada 1 : 207-10, 215 ; Tapia 1988 : 108-9.

14. *Codex Aubin* fol. 40r, 41r : 1515.

15. Klein 1987 : 324-331.

16. Sur le *teocalli*, voir Caso 1927 ; Palacios 1929 ; Townsend 1979 : 49-63 ; Umberger 1981 : 173-193 ; 1984 et Pasztory 1983 : 165-9 ; Graulich 1992.

17. Sur l'aigle : Hernández Pon 1987 ; sur les autres monuments, on trouvera une bibliographie complète et une étude dans Graulich 1992 et s.d.

18. *CTR* pl. 25. p. 309 ; *Anales de Cuauhtitlan* 1945 : 60 ; l'éclipse eut lieu le 2 janvier 1508 : Weitzel : 8.

19. Tezozomoc 635-7. Il diffère quant aux relations avec Tlatelolco. Pour le passage du rio Tuzac : *CTR* pl. 25 p. 309 ; *Códice en Cruz*.

20. Durán chap. 59, 1967 : 2 : 451-2 ; Tezozomoc chap. 96, 1878 : 635 ; *Anales de Cuauhtitlan* 1945 : 60 ; *Anales de Tlatelolco* : 61 ; Torquemada 1 : 210.

21. *Relación de Amatlan, Papeles...* 1905-6 : 4 : 120-1.

22. Torquemada 1 : 211 ; *Anales de Tlatelolco* 1948 : 61 ; *Relación de Miahuatlan, Papeles...* 1905-6 : 4 : 123 ss. Ixtlilxochitl 2 : 184, qui pourtant sur la même page cite Torquemada élogieusement, situe la neige abondante et la destruction de l'armée de la Triple Alliance allant à Amatlan en 1514. Le *CTR* situe les grandes neiges en 1511.

23. Chimalpahin 1889 : 179-81 ; 1965 : 230 ; 1987 : 1 : 214 ; *Anales de Cuauhtitlan* 1938 : 287 ; sur des incidents antérieurs, *ibid.* : 273-5.

24. B. Díaz chap. 86, 1947 : 80-1.

25. Torquemada 1969 : 2 : 211.

26. Tezozomoc chap. 80, 564.

27. Durán chap. 61, 1967 : 2 : 459-62 ; Tezozomoc chap. 100.

28. Sur le prototype mythique de ce type de sacrifice, voir l'épisode des 400 jeunes gens dans le *Popol Vuh* ; pour son rapport avec les fêtes précitées, Graulich 1979.

29. Durán chap. 62, 1967 : 2 : 463-6 ; Tezozomoc chap. 99, 1878 : 648-51.

30. Ixtlilxochitl 2 : 180-3.

31. Ixtlilxochitl 2 : 86-8.

32. Durán 2 : 125-31 ; sur tout ceci, voir Offner 1983 : 88-95.

33. Ixtlilxochitl 2 : 164-5, 181.

34. Pomar 1986 : 77.

35. Sur cet épisode, voir Barlow 1943, qui ne fait pas le rapprochement qui s'impose avec la tour de Nesle.

36. Ixtlilxochitl 2 : 152.

37. Pomar 1986 : 77 ; Torquemada 1 : 184 ; Ixtlilxochitl 1 : 449-50, 2 : 168-9, 181.

38. Sur tout ce qui précède, voir Ixtlilxochitl 2 : 179-80, 185-7. Pomar 1986 : 81 raconte seulement qu'un roi de Mexico tenta de faire tuer Nezahualpilli par les Huexotzincas en leur indiquant quelles étaient ses armes et ses devises.

CHAPITRE VIII :
Les signes avant-coureurs de la chute de l'empire

1. Sur les signes, voir Orozco y Berra 1878 (son édition de Tezozomoc) ; Todorov 1983 : 366-9 ; Tomicki 1986 ; Thomas 1993 : 40-4.

2. Durán chap. 27, 1967 : 1 : 215-24.

3. *Anales de Cuauhtitlan* 1938 : 254 ; *Codex Aubin* 1981 : 26.

4. Ixtlilxochitl 2 : 174.

5. Cervantes de Salazar 1.1 chap. 32, 1971 : 1 : 147.

6. Motolinia 83.

7. Torquemada 1 : 236-9 ; Clavijero 1964 : 140 observe que Boturini attribue une histoire semblable à la sœur du roi de Michoacan.

8. Sahagún *CF* 1.8 chap. 1.

9. Mendieta 2 : 18-9.

10. Phelan 1972 ; Baudot 1977.

11. *Historia augusta* ; Flavius Josèphe VI, 31.

12. Sahagún *CF* 1.12 chap. 1 ; repris par exemple à la fin du XVIe siècle par Muñoz Camargo 1892 : 167-72 ; aussi dans Mendieta 2 : 16-21, dont on ne sait qui il copie : il dit « selon la relation et les peintures des anciens ».

13. Aussi Tezozomoc 653 ; Torquemada 1 : 233 ; le phénomène est signalé dès le début des années 1530 dans l'*Historia de los mexicanos...* 1965 : 62-3 ; aussi dans Mendieta 2 : 16 ; Motolinia 83 ; *Anales de Cuauhtitlan* 1945 : 60, et dans différents codex figuratifs dont certains sont vraisemblablement des copies d'originaux précolombiens perdus : *Codex Aubin* ; *Codex mexicanus 23-4* ; *Codex Telleriano-Remensis*. Pour Soustelle 1955 : 142, ce peut être la lumière zodiacale.

14. Torquemada 1 : 233 ; selon l'*Historia de los mexicanos*... 1965 : 62, le temple de Quetzalcoatl fut frappé par la foudre et brûla en 1504, mais l'incident n'est pas interprété comme un signe annonciateur.

15. Mendieta 2 : 16, suivi par Torquemada, situe l'événement en 1499 ; il l'assimile donc à l'inondation bien connue provoquée par le nouvel aqueduc de l'empereur Ahuitzotl.

16. D'après Torquemada 1 : 233 ss., c'est quand le soleil se couche qu'on montre l'oiseau à Montezuma. L'auteur copie Mendieta 2 : 18.

17. Sahagún *CF* 1.7 chap. 4.

18. *CF* 1. 8 chap. 1.

19. *CF* 1.1 chap. 6 ; Torquemada 2 : 61.

20. Tezozomoc chap. 106, 1878 : 682 ; Durán chap. 68, 1967 : 2 : 500.

21. Ce signe est à rapprocher de celui que mentionne le *Códice Tudela* 1980, fol. 84r° : tous les matins, au lever du soleil, une épaisse fumée noire sortait de la terre et obscurcissait le soleil. Un manuscrit figuratif précortésien, le *Codex Fejérváry-Mayer*, fol. 1, représente une telle scène ; la fumée sort de la bouche du dieu de la mort.

22. Muñoz 1984 : 60.

23. Mendieta 2 : 17. Sahagún *CF* 1.8 chap. 1, 1880 : 499 ; Torquemada 2 : 214 ; *CTR* pl. 27 p. 313.

24. Ixtlilxochitl 2 : 181-2 ; Torquemada 1 : 212-3.

25. *Anales de Cuauhtitlan* 1945 : 61 ; 1938 : 290-1 ; Tezozomoc chap. 102, 104, 1878 : 667, 674 ; Durán 1 : 385, 490, 493.

26. *CTR* pl. 26 p. 311.

27. Motolinia 84.

28. Las Casas 1961 : 2 : 55 ; Ezquerra 1970 ; Morales Padrón 1971 : 165 ; Cortés 1983 : 53-4 ; Díaz chap. 8.

29. Cervantes de Salazar 1.1 chap. 32 ; Ixtlilxochitl 1 : 450 ; Orozco y Berra 1960 : 3 : 363, 378 croit que la prophétie résulte de rumeurs sur l'arrivée des Blancs parvenues de proche en proche au Mexique. Sur ceci, voir aussi Tomicki 1986. Certains auteurs — Vázquez par exemple — semblent croire que les signes et prophéties étaient des coups montés par l'opposition à Montezuma. C'est perdre de vue que de tout temps et sous toutes les latitudes, les chroniques font annoncer les événements catastrophiques ou exceptionnels par des signes et des prophéties, du reste fort semblables à ceux dont il est question ici.

CHAPITRE IX : L'empire à son apogée

1. Ixtlilxochitl 2 : 181.

2. Torquemada 1 : 214.

3. *CTR* pl. 26, p. 311.

4. Icpatepec est San Francisco Ixpantepec : Kelly et Palerm 1952 :

311. Orozco y Berra, dans Tezozomoc 585, situe Nopallan et Icpatepec chez les Otomis du val de Toluca ; mais voir la description du retour des armées via Chalco ; et le fait que le tribut comportait du coton et du poivre du Chili. Il faut remarquer par ailleurs que la *Chronique X* fait de cette campagne la guerre de couronnement. Toutefois, la conquête d'Icpatepec, Nopallan, Tlaxiaco et Xochitepec est signalée en 1510-1511 dans Chimalpahin, les codex *CTR* (où est figurée l'escalade au moyen d'échelles), *Aubin* et *en Cruz* et dans les *Anales de Cuauhtitlan*.

5. La présence de Montezuma n'est pas assurée du tout. Elle est mentionnée dans la *Chronique X*, mais par la force des choses, puisque pour ce document c'est la guerre de couronnement. Mais en 1511, Montezuma ne participait plus qu'exceptionnellement aux campagnes, surtout lointaines.

6. Sur la relation guerres-positions de l'étoile du matin, voir Schele et Freidel 1990 : 444-6.

7. Durán chap. 53 ; Tezozomoc chap. 84 ; Torquemada 1 : 213.

8. *CTR* pl. 26, p. 311 ; *Anales de Cuauhtitlan* 1945 : 61 ; *Codex Aubin* 1981 : 26 ; Chimalpahin 1965 : 120, 232 ; Torquemada 1 : 213 ; Quimichintepec peut être San Gabriel Mixtepec, tout près de Nopallan. Kelly situe Izquixochitepec au sud de Miahuatlan. Parmi d'autres conquêtes possibles figurent Chichihualtatacallan, peut-être l'actuel Sta Marta Chichihualtepec, au nord-est de Texotlan (Ejutla) soit sur le chemin du retour. Voir aussi Hassig 1988 : 231-2.

9. Sahagún 1950-81 : 2 : 66-7 ; 12 : 202 et fig. 685a.

10. Torquemada 1 : 186, 215. Cette guerre figure aussi dans le *Codex Aubin* 1981 : 27 ; *Anales de Cuauhtitlan* 1945 : 61 ; Chimalpahin 1965 : 232 ; Ixtlilxochitl 2 : 183 ; Durán chap. 65, 2 : 479-83 ; Tezozomoc 660. Torquemada la situe en 1503, ayant peut-être mal interprété une donnée relative à des neiges à Tlaxiaco. En 1503, le roi de cette cité pouvait encore feindre de ne pas connaître Montezuma, mais certainement plus en 1512. Si la guerre se situe bien en cette année, Torquemada — ou son informateur — a inventé ces détails, adaptant le récit à son erreur. Durán aurait fait de même en décrivant la participation de Montezuma à la campagne de Nopallan. A noter que Torquemada mentionne également la guerre en 1511, mais c'est la même que celle de 1503, puisqu'il y fait mourir derechef le même roi Malinal.

11. Burgoa 1 : 352.

12. Torquemada 1 : 215. L'existence d'une garnison dans cette cité aux confins du royaume tarasque est confirmée par la *Relation géographique de Tlacotepec* : Davies 1968 : 176.

13. Chimalpahin 1965 : 233 ; Gerhard 1972 : 125-7 ; *CTR* pl. 27 p. 313 ; *Códice en Cruz*.

14. Kelly ; Gerhard 1972 ; Torquemada 1 : 215.

15. Torquemada 1 : 215, 217 ; Chimalpahin 1965 : 233 ; *Anales de Tlatelolco* 1948 : 61 ; *CTR*, an 1515 ; *Anales de Cuauhtitlan* 1945 : 61 ;

Cihuapohualoyan est Cihua, dans l'extrême nord de l'Oaxaca (Kelly).
Cuezcomaixtlahuacan est San Andrés, Pedro ou Santiago Ixtlahuaca,
Oax. Pour Gerhard : 275, Iztactlalocan pourrait être Iztayutla, à l'ouest
de Centzontepec, aux confins de l'État de Tototepec. C'est peu probable.
16. *Anales de Cuauhtitlan* 1945 : 63 ; Ixtlilxochitl 2 : 192.
17. *Codex Mendoza, Anales de Cuauhtitlan, Leyenda,* Nazareo *et al.* :
cf. le répertoire de Kelly et Palerm 1952 : 311 ss.
18. Ixtlilxochitl 2 : 192. Puebla : Piaxtla, Xicotepec (Villa Juárez),
Caltepec, Pancoac, Chiapa, Tlatlauhquitepec ; Hidalgo : Molango ; Chiapas : Huixtla, Zinacantan, Xoconochco ; Veracruz : Mequetla, Pipiyolte-
pec, Cuauhtochco, Pantepec, Tlayehualancingo ; Guerrero : Tlalcozotit-
lan, Malinaltepec, Tlachinollan, Oztoman.
19. *Relación de Xalapa, Relaciones geográficas...*5, 1985 : 366.
20. Ixtlilxochitl 2 : 184, qui suit Torquemada 1 : 218-9 qui lui-même
suit Muñoz 1984 : 119.
21. Ixtlilxochitl 1 : 449-50 ; 2 : 188-92, 152 ; 1 : 449 ; Torquemada 1 :
221-7. Offner 1983 : 238-9.
22. Durán 2 : 474-6.
23. *Crónica mexicáyotl* 1949 : 304.
24. *Mapa Tlotzin ; Anales de Cuauhtitlan* 1945 : 61 ; Sahagún 1950-
81 : 8 : 10 ; Pomar 1986 : 50 ; *HMP* 254 : Texcoco un an sans seigneur ;
Origen... 1941 : 300.
25. Ixtlilxochitl 2 : 174-5, 190-2 ; Torquemada 1 : 124, 221-7.
26. Durán 2 : 474-6.
27. Offner 1983 : 239.
28. Pomar 1986 : 50.
29. *Anales de Cuauhtitlan* 1945 : 61 ; Durán 1 : 33 ; Tapia 51-2 ;
Pomar.
30. Muñoz 1984 : 185 ; Davies 1987 : 235 croit avec Isaacs et Hicks
que Montezuma voulait vraiment soumettre Tlaxcala. Davies 1968 : 145-
8 énumère les raisons. *Cf.* chap. I.
31. Pomar 1986 : 90-1, qui précise qu'il n'y avait plus qu'un homme
pour trois femmes.
32. Durán 2 : 454-8 (il place ces événements après le Feu nouveau de
1507) ; Tezozomoc 638 ; *HMP* 1965 : 63 ; *Codex Mexicanus* 23-4 pl.
76 ; *Codex Aubin* 1981 : 27 ; *CTR* pl. 27 p. 313 ; Chimalpahin 1965 :
233 ; *Anales de Tlatelolco* : 61. Pomar 1986 : 90-1 situe les faits sous le
règne de Nezahualpilli et attribue l'exil à l'épuisement des Huexotzincas
par les guerres fleuries. Les Alliés les auraient contraints à continuer à
se battre et auraient installé chez eux des troupes mexicas, acolhuas et
tépanèques qui occupaient encore des quartiers de Huexotzinco à
l'époque où écrit Pomar.
33. Durán chap. 60 ; Tezozomoc chap. 98, 1878 : 643 ; dans le *CTR*
pl. 23, p. 315, Tlahuicole est figuré en armes en 1517, dépouillé et
associé au glyphe de Tenochtitlan en 1518.

34. Muñoz 1984 : 186-8 ; suivi par Torquemada 1 : 219-20.

35. *Anales de Cuauhtitlan* 1945 : 61, 63 ; *HMP* 65 : 63.

36. *Anales de Cuauhtitlan* 1945 : 51 ; Durán *Ritos* chap. 7, 1967 : 1 : 72 ; *HMP* 1965 : 63.

37. Chimalpahin 1965 : 233-4, *Anales de Tlatelolco* 1948 : 61 ; à noter que la *Chronique X* diffère. Nécessairement, puisqu'elle place l'épisode peu après 1507, et sous le roi poète de Huexotzinco Tecayehuatl. Celui-ci serait parti comblé de dons, avec l'accord de l'empereur, et depuis les Tlaxcaltèques se seraient abstenus d'attaquer Huexotzinco. Plus tard, excités par Cholula, ils seraient redevenus hostiles à Mexico, contre le gré de leur roi. Tezozomoc 648 ; Durán chap. 60, 1967 : 2 : 453-8.

CHAPITRE X : Les êtres sortis de l'eau céleste

1. B. Díaz chap. 8.

2. Cervantes de Salazar ; Herrera 2ᵉ Déc., 1.4, chap. 8 ; 1944-6 : 3 : 74-5.

3. Motolinia 83.

4. Sources sur l'expédition : Cortez 1963 : 6-7 ; Martir 1 : 399-402 ; Oviedo 2 : 113-5 ; Gómara 1 : 85-7 ; B. Díaz chap. 1-5 ; Las Casas 1957-61 : 2 : 402-7 ; Landa chap. 3, 1959 : 7-8.

5. B. Díaz chap. 2.

6. Tozzer, Landa 1941 : 7-12 ; Cervantes de Salazar chap. 25-9. Herrera Dec. 2, 1.2 chap. 17-8, 1.3, chap. 1-2 ; 1.4, chap. 7-8 ; Herrera Déc. 4, 1. 3, pour l'aide du renégat aux Mayas. Vázquez 1988 : 71-3 ; Taladoire 1987 : 55 ; Clendinnen 1987. Il n'est pas sûr que Guerrero était réellement à Chetumal : Díaz dit qu'il vivait beaucoup plus près.

7. Berdan 1978 : 194.

8. Cervantes de Salazar 1 : 246 ; Ixtlilxochitl 1 : 451.

9. Hariot 38-9.

10. Il est peu probable qu'on sculpte les reliefs au lieu d'extraction, avant le transport (*cf.* l'illustration de Durán !), et qu'on utilise des ciseaux d'obsidienne.

11. Durán chap. 66 ; Tezozomoc chap. 102, 1878 : 662-5 ; l'épisode de la pierre est aussi mentionné dans le *Codex Tudela* fol. 84rᵒ, où elle se borne à crier « c'est fini ».

12. Tite-Live, *Hist. Rom.* I, 55.

13. Par exemple, Cisneros 1621.

14. Sahagún *CF* 7 p. 13 ; t. 3 p. 25-6 sur le cadavre inamovible de Tollan.

15. *CF* 1. 3, App., 1950-81 : 3 : 39.

16. *Codex Magliabechiano* 33 vᵒ ; *Codex Borgia* 65, 37-8 ; *CTR* pl. 24 p. 225 ; Sahagún 1927 : 298 ; Molina 2 : 160-1, 1 : 81.

17. *Supra*, chap. VIII.

18. Durán chap. 66, 1967 : 489-90 ; Tezozomoc chap. 102-103, 1878 : 666-8.

19. Ce qui serait énorme *(cf.* le *Codex Mendoza* : 51-2), si, avec Molins Fabrega et Schmidt 1988 : 149-50, on considère que les dessins des vêtements indiquent des charges de 20 unités, comme cela semble effectivement le cas : 67 200 vêtements pour les deux sexes, sans compter des faisceaux de plumes riches, des bijoux, 4600 kg de cacao et de somptueuses tenues militaires !

20. Le relief de Chapultepec, voir Krickeberg 1969 : 15-30 ; Nicholson 1961 ; Umberger 1981 : 147-51.

21. *CF* 1.8, chap. 12 ; *Codex Cozcatzin* 14 (Axayacatl) ; *CVA* pl. 126, p. 273 : Montezuma II, campagne contre Tolocan ; aussi Tezozomoc 584.

22. Muñoz Camargo 1984 : 160 ; voir aussi Oviedo 4 : 420.

23. Graulich 1982.

24. *HMP* 1941 : 235, 1965 : 34.

25. Gómara 2 : 81.

26. B. Díaz chap. 9 ; *id.* dans Herrera, qui utilise B. Díaz.

27. J. Díaz 1988 : 56.

28. Ibid. 47 ; Las Casas 1957-61 : 2 : 440-1 : Grijalva est entièrement recouvert de pièces d'or ou de bois recouvert d'or. L'épisode ne figure pas dans Díaz, qui écrit que les Indiens encensent les Espagnols, leur offrent à manger et leur donnent de l'or, abondant selon eux plus loin, à « Culua Mexico ».

29. Gómara 1 : 81.

30. Cortez 1982 : 59 ; Bernal Díaz chap. 12, 1987 : 1 : 79 confirme : « Il est bien reconnu qu'il n'y a pas d'or, mais seulement quelques bijoux, dans la province du fleuve Grijalva. »

31. Orozco y Berra 1880, Kelly et Palerm, Barlow 1949, Davies 1987, Hassig 1988 : 235 admet pourtant une « présence aztèque » à Xicalanco et Cimatlan, peut-être en prélude à une invasion du Yucatan. Il s'appuie sur les *Relations géographiques*. CF. aussi Scholes et Roys 1948 : 34-5.

32. Landa 1941 : 32 ; il écrit vers 1560.

33. *Relaciones Histórico-geográficas de la Gobernación de Yucatan* 1983 : 2 : 91, 417, 420-2, 427. Selon la *Relación de Dzonot*, la conquête de la région aurait été interrompue par l'occupation de Mexico en 1519-1520.

34. Díaz chap. 11.

35. Par exemple Durán 1967 : 1 :83-4 ; on aurait aussi pu interpréter l'habillage comme une déclaration de guerre : Soustelle 1955 : 238-40 ; Tezozomoc chap. 8, 1878 : 246.

36. *CF* 1.2, App.

37. Oviedo 2 : 133 ; Gómara 1 : 81.

38. Durán 1 : 85.

39. Pour Terre aussi, on construit des temples ronds.

40. B. Díaz chap. 13, 1987 : 1 : 77-8 dit que Montezuma, informé de

tout — des batailles de Cotoche et Champoton —, décrit sur étoffes, ordonna à ses gouverneurs de faire du troc pour connaître les intrus et leurs desseins.

41. *CF* 1. 12 chap. 2 ; aussi Díaz et Oviedo.

42. Les titres des personnalités varient selon les sources. Cuitlalpitoc, par exemple, est qualifié de guide-serviteur ou de capitaine — le terme aztèque est ambigu — dans le *CF* et d'esclave dans Durán, tandis que B. Díaz le dit « principal » et gouverneur, avec Tentlilli, de provinces appelées Cutustan, Tustepeque, Guazpaltepeque et Tatalteco. Ixtlilxochitl le dit capitaine. Tentlilli, lui, est guide *(CF)*, ou gouverneur de Cotastla (Gómara, B. Díaz, *Relaciónes geográficas... Tlaxcala* 2, 1985 : 295, Tezozomoc 697). Pinotl enfin est roi ou *calpixqui*.

43. J. Díaz 1988 ; Oviedo 1. 17 chap. 9-18, 1959 : 2 : 120-48 ; Gómara 1 : 80-3 ; B. Díaz chap. 8-16, 1987 : 1 : 62-88.

44. Durán chap. 69 ; Tezozomoc chap. 106.

45. Tezozomoc chap. 106 ; Orozco y Berra y explique que Mictlancuauhtla existait encore en 1580 puisqu'il figure, sous le nom de Metlangutla, sur un plan de la côte du Veracruz de cette année-là.

46. Tovar f. 49a, Durán chap. 69 ; Tezozomoc chap. 106-8 ; Orozco y Berra, dans Tezozomoc 697, note déjà que l'auteur confond les expéditions de Cortez et de Grijalva. La femme interprète dont il est question ne peut être que Marina, qui n'apparaît que dans le voyage de Cortez. Tezozomoc, p. 688, précise du reste qu'il s'agit bien de Marina et, p. 690, chap. 108, il appelle le capitaine Cortez. A la page 691, il explique le retour de l'expédition [de Grijalva] en disant que Cortez retourne à la recherche de deux navires qui manquent depuis le départ de Cintla et de Potonchan.

47. *HMP* 1965 : 40 ; Durán 1967 : 1 : 125.

48. *CF* 1.2, hymne à Cihuacoatl ; 1. 1 chap. 11 ; 1. 6 chap. 27, 34 ; Durán 1 : 125-6, 131 ; Mendieta 1 : 119, 98 ; *HMP* 1941 : 225, 1965 : 52 ; Torquemada 2 : 61, 83-4 ; Seler 1902-23 : 2 : 1051-2 ; Brundage 1972 : 94-100, 161 ; Mönnich 102, 125, 202 ; Graulich 1979 *passim*, Broda 1991.

49. Je suis ici Tezozomoc. Le texte parallèle de Durán semble indiquer que Tezozomoc interprète mal une description des navires espagnols et poursuit sur sa lancée en en rajoutant.

50. Tezozomoc chap. 109 ; Durán chap. 120.

51. Note d'Orozco y Berra dans Tezozomoc 692-4 ; Magaña et Mason 1986.

52. *CF* 12 chap. 3.

CHAPITRE XI : Le Serpent à Plumes

1. Babelon 1928 : 81 ; *cf.* par exemple Torquemada 1. 4, chap. 14, 1 : 381 : Dieu a permis cette duperie du départ et de la prophétie de

Quetzalcoatl pour que les Indiens soient préparés à recevoir la Parole, par l'idée que d'autres allaient venir régner sur eux. Robertson 1852 : 1 : 375 ; Prescott 1906 : 30 ; Campe 227-8 ; Lebrun 1846 : 48 ; Collis 1956 ; Pérez Martinez 1952 : 63-77 ; Descola 1957 : 170-1 : Innes 1971 : 123 ss. ; White 1971 : 150-5 ; Morales Padron 1971 : 590-2 ; Parkes 1980 : 54-5 ; Martínez 1990 : 39-40 ; Fuentes Mares 1981 : 56 ; Davies 1973 : 233 ss., 283.

2. Wagner ; Frankl ; Elliott ; Sotomayor ; Vázquez 1987 ; Gillespie 180-3 ; Stenzel 1991.

3. Récits espagnols sur Quetzalcoatl : Durán 1 : 9-15 ; Cervantes de Salazar 1 : 137 ; Voir Graulich 1988. Sur la transformation du mythe à l'époque coloniale, voir la forte œuvre de Lafaye 1974. C'est Ixtlilxochitl qui insinue que Quetzalcoatl est le Christ.

4. Tovar fol. 49-50.

5. Gómara 2 : 56.

6. *Instrucciones de Diego Velázquez à Hernán Cortés*, in *Doc. cortesianos* 1 : 45-57 ; sur la vie de Cortez et la Conquête, voir la bibliographie très complète dans Martínez 1990. Les sources principales sur la Conquête sont : les conquistadores : *cf.* les *Lettres* de Cortez ; *Documentos cortesianos* ; Tapia ; Aguilar ; Vázquez de Tapia ; Díaz del Castillo ; les chroniqueurs : Martir (qui suit de près les lettres de Cortez) ; Oviedo (inclut des documents anciens intéressants) ; Gómara (très fiable) ; Cervantes de Salazar ; Herrera (qui suit fort Bernal Díaz) ; Solís. Ouvrages plus récents : Robertson ; Prescott [1843] — toujours intéressant à lire ; Orozco y Berra ; Helps ; Babelon ; les n°s 31-32 de la *Revista de Indias* ; Pérez Martínez ; Madariaga ; Collis ; Blond, Boisdeffre *et al.* ; Pereyra ; White ; Sotomayor — d'un rare parti pris, de même que Guzmán ; Fuentes Mares ; Martínez ; Ramos ; Thomas.

7. Ramos 52-3.

8. B. Díaz chap. 28 ; d'autres auteurs, comme Gómara, Las Casas, Tapia, donnent des chiffres quelque peu différents. *Cf.* Martínez 1990 : 132-4.

9. Cortés 1982 : 52.

10. Tapia 1988 : 70-2 ; Gómara 2 : 30-1 ; B. Díaz chap. 27, 1987 : 119.

11. Sur les différentes versions relatives à Marina et leur critique, voir Martínez 1990 : 162-7.

12. B. Díaz chap. 36 ; Gómara 2 : 48.

13. Sur ces événements : Cortés 1982 : 55-60 ; B. Díaz chap. 32-7 ; Tapia 1988 : 75-7 ; Gómara 2 : 44-50.

14. Cortés ; Gómara 2 : 52-8 ; B. Díaz chap. 38.

15. Durán chap. 71.

16. Sahagún *CF* 1. 12 chap. 3, 1983 : 54-9 ; Tovar f. 50v ajoute que les Espagnols clamaient qu'ils iraient à Mexico pour anéantir et voler. Les Indiens en auraient retiré la conviction que ce n'était pas là le

seigneur qu'ils attendaient, mais quelque cruel ennemi de ce seigneur, ennemi qui était arrivé avec une horde féroce. Exemple d'une méchante pointe du jésuite contre les conquérants. Mais il fera école. Certains auteurs actuels reprendront son idée de l'arrivée de l'*ennemi* de Quetzalcoatl, soit Tezcatlipoca !

17. Sur son invraisemblance, voir aussi Vázquez 1987 : 28-9.

18. Gómara le massacre en « Quintalbor », mentionné aussi dans Martir. B. Díaz, cite Tendile et « Pitalpitoque » et attribuera à une tierce personne le nom de « Quintalbor », sans se rendre compte que Quintalbor est, au même titre que Pitalpitoque, une déformation de Cuitlalpitoc.

19. Cortez 1982 : 60 ; Vázquez 1987 : 28 ajoute qu'il est matériellement impossible qu'il s'agisse ici d'envoyés de Montezuma, car l'aller-retour prend au moins six jours. Ceci est exact. Même si l'empereur est averti en un temps record de 24 heures grâce à un système de relais — c'est ce que dit la première lettre envoyée à Charles Quint —, il faut y ajouter neuf jours pour que l'ambassade puisse arriver de Mexico. Toutefois, les interlocuteurs de Cortez viennent de Cuetlaxtlan, non de Mexico. Comptons donc 24h pour prévenir, 24h pour donner des instructions au surintendant-gouverneur et une bonne journée de marche pour la délégation, soit au strict minimum, trois jours. Or, la flotte jette l'ancre le mercredi soir et l'ambassade arrive le dimanche. Cela dit, il faut tenir compte du fait que Montezuma était certainement au courant du passage de Cortez à Potonchan et la victoire de celui-ci, le 25 mars, lui aura appris que l'heure H avait sonné. Il a donc eu tout le temps de faire envoyer les atours avec des instructions à Cuetlaxtlan en vue de l'arrivée à Ulua.

20. Sur les rapports entre Tlaloc et la lune : dans le *CVA*, son paradis est situé dans la lune *(cf.* aussi le chap. suivant). Selon l'*HMP*, c'est le « fils » de Tlaloc qui devient la lune lors du sacrifice de Teotihuacan.

21. Seler 1963 : 70 parle de quatre aspects d'une même divinité.

22. Seler 1902-23 : 2 : 412-6. Il attire l'attention sur la p. 77 du *Codex Magliabechiano*, où figurent quatre dieux proches de ceux dont sont offerts les atours.

23. Díaz chap. 38, 1987 : 1 : 161. D'après la lettre de Vera Cruz, Cortez leur demande qu'ils se disent vassaux de Sa Majesté et acceptent de payer tribut. Son interlocuteur répond qu'il ne demande pas mieux que de servir des rois aussi puissants. La suite des événements rend cette version peu probable.

24. Gómara 2 : 56.

25. Cortés 1982 : 60-1 ; Gómara 2 : 52-8 ; B. Díaz chap. 38 ; Las Casas 1961 : 2 : 465 ; Ixtlilxochitl 2 : 198-9.

26. Sahagún 1. 12, chap. 6, 1983 : 59-60 ; Durán chap. 71, 1967 : 571 ; Tovar fol. 51 affirme que ce genre de sacrifices était d'usage lorsqu'on recevait des ambassadeurs importants. Mais il généralise

probablement à partir de ce cas, car il n'y a, à ma connaissance, pas d'autre exemple de ce rite chez les Aztèques.

27. Muñoz Camargo 1983 : 200-1 contient une discussion fictive, concoctée après coup, des questions que Montezuma pose à ses magiciens sur la divinité des Espagnols. Les magiciens penchent pour l'humanité. En effet, ils mangent, boivent et aspirent à des satisfactions humaines. « S'il s'agissait de dieux, ils ne renverseraient pas nos oracles ni ne maltraiteraient nos dieux puisqu'ils seraient leurs frères et, comme ils les maltraitent et les renversent, il ne doit pas s'agir de dieux mais de gens bestiaux et barbares qui recevront de nos idoles le juste paiement de leurs offenses. » On voit bien qu'il s'agit d'une attaque après coup contre les conquistadores. Pour des Aztèques qui savent les luttes entre Teczatlipoca et Quetzalcoatl, ce genre de propos sur les dieux qui ne se maltraitent pas est dépourvu de sens. Les Espagnols seraient donc des hommes, mais les magiciens ne sont pas catégoriques, car, 1) les Blancs échappent à leurs sortilèges ; 2) ils montent des animaux étranges ; 3) comment forces humaines pourraient-elles manœuvrer des épées et des arbalètes ?

28. Sur Huitzilopochtli et ses 400 hommes, *cf.* Oviedo 4 : 245 — mais il est possible que cette version s'inspire en fait de l'arrivée de Cortez.

29. B. Díaz chap. 41, qui dit aussi : « Il en était déjà arrivé à la pensée que si nous tardions à nous embarquer, il devait s'emparer de nous pour propager notre race [*para que hiciésemos generación*], et en même temps pour en destiner quelques-uns à ses sacrifices. »

30. Burgoa 1 : 277.

31. Ixtlilxochitl 2 : 200.

32. Muñoz Camargo 1983 : 201.

33. Tezozomoc chap. 110 ; Durán chap. 71. Montezuma, décrit jusqu'ici comme un tyran orgueilleux, bascule tout à coup dans le camp des saints. Il a en effet tout pour plaire au moine. En tant que victime des Aztèques et des Espagnols et parce qu'il est décrié à la fois par ses compatriotes les plus anti-Espagnols et par les conquérants. Ceux-ci l'accusent d'avoir joué double jeu, ceux-là d'avoir trahi. Mais pour Durán, c'est un peu comme si le monarque avait fait à son pays le don de sa personne pour atténuer ses malheurs : « Et toujours, jusqu'à sa mort, il souhaita la paix et la concorde et se soumit ainsi aux choses de la foi ainsi qu'au service de sa majesté, en se mettant entre les mains des Espagnols avec un cœur sincère et affable, sans duplicité aucune. »

34. Ces disques étaient destinés à l'origine à Grijalva. Les centaines de capes et les animaux d'or ne figurent pas dans l'inventaire annexé à la lettre du conseil municipal de Vera Cruz à Cortez. Pour les étoffes du moins, on peut supposer que les Espagnols les conservaient soit pour leur propre usage, soit comme moyen de payement pour leurs frais sur place.

35. Cortés 1982 : 61 ; *Anales de Tlatelolco* 1948 : 62 ou 1983 : 153 ;

Tapia 1988 : 80. Gómara 2 : 58-60, le plus détaillé, est suivi par B. Díaz chap. 39, Muñoz Camargo 1. 2 chap. 1, Baudot 1983 : 201, Ixtlilxochitl 2 : 202. Las Casas 1957-61 : 2 : 465-7 ajoute qu'il a vu les deux grands disques en 1520 à Valladolid, le même jour que l'empereur, et il s'émerveille devant la qualité de leur travail et leur extrême beauté. La réponse négative de Montezuma est attestée indépendamment par l'auteur des *Anales de Tlatelolco*, de 1528, et par Gómara.

36. Gómara 2 : 52-8.

37. *Anales de Tlatelolco* 1983 : 153 ; Durán 2 : 521 parle de dix victimes qu'on s'apprêtait à immoler. Il juge peu probable la version selon laquelle Cortez fit tuer les sacrificateurs. Sah. 1. 12, chap. 8, 1983 : 61-3.

38. Tapia 1988 : 90.

39. *CF*. 1.12, chap. 8, 1983 : 61.

40. B. Díaz chap. 39.

41. Vázquez 1987 : 40 ; Orozco y Berra 1960 : 4 : 119.

42. Davies 1973 : 242 ; Collis 1956 : 68 : « La magie mexicaine attribuait au double d'un dieu des pouvoirs et des rôles divers. » Innes 1971 : 127 croit que le sosie était utilisé à la manière d'une figurine d'envoûtement.

43. *CF*. 11, chap. 8, 1950-69 : 11 : 228 ; 1. 5, App.

44. Orozco y Berra 1960 : 4 : 123 dit que chaque *chalchihuitl* vaut une charge d'or.

45. Gómara 2 : 58-60 ; B. Díaz, chap. 40, 41 ; Las Casas 1961 : 2 : 465-6.

46. Ixtlilxochitl 2 : 198. Orozco y Berra 1960 : 4 : 121 et Vázquez 1987 : 40-3, acceptent cette visite de même que celle des seigneurs d'Axapochco et Tepeyahualco, près d'Otumba, qui seraient venus se plaindre de la tyrannie de Montezuma et offrir d'anciens livre contenant les prophéties d'Acamapichtli et des renseignements sur l'empire aztèque, ses routes, etc. Rien dans les sources espagnoles ne corrobore ces visites et la seconde, avec la prétendue prophétie, évoque par trop le Quetzalcoatl fabriqué après la Conquête. Le texte est apocryphe.

47. Voir en effet une lettre de Velázquez, Oviedo 1. 17 chap. 18.

48. Cortez 1982 : 61-3 ; Gómara 2 : 59-66 ; B. Díaz chap. 41 ; Martínez 1990 : 179-201 ; Ramos 1992 : 95-127.

CHAPITRE XII : L'empire se lézarde

1. *CF*. 1. 12 chap. 9, 1983 : 65-6.

2. Sahagún 1956 : 4 : 95-7, 102. Les cavernes-refuges : *CVA* 20-6 ; Muñoz 1892 : 173.

3. Textes sur le Cincalco : Sahagún 1. 12 chap. 9 ; Tezozomoc chap. 103-4 ; Durán chap. 67 ; Clavijero 148. C'était dans une litière appelée

« maison du maïs » *(cincalli)* que voyageait le soleil de l'après-midi sous ses aspects de Xochipilli, Cinteotl ou Xipe. *Cf.* Robelo 1992 et Graulich 1979. Voir aussi Seler 1899 : 88 ; 1902-23 : 3 : 228 ; 4 : 108 ; Alcina 1989 : 133.

4. *Relación de la genealogía...* : 244 ; *Leyenda* 1945 : 127 ; *Anales de Cuauhtitlan* 1945 : 15 ; Chimalpahin 1991 : 16-7 : *Historia toltecachichimeca* : 135. Sur Huemac : Dewey 1983 ; Zantwijk 1986 ; Graulich 1988.

5. Voir le récit de la fin de Tollan dans le *CVA*. Lors de la fête de Huey Tecuilhuitl, Cinteotl-Xochipilli, porté dans la litière Cincalli, est vêtu d'une peau d'écorché.

6. Comme dans l'inframonde Xibalba des Mayas-Quichés. *Cf.* plus loin, chap. XIII.

7. Seler 1902-23 : 4 : 355 l'avait compris ; comparer chez les Mayas, où les suicidés par pendaison sont emportés au paradis par la déesse Ixtab : Landa 1959 : 60.

8. Durán chap. 67 ; Tezozomoc 670-81 ; Sahagún : *CF.* 1. 12, chap. 9, 1983 : 65-6.

9. Une importante cité totonaque, soumise à la Triple Alliance dès Montezuma 1er, semble-t-il : Tezozomoc 325 ss., 343, puis aussi sous Axayacatl. Voir aussi Hassig 1988 et Kelly et Palerm. Les Totonaques dirent à Cortez (1982 : 74) qu'ils avaient été soumis par « ce seigneur Montezuma » depuis peu.

10. Gómara 2 : 66-71 ; B. Díaz chap. 46 ; Aguilar 1988 : 165.

11. Le récit s'appuie principalement sur Cortez et Gómara. B. Díaz suit plus ou moins Gómara, mais fait arriver à Quiahuiztlan le gros cacique. Puis, il ajoute que les percepteurs exigèrent vingt Indiens et Indiennes à sacrifier à Huitzilopochtli, « en lui demandant la victoire contre nos armes ». « Ils disent, en effet, que Montezuma prétend s'emparer de vous autres pour en faire ses esclaves. »

12. B. Díaz chap. 47.

13. Selon Vázquez 1987 : 47, ce sont des fils de Cuitlahuac. J'ignore d'où il tient le renseignement.

14. Gómara 2 : 77.

15. Gómara 2 : 73-8 ; Ixtlilxochitl 2 : 203-5 ; B. Díaz chap. 46-8 suit Gómara mais ajoute quelques détails qui me paraissent être des broderies : 1) qu'apprenant la capture de ses percepteurs, Montezuma irrité veut lancer son armée contre les rebelles pour les exterminer tous, tandis que ses corps d'élite s'attaqueraient aux Espagnols. C'est en apprenant la libération de deux percepteurs qu'il se serait ravisé et aurait envoyé une ambassade pour sonder les intentions de Cortez. Mais je vois mal d'où Díaz tient ce renseignement que rien ne confirme. Montezuma et les siens ne s'en seront pas vantés auprès des Espagnols, plus tard. Quant aux ennemis de Montezuma, on a vu que ce qu'ils mettent en relief, c'est sa lâcheté et sa passivité. 2) Montezuma aurait fait répéter

par ses neveux qu'il regardait les Espagnols comme « les mêmes hommes dont ses aïeux avaient dit qu'ils devaient venir dans ces contrées ».

16. Tapia 1988 : 85-6 ; Díaz chap. 51 ; Gómara 2 : 78-9 ; Herrera Dec. 2, 1. 4, chap. 12 suit Díaz ; Ixtlilxochitl 2 : 205 ; Cervantes de Salazar 1971 : 1 : 232-3 : il y eut vraiment bataille contre les Colhuas et les Cempoaltèques mangèrent leurs ennemis. *Cf.* Vargas *(Hernán...* 1889 : 272) et Vázquez (Archivo General Indias, Mexico, leg. 205 : 5). Voir Thomas 1993 : 212-3.

17. Cortés 1982 : 75 ; Tapia 1988 : 81-5 ; Gómara 2 : 79-87 ; B. Díaz chap. 53-59 ; sur les démêlés avec Velázquez, Prescott 1906 : 161-7 et surtout Martínez 1990 : 178-201 et Ramos 124-7, 165 ss.

18. B. Díaz chap. 51 ; voir aussi Gómara 2 : 89 ; Cervantes de Salazar 1. 3 chap. 24 ; Ixtlilxochitl 2 : 203.

19. *Título...* 1950 : 220-2 ; 1983 : 179-80.

20. *Cf.* les conseils d'un père à son fils : il faut refuser la coupe qu'offre à boire une prostituée : *CF* 6 : 125.

21. *Leyenda* 1938 : 358-62 ; 1992 : 151-2.

22. Muñoz Camargo 1892 : 40.

23. *Leyenda* 1938 : 363-5, 1992 : 153 ; *HMP* 1965 : 37.

24. *Crónica mexicáyotl* 28-31, 39-45.

25. Molina 93, 95, 101 ; pour plus de détails, Graulich 1992.

26. López Austin 1980 : 1 : 236-43, 256.

27. *Ibid.* : 240.

28. *Ibid.* : 1 : 214.

29. Tezozomoc 225.

30. Sahagún *CF* 1. 11 chap. 5, p. 87-8.

31. Seler 1902-23 : 4 : 741, 744.

32. Tezozomoc 225-6 ; *Crónica mexicáyotl* 29-30.

33. Durán 2 : 521-3, 525 ; Tezozomoc 699-700 ; Muñoz Camargo 1983 : 200 ; 1984 : 229-30 ; Motelchiuh est connu par ailleurs. Plus tard, il se battit vaillamment contre les Espagnols : *Anales de Tlatelolco* 1948 : 66 ; Sahagún 1. 12.

34. Cortés 1982 : 74-5 ; Gómara 2 : 89.

35. Cortés 1982 : 80 ; aussi Tapia 1987 : 86 ; B. Díaz chap. 61.

36. Cortés 1982 : 82 ; Gómara 2 : 89-93 ; B. Díaz chap. 61. Cervantes de Salazar 1. 3 chap. 32 ; Torquemada 1 : 419 ; Ixtlilxochitl 2 : 207.

37. Nous ne savons malheureusement presque rien sur ces éventuelles manœuvres de Montezuma. Hormis un passage de Tovar (1878 : 84) qui dit que les Mexicas dirigèrent les Espagnols vers Tlaxcala afin qu'ils se fassent détruire par les Otomis, les sources mexicaines détaillées n'en soufflent mot, puisqu'elles s'acharnent à présenter l'empereur comme un lâche et les Mexicas comme de pauvres victimes. Les Tlaxcaltèques aussi sont muets, eux qui essayent de faire croire qu'ils ne se sont jamais opposés aux Espagnols... Guzman 1989 : 138-9 rappelle à juste titre les liens qui unissaient le Triple Alliance et la vallée de Puebla.

CHAPITRE XIII : Les pièges de la vallée de Puebla

1. Muñoz 1983 : 207 ; sur la guerre avec Tlaxcala, voir, outre les ouvrages sur la Conquête en général : Gibson 1991 [1952] : 29-34 ; Alcina Franch 1986.

2. Muñoz 1984 : 234-5 ; 1983 : 207 : Tlaxcala n'est pour rien dans la violente attaque des Otomis de Tecohuatzinco...

3. Cervantes de Salazar 1 : 246-9, suivi *et al.* par Torquemada 1 : 414-6.

4. Tovar 1878 : 84.

5. Oviedo 4 : 214.

6. B. Díaz chap. 62 ; Torquemada 1 : 423.

7. Torquemada 1 : 419 suit Cervantes de Salazar 1 : 253, 1.3 chap. 32.

8. La *Chronique X* réduit au minimum le rôle de Tlaxcala dans les batailles qui suivent, soit pour minimiser l'opposition des Indiens aux Espagnols, soit pour diminuer le mérite de la vaillance tlaxcaltèque, et cela au prix d'incohérences graves. Ainsi, Durán chap. 72, 1983 : 309, affirme que Tecoac a reçu pour instruction de Montezuma de bien recevoir les dieux, mais que ses habitants refusent : « Sommes-nous ici vassaux de ces dieux qui arrivent ou de Motecuhzoma, pour qu'on vienne nous donner des ordres comme à des valets ? » C'est peu probable, de la part d'une ville dont il est bien dit, quelques lignes plus haut, qu'elle est « sous la juridiction de Tlaxcala ». Montezuma n'a donc pas à leur donner des ordres. Selon ces mêmes versions, seuls les Otomis combattent les Espagnols, et non les Tlaxcaltèques, qui aussitôt après la bataille contre Tecoac accueillent les Espagnols à Tlaxcala. Guzmán 1989 : 105-6 va dans le même sens, contre tous les témoignages sérieux.

9. Otomis : Sahagún 1.12 chap. 10, 1983 : 67 ; Durán 2 : 529-33 ; Tezozomoc 1878 : 701.

10. Oviedo 4 : 214.

11. Ixtlilxochitl 2 : 206 ; mais *cf.* Gómara 2 : 100.

12. B. Diaz chap. 62, 1987 : 9. Voir à ce sujet, Denhardt 1938, Ramos 138.

13. Tapia 1988 : 90 ; B. Díaz chap. 70.

14. Cortés 1982 : 82-9 ; Tapia 1988 : 86-91 ; Vázquez de Tapia 137-9 ; Oviedo 4 : 16-9, 214-5 ; Gómara 2 : 93-102 ; Cervantes de Salazar 246-71 ; Torquemada 1 : 419 ; Ixtlilxochitl 2 : 206-9 ; aussi *Origen* 275-6.

15. Cortés 1982 : 91 ; Martir 2 : 452 ; Oviedo 4 : 22 ; Gómara 2 : 103, 110-1 ; Cervantes de Salazar 1 : 271-2 ; B. Díaz chap. 72 ; Ixtlilxochitl 209-12.

16. Vázquez de Tapia 139-43 ; aussi Cervantes de Salazar 1 : 282, qui dit que les deux émissaires parviennent jusqu'à la chaussée d'Iztapalapan.

D'après la *HMP* 1965 : 64, ils vont jusqu'à Chalco et reviennent en disant que le pays et les gens sont mauvais. Tout cela porte à croire qu'ils n'ont jamais bien su où on les conduisait et qu'on a tenté de les tromper et de les intoxiquer.

17. Ixtlilxochitl 2 : 210-1 ; il impute l'attaque contre les Espagnols à des réfugiés ayant fui l'oppression de la Triple Alliance.

18. Sahagún 1. 12 chap. 10, 1983 : 69.

19. Cortés 1982 : 89-92 ; Tapia 1988 : 91-4 ; Gómara 2 : 110-6 ; Díaz chap. 73-8 ; Durán 2 : 533 ; Tezozomoc 701 ; Sahagún 1.12 chap. 10-11, 1983 : 67-9 ; Muñoz Camargo 1983 : 208-20 ; Ixtlilxochitl 2 : 209-5 dit suivre ici l'histoire écrite en 1548 par Tadeo de Niza de Sta Maria, natif de Tetícpac, l'une des quatre capitales de Tlaxcala.

20. Mendieta 1 : 88-9 ; *HMP* 1941 : 218-9 ; Las Casas 1967 : 1 : 645-6 ; *Histoyre du Méchique* 1965 : 115-6.

21. Muñoz Camargo 1984 : 129-131 ; Torquemada 1 : 256.

22. Graulich 1988 : 219-28.

23. Motolinia 45 et notes précédentes.

24. *Relación de Cholula, in Relaciones geográficas* 5, 1985 : 130-1 ; *Anales de los cakchiqueles* 1950 : 67-8 ; *Popol Vuh* 1950 : 207-8.

25. Torquemada 1 : 438 ; sur les quartiers : Zantwijk 1986 : 345, qui cite aussi Motolinia 70-1 selon lequel les nobles de la Triple Alliance avaient des demeures à Cholula.

26. Oviedo 4 : 216-7 suivi par exemple par Gómara 2 : 119 ; Cortez.

27. Muñoz Camargo 1983 : 223. Il est utile de rappeler que ce texte tardif doit être considéré tout au plus comme une reconstitution possible.

28. Cortés 1982 : 92-94 ; Gómara 2 : 116-7 ; Torquemada 1 : 437-8 ; Ixtlilxochitl 2 : 215.

29. Oviedo 4 : 216 ; Cortés 1982 : 94-5 ; Gómara 2 : 117-8.

30. Aguilar 174-5.

31. Cortés 1982 : 92-4 ; Tapia 1988 : 97.

32. Tapia 1988 : 95-6, suivi par Gómara 2 : 117-9.

33. Cortés 1982 : 110-1 ; Gómara 159, B. Díaz cap 93-4 ; Tapia 1988 : 102 parle seulement d'un Espagnol tué.

34. B. Díaz chap. 94. La version que donne Durán (chap. 72) est toute différente. Il situe les faits bien plus tôt. Selon lui, Cortez part de Cempoala vers le sud-ouest, atteint Jalapa et... arrive à Nauhtlan, sur la côte nord ! Il demande le chemin le plus court pour Mexico à Coatlpopoca, qui en profite pour attirer les Espagnols sur une voie si périlleuse que deux cavaliers tombent dans un précipice (Tezozomoc chap. 110 parle de dix morts). Coatlpopoca disparaît mais Montezuma le fera arrêter et le livrera à Cortez, puis le fera mettre en pièces. On reconnaît quelques éléments véridiques : le nom du roi, son désir de tendre un piège et d'« engloutir » les Espagnols, les deux morts, la capture et l'exécution ultérieures du coupable. Pour le reste, le piège consiste ici à guider les Espagnols par de mauvais chemins. Cela aussi

est un élément réel, mais il se produira plus tard. Si la *Chronique X* le déplace ici et le combine maladroitement avec l'affaire Coatlpopoca, c'est parce que ce chapitre suit celui où Montezuma essaie de faire arrêter les errants par ces sorciers dévoreurs de cœurs. On cherche donc à rester dans un registre d'actions comparables.

35. Martir 2 : 455.

36. Cortés 1982 : 95-6 ; Tapia 1988 : 97 ; B. Díaz chap. 83.

37. Cortés 1982 : 92-4, suivi par Oviedo 4 : 23-5, 217-8 ; Tapia 1988 : 97-8 ; Gómara 2 : 121-2 ; Torquemada 1 : 439-40. L'eau devant noyer les Espagnols : Muñoz 1983 : 225.

38. Cortés 1982 : 98.

39. Cortés 1982 : 98-9 ; Martir 2 : 457 ; Tapia 1988 : 98-9 ; Gómara 2 : 121-2, 125.

40. Torquemada 1 : 439-40 ; *CF* chap. 11, 1983 : 69.

41. Oviedo 4 : 218, suivi par exemple par Gómara 2 : 125, Díaz chap. 83 ; *cf.* aussi Motolinia 82 : Montezuma laisse venir les Espagnols car il se dit qu'il pourra les tuer quand il voudra.

42. Cortés 1982 : 99 ; Martir 2 : 457 ; Gómara 126 ; Tapia 1988 : 100.

43. Madariaga 277.

44. Orozco y Berra 4 : 219-20 ; Collis 127 ; Wagner 175-6 ; Guzmán 139 ; Sotomayor 122 ss. ; Toscano 114 semble aussi éprouver de sérieux doutes ; Davies 1973 : 253.

45. Muñoz Camargo 1983 : 224 ; Torquemada 1 : 435-7 ; Chimalpahin 1965 : 234.

46. Durán chap. 6, 1967 : 1 : 62 ; chap. 74, 2 : 539-40.

47. Sahagún 1. 12, 1983 : 69 ; 1956 : 38 ; Tovar f. 52b. *Relaciones geográficas*, 5, 1985 : 25.

48. *Relación de Cholula, Relaciones geográficas* 5.

49. *Documentos Cort.* 2 : 39 ; déjà en 1521, un témoin favorable à Velázquez faisait une allusion méchante au massacre de Cholula, mais sans se prononcer sur sa cause : *Doc. Cort.* 1 : 202-3.

50. Par exemple Andrés de Tapia, ou Martin Vázquez : *Doc. Cort.* 2 : 344, 358-9. Thèse du complot aussi dans *HMP* 1965 : 64.

51. Vázquez de Tapia [1542-5] 142.

52. Oviedo 4 : 263 ; Las Casas 1985 : 92-3.

53. Aguilar 1988 : 174-5.

54. B. Díaz chap. 83.

55. Voir chap. XII.

56. Sauf Vázquez 1987 : 100.

57. Wasserman 1983 : 85-93 ; Vázquez, dans *Conquista...* 179-80, note 45 ; 1987 : 25. La thèse selon laquelle les Indiens, détrompés par la brutalité des Espagnols, les auraient pris pour des suppôts du grand ennemi de Quetzalcoatl, Tezcatlipoca, plutôt que de Quetzalcoatl lui-même, se trouve déjà dans le *Codex Ramírez* 1878 : 82, où il doit être

l'invention du père Tovar qui brosse de Quetzalcoatl un portrait très chrétien.

58. Oviedo 4 : 218.

59. Cortés 1982 : 11-1 ; Tapia 1988 : 96 ; B. Díaz chap. 78 situe l'exploration de la montagne lors du séjour à Cholula.

60. *CF* chap. 11, 1983 : 69-71.

61. Sahagún 1. 12 chap. 12, 1983 : 71-2 ; Tovar fol. 53a.

62. *Popol Vuh* 1950 : 140.

63. *CVA* fol. 9 ; Sahagún 1.3 chap. 14, 1956 : 1 : 290-1 ; Graulich 1988 : 220-3.

64. Cortés 1982 : 100-1 ; Martir 458 ; *Doc. Cort.* 1991 : 2 : 358-9 ; Tapia 1988 : 95-8 ; Vázquez de Tapia 139-43 ; Aguilar 174-6 ; Gómara 2 : 126 ; B. Díaz chap. 86 ; à noter que B. Díaz écrit après que les Espagnols ont été attaqués à Mexico, Cortez avant. *CF* 12, chap. 14, 1983 : 74.

65. Sahagún *CF* 1. 12 chap. 13, 1983 : 72-4.

66. *CF* livre 5.

67. Swadesh et Sancho 1966 : 47 : « *challi : borde de hondonada* ».

68. Lambert 1961 : 70-1.

CHAPITRE XIV : La cité ceinte d'émeraudes

1. Pour ce qui suit, voir principalement Cortés 1982 : 102-7, que suivent de près Oviedo et Gómara ; aussi Torquemada 1 : 448-9 et Ixtlilxochitl 2 : 217 ss.

2. Gómara 2 : 129 suit Tapia 1988 : 101. Les détails incertains quant aux viols viennent de B. Díaz chap. 86 qui a dû voir de telles scènes, mais avec comme auteurs les conquistadores. Gómara 2 : 128 ; Durán 1983 : 315.

3. Motolinia 82.

4. Durán chap. 73, 1983 : 316.

5. *CF* chap. 14, 1983 : 76.

6. Vázquez de Tapia 142 ; Aguilar 1988 : 176-7 ; B. Díaz ne parle pas de Cuitlahuac.

7. Cortés 1982 : 105-6.

8. Durán chap. 73, 1983 : 317 ; *CF* 1. 12 chap. 14.

9. Tovar 1983 : 179-81.

10. Sahagún *CF* 1. 12, 1983 : 81.

11. Outre Cortés 1982 : 106-8 ; Oviedo 4 : 218-9 ; Gómara 2 : 130-1 ; aussi Tapia 1988 : 102 ; Aguilar 1988 : 177-8 ; B. Díaz chap. 88 ; *CF* 1. 12 chap. 15 ; Ixtlilxochitl 2 : 217. Selon Durán 2 : 540, la rencontre eut lieu à hauteur du temple de Toci, celui qui avait été brûlé par les Tlaxcaltèques. Le *CF* situe la rencontre à Huitzillan. Dans la version texcocane ultra-chauviniste recueillie par Tovar, 1983 : 183, la solennelle

rencontre sur la chaussée est celle de Cortez avec... Cacama ! qui ensuite conduit Cortez chez Montezuma.

12. Durán 1967 : 2 : 541 ; il ajoute qu'à la demande de Cortez, Montezuma se serait soumis au roi et aurait demandé à être instruit dans la foi.

13. Selon B. Díaz chap. 90, Montezuma rit en disant cela, « car il était d'humeur très joviale dans son noble parler de grand seigneur ».

14. Cortés 1963 : 59 ; 1982 : 108-10, traduction corrigée ; Aguilar 44-6. Durán 1967 : 2 : 541 ; selon Gómara 2 : 132-3, Cortez lui répond allégrement car il a les larmes aux yeux ; aussi Cervantes de Salazar 309 ; Díaz chap. 89 ; Tovar 1983 : 183.

15. Codex Ramírez 1878 : 140 ; 1983 : 184. L'auteur suit Oviedo 4 : 219.

16. Tapia 1988 : 102, suivi par Gómara 160, lui-même par Díaz chap. 93 ; Durán 2 : 543.

17. Cortés 1982 : 110-2 ; Gómara 2 : 159 ; Aguilar 1988 : 181-182 ; aussi B. Díaz chap. 93, toujours prompt à dénoncer les « mauvaises » intentions de Montezuma. D'après Ixtlilxochitl 2 : 218, des Tlaxcaltèques et des Espagnols avaient appris que Montezuma voulait les tuer et faire couper les ponts. Mais il ajoute qu'il a une lettre prouvant qu'il n'en était rien. Explications fantaisistes de l'arrestation dans les sources indiennes : HMP 1965 : 64 : Cortez fit arrêter Montezuma pour qu'il lui donnât beaucoup d'or et d'argent ! On expliquera de la même manière les événements de Toxcatl. Tovar fol. 55a : Cortez fait arrêter Montezuma et d'autres principaux et les met aux fers parce qu'on ne le ravitaille plus. Tovar reprend ici une des motivations attribuées à la tuerie de Cholula. Tovar 1983 : 185 : c'est confiant en Ixtlilxochitl et en son armée à la frontière que Cortez décide de capturer Montezuma !

18. Gómara 2 : 145.

19. Gómara 2 : 160-1.

20. B. Díaz chap. 95, 1987 : 2 : 120-1 pour ce dialogue, dont la traduction est amendée.

21. Cortés 1982 : 112-3 ; Tapia 1988 : 102-3 ; Gómara 2 : 160-1 ; Aguilar 1988 : 182 ; Tovar 1983 : 185 ; Ixtlilxochitl 2 : 218-9.

22. Cortés 1982 : 113-5 ; Gómara 2 : 161-2 ; Ixtlilxochitl 2 : 219.

23. Juan Álvarez, témoignant en 1521 : Doc. Cort. 1 : 206. Anales de Tlatelolco 1983 : 154. Exemples aztèques de mises à mort par le feu : voir par exemple Thomas 1993 : 310.

24. Cortés 1982 : 121 ; Martir 2 : 473.

25. Cortés 1982 : 114-5 ; Gómara 2 : 166-7 ; Tapia 1988 : 109-10 ; B. Díaz chap. 95 ; Torquemada 1. 4 chap. 55, 1969 : 1 : 467-9 ; Ixtlilxochitl 2 : 221-2. Selon les fragments peu crédibles de Tovar 1983 : 185, Coatlpopoca fut pendu.

26. Sahagún 1. 12, 1983 : 82 ; Las Casas 1965 : 235.

27. Durán 1967 : 2 : 541-2 ; Chimalpahin 1965 : 235.

28. Discussion dans Martínez 1990 : 244-9.

29. *Cf.* aussi les erreurs manifestes de Durán 2 : 542, qui dit que Montezuma était emprisonné dans le palais de Montezuma I — en fait Axayacatl — et que sa captivité dura 80 jours — en fait plus de 7 mois !

30. Tapia 1988 : 104 ; voir aussi Tovar 1983 : 185 et fol. 55a.

31. Durán 2 : 543-5 ; suivent cinq lignes barrées, comme si des détails sur le comportement des conquérants à l'égard de ces femmes avaient été censurés.

32. Ixtlilxochitl 2 : 222 ; Tapia 1988 : 110 ; *Anales de Tlatelolco* 1948 : 62-3.

33. Tapia 1988 : 112 ; déclaration de Martin Vázquez en 1534, lors de la mise en accusation de Cortez : *Doc. cort.* 2 : 336 ; Torquemada 1 : 458.

34. B. Díaz chap. 95.

35. Cortés 1982 : 121, révisé ; Martir 2 : 472.

36. Cortés 1982 : 120-1 ; Martir 2 : 472-3 ; Gómara 2 : 171-2 ; Tapia 1988 : 105-6 et B. Díaz chap. 100 disent que ce fut Montezuma qui avisa Cortez de la rébellion de son neveu ; Tovar 1983 : 185-7 ; Ixtlilxochitl 2 : 223 implique Ixtlilxochitl dans le complot contre Cacama. D'après B. Díaz chap. 100, dans les huit jours qui suivirent, le roi de Coyoacan, Cuitlahuac d'Itztapalapan et Totoquihuatzin de Tlacopan, complices dans la conjuration de Cacama pour détrôner Montezuma, furent également capturés et enchaînés.

37. Durán 1967 : 2 : 545 : Montezuma et les rois offrent des trésors immenses pour que Cortez s'en aille, mais ce brave cœur refuse d'abandonner le salut de toutes ces âmes.

38. Cortés 1982 : 122-3, traduction fort corrigée.

39. Cortés 1963 : 68-9 ; Tapia 1988 : 104 ; Gómara 2 : 173-4 ; B. Díaz chap. 101 ; Ixtlilxochitl 225.

40. Wagner 1944 : 188 ; Frankl 1966 ; Elliott 1967 : 51 ; Stenzel 1991 ; Gillespie 1989 : 180-2.

41. Par exemple, Las Casas 1967 : 1 : 650 : Exbalanquén va faire la guerre en enfer. Il revient victorieux. De retour chez lui, il n'est pas reçu avec fêtes et chants comme il l'aurait voulu et s'en va dans un autre royaume, où on l'accueille convenablement. Voir Graulich 1988 : 246-8.

42. Cortés 1963 : 34 ; 1982 : 74.

43. Ces propos attribués à Montezuma le premier jour ont été repris même par les sources indiennes, enchantées de cette preuve de bassesse de l'empereur...

44. Cortés 1982 : 123.

45. *Cf.* B. Díaz chap. 101, 104, sur le roi de Tollan, proche parent de Montezuma, qui refuse de se soumettre et se dit seigneur de Mexico !

46. Gómara 2 : 175-6 ; au total 160 000 pesos d'or et plus de 500 marcs d'argent.

47. *Proceso...* 1847 : 35-6, 57.

CHAPITRE XV : Le roi sacrifié

1. Mise en accusation de Cortez, témoignage de M. Vázquez (1534), *Docum. cort.* 2 : 336-7 ; Cortés 1982 : 115-20 ; Tapia 1988 : 110.
2. Cortés 1982 : 124-37 ; Tapia 1988 : 113 ; Gómara 2 : 175-7.
3. Cervantes de Salazar 1. 4, chap. 44, 1971 : 1 : 377 ; Torquemada 1 : 472.
4. Mise en accusation, *Doc. cortesianos* 2 : 241. Durán 2 : 542 affirme avoir entendu dire par des personnes dignes de foi que Montezuma fut effectivement baptisé. Si cela avait été, Cortez n'aurait pas manqué de s'en vanter.
5. B. Díaz chap. 97.
6. Cortés 1982 : 137. Naïf — ou forçant la note pour mieux faire mesurer le désastre de l'arrivée de Narváez.
7. Cortés 1982 : 130-1 ; Martir 5ᵉ Déc. 1. 4, 2 : 481-3 ; Gómara 2 : 163-6 ; Ixtlilxochitl 2 : 221. Tapia 1988 : 110-2 donne une version qui diffère sur plusieurs points de sa déclaration lors de la mise en accusation de Cortez, *Doc. cort.* 2 : 359-60, où il dit notamment que ce ne fut pas Montezuma, mais l'*atempanecatl* Cuitlahuac qui vint apaiser Cortez.
8. Oviedo 4 : 224-5, suivi par Gómara 2 : 177-9, lui-même suivi et amplifié par B. Díaz chap. 108. Cortez ne mentionne pas cet ultimatum de Montezuma, de manière à pouvoir imputer à la seule arrivée inopportune de Narváez la responsabilité de la dégradation de la situation. *Cf.* Les témoins à décharge lors de sa mise en accusation, qui vont dans le même sens : *Doc. cortes.* 2 : 158.
9. Oviedo 4 : 226 ; Gómara 2 : 180 ; B. Díaz chap. 108.
10. Sur l'épisode, voir *et al.* Martínez 1990 : 258-62 et l'*Información de Velázquez*, dans *Documentos cortesianos*, t. I.
11. Cortés 1982 : 145 ; Tapia 1988 : 114 ; Gómara 2 : 184 ; *Descargos hechos por García de Llerena*, *Doc. cort.* 2 : 155 ; 1 : 115-28.
12. *Cf.* Cortés 1963 : 89 : « Et d'après ce que j'appris des Indiens, [...] entre-temps, ils tueraient ceux que je laissais dans la ville, qu'ils ont en effet attaqués, puis ils se réuniraient pour tomber sur les survivants de manière qu'eux-mêmes et leur pays soient libres et que le souvenir des Espagnols soit effacé. Votre Altesse peut être certaine que, si les choses s'étaient passées ainsi et s'ils avaient réussi dans leurs desseins, il aurait fallu vingt ans pour reconquérir et pacifier cette contrée qui était conquise et pacifiée. »
13. Cortés 1982 : 138-48 ; Martir 2 : 487-90 ; Tapia 1988 : 113-7 ; Vázquez de Tapia 143-4 ; Gómara 2 : 181-9 ; B. Díaz chap. 109-121 ; Cervantes de Salazar 1 : 385-410 ; Torquemada 1 : 474-85 ; Durán 1967 : 2 : 545 ; Ixtlilxochitl 2 : 227.

14. Seler 1899 et Graulich 1984 sur cette fête.

15. Oviedo 4 : 227 ; Gómara 2 : 193-5 ; Cervantes de Salazar chap. 103 ; Durán 2 : 547 ; Torquemada 1 : 541 ; Ixtlilxochitl 2 : 228-9.

16. Sahagún, *CF* chap. 20, 1983 : 91.

17. *Codex Aubin* 171.

18. *Información de Velázquez, Doc. cort.* 1 : 174, 185 : 600 personnages de marque et 5 000 à 6 000 autres ; p. 208, selon Alvarado, d'après J. Alvarez : 2-3000 ; Vázquez de Tapia, témoignant contre Cortez, *ibid.* 1 : 34-5 : 400 principaux ; Gómara : plus de 600 ; Durán : 8-10 000 hommes ; Cervantes de Salazar 1. 4 chap. 101-2, 1971 : 2 : 36-7 : les 700 à 1 000 principaux.

19. *CF* 1. 12, chap. 20, Baudot 1983 : 92-3.

20. Procès d'Alvarado, Orozco y Berra 1960 : 4 : 358.

21. Les informateurs de Sahagún, *CF* chap. 21, Baudot 1983 : 92-3 disent qu'à ce moment déjà, les Mexicas irrités par le massacre insultèrent Itzcuauhtzin de Tlatelolco et Montezuma et leur lancèrent des projectiles.

22. Cortés 1982 : 151 ; Oviedo 4 : 227-9 ; Gómara 2 : 192-5 ; témoignages dans l'Information de Velázquez, 1521, *Doc. cort.* 1 : 174 ss., 185-6, 193-6, 207-8 ; Accusation contre Cortez, *ibid.* 2 : 34-5 ; Aguilar 144 ; Cervantes de Salazar 1. 4, chap. 101-2 ; Torquemada 1. 4 chap. 66-7, 1969 : 1 : 489-91 ; Ixtlilxochitl 2 : 228-9.

23. *Información de Velázquez, Doc. cort.* 1 : 174, 196, 207 ; 2 : 34-5. Quatre siècles plus tard encore, mais dans un autre contexte, on replacera le coup de propagande des mains coupées...

24. *Solicitud de los oficiales reales contra Diego Velázquez y Pánfilo de Narváez y probanza contra ellos, Doc. cort.* 1 : 129-47.

25. Oviedo 4 : 261-2 ; Gómara 2 : 195 ; Cervantes de Salazar 1. 4 chap. 102, 1971 : 2 : 37 ; B. Díaz chap. 125.

26. *Anales de Tlatelolco* 1983 : 153-4.

27. Durán chap. 75, 1967 : 2 : 546-8, 553-4.

28. Tovar fol. 55b, 1983 : 188.

29. Parmi les auteurs modernes qui ont étudié la question, Madariaga 421-2 et Vázquez 1987 : 129-34 croient que les Mexicas comptaient attaquer. D'autres, Prescott 334, Orozco y Berra 1960, 4 : 358, Collis 228, Descola 208-9, Parkes 65, Fuentes Mares 176-8, estiment qu'Alvarado a cru prendre les devants, comme à Cholula. Pour Pérez Martínez 102, c'est la fête païenne qui hérissa Alvarado. Bussière 276, Toscano 144 et White 220 acceptent la thèse de l'avidité. Robertson 2 : 43 incrimine l'avidité et la volonté d'étouffer la révolte. Guzmán 148, suit Durán pour qui Toxcatl est le fait de Cortez, qui était dans la ville !

30. Sahagún *CF* 1. 12 chap. 19, 1983 : 88.

31. *Doc. cort.* 1 : 207. Madariaga 422. D'après le témoignage de Vázquez de Tapia au procès d'Alvarado, il y eut trois Indiens « libérés » et ils furent sauvagement torturés par les Espagnols : Orozco y Berra

1960 : 4 : 358. Dans le *Proceso de residencia* contre Alvarado, celui-ci explique que les Indiens voulaient le tuer ; que la fête n'était qu'un prétexte pour le soulèvement et que les Mexicas avaient enlevé l'image de la Vierge du Grand Temple pour lui substituer l'idole. Lorsque Alvarado le leur reprocha, ils le blessèrent et tuèrent un Espagnol. C'est ainsi, selon lui, que commença la guerre : Martínez 265. Selon Chimalpahin 1987 : 187, les hostilités débutèrent lorsque Alvarado frappa au visage la statue en pâte d'amarante.

32. *Cf.* Cortés *supra* ; Oviedo 4 : 227, 229 ; B. Díaz chap. 125 ; Cervantes de Salazar 1. 4 chap. 91 ; Fr. de Aguilar 185-6 : se soulèvent sur ordre de Montezuma ou pour le libérer ; Torquemada 1 : 489-90 ; Sahagún 1989 (texte de 1585) : 211-2, fait dire par Cortez que Toxcatl résulte d'un complot indien et tel semble bien être son avis. Ixtlilxochitl 2 : 228 dit disposer d'une *Histoire de Texcoco* et d'une lettre affirmant que le complot est une calomnie tlaxcaltèque.

33. Cortés 1982 : 148.

34. Cortés 1963 : 88-9 ; *Doc. cort.* 1 : 129-209 ; Oviedo 4 : 226-7 ; Vázquez de Tapia 44 ; Gómara 2 : 189-91 ; Aguilar 184-5 ; B. Díaz chap. 122.

35. Cortez 1963 : 91.

36. *Codex Ramírez* 1983 : 188-9.

37. Cano à Oviedo, en 1544 : Oviedo 4 : 262 ; Gómara 2 : 197 ; B. Díaz chap. 126.

38. *Doc. cortes.* 1 : 174, 193, 196, 202-3 ; 2 : 34-5, 107-8 : les ennemis de Cortez lui reprochent amèrement d'avoir ignoré Montezuma et veulent voir là, plutôt que dans l'arrivée de Narváez, la vraie cause de la déroute.

39. Cortés 1982 : 152-3 ; Gómara 2 : 192-3, 197 ; Cervantes de Salazar 1. 4 chap. 99, 100, 104 ; B. Díaz chap. 126 ; Ixtlilxochitl 2 : 229 ; Sahagún *CF* 1. 12 chap. 22, 1983 : 94-6 ; on trouve au chap. 21 la précision que les combats contre les Espagnols ont duré sept jours et le siège vingt-trois.

40. Cortés 1982 : 153-5 ; Gómara 2 : 197-202 ; Cervantes de Salazar 1. 4 chap. 105-8 ; B. Díaz chap. 126 ; Sahagún *CF* 1. 12 chap. 22, 1983 : 96-7.

41. Durán chap. 75, 1967 : 2 : 550 ; il invoque le témoignage d'Aguilar, qui fait également état de ces visions.

42. B. Díaz chap. 126 ; Aguilar 188.

43. Cortés 1983 : 155 ; Martir 2 : 494 ; Gómara 2 : 199 ; Oviedo 4 : 230, 262 ; Aguilar 188 ; Vázquez de Tapia 145. L'*Historia de los Mexicanos...*, datant du début des années 30, 1965 : 64 : Montezuma meurt d'un coup de pierre lancée par les siens qui ne veulent pas l'écouter. B. Díaz fait parler Montezuma, mais ses sujets ne l'insultent en aucune façon.

44. *Relación de la genealogía...* 1941 : 254 et *Origen* 1941 : 275.

Cervantes de Salazar 1. 4 chap. 112. B. Díaz chap. 126 rapporte un émouvant échange de propos entre Montezuma et Cuitlahuac.

45. Durán 2 : 551, 556 ; voir aussi Tovar 56b, 57b ; pour les insultes : Muñoz Camargo 1983 : 228 ; Ixtlilxochitl 2 : 229. La flèche dans le pied vient d'une autre source indienne, dit Durán. On la retrouve chez B. Díaz chap. 126.

46. Pablo Nazareo de Xaltocan, Lettre : 115 ; Muñoz Camargo 1983 : 228 ; Ixtlilxochitl 1 : 390, 410, 454 ; 2 : 229, 237 ; Oviedo 4 : 262 ; CF 12, chap. 23 ; Sahagún lui-même 1989 : 212 réfute l'accusation en mettant un discours factice à ce sujet dans la bouche de Cortez.

47. Codex Ramírez fragm. 2, 1983 : 189 ; Ixtlilxochitl 1 : 410 rapporte aussi que « selon les Indiens », Montezuma serait mort de ce coup bas.

48. Sahagún 1989 : 195 ; Chimalpahin 1965 : 236 ; la Crónica mexicáyotl 1949 : 149 accuse les Espagnols sans préciser.

49. Muñoz Camargo : 1983 : 229.

50. Orozco y Berra 1960 : 4 : 376-8 ; Chavero 1965 : 1 : 427 ; Guzmán 149-51 ; Padden 202 ; Toscano 153 ; Brundage 1972 : 275 ; Romero Giordano ; Sotomayor 151-4 ; León Portilla ; Babelon 171 ; Madariaga 436 ; Collis 238 ; White 224 ; Davies 1973 : 269 ; Fuentes Mares 180 ; Vázquez 1987 : 147-56. Friederici 1 : 400-1 estime qu'une « étude critique » des sources permet de conclure à la culpabilité de Cortez.

51. Cortés 1982 : 180 ; Durán 2 : 549 : et ses femmes ; Anales de Tlatelolco 1983 : 155 cite comme enfants de Montezuma qui furent tués, Axayacatl et Xoxopeualloc. La Relación de la genealogía 254 et l'Origen 275 citent Axayacatl et quatre princes. Selon la Crónica mexicáyotl 1949 : 150, 163-4, sept fils, dont Axayacatl et Chimalpopoca furent tués. Ce dernier est aussi mentionné dans le CF 1. 12 chap. 23, 1983 : 102.

52. Cortés 1983 : 155 ; Oviedo 4 : 230 ; Vázquez de Tapia 145 ; Durán 2 : 556. D'après les Costumbres (= Códice Tudela) 55, 76, qui confirment les funérailles, Montezuma fut donc blessé à la tête par les Indiens mais il mourut pour avoir entendu s'écrouler les temples incendiés par les Espagnols.

53. Codex Aubin 171. A noter qu'ici, on ne nie pas que les Espagnols aient livré le corps de l'empereur. Mais l'auraient-ils fait s'ils l'avaient tué ?

54. CF 12 chap. 23, 1983 : 99 ; aussi Durán chap. 74, 76, 1967 : 2 : 540, 556.

BIBLIOGRAPHIE

Abréviations

BAE	Biblioteca de autores españoles
ECN	*Estudios de cultura náhuatl*, Mexico
FCE	Fondo de Cultura económica
INAH	Instituto nacional de antropologia e historia
JSA	*Journal de la Société des américanistes de Paris*
REAA	*Revista española de antropología americana*, Madrid
RMEA	*Revista mexicana de estudios antropológicos*, Mexico
UNAM	Universidad nacional autónoma de México.

Sources

ACOSTA, José de, 1962, *Historia natural y moral de las Indias*, texte établi par E. O'Gorman, Mexico, 1979, *Histoire naturelle et morale des Indes occidentales*, Paris, Payot.

AGUILAR, Fr. Francisco de, 1988, Relación breve de la conquista de la Nueva Espana, *La conquista...*, 154-206.

ALARCÓN, Hernando RUIZ de, 1892, « Tratado de las supersticiones y costumbres gentilicas que oy viuen entre los Indios naturales desta Nueua España », 1629, *Anales del Museo nacional de México*, 6 : 125-223.

Antigüedades de México basadas en la recopilación de Lord Kingsborough, 1964-7, éd. facs. commentée par I. Corona Muñez, Mexico, 4 vol.

BIERHORST, John, voir *Cantares mexicanos*.

BURGOA, Fray Francisco de, O.P., 1989, *Geográfica descripción de la parte septentrional del Polo Artico de la América y nueva iglesia de las Indias Occidentales, y sitio astronómico de esta Provincia de Predicadores de Antequera, Valle de Oaxaca*, Mexico, Ed. Porrúa, 2 vol.

Cantares mexicanos, Songs of the Aztecs, 1985, texte établi, traduit et annoté par John Bierhorst, Stanford (Calif.), Stanford Univ. Press.

CASTILLO, C. del, 1908, *Fragmentos de la obra general sobre Historia de los Mexicanos, escrita en lengua náuatl por Cristóbal del Castillo a fines del siglo XVI,* texte établi et traduit par Fr. del Paso y Troncoso, Mexico.

CERVANTES DE SALAZAR, Francisco, 1971, *Crónica de la Nueva España,* BAE, Madrid, Ed. Atlas, 2 vol.

CHIMALPAHIN QUAUHTLEHUANITZIN, Domingo Francisco de San Antón Muñon, 1889, *Annales de Domingo Francisco de San Anton Muñon Chimalpahin Quauhtlehuanitzin, Sixième et septième relations (1228-1612)* , texte établi et traduit du nahuatl par Rémi Siméon, Paris.

—, 1965, *Relaciones originales de Chalco Amaquemecan,* traduit du nahuatl par Silvia Rendón, FCE, Mexico.

—, 1987, *Troisième Relation et autres documents originaux de Chimalpahin Quauhtlehuanitzin,* texte établi, traduit du nahuatl et commenté par J. de Durand-Forest, Paris.

—, 1991, *Memorial Breve acerca de la fundación de la ciudad de Culhuacan,* texte établi, traduit du nahuatl par V.M. Castillo F., Mexico, UNAM.

CISNEROS, Fray Luis de, 1621, *Historia de Nuestra Señora de los Remedios,* Mexico.

CLAVIJERO, Francisco J., 1964, *Historia antigua de México,* Mexico, Porrúa.

Codex Aubin, 1981, *Geschichte der Azteken, Der Codex Aubin und verwandte Dokumente,* texte établi, traduit du nahuatl et commenté par W. Lehmann, G. Kutscher et G. Vollmer, avec facs., Quellenwerke zur Alten Geschichte Amerikas 13, Berlin, Gebr. Mann.

Codex Azcatitlan, 1949, éd. facs. commentée par R.H. Barlow, *JSA,* 38 : 101-35 et annexe.

Codex Borbonicus, Bibliothèque de l'Assemblée nationale, *Paris,* 1974, facs., éd. par Karl A. Nowotny, Codices Selecti 44, Graz.

Codex Borgia, Biblioteca Apostolica Vaticana (Messicano Riserva 28) . 1976, facs., éd. par Karl A. Nowotny. Codices Selecti 58, Graz.

Codex Boturini, Antigüedades de México, 2 : 7-29.

Codex Chimalpopoca, 1938, *Die Geschichte der Königreiche von Golhuacan und Mexico,* texte établi, traduit du nahuatl, annoté et commenté par W. Lehmann, Quellenwerke zur alten Geschichte Amerikas 1, Stuttgart, Berlin ; 1945, *Códice Chimalpopoca. Anales de Cuauhtitlan y Leyenda de los Soles,* texte traduit du nahuatl par P.F. Velázquez, avec facs., Mexico, UNAM ; 1992, *History and Mythology of the Aztecs, The Codex Chimalpopoca,* texte établi, traduit et annoté par John Bierhorst, Tucson et Londres, Univ. of Arizona Press, 2 vol.

Codex de Florence, s.d., éd. facs. du gouvernement de la République mexicaine, 3 vol. ; voir Sahagún 1927, 1950-81, 1956 ; 1983 (livre XII, traduit par G. Baudot), *Récits...* : 47-149.

Codex Fejérváry-Mayer, Antigüedades de México 4 : 185-275.

Codex Magliabechiano CL XIII. 3 (B.R.232) Anon. vida de los Yndios, Biblioteca Nazionale di Firenze, 1970, facs., éd. par F. Anders, Codices Selecti 23, Graz.

Codex Mendoza, Antigüedades de México t. I.

Codex Mexicanus, n° 23-24 de la Bibliothèque nationale de Paris, 1952, éd. facs. commentée par E. Mengin, *JSA* 41 : 387-498 et annexe.

Codex Nuttall. Facsimile of an Ancient Mexican Codex belonging to Lord Zouche of Haryngworth, England, 1902, éd. par Z. Nuttall, Cambridge, Mass., Peabody Museum of American Archaeology and Ethnology.

Codex Telleriano-Remensis, Antigüedades de México, 1 : 151-337. *Códice Tudela,* 1980, éd. facs. paléogr. et étude par J. Tudela de la Orden, Madrid, Cultura Hispánica del Instituto de Cooperación Iberoamericano.

Codex Ramírez : Voir Tovar; 1878, voir Tezozomoc, 1878 ; 1983 (extraits sur la Conquête) Récits... : 177-194.

Codex Vaticanus A (3738) ou *Ríos, Antigüedades de México* 3 : 7-313.

Códice en Cruz, 1981, éd. facs. commentée par Charles E. Dibble, Salt Lake City, Utah, Univ. of Utah Press. 2 vol.

Códice de Yanhuitlan, 1940, éd., par W. Jiménez Moreno et S. Mateos Higuera, Mexico.

Colección de documentos inéditos relativos al descubrimiento, conquista y organización de las antiguas posesiones españolas de Ultramar, 1864-84, Madrid, Acad. de la Historia, 42 vol.

Le Conquistador Anonyme, 1970, texte établi et traduit de l'italien par J. Rose, Mexico, Institut français d'Amérique latine.

La conquista de Tenochtitlan (J. Díaz, A. Tapia, B. Vázquez et Fr. de Aguilar) , 1988, éd. par G. Vázquez, Madrid, Historia 16.

CORTÉS, Hernán, 1963, *Cartas y documentos,* Mexico, Porrúa.

—, 1982, *La Conquête du Mexique,* Paris, FM/La Découverte.

Crónica mexicáyotl (F. Alvarado Tezozomoc) 1949, texte établi et traduit par A. León, Mexico, UNAM.

DÍAZ, Juan, 1988, « Itinerario de la armada del rey católico a la isla de Yucatan... », *La Conquista...,* 29-57.

DÍAZ DEL CASTILLO, Bernal, 1942, *Verdadera Historia de los Sucesos de la conquista de la Nueva España,* Madrid.

—, 1982, *Historia verdadera de la conquista de la Nueva España,* texte établi et annoté par C. Sáenz de Sta María, Madrid ; 1982, *Histoire véridique de la conquête de la Nouvelle-Espagne,* trad. de D. Jourdanet (éd. partielle), Paris, LD/La Découverte, 2 vol.

Documentos cortesianos, 1990, éd. par J.L. Martínez, Mexico, UNAM FCE, 3 vol.

DURAN, Fray Diego, 1967, *Historia de las Indias de Nueva España y Islas de Tierra Firme escrita en el siglo XVI,* texte établi par A.M. Garibay K., Mexico, 2 vol.

—, 1971, *Book of the Gods and Rites of the Ancient Calendar*, trad. par F. Horcasitas et Doris Heyden, Norman, Univ. of Oklahoma Press.

—, 1983 (Partie relative à la Conquête) *Récits...* : 241-355.

DURAND-FOREST, J. de : voir Chimalpahin, 1987.

Epistolario de Nueva España. 1939-42, éd. par Fr. del Paso y Troncoso, Mexico, 16 vol.

GARCIA, Fray Gregorio, 1729, *Origen de los Indios de el Nuevo Mundo e Indias Occidentales*, Madrid.

GÓMARA, Francisco LÓPEZ de, 1965-1966, *Historia general de las Indias*, Barcelone, 2 vol.

HARIOT, Thomas, 1927, « Description merveilleuse et cependant véritable des mœurs et coutumes des sauvages de la Virginie » [1585] ; *Voyages en Virginie et en Floride*, Paris, Duchartre et Van Buggenhoudt.

Hernán Cortés, Copias de documentos existentes en el Archivo de Indias y en su palacio de Castilleja de la Cuesta sobre la conquista de Méjico, 1899, éd. par C.G. de Polavieja, Séville.

HERRERA, Antonio de, 1944-6, *Historia General de los Hechos de los Castellanos en las Islas, y Tierra-Firme, del Mar Occeano*, Asunción del Paraguay, Ed. Guaranía, 10 vol.

Historia de los mexicanos por sus pinturas, 1941, *Nueva colección...* : 207-40 ; 1965, dans *Teogonía e historia...*

Historia tolteca-chichimeca, 1976, texte établi, traduit et annoté par P. Kirchhoff, L. Odena Güemes, L. Reyes García, facs., Mexico, INAH.

Histoyre du Méchique, 1905, texte établi et annoté par E. de Jonghe, *JSA*, 2 : 1 : 42 ; 1965, *Historia de México*, dans *Teogonía...*

IXTLILXOCHITL, don Fernando de ALVA, 1975-7, *Obras históricas*, texte établi par E. O'Gorman, Mexico, UNAM. 2 vol.

JERÉZ, Francisco de, *Conquista del Perú*, BAE, Historiadores primitivos de Indias 2, Madrid.

LANDA, Diego de, 1941, *Relación de las cosas de Yucatán*, texte traduit de l'espagnol et annoté par A.H. Tozzer, Cambridge (Mass.), Peabody Museum of American Archaeology and Ethnology, Paper 18.

—, 1959, *Relación de las cosas de Yucatán*, texte établi par A.M. Garibay K., Mexico, Porrúa.

LAS CASAS, Fray Bartolomé de, 1967, *Apologética Historia Sumaria*, éd. par E. O'Gorman. Mexico, UNAM. 2 vol.

—, 1957-1961, *Historia de las Indias*, texte établi par J. Perez de Tudela et E. López Oto Madrid, BAE, 2 vol.

—, 1974, *Los indios de México y Nueva España, Antologia*, éd. par E. O'Gorman, Mexico, Porrúa.

—, 1985, *Obra indigenista*, éd. par J. Alcina Franch, Madrid. Alianza éd.

LEHMANN, Walter : voir *Codex Chimalpopoca*.

MARTIR DE ANGLERIA, Pedro, 1964-1965, *Décadas del Nuevo Mundo*, Mexico, J. Porrúa e hijos, 2 vol.

MENDIETA, *Fray Jerónimo de, 1945, Historia eclesiástica indiana*, Mexico, 4 vol.

MOLINA, Fray Alonso de, 1970, *Vocabulario en lengua castellana y mexicana y mexicana y castellana*, Mexico.

MOTOLINIA, Fray Toribio de BENAVENTE, 1970, *Memoriales e Historia de los Indios de la Nueva Espana*, Madrid.

MUÑOZ CAMARGO, Diego, 1892, *Historia de Tlaxcala*, Mexico.

—, 1983, (partie sur la Conquête) *Récits*... 195-240.

—, 1984, « Descripción de la ciudad y provincia de Tlaxcala », *Relaciones geográficas*..., *4, Tlaxcala*, 1.

NAZAREO, Pablo, 1939-42, « Carta al Rey Don Felipe II », *Epistolario*... 10 : 89-129.

Nueva colección de documentos para la historia de México, Pomar, Zurita, Relaciones Antiguas, 1941, éd. par J. García Icazbalceta, Mexico. « Origen de los mexicanos », *Nueva colección*... : 256-280.

OVIEDO Y VALDES, Gonzalo FERNÁNDEZ de, 1959, *Historia general y natural de las Indias*, BAE, Madrid, Ed. Atlas, 5 vol.

Papeles de Nueva Espana, 1905-15, éd. par Fr. del Paso y Troncoso, Madrid, 7 vol.

POMAR, Juan Bautista, 1964, « Relación de Texcoco », dans Garibay 1964-1968 : I : *Popol Vub, The Sacred Book of the Ancient Quiché Maya*, 1950, trad. et notes par A. Recinos, Norman, Univ. of Oklahoma Press.

Proceso de residencia contra Pedro de Alvarado, 1847, éd. par J.F. Ramírez, Mexico, Valdés y Redondas.

Procesos de Indios idólatras y hechiceros, 1912, Archivo general de la Nación, Publ. 3, Mexico.

Récits aztèques de la Conquête, textes choisis et présentés par G. Baudot et Tzvetan Todorov, 1983, Paris, Le Seuil.

Relación de la genealogía y linaje de los Señores que han señoreado esta tierra de la Nueva España..., 1941, *Nueva colección*... : 240-256.

Relaciones geográficas del siglo XVI, 1984-1986, éd. par R. Acuña, vol. III à VIII : III : Antequera : IV-V : Tlaxcala ; VI-VIII : Mexico, Mexico, UNAM.

Relaciones histórico-geográficas de la Gobernación de Yucatán, 1983, éd. coord. par M. de la Garza, Mexico, UNAM, 2 vol.

SAHAGÚN, Fray Bernardino de, 1880, *Histoire générale des choses de la Nouvelle-Espagne*, trad. de l'espagnol par D. Jourdanet et R. Siméon, Paris, Masson.

—, 1927, *Einige Kapitel aus dem Geschichtswerk des Fray Bernardino de Sahagún*, texte établi et traduit du nahuatl par E. Seler, Stuttgart.

—, 1950-1981, *Florentine Codex, General History of the Things of New Spain*, texte établi et traduit du nahuatl par Arthur J.O. Anderson,

Charles E. Dibble, Santa Fe, New Mexico, The School of American Research and the Univ. of Utah, 12 vol.

—, 1956, *Historia general de las cosas de Nueva España*, éd. par A.M. Garibay K., Mexico, 4 vol.

—, 1958, *Ritos, Sacerdotes y Atavíos de los Dioses*, texte établi et traduit par M. León-Portilla, Mexico, UNAM.

—, 1983, *Codex de Florence*, Livre XII, *Récits aztèques*... : 47-149.

—, 1985 : voir López Austin 1985b.

—, 1989, *Conquest of New Spain, 1585 Revision*, trad. de l'espagnol et notes par H. et S. Cline, Salt Lake City, Univ. of Utah Press.

TAPIA, Andrés de, 1950, « Relación », *Crónicas*... : 25-78.

—, 1988, « Relación de algunas cosas de las que acaecieron al muy ilustre Señor Don Hernando Cortés... », *La Conquista*..., 67-123.

Teogonía e historia de los mexicanos : tres opúsculos del siglo XVI, 1965, éd. par A.M. Garibay K., Mexico.

TEZOZOMOC, Fernando ALVARADO, 1878, *Crónica mexicana precedida del Códice Ramírez*, texte établi et annoté par M. Orozco y Berra, Mexico.

Título de los Senores de Totonicapán : voir *Anales de los Cakchiqueles*.

Título de Totonicapán (El), 1983, éd. facs., texte établi et traduit par R.M. Carmack et J.L. Mondloch, Mexico, UNAM.

TORQUEMADA, Fray Juan de, 1969, *Monarquía Indiana*, Mexico, Porrúa. 3 vol.

TOVAR, Juan de, 1878, voir Tezozomoc 1878.

—, 1972, *Manuscrit Tovar. Origine et Croyances des Indiens du Mexique*, texte établi, traduit de l'espagnol et annoté par Jacques Lafaye, Graz.

—, 1983 : voir *Codex Ramírez*.

VAZQUEZ DE TAPIA, Bernardino, 1988, Relación de Méritos y servicios..., *La Conquista*... : 131-54.

Visión de los vencidos, 1961, éd. par M. León-Portilla, Mexico, UNAM.

Leyenda de los Soles : voir *Codex Chimalpopoca*.

ZURITA, Alonso de, 1963, *Los Señores de la Nueva España*, Mexico, UNAM.

Études

ALCINA FRANCH, José, 1986, « Hernán Cortés y los tlaxcaltecas », *Hernán Cortés y su época*, Madrid, Instit. de Cooperación Iberoamericana, Historia 16 : 26-32.

—, 1989, *Los Aztecas*, Madrid, Historia 16.

Arqueoastronomía y etnoastronomía en Mesoamérica, 1991, éd. par J. Broda et al., Mexico, UNAM.

The Aztec Templo Mayor, A Symposium at Dumbarton Oaks, 1983, 1987, éd. par E. Boone, Washington D.C.

BABELON, Jean, 1928, *La Vie de Fernand Cortès*, Paris, Gallimard.
BANCROFT, Herbert H., 1883, *The Native Races of the Pacific States of North America*, San Francisco, 5 vol.
BARLOW, Robert H., 1943, « Chalchiuhnenetzin », *Tlalocan* 1, 1 : 73-5.
—, 1947, « Conquistas de los antiguos mexicanos », *JSA*, 215-22.
—, 1949, *The Extent of the Empire of the Culhua Mexica*. Ibero-Americana, 28, Berkeley et Los Angeles, Univ. of Calif. Press.
—, 1987, *Obras*, vol. I. *Tlatelolco rival de Tenochtitlan* ; vol. II, *Tlatelolco, fuentes e historia*, éd. par J. Monjarás-Ruiz *et al.*, Puebla, INAH UDLA.
—, 1990, *Obras*, vol. III, *Los Mexicas y la triple alianza*, éd. par J. Monjarás-Ruiz *et al.*, Puebla, INAH UDLA.
BAUDOT, Georges, 1976, *Les Lettres précolombiennes*, Toulouse.
—, 1977, *Utopie et Histoire au Mexique. Les premiers chroniqueurs de la civilisation mexicaine (1520-1569)*, Toulouse.
BERDAN, Frances F., 1975, *Trade, Tribute and Market in the Aztec Empire*, thèse de doctorat, Dépt d'Anthropologie, Austin, Univ. du Texas.
—, 1978, « Ports of Trade in Mesoamerica : A Reappraisal », *Cultural Continuity...*, 179-98.
—, 1982, *The Aztecs of Central Mexico, An Imperial Society*, New York, Chicago.
—, 1984, *Markets in the Economy of Aztec Mexico*, Paper presented at the 1984 meeting of the Society for Economic Anthropology, Davis, Calif. (ms.).
BLOND, Georges, P. de BOISDEFFRE, *et al.*, 1963, *Hernan Cortez*, Paris, Hachette.
BRADEN, C.S., 1930, *Religious Aspects in the Conquest of Mexico*, Durham, Duke Univ. Press.
BRAY, Warwick, 1972, « The City State in Central Mexico at the Time of the Spanish Conquest », *Journal of Latin American Studies*, 4 : 161-85.
BRODA, Johanna, 1976, « Los estamentos en el ceremonial mexica », *Estratificación...*, 37-66.
—, 1978, « Consideraciones sobre historiografía e ideología mexicas : las crónicas indígenas y el estudio de los ritos y sacrificios », *ECN*, 13 : 97-112.
—, 1978, « Relaciones politicas ritualizadas : El ritual como expresión de una ideología », *Economía política...*, 221-55.
—, 1978, « El Tributo en trajes guerreros y la estructura del sistema tributario mexica », *Economía política...*, 43-172.
—, 1979, « Estratificación social y ritual mexica », *Indiana*, 5 : 45-82.
—, 1987, « The Provenience of the Offerings : Tribute and *Cosmovisión* », *The Aztec Templo Mayor...*, 211-56.

—, 1991, « Cosmovisión y observación de la naturaleza : el ejemplo del culto de los cerros », *Arqueoastronomía...* : 461-500.

BRUMFIEL, Elisabeth M., 1983, « Aztec State Making ; Ecology, Structure, and the Origin of the State », *American Anthropologist*, 85 : 261-84.

BRUNDAGE, Burr Cartwright, 1982, *A Rain of Darts, The Mexica Aztecs*. Austin, Londres, Univ. of Texas Press.

—, 1982, *The Phoenix of the Western World, Quetzalcoatl and the Sky Religion*, Norman, Univ. of Oklahoma Press.

—, 1985, *The Jade Steps, A Ritual life of the Aztecs*, Salt Lake City, Univ. of Utah Press.

BURLAND, Cottie A., 1967, *The Gods of Mexico*, Londres.

BUSSIÈRE, M. Th. de, 1863, *L'Empire mexicain. Histoire des Toltèques, des Chichimèques, des Aztèques et de la conquête espagnole*, Paris, Plon.

CALNEK, Edward E., 1976, « The Internal Structure of Tenochtitlan », *The Valley...* : 287-31.

CAMELO, Rosa Lourdes, 1963, *Historiografía de la matanza de Cholula*, Mexico, Fac. Fil.

CAMPE, J.H., s.d., [vers 1819], *Histoire de la découverte et de la conquête de l'Amérique*, Paris, Garnier.

CANSECO VINCOURT, Jorge, *1966, La guerra sagrada*, Mexico, INAH.

CARRASCO, Pedro, 1984, « Royal Marriages in Ancient Mexico », *Explorations in Ethnohistory, Indians of Central Mexico in the Sixteenth Century*, éd. par H.R. Harvey et Hanns J. Prem, Albuquerque, Univ. of New Mexico, 41-81.

CASO, Alfonso, 1927, *El* Teocalli *de la Guerra Sagrada*. SEP, Monografías del Museo Nacional... Mexico.

—, 1977-1979, *Reyes y reinos de la Mixteca*, FCE, Mexico, 2 vol.

CEBALLOS NOVELO, Roque J., 1939, *Sentido Religioso y Social de la Llamada Guerra Florida*, Communication au 27ᵉ Congrès international des Américanistes, Archives de l'INAH, Mexico.

CHAVERO, Alfredo, 1887, *Historia antigua y de la conquista. México a través de los siglos 1*, Mexico.

CLAVIJERO, Francisco Javier, 1964, *Historia antigua de México*, éd. par M. Cuevas, Mexico, Porrúa.

CLENDINNEN, Inga, 1987, *Ambivalent Conquest. Maya and Spaniard in Yucatan, 1517-1570*, Cambridge Univ. Press, 1987.

—, 1991, *Aztecs, An interpretation*, Cambridge, New York..., Cambridge Univ. Press.

COLLIS, Maurice, 1956, *Cortez et Montezuma*, Paris, Laffont.

CONRAD, Geoffrey W. et DEMAREST, Arthur A, 1984, *Religion and Empire : The Dynamics of Aztec and Inca Expansionism*. Cambridge, New York..., Cambridge Univ. Press.

COOK, Sherburne F., 1946, « Human Sacrifice and Warfare as Factors in the Demography of Pre-Colonial Mexico », *Human Biology*, 18 : 81-102.

—, 1963, « Quelle fut la stratification sociale au centre du Mexique durant la première moitié du XVIᵉ siècle ? » Paris, *Annales*, 18, 2 : 226-58.

Cultural Continuity in Mesoamerica, 1978, éd. par D. Browman, « World Anthropology Series », La Haye, Mouton.

DAVIES, Nigel, 1968, *Los señoríos independientes del Imperio Azteca*, Mexico, INAH.

—, 1973, *The Aztecs, A History*, Londres, Macmillan.

—, 1973, *Los Mexicas : primeros pasos hacia el imperio*, Mexico, UNAM.

—, 1977, *The Toltecs, Until the Fall of Tula*, Norman, Univ. of Oklahoma Press.

—, 1980, *The Toltec Heritage. From the Fall of Tula to the Rise of Tenochtitlan*, Norman, Univ. Of Oklahoma Press.

—, 1987, *The Aztec Empire, The Toltec Resurgence*, Norman, Univ. of Oklahoma Press.

DENHARDT, Robert H., 1938, « The equine strategy of Cortés », *The Hispanic American Historical Review*, 18, 4 : 550-5.

DEWEY, Janice, 1983, « Huémac ; el fiero de Cincalco », *ECN*, 16 : 183-192.

DUMOND, D.E., 1976, « An Outline of the Demographic History of Tlaxcala », *The Tlaxcaltecans...* 13-23.

DUVERGER, Christian, 1983, *L'Origine des Aztèques*, Paris.

Economía política e ideología en el México Prehispánico, 1978, éd. par P. Carrasco et J. Broda, Mexico, CIS-INAH.

Estratificación social en la Mesoamérica prehispánica, 1976, éd. par J. Broda e.a., Mexico, INAH.

ELLIOTT, John H., 1967, « The Mental World of Hernán Cortés », *Transactions of the Royal Historical Society*, 17 : 41-58.

ESCALANTE, Pablo, 1986, *Educación e ideología en el México antiguo*, Mexico, SEP.

EZQUERRA, Ramón, 1970, « El viaje de Pinzón y Solís al Yucatán », *Revista de Indias*, 119-22 : 217-38.

FRANKL, Victor, 1966, « Die *Cartas de Relación* des Hernán Cortés und der Mythos der Wiederkehr des Quetzalcoatl », *Adeua Mitteilungen*, 10 : 7-17.

FUENTES MARES, José, 1981, *Cortés, el hombre*, Madrid, Grijalbo.

GARCÍA GRANADOS, Rafael, 1952, *Diccionario Biográfico de Historia Antigua de Méjico*, Mexico, Instit. de Historia, 3 vol.

GARCÍA PAYÓN, José, 1946, « Los Monumentos arqueológicos de Malinalco, estado de México », *RMEA*, 8 : 5-63.

GARCÍA QUINTANA, Josefina, 1969, « El Baño ritual entre los nahuas, según el *Códice Florentino* », *ECN*, 8 : 189-213.

GARIBAY, K., ANGEL, M., 1964-8, *Poesía náhuatl*. Mexico, UNAM, 3 vol.

GERHARD, Peter, 1972, *A Guide to the Historical Geography of New Spain*, Cambridge Latin American Studies, Cambridge Univ. Press.

GIBSON, Charles, 1971, « Structure of the Aztec Empire », *Handbook...*, 10 : 376-94.

—, 1991, *Tlaxcala en el siglo XVI*, 1952, Mexico, FCE.

GILLESPIE, Susan D., 1989, *The Aztec Kings, The Construction of Rulership in Mexica History*, Tucson, Univ. of Arizona Press.

GIRARD, René, 1972, *La Violence et le Sacré*, Paris, Grasset.

GONZÁLEZ APARICIO, Luis, 1973, *Plano reconstructivo de la región de Tenochtitlan*, Mexico, INAH.

GÓNZALEZ R., Luis, 1990, « Hernando de Alarcón, descubridor del Rio Colorado y el retorno de Quetzalcoatl », *Historia de la Religión en Mesoamérica y áreas afines, II Coloquio*, Mexico, UNAM : 169-89.

GRAULICH, Michel, 1979, *Mythes et Rites des vingtaines du Mexique central préhispanique*, thèse de doctorat, Université libre de Bruxelles.

—, 1980, « L'au-delà cyclique des anciens Mexicains », *La Antropología Americanista en la Actualidad. Homenaje a Raphael Girard*, 1 : 253-270.

—, 1980b, « La structure du calendrier agricole des anciens Mexicains », *Lateinamerika Studien* 6 : 99-113.

—, 1982, « Tlacaxipehualiztli ou la fête aztèque de la moisson et de la guerre », *REAA*, 12 : 215-254.

—, 1984, « Tozoztontli, Huey Tozoztli et Toxcatl, fêtes aztèques de la moisson et du milieu du jour », *REAA* 14 : 127-64.

—, 1987, *Mythes et Rituels du Mexique ancien préhispanique*, Bruxelles, Académie royale.

—, 1988, *Quetzalcóatl y el espejismo de Tollan*, Anvers, Institut voor Amerikanistiek.

—, 1988, « Montezuma et le souvenir de Tollan, ou la remémoration inévitable », *La Commémoration, Colloque du Centenaire de la section des sciences religieuses de l'École pratique des hautes études*, Bibliothèque de l'École des hautes études, sciences religieuses, Louvain-Paris Peeters, vol. XCI : 287-98.

—, 1990, « L'arbre brisé du paradis aztèque », *Revue de l'histoire des religions*, 207, 1 : 31-64.

—, 1990, « Afterlife in Ancien Mexican Thought », *Circumpacifica, Festschrift für Thomas S. Barthel*, éd. par B. Illius et M. Laubscher, Francfort, Bern, New York, Paris, 2 vol., 2 : 165-87.

—, 1991, « Les signes avant-coureurs de la chute de l'empire aztèque », *Problèmes d'histoire des religions. Apparitions et miracles*, Bruxelles, ULB, 139-51.

—, 1992, « La piedra del sol », *Azteca mexica, las culturas del México antiguo*, éd. par J. Alcina Franch, M. León-Portilla et E. Matos Moctezuma, catalogue d'exposition, Madrid : 291-5.

—, s.d., *L'Art et l'Architecture à Mexico sous le règne de Montezuma II. (En voie de publication).*

GUZMAN, Eulalia, 1989, *Una visión crítica de la historia de la conquista de México*, Mexico, UNAM.

Handbook of Middle American Indians, 1964-76, éd. gén. R. Wauchope, Austin, Univ. of Texas Press, 16 vol.

HARNER, Michael, 1977, « The Ecological Basis for Aztec Sacrifice », *American Ethnologist*, 4 : 117-35.

—, 1977b, « The Enigma of Aztec Sacrifice », *Natural History*, 86 : 47-52.

HARRIS, Marvin, 1977, *Cannibals and Kings : The Origins of Culture*. New York, Random House.

HARTAU, Claudine, 1988, *Herrschaft und Kommunikation. Analyse aztekischer Inthronisationsreden aus dem Codex Florentinus des Fray Bernardino de Sahagún*, Hambourg, Wayasbah.

HASSIG, Ross, 1988, *Aztec Warfare, Imperial Expansion and Political Control*, Londres, Univ. of Oklahoma Press, Norman.

—, 1985, *Trade, Tribute, and Transportation, The Sixteenth-Century Political Economy of the Valley of Mexico*, Norman, Univ. of Oklahoma Press.

HELPS, Sir Arthur, 1896, *The Life of Hernando Cortez*, Londres, G. Bell & Sons, 2 vol.

HERNANDEZ PON, Elsa, 1987, « Una escultura azteca encontrada en el centro de la ciudad de México », *Antropología*, 13 : 15-21.

HEYDEN, Doris, 1972, « Xiuhtecuhtli : investidor de soberanos », *Bol. INAH*, 3 : 3-10.

HICKS, Frederic, 1977, « Social Stratification and the Calpixque of Aztec Mexico », *Paper presented at the 76th Annual Convention of the American Anthropological Association*, Houston, Texas.

—, 1978, « Los calpixques de Nezahualcoyotl », *ECN*, 13 : 129-55.

—, 1979, « "Flowery War" in Aztec History », *American Ethnologist*, 6 : 87-92.

—, 1992, « Subject States and Tribute Provinces : The Aztec Empire in the Northern Valley of Mexico », *Ancient Mesoamerica*, 3, 1 : 1-10.

HODGE, Mary C., 1984, *Aztec City-States*, Studies in Latin American Ethnohistory and Archaeology 3, Memoirs Mus. Of Anthropology, Ann Arbor, Univ. of Michigan 18.

HOTTOIS, Olivier, 1989, *L'Armement des civilisations précolombiennes en Mésoamérique*, mémoire de licence, Univ. libre de Bruxelles (dactyl.).

HVIDTFELDT, Arild, 1958, *Teotl and Ixiptlatli. Some Central Conceptions in Ancient Mexican Religion*, Copenhague.

ISAAC, Barry L., 1983, « Aztec Warfare : Goals and Battlefield Comportment, *Ethnology*, 22 : 121-31.

—, 1983, « The Aztec "Flowery War". A Geopolitical Explanation », *Journ of Anthropological research*, 39 : 415-32.

KATZ, Friedrich, 1955, « The Causes of War in Aztec Mexico », *Wiener Völkerkundliche Mitteilungen*, 3, 1 : 31-3.

—, 1966, *Situación social y económica de los aztecas durante los siglos XV y XVI*, IIH, Mexico, UNAM.

KELLY, Isabel et PALERM, Angel, 1952, *The Tajin Totonac*, t. I : *History, Subsistence, Shelter and Technology*, Washington D.C., Smithsonian Instit., Instit. of Social Anthropology Publ. 13.

KLEIN, Cecelia F., 1987, « The Ideology of Autosacrifice at the Templo Mayor », *The Aztec Templo Mayor...* : 293-370.

KRICKEBERG, Walter, 1962, « Les religions des peuples civilisés de Mésoamérique », *Les Religions amérindiennes*, W. Krickeberg, O. Zerries *et al.*, Paris, Payot : 15-119.

—, 1968, *Felsplastik und Felsbilder bei den Kulturvölker Altamerikas, Bd. II, Felsbilder Mexikos...*, Berlin.

LAFAYE, Jacques, 1974, *Quetzalcoatl et Guadalupe, La formation de la conscience nationale au Mexique (1531-1813)* , Paris.

LAMBERT, Jean-Clarence, 1961, *Les Poésies mexicaines. Anthologie des origines à nos jours*. Paris, Marabout.

LAMEIRAS, José, 1985, *Los déspotas armados*, El Colegio de Michoacán, Zamora, Mich.

LAUNEY, Michel, 1979-80, *Introduction à la langue et à la littérature aztèques*, Paris, 2 vol.

LEBRUN, Henri, 1846, *Aventures et Conquêtes de Fernand Cortez au Mexique*, Tours.

LEÓN-PORTILLA, Miguel, 1968, *Los Antiguos Mexicanos a través de sus crónicas y cantares*, Mexico.

—, 1974, « Quetzalcóatl-Cortés en la conquista de México », *Historia Mexicana*, 24, 1. 13-35.

—, 1985, *La Pensée aztèque*, trad. par C. Bernand, Paris, Le Seuil.

LITVAK KING, Jaime, 1971, « *Cihuatlán y Tepecoacuilco, Provincias tributarias de México en el siglo XVI* », Serie antropológica, 12, IIH, Mexico, UNAM.

LOMBARDO DE RUIZ, Sonia, 1973, *Desarrollo urbano de Mexico-Tenochtitlan según las fuentes históricas*, Mexico, SEP INAH.

LOPEZ AUSTIN, Alfredo, 1961, *La constitución real de Mexico-Tenochtitlan*, Mexico, UNAM.

—, 1980, *Cuerpo humano e ideología, Las concepciones de los antiguos nahuas*, Mexico, UNAM, 2 vol.

—, 1981, *Tarascos y Mexicas*, Mexico, SEP/80.

—, 1985a, *La educación de los antiguos nahuas*, Mexico, SEP, 2 vol.

—, 1985b, *Educación mexica : Antología de textos sahaguntinos*, Mexico, UNAM.

MADARIAGA, Salvador de, 1953, *Hernan Cortés*, Paris, Calmann-Lévy.

MAGAÑA, Edmundo et MASON, Peter, 1986, « Tales of Otherness. Myths, Stars and Plinian Men in South America. » *Myth and the Imaginary in the New World*, Amsterdam, CEDLA : 7-40.

MALDONADO JIMÉNEZ, Druzo, 1990, *Cuauhnáhuac y Huaxtepec (Tlalhuicas y Xochimilicas en el Morelos Prehispánico)*, Cuernavaca, UNAM.

MARTÍNEZ, José Luis, 1990, *Hernán Cortés*, Mexico, UNAM, FCE.

MENDOZA, Rúben G., 1977, « World View and the Monolithic Temples of Malinalco, Mexico : Iconography and Analogy in Pre-Columbian Architecture », *JSA*, 64 : 63-80.

MOLINS FABREGA, N. 1954-1955, « El Códice Mendocino y la economía de Tenochtitlan », *RMEA*, 14 : 303-35.

MONJARÁS RUIZ, Jesús, 1976, « Panorama general de la guerra entre los aztecas », *ECN*, 12 : 241-64.

MORALES PADRÓN, Francisco, 1971, *Historia del Descubrimiento y Conquista de América*, Madrid, Ed. Nacional.

MORENO, Manuel M., 1971, *La organización política y social de los Aztecas*, Mexico, UNAM.

NICHOLSON, Henry, B., 1961, « The Chapultepec Cliff Sculpture of Motecuhzoma Xocoyotzin », *El México Antiguo*, 9 : 379-444.

NUTINI, Hugo G., 1976, « An Outline of Tlaxcaltecan Culture, History, Ethnology and Demography », *The Tlaxcaltecans...* : 24-34.

OFFNER, Jerome A., 1983, *Law and Politics in Aztec Texcoco*, Cambridge, Londres..., Cambridge Univ. Press.

OLIVERA, Mercedes, 1978, *Pillis y macehuales : Las formaciones sociales y los modos de producción de Tecali del siglo XII al XVI*, Mexico, Ed. de la Casa Chata.

OROZCO Y BERRA, Manuel, 1960 [1880], *Historia antigua y de la conquista de México*, Mexico, 4 vol.

PADDEN, R.C., 1967, *The Hummingbird and the Hawk, Conquest and Sovereignty in the Valley of Mexico, 1503-41*, Columbus, Ohio.

PADILLA, J., SANCHEZ-NAVA, P.F. et SOLIS OLGUIN, F., 1989, « The Cuauhxicalli of Motecuhzoma Ilhuicamina », *Mexicon*, 11, 2 : 24-5.

PALACIOS, Enrique Juan, 1929, *La Piedra del Escudo Nacional de México*. Mexico, SEP Publ, 9.

PARKES, Henry B., 1980, *L'Histoire du Mexique*, Paris, Payot.

PARSONS, Jeffrey R., 1976, « The Role of Chinampa Agriculture in the Food Supply of Aztec Tenochtitlan », *Cultural Change...* : 233-57.

PASZTORY, Esther, 1983, *Aztec Art*, New York, Abrams.

PÉREZ CASTRO L., SANCHEZ NAVA, P.F. *et al.*, 1989, « El cuauhxicalli de Moctezuma I », *Arqueología*, 5 : 131-51.

PÉREZ MARTÍNEZ, Hector, 1982, *Cortés et Cuauhtemoc*, Paris, Laffont.

PEREYRA, Carlos, 1969, *Hernán Cortés*, Coll. « Austral », Mexico.

PHELAN, John L., 1972, *El reino milenario de los franciscanos en el Nuevo Mundo*, Mexico, UNAM.

PIHO, Vivre, 1972, « Tlacatecutli, Tlacochtecutli, Tlacatéccatl y Tlacoch-cálcatl », *ECN*, 10 : 315-28.

—, 1974, « La jerarquía militar azteca », *Actes du 40ᵉ Congrès international des américanistes (Rome-Gênes)* , 2 : 273-88.

PREM, Hanns J., 1983, « Las fechas calendáricas completas en los textos de Ixtlilxóchitl », *ECN*, 16 : 225-31.

PRESCOTT, William H., 1906 [1843], *History of the Conquest of Mexico*, Londres, Routledge.

RAMÍREZ, José Fernando, 1844-1846, « Descripción de cuatro lápidas monumentales conservadas en el Museo Nacional de México, seguido de un ensayo sobre su interpretación », dans PRESCOTT, *Historia de la conquista de México*, Mexico : 106-24.

RAMOS, Demetrio, 1992, *Hernán Cortés, Mentalidad y propósitos*, Madrid, Ed. Rialp.

Religión en Mesoamérica, 12a Mesa Redonda, 1972, éd. par LITVAK KING, J., et CASTILLO TEJERO, N., Mexico, Sociedad Mexicana de Antropología.

RICARD, Robert, 1925, « Sur la politique des alliances dans la conquête du Mexique par Cortés », *JSA* : 243-60.

ROBELO, Cecilio A., 1980, *Diccionario de mitología náhuatl*. Mexico, Innovación, 2 vol.

ROBERTSON, W., 1852 [1777], *Histoire de l'Amérique*, Paris, 2 vol.

ROJAS, José Luis de, 1986, *México Tenochtitlan, Economía y sociedad en el siglo XVI*, México, El Colegio de Michoacán.

—, 1991, « La organización del Imperio Mexica », *REAA*, 21 : 145-69.

ROUNDS, J., 1979, « Lineage, Class, and Power in the Aztec State », *American Ethnologist*, 6 : 73-86.

—, 1982, « Dynastic Succesion and the Centralization of Power in Tenochtitlan », *The Inca and Aztec States, 1400-1800 : Anthropology and History*, éd. par COLLIER, G.A. et ROSALDO, R.I., New York, Academic Press.

SAENZ, César A., 1967, *El Fuego nuevo*, Mexico, INAH.

SCHMID, Ulla K., 1988, *Die Tributeinnahmen der Azteken nach dem Codex Mendoza*, Francfort, Fischer Verlag.

SELER, Eduard, 1899, « Die achtzehn Jahresfeste der Mexikaner (1 Hälfte) », Altmexikanische Studien 2, Berlin, *Veröffentlichungen aus dem Königlichen Museum für Völkerkunde*, 6 : 67-209.

—, 1902, *Codex Vaticanus n° 3773, Eine altmexikanische Bilderschrift der Vatikanischen Bibliothek*, Berlin.

—, 1902-1923, *Gesammelte Abhandlungen zur Amerikanischen Sprach-und Altertumskunde*, Berlin, 5 vol.

SMITH, Michael E., 1986, « The Role of Social Stratification in the Aztec Empire : A View from the Provinces », *Amer. Anthropologist*, 88 : 70-91.

SOLÍS, Antonio de, 1990, *Historia de la Conquista de México*, prologue de E. O'Gorman, Mexico, Porrúa.

SOTOMAYOR, Arturo, 1979, *Cortés según Cortés*, Mexico, Extemporáneos.

SOUSTELLE, Jacques, 1955, *La Vie quotidienne des Aztèques à la veille de la conquête espagnole*, Paris, Hachette.

SPORES, Ronald, 1967, *The Mixtec Kings and Their People*, Norman, Univ. of Oklahoma Press.

STENZEL, Werner, 1991, *Quetzalcoatl de Tula : Mitogénesis de una Leyenda Poscortesiana*, S. Nicolás de los Garza, Univ. Autónoma Nuevo León.

SWADESH, M., et SANCHO, M. 1966, *Los mil elementos del mexicano clásico*, Mexico, UNAM.

TALADOIRE, Eric, 1987, « Gerónimo de Aguilar et les interprètes de Cortés », *Culture*, 7, 1 : 55-65.

THOMAS, Hugh, 1993, *The Conquest of Mexico*, Londres, Hutchinson.

THOMPSON, J. Eric S., 1934, *La Civilisation aztèque*, Paris, Payot.

The Tlaxcaltecans, Prehistory, Demography, Morphology and Genetics, 1976, éd. par CRAWFORD, M.H., *Anthropology*, 7, Lawrence, Kansas, Univ. of Kansas, Publ.

TODOROV, Tzvetan, 1982, *La Conquête de l'Amérique. La question de l'autre*, Paris, Le Seuil.

TOMICKI, Ryszard, 1986, « Las profecías aztecas de principios del siglo XVI y los contactos maya-españoles. Una hipótesis », *Xochipilli*, 1, 1 : 19-30.

TOWNSEND, Richard F., 1987, « Coronation at Tenochtitlan », *The Aztec Templo Mayor* : 371-409.

—, 1992, *The Aztecs*, Londres, Thames and Hudson.

UCHMANY, Eva, 1972, *Motecuhzoma II Xocoyotzin y la conquista de México*, Mexico, Inst. Nacional Juventud.

UMBERGER, Emily, 1981, *Aztec Sculpture, Hieroglyphs and History*, Ph. D. Dissertation, Ann Arbor, Michingan, Columbia Univ., Univ. Microfilms International.

—, 1984, « El trono de Moctezuma », *ECN*, 17 : 63-87.

VAILLANT, George C., 1950, *The Aztecs of Mexico*, Harmondsworth, Pelican Books, 2ᵉ éd. revue, 1962.

The Valley of Mexico, Studies in Pre-Hispanic Ecology and Society. 1976, éd. par Eric R. WOLF, Albuquerque, School of American Research, Univ. of New Mexico Press.

VÁZQUEZ CHAMORRO, Germán, 1981, « Las reformas socio-económicas de Motecuhzoma II », *REAA* : 207-17.

—, 1987, *Moctezuma*, Madrid, Historia 16 Quorum.

VEYTIA, Mariano FERNÁNDEZ de ECHEVERRÍA y, 1944, *Historia antigua de México*, Mexico, 2 vol.

WAGNER, Henry R., 1944, *The Rise of Fernando Cortés*, Berkeley, The Cortes Society.

WASSERMAN, Martin, 1983, « Montezuma's Passivity : An Alternative View Without Postconquest Deformation of a Myth », *The Masterkey*, 57, 3 : 85-93.

WEITZEL, R.B., 1950, « Mexican Manuscripts and Solar Eclipses », *RMEA*, 11 : 5-13.

WHITE, John M., 1971, *Cortés and the Downfall of the Aztec Empire*, Londres, H. Hamilton.

WOLF, Eric, 1962, *Peuples et Civilisations de l'Amérique centrale des origines à nos jours*, Paris.

ZANTWIJK, Rudolf van, 1966, « Los seis barrios sirvientes de Huitzilopochtli », *ECN*, 6 : 177-85.

—, 1978, « Iquehuacatzin, un drama real azteca », *ECN*, 13 : 89-96.

—, 1985, *The Aztec Arrangement. The Social History of Pre-Spanish Mexico*, Norman, Univ. of Oklahoma Press.

—, 1986, « Quetzalcoatl y Huemac, mito y realidad azteca », *Myth and the Imaginary...*, 321-58.

—, 1992, « *Met mij is de zon opgegaan* », *De levensloop van Tlacayelel (1398-1478), De stichter van het Azteekse rijk*. Amsterdam, Prometheus.

ZAVALA, Silvio, *1984, La filosofía política en la Conquista de América*, Mexico, FCE.

PRINCIPALES DIVINITÉS AZTÈQUES

Chalchiuhtlicue :
« de jade sa jupe », déesse des eaux vives, épouse de Tlaloc.

Cihuacoatl :
« serpent femelle », aspect de la déesse terre, patronne des femmes mortes en couches, guerrière.

Cinteotl :
« dieu maïs », né de la transgression au paradis de Tamoanchan.

Coatlicue :
« de serpents sa jupe », déesse terre, mère de Huitzilopochtli.

Coyolxauhqui :
« celle aux clochettes sur le visage », sœur ennemie de Huitzilopochtli, tués sur le Coatepec ; déesse lunaire.

Ehecatl :
« vent, air », dieu du vent et du souffle vital, aspect de Quetzalcoatl.

Huitzilopochtli :
« colibri gaucher », dieu tutélaire et représentant des Mexicas, dieu de la guerre, vainqueur à Coatepec, Soleil mexica, confondu avec Tezcatlipoca.

Huitznahuas :
« ceux du pays des épines, du sud », demi-frères ennemis de Huitzilopochtli, tués par lui à Coatepec ; êtres stellaires.

Itzpapalotl :
« papillon d'obsidienne », aspect de la terre, guerrière, représentante des autochtones, un des noms de la coupable du paradis originel de Tamoanchan.

Malinalxochitl :
« fleur d'herbe sèche », sorcière sœur de Huitzilopochtli, abandonnée au cours des pérégrinations mexicas.

Mictlantecuhtli :
« seigneur du *mictlan*, du pays des morts », dieu de la mort.

Mixcoatl (plur. Mimixcoas) :	Héros toltèques, victimes de la première guerre pour nourrir soleil et terre, prototypes des guerriers, êtres stellaires.
Nanahuatl :	« buboneux », nom de Quetzalcoatl lors de son holocauste à Teotihuacan pour devenir soleil.
Ometeotl :	« dieu deux », nom du couple créateur suprême.
Quetzalcoatl :	« serpent à plumes », dieu de la vie, frère ennemi de Tezcatlipoca, fils de Mixcoatl qu'il venge à Mixcoatepec, soleil des 2ᵉ et 4ᵉ ères, roi-Soleil de Tollan, puis Vénus comme étoile du matin.
4 Silex ou Tecciztecatl :	« celui de la conque », dieu lunaire, rival de Quetzalcoatl-Nanahuatl lors du sacrifice de Teotihuacan.
Tezcatlipoca :	« miroir fumant », dieu nocturne et lunaire, tout-puissant, frère et rival de Quetzalcoatl avec qui il alterne comme soleil en tant que Tezcatlipoca rouge, vent destructeur.
Tlaloc :	« plein de terre », dieu de la terre, de la pluie et du paradis verdoyant qu'est le Tlalocan.
Tlalteotl (ou Tlaltecuhtli) :	« divinité terre » ou « dame de la terre », saurien monstrueux, déchiré à l'origine des temps et devenu terre et voûte céleste.
Tlazolteotl :	« déesse de l'ordure », déesse de l'amour, de la luxure et de la confession ; du tissage, associée à la terre et à la lune, représentant la femme à ses différents âges.
Toci :	« notre aïeule », déesse terre, aspect de Tlazolteotl, fêtée au mois d'Ochpaniztli.
Tonatiuh :	« celui qui chauffe », dieu du disque solaire, maître de l'au-delà des guerriers héroïques.
Tzitzimime (plur. de Tzitzimitl) :	bêtes sauvages célestes, spectres nocturnes.
Xipe Totec :	« celui qui a une peau, notre seigneur », dieu de la purification et du changement de saison, guerrier, associé au maïs, au soleil et à la lune.
Xiuhtecuhtli :	« seigneur de turquoise », aussi appelé le vieux dieu : dieu du feu, parfois assimilé au couple suprême.
Xochipilli :	« prince des fleurs », dieu des fleurs, de la musique, de la danse, des arts, soleil lunaire de l'après-midi.
Xochiquetzal :	« fleur-quetzal », déesse de la séduction, coupable des premières relations sexuelles à Tamoanchan.

Xolotl :   « serviteur », jumeau de Quetzalcoatl en tant qu'étoile du soir, chien qui conduit les défunts aux enfers.

GLOSSAIRE

calmecac :	sorte de collège où étaient éduqués les jeunes nobles et les futurs prêtres.
calpixqui :	intendant, percepteur.
calpulli :	littéralement « grande maison » : groupe de familles ou corporation d'un même quartier, se réclamant d'une même origine et ayant une divinité tutélaire commune.
chalchihuitl :	nom donné à différentes pierres vertes extrêmement appréciées des Mésoaméricains, surtout le jade, considéré comme la chair des dieux de la pluie.
chia :	du nahuatl *chian.* Graine cultivée du *Salvia hispanica* L.
chinampa :	petit champ sur îlot artificiel aménagé dans des lagunes ou des lacs peu profonds et donnant des récoltes plus abondantes et fréquentes.
cihuacoatl :	« femme *(cihuatl)* serpent *(coatl)* », sorte de viceroi représentant la déesse terre et s'occupant théoriquement plutôt du gouvernement interne de l'État.
copal :	du nahuatl *copalli.* Résine d'arbres tropicaux utilisée comme encens.
cuachic :	« tête rasée », vaillant guerrier qui a réalisé vingt prouesses et fait vœu de ne jamais reculer.
cuauhxicalli :	« vase *(xicalli)* de l'aigle *(cuauhtli)* » : récipient pour les cœurs et le sang de victimes sacrifiées.
cuauhtlatoani :	« orateur de l'aigle *(cuauhtli)* », gouverneur militaire.
huey tlatoani :	« grand orateur », grand chef de l'État, grand roi.
maquahuitl :	sorte de massue ou de glaive en bois garni de tranchants d'obsidienne.

nahuatl ou aztèque :   langue agglutinante de la famille uto-aztèque, parlée au Mexique central dès le VIIIᵉ siècle au moins et jusqu'à nos jours.

quecholli :   flamant ou spatule rose *(Platalea ajaja* ou *Ajaia ajaja).*

quetzal :   du nahuatl *quetzalli.* Oiseau au plumage vert *(Pharomachrus mocinno)* dont les longues plumes caudales sont particulièrement remarquables.

tecuhtli :   seigneur, chef de lignage noble.

telpochcalli :   « maison des jeunes gens », sorte d'école où les jeunes gens apprenaient surtout le métier des armes.

temalacatl :   « meule *(malacatl)* de pierre *(te-)* », pierre ronde à laquelle on attachait la victime du sacrifice dit « de gladiateurs ».

teocalli :   « maison de dieu », temple.

tlacateccatl :   « homme du palais », commandant en chef de l'armée, avec le tlacochtecatl. L'un était noble, l'autre non.

tlacatecuhtli :   « seigneur des hommes », un des juges et fonctionnaires suprêmes et chef militaire, avec le *tlacochtecuhtli.*

tlachtli :   jeu de balle.

tlacochcalcatl :   « celui de la maison des javelines ».

tlacochtecuhtli :   « seigneur des javelines », un des juges et fonctionnaires suprêmes et chef militaire.

tlatoani :   « celui qui parle », chef (ou un des chefs) de l'État, roi.

tzompantli :   plate-forme surmontée de mâts supportant des baguettes sur lesquelles étaient enfilées les têtes des guerriers sacrifiés.

xiuhuitzolli :   couronne ou diadème royal décoré d'une mosaïque de turquoises *(xiuitl)*

xochiyaoyotl :   *xochitl,* fleur, *yaoyotl,* guerre : « guerre fleurie », bataille réglée organisée dans le seul but d'obtenir des guerriers à sacrifier.

INDEX
DES NOMS DE PERSONNES

Les noms suivis d'un astérisque figurent dans la liste des divinités principales aztèques.

INDEX GÉOGRAPHIQUE

TABLE DES CARTES

TABLE DES ILLUSTRATIONS

Les photos des sites et des sculptures du cahier hors-texte appartiennent à l'auteur.

Museo del Templo Mayor :

Maquette du Grand Temple de Mexico (p. 1 bas)

Instituto National de Antropología e Historia :

Reconstitution du Grand Temple de Mexico (p. 2)

Museo Nacional de Antropología e Historia :

Autel de sacrifices (p. 5 haut)
Cuauhxicalli d'Axayacatl ou « Pierre Sanchez Nava » (p. 5 bas)
Teocalli de la guerre sacrée (p. 6 haut)
Cuauhxicalli en forme d'aigle (p. 6 bas).

TABLE DES MATIÈRES

Impression réalisée sur CAMERON par
BRODARD ET TAUPIN
La Flèche

pour le compte des Éditions Fayard
en septembre 1994

Imprimé en France
Dépôt légal : septembre 1994
N° d'édition : 3239 – N° d'impression : 1783 K-5
ISBN : 2-213-59303-5
35-65-9303-01/5